세존학술총서 8

화엄교학 성립론

오다 아키히로(織田顯祐) 지음, 고승학 옮김

민족사

2024

이 책은 오다 아키히로(織田顯祐) 저(著)

『華嚴敎學成立論』(法藏館, 2017)의 완역서(完譯書)이다.

간행사

〈이 세존학술총서는 박찬호 거사의 원력과 시주(施主)로 이루어졌다.〉

1.

불교는 약 2,500년 전 바라문교의 폐해를 비판하며 등장한 붓다에 의해 성립된 종교다. 불교는 인도에서 '신흥종교'로 발생하여 세계적인 종교로 발전하였고, 그 불교가 한국에 전해진 지도 1,600여 년이 지났다. 불국사와 석굴암, 해인사 『고려대장경』 등 국가지정문화재 가운데 불교 문화재가 압도적인 것은 매우 자랑할 만한 일이다.

그럼에도 불구하고 통계청에서 10년마다 실시하는 조사에 의하면, 2005~2015년 사이에 불교 신도 수가 760만 명으로 무려 300만 명, 15%나 줄었다. 원인은 여러 면에서 분석해야 하겠지만, 그 책임은 승가에 있다고 해도 과언이 아니다.

종교인은 사실상 전문 교육자와 같은 역할을 할 때, 종교와 신도 또한 사회에 모두 이익이 된다. 그런 면에서 승가가 공적(公的) 스승으로서의 역할을 충실히 해왔는지에 대해서는 아쉬움이 든다.

이에 나 역시 승가의 일원으로 책임을 통감하며 한국불교의 취약한 부분을 조금이라도 보완할 수 있는 효율적 방법을 모색하였다. 마침 박찬호 거사가 나의 뜻에 공감하며 화주(化主)를 자처해 극적으로 이루어질 수 있었다. 이런 연유(緣由)로 '세존학술총서'라는 이름으로 학술서 간행 불사가 시작되었다.

한국불교의 허약한 체질은 조선시대 이후, 원효(617~686)와 의상(625~702) 같은 걸출한 논사(論師)를 배출하지 못한 데다가, 근·현대 선 수행에 대한 편식으로 교학을 홀대한 결과라고 할 수 있다. 반면 서구와 일본은 이미 1세기 이전부터 불교를 신앙만이 아닌 인문학적이고 사상적인 가치로 접근하여 불교학을 학문의 관점에서 연구를 하였다.

본 세존학술총서는 그들이 축적한 방대한 논문과 학술서 가운데 20년 이상 검증된 세계 최고의 학술 명저와 논문을 선별한 것이다. 이 불사의 시작은 지극히 미미하지만, 감히 바라건대 고려대장경 결집 후 1,000여 년이나 지난 이 시대에 걸맞은 논장(論藏)을 세우는 인(因)이 되었으면 한다. 또한 먼 미래에 불법을 연구하는 이들에게, 불교가 추락할수록 이를 심각하게 염려하는 '사람들'이 있었음을 기억해 주었으면 한다.

2.

고려시대(1237~1252년) 때 국가의 명운을 걸고 판각된 팔만대장경 결집 이후 거의 800년이 지난 지금까지도 대장경에 대한 외

형적 분석 이외의 내용에 대한 심층적인 연구는 터무니없을 정도로 빈약하다. 또한 대장경에 수록된 경장(經藏)과 율장(律藏), 논장(論藏)의 내용 중에는 서로 상치하는 부분이 많아 설사 대장경을 완독한다 해도 불법에 대한 모든 의문이 해결되는 것도 아니다. 우선 붓다의 가르침은 무려 2,600여 년 전에 설해졌고, 이를 기록한 경전 또한 거의 2,000년 전 중생제도를 염두에 둔 기술이라는 사실을 잊어서는 안 된다.

인간의 본질과 절대적 진리는 시공에 따라 변할 수 없지만, 그것은 가치의 상대성을 뛰어넘은 경지에서 논할 수 있는 말이지 감각기관마다 욕망을 추구하는 보통의 인간들에게는 시시각각의 현실에 맞는 진리의 해석이 필요하다. 붓다께서도 이를 방편과 대기설법(對機說法)이란 이름으로 활용하지 않으셨던가?

'세존학술총서'는 이러한 긴박한 상황의 인식에서 기획되었기에 출간할 학술서 선정에 정말 심혈을 기울일 수밖에 없었다. 즉, 현대판 논장을 결집한다는 각오와 원력으로 많은 외부적 어려움은 고려하지 않았다. 그 결과 제8권 『화엄교학 성립론』 출간에까지 이르게 되었다.

3.

본 학술총서의 성격을 분명하게 밝히기 위해 이미 출간된 학술서를 살펴보겠다.

제1권 『송대 선종사 연구』, 제2권 『북종과 초기 선불교의 형성』,

제3권 『불교의 기원』, 제4권 『대승불교』, 제5권 『화엄사상의 연구』, 제6권 『한국불교사 연구』, 제7권 『한국불교학 연구』이다. 제목만 보아도 한국불교를 위한 맞춤 선정이었음을 짐작할 수 있을 것이다.

이번에 출간하는 『화엄교학 성립론』은 나름 특별한 의미가 있다. 화엄사상과 교학은 의상과 원효에서 시작한 사실상 한국불교의 핵심이다. 이에 대한 연구와 논문들이 있기는 하지만 화엄의 성립에 관한 연구는 보기 힘들다. 이 화엄교학 성립론을 연구한다는 것은 어떤 면에서는 불교의 성립론을 연구하는 것보다 더 어려울 수 있다. 이것이 8번째 출간 학술서로 『화엄교학 성립론』을 선정한 이유이다.

4.

화엄경이 붓다의 가르침인, 눈앞의 인과를 무한 확장시켜 사사무애(事事無碍)의 연기적 세계를 관찰하는 것을 근본적으로 믿는 나로서는, 이제 과학이 물질의 가장 큰 세계인 우주와 가장 작은 세계인 원자와 전자를 넘어 쿼크(quark)까지 연구 결과를 내고 있다. 불교가 아니라 인문학을 깊이 있게 공부한 일반인도 화엄사상이 현재와 미래에 인류가 추구해야 할 가장 수승한 사상임을 인정하고 있다. 따라서 한국불교는 화엄사상과 교학에 더 매진해야 할 것이다.

본 '세존학술총서'를 간행하며 어려움이 많았지만 초심을 잃지 않게 해준 것은 세존사이트 불자 회원들의 무주상(無住相) 보시였다. 수년 이상 매월 보시를 하는 일은 액수를 불문하고 결코 쉬운 일이 아니다. 그 거룩한 신심의 불자들 이름을 나는 평생 기억할 수밖에 없을 것이다. 바람이 있다면 내 능력의 한계를 넘어서는 누군가가 더 훌륭한 논장 시리즈를 남겨 미래 한국불교가 명품 불교로 거듭날 인(因)을 심어 주길 바란다.

본 학술서를 원서를 읽는 것보다 편안하고 깊게 이해할 수 있도록 탁월한 번역을 해주신 고승학 선생께 감사드립니다. 또한 난해한 학술서의 교정과 편집을 통해 학술 번역서의 새로운 지평을 연 민족사 편집부와 사장님께 깊이 감사드립니다.

2024년 7월

세존학술연구원장 성법 합장

(참고 : 이 책 뒤에 성법 스님의 〈한국불교를 위한 제언〉이 수록되어 있습니다.
-민족사 편집부)

한국어판 일러두기

• 원서의 권점은 볼드체로 표시하였다.
• 독자의 이해를 돕고자 원서의 한국어 개요를 본문 앞뒤로 중복하여 배치하였다.

서문

오타니대학 명예교수
카기누시 료케이(鍵主良敬)

화엄교학에서 가장 긴요한 과제인 법계연기(法界緣起)사상에 대해서는 이미 뛰어난 논고가 발표된 바 있다. 그러나 그것에 대한 현대적 의의를 확실히 하는 것을 목표로 한, 열정 넘치는 연구의 경우 반드시 충분하다고는 할 수 없을 것이다.

그 점에서 이번에 이 책에서 저자가 시도한 참신한 방법은 주목할 만하다고 생각된다. 특히 '성립론'이라는 이름으로 발굴된 다양한 현상들은 화엄교학 성립의 배경으로 숨겨져 있던 것인데, 그것들이 이제 우리의 눈앞에 나타나게 되었기 때문이다.

법계연기에 대한 현수 법장(賢首法藏, 643~712)의 공적은 누구라도 인정하는 바이다. 그러나 그 전제가 되는 지엄(智儼, 602~668)의 교학에 대해서는 상대적이긴 하지만 등한시된 일이 없지 않았던 것이다. 그 점에 주목한 저자는 오로지 '지엄의 법계연기사상'이라는 관점에 집중하였다. 그리고 우리의 상식적 발상을 전환시키는 듯한 논법을 구사하여 그 전체의 모습을 체계적으로 밝힌 것이다.

그 가운데에서도 특히 평가하고 싶은 것은 숨어 있던 배경의 하나인 지론교학(地論教學)의 갖가지 양상에 관하여 철저하게 해명한 점이다. 지론교학은 천친(天親=世親)보살의 『십지경론(十地經論)』을 번역함으로써 성립되었는데, 이에 대한 통설은 지금까지도 이어져 오고 있다. 다만 저자는 그것에 대해 의문을 표하여 역자들 사이의 알력으로 여겨지는 견해의 차이는 물론, 남·북(南北) 2도(道)의 교리 차이에 대해서도 괄목할 만한 견해를 제시하였다. 특히 진여의지(眞如依持)인가 아뢰야식의지(阿賴耶識依持)인가 하는 논쟁에 관해서는 『[대]지도론(大智度論)』을 연구함으로써 해결되는 것이라고 꿰뚫어 본 점은 그 성과 가운데 하나이다.

한편 『대승기신론(大乘起信論)』을 둘러싼 고찰에 대해서는 제4장에서 논하고 있는데, 거기에서 여래장(如來藏)과 알라야식에는 어떠한 특징이 있는가를 밝히는 논고는 우리에게 기존의 생각을 고칠 것을 촉구하는 내용으로 되어 있다. 그 가운데서도 특히 주의를 끄는 것은 '언어'에 관한 문제이다.

저자는 '세계적 석학의 유저(遺著)'로 알려진, 이즈츠 토시히코(井筒俊彦) 교수의 『의식의 형이상학-대승기신론의 철학(意識の形而上学-『大乘起信論』の哲学)』에서 힌트를 얻었을 것이다. 따라서 '동양철학 전체의 공시적(共時的) 구조화'를 지향하는 관점에 공감하며, 근대 언어학의 개조로 말해지는 소쉬르에 관심을 가지고서 '공시성'과 '통시성'이라는 용어를 본서의 기조로 삼고 있다.

언어철학의 관점에서 인간의 정신적 활동의 본질을 추구하는 방법은 근래에 각계에서 주목받고 있다. 그 관점에 기초하여 논지를 전개해 나가는 점에 본서의 특징이 있다고도 할 수 있는 것이다.

따라서 제3장 '화엄 법계연기의 배경'과 제6장 '지엄의 법계연기사상'에, 그리고 제7장 '법장의 법계연기사상의 형성 과정'에도 이 경향이 현저히 나타나 있다. 결론인 '법계연기사상의 확립'에서 언급한바, 이것을 저자는 이(理)와 사(事)의 관계로부터 "개별적이면서 전체이기도 한 그러한 '일(一)'의 발견"이라고 보고 있는데, 그것이야말로 대승이며 별교일승(別教一乘)이기도 한 유심(唯心)의 '유(唯)', 유식(唯識)의 '유'에 호응하는 무애(無礙)의 '일도(一道)'라고 생각된다.

이제 돌이켜 볼 때, 은사인 야마다 료켄(山田亮賢) 선생에 대하여 내가 불초한 제자였음을 보여준 사례가 많았다. 그런데 이번에 본서의 서문을 쓰면서 느낀 것은 '불초한 스승' 등의 말은 들어본 적이 없지만, 바로 여기에 실재한다는 것이 실감이 났다.

본서의 중요한 주제가 된 것은 대개 나도 관심이 있던 것이다. 그러나 타고난 게으름 때문에, 그리고 치밀한 작업이 서툴렀기에 모두 중도에 그만두고 말았다. 그 해내지 못했던 것을 저자는 훌륭하게 타고 넘어 대륜(大輪)의 꽃을 피워 주었다. 더욱이 그것을 완성하기 위한 노력에는 눈을 휘둥그레 뜰만한 것이 있다. 한결같이 각종 자료를 되풀이하여 읽는 모습을 보면 나의 제자이지만 경복(敬服)할 정도이다.

나아가 저자는 일찍부터 근대 언어학에 관심이 깊었기에 그 관점에서 사고를 심화하여 뛰어난 성과를 이루어 낸 것인데, 이는 20여년 전부터의 일로 생각된다.

나의 경우 이즈츠 교수를 스승으로 우러러보는 마루야마 케이자부로(丸山圭三郎) 교수의 저작을 다시 읽을 기회를 얻게 되어 강렬한 인상을 받고 나서야 시작한 것인데, 그것은 최근의 일이다. 그만큼도 비교되지 않는 밝은 선견(先見)이 저자에게 있었음을 증명하는 것이다.

또한 화엄교학에서 말하는 법계연기의 '사사무애법계'에 관해서는 이즈츠 교수의 "중중무진(重重無盡)으로 연결되는 무수한 '이름'의 강목(綱目) 구조이다"라는 지적에서도 알 수 있듯이, 십중유식의 제10 제망무애유식(帝網無礙唯識)의 설[이라고 할 수 있을 것]이다. [그는] 인다라[帝]의 그물[網]이 중중무진하다는 점에 착안해 '언어 알라야식'이라는 신조어를 창안했을 것이다. 이 알라야식이 가진 경탄할 만한 깊이에 관해서는 저자의 이제부터의 과제가 될 것이다.

아직 부족한 점이 곳곳에서 산견(散見)될 것임은 저자 자신도 이미 느끼고 있다고 생각된다. 그 자각의 힘이야말로 저자로 하여금 또 다른 다음 성과를 낳게 할 것이다. 그 점을 기대하여 이 서문에 갈음한다.

역자 서문

역자가 이 책의 번역 의뢰를 받은 것은 2021년 7월이다. 그로부터 거의 3년이 지나서야 본 번역서가 빛을 보게 되었는데, 거듭되는 원고 제출 기한 연장 요청을 끝까지 받아들여 준 민족사 편집부와 윤창화 사장님께 먼저 감사드린다. 아울러 여러 가지로 어려운 여건 속에서도 불교학 관련 해외 학술서적이 계속해서 번역·출간될 수 있도록 물심양면으로 지원을 아끼지 않은 세존학술연구원 성법 스님께도 깊은 감사의 인사를 올리고 싶다.

역자는 중국 및 일본의 화엄 전통에서 방계(傍系)로 간주되어 온 이통현(李通玄, 635~730)의 화엄사상을 주로 연구해 왔는데, 이렇게 이단시된 인물의 사상을 정확하게 이해하기 위해서는 그 대척점에 서 있는 '정통파'의 사상을 확인할 필요가 있을 것이다. 그런데 법장(法藏, 643~712)에 의해 집대성되고, 그의 제자들에 의해 계승된 이 정통파의 사상은 다시 이전 시기 중국불교의 여러 흐름을 종합한 것이므로 그의 스승인 지엄(智儼, 602~668)으로 대표되는 화엄교학 '성립기'의 사상을 연구할 필요성이 대두된다. 따라서 본 역서의 제목이기도 한 '화엄교학 성립론'은 다양한 모습으로 전개된 동아시아 화엄사상의 전개를 깊이 이해하기 위해서는 반드시 살펴보아야 할 연구 주제라고 할 수 있다.

이 책의 저자 오다 아키히로는 서장을 제외한 전체 8장 중 1, 2, 6장을 지엄과 그에게 직접적 영향을 미쳤던 지론종의 여러 이론들을 상세히 분석하는 데 할애하고 있다. 특히 전체의 4분의 1의 분량에 달하는 제1장은 지론종의 남도파와 북도파 분열에 관한 통설이 가지고 있는 문제점을 날카롭게 지적하면서 지론교학의 문제의식을 명확하게 밝히고 있다. 여기에서 '통설'은 지론종의 남북 분열의 원인을 법성의지설과 아뢰야의지설의 대립 내지 심식설을 둘러싼 논란에서 찾는 것이다. 저자에 따르면 남도파와 북도파 분열의 단초로 여겨져 왔던 늑나마제(勒那摩提)와 보리류지(菩提流支) 사이의 사상적 대립은 문헌적으로 실증되지 않으며, 오히려 남도파의 혜광(慧光, 469~538)과 보리류지 사이에 대승 경전의 해석을 둘러싼 대립이 두드러진다. 이러한 분석이 중요한 이유는 그 과정에서 형성된 혜광의 경전 해석학, 곧 교판이 지엄 이후 화엄사상가들의 저작에 풍부하게 인용되어 논구되고 있으며, 이 문제를 고찰함으로써 남북조 시대로부터 수·당대에 이르는 화엄교학 성립 시기의 불교계의 동향이 보다 잘 드러나기 때문이다. 저자의 논점을 요약하자면, 혜광의 점·돈·원 교판에 두 가지 버전이 있고, 그 두 번째 교판에서 점교와 돈교의 외연이 확장됨으로써 『화엄경』이 가진 원교로서의 지위가 보다 확고해졌다는 것이다. 저자는 나아가 지엄이 혜광의 이러한 교판을 수용하면서도 지론교학이 대승과 소승의 구분에 치우치게 되자 『섭대승론』의 소승·삼승·일승의 구분을 받아들여 일승으로서의 『화엄경』의 지위를 선양했음을 지적하고 있다.

화엄사상의 성립이 이처럼 교판의 문제를 떼어놓고 고찰할 수 없기에 본서의 제1장은 이를 매우 상세히 다루고 있으나, 일반 독자에게는 이러한 서술이 다소 복잡하고 난해하게 느껴지지 않을까 우려된다. 하지만 몇 차례 반복해서 읽다 보면 저자의 비판적이면서도 종합적인 논증이 매우 설득력이 있고, 정합적임을 파악할 수 있으리라 생각된다.

다른 한편으로 '무자성(無自性)', '공(空)' 등 부정적 언어로 표현된 초기불교의 연기(緣起) 개념이 유식과 여래장사상의 긍정적 언어로 표현되고 화엄의 '중중무진(重重無盡)'의 법계연기로 전개되는 과정을 밝히는 이후의 장들은 대승불교나 중국불교에 대한 개설서를 읽은 독자라면 비교적 쉽게 이해할 수 있으리라 생각된다. 다만 여기에서도 인과 관계의 공시성과 통시성을 논하는 소쉬르의 언어철학을 원용한다거나 이를 화엄의 '육상(六相)'이나 '일즉일체(一卽一切)' 등의 개념에 적용하고 있으므로 다른 화엄사상 개론서에서는 보기 힘든 저자의 독자적인 안목을 다시 한 번 확인할 수 있을 것이다.

기본적으로 이 책은 일본 불교학계의 전통적인 문헌학적 방법론을 크게 벗어나고 있지는 않으나, 위에 언급한 것과 같은 기존의 화엄사상 연구서와는 구별되는 색다른 관점이나 방법론을 종종 제시하고 있다. 따라서 아직 지론종이나 초기 화엄사상에 대한 연구가 충분히 축적되지 않은 우리 학계에 이러한 접근방법을 소개하는 것은 큰 의의가 있다고 생각된다. 저자는 오랜 기간에 걸쳐 여러 논저를 통해 화엄교학의 난제들을 치열하게 그리고 꾸준히 파헤쳐 왔는데, 이 책의 번역을 통해 그의 연구 성과가 공유되고 확산되기를 기대한다.

아직 많은 공부가 필요한 역자가 이 책의 장단점을 여기에 자세히 지적하는 것은 적절하지 않으리라 생각된다. 역자는 다만 원저의 명백한 오류를 바로잡는 정도의 역자 주를 추가하고, 최대한 매끄럽게 읽히도록 문장을 다듬는 선에서 주어진 역할을 다하고자 하였다. 물론 미처 발견하지 못한 실수나 오류는 오롯이 역자의 책임이다. 이에 독자의 질정과 조언을 기대하는 바이다.

2024년 7월
역자 고승학

이 책의 개요

(이 〈개요〉는 본문 끝에 있었는데, 독자의 참고를 위하여 앞으로 옮겼다. 영문 초록 등을 참고하여 약간 수정하였다-역자 주)

서장(序章) 본서의 문제의식

이 책의 목적은 지엄(智儼)이 화엄교학을 창시했다고 하는 말의 의미를 밝히는 데에 있다. 그렇게 생각하는 근거는 법장(法藏)이 『화엄경전기(華嚴經傳記)』에서 지엄의 『수현기(搜玄記)』 찬술을 '교를 세워 종을 나눈다'라고 한 것에 의거한다. 그리고 법장은 그 내용을 '별교일승 무진연기'라고 논하고 있으므로 '별교일승'과 '무진연기'의 양면에서 화엄교학 성립의 본질을 해명하는 것이 본서의 목적이다.

제1장 화엄일승사상의 배경

여기에서는 법장이 말한 '별교일승'이란 개념의 사상 배경을 해명한다. 지엄은 지론 남도파 지정(智正)의 제자였지만, 섭론학파의 사상도 계승하고 있다. 또 『수현기』는 혜광(慧光)의 『화엄경소』의 영향을 받아 저술되었다고 한다. 이러한 지엄의 배경이 된 선구 사상의 내용을 밝힌다. 지론학파의 교상판석은 점·돈·원(漸頓圓) 3교판과 대승·소승판이 대부분이다. 혜원이나 지정 등의 대승·소승판이 최종적인 것이지만, 지엄은 그들에게 의하지 않고 파조(派祖: 종파의 창시자) 혜광의 점·돈·원 3교판에 기초하여 『수현기』를 저술하였다. 그 이유는 삼승교와는 구별되는 '화엄일승'이라는 입장을 명확하게 하기 위해서였다는 점을 해명하였다.

제2장 화엄일승사상의 성립

삼승교와 구별되는 일승교가 있다는 관점에서 화엄교학이 창시되었지만, 지엄은 그에 더하여 일승교 안에 공통성과 별이성(別異性)이 있다는 관점을 발전시켰다. 이것이 후에 '화엄 동·별(同別) 2교판'이라고 불리는 사상이다. 『수현기』를 시작으로 하여 『공목장』에 이르기까지 그것이 어떻게 전개하였는지를 밝혔다. 동시에 『수현기』에서 설명한 동·별 2교는 일승교 안에 있는 문제를 다루지 않기 때문에 화엄 동·별 2교판과 혼동하면 안 된다는 점을 밝혔다.

제3장 화엄법계연기의 배경

법장이 '무진연기'라고 한 사상을 해명하기 위해 우선 '연기'라는 용어가 어떻게 정착했는가 하는 과정을 밝혔다. 이를 토대로 대승불교의 사상 발전에 동반하여 등장하는 '무자성공', '여래장', '불성', '유식'이라는 모든 개념이 상호 어떠한 관계에 있는가를 밝혔다. 이 점의 해명은 지론교학의 과제와 그것으로부터 독립한 지엄의 사상을 이해하기 위한 기초 작업이다.

제4장 『대승기신론』을 둘러싼 문제

『대승기신론』이 화엄교학과 어떠한 관계에 있는지를 고찰하였다. 『기신론』에 관해서는 여러 의문이 제기되어 있다. 이에 대하여 『기신론』의 설이 왜 오해되었는가를 해명하고, 『기신론』의 역출에 대한 의문을 정리하고, 지엄과 원효의 『기신론』 수용 과정을 정리하였다. 그 결과 『기신론』은 공시적인 상의상대(相依相待)의 연기와 통시적인 인과 관계의 연기를 나누어 사용하고, 이를 혼동한 것이 오해의 원인이라는 점과 지엄은 『기신론』을 그다지 중시하지 않았다는 점이 밝혀졌다. 이 점에서 화엄교학의 『기신론』 수용은 법장 이후의 과제임이 명확해진다.

제5장 지론학파의 '연기'사상

연기에서 공시적인 상의상대 관계와 통시적인 인과 관계는 중기 대승 경전에서는 '여래장'과 '아라야식'으로 발전하였다. 이를 반복하여 설하는 『능가경』 등이 존재하였기 때문에 정영사 혜원은 이것들의 복잡한 관계를 '의지'와 '연기'라는 개념으로 정리하려고 하였던 것이다. 또 이미 이 시대에는 '법계연기', '연집(緣集)' 등의 개념도 나타냈다. 이들의 내용을 검토하여 지론교학의 연기사상이 『수현기』에 대하여 어떠한 의의를 가지는지를 명확하게 하였다.

제6장 지엄의 법계연기사상

법장은 『수현기』가 『십지경』의 육상설(六相說)을 연구한 결과라고 한다. 이 말이 어떠한 의미인가를 여기에서 밝혔다. 육상설은 진리의 언어 표현에 관한 문제이다. 지엄은 그것을 '이 · 사(理事)' 중 '이'로 이해하였고, 그로부터 공시적인 관계와 통시적인 관계, 그리고 전체적인 관점을 읽어내어 '화엄일승의 연기(=법계연기)'라는 개념을 구축하였다. 그리고 『수현기』의 법계연기설이 「십지품」 제6지의 세속제를 밝히는 부분에 설명되어 있는 것은, 바로 이 세속제가 인간이 진리에 들어가기 위해 처한 곳(=의지하는 관문)이라는 의미를 가지기 때문임을 명확히 하였다. 더욱이 현장의 신역에 의해서 세속제의 연기사상은 더욱 발전하였는데, 그 과정에서 지엄이 어떻게 자기 사상을 심화하였는가를 밝혔다.

제7장 법장의 법계연기사상의 형성 과정

법장의 생애를 전반(태원사 시대)과 후반(번역삼장 시대)으로 이분하고, 주요한 저서의 내용을 정밀하게 조사하였다. 저술의 순서를 『대승밀엄경소』 → 『대승기신론의기』 → 『화엄경탐현기』 → 『입능가심현의』로 정하고, 사상 전개를 정밀하게 조사하였다. 법장은 전반기에는 여래장연기사상을 "자성을 지키지 않는다"라고 표현하고 있지만, 후반기에 이르면 '거체수연(擧體隨緣)'이라고 표현하게 된다. 그러한 변화의 실마리는 제운반야(提雲般若)가 번역한 『법계무차별론』과의 만남에 있었음을 밝혔다. 사상사적으로 『대승밀엄경』은 후기 대승 경전에 해당하기 때문에, 법장은 하류에서 상류로 거슬러 올라가듯이 여래장사상의 진의를 탐구했다고 할 수 있다. 그래서 이것이 법계연기의 심화를 가져왔다고 할 수 있다.

결장(結章) 법계연기사상의 확립

법장의 '이'와 '사'에 의한 법계연기사상의 내용을, 『오교장』 → 『탐현기』 → 『입능가심현의』의 순서에 따라 고찰하고, 두순 · 지엄의 사상이 어떻게 깊어져 가는가를 밝혔다. 법장의 법계연기사상의 특징은 십불자경계(十佛自境界)를 언어화하려는 데에 있는데, 이는 법계연기를 '의지하는 관문'으로 본 지엄과 크게 다르다. 이는 개별이기도 하고 전체이기도 한 '일(一)'이라는 개념을 탐구한 결과였다.

차 례

서장(序章) 본서의 문제의식

중국에서 화엄교학(華嚴教學)의 성립과 전개를 이해하고자 할 때, 제3조로 꼽히는 현수대사 법장(法藏, 643~712)의 사상을 분수령으로 볼 수 있다고 생각된다. 곧 연대적인 측면에서 말하자면, 북위(北魏) 시대로 소급되는 지론학파(地論學派)의 성립에서 기원하여 두순(杜順), 지엄(智儼)을 거쳐 법장에 이르러 대성된, 이른바 화엄교학의 '건설기'와 법장으로부터 징관(澄觀), 종밀(宗密)로 전개되는 '변용기'라고도 할 수 있는 시대의 두 측면인 것이다. 그것은 바꿔 말하자면, 온갖 선구적 사상을 정리 · 통합하여 하나의 독립된 사상을 만들어 가는 과정과 일단 완성된 것이 다른 것과의 관계 속에서 외견적인 양식을 변모시켜 가는 과정이라고 할 수 있을 것이다. 본서는 그러한 화엄교학의 역사에서 전자의 시대, 곧 창조로부터 완성에 이르는 흐름 속에서 무엇을 가지고서 화엄교학의 독립으로 삼은 것인지, 그리고 불교사상에서 화엄교학이란 무엇을 어떻게 밝힌 것인지를 해명하고자 하는 것이다. 한층 구체적으로 말하자면, "법장에 의해 『화엄경(華嚴經)』을 근거로 하는 화엄교학이 대성되었다"라고 일반적으로 말해지고 있지만, 그 내용을 음미해 보면, [실은] 북방에서는 북위 이래 일관되게 『화엄경』 연구가 성행하였고 많은 주석서가 저술되고 있었던 것이다. 따라서 법장이

『화엄경』을 근거로 하였다는 말의 의미를 그들의 『화엄경』 연구의 직선적인 연장 위에 놓고서 생각한다면, 그것은 지론교학의 미저골(尾骶骨)은 될지언정 본질적인 의미에서는 '화엄교학의 독립'이 될 수는 없다. 이제 이 점을 다소 중국불교사에서나 쓰는 어법으로 표현하자면, 다음과 같아질 것이다. "북위 이래 일관되게 지론학파에서는 『화엄경』을 계속 연구해 왔는데, 그것들과는 본질적으로 다른 『화엄경』 연구의 전개가 없다면 화엄교학의 독립은 있을 수 없다."

이러한 관점에 관심이 이를 때 법장이 자저(自著)인 『화엄경전기(華嚴經傳記)』에 보인, 스승 지엄에 대한 견해는 바로 이러한 과제에 대한 하나의 돌파구처럼 생각된다.

> 곧 그 절의 지정(智正) 법사 아래에서 이 경을 청수(聽受)하니, 구문(舊聞)을 보긴 했지만 항상 새로운 뜻을 품고 염량(炎涼)을 빨리 바꾸고자 하였다. 아직 의심스러운 것을 깨뜨리지 못하였기에 이내 두루 장경(藏經)을 열람하고 온갖 풀이를 검토하고 찾았다. 광통(光統) 율사의 문소(文疏)에 이르러 수진(殊軫: 다른 것)을 약간 열었으니, 이른바 '별교일승(別教一乘) 무진연기(無盡緣起)'이다. 흔연히 상회(賞會: 맛보고 이해함)하니, 거칠게나마 모목(毛目: 가죽옷의 털과 그물코)을 알게 되었다. 뒤에 낯선 승려가 와서 만나니 이렇게 말하였다. "그대가 일승의 뜻을 이해할 수 있기를 바란다면 저 십지 중의 육상의 뜻을 삼가 가벼이 여기지 말라. 한두 달 사이에 [몸과 마음을] 거두어 그것을 조용히 생각하여 마땅히 스스로 알아야 할 것이다." 말을 마치자 홀연 [모습을] 나타내지 않았다. 엄(儼: 지엄)은 한동안 놀라고 두려워하였다. [그 일로] 인하여 도연(陶研: 연구)하여 여러 달을 채우지 않

고서 이에 크게 깨달았다. 마침내 입교분종(立敎分宗)하여 이 경의 소(疏)를 지었으니, 그때 27세였다.

即於當寺, 智正法師下, 聽受此經. 雖閱舊聞, 常懷新致, 炎涼亟改. 未革所疑, 遂遍覽藏經, 討尋衆釋. 傳光統律師文疏, 稍開殊軫, 謂別教一乘, 無盡緣起. 欣然賞會, 粗知毛目. 後遇異僧來, 謂曰, 汝欲得解一乘義者, 其十地中, 六相之義, 慎勿輕也. 可一兩月間, 攝靜思之. 當自知耳. 言訖忽然不現, 儼驚惕良久, 因則陶研, 不盈累朔, 於焉大啟. 遂立教分宗, 製此經疏, 時年二十七. (大正51.163c)

밑줄 그은 '이 경의 소'란 『대방광불화엄경수현분제통지방궤(大方廣佛華嚴經搜玄分齊通智方軌)』(大正 35권에 수록됨, 통칭 '『搜玄記』')라고 생각되므로, 법장은 스승인 지엄이 『수현기』를 저술한 것을 가지고서 '입교분종'이라고 파악하고, 거기에 나타낸 내용을 '별교일승 무진연기'라고 이해한 셈이 된다. 이는 법장의 관점이므로 지엄 자신의 사상이 그렇게까지 정리된 것이었는가 아닌가는 이제부터 검토하겠지만, 어느 편이 되었건 법장은 지엄의 『수현기』 집필을 그러한 것으로서 파악하고 있는 것이다. 법장의 사상에서 '교(敎)'라든가 '종(宗)'이라든가 하는 단어가 사상적으로 중요한 의미를 가진 것임을 고려한다면, 이 "교를 세우고 종을 나눈다"라는 표현의 배후에 있는 법장의 의도를 미루어 알 수 있다. 곧 법장은 『수현기』를 화엄교학 출발의 책이라고 생각하고 있었다고 할 수 있을 것이다. 이러한 관점은 법장이 대성(大成)시켰다고 일컬어지는 화엄교학의 근본에 대하여 중대한 점을 시사하는 것이다. 무엇을 화엄교학의 성립으로 삼는가 하는 것에 대해 명확한 관점을 가지지 않는 한, 화엄교학의 독립도 대성도 있을 수 없기 때문이다.

법장의 지엄에 대한 관점이 이러한 특질을 가진 것이라면, 바로 지엄에게서 『수현기』의 집필은 그때까지의 지론종(地論宗) · 섭론종(攝論宗)과의 결별이었다고 볼 수 있을 것이다. 달리 말하자면, 지엄의 『수현기』에는 그 이전의 지론종 · 섭론종의 교학을 다양하게 받아들인 모습을 볼 수 있다고 하더라도, 전체로서의 주장은 그것들과 차원을 달리하는 것이라는 점이 성립해야 하는 것이다.

이러한 관점에 서서 지엄의 사상을 볼 경우, 수(隋)부터 초당(初唐) 시기에 중국 불교사상의 흐름 속에서 그것은 어떠한 위치에 있는 것이었는가, 그 점을 밝히는 것이 본서의 목적이다. 이 점에 관하여 지엄과 동시대에 거의 같은 지역에서 활동한 도선(道宣)이 두순의 제자로서 지엄의 이름을 들고 있는 점,[1] 그리고 지엄을 평하여 "화엄과 섭론을 심상(尋常: 항상) 강설하였다"라고 말한 점[2]은 매우 참고가 된다고 생각된다. 본서는 이러한 문제점을 명확히 하고자 법장이 [『화엄경전기』에서] '별교일승 무진연기'라고 표현하고 있는 『수현기』의 설에 관하여 편의상 '별교일승'이라는 관점과 '무진연기'라는 관점에서 고찰해 가고 싶다.

먼저 현존하는 지엄의 저작에 관하여 한마디 하고자 한다. 지엄의 저서에 관해서는 이미 선행 연구에 의해 충분히 고찰이 되어 있으므로 본서는 그것을 근거로 삼는다.[3] 그것에 의하면 여러 경록(經錄)에 20부의 명칭을 볼 수가 있는데, 현존하는 것으로는 다음

1) 『續高僧傳』 卷25, 「法順傳」(大正50.654a).

2) 大正50.654a.

3) 이 점에 관해서는 키무라 키요타카(木村清孝)의 『初期中国華厳思想の研究』(春秋社, 1977), pp. 388~406에 상세한 논고가 있다.

의 5부를 들 수 있다.

(1) 『대방광불화엄경수현분제통지방궤』 10권(약칭 '『수현기』', 大正 35권 수록)
(2) 『화엄일승십현문(華嚴一乘十玄門)』 1권(承杜順說, 大正 45권 수록)
(3) 『화엄오십요문답(華嚴五十要問答)』 2권(大正 45권 수록)
(4) 『화엄경내장문등잡공목(華嚴經內章門等雜孔目)』 4권(약칭 '『공목장』', 大正 45권 수록)
(5) 『금강반야바라밀경약소(金剛般若波羅密經略疏)』 2권(大正 35권 수록)

본서는 지엄의 사상 형성을 [연구] 과제로 하므로 저작의 진위·제작 순서 등에 관해서 한마디 하고자 한다. 이 가운데 『일승십현문』에 관해서는 두순의 설을 의심하는 의견, 지엄의 찬(撰)을 의심하는 의견, 완전한 위작이라고 보는 의견 등이 제출되었는데, 현재 일반적인 의견은 현존하는 것을 전부 지엄의 저작으로 보는 것은 불가능하지만, 기본적인 내용은 지엄의 사상이라고 생각해도 지장 없다고 보는 것이다.[4] 또한 뒤에 언급될 것처럼, 본서의 검토 대상이라고 할 수 있는 몇 가지 용어 및 그 사상적 배경에 관하여 『일승십현문』과 『수현기』는 동일한 기반에 서 있는 것이라고 생각할 수 있다. 따라서 이 점으로부터도 저 결론을 수긍할 수 있다. 본서의

4) 石井公成, 『華厳思想の研究』(春秋社, 1996), 제1부 제2장 제3절 「『一乘十玄門』の諸問題」 참조.

문맥에서 말하자면 『금강반야바라밀경약소』를 제외한 4부에 관해서 검토를 가해야 하며, 그것들은 서로의 인용으로부터 『수현기』, 『십현문』, 『오십요문답』, 『공목장』의 순으로 찬술되었음은 명료하다.

그래서 본서에서는 우선 제1장과 제2장에서 『화엄경』이 별교일승이라고 이해된 배경과 내용에 관하여 고찰한다. 제1장은 지엄에 이르는 지론교학의 교판(教判)사상을 정리하여 『화엄경』이 일승이라고 풀이된 의미를 밝힌다. 곧 지엄은 교학적인 전통에서는 지론남도파라고 말해지는 지상사(至相寺) 지정(智正)의 제자이므로 우선 지엄의 사상의 배경을 밝힌다. 제2장에서는 법장이 '별교일승'이라고 칭하는 말의 원의(原意)를 찾아 밝혀 지금까지의 통설의 오해를 바로잡고 싶다.

다음으로 제3장부터 제5장에서 『화엄경』의 소설(所說)이 '무진연기'라고 말해진 의미를 밝힌다. 제3장은 중국에서 '연기'사상이 정착[된 과정]과 지론교학에서 연기 이해가 착종(錯綜)된 원인을 밝힌다. 제4장은 이후의 화엄교학, 특히 법장에게 큰 영향을 끼친 진제(眞諦) 역 『대승기신론(大乘起信論)』의 교설의 중심을 밝혀서 갖가지 이의(異義)가 제창되어 있는 『기신론』에 대한 본서의 견해를 밝힌다. 제5장은 제4장의 검토에 의해 얻어진 『기신론』의 중심사상에 기초하여 후기 지론학파의 착종된 교리들의 문제점을 밝힌다. 나아가 '법계연기(法界緣起)'라는 용어가 후기 지론학파에서도 많이 쓰였다는 점에 착안하여 그 내용을 밝혀서 지엄 · 법장으로 전개되는 획기적인 지점을 밝힌다.

다음으로 제6장과 제7장에서는 화엄교학의 획기적인 사상을 '법계연기'로 파악하고, 그것이 어떻게 형성되었는가를 지엄 · 법장에 이르는 과정과 관련하여 사상사적으로 밝힌다. 제6장은 지엄의 『수현기』가 세친(世親)의 『십지경론(十地經論)』에 설해진 육상의 학설을 깊이 추구한 결과라는 말의 의미와 법계연기사상이 「십지품」 제6 현전지에서 설해진 의미를 밝힌다.

제7장은 법장의 여래장(如來藏) 이해가 어떻게 진전되었는지를 더듬어 가고, 『기신론』이 왜 법장에게 큰 의미를 가졌는가 하는 점을 밝힌다.

마지막으로 결장(結章)에서는 '이(理)'와 '사(事)'에 의해 설해진 법장의 법계연기설의 형성 과정을 밝혀서, 그것이 두순을 거친 지엄의 사상이 심화된 것이라는 점을 명확히 하여 본서의 결론으로 삼는다.

그리고 지엄 자신의 전기와 저작에 관해서는 이미 정리된 선행 연구가 존재하므로 본서에서는 기본적으로 그것에 따른다. 또한 논지의 전개상 불가결한 저작에 관해서는 명칭과 개요를 아래에 나타낸다.

(1) 『대방광불화엄경수현분제통지방궤』 10권

[이 책은 지엄이] 지상사 지정 아래에서 수학할 때 혜광의 『화엄경소』에 의해 『화엄경』의 본질에 눈뜨고 뒤에 『십지경론』의 육상설을 연구하여 '입교분종'하여 27세가 되던 때에 찬술한 것이라고 법장은 전한다. 불타발타라(佛陀跋陀羅)가 번역한 60권 『화엄경』에 대한 주석으로서, 경전 전체를 「성자의 근기에 임하는 덕량(德量)의 유치(由致)를 찬탄하다」, 「장섭(藏攝)의 분제(分齊)를 밝히

다」, 「가르침의 아래에 소전(所詮: 설명되는 것)인 종취(宗趣)와 능전(能詮: 설명하는 것)인 교체(敎體)를 밝히다」, 「경의 제목을 풀이하다」, 「경문을 나누어 해석하다」의 5문으로 나누어 해석한다. 하나하나의 [『화엄경』] 경문에 따라 전체를 해석하는 주석서로는 현존하는 최고(最古)의 것이다.

(2) 『화엄일승십현문』 1권

지엄이 두순의 사상을 계승하여 찬술한 화엄사상의 교학서이다. 전반과 후반의 2부로 이루어졌으며, 전반은 화엄의 연기론을 서술하는 관점으로서 동체(同體) · 이체(異體)를 제시하고, 그것들을 '일(一) · 다(多)'의 관계를 중심으로 논리적으로 서술한다. 후반은 그것을 열 개의 다른 관점에서 밝히고 있다. 이 10문을 '십현연기'라고 뒤에 칭한다. 사상 내용에 관해서는 두순과 지엄의 관계가 명료하지 않으므로 지엄의 진찬(眞撰)인지 의심하는 의견도 있지만, 사상적으로는 『수현기』와 겹친다.

(3) 『화엄오십요문답』 2권

지엄이 『화엄경』의 갖가지 과제를 53개의 문답에 의해 밝힌 것이다. [이 책에서 그는 어떤] 교설의 받아들임을 소승 · 삼승 · 일승의 관점에서 밝히고, 『화엄경』이 일승교(一乘敎)라는 말의 의미를 명확히 하고자 한다. 내용은 극히 달의(達意)적이며, 현장이 번역한 경론들을 사용하는 점에 특징이 있다.

(4) 『화엄경내장문등잡공목』

『오십요문답』을 더욱 발전시킨 내용을 가지고 있다. 서명(書名)에 나타나 있는 것처럼, 텍스트로서의 60권 『화엄경』에 보이는 설들을 축으로 하여, 대승불교의 사상 전체를 갖가지 관점에서 충분히 완전하게 논하여 『화엄경』이 일승교로서 특별한 의미를 지니고 있음을 밝히려는 의도를 가진다. 이 책에는 지엄의 최종적인 사상이 표현되어 있다고 볼 수 있다.

제1장
화엄일승사상의 배경

제1절 지론종 교판사에서 본 지엄의 교학

1. 들어가는 말

중국에서 화엄교학이 현수대사 법장(法藏)에 의해 대성(大成)되었다고 판단됨은 오늘날 중목(衆目)이 인정하는 바이다. 법장의 저 화엄교학을 구성하는 갖가지 요인에 관해서는 오늘날 다방면에 걸친 연구 성과도 제시되어 있는데, 그것들은 크게 세 종류로 나눌 수 있다. 곧 첫째는 현장(玄奘) 및 자은(慈恩)대사 기(基) 등에 의한 유식교학의 융성에 수반하는 영향이라는 측면이다. 두 번째는 그들의 신불교(新佛教)의 영향까지도 함께 받아들이면서 전개한 신라 화엄교학자와의 교섭이다. 법장이 평생 의상(義湘)에 대하여 동문 선배로서 예를 취하고 경의를 표하였음은 문헌적으로도 실증되는 바이며,[1] 신불교와의 접촉이라는 점에서 원효(元曉)에게서 모범을

---

1) 『원종문류(圓宗文類)』 권22에 「현수국사기해동서(賢首國師寄海東書)」(卍續1.2.8.42右下~左上)가 수록되어 있다. 이것은 법장이 같은 지엄 문하의 신라 선배인 의상에 대하여 보낸 서간(書簡)이다. 그것에 의하면, 법장은 자기 저서를 의상에게 보내어 자신의 화엄학 이해에 대한 검증을 구하고 있다. 또한 이 서간에 관해서는 사카모토 유키오(坂本幸男)의 「賢首大師の書簡について」(『大乗仏教の研究』, 大同出版社, 1980), 칸다 키이

취한 것이 틀림없이 많았을 것이다.2) 세 번째는 말할 것도 없이 스승 지엄(智儼) 사상의 계승과 전개라는 점이다. 이 지엄 사상의 계승과 전개에 관해서는 서장에서 서술한 것처럼 지엄의 입교분종(立教分宗)이라는 문제가 있다. 요컨대 법장은 무엇을 화엄교학으로 생각하고, 그것을 어떻게 전개시키고 있는가 하는 문제이다. 그 때문에 본 장에서는 지엄 이전의 중국의 불교사상이 어떻게 '별교일승(別教一乘)'으로 통합되었는가 하는 문제를 해명하기 위해 지엄 이전의 중국불교, 특히 교판(教判)사상에 초점을 맞춰 고찰하기로 한다.

중국의 불교사상사에서 가장 눈에 띄는 특징을 보이는 것이 수(隋)나라부터 당대(唐代)에 걸친 [시기였음은] 두말할 것 없다. 본서의 직접적 연구 대상인 화엄교학도 바로 그러한 시대에 태어났다. 그렇지만 그러한 특색 있는 불교의 중국적 사유가 아무런 밑바탕도 없는 곳에 어느 날 갑자기 출현할 리는 없다. 남북조 시대의 불교 연구는 결과적으로 바로 그러한 수·당 불교의 밑바닥을 정비

치로(神田喜一郎)의 「唐賢首大師眞蹟「寄新羅義湘法師書」考」(『神田喜一郎全集』 卷2, 同朋社, 1983) 등 참조.

2) 법장의 사상 형성에서 담당한 원효의 역할에 관해서는, 예컨대 법장의 『기신론의기(起信論義記)』가 원효의 『소(疏)』에 기초하여 저술된 것임은 종래 지적받은 바이다(吉津宜英, 「法蔵の四宗判の形成と展開」, 『宗教研究』 53卷 1輯, 1979 참조). 또한 원효의 『이장의(二障義)』가 법장의 『오교장』 「단혹분제(斷惑分齊)」에 영향을 주었다는 지적도 있다(横超慧日, 「元暁の二障義について」, 『東方學報』 東京第11冊, 1940 참조). 그 밖에 『십문화쟁론(十門和諍論)』이 『오교장』의 공유교철(空有交徹)사상과 깊은 관계가 있는 것은 아닌가 하는 논고도 있다(鎌田茂雄, 「『十門和諍論』の思想歴史的意義」, 『仏教学』 11号, 1981 참조).

하게 된 것이다.

동진(東晉)부터 유송(劉宋) · 소제(蕭齊)를 거쳐 양(梁)에 이르는 남조의 불교 연구는 그 근본에 반야학을 두면서, 『유마경(維摩經)』, 『법화경(法華經)』, 『열반경(涅槃經)』, 『화엄경(華嚴經)』이라는 여러 대승 경전의 모순 없는 이해를 목표로 하여, 불교를 종합적으로 이해하는 경향이 있었다. 한편 5호16국 이전의 북조에서는 이민족에 의한 흥망을 반복하고 있었고, 불교 교리의 체계적 연구가 진전하는 그러한 상황은 아니었다. 그러한 시대에 수용될 수 있는 것이라면, 신승(神僧)에 의한 기서(奇瑞)의 부류이고, 실제로 『고승전(高僧傳)』 등을 통해서도 북조에서는 불교가 그러한 것으로서 받아들여졌음을 엿볼 수 있다.3)

북조의 경우 그러한 이민족의 흥망을 최종적으로 통일한 것은 북위(北魏)이고, 5세기 후반부터 6세기에 걸친 북방의 불교 연구는 여러 의미에서 북위 왕조의 세력 아래에서 이루어지게 된다. 원래 화북의 땅은 민족종교로서 발전한 도교와 인연이 깊은 지역이며,

---

3) 그 대표적인 예를 북량(北涼)의 위대한 번역 삼장인 담무참(曇無讖)의 생애에서 볼 수 있을 것이다. 담무참이 성취한 위대한 업적에 관해서는 여기에서 운운할 필요도 없을 정도로 명확하지만, 『고승전』의 「담무참전」에 의하면 담무참은 도술에 징험함이 있는 것으로 세상에 알려져 있던 것 같다. 북량의 왕 저거몽손(沮渠蒙遜)이 불교에 귀의한 것도 그 때문이었다고 한다. 그 소문은 북위의 태무제(太武帝) 탁발도(拓跋燾)에게도 알려져서 [그는] 담무창을 초청하여 맞이하고자 하였다. 그 때문에 음으로 양으로 가해진 강렬한 압력을 견디기 어려웠던 몽손은, 홍법(弘法)을 위하여 서행(西行)하고자 한 담무참을 암살하고 말았던 것이다(『高僧傳』 권2, 大正50.335c~337a).

5호 16국 시대에는 불도징(佛圖澄)이나 도안(道安) 등 뛰어난 지도자나 구마라집(鳩摩羅什) 등 탁월한 번역삼장의 활약도 있었고, 불교도 성행하고 있었다. 따라서 이민족 지배자라는 입장에서는 불교와 도교 2교를 융화적으로 활용할 필요가 있었다. 이러한 가운데 불교 교단의 팽창과 승려 생활의 문란함 등이 원인이 되어 태무제(太武帝)에 의한 폐불(廢佛)이 단행되었다(446). 그 후 문성제(文成帝)에 의한 복불(復佛) 등을 거쳐(452) 북위 사회가 참다운 의미에서 불교 연구에 몰두하기 시작한 것은 효문제(孝文帝)에 의한 낙양 천도(太和 18년, 494) 이후이다. 그것은 한인(漢人) 쪽에서 말하자면, 오랫동안 표면상으로는 단순히 이민족 통합의 도구로밖에 취급되지 않았던 불교를 차차 그 본래의 의미로 되돌려 정면에서부터 연구하는 것을 허용받았다는, 달리 말해 공적인 힘을 빌려서 그 [연구의] 실행이 가능하게 되었다는 의미를 가진다.

그리고 남조와 같이 동진 이후 연면히 이어져 온 반야학을 중심으로 하는 불교 연구의 역사가 없었던 북방에서는 이 시대에 이르러 마침내 구마라집(鳩摩羅什)의 위대한 업적에 주목하기 시작했던 것이다. 이 점은 효문제에 의해 라집에 대한 추선(追善)이 실시되었다는 사실에 단적으로 나타나 있다.[4] 원래 현학(玄學)과 청담(淸

4) 『위서(緯書)』「석로지(釋老志)」, 권114에는 "태화(太和) 21년 5월 조서를 내려 다음과 같이 말하였다. '라집 법사는 신(神)은 5재(才)를 넘어서고, 뜻은 4행(行)에 들었다고 할 만한 사람이다. 지금 상주(常住)하고 있는 절에도 유지(遺地)가 있다. 기꺼이 자취를 거두며 정(情)은 아득히 깊다. [그를] 위하여 옛 처소에 3층의 부도를 세워야 한다.'[二十一年五月, 詔曰, 羅什法師, 可謂神出五才, 志入四行者也. 今常住寺猶有遺地, 欽悅修蹤,

談)이라는 사고 기반이 없었던 북방에서 라집의 사상을 연구하게 되면 『반야경(般若經)』이나 『법화경』 등보다는 『지도론(智度論)』, 『십주비바사론(十住毘婆沙論)』, 『십주경(十住經)』 등에 초점이 고정되어 갈 것임은 쉽게 상상할 수 있다. 특히 실천 수도를 중시하는 북방의 경향을 고려하면, 『십주경』이나 『십주비바사론』이라는, 보살의 수도 체계를 밝히는 경론이 강한 관심을 받으면서 연구되었을 것임은 상상하기 어렵지 않다. 그리고 그때 『십주비바사론』이 미완성이었던 것은 불교도들에게는 틀림없이 통한(痛恨)의 일이었을 것이다.

이러한 상황은 6세기 초두(初頭)에 보리류지(菩提流支), 늑나마제(勒那摩提), 불타선다(佛陀扇多)라는 '입락삼장(入洛三藏)'을 맞이함으로써 일변(一變)한다. 그들이 낙양에 들어오자마자 가장 먼저 번역에 몰두한 것이 세친(世親)의 『십지경론(十地經論)』이고, [그것이] 역출(譯出)되자마자 금세 시대를 석권할 것 같은 기세로 받아들여진 것은 바로 그러한 북위 불교계의 구체적인 상황을 말해주는 것으로 보인다. 그리고 이 시대를 대표하는 불교도가 혜광(慧光=光統律師)이다. 곧 그는 『십지경론』의 번역 및 그것에 관련되는 지론학파의 성립과 관련하여 극히 중요한 역할을 담당한 인물이다. 그리고 지론학파는 지엄의 시대에 이르기까지 짧게 잡아도 100년 이상 동안 전개를 계속하여 갖가지로 불교 연구가 이루어져 그것 나름의 성과를 얻었음에 분명하다. 그럼에도 불구하고 서장에서 언급한 것처럼, 지엄은 『화엄경』을 이해할 즈음에 혜광으로 거슬러 올라가 [그를] 그 법식(法式)으로 삼아야 했던 것이다. 그것은 대

情深遐遠. 可於舊堂所, 爲建三級浮圖]"라고 되어 있다.

체 무엇 때문이었을까? 이 점을 밝히는 것이 본 장의 목적이다.

지론학파의 성립 및 전개를 거쳐 화엄교학으로 [나아가는] 그 흐름 가운데에는 확인해야 할 요소가 많이 존재한다. 그렇지만 지론학파에 속한 사람들의 수많은 저작 대부분이 산일(散佚)한 오늘날은 그 흐름을 하나의 테마를 가지고서 일관되게 검토하기에는 너무나도 재료가 부족하다. 그래서 본 장에서는 혜광으로부터 지엄에 이르는 기간을 거의 일관되게 개관할 수 있는, 유일하다고도 할 수 있는 테마에 의해 고찰하기로 하였다. 그것은 '교상판석사상의 전개'라는 관점이다. 그 가운데에는 엄밀한 의미에서는 '교판'이라고 부를 수 없는 것도 포함되어 있지만, [이러한 관점은] 요컨대 불교관의 전개를 의미한다. 교판은 중국의 불교도들의 입장에서 스스로의 불교 이해를 가장 단적으로 나타내는 것이다. 따라서 후대의 불교도처럼 [그들은] 그 천명에 임해서는 신중을 기하였고, 과거의 여러 설들을 갖가지로 아울러 들고서 그것들의 하나하나에 우선 비판을 가하고, 그런 다음에 자신의 의견을 제출하는 식의 구성을 취하는 경우가 많다. 그것들 가운데에 본 장에서 직접 고찰의 대상으로 삼아야 할 사람들의 사상 대부분이 소개되어 있다. 그것들을 주워 모아 지론학파의 불교 이해의 발자취를 음미하고, 그 가운데 지엄이 골라서 취한 것의 내용과 그 선택의 필연성에 관하여 밝히고자 한다.

2. 지론종의 성립에 관한 문제들

중국의 불교 이해가 전개[되는 과정]에서 남북조 시대는 그 완성기인 수 · 당대의 중요한 기초를 닦는 역할을 완수했다고 할 수 있다. 특히 북위의 불교는 천태, 화엄, 선, 정토 등 가장 중국적인 불교가 성립하기 위한 모태가 되었음은 이미 여러 선학(先學)에 의해 누누이 지적되어 온 바이다.5) 본 장은 그들의 성과에 입각하여 혜광이 활약한 시대의 상황을 새로이 정리하는 데에 의도가 있다. 그것은 혜광이라는 한 사람의 불교도가 북위 불교에서 어떠한 역할을 완수했는가 하는 과제를 생각하기 위한 기초가 되는 것이다. 그리고 이 점은 화엄교학의 성립에 관하여 특히 중요한 의미를 지닌 지엄의 『수현기(搜玄記)』가 오로지 혜광의 『화엄경소(華嚴經疏)』를 힌트로 하여 써진 것이라고 법장이 전하고 있는데, 이것이 무슨 의미인지 생각할 때 빠뜨릴 수 없는 관점이라고 생각된다.

1) 지론종에 관한 통설적 관점

북위 불교의 사상적인 특징은 『십지경론』의 역출을 계기로 하여 거의 결정되었다고 말해도 과언이 아닐 것이다. 저 『십지경론』 역출에 즈음하여 갖가지 문제가 존재했다는 점에 대해서는 다른 문제와도 관련하여 나중에 일괄하여 언급하기로 하고, 지금 여기에서는 직접 언급하지 않기로 한다. 이 점에 관하여 오늘날의 일반적인 이해에 따르면, 그러한 갖가지 문제는 결과적으로, 지론종이 조직될 때에 즈음하여 남 · 북 2파로 분열시키는 형태로 수렴되어 있었다

---

5) 이러한 성과의 하나하나에 관해서는 열거할 여유가 없지만, 종합적인 논고로서 대표적인 것으로는 오쵸 에니치(横超慧日) 편, 『北魏仏教の研究』(平楽寺書店, 1970)를 들 수 있다.

고 한다.[6] 이 점에 관해서 이제 조금 상세히 말하자면, 『십지경론』의 역출에 즈음하여 늑나마제와 보리류지 사이에 (가)'삼계유심(三界唯心)'의 이해에 관해서 법성의지(法性依持)·아리야식의지(阿梨耶識依持)의 논쟁이 있으며, (나)늑나마제의 사상은 혜광에게 계승되어 남도파가 되고, 보리류지의 사상은 도총(道寵)에게 계승되어 북도파를 형성하여 서로 크게 논쟁하였다는 것이다. 그리고 그 두 계파는 그 후 남도파는 화엄종으로 발전·해소되어 버리고, (다)북도파는 담천(曇遷)에 의하여 『섭대승론(攝大乘論)』이 북지(北地)에 전파됨에 따라 섭론종으로 흡수·합병되어 두 계파 모두 그 사상적 사명을 마치게 되었다고 말해진다. 이러한 말들의 사실 여부에 관해서는 종래에 그다지 음미하지 않았지만, 그것에 관해서는 상당히 의심스러운 여러 문제가 존재한다는 점도 부정할 수 없다. 따라서 그 문제들에 관해서 약간 고찰해 보고자 한다.

2) 통설의 모순점

(1) (가)의 문제

지론종의 남북 분파는 늑나마제와 보리류지의 사상적 상위(相違)가 원인이라고 하는데, 과연 그러할까? 이러한 설들의 근거가 된 것은 『십지경론』의 역출에 관한 『역대삼보기(歷代三寶記)』의 기술

---

6) 예컨대 『中国仏教史辞典』(鎌田茂雄 編, 東京堂出版, 1981), p. 177의 「地論学派」 항 등이 가장 대표적인 예이다.

(大正49.86b) 및 『속고승전(續高僧傳)』의 「보리류지전(菩提流志傳)」[7], 「도총전(道寵傳)」[8] 등의 기술이다. 따라서 우선 보리류지와 늑나마제의 관계에 관해서 음미하는 것부터 시작하고자 한다.

보리류지와 늑나마제라는, 출신지를 달리하는 두 사람의 인도 삼장이 북위의 수도 낙양에 온 것은 기이하게도 같은 해인 북위의 영평(永平) 원년(508)의 일이었다.[9] 때는 마침 세종(世宗) 선무제(宣武帝)에 의한, 북위 후반의 초기에 상응하는 낙양 문화의 난숙기(爛熟期)이다. 곧바로 이 두 사람은 새로 들여온 경론의 역출을 역출하라는 요청을 받았고, 국가사업으로서 『십지경론』 역출이 개시되었다. 그 후 보리류지는 북위의 동서 분열을 거쳐 동위의 수도인 업(鄴)으로 활약 장소를 옮기면서 동위 효정제(孝靜帝)의 천평(天平) 2년(535)까지 역경 활동에 종사했음이 알려졌지만, 몰년(沒年)은 불상(不詳)이다. 한편 늑나마제는 『속고승전』에 의하면, 선무제의 명에 의해 『화엄경』을 강의하다가 졸(卒)했음이 기록되어 있으므로 선무제의 재위 중에 사망했다고 생각된다. 선무제의 재위는 연창(延昌) 4년(515)까지이므로 늑나마제는 늦어도 연창 4

---

7) 『續高僧傳』 권1(大正50.428a~).

8) 『續高僧傳』 권7(大正50.482b~).

9) 『속고승전』 권1의 「보리류지전」에 의하면 보리류지가 '영평 초년(初年)'에 입락(入洛)했음(大正50.428a)과 늑나마제가 '정시(正始) 5년'에 입락했음(同.429a)을 기록하고 있다. 이러한 기술은 『역대삼보기』 권9(大正49.86b)에도 있다. 또한 늑나마제에 관해서는 그것보다 약 10년 이른 시기에 이미 입락했다고 하는 자료도 있다. 이 문제에 관해서는 마키타 타이료(牧田諦亮)의 「宝山寺霊裕について」(『東方学報』 京都36冊, 1964) 참조.

년이 되어서는 사망했다고 생각된다. 이에 따르면 늑나마제의 역경 활동은 오래 잡아도 508년부터 515년까지의 7년에 지나지 않았다는 말이 된다.

이러한 사실들을 근거로 하여 다시 『십지경론』의 역출에 관해서 생각해 보자. 오늘날 우리가 접하는 『십지경론』이 과연 어떠한 곡절을 거쳐 현재에 이르렀는가 하는 점에 관해서는 극히 불명료한 부분이 많다. 게다가 번역에 관해서는 현행의 『십지경론』은 대정[신수대]장경 등에 의하면 그 찬호(撰號)에 "천친보살 조, 후위 보리류지 **등** 역(天親菩薩造 後魏菩提流支**等**譯)"[10] (강조 필자)이라고 되어 있어서 보리류지를 비롯한 복수의 역자에 의해 번역되었음을 상상하게 한다. 그 점에 관해서는 현재 다음의 세 가지 학설이 있다.

(1) 늑나마제·보리류지·불타선다의 3인 공역설: 『십지경론』「시중 최광 서(侍中崔光序)」(大正26.123b)
(2) 3인(위와 같음) 별역설(別譯說): 『속고승전』 권1, 「보리류지전」(大正50.428b)
(3) 늑나마제·보리류지 2인 별역설: 『속고승전』 권7, 「도총전」(大正50.482b)

이들 가운데 별역설을 주장하는 사람은 현행본 『십지경론』은 저들 중 누군가가 역출한 것이 단독으로 유포된 것이라고 생각하거나 복수 역본의 후인합유설(後人合糅說)을 취하게 된다. 따라서 그 경

10) 大正26.123b.

우 합유한 사람을 누구로 삼는가가 큰 문제가 된다. 또는 2인 혹은 3인 별역이라고 생각함으로써 각각의 번역 삼장의 사상적 기반이 상위함이 문제가 되기에 이르는 것이다. 그렇지만 이 세 가지 학설은 어느 쪽이든 최종적인 결정성을 결(缺)하고 있다. 지금 여기에서 문제로 삼아야 할 보리류지와 늑나마제의 관계에 대해서도 『십지경론』의 역출 상황 및 그 내용에 의해 해명하는 것은 불가능하다. 이미 선학(先學)이 지적한 것처럼[11] 『십지경론』의 본문 중에는 '자성청정심(自性清淨心)'이라는 용어도, '아리야식(阿梨耶識)'이라는 용어도 산견(散見)될 뿐이며, 그것들이 삼계유심과 관련하여 조직적으로 서술된 듯한 기술(記述)을 보는 것은 불가능하다. 따라서 『십지경론』 자체가 역출 당시의 시대에 사회 속에서 얼마나 중요한 역할을 했는가 하는 것은 별도의 문제로 치더라도, 이 가운데에서 보리류지의 사상과 늑나마제의 사상을 나누어 고찰하는 것은 불가능하다.

그렇다면 다음으로 역출 당시에 가장 가까운 경록인 『보창록(寶唱錄)』(518), 『이곽록(李廓錄)』(520경) 등의 기사를 전하는 『역대삼보기』의 설[12]에 따라서 가설적으로 늑나마제와 보리류지 두 사람이 서로 대립하고 있었다고 한다면, 어떠한 문제가 발생하는가를 검토해 보자.

최광의 『십지경론』 「서」에 따라 그 역출을 영평 4년(511)이라고

---

11) 鍵主良敬, 「十地経論における阿梨耶識と自性清浄心—地論宗心識説成立基盤への一考察—」(『大谷学報』 44巻 4号, 1965) 참조.

12) 『歷代三寶記』 권9(大正49.85c~86b).

생각할 경우, 늑나마제의 몰년이 늦어도 연창 4년(515) 아래로는 내려가지 않는다고 생각할 수 있으므로 이 4~5년 사이에 『구경일승보성론(究竟一乘寶性論)』을 비롯한 다른 번역을 완료했다고 생각해야 한다. 한편 보리류지는 『역대삼보기』에 의하면,[13] 그 사이에 다음과 같은 유가유식학(瑜伽唯識學)에 관한 중요한 경전을 번역하였음을 알 수 있다.

『입능가경(入楞伽經)』 10권, 연창 2년(513) 역출
『심밀해탈경(深密解脫經)』 5권, 연창 3년(514) 역출

이 사이 보리류지와 늑나마제의 번역 경론을 대비하면, 법성의지와 아리야식의지의 논쟁이 있었다고 하는 후대의 견해에 극히 유력한 자료를 제공하게 된다. 곧 『십지경론』을 분수령으로 하여 늑나마제는 그 책에 포함된 문제점을 『구경일승보성론』의 번역이라는 형태로 명확히 하고, 한편 보리류지는 『능가경』을 거쳐 『심밀해탈경』의 번역이라는 형태로 밝혔다고 하는 견해이다.

확실히 이 사이의 보리류지의 역경의 전개에는 하나의 방향성이 있는 것처럼 생각된다. 곧 『십지경』에 의해 "삼계허망 단시일심작(三界虛妄 但是一心作)"[14]이라고 제시된 '일심(一心)'의 이해는 10권 『능가경』에 이르면 다음과 같이 나타내게 된다.

---

13) 『歷代三寶記』 권9(大正49.85c).
14) 『十地經論』 권8(大正26.169a).

적멸이란 이름하여 '일심'이라 한다. 일심이란 이름하여 '여래장'이라 한다.

寂滅者, 名爲一心, 一心者, 名爲如來藏. (大正16.519a)

그리고 이 여래장은 그대로 제8 아리야식의 본래성(本來性)이라고 생각된다. 또한 10권 『능가경』에서는 여러 식은 기본적으로 8종류라고 되어 있는데,15) 그 제8식에 관해서 다음과 같이 설한다.

대혜여, 아리야식이란 '여래장'이라고 이름한다. 하지만 무명 7식과 함께 하는 것이다. 대해(大海)의 물결이 항상 단절하지 않는 것과 같다. 몸과 함께 생겨나기 때문에 무상(無常)의 과(過)를 떠나며, 자아(自我)의 과를 떠나 자성청정하다.

大慧, 阿梨耶識者, 名如來藏. 而與無明七識共俱. 如大海波, 常不斷絕. 身俱生故, 離無常過, 離於我過, 自性清淨. (大正16.556b~c)

또 다음과 같이 설해져 있다.

대혜여, 여래장은 아리야식 가운데에 존재하지 않는다. 이 때문에 7종의 식에 생(生)이 있고 멸(滅)이 있으며, 여래장식은 불생

---

15) 예컨대 권2에는 "대혜여, 8종의 식이 있으니, 대략 설하면 2종이 있다[大慧, 有八種識, 略說有二種]"(大正16.522a)라고 되어 있다. 또한 권4에는 "대혜가 부처에게 말하기를, '세존이여, 세존은 8종의 식을 설할 수 없는 것입니까?'라고 하였다. 부처께서 이렇게고 하셨다. '나는 8종의 식을 설한다'[大慧, 白佛言, 世尊, 世尊可不說八種識耶. 佛告大慧, 我說八種識]"(大正16.538b)라고 되어 있다.

불멸(不生不滅)이다.

大慧, 如來藏識, 不在阿梨耶識中. 是故, 七種識, 有生有滅, 如來藏識, 不生不滅. (大正16.556c)

이러한 설을 언급한 사람들은 통일적인 이해에 고심했던 것 같다. 이것들을 받아들인 사람들 가운데에는 여기에 인용한 후자의 문장을 근거로 하여 아리야식을 제8 망식(妄識)으로 삼고 그것과는 별개로 여래장식을 제9식으로 삼는 9식설이라는 해석이 생겨난 것 같은데, 과연 [이 해석을] 보리류지의 진의(眞意)에 부합하는 이해라고 할 수 있을까? 오히려 [아리야식과 여래장 사이의] 그러한 모순을 배경으로 하여 심식(心識)에 대한 바른 이해를 보이기 위해 보리류지는 이어서 『심밀해탈경』을 번역한 것은 아니었을까? 또한 현행 대정장경 등에서는 구담반야류지(瞿曇般若流支) 역으로 되어 있는 『유식론(唯識論)』에 관해서도 오늘날은 보리류지 역이라고 보는 견해가 유력한데, 이러한 『십지경론』 이후의 역경 활동의 흐름의 연장선상에 있는 것이었다고 생각함으로써 한층 더 [『유식론』을] 보리류지가 번역했다는 설이 신빙성을 가지게 될 것이다. 이렇게 생각하게 되면 『십지경론』 역출 이후의 늑나마제와 보리류지가 사상적으로 격렬하게 대립했다는 것이 오늘날 통설이 된 것도 수긍할 수 있는 것이다.

그렇다면 만약 이상과 같은 사태를 [사실(史實)에 부합한다고] 상상한다면, 늑나마제가 『구경일승보성론』의 번역에 즈음하여 대립 상대인 보리류지 역의 경전을 그대로 인용한 것은 어떻게 이해하면 좋을까? 현재 우리가 대정장경 등에 의해 볼 수 있는, 늑나마제 역의 『구경일승보성론』에서는 담무참(曇無讖)의 역에 의한 『대집경(大集經)』[16]이나 불타발타라의 역에 의한 『화엄경』[17], 『대방등여래장경(大方等如來藏經)』[18]의 인용 등을 포함한 상당히 많은 경론의 인용을 볼 수 있다. 그 가운데에서도 특히 중요한 의미가 있는 것이 『성자승만경(聖者勝鬘經)』이라고 칭해지는 것과 보리류지 역이라고 생각되는 『부증불감경(不增不減經)』의 인용문이다. 이 가운데 『성자승만경』과 현존하는 구나발타라(求那跋陀羅) 역의 『승만경』의 관계에 관한 상세한 언급은 약간 방론(傍論)으로 흐르게 될 것 같아 생략하는데, 양자는 상당히 유사한 것임에도 반드시 한 글자도 틀리지 않고 완전히 같다고 할 수는 없을 것이다.[19] 그

---

16) 예컨대 『논』(=『구경일승보성론』)의 전반에 걸쳐서 인용된 『다라니자재왕경(陀羅尼自在王經)』(大正31.821b, 833a, 844a 등)은 『대집경』의 「다라니자재왕품」(大正13.5b~)에 해당하며, 『논』의 「일체중생유여래장품(一切衆生有如來藏品)」에 인용된 『대해혜보살경(大海慧菩薩經)』(大正31.833c~834b)은 『대집경』의 「해혜보살품」(大正13.68b 및 a)의 인용이며, 마찬가지로 『논』의 권3에 인용된 『보계경(寶髻經)』(大正31.834c, 836a. 대정장에서는 '寶鬘經'으로 되어 있지만, 아마도 誤字일 것이다)은 『대집경』의 「보계보살품」(大正13.181a 및 176a)의 인용이다. 이 밖에 담무참 역의 인용으로는 『논』 권4(大正31.839c~840a)에 인용된 『열반경』(大正12.377c~378a) 등도 들 수 있다.

17) 『논』 권2(大正31.827a~c)에 불타발타라 역 『화엄경』 「성기품」(大正9.623c~624a)의 인용이 있다.

18) 大正31.828b, 837a 등에 『여래장경』이 인용되어 있다.

19) 그 일례로서 『논』 권4에 인용된 「공의은부진실장(空義隱覆眞實章)」의 문장을 비교해 보자.

- 『보성론』 권4(大正31.840a~b):

와 대조적으로 『부증불감경』의 인용문은 도합 9회 여덟 문장에 이르며, 그 가운데에는 상당히 긴 문장을 인용한 것도 있는데, 어느 쪽도 예외 없이 한 글자 한 구절도 다르지 않고 현존 보리류지 역과 완전히 같다. 이 점에 관해서 우이 하쿠주(宇井伯寿) 박사는 "번역 삼장은 범문(梵文)을 암창(暗唱)하고 있었기에 전혀 불가사의한 것이 아니다"[20]라고 일축하고 있는데, 과연 그렇게 정리할 문제일까? 아무리 그들에게 초인적인 능력이 있다고 하더라도 범문을 중국어로 번역하면서 상당한 양에 걸쳐서 완전히 한 글자도 다르지 않은 경우 등은 구체적으로 상상할 수 없다.

또한 이에 더하여 늑나마제가 활약한 시대와 『부증불감경』의 역출 연차(年次)가 완전히 맞물리지 않는다는 기묘한 점도 문제가 될 것이다. 다시 말해, 이미 서술한 것처럼 늑나마제가 『보성론』을 번역한 시기는 『십지경론』을 역출한 뒤라고 생각하면 511년부터 515년 사이였다고 생각하지 않을 수 없다. 한편 『부증불감경』은 『역대삼보기』에 따르면 정광(正光) 연간(520~524) 역출로 되어 있다. 따라서 『십지경론』의 역출에 즈음하여 보리류지와 대립한 늑

聖者勝鬘經言.

世尊, 如來藏智名爲空智. 世尊, 如來藏空智者, 一切聲聞辟支佛等, 本所不見, 本所不得, 本所不證, 本所不會. 世尊, 一切苦滅唯佛得證. 壞一切煩惱藏, 修一切滅苦道故.

- 『승만경』(大正12.221c):

世尊, 如來藏智是如來空智. 世尊, 如來藏者, 一切阿羅漢辟支佛大力菩薩, 本所不見, 本所不得.

이것에 의해 알 수 있는 것은 구나발타라 역 『승만경』의 역문 쪽이 간결한 표현으로 되어 있다는 점이다.

20) 宇井伯寿, 『宝性論研究』(岩波書店, 1959), p. 16.

나마제가 그 대립의 상대가 아직 번역하지 않은 경전을 한 글자 한 구절도 다르지 않게 『보성론』에 인용한다는 사실을 어떻게 이해해야 할 것인가? 이러한 사실을 보건대, 당시의 경전 번역 등의 사정으로부터 생각해 보더라도 양자가 대립했다기보다는 오히려 상당히 친한 관계를 상상하지 않으면 [보리류지가 번역한 문헌을 늑나마제가 인용했다는 사실은] 이해가 안 되는 것이다. 한편 그 문제에 관해서는 『보성론』 자체를 보리류지 역이라고 생각함으로써 이해하려는 의견도 존재한다(다만 이것은 우이 하쿠주 박사에 의해 일단은 부정되었다).[21] 만약 『보성론』이 보리류지 역이라고 한다면 [그와] 늑나마제 사이에 논쟁이 존재했다는 점을 주장하기 위한 유력한 자료를 잃게 된다.

이상 여러 가지 문제점에 의해 지론종 남북 분파의 원인을 보리류지와 늑나마제의 사상적 상위만으로 설명하려 하는 것에는 그것을 긍정하건 부정하건 상당한 문제점을 안고 있음이 밝혀졌을 것이다.

(2) (나)의 문제

늑나마제와 혜광, 보리류지와 도총의 사자(師資) 관계에 관해서는 현존 자료로부터는 완전히 의심할 여지가 없다. 다만 『속고승전』 권7의 「도총전」의 기술을 검토한 결과, 도총의 출가 연차(年次)에 관해서 빨라야 529년 이전일 수 없다는 결론이 제시되어 있다.[22]

---

21) 위의 책, p. 16.
22) 里道徳雄, 「地論宗北海派の成立と消長—道寵伝を中心とする一小見—」

게다가 [도총이] 보리류지에게 『십지경론』[의 가르침]을 받은 것이 3동(冬)이었다는 점, 그 [사건]들이 북위 분열(534) 후 동위의 도읍인 업(鄴)에서 이루어졌다는 점, 보리류지의 활동이 동위 효정제의 천평 2년(535) 이후는 완전히 알려지지 않은 점 등을 아울러 생각하면 도총이 보리류지에게 사사(師事)한 것은 보리류지 만년(晩年)의 3년간이었다고 생각된다. 따라서 이때쯤은 늑나마제가 죽고 나서 대략 20년 정도를 지난 시기이고, 이 무렵까지는 아마도 혜광 일문(一門)에 의해 틀림없이 크게 『십지경론』이 강설(講說)되었을 것이다.

계속해서 『속고승전』의 기술에 따르면, 도총의 유력한 제자들은 북지 사론종(四論宗)의 개조라고 말해지는 도장(道場=道長)의 제자와 겹치며, 이후 북제(北齊) 시대(550~577)에 이르러 『대지도론(大智度論)』 연구가 다시 주목받고 큰 세력을 획득해 가는 원동력을 형성하고 있던 것은 아닐까 하는 지적이 있다.[23] 곧 시대적으로 말해서 도총은 혜광의 상당한 후배이고, 혜광과는 활약 시기가 상당히 떨어져 있다. 그리고 또한 도총의 제자들이 혜광 일문(一門)과 아리야식의지인가 법성의지인가를 둘러싸고 논쟁해야 할 필연성도 이러한 기술로부터는 상상할 수 없다. 이러한 문제에 관해서는 도작(道綽)의 『안락집(安樂集)』 하권에 나오는 정토교의 6대덕(大德)의 설[24]이 어떠한 새로운 시점을 제공할지도 모르지만,

---

(『大倉山論集』 14輯, 1979) 참조.

23) 위의 논문 참조.

24) 도작은 『안락집』 권하(下)의 앞머리에서 정토교의 사승(師承)에 관하여 류지 삼장, 혜총(慧寵) 법사, 도장(道場) 법사, 담란(曇鸞) 법사, 대해(大

지금은 도총의 제자와 혜광의 제자가 일체법(一切法)의 의지(依持)를 둘러싸고 격렬하게 논쟁했다는 통설의 모순을 지적하는 것으로 그치고자 한다.

(3) (다)의 문제

담천에 의한 『섭대승론』의 북지(北地) 개강(開講)은 수문제(隋文帝)의 개황(開皇) 7년(587)의 일이며,[25] 이것에 의해 아리야식의지를 제창하고 있던 북도 지론종이 섭론종에 흡수되었다고 한다면, 도총이 보리류지에게 입문한 지 60년이 조금 안 되는 기간이 된다. 한편 그사이 남도파의 전개에 관해서는 『속고승전』의 기술 등도 비교적 잘 정리되어 있고, 사자(師資) 관계 등도 어느 정도는 확인할 수 있다. 그것에 대비하여 분명 남도파와 격렬하게 대립했었을 북도파의 소식에 관해서 전혀 언급하고 있지 않은 것은 대체 어떠한 이유에서일까? 전술(前述)한 문제와의 관계도 포함하여 참으로 기묘한 사실이라고 말하지 않을 수 없을 것이다.

이상 (1), (2), (3)에 의해 오늘날 통설적인 지론종 남북 분파에

海) 선사, 상통(上統)의 6명의 이름을 들고 있다(大正47.14b). 이들 중에는 본서와 직접 관련되는 사람도 포함되어 있어서, 보리류지의 사상의 상승에 관해서 흥미 깊은 점이 있다. 또 이 여섯 대덕의 설에 관해서는 이미 다음과 같은 논고가 있다. 服部仙順, 「六大徳相承説について」(『淨土學』 8輯, 1934); 高雄義堅, 「道綽禅師とその時代」(『宗学院論輯』 31号, 1976); 佐々木功成, 「安楽集の六大徳に就いて」(『真宗研究』 2号, 1927).

25) 『續高僧傳』 권18, 「曇遷傳」(大正50.572b~c).

관한 설명에는 수많은 모순이 포함되어 있음이 분명해졌다.

3) 통설의 형성에 관하여

그렇다면 대체 어떠한 이유에서 이러한 기묘한 설이 통설이 될 수 있었던 것일까? 이 점에 관하여 생각해 두고 싶다.

이 점에 관해서는 오늘날의 일반적인 통설이 대개 담연(湛然)의 『법화현의석첨(法華玄義釋籤)』 권18의 다음과 같은 설을 근거로 하고 있는 데에 연유하는 것 같다.

> 진(陳)과 양(梁) 이전 『[십]지[경]론』을 홍양(弘揚)한 스님들은 두 곳[에 있어서] 함께하지 않았다. 상주(相州) 북도는 아려야(阿黎耶)를 계탁(計度)하여 의지로 삼았고, 상주 남도는 진여를 계탁하여 의지로 삼았으니, 이 두 논사는 모두 천친(天親)을 계승했지만 계탁하는 바가 각각 달라서 물과 불과 같았다. 게다가 또한 『섭대승론』이 일어나 다시 아려야를 계탁하여 북도를 도왔다.
> 陳梁已前, 弘地論師, 二處不同. 相州北道計阿黎耶以爲依持, 相州南道計於真如以爲依持, 此二論師, 俱稟天親而所計各異同於水火. 加復攝大乘興亦計黎耶以助北道. (大正33.942c)

이 설을 기본으로 하여 『속고승전』의 「혜광전」, 「도총전」 등의 기술(記述)을 겹쳐볼 때, 대개 앞에 서술한 것과 같은 지론학파에 대한 견해가 성립된다고 말해도 좋다. 그렇지만 진대(陳代)의 진제(眞諦) 삼장의 업적이나 당대(唐代)의 현장 삼장의 업적에 의한 신역(新譯)의 소개 및 그것들에 의하여 일어난 갖가지 교리적 논쟁이나 그 밖의 여러 문제 등에 관하여 어느 정도 알고 있었을 담연의 눈을 통해 말해지는, 아려야식의지와 진여의지의 두 설을 그대로의 형태로 지론학파의 남북 분파의 내용이라고 단순히 이해할 수는 없다.[26)]

이 점을 뒷받침하고 있을지도 모르겠지만, 틀림없이 지론학파와는 담연 이상으로 가까운 관계에 있었을 지의는 진여의지와 아리야식의지의 차이점을 지론학파 내부의 논쟁으로는 소개하고 있지 않

---

26) 지론종의 남북 분열은 지금까지도 종종 『대승기신론』의 찬술 문제와의 관계라는 관점에서 논의되어 왔다. 그중에서도 모치즈키 신코(望月信亨) 박사는 『기신론』의 심식설과 지론 북도파의 심식설의 근사성(近似性)을 지적하여 『기신론』의 중국찬술설을 적극적으로 주장하였다. 박사는 그 주장의 전제로서, 지론종의 남북 분열을 그 심식 이해의 상위(相違)에서 기인하는 것으로 보고 다음과 같이 서술한다.

> 지론에 남 · 북 2도의 양파(兩派)가 있는 것은 일찍이 기술한 바와 같다. 그 중 북도는 보리류지, 도총을 조(祖)로 하며, 남도는 늑나마제, 혜광을 조로 한다. 북도 일파는 아리야를 일체법의 의지로 삼은 것에 대하여, 남도 일파는 진여를 의지로 삼는다고 설하여, 서로 수화(水火)의 다툼을 이루었다. (望月信亨, 『講述大乘起信論』, p. 92)

박사는 이후 『대승의장(大乘義章)』, 『중론소(中論疏)』, 『해심밀경소(解深密經疏)』, 『법화현의(法華玄義)』, 『법화현론(法華玄論)』 등의 여러 문장을 인용하여 지론종의 남 · 북 양파의 심식 이해의 상위를 밝히려 하고 있지만, 그러한 문장들 가운데에는 직접 남 · 북 양도(兩道)의 이름을 제시하여 상위를 밝히고 있는 것은 존재하지 않는다. 따라서 거기에 제시된, 심식 이해의 상위를 지론 남 · 북 양파의 문제라고 판단하는 기준은 앞에 인용한 것과 같은 것이 전제가 되어 만들어진 것이다. 그리고 그 전제가 『석첨』에 의한 것임은 명료하다. 따라서 모치즈키 박사가 주장하는 지론종 남 · 북 양파의 심식 이해에 관한 설은 『석참』을 근거로 하는 것이 된다.

다. 예컨대 『마하지관』 권5상(上)의 '관부사의경(觀不思議境)'에서는 다음과 같이 말하고 있다.

> 지론종의 사람들은 말하기를, "모든 해(解)·혹(惑)·진(眞)·망(妄)은 법성에 의지한다"라고 한다. 법성은 진여를 지탱하고, 진망은 법성에 의지한다. 『섭대승론』에 말하길, "법성은 혹(惑) 때문에 물들지 않고 진(眞) 때문에 청정해지지도 않는다"라고 한다. 따라서 법성은 의지가 아니다. '의지'라는 것은 아려야, 바로 이것이다.
>
> 地人云, 一切解惑真妄 依持法性. 法性持真妄, 真妄依法性也. 攝大乘云, 法性不爲惑所染, 不爲真所淨, 故法性非依持. 言依持者, 阿黎耶是也. (大正46.54a)

이에 따르면, 법성의지와 아리야식의지의 차이는 지론학파 내부의 대립이 아니라 지론학파와 섭론학파의 논쟁이라고 할 수 있다. 또한 앞에 나온 『석첨』에서 풀이한 『현의』의 문장은 다음과 같다.

> 지론의 경우 남·북 2도가 있다. 게다가 다시 『섭대승론』이 흥하니, 각각 스스로가 진리라고 말하여 서로 배척하였다.
>
> 如地論有南北二道. 加復攝大乘興, 各自謂真互相排斥.
> (大正33.792a)

곧 지론학파 가운데 남·북 2도의 논쟁이 있었다는 것만을 전하며, 그 논쟁의 내용이 "법성의지와 아리야식의지였다"라고까지는 말하고 있지 않다.

종래의 해석에서는 지의의 이러한 설을 보충하는 것으로서 『석첨』의 기술(記述)을 이용했기 때문에 지론학파 내부의 논쟁이 마치 진여의지와 아리야식의지의 논쟁이었던 것처럼 생각되었고, 나아가서는 그것이 『보성론』을 번역했을 늑나마제와 10권 『능가경』, 『해심밀경』이나 『유식론』을 번역했을 보리류지와의 사상적 기반이 서로 다른 데에 기인한 것이라고 생각되어 왔음이 틀림없다.

4) 지론종 성립에 관한 새로운 관점—(가)와 (나)를 어떻게 생각할 것인가

그렇다면 이미 지적해 온 여러 문제를 고려하는 한편, 또한 지의가 말한 것처럼 지론종이 남 · 북 2도로 나누어져서 논쟁했다는 말을 어떻게 이해하면 좋을까?

보리류지와 늑나마제의 사이에 사상적인 대립이 있었는가 없었는가 하는 문제에 관해서는 어느 쪽이라고도 단정할 수 없다. 따라서 지론종 성립에 관한 여러 문제에 대해서는 종래와 관점을 달리하여 생각해야 할 필연성을 느끼게 된다.

그런데 그것들은 어느 쪽이건 일단 혜광에 의해 지양(止揚)되었던 것이었으리라고 생각되므로, 혜광의 사상이 어떠한 사상과 대립하는가 하는 관점에서 생각할 수는 없을까? 이 시대, 곧 북위 이후 북지의 불교 전개를 생각할 때, 혜광이라는 불교도가 수행한 역할은 단순히 남도 지론종의 개조였다는 틀을 넘어서 그 이후 불교의 전개에 결정적인 영향력을 가졌다. [여기에서는] 그 혜광의 사상을 형성시킨 것과 그의 사상의 문제점이 무엇인지를 가능한 한 명확히 하고, 그것을 남도파의 교학으로서 파악하는 입장에서 볼 때는 어떠한 사상이 날카롭게 대립하는가 하는 관점에서 고찰해 보고자 한다. 이러한 견지에 설 때, 도총이 혜광의 까마득한 후배라는 점을 생각해 보면 혜광과 대립할 수 있는 인물은 이른바 북도파에서는 상황적으로도 보리류지 이외에는 생각할 수 없는 것이다. 이제 그러한 추론을 뒷받침하는 것으로서 한 불교도의 전기를 소개하고 싶다. 그 사람은 북지 사론종의 개조로 칭해지는 도장(道場=道長)이다.

북주(北周) 혜영(慧影)의 『대지도론소(大智度論疏)』 권24[27]에 따르면, 도장 법사는 처음에 혜광의 제자였는데, 그 후 보리류지의 강설을 듣다가 보리류지의 노여움을 사서 숭산(嵩山)에 들어가 10년간 『지도론』을 연구하고 이후 업도(鄴都)에서 크게 『지도론』을 강하였다고 되어 있다. 더욱이 『속고승전』 「법상전(法上傳)」[28]과 『위서』 「석로지(釋老志)」[29]에는 '혜광 · 법상'과 나란히 칭해질 정도의 인물이었다고 되어 있다. 이러한 기술은 혜광과 보리류지 사이에 직접 논쟁이 있었다고까지는 전하고 있지 않지만, 암암리에

27) 卍續1.87.265右上.

28) 『속고승전』 권8, 「법상전」에 "당시 사람들이 말하길, '경사(京師: 도읍 또는 도읍의 사람들)가 극히 바라보는 것은 도장과 법상이다'라고 하니, 이 말은 진실하다[故時人語曰, 京師極望, 道場法上. 斯言允矣]"(大正 50.485a)라고 되어 있다.

29) 『위서』 「석로지」 권114에 다음과 같이 되어 있다. "세종 이래 무정[연간] 말에 이르기까지 사문으로 이름이 알려진 자에는 혜맹, 혜변, 혜심, 승섬, 도흠, 승헌, 도희, 승심, 혜광, 혜현, 법영, 도장이 있다. 모두가 당세에 중시되었다[世宗以來, 至武定末沙門知名者, 有惠猛, 惠辨, 惠深, 僧暹, 道欽, 僧獻, 道晞, 僧深, 惠光, 惠顯, 法榮, 道長. 並見重於當世.]."

그것을 상상케 하기에 충분하다. 곧 보리류지의 논쟁 상대는 늑나마제가 아니라 혜광이었음을 이 기술로부터 충분히 엿볼 수 있는 것이다. 그리고 도장이 보리류지에게 질책받은 후 『지도론』을 연구했다는 기술(記述)은 도총의 제자가 사론종의 도장 문하로 옮겨져 있었던 것과 부합한다.

다시 말해 어떠한 형태로 보리류지와 관계가 있던 사람들은 혜광을 제외하고는 대체로 그 후 『지도론』을 계속 연구하게 되었던 것이다. 이렇게 생각할 때 보리류지와 혜광의 논쟁의 내용이 『지도론』 연구에 의해 해결될 수 있는 성질을 가진 문제였다고 상상할 수 있다.

그것은 단지 의지식(依持識)의 진 · 망(眞妄)을 둘러싼 문제에 머무르지 않으며, 이 시대가 중국불교에서 일승 · 삼승을 기초로 한 대승 · 소승사상의 확립기였다는 점을 고려하면 대승불교의 본질에 관련되는 것이었다고 보는 것은 지나친 생각일까? 이러한 관점에 설 때 정영사(淨影寺) 혜원(慧遠), 기(基), 법장 등이 고루 전하는 바인 보리류지의 일음교(一音敎)사상에 주목하지 않을 수 없는 것이다. 그래서 다음에 장을 바꾸어 보리류지의 '일음교'를 비롯한 후대 교판 자료의 설에 의해 보리류지의 사상에 관하여 약간 고찰을 하고 싶다.

또한 (다)의 문제에 관해서는 지론종의 남북 분파가 법성의지 · 아리야식의지를 둘러싼 논쟁이 아니었다는 점이 명확해지면, 섭론종의 흥기에 의해 북도파가 흡수되었다고 하는 통설에는 아무런 의미도 없음이 밝혀질 것이다.

3. 지론교학의 교판사상

1) 보리류지의 교판사상

지론종의 남북 분파가 이미 서술한 것처럼 불교의 이해에 관한 기본적인 견해의 상위(相違)였다고 가정하여 그 상위를 혜광과 보리류지의 사상 속에서 보고자 한다면, 각각의 사상적 특징을 명확히 해야 한다. 따라서 먼저 본 항에서는 보리류지의 불교관에 관하여 고찰을 하고자 한다.

그것에 관해서는 우선 미리 말해두어야 할 것이 있다. 보리류지라는 한 사람의 번역 삼장 사상에 관하여 음미하고자 한다면 그가 번역한 방대한 양의 경론을 검토해야 함은 두말할 나위가 없다. 또한 검토에 즈음하여 고려해야 할 갖가지 문제점도 어느 정도 예상할 수 있다. 그렇지만 본 항에서는 그러한 방법이 아니라 후대의 교판 자료 속에 말해지는 기술(記述)에 의해 보리류지의 불교관을 밝히고자 한다. 그 이유는 지론종 성립 및 남북 분파에 관한 문제를 보리류지와 혜광 양자의 불교관의 상위 속에서 생각해 보고자 하기 때문이다. 곧 교상판석이라는 과제는 중국의 불교도들로서는 자신의 불교관을 가장 선명한 형태로 표현하는 것이고, 그것들의 역사적 전개는 곧 중국에서의 불교의 수용 및 이해의 척도를 여실히 말해주는 것이기 때문이다. 보리류지를 예로 들어 말하자면, 보리류지의 사상을 후대의 사람들이 어떠한 것으로서 받아들여 그것을 전하려 했는가 하는 [여러 방식들] 가운데에는 그것을 다루는 개인 사이에서 미묘한 차이를 생겨나게 한 것이 있을지도 모르지만, 그 미묘한 차이에서 바로 보리류지 사상의 가장 기본적인 것이 계승되고 있는 것은 아닐까 하는 것이다. 역으로 말하자면 현재 남아 있는 한정된 양의 제1차 자료를 문헌적으로 검토하는 직접적인 방법에 의해 그 사람의 사상을 미루어 살펴보기보다는, 간접적인 방법이긴 하지만 [후대의 교판 전개 과정을 살펴보는 것이] 사실관계로서는 한층 본질에 다가갈 수 있는 것은 아닐까 하는 생각도 드는 것이다. 그렇지만 그렇다고 해서 직접적인 방법을 부정하자는 것은 아니며, 우선 여기에서는 간접적인 방법에 의해 보리류지의 사상을 검토해 두자는 것일 뿐이다.

또한 엄밀히 말하자면 교상판석이라는 사상은 순수하게 중국불교의 독자적 과제라고 할 수 있으므로 보리류지라는 인도의 역경삼장의 사상에서는 사용할 수 있는 것이 아니다. 다시 말해 보리류지의 사상에는 중국인의 독특한 교판에 의한 불교 이해를 부정하고자 하는 의도까지 있었을지도 모르지만, 여기에서는 편의상 그러한 의론(議論)도 생략하여 다룰 것이다.

후대의 교판 자료 중에는 곳곳에서 보리류지의 사상으로 되어 있는 것을 볼 수 있다. 그리고 그것들은 반드시 똑같지는 않다. 그것들은 대별(大別)하면 다음의 세 종류이다.

(1) 일음교(一音教):

『대승의장(大乘義章)』 권1(大正44.645a~)

『대승법원의림장(大乘法苑義林章)』 권1(大正45.247a)

『오교장(五教章)』 권1(大正45.480b)

『탐현기(探玄記)』 권1(大正35.110c) 등

(2) 반 · 만 2교(半滿二教):

『법화현의(法華玄義)』 권10상(大正33.801b)

『유마경현소(維摩經玄疏)』 권6(大正38.561c)

『인왕경소(仁王經疏)』 권상1(大正33.315b~c)

『법화현론(法華玄論)』 권3(大正34.384c) 등

(3) 점 · 돈 2시교(漸頓二時教): 『의림장』 권1(大正45.247b)

이것들 가운데 두 번째 반 · 만 2교판은 다른 교판과 더불어 소승 · 대승사상 확립의 기초가 된 것이며,[30] 세 번째인 점 · 돈 2교판은 동진 · 유송 이래의 남북 불교계에 공통된 하나의 큰 테마였음은 지의도 지적하고 있는 바이다.[31] 따라서 어느 쪽이건 이 전후의 사상계에 있어서는 중요한 사상적 과제를 형성한 것이었음을 알 수 있을 것이다. 다만 이 가운데 점 · 돈 2교판은 특히 북지의 점돈설이 구나발타라 역의 4권 『능가경』에 기초한 것이었다는 점을 고려하면, 10권 『능가경』의 역자인 보리류지에게 이러한 사상이 있었는지 아닌지는 매우 의심스럽다. 그렇다면 먼저 이 문제부터 정리해 가기로 하자.

---

30) 보리류지의 반 · 만 2교판이 소승 · 대승사상의 선구가 된 것에 관해서는 横超慧日, 「中国仏教に於ける大乗思想の興起」(『中国仏教の研究　第一』, 法藏館, 1958) 등 참조.

31) 『법화현의』 권10상(上)에는 이른바 '남3북7'의 교상판석을 다음과 같이 제시하고 있다.

> 이른바 '남3북7'이다. 남지, 북지에 통하여 3종의 교상을 쓰니, 첫째 돈, 둘째 점, 셋째 부정이다.
>
> 所謂南三北七. 南北地通用三種教相. 一頓, 二漸, 三不定. (大正33.801a)

(1) 점 · 돈 2교판

보리류지에게 점 · 돈 2교판이 있었다고 전하는 것은, 과문(寡聞)이지만 필자가 아는 한 규기의 『대승법원의림장』 권1의 다음과 같은 설뿐이다.

> 또한 보리류지 법사는 다시 2시교를 세웠다. 『능가경』에 점 · 돈을 설하면 성문 · 보살을 묻는 경우는 없다. 모두 점차 수행하여 옅은 데에서 깊은 곳으로 이른다는 것을 이름하여 '점'이라고 하는 것이다. '돈'이란 여래가 능히 일시에 단박에 일체법을 설하는데, 이를 이름하여 '돈'이라고 한다.
> 又菩提流支法師, 亦立二時教. 楞伽經說漸頓者, 莫問聲聞菩薩. 皆漸次修行, 從淺至深, 名爲漸也. 頓者, 如來能一時頓說一切法, 名之爲頓. (大正45.247b)

북위의 불교계에서는 전(全) 불교를 점 · 돈 2교라는 관점에서 파악하고 그것들을 어떻게 정의할 것인가 하는 문제가 당면한 중요한 과제였던 것 같다. 그것은 북위 불교계의 중심적인 지도자였던 혜광에게 점 · 돈 · 원 3교판이라는 사상이 있었다고 말해진다는 점, 또한 그 혜광이 점돈설이 설해져야 할 사상적 배경을 변경하지 않을 수 없게 된 뒤에도 그것을 방기하기는커녕 그 정의를 변경하면서까지 '점 · 돈'이라는 명칭에 계속 구애(拘礙)되었다는 점 등에 의해 알 수 있는 바이다. 그것은 아마도 혜광의 스승이 4권 『능가경』과 『화엄경』을 소의(所依)로 한 불타[발타라] 삼장이었다는 것과 극히 밀접한 관계가 있는 것으로 생각된다. 이러한 점에 관해서는

제2항에서 일괄하여 논하기로 하는데, 이것은 후대의 교판 자료에서 돈·점 2교가 『능가경』에 의해 설해진 것이라고 하는 소설(所說)[32]을 곳곳에서 확인할 수 있는 이유일 것이다. 따라서 여기에서 규기가 보리류지의 돈·점 2교를 소개할 때 『능가경』의 설에 의거하고 있는 것은 이상과 같은 배경을 가진 것이라고 이해해야 할 것이다.

구나발타라 역의 4권 『능가경』에서는 자기 마음에 의해 나타난 여러 세계를 환멸(還滅)하는 방법에 점과 돈이 있다고 되어 있다.[33] 그리고 또한 [점과 돈] 각각에 4종을 설함으로써 4점·4돈으로 총칭하는 경우도 있다. 이 부분은 보리류지 역 10권 『능가경』에서는 '차제정·일시(次第淨一時: 순서대로 청정해짐, 일시에 청정해짐)'[34]라고 번역되어 있고, 굳이 '돈·점'이라는 용어를 피하는 듯한 느낌마저 있다. 또한 『능가경』의 이 부분은 수행의 계제(階梯)에서 망법(妄法)의 환멸에 관하여 설해진 곳이므로 점교·돈교라고 하기보다는 점오(漸悟)·돈오(頓悟)의 문제라고 해야 할 것이다. 따라서 이 설을 돈·점 2교의 근거로 하는 해석의 배경은 부처의 일대(一代)의 교설 중 『화엄경』을 어떻게 자리매김할 것인가 하는 과제를 계속 다루어 온 역사와 겹치는 것이라고 생각된다. 다시 말해 『화엄경』과 『능가경』을 근거로 한 불타 삼장의 사상의 흐름을 계승한 사람[인 혜광]으로서는 참으로 적절한 해석인데, 『능가경』

32) 예컨대 법장은 『오교장』(大正45.480b)에서 호(護) 법사(혹은 誕 법사)가 『능가경』에 의해 점·돈 2교를 세웠음을 소개하고 있다.

33) 大正16.485c~486a.

34) 大正16.525a.

자체의 과제인 돈오 · 점오라는 문제를 명확히 하려 할 경우 굳이 '돈 · 점'이라는 용어를 사용하지 않는다는 적극성을 10권 『능가경』의 '차제정 · 일시'라는 [보리류지의] 역어(譯語) 속에서 엿볼 수 있다고 생각되는 것이다. 이렇게 생각하면 보리류지에게 돈 · 점 2교가 있었다고 하는 『의림장』의 설은 전제로서 말하더라도 극히 의심스럽다고 말하지 않을 수 없다.

또한 그 책에 설해진 점교와 돈교의 정의는 옅은 것에서 깊은 곳에 이르는 단계적인 수행을 '점'이라 칭하고, 여래의 돈설(頓說)을 '돈'이라고 한다는 것이므로 부처 일대의 설법을 체계화하려는 논리도 아니며, 점오 · 돈오라는 [수]행자 측의 수도(修道)의 논리 체계도 아니다. 곧 불교를 통일적으로 보려고 하는 관점으로부터는 떨어져 있고, 매우 정합적이지 않은 사상이라고 해야 한다. 이상 두 가지 점에 의해 『의림장』에 소개되어 있는 것과 같은 돈 · 점 2교설을 보리류지가 주장했다고는 생각할 수 없다. 따라서 본 항에서는 보리류지의 사상을 고찰함에 이르러 돈 · 점 2교설을 고찰의 대상으로부터 떼어놓기로 한다.

(2) 반 · 만 2교판

다음으로 제2의 반 · 만 2교에 관한 여러 논점들을 정리해 두자. 이미 언급한 것처럼 보리류지의 반 · 만 2교판의 사상을 전하는 것은 지의 및 길장의 저작들이다. 길장의 『인왕반야경소』 권상(上)1에는 다음과 같이 설해져 있다.

이제 보리류지에 의하여 바로 반 · 만의 분교(分教)를 짓는다. 만약 소승교라면 '반자(半字)'라고 이름하고, '성문장(聲聞藏)'이라고 이름한다. 대승이라면 '만자(滿字)'라고 이름하고, '보살장(菩薩藏)'이라고 이름한다.

今依菩提流支, 直作半滿分教. 若小乘教名半字, 名聲聞藏. 大乘名滿字, 名菩薩藏. (大正33.315b~c)

이 말을 가지고서 보리류지의 반 · 만 2교의 사상이 곧바로 이렇게 정리된 것이었다고 할 수는 없을지도 모르지만, '소승 · 대승', '성문장 · 보살장'이라고 한 견해와 공통되는 내용을 가진 것임은 수긍할 수 있을 것이다. 이 반 · 만 2교판은 『대반열반경』「여래성품」[35] 등의 설을 근거로 하는 것이므로 후대의 교판 자료에는 그것을 『열반경』의 역자인 담무참(曇無讖)의 사상으로 돌리는 사람도 있다.[36]

반 · 만 2교가 담무참의 사상이었는지 아닌지는 여기에서는 직접 문제가 되지 않으므로 관련하여 설명하는 것은 피하지만, 보리류지의 사상을 생각할 경우 그것이 『열반경』과 어떠한 관계를 가지면서 설해졌다는 것은 중요한 문제이다. 다시 말해 북위의 불교계는 대

35) 大正12.390c 및 414b 등.

36) 그 예로서 원측의 『해심밀경소』(卍續1.34.298左上) 및 기(基)의 『유식론요간(唯識論料簡)』(卍續1.76.465左下) 등의 설을 들 수 있다. 아울러 이 문제에 관해서는 이미 사카모토 유키오(坂本幸男) 박사의 약간의 논구가 있다. 坂本幸男, 『華厳教学の研究』(平楽寺書店, 1956), p. 182 이하 참조.

국적(大局的)인 어법을 취하자면, 『열반경』을 정점으로 하는 듯한, 이른바 '『열반경』 지상주의'라고까지 말할 수 있는 불교관을 기본적인 자세로 하고 있다고 생각된다. 그때 『화엄경』을 중심으로 하는 불교관이나 『법화경』을 주축으로 하는 불교관 등이 일어나기 시작했기 때문에 그 후 갖가지 의론(議論)이 전개되었다고 생각된다. 그 의론의 근원으로서 보리류지의 사상을 파악하려 할 때 보리류지가 기본적인 부분에서 『열반경』 사상과 아무 관계가 없었던 것은 아니었던 것 같다는 것은 본 항의 논지 전개상 극히 중요하므로 번거롭긴 하지만 그 점을 확인해 두고자 한다. 또한 이 반 · 만 2교판이 내용적으로 소승 · 대승사상이라는 것은 지의의 『법화현의』의 다음과 같은 설에 의해서도 이해되는 바일 것이다.

> 다섯 번째로 보리류지는 반 · 만교를 밝혔다. 12년 전에는 모두가 반자교(半字教)이다. 12년 후는 모두 만자교(滿字教)이다.
> 五者, 菩提流支, 明半滿教, 十二年前, 皆是半字教, 十二年後, 皆是滿字教. (大正33.801b)

'12년'이라는 연한을 가지고서 반자와 만자를 구별하는 곳에 이 설의 특징이 있다. 과연 보리류지 자신에게 이러한 정리된 사상이 있었는지 아닌지는 자세하지 않지만, 지의의 설의 요점은 불타 성도 후 12년 사이의 설법은 삼장교(三藏教)라는 점, 12년 이후의 『방등경(方等經)』 · 『반야경』 · 『법화경』 · 『열반경』 등의 가르침과 구별해야 한다는 점일 것이다. 따라서 여기에서 간과해서는 안 되는 것은 그것이 소승 · 대승의 분판(分判)이라는 점은 두말할 나위가 없지만, 그 가운데에서 12년 이후의 대승 경전을 다시 구별하지는 않는다는 점이다. 이것은 단지 구별하지 않는다는 데에 머물지 않고 『유마경현소』 권6의 다음과 같은 설 등에 따르면 적극적으로 대승 경전의 등질성(等質性)을 주장하는 것이라고 보아야 한다.

> 만약 보리류지의 반·만의 명의(明義)라면, 이 경은 곧 만자의 설로서 『화엄경』, 『열반경』과 다름없다.
> 若是流支, 半滿明義, 此經即是滿字之說, 不異華嚴涅槃. (大正38.561c)

『유마경현소』의 이러한 설은 보리류지가 『유마경』과 『화엄경』이나 『열반경』과의 등질성을 주장했음을 전할 뿐만 아니라, 관점에 따라서는 그것이 혜광과의 논쟁의 근본적인 원인이라고 이해하는 것도 가능하다. 왜냐하면 혜광의 4종판은 후술하는 바와 같이 대승 경전을 2분하여 반야 경전류를 광상종(誑相宗)으로 하고, 『화엄경』, 『열반경』만을 상종(常宗)으로 하는 것이므로 대승 경전의 등질성을 주장하는 입장에서 보자면 틀림없이 결코 허용할 수 없는 사상이었다고 생각되기 때문이다. 이 점에 관해서는 혜광의 사상을 검토한 다음에 일괄하여 언급하고자 한다. 여기에서는 보리류지의 반·만 2교판이라는 사상이 『열반경』에 기초한 소승·대승의 판(判)이고, 어떤 측면에서는 모든 대승 경전의 등질성을 주장하는 것이었음을 다시금 지적해 두고자 한다. 이것에 더하여 뒤에 언급하겠지만, 지론학파의 교판사상의 최종적인 것을 정영사 혜원이나 지상사 지정(智正) 등의 성문장·보살장의 2장판(藏判)에서 볼 때 소승·대승사상의 확립이라는 문제는 지론학파의 시종일관하는 가장 중심적인 교학적 영위(營爲)에 자리매김해야 한다는 점도 부언해 두고 싶다.

(3) 일음교

마지막으로 보리류지의 교판사상 중에서 가장 중요한 역할을 담당했다고 생각되는 일음교의 사상에 관한 문제들을 정리해 두자.

이미 언급한 것처럼 보리류지의 일음교의 사상을 소개하고 있는 것은 법장의 『오교장』, 『탐현기』, 기(基)의 『의림장』, 혜원의 『대승의장』 등이다. 이것들 외에 『법화현의』에도 일음교의 사상을 볼 수 있는데, 그 책에는 '북지의 선사(禪師)'가 주장한 것으로 되어 있을 뿐, 보리류지와의 관계는 언급하고 있지 않다. 또한 『의림장』이 '일시교(一時敎)'라고 칭하는 것과 법장이 '일음교'로서 소개한 것은 내용적으로 거의 같지만, 『대승의장』에 '일음교'로서 제시된 것과 법장이 소개한 것에서는 내용적으로 상위가 있다. 이 점에 관해서는 이미 사카모토 유키오(坂本幸男) 박사가 지적한 바와 같다.[37]

그래서 여기에서는 사카모토 박사의 지적에 따라가면서 문제를 음미해 가고 싶다. 그 경우 법장의 설은 『오교장』과 『탐현기』에서는 다소 어구의 차이를 인정할 수 있으며, 그것들과 『의림장』의 설을 비교하면 역시 상당한 어구의 이동(異同)이 있다. 그렇지만 그것들은 내용적으로는 일괄하여 '일원음교(一圓音敎)'라고 지적되고 있으므로 그것들의 대표로서 『오교장』의 설을 들기로 한다.

『오교장』에는 보리류지의 '일음교'가 다음과 같이 설해져 있다.

---

37) 坂本幸男, 앞의 책, p. 151 이하 참조.

보리류지에 의하면『유마경』등에 의해 일음교를 세운다. 말하자면 일체의 성교(聖教)는 모두 일음(一音)·일미(一味)·일우(一雨)로서, 고루 [중생에게] 뿌려 준다. 다만 중생의 근행(根行)이 같지 않으므로 근기에 따라 다르게 이해하여[異解] 마침내 여러 종류[多種]가 있게 된다. 그 근본에 미치면[克] 오직 여래의 일음원교인 것과 같다. 따라서 경에서 "부처는 일음으로써 법을 연설하셨다. 중생은 부류에 따라서 각각 이해를 [달리] 얻는다"라고 말한 것 등이 이것이다.

一依菩提流支, 依維摩經等立一音教. 謂一切聖教, 皆是一音一味一雨等霆. 但以衆生根行不同, 隨機異解, 遂有多種. 如克其本, 唯是如來一圓音教. 故經云, 佛以一音演說法, 衆生隨類各得解, 等是也. (大正45.480b)

이 가운데에서 '일미'라든가 '일우'라고 말해지는 것은『법화경』「약초유품(藥草喩品)」[38]에 설해진 것을 받아들인 것으로서, 부처의 교화가 고르게 삼승에게 향해져 있음을 비유하고 있다. 또한 '경운(經云)' 이하의 인용문은『유마경』「불국품(佛國品)」의 다음 설에 의거한 것임은 분명하다.

부처는 일음으로써 법을 연설해 주시네. 중생은 부류에 따라서 각각 이해를 얻노라.

모두 세존은 그 말을 한가지로 한다고 말하니, 이것이 곧 신력(神力)의 불공법(不共法)이니라.

---

38) 大正9.19b 및 20b 등.

佛以一音演說法, 衆生隨類各得解, 皆謂世尊同其語, 斯則神力不共法. (大正14.538a)

이것들은 요컨대 여래의 설법은 항상 일원음(一圓音)이고 어떠한 경우든 전부 평등하지만, 다만 그 평등한 가르침을 받아들이는 쪽에 이해의 상위가 있다는 사상이다. 그리고 이것을 사카모토 유키오 박사는 '일음이해(一音異解)'의 일음교라고 칭하고 있다.

여기에 인용된 교증(教證)으로서의 경설이 어느 쪽이건 구마라집 역이라는 점에 주목해야 한다. 왜냐하면 원측(圓測)의 『해심밀경소(解深密經疏)』에는 다음과 같이 설하면서 이러한 일음이해의 일음교는 원래 구마라집의 사상이라고 하고 있기 때문이다.

누군가 말하기를, 일교(一教)는 말하자면 일음이다. 라집 등과 같다. 有說一教, 所謂一音. 如羅什等. (卍續1.34.4.298左上)

일음이해의 일음교의 사상이 구마라집에 기초하는 것인가 아닌가를 오늘날 음미하는 것은 곤란하지만, 『법화경』이나 『유마경』이라는 구마라집에 의해 번역된 여러 경전 전체를 그의 사상의 표현이라고 생각할 때 그에게 이러한 사상이 있었음은 결코 부정할 수 없을 것이다. 또한 후세에 이르러 경전 연구가 진전되어 많은 경전을 정리한 결과로서 제출된, 경전 상호의 우열 논쟁에 대하여(구체적으로는 그것은 『반야경』·『법화경』 대 『화엄경』·『열반경』이라는 관계로 나타났다) 라집이 모든 대승 경전은 질적으로 동등한 것이며, 그 사이에 우열을 논한다거나 구별을 한다거나 해서는 안 된다고 주장했음을 전하는 설을 볼 수 있다.39) 이러한 점으로부터 미루어 보리류지의 사상과 상당 부분에서 공통된 것을 라집이 가지고 있었다고 생각해도 좋다고 본다. 이상과 같은 점을 함께 고려하면 보리류지의 일음교사상은 보리류지를 비롯한 당시의 불교계로서 대승사상의 이해에 관하여 극히 큰 의미를 틀림없이 갖고 있었을 것이다.

이상과 같은 일음이해의 일음교에 대하여 정영사 혜원이 소개하는 보리류지의 일음교는 다음과 같은 것이다.

> 또한 보리류지는 여래의 일음을 선설(宣說)함으로써 만기(萬機)에 보답한다. 대・소를 함께 진술하며, 저 돈・점으로써 구별하지 않는다.
> 又菩提流支, 宣說如來一音, 以報萬機. 大小並陳, 不可以彼頓漸而別. (大正44.465a~b)

이것은 이미 혜원 자신이 "대・소를 함께 진술한다"라고 말하는 것처럼, 대승・소승이라는 개념을 전제로 하여 그것들을 하나의 가르침 속에 아울러 포함하여 설한 것을 가리키는 것이다. 따라서 사카모토 박사는 이것을 '대소병진(大小並陳)'의 일음교라고 부르며, 전술한 일음이해의 일음교와 구별하고 있다. 그리고 보리류지의 일

---

39) 혜영(慧影)의 『대지도론소(大智度論疏)』 권24(卍續1.87.262左上)는 『열반경』과 『법화경』의 우열을 논하는 듯한 경전관에 대하여 구마라집이 비판을 가하고 있음을 기록하고 있다. 다만 라집은 연대적(年代的)으로 보아 『열반경』을 몰랐을 것이므로 라집의 주장 자체는 대승 경전의 등질성이라는 점에 국한되는 것일지도 모른다.

음교가 어느 쪽이었는가 하는 문제에 관해서는 최종적인 결론을 보이지 않고 있다. 그래서 본 항에서는 이 문제에 관해서 약간 음미해 보고자 한다.

이미 서술한 것처럼 후대의 교판 자료 가운데에는 보리류지의 일음교의 사상을 전하는 것이 몇 개 있다. 그 가운데 류지의 일음교가 대소병진의 일음교였다고 하는 것은 앞에 제시한 정영사 혜원뿐이고, 나머지 것은 대체로 일음이해의 일음교를 들고 있다. 그 때문에 이것은 혜원의 사상적 배경을 빼놓고 생각할 수 없다고 여겨진다. 혜원의 사상은 이 시대의 불교 이해의 하나의 정점을 보이는 것이라고 말할 수 있다고 생각되는데, 그 혜원의 교판의 중심적인 것이 성문장 · 보살장의 2장판(藏判)임은 이미 식자가 지적하는 바이다.[40] 2장판은 말할 것도 없이 부처의 일대(一代) 교설을 소승과 대승으로 나누어 생각하는 것이다. 그렇다면 소승 · 대승의 사상은 혜원의 시대에 이르러 마침내 확립된 것이라고 보아야 할 것이다.

따라서 혜원의 사상에 입각하여, 거슬러 올라가 지론교학을 파악할 때에는 혜광을 개조로 하는 지론교학의 가장 중심적인 과제는 이 점에 있었다고 생각할 수 있다고 여겨진다. 그러나 혜원의 사상에 대하여 그것이 소승 · 대승을 확립해 간 지론학파 교학의 결론을 보이는 것이라고 생각하는 관점에 서면, 그 최초기인 혜광의 시대에 이미 이러한 대승 · 소승이라는 개념을 전제로 하는 사상이 있었다고 생각하는 것은 극히 곤란하다. 확실히 보리류지는 북인도 출

---

40) 村田常夫, 「地論師の教判について」(『大崎学報』 108号, 1958); 吉津宜英, 「浄影寺慧遠の教判論」(『駒沢大学仏教学部研究紀要』 35号, 1977) 등 참조.

신의 고승이므로 인도의 불교계에서의 소승과 대승의 사상적 과제를 충분히 알고 있었을 터이다. 바로 그렇기 때문에 아직 대승·소승이 어떠한지를 충분히 이해할 수 없었던 당시의 중국 불교계에 대승·소승을 전제로 하는 것과 같은 사상을 보이지는 않았을 것이다. 왜냐하면 가령 그러한 대소병진의 사상을 보이면 그로 인해 대승·소승이라는 개념을 구별하는 것이 한층 곤란해질 것으로 여겨지기 때문이다. 이 점은 이미 서술한 것처럼, 한편에서는 보리류지가 반·만 2교라는 대승·소승의 판(判)을 가지고 있었다는 점까지도 아울러 고려하면 한층 명료해질 것이다. 곧 '반·만 2교'라는 대승·소승의 [교]판과 '대소병진'이라는 일음교는 동일한 차원에서 이것을 다룰 경우 모순되는 것으로밖에 받아들여질 수가 없기 때문이다. 굳이 그것들 사이에 회통점을 구한다고 한다면, 세친이 『법화경우바제사(法華經優婆提舍)』에서 「약초유품」의 비유를 풀이하여 말한 것처럼,[41] 대승에만 집착하여 성문승이나 연각승의 존재를 인정하려고 하지 않는 증상만(增上慢)의 대승의 무리를 위해서만 [그 비유가] 보여진 것이라고 생각해야 한다. 이러한 상황은 보리류지가 활약한 시기의 중국의 사상적 토대에는 틀림없이 존재하지 않았을 것이므로 바로 [중국불교가 아닌] 인도불교의 과제라

---

41) 『법화경우바제사』는 「약초유품」의 비유를 풀이하여 다음과 같이 말한다.

> 셋째로 대승으로 한결같이 결정된 증상만(增上慢)의 마음[을 가진 사람]은 이와 같은 마음을 일으킨다. '별도로 성문승, 벽지불승, 불승은 없다.' 이렇게 거꾸로 취하니, 이것을 대치하기 위해서 운우(雲雨)의 비유를 설한다. 마땅히 알아야 한다.
>
> 三者, 大乘一向決定增上慢心, 起如是意. 無別聲聞辟支佛乘. 如是倒取. 對治此故爲說雲雨譬喻. 應知. (보리류지 역, 大正26.8b)

고 해야 한다. 다만 이 바로 다음의 시대에는, 예컨대 남악 혜사(南岳慧思)가 스스로 '마하연(摩訶衍)'을 강(講)하면서 일부의 악취대승자(惡取大乘者)로 인해 박해를 받았다는 등의 일[42]이 알려져 있으므로, 그러한 상황에 가까운 사태도 중국의 불교 사회에 존재했다는 사실은 부정할 수 없다. 그러나 그것은 어디까지나 어떠한 형태가 되었건 일단 중국의 불교도들 가운데에 '대승'의 자각이 형성된 뒤에 문제가 될 수 있는 것이며, 보리류지의 이 시대에 그러한 문제가 존재했다고는 생각하기 어려운 것이다.

앞에 인용한 『대승의장』에서의 류지의 일음교의 설은 '대소병진'이라는 부분을 제외하면 나머지는 일음이해의 일음교를 소개하는 법장이나 기(基)의 설과 내용적으로 등질의 것이라고 볼 수 있다. 따라서 다음과 같이 생각할 수 있다. 곧 보리류지의 일음교의 내용은 일음이해였지만, 그것을 정영사 혜원은 어떠한 필연성에 의해서 대소병진으로서 소개했다고 추찰(推察)하는 것이다. 만약 그렇게 생각할 경우 혜원이 보리류지의 일음이해의 일음교를 대소병진의 일음교로서 제시해야 할 필연성이란 대체 어떠한 것일까? 다시 앞에 든 『대승의장』의 문장에 의해 고찰해 보자.

이미 서술한 것처럼 이 인용문의 전반부는 일음이해의 일음교를 소개하는 법장, 기 등이 설한 것과 내용적으로 같다. 따라서 혜원에

---

42) 혜사의 『입서원문(立誓願文)』에 다음과 같이 되어 있다.

> 광주성 서관읍사 위에서 또한 마하연의 뜻을 한 번 강의하였다. 이때 많은 무리의 악한 논사가 있었으니, 다투어 와서 혼란스러웠고 질투의 마음을 내면서, 모두가 반야바라밀의 뜻을 살해하고 훼괴(毁壞)하고자 하였다.
> 在光州城西觀邑寺上, 又講摩訶衍義一遍. 是時多有衆惡論師, 競來惱亂生嫉妬心, 咸欲殺害毁壞般若波羅蜜義. (大正46.767b)

한하여 특징적이라고 할 것은 없다. 그렇다면 '대소병진' 이후의 후반부에 주의해 보면, (보리류지의 일음교의 사상은) 불타의 설법이 항상 대승과 소승을 동시에 설한 것이므로 거기에 돈·점의 구별을 세울 수는 없다고 말하고 있다. 곧 보리류지의 일음교는 돈·점의 교판에 대한 비판으로서 주장된 것이라는 말이다. 이 점에 관해서는 기(基)도 『의림장』 권1에서 보리류지의 일음교를 소개한 말미에 다음과 같이 설하여 특정의 경전을 돈이라든가 점으로 분류할 수는 없다고 하는 보리류지의 사상을 소개하고 있다.

> 『유마경』에서 말한다. "부처는 일음으로써 법을 연설하셨다. 중생은 부류에 따라서 각각 이해를 얻는다." 혹은 공포가 있고, 혹은 환희하며, 혹은 염리(厭離)를 일으키고, 혹은 의심을 끊는다. 따라서 하나의 가르침이 정해져서 돈이거나 정해져서 점인 경우는 없다.
>
> 維摩經云, 佛以一音演說法. 衆生隨類各得解. 或有恐怖, 或歡喜, 或生厭離, 或斷疑. 故無一教定頓定漸. (大正45.247a)

곧 돈·점 2교에 대한 비판으로서 류지의 일음교가 세워진 것임이 추찰되는 것이다. 보리류지가 돈·점의 교판에 관하여 비판적이었음은 본 항에서도 4권 『능가경』과 10권 『능가경』의 관계와 관련하여 언급한 것과 같다. 만약 보리류지의 일음교의 사상이 돈·점 2교판에 대한 비판으로서 주장된 것이라고 한다면, 그것은 당연히 점·돈·원 3교판을 주장한 지론 남도파의 개조인 혜광의 사상과 충돌하게 될 것이다. 따라서 혜광의 손제자에 해당하는, 남도파의 흐름에 참여한 혜원이 혜광의 논적이었던 북도파의 개조인 보리류지의 사상을 소개할 즈음에 자신의 주장으로 끌어와 그것을 소개한다는 것은 충분히 생각할 수 있는 것이다.

결국 성문장 · 보살장이라는 2장판을 확립하여 대승 · 소승의 판(判)을 전제로 하면서 어디까지나 점 · 돈 2교에 집착한 혜원은 보살장을 2분하여 점교와 돈교로 한다. 그 경우 돈교의 정의는 '전왕대승(專往大乘)', '전습대승(專習大乘)'이라고 하므로[43] 점교는 천(淺, 소승)으로부터 심(深, 대승)에 이른다고 정의하지 않으면 안 될 것이다. 그 경우에도 점교는 전제로서는 어디까지나 보살장(대승)의 틀 안에서 다루어져야 하는 것이므로 '대승 가운데에 소승도 포함하는 것'으로 정의되지 않을 수 없는 것이다. 이 '대승 가운데에 소승을 포함하는 것'이란 바꿔 말하자면 '대소병진'임이 분명하다. 곧 혜원은 원래 점 · 돈 2교판에 대한 비판으로서 주장된 바인 보리류지의 일음교의 사상을 '대소병진'의 일음교라고 정의함으로써 자신의 교판에서는 보살장 가운데의 점교와 같은 것이라고 풀이한 것이다. 이렇게 보면 '대소병진'으로 일음교를 정의한 배경에는 대승 · 소승과 점교 · 돈교라는 불교 이해의 큰 틀에 관한 지론 남 · 북 양도의 논쟁의 자취를 엿볼 수 있다고 생각된다.

이상으로 후대의 교판 자료에 보이는 보리류지의 사상을 개관할 수 있었다고 생각된다. 그것은 반 · 만 2교라는 대승 · 소승의 교판과 일음교가 결합한 것이다. 그리고 일음교가 점 · 돈 2교판에 대한 비판이며, 반 · 만교가 대승 경전의 등질성을 강조하는 데에 그 본

---

43) 村田常夫, 「地論師の教判における頓教論」(『印度学仏教学研究』 7巻 2号, 1959) 참조.

래의 의도가 있었다고 한다면, 그러한 두 가지 사상은 어느 쪽이건 혜광을 개조로 하는 학파에 대한 강렬한 비판이었다고 생각할 수 있다. 따라서 지론학파의 남북 분파가 보리류지와 혜광의 사상적 대립에 의한 것이었다고 보는 필자의 가설에 유력한 시사를 주는 것이라고 할 수 있는데, 이러한 점에 관해서는 항을 달리하여 논하고자 한다.

2) 혜광의 교판사상

(1) 점·돈·원 3교판에 관하여

지론종 남도파의 개조 혜광이 점·돈·원교라는 3교판을 가지고 있었다는 것은 법장의 『오교장』, 『탐현기』, 『화엄경전기』 등에 의해 알 수 있다.[44] 그것을 『탐현기』에 의해 나타내면 다음과 같다.

> 세 번째로 후위의 광통 율사는 불타 삼장에게 승습(承習)하여 3종의 가르침을 세웠다. 이른바 '점·돈·원'이다. 광사(光師)의 석의(釋意)는 이러하다. 첫째 근기가 미숙한 자를 위하여 먼저 무상(無常)을 설하고 뒤에 곧 상(常)을 설한다. 앞에 공(空)을, 뒤에 불공(不空) 등을, 이렇게 점차적인 것을 이름하여 '점교'라고 한다. 두 번째로 근기가 성숙한 자를 위하여 하나의 법문에 구족(具足)하여 일체의 불법을 연설한다. 이른바 상과 무상, 공과 불

44) 『五教章』 권1(大正45.480b); 『探玄記』 권1(大正35.110c); 『華嚴經傳記』 권2(大正51.159b).

공 등 일체를 갖추어 설하니, 다시 점(漸)에 의하는 것이 없다. 따라서 이름하여 '돈'이라고 한다. 세 번째로 상달(上達)의, 부분적으로 부처의 경지에 오른 자를 위하여 여래의 무애해탈(無礙解脫) 구경과덕(究竟果德)의 원극비밀(圓極秘密) 자재법문(自在法門)을 설한다. 따라서 이름하여 '원'이라 한다. 곧 이 경에 의해서이니, 이는 원교에 포섭되는 바이다. 뒤의 광통 문하의 준통사(遵統師) 등도 또한 모두 종승(宗承)하여 이 설과 같게 하였다.

三後魏光統律師, 承習佛陀三藏立三種教. 謂漸頓圓. 光師釋意, 一爲根未熟先說無常後乃說常. 先空後不空等, 如是漸次名爲漸教. 二爲根熟之輩於一法門具足演說一切佛法. 謂常與無常, 空不空等, 一切具說, 更無由漸, 故名爲頓. 三爲於上達分階佛境之者說於如來無礙解脫究竟果德圓極祕密自在法門, 故名爲圓. 即以此經是圓頓所攝. 後光統門下遵統師等亦皆宗承同於此說. (大正35.110c~111a)

여기에 나타낸 바의 공·불공 및 무상·상에 대한 불구설(不具說)을 점교로 하고, 구설(具說)을 돈교로 하는 점·돈의 정의는 '점'·'돈'이라는 명칭이야말로 남조의 그것과 비슷하긴 하지만, 내용적으로는 전혀 다른 것이다. 남조의 점돈설은 대승불공(大乘不共)의 관점에 선 『화엄경』과 초전법륜(初轉法輪)은 삼승차별(三乘差別)이라고 보는 『법화경』의 설을 모순 없이 이해하기 위해 창안된 것이다. 따라서 [남조의 점돈설에는] 『화엄경』 이외의 설을 점교[*역자 주: 원서의 오자를 수정함]로서 한정해서 보아야 한다는 의미는 전혀 없는 것이다. 나아가 혜광의 돈·점의 정의에서는 그러한 선행하여 성립한 남조의 점돈설의 영향을 보는 것이 전혀 불가능한 것이다. 그렇다면 이 혜광의 점·돈·원 3교판은 대체 어떠한 사상적 배경에서 어떠한 의도를 가지고서 주장된 것일까? 또한 혜광에게는 후술하는 것처럼 4종판이라 불리는 다른 교판이 있고, 4종판은 그 뒤의 지론학파의 교학 전개상 결정적인 영향을 끼쳤음에도 불구하고 이 점 · 돈 · 원 3교판은 지엄에 의해 채택되기까지 그다지 큰 영향을 끼쳤다고는 생각되지 않는다. 이 차이는 대체 어떠한 이유에 따른 것일까? 이러한 점을 해명해야 할 것이다.

이것에 관하여 우선 문제가 되는 것은 혜광의 점 · 돈 · 원 3교판이 과연 법장이 소개하는 것과 같은 것이었는가 아닌가 하는 점이다. 이러한 사상이 설해졌으리라는 혜광의 『화엄경소』가 산일해 버린 오늘날에는 이 점을 적극적으로 증명하는 것도 부정하는 것도 불가능하다. 그렇지만 후대의 『오교장』의 말주(末註)의 곳곳에 인용되어 있는 혜광의 『화엄경소』의 설 가운데에는 반드시 법장이 소개하는 것과 일치하지 않는 것도 존재하므로 이 점에 관하여 먼저 정리해 두고자 한다.

법장이 소개하고 있는 혜광의 점 · 돈 · 원 3교가 과연 참으로 혜광이 주장한 것과 같은 것이었는 아닌지를 의심하는 자료로는 고려의 균여(均如, 923~973)의 『석화엄교분기원통초(釋華嚴敎分記圓通抄)』의 설을 들 수 있다. 『석화엄교분기원통초』는 현존하는 『오교장』 주석 중에서는 비교적 오래된 부류에 속하며, 또한 해동(海東) 화엄학의 일단을 오늘날 전하는 것으로서도 귀중한 것이다. 그 책에 설해진 것에는 중국이나 일본의 전통적인 화엄학 가운데에는 존재하지 않는 설도 많이 있어 흥미롭다. 균여는 혜광의 이 점 · 돈 · 원 3교판에 관하여 『오교장』에 설해진 3교판은 혜광의 어떠한 서물(書物)에도 보이지 않는 주장이라고 하여, 다음과 같이 서술하고 있다.

> "세 번째로 광통 율사에 의하면" 등에 대하여. 혜광 국통을 말한다. 4권소, 10권소, 『광석의장(廣釋義章)』 등이 현재 세상에 전해진다. 여러 설이 있지만 모두 광사(光師)가 지은 것이다. 물음: 광사의 석의의 "근기가 미숙하여 먼저 무상을 설하고 나중에 상 등을 설한다[以根未熟先說無常後說常]"는 말은 뒤의 장소(章疏) 가운데 이러한 말이 없다. 어찌하여 모두 광사가 지은 것이라고 하는가? 답변: 이미 '광사의 석의'라고 한 것은 곧 갖추어 뜻을 끌어왔을 뿐이다. 글을 인용하는 것과는 같지 않다. 따라서 이러한 논란은 없는 것이다.
> 三依光統律師等者, 惠光國統也. 四卷疏十卷疏廣釋義章等現傳於世. 雖有多說並光師造也. 問光師釋意以根未熟先說無常後說常等者, 彼章疏中無此等言. 何云並光師所造耶. 荅既云光師釋意則俱義引耳. 不如文引, 故無此難也. (『均如大師華嚴學全集』 下卷.86)

이에 의하면 균여의 시대에는 혜광의 4권 『화엄경소』(이른바 『略疏』), 10권의 『화엄경소』(이른바 『廣疏』), 『의장』(아마도 『대승의장』일 것이다)이라는 저서가 실제로 전해지고 있고, 그것들의 어떤 것에도 『오교장』에 설해진 것과 같은 형태의 점 · 돈 · 원 3교의 설이 존재하지 않는다고 서술하고 있다. 그리고 이 모순에 대하여 균여는 이미 『오교장』 자체에 '광사의 석의'라고 양해하여 말하고 있으므로 이것은 문장을 그대로 인용한 것은 아니며, 어느 쪽이건 의미를 취하여 인용한 것이라고 회통(會通)하고 있다.

다음으로 일본의 탄에이(湛睿, 1271~1346)의 『오교장찬석(五教

章纂釋)』은 혜광이 3교판 가운데 『화엄경』을 어떠한 가르침의 소섭(所攝)으로 생각했는가 하는 문제에 관하여 혜광의 『화엄경소』의 문장을 인용하여 다음과 같이 말한다.

> 그의 『화엄소』 제1에 말한다. "지금 이 경은 3교 중 대개 돈교에 포섭되는 바이다."
> 彼華嚴疏第一云, 今此經者三教之中蓋是頓教所攝. (日佛全11.185上)

곧 혜광의 『화엄소』에 의하면 『화엄경』은 단지 돈교의 소섭이라고 되어 있다고 하여, 『오교장』이나 『탐현기』의 설의 모순되는 부분을 바로잡으려 하는 것이다.

3교판에서의 『화엄경』의 소섭에 관하여 『오교장』은 원교에 대한 자세한 풀이 다음에 "곧 이 경이다[即此經是也]"라고 하므로 원교라는 하나의 가르침의 소섭이라고 설하고 있다고 이해할 수 있다. 곧 앞에 든 『탐현기』의 "곧 이 경에 의해서이니, 이는 원교와 돈교에 포섭되는 바이다[即以此經是圓頓所攝]"라는 설과 반드시 일치하지는 않게 되며, 법장이 소개하는 것 가운데에도 약간의 이동(異同)이 있다. 따라서 오늘날 우리가 알 수 있는 혜광의 교판 자료 가운데에는 『화엄경』의 소섭에 관하여 다음과 같은 세 종류의 설이 있게 된다.

> (1) 돈교의 소섭으로 보는 것
> (2) 원교의 소섭으로 보는 것
> (3) 돈 · 원 2교의 소섭으로 보는 것

이 점은 실제로 혜광의 저서를 손에 넣어 펼쳐 본[披覽] 균여가 그 설의 다양성을 "여러 설이 있다[有多說]"라고 칭하고 있는 점과 부합한다고 생각된다. 그렇지만 한 승려의 교판에 여러 설이 존재한다는 것을 수긍할 수 없는 중국 · 일본의 주석가들로서는 참으로 머리 아픈 문제였던 것 같으며, 그들의 저작 가운데에는 다양한 방법으로 이 문제를 회통하려 한 형적(形跡)을 인정할 수 있다. 이것들을 요약하면 대개 다음과 같이 될 것이다.

(1) '돈교의 소섭'이라고 한 것은 화의(化儀)를 기준으로[約] 말한 것일 뿐이며, 화법(化法)을 기준으로 할 때는 당연히 원교의 소섭이 됨은 말할 필요도 없으므로 이것을 생략한 것이라고 하는 교넨(凝然, 1240~1321)의 『통로기(通路記)』의 설[45]

(2) '돈교의 소섭'이라는 것은 '돈' 아래 '원'이라는 글자가 있던 것이 탈락했거나 '교'라는 글자가 실은 '원'이었다고 하여 사본의 오자(誤字)라고 보는 호탄(鳳潭, 1654~1738)의 『광진초(匡眞鈔)』의 설[46]

이 두 가지 해석은 어느 쪽이건 혜광의 주장이 『화엄경』을 돈 · 원 2교의 소섭이라고 보는 것이라는 쪽으로 회통하려 한 것이고, 그 점에서 약간 견강부회적(牽强附會的)이라고 말하지 않을 수 없다. 따라서 필자에게는 이러한 회통으로는 석연치 않은 것이 남아

45) 『五教章通路記』 권11(大正72.366c).

46) 『華嚴五教章匡眞鈔』 권2(大正73.348b).

있지만, 이 점에 관해서는 본 절의 주요 과제를 대강 검토한 뒤에 다시 한 번 반복하여 언급하고자 한다.

탄에이는 전술한 과제의 연장(延長)으로서 다시 혜광의 『소』를 인용하여 돈교에 설명을 베푸는데, 그의 저술에 인용된 혜광의 『소』의 돈교에 관한 문장은 법장이 소개하는 것과 완전히 다르며 다음과 같다.

> '돈'이란 처음에 도수(道樹)에서 여러 대행(大行)으로 인해 단번에 곧바로 종본(宗本)의 치(致)를 진술한다. 방광(方廣)의 법륜은 그 취(趣)가 연현(淵玄)하여 다시 유적(由籍)이 없다. 그 때문에 '돈'이라 한다.
> 頓者始於道樹爲諸大行, 一往直陳宗本之致. 方廣法輪其趣淵玄, 更無由籍. 以之爲頓. (日佛全11.185上)

그리고 이 문장은 지엄이 『수현기』의 수문해석(隨文解釋) 단락에서 바로 문장에 따라 풀이해 가려 하기 직전에 "가르침의 분제(分齊)를 요간(料簡)하다"라고 하여 일승교의(教義)와 삼승교의의 분제의 상위(相違)를 10문으로 나누어 밝히고, 이어 교설에서의 8종의 교상(教相)과 교상에서의 3교의 순서를 밝히는 곳에 나타나는, 돈교의 해석을 보이는 문장과 완전히 동일한 것이다. 이 점에 의해 『수현기』의 수문해석 단락에 보이는 3교에 관한 개소(個所)는 전체가 혜광의 소로부터의 인용은 아닌가 하는 지적을 받고 있다.[47] 지엄과 혜광의 『소』 사이의 깊은 결부(結付)에 관해서는 법장이 『화엄경전기』에서 보이는 바와 같으며, 또한 전후의 문맥이나 어조의 측면에서도 이 부분은 아무리 보아도 돌출되었다는 인상을 피할 수 없으며, 선학(先學)의 지적의 타당성이 수긍되는 바이다.

그렇다면 약간 길긴 하지만, 이 인용문이라고 생각되는 부분을 발췌하여 혜광의 3교판의 자료의 하나에 더하여 혜광의 사상을 생각해 보면 어떠한 결론이 얻어지는지 시험해 보고자 한다.

"3교의 상성(相成)을 기준으로 한다"는 말은 다음과 같다.

> ① 처음에 도수(道樹)에서 여러 대행(大行)으로 단번에 곧바로 종본(宗本)의 치(致)를 진술한다. 방광(方廣)의 법륜(法輪)은 그 취(趣)가 연현(淵玄)하여 다시 유적(由籍)이 없다. 그 때문에 '돈'이라 한다.
>
> ② 이른바 '점'이란 시습(始習)을 위하여 방편을 시설(施設)하여 삼승 인접(引接)의 화(化)를 개발한다. 처음에는 미미하지만 나중에 드러나니, 옅은 데에서 깊은 데에 이른다. 차례로 상승(相乘)하여 피안에 나아가므로 칭하여 '점'이라 한다.
>
> ③ 이른바 '원교'란 상달(上達)의, 부분적으로 부처 경지에 오른 자를 위하여 여래 해탈의 법문을 설하고 구경궁종(究竟窮宗) 지극과행(至極果行)에 의해 불사(佛事)를 만족한다. 따라서 말하기를 '원'이라 한다. 그것을 궁구함에 있어서 실제로써 하면 취(趣)가 고르며 둘이 없으며, 등동(等同)하여 일미(一味)이니, 구경(究竟)에 나머지가 없는 것과 같다. 어떠한 다름,

---

47) 坂本幸男, 앞의 책(앞의 주36에 소개됨), pp. 198~199 및 石井公成, 「『一乘十玄門』の諸問題」(『華厳思想の研究』, 春秋社, 1996), 제1부 제2장 제3절(p. 148) 참조.

그것이 있겠는가? 다만 대치(對治)의 공용이 같지 않기 때문에 근기에 따라 그 심천(深淺)을 달리하니, 말하자면 나누어 셋이 있다. 그 순서란 일승요의(一乘了義)의 실설(實說)에 나아가 대치방편(對治方便)을 기준으로 하니 행문(行門)의 차이가 있다. 요약하면 셋이 있으므로 순서를 밝힌다.

④ 첫째는 방편수상(方便隨相) 대치연기(對治緣起) 자류인행(自類因行)을 기준으로 하여 3교를 밝힌다. 점은 곧 처음에 있고, 돈은 중간에, 원은 뒤이다. 세 가지 뜻은 점에 따라 설한 것이다. 처음의 점은 그것을 통해 신(信)을 낳고, 다음의 돈은 그것을 통해 행(行)을 이루며, 다음의 원은 그것을 통해 체용(體用)을 이룰 뿐이다.

⑤ 만약 실제연기(實際緣起) 자체인행(自體因行)을 기준으로 하여 밝힐 때는 돈은 처음, 점은 다음, 원은 뒤이다. 처음에 돈을 보여서 닦게 하고, 다음으로 점을 보여 사물이 됨을 나타내며, 뒤에 원을 보여 과덕(果德)이 갖춰지기 때문이다.

⑥ 만약 궁실법계(窮實法界) 부증불감(不增不減) 무장애연기(無障礙緣起) 자체심심(自體甚深) 비밀과도(秘密果道)를 기준으로 하여 밝힐 때는 곧 처음은 원, 다음은 돈, 뒤는 점이다. 그러한 이유는 바로 충종(沖宗)은 현상(玄想)을 남기지 않고, 원도(圓道)는 시문(始門)을 가리지 않기 때문이다. 이로써 사(事)는 가깝더라도 먼 데에 이르며, 상(相)은 드러나더라도 밀(密)에 이른다. 옅은 데에서 극(極)에 이르러 깊음이 비로소 다하기 때문이다. 처음에 원을 보여 견문(見聞)하게 하며, 다음으로 돈을 나타내어 수희(隨喜)하게 하며, 뒤에 점을 변(辯)하여 위(位)에 오르게 한다. 덕을 드러내어 신행을 일으

키는 것이다. 이는 곧 원을 기준으로 하여 셋을 밝혔을 뿐이다. 그러므로 교(敎)는 곧 반드시 이러하다. 그 취지를 논하자면 [이러하다]. 바로 여래 법신의 무상보리(無上菩提)는 지극한 원도(圓道)로서 실상에 계궁(契窮)하며, 덕은 해오(海奧)에 넘치며 뜻은 진본(眞本)으로부터 일어나니, 후제(後際)를 현명(顯明)함을 밝힌다. 과(果)를 말하여 무득(無得)으로 나타내며, 인(因)을 논하여 무발(無發)로 드러낸다. 따라서 무상(無相)의 상은 그 취(趣)가 유미(幽微)하여 똑같이 태허로 응결된다. 지(旨)는 명상(名相)을 끊는다. [다음과 같이] 말할 수 있으니, 지도(至道)는 무언(無言)이니 현적(玄籍)이 더욱더 펼쳐지며, 진용(眞容)은 무상(無像)하여 묘상(妙相)을 갖추어 꾸민다. 부처의 지혜에 들어가 부처의 소행(所行)을 갖춘다. 덕은 빼어난 아름다움을 드러내어 세상을 넘어선다. 따라서 경의 머리에 꿰뚫어 '불화엄'을 명칭으로 한 것은 마땅히 지남(旨南)의 설로 해야 한다. 종요(宗要)는 여기에 있는 것이다.

① 始於道樹爲諸大行. 一往直陳宗本之致. 方廣法輪其趣淵玄. 更無由藉. 以之爲頓.

② 所言漸者, 爲於始習施設方便開發三乘引接之化. 初微, 後著, 從淺至深. 次第相乘以階彼岸故稱爲漸.

③ 所言圓敎者, 爲於上達分階佛境者, 說於如來解脫法門, 究竟窮宗至極果行, 滿足佛事. 故曰爲圓. 如窮之以實, 趣齊莫二, 等同一味, 究竟無餘. 何殊之有. 但以對治功用不等, 故隨根器別其淺深, 言分有三. 其次第者, 就於一乘了義實說, 約對治方便. 行門差殊. 要約有三, 以明次第.

④ 一者據方便修相對治緣起自類因行以明三教. 漸即在初, 頓中, 圓後. 三義從漸說也. 初漸以生信, 次頓以成行, 次圓以成體用耳.

⑤ 若約實際緣起自體因行以明時, 頓初, 漸次, 圓後. 初示頓以令修, 次示漸彰爲物, 後示圓果德備故也.

⑥ 若約窮實法界不增不減無障礙緣起自體甚深祕密果道時, 即初圓, 次頓, 後漸也. 所以爾者, 正以沖宗不遺於玄想, 圓道不揀於始門. 是以事雖近而至遠, 相雖著而至密. 淺至極深方窮故. 初示圓令見聞, 次彰頓令隨喜, 後辨漸階位. 顯德起信行也. 此即約圓以明三耳. 然教乃可爾. 論其旨也. 正明如來法身無上菩提至極圓道契窮實相, 德盈海奧義興真本, 顯明後際. 語果彰之於無得, 論因顯之於無發. 故無相之相其趣幽微, 凝同太虛. 旨絕名相. 可謂, 至道無言而玄籍彌布, 真容無像而妙相備嚴. 入於佛慧具佛所行. 德顯殊美踰越於世. 故經首貫以佛華嚴之稱者, 當以旨南之說. 宗要在玆. (大正35.15c~16a)

이상이 『수현기』의 현담(玄談)에 보이는, 3교의 해석에 관한 혜광의 『소』로부터의 인용이라고 생각되는 부분이다. 전체는 크게 둘로 나눌 수 있다. 곧 3교의 정의를 서술하는 ①, ②, ③의 전반 부분과 3교의 순서를 밝히는 후반 부분이다. 그리고 앞에서 언급한 것처럼, 돈 · 점 · 원의 정의를 나타내는 ①, ②, ③ 중 돈교에 해당하는 ①은 『오교장찬석』에 인용된 혜광의 『화엄경소』 제1의 부분과 완전히 동일한 것이다. 그런데 이 부분과 다음의 점교의 정의를 나타내는 ②의 부분은 『탐현기』, 『오교장』에 인용된 혜광의 3교판의 돈교 · 점교의 설과 거의 공통성이 없다. 그럼에도 불구하고 원교의 정의를 나타내는 ③의 부분은 법장이 소개하는 것과 거의 같으며,

또한 『수현기』 현담의 장섭분제(藏攝分齊)에 보이는 지엄의 원교의 정의와도 거의 같은 것이다. 이러한 차이[異同]는 대체 어떠한 이유에 의한 것일까?

이 점에 관해서 중요한 시사를 주는 것으로서 송조(宋朝) 이수사가(二水四家) 중의 한 사람인 관복(觀復)의 『오교장절신기(五教章折薪記)』의 다음의 설을 들 수 있다.

> 사(師)의 이름은 혜광으로서, 처음으로 『화엄경』의 광략(廣略) 2소를 서술하였다. 광(廣)은 10권이 있고, 약(略)은 4권이 있다. 『원종문류(圓宗文類)』에 의하면 뒤의 『약소(略疏)』가 서술하는 바의 3교를 인용함에 처음의 둘에 약간 같지 않음이 있다. 지금의 문장은 대개 이 『광소(廣疏)』의 뜻이다.
> 師名慧光, 創述華嚴廣略二疏. 廣有十卷, 略有四卷. 據圓宗文類引彼略疏所敍三教, 初二有不同. 今文多是廣疏中意. (『五教章纂釋』 권11의 인용문, 日佛全11.185上)

『절신기』는 완본으로서는 현재 전하고 있지 않으므로 탄에이나 호탄의 인용을 통하지 않고서는 그 내용을 엿볼 수 없다. 따라서 이 설이 어떠한 문맥에서 말해진 것인가는 상상에 맡길 수밖에 없지만, 이에 따르면 관복은 『원종문류』에 실려 있는 혜광의 4권 『화엄약소』에 설해져 있는 3교에 관한 상세한 내용과 『오교장』의 그것을 비교하여 처음의 둘, 곧 돈교와 점교의 설에 관해서 약간의 상위가 있음을 지적하고 있는 것이다. 게다가 그 상위가 주로 『약소』의 설과 『광소』의 설과의 차이에 기초한 것이라고 [말]하고 있는 것이다. 그리고 돈교와 점교의 2교에 관해서만 상위를 지적하고 있는 것은 원교에 관해서는 상위가 없었으리라는 점을 상상하게 한다. 이 점은 앞에 서술한 문제점과 참으로 잘 부합한다고 할 수 있을 것이다. 이상에 더하여 호탄의 『광진초』에 의하면 『오교장찬석』이 인용하는 부분과 완전히 똑같은 문장을 인용할 즈음에 다음과 같이 주석하고 있다.

> 광사(光師)의 『화엄소』를 검토함에(본국에 있는바, 『약본』에 4권이 있다) 제1권에 말하길 …
> 檢光師華嚴疏 本邦所存 略本四卷. 第一卷云 … . (大正73.348b)

이상에 따르면, 앞에 든 인용문이라고 생각되는 『수현기』의 개소(個所)는 혜광의 『약소』로부터의 인용이고, 그것에 대하여 법장이 소개하는 것은 『광소』에 의한 것이라는 말이 될 것이다.

그렇다면 다음으로 혜광의 점·돈·원 3교판의 내용에 관하여 검토해 가기로 하는데, 이미 서술한 사항을 토대로 편의상 『약소』의 3교판과 『광소』의 3교판을 나누어 살펴보고자 한다.

먼저 『약소』의 3교판에 관하여 검토해 보자. 『수현기』에 인용된 『약소』의 3교판의 해석이 크게 2단으로 나누어져 있음은 앞에 언급한 것과 같다. 이 가운데 전반 부분의 3교 정의에 관한 설에서 주목을 끄는 것은 돈교에 대한 풀이의 첫머리에 있는, "처음에 도수(道樹)에서"라는 부분과 점교를 풀이하는 중간에 나오는, "방편을 시설(施設)하여 삼승 인접(引接)의 화(化)를 개발한다"라는 부분이다. 이에 따르면 『화엄경』 이외의 경전은 돈교의 정의로부터 제외되게 된다. 또한 점교는 성문·연각·보살의 삼승에게 동등하게 보인 방편의 가르침을 나타내는 것이라고 이해된다. 원래 삼승 · 일승의 문제, 곧 삼승을 어떻게 이해할 것인가 하는 문제는 동진 이래의 남북 불교계가 공통으로 직면해 온 과제였다. 곧 삼승차별(三乘差別)을 설하는 『반야경』이나 『유마경』과 삼승방편(三乘方便)을 설하는 『법화경』을 중심으로 하면서, 새로이 소개된 『열반경』 및 『화엄경』 등의 설을 전체적으로 어떻게 모순 없이 이해할 것인가 하는 것이 동진으로부터 유송(劉宋)에 이르는 남조 불교계의 주된 과제였다. 그것에 대하여 북조에서는 갖가지 이유로 그 문제는 거의 전개다운 전개를 보이지 않은 채 혜광의 시대에 이르렀다고 말해도 과언은 아니다. 따라서 여기에서 혜광이 '돈교', '점교'라는 용어에 의탁하여 주장하고 있는 것은 남조 계통의 돈점설의 직접적 영향이 있었는지 아닌지는 별개로 하더라도 일승 · 삼승의 문제를 떠난 것일 수는 없다. 그리고 성문 · 연각 · 보살의 삼승에 각각 따로 제시된 삼승교와는 완전히 별도로 그것들과는 공통되지 않는 어떤 가르침이 존재한다는 것은 『화엄경』 자체가 다음과 같이 보이는 바와 같다.

> 만약 중생 중 하열(下劣)하여 그 마음이 염몰(厭沒)한 자에게는
> 보이나니, 성문도로써 중고(衆苦)를 벗어나게 하노라.
> 만약 다시 중생이 있어서 제근(諸根)이 약간 명리(明利)하여
> 인연법을 바라는 경우에는 [그를] 위하여 벽지불을 설하노라.
> 만약 사람의 근기가 명리하여 중생을 요익하게 하며
> 대자비의 마음이 있는 경우 [그를] 위하여 보살도를 설하노라.
> 만약 무상의 마음이 있어서 결정코 대사를 바라는 경우에는
> [그를] 위하여 불신(佛身)을 보여 무량(無量)한 불법(佛法)을 설

하노라.

若衆生下劣 其心厭沒者 示以聲聞道 令出於衆苦.
若復有衆生 諸根少明利 樂於因緣法 爲說辟支佛.
若人根明利 饒益於衆生 有大慈悲心 爲說菩薩道.
若有無上心 決定樂大事 爲示於佛身 說無量佛法. (60권 『華嚴經』 권26, 「十地品」 제9지 게송. 大正9.567c)

여기에는 가르침을 듣는 측의 능력에 따라 성문 · 벽지불 · 보살도의 삼승이 설해져 있음과 그것과는 별개로 무량한 불법이 설해짐을 명확히 보이고 있다. 따라서 이 '무량불법(無量佛法)'이라는 가르침은 삼승을 점교로 파악하는 점 · 돈의 틀에서는 돈교로서, 삼승 · 일승의 틀에서는 일승으로서 자리매김하게 된다. 여기에 이르러 일승과 돈교의 동이(同異)를 명확히 해야 하는 필연성이 일어나게 된다. 이 문제는 아마도 혜광의 시대에는 법화일승(法華一乘) · 승만일승(勝鬘一乘)과 돈교로서의 『화엄경』과의 관계를 어떻게 볼 것인가 하는 형태로 논구되었음이 틀림없다. 바꿔 말하자면 법화일승 · 승만일승과 화엄돈교를 종합하는 것과 같은 관점을 찾아내지 않는 한, 예컨대 『법화경』을 돈교로 하는 것과 같은 해석의 잘못을 논리적으로 정정할 수 없는 것이다.

이상과 같은 사상적 배경을 가지고서 제시된 개념이 '원교'라는 사상이었음이 분명하다. 곧 삼승교와 격별(隔別)로 설해진 것 전체를 원교라고 정의하고, 그 가운데에서 『화엄경』만을 돈교로서 별립(別立)한 것이 이 『약소』의 3교판인 것은 아닐까? 따라서 이 교판의 가장 중요한 부분은 삼승 · 일승 중에서 『화엄경』만을 돈교로서 독립시킨 점에 있는 것이다. 이 점은 이 『약소』의 후반부인 3문의 3교에 대한 관점에서 단적으로 볼 수 있다. 곧 앞의 인용문 중 ④, ⑤, ⑥의 부분이다. 이 부분의 요지는 돈·점·원의 3교가 단지 화의나 화법이라는 평면적인 혹은 일의적(一義的)인 측면에 의해서는 생각할 수 없음을 보여준다. 곧 점·돈·원의 3교는 단지 경전의 설시(說示)라는 시간적인 순서의 측면에서만 파악해야 하는 것도 아니며, 경전의 내용·수준을 정리한 결과라고 해야 하는 것도 아닌 것이다.

④의 부분은 '자류인행(自類因行)'을 기준으로 3교의 순서를 밝히는 경우는 점·돈·원의 순서로 볼 수 있음을 나타내고 있다. 이 단의 중심은 인(因)으로부터 과(果)로 향한다는 관점에 서는 경우에 있으므로 '삼승으로부터 일승으로'라는 전개가 되는 것이다. 이와 반대의 입장을 나타내는 것이 ⑥의 부분이다. 이 단락은 혜광 자신이 "이는 곧 원을 기준으로 하여 셋을 밝혔을 뿐"이라고 명언하는 것처럼, 불과(佛果)를 기준으로 하여 과로부터 인으로의 전개로서 삼승의 순서를 보고자 하는 입장이다. 따라서 일승에 기초하여 삼승이 전개되고 있다고 보는 입장이다. 이러한 설에 따르면 이상의 두 가지 입장은 기본적으로 삼승·일승의 문제이고 일승에 소발(所發; ⑥의 경우)과 소귀(所歸; ④의 경우)의 두 가지 뜻을 인정함으로써 기본적으로 설명 가능하다. 따라서 점·돈·원이라는 개념을 새로이 끌어낼 필요는 없다고 생각된다. 그에 대하여 ⑤의 돈·점·원으로 순서 매겨진 '자체인행(自體因行)'을 기준으로 하는 관점의 기본적 입장이란 인으로부터 과로 전개됨이라는 측면에서는 ④와 공통되지만, ④처럼 방편을 기준으로 하는 것은 아니다. 이 점에서 삼승·일승의 권실(權實)로는 정리할 수 없는 측면을 갖고 있

다. 더욱이 점교 다음에 제시되는 원교에는 당연하게도 삼승을 융회(融會)한다는 성격이 요구된다. 게다가 그것들에 앞서 명확히 설명된 돈교에는 '돈초(頓初)', '돈설(頓說)'이라는 성격을 제외하는 것을 생각할 수 없다. 따라서 여기에서 제시되는 돈교와 원교에는 완전히 공통되는 부분이 없는 것이다. 이 점에서 ⑤의 돈·점·원으로 순서 매겨진 경우의 3교는 징관 등이 말한 것처럼 화의의 돈·점 2교에 화법의 원교를 더한 것이라고 하는 측면을 가지고 있음을 부정할 수는 없다.48)

이상을 종합하면, 혜광의 『약소』에 설해진 3교판은 화의의 점·돈에 화법의 원교를 더한 것이라는 측면을 가지면서 근본적으로는 삼승·일승의 과제 중 삼승불공(三乘不共)의 일승을 원교라고 정의하고, 거기에서 돈교로서의 『화엄경』을 별립한 것이라고 말할 수 있을 것이다. 이 점에서는 왜 『화엄경』을 별립해야 했는가 하는 문제를 밝힐 필요가 있는데, 이 점은 후술하기로 한다. 따라서 3교 중 『화엄경』의 소섭(所攝)에 관한 『약소』의 입장은 [이 경전을] 돈교의 소섭이라고 해야 함이 분명하다.

다음으로 『광소』의 3교판, 곧 법장이 『오교장』이나 『탐현기』에서 소개하는 것에 관하여 검토해 보자. 이미 언급한 것처럼 『광소』

---

48) 『연의초(演義鈔)』 권6에 혜광의 점·돈·원 3교를 들어 다음과 같이 풀이하고 있다.

> 별도로 공·불공을 설하는 것을 곧 이름하여 '점'이라고 한다. 동시에 공·불공을 설하는 것을 곧 이름하여 '돈'이라고 한다. 따라서 이는 화의이다. 그 제3은 또한 화법(化法)을 기준으로 한다. 앞의 둘을 가려내어 구분한다.
> 別說空不空, 即名爲漸. 同時說空不空, 即名爲頓. 故是化儀. 其第三亦約化法. 揀異前二. (大正36.44c)

의 3교판은 『약소』의 그것과 비교할 때, 점교 · 돈교의 정의와 관련하여 적잖이 서로 다르다. 그리고 그 정의의 중심을 이루는 것은 공(空)과 불공(不空), 무상(無常)과 상(常) 등의 상대하는 두 가지 내용의 불구족설(不具足說)과 구족설(具足說)로써 점 · 돈의 경계로 삼는 것이다. 또한 원교의 정의에는 어떠한 변경도 가해져 있지 않으므로 『광소』의 점교 정의는 『약소』의 3교판의 성립 과정에서 보면 삼승교 안의 짜임새에 무언가 변화가 생겼기 때문에 변경된 것임을 우선 추찰할 수 있는 것이다. 이 점과 관련해서 혜광의 시대가 중국불교에서의 소승 · 대승사상 흥기의 시대였음을 간과해서는 안 될 것이다.[49] 혜광 자신이 『대승의장』이라는 저술을 지었다는 사실에 상징적으로 보이는 것처럼 불교를 소승 · 대승으로 분판(分判)해 간다는 관점은, 대 · 소승[의 엄격한 구별]을 등한시한 채 소승 · 대승 경전의 체계적인 통일을 의도하고 있던 남조의 불교계에서는 누락되었던 것이다. [이는] 어떤 면에서는 남조와 같은 반야학의 전통을 갖고 있지 않았던 북조 불교였다는 바로 그 이유 때문에 펼칠 수 있었던 관점이라고 말할 수 있는 것이다. 그리고 [이 관점은] 혜광 이후 정영사 혜원이나 지상사 지정에 이르는 동안의 지론학파의 교학 전개에 교의(教義)상에서도, 또한 교판의 측면에서도 소승 · 대승이라는 범주를 빼놓고는 생각할 수 없을 정도로 압도적인 영향을 주었던 것이다. 그 점에 관해서는 항을 바꾸어 언급하기로 하고, 여기에서는 그러한 시대적 배경을 토대로 『약소』와 『광소』의 3교판의 정의의 차이를 낳게 한 상황에 관하여 고찰해 보고

---

49) 横超慧日, 앞의 논문(앞의 주30에 소개됨) 참조.

자 한다.

이미 서술한 것처럼 『약소』의 3교판은 삼승 · 일승이라는 틀로부터 돈교로서의 『화엄경』을 별립한 것이었다. 이러한 관점에 소승 · 대승이라는 개념을 도입할 경우 대체 어떠한 것이 될까? 삼승 · 일승이 소승 · 대승으로 전개된 계기는 삼승 내의 보살승의 공(共) · 불공(不共)의 문제에 있었다고 생각된다. 이 보살승의 공의 입장을 나타내는 것은 '삼승통교(三乘通教)'라는 개념이며, 그것에 대하여 보살승의 불공의 입장을 나타내는 것은 '삼승별교(三乘別教)'라는 개념이다. 이 삼승교 내의 통 · 별(通別)이라는 사상은 원래 『대지도론』 등에 설해진 공 · 불공의 반야바라밀[50]에 토대를 둔 것이며, 남조의 교상판석의 기초를 만든 유송 시대 혜관(慧觀)의 2교 5시판[51] 가운데에도, 또한 혜광의 최초의 스승이었던 불타 삼장의 사상[52] 가운데에도 보이는 것이다. 따라서 [통 · 별의 사상은] 남북에 공통되는 과제였다고 말할 수 있을 것이다. 『약소』의 3교판이 기본적으로 삼승 · 일승의 전개라는 것은 바로 이 시대의 흐름에 따르는 것이라고 말할 수 있다. 따라서 『약소』의 점 · 돈 · 원 3교판 가운데에도 이 삼승의 통 · 별의 문제는 투영되어 있는 것이지만, 표면적으로는 그러한 흔적을 볼 수 없다. 곧 무언가의 외적인 요인에 의해서 이 삼승의 통 · 별의 문제가 되풀이된 것이리라고 생각된다. 이 점에 관해서는 약간 방론(傍論)으로 넘어가게 되므로 따로

---

50) 大正25.754b.

51) 혜관의 2교 5시판에 관해서는 『삼론현의』(大正45.5b) 참조.

52) 이 점은 뒤의 2) (2) 「4종판의 성립과 불타 삼장의 사상」에서 자세히 서술할 것이다.

논하고자 한다. 지금은 삼승의 통 · 별이라는 문제가 그대로 소승 · 대승으로 전개되는 질(質)을 가진 것임을 환기해 두고 싶다. 곧 식자(識者)의 관점이 삼승 내의 공통성에 향해 있을 때는 삼승 · 일승의 문제는 결코 이것 이상의 전개를 보이는 경우는 없다. 그렇지만 그 관점이 일단 삼승 내의 차이성으로 옮겨갈 때, 성문 · 연각의 이승(二乘)과 분리된 보살승은 삼승과는 별도로 존재하고 있던 가르침(혜광의 경우 그것이 일승원교이고, 또한 돈교였다)과 결합되는 질적 내용을 가지고 있다는 것이다. 그리고 그것들이 묶여서 대승이라는 개념이 형성될 때 결과로서 그 가운데에는 '삼승통교'라고 불리게 된 것과 '돈교'라고 불리게 된 것과 '일승원교'라고 불리게 된 것의 세 가지가 포함된다. 그러한 상황에서 종래의 돈 · 점 · 원의 3교를 주장하고자 할 경우 그 정의를 대폭 변경하지 않을 수 없음은 말할 나위 없을 것이다.

첫째 성문 · 연각의 이승과 보살승을 나누지 않으면 안 되므로 종래의 삼승점교라는 정의가 성립되지 않는다. 두 번째로 보살승과 돈교 · 일승원교는 하나의 그룹으로 간주해야 하므로 종래와 같은, 삼승과는 별개로 돈교 · 일승이 존재한다는 논리는 쓸 수 없다. 처음의 논점으로부터 말하자면 종래의 삼승을 위해 설해진 가르침(삼승교)을 그대로 점교로 하는 정의에 더하여, 소승교와 대승교의 일부인 보살승의 차이를 밝히고서 그것들을 종합하는 것과 같은 정의를 제시해야 하는 상황에 오게 된다. 두 번째의 논점으로부터 말하자면 원래 점 · 돈 · 원 3교판은 삼승교와는 격별된 일승교를 화의의 돈과 화법의 원으로 나눔으로써 성립한 것인데, 돈교 · 원교를 세운 전제라고 할 수 있는 삼승 · 일승의 틀이 없어졌으므로 돈교 ·

원교는 똑같이 대승의 일부까지도 포함하는 점교에 대한 것으로서 정의하지 않으면 안 되게 된 것이다. 여기에서 유의해야 하는 것은 『약소』와 『광소』의 원교 정의가 달라지지 않는다는 점이다. 이것은 결과로서 그렇게 된 것인가, 혹은 의도적으로 원교를 변경하지 않고서 깔끔해 보이는 다른 가르침을 정의한 것인가, 그 어느 쪽에 따를 것인가는 이 교판이 설해진 필연성을 생각함에 있어서 큰 문제를 품고 있다. 그러나 지금은 그 문제에 앞서 점교 · 돈교의 정의가 변화해야 할 필연성을 밝히고자 한다.

『오교장』에 따르면 점교는 다음과 같이 제시된다.

> 근기가 미숙하므로 먼저 무상을 설하고 뒤에 상을 설한다. 먼저 공을 설하고 나중에 불공의 심묘한 뜻을 설한다. 이처럼 점차로 설하므로 '점교'라고 이름한다.
> 以根未熟先說無常後說常, 先說空後說不空深妙之義. 如是漸次而說故名漸教. (大正45.480b)

『탐현기』에 설해진 것은 이 설과 약간의 자구(字句)의 상위를 보이지만 내용적으로는 완전히 똑같은 것이라고 해도 큰 문제가 없을 것이다. 자구의 상위에 관해서는 이미 언급한 것처럼 법장이 혜광의 석의(釋意)를 가지고서 나타낸 것이며, 혜광의 『소』의 문장을 그대로 인용한 것은 아니라고 말하고 있는 것으로 보인다. 그러나 이 부분에 관하여 균여의 『원통초』가 다음과 같이 말하고 있는 점은 간과할 수 없다.

광사(光師)의 석의의 "근기가 미숙하므로 먼저 무상을 설하고 뒤에 상을 설한다[以根未熟先說無常後說常]" 등은 그의 장소(章疏) 가운데에는 이러한 말이 없다.

光師釋意以根未熟先說無常後說常等者, 彼章疏中無此等言. (『均如大師華嚴學全集』 下卷.86)

균여는 아마도 실제로 혜광의 『광소』를 스스로 입수하여 이러한 말을 서술했을 것이므로, 만약 이 부분이 『광소』의 점교 정의에 없었다고 한다면 『광소』의 점교 정의는 단지 "처음에 공을 설하고 나중에 불공을 설하는 것"이었다고 생각된다. '공'·'불공'이라고 말하는 방식은 『기신론』의 2종 진여의 설이나 『승만경』의 2종 여래장설을 연상케 한다. 아마도 그러한 설에 입각하여 『아함경』, 『반야경』으로부터 『법화경』, 『열반경』에 이르는 전개를 그렇게 표현했을 것이다. 그리고 이 정의에 따르면 『광소』의 점교는 구체적으로는 『반야경』을, 불공에 대해서 설하는 다른 대승 경전으로부터 분리시킴과 동시에 『열반경』의 실유불성설(悉有佛性說)의 전개에 이르기까지를 사정권에 넣은 것이라는 말이 된다. 더욱이 법장에 의해 부가되었을 가능성을 가진 부분까지도 포함하여 생각하면 소승교로부터 『열반경』의 여래상주설(如來常住說)까지도 점교의 범주로서 포함하게 되며, 점교의 정의는 한층 더 명확한 것으로 되는 것이다. 따라서 『광소』에서의 점교의 정의가 대승의 범위 내에서 설해진 것인가, 소승까지도 포함하는 것이었는가는 판연(判然)하지 않다. 그렇지만 내용적으로는 종래의 점교가 단지 원교로서의 일승에 대한 삼승각별설(三乘各別說)을 나타낼 뿐이었다거나 혹은 단지 화의의 측면에서 돈교에 상대하는 것으로서 정의되어 있던 것으로부터 일보 전진하여 소승과 대승의 경계를 자기 안에 가지면서 화의의 측면을 불식시킨 것이 된 것이다.

이러한 관점에서는 이승불공(二乘不共)이라는 입장의 적극적 표현인 소승 · 대승이라는 관점을 확립함으로써 점교의 일부(혜광에게서는 혹은 전부였던 것인지도 모른다)와 돈교의 전부가 동일한 대승이라는 틀 안에 받아들여지지 않으면 안 되게 된다. 따라서 돈교가 종래의 삼승불공 및 화의라는 정의로부터 [달라져서] 새로운 점교의 정의에 대응하는 것으로서 [재]정의되어야 한다는 점은 비교적 이해하기 쉬울 것이다. 나아가 종래부터의 삼승불공의 측면(일승으로서의 측면)은 특별히 삭제되어야 할 필연성은 없는 것이다. 이러한 배경에서 제시된 것이 다음과 같은 『광소』의 돈교 정의이다.

> 근기가 성숙한 자를 위하여 하나의 법문에 구족하여 일체의 불법을 연설한다. 상과 무상, 공과 불공, 동시에 갖추어 설하여 다시 점차(漸次)가 없으니, 따라서 돈교라고 이름한다.
> 爲根熟者, 於一法門具足演說一切佛法. 常與無常, 空與不空, 同時俱說更無漸次. 故名頓教. (大正45.480b)

이 정의에 따르면 일즉일체(一即一切)를 밝히는 『화엄경』이 돈교의 소섭이 됨은 말할 필요도 없는데, 그 밖에 여래장의 공 · 불공을 설하는 『승만경』 등도 거기에 포함되게 된다. 이 점은 『화엄경』만을 돈교라고 생각해 온 종래의 화의의 돈교관으로부터의 큰 비약이고, 그만큼 『화엄경』을 원교에 가깝게 만들었다고 말할 수 있을지도 모른다. 따라서 삼승 · 일승을 기반으로 한 점돈설은 소승 · 대승을 기반으로 함으로써 그 화의성(化儀性)을 씻어낸다고 하는 일대 전환을 이루게 된 것이다. 이렇게 생각하면 일승원교라는 화법의 입장에는 어떠한 변경도 필요하지 않다는 것을 충분히 이해할 수 있을 것이다.

이렇게 하여 『광소』의 3교판은 점 · 돈 · 원이라는 명칭을 가지면서 내용적으로는 완전히 화의의 측면을 갖지 않는 것이 된 것이다. 따라서 이러한 틀 안에서 『화엄경』의 소섭을 생각하면 돈 · 원 2교의 소섭이 될 것이다. 더욱이 적극적으로 마음껏 상상해 보면 돈교의 틀 안에 『승만경』 등이 들어온 만큼 『화엄경』은 원교에 가깝게 된다. 또한 이미 돈교 속에 화의성이 없는 것이므로 더욱이 『화엄경』을 돈교의 소섭이라고 고집할 어떠한 이유도 없는 것이다. 이러한 관점에 서면 『화엄경』을 원교라는 하나의 가르침의 소섭이라고 하는 『오교장』의 설도 수긍할 수 있는 바이다. 아마도 『광소』만을 보고서 『약소』를 보지 않았다고 생각되는 법장은 『탐현기』에서 다음과 같은 형태로 『광소』의 화엄경관을 인용하고 있다.

> 광통이 풀이하여 말하길, 이 경은 <u>부처가 처음으로 성도한 것을 설한 것이다</u>. 다만 <u>일승원교</u>의 법륜의 본체를 드러내어 모든 가르침의 근본으로 삼는다. 모든 가르침의 이로운 모습은 이것의 이로움 때문이므로 논하지 않는 것이다.
>
> 光統釋云, 此經<u>佛初成道說</u>. 但顯<u>一乘圓敎</u>法輪體爲諸敎之本. 諸敎益相爲此益故不辨也. (大正35.166b)

이러한 사례 등에 의하면 혜광이 『화엄경』을 원교로 본 것은 확실하다. 그 경우에도 마찬가지로 '초성도설(初成道說)'이라는 점에 주의하고 있는 것이므로 돈교라고는 정의되지 않더라도 여전히 화의의 돈초·돈설이라는 성격을 포함하고 있음을 알 수 있다. 이러한 점을 생각하면 혜광의 화엄경관에 관하여 『광소』에 의해 돈·원 2교의 소섭이라고 보는 『탐현기』의 설과 원교의 소섭이라고 보는 『오교장』의 설은 반드시 모순된다고 생각할 필요는 없다고 생각된다. 따라서 호탄과 같이 굳이 회통해야만 하는 것과 같은 과제를 가지는 것은 아님이 밝혀질 것이다.

이상에 의해 혜광의 점·돈·원 3교판의 주장과 그 배경이 대략 밝혀졌다고 생각된다. 그것은 북조의 불교 연구의 남상(濫觴)이라고도 말할 수 있는 당시의 과제를 떠맡은 것이었다. 삼승·일승으로부터 소승·대승으로 관점이 변화한 것은 어떤 의미에서는 중국불교사상 획기적인 것이었다고 말할 수 있다. 혜광 이후의 지론학파의 교학이 소승·대승 일변도로 되어간 것을 보는 것만으로도 그 중요성은 수긍되는 바일 것이다. 이 의미에서는 본 항에서 『약소』와 『광소』 찬술의 전후(前後)를 한 번도 문제 삼지 않았는데, 분명히 소승·대승의 개념을 가진 『광소』 쪽이 뒤에 써졌을 것이다. 또한 4종판의 성립에 관련해서도 이 다음에 밝히는 것처럼, [혜광은] 소승·대승의 확립에 의해 불타 삼장의 3교판을 4종판으로 전개시켰다. 이 [과정]에서도 역시 불타 삼장의 삼승별교·삼승통교라는 틀이 소승·대승으로 변해버린 것이다. 그렇다면 삼승·일승으로부터 소승·대승으로라는 전환은 대체 어떠한 이유에 의해 이루어진 것일까? 이 점에 관해서는 자기의 내면적 요구에 의해서만 이루어진 것이라고 생각하기보다는 외적인 자극[刺激]에 의한 것이라고 생각하는 편이 자연스럽다고 본다.

이러한 점에 관해 이리저리 생각할 때, 앞의 항에서 밝힌 것처럼 보리류지가 '반 · 만 2교'라는 교판을 갖고 있었다는 것은 중요한 의미가 있다. 아마도 보리류지나 늑나마제 등의 입락(入洛)과 이 과제는 아무 관계가 없는 것은 아니라고 생각된다. 이 점에 관해서는 항을 바꾸어 논하고자 한다.

(2) 4종판의 성립과 불타 삼장의 사상

이미 선학(先學)의 몇몇 연구들은 모두 혜광의 설이라고 알려져 있는, 점 · 돈 · 원 3교판과 4종판이라는 두 교판을 중심으로 지론학파의 교상판석이 전개되어 있음을 지적한 바 있다. 그 가운데 점 · 돈 · 원 3교판에 관해서는 앞에서 밝힌 것과 같다. 그렇다면 다음으로 4종판에 관한 문제들을 밝혀야 할 것이다.

혜광의 4종판은 『법화현의』에 인용된 다음과 같은 것이다.

> 불타 삼장의 학사(學士)인 광통이 논변하는 바는 4종으로써 가르침을 판가름하는 것이다. 첫째 인연종(因緣宗)이니, 비담의 육인(六因) · 사연(四緣)을 가리킨다. 둘째 가명종(假名宗)이니, 『성실론』의 삼가(三假)를 가리킨다. 셋째 광상종(誑相宗)이니, 『대품[반야경]』, 삼론(三論)을 가리킨다. 넷째 상종(常宗)이니, 『열반[경]』, 『화엄[경]』 등의 상주불성(常住佛性), 본유담연(本有湛然)을 가리키는 것이다.
>
> 佛馱三藏學士光統, 所辨四宗判教. 一因緣宗, 指毘曇六因四緣. 二假

名宗, 指成論三假. 三誑相宗, 指大品三論. 四常宗, 指涅槃華嚴等常住佛性本有湛然也. (大正33.801b)

혜광 이후의 지론교학의 전개라는 관점에서 말하자면, 점·돈·원 3교판은 지엄의 『수현기』에 설해진 교판의 골격이 되기는 하였지만, 지론학파에서 특히 중시된 형적(形跡)을 볼 수는 없다. 한편 4종판은 명칭이 변경된다거나 5종·6종으로 전개된다거나 하고 있다. 또한 [4종판은] 정영사 혜원의 교판의 중요한 부분을 차지하며, 지엄도 『수현기』에서 사용하고 있다. 곧 4종판은 혜광으로부터 지엄에 이르기까지 지론학파 교학의 흐름 속에서 일관되게 이어져 온 것이라고 할 수 있는 것이다. 그렇다면 이 혜광에 의해 창조되었다고 생각되는 4종판은 어떠한 사상적 배경을 가진 것일까?

이러한 점에 관심이 미칠 때 놓쳐서는 안 되는 것은 『탐현기』, 『법화현의』가 공통으로 나타내고 있는 바인 혜광의 스승인 불타 삼장의 사상이다. 이 불타 삼장에 관해서는 위역(魏譯) 『섭대승론』을 번역한 불타선다(佛陀扇多)와 혼동되는 경우도 있는데, 그와는 별개의 인물인 불타발타라(佛陀跋陀羅)임이 선학의 연구에 의해 밝혀져 있다.[53] 『속고승전』에 의하면 불타 삼장은 혜광의 최초의 스승이고, 그 만남은 『십지경론』 역출보다 20여 년이나 거슬러 올라간다.[54] 혜광이 불타 삼장에게서 구체적으로 어떤 가르침을 받았는

---

53) 里道徳雄, 「慧光傳をめぐる諸問題」(『大倉山論集』 11輯, 1974) 참조.

54) 『속고승전』 권21의 「혜광전」(大正50.551b~)에 의하면, 13세의 시기에 정식으로 불타 선사에 입문하였음을 기록하고 있다. 이 해는 혜광의 생몰년으로부터 추산하면 북위 효문제의 태화 4년(481)이라고 생각되므

지를 밝히는 것은 극히 곤란하지만, 앞의 점·돈·원 3교판 및 4종판과의 관계에서 말하자면, 후대 신라의 견등(見等)이 『화엄일승성불묘의(華嚴一乘成佛妙義)』에서 인용하고 있는 불타 삼장의 사상이 주목할 만하다.

그렇다면 잠시 『성불묘의』를 살펴보자. 『성불묘의』의 제3 「현교차별문(顯教差別門)」은 지엄의 『공목장』 권3의 「십지장(十地章)」의 주석이라고 말해도 좋을 만한 내용을 가지고 있다. 그 때문에 전체를 「십지장」에 따라 여섯 부분으로 나누어 논하고 있다. 그 가운데 제3문은 "초회심교문(初廻心教門)을 기준으로 한다[約]"라는 제목을 달고 있고, 그 대부분은 『반야경』 등에 설해진 건혜지(乾慧地)를 초지(初地)로 하는 십지설, 이른바 삼승 공통의 십지설을 어떻게 이해해야 하는가 하는 점에 문제를 압축하여 논고가 진행되어 있다. 그 가운데 종종 등장하는 것이 법표(法標)라는 인물의 사상으로 소개된 별교삼승(別教三乘)·통교(通教)·통종(通宗)이라는 3교판이다. 그리고 그 3교가 의미하는 바는 다음과 같이 제시된다.

> 법표사는 불타 삼장에 의하여 승려가 되었다. 이 삼장이 세운 바 통종대승은 여래장 진심의 도리를 밝히는 것을 궁극으로 한다. 따라서 이 가운데 모두 『능가[경]』, 『인왕[경]』, 『화엄[경]』을 포섭한다. 별교삼승의 6식(識)으로써 궤칙을 삼고, 성불을 닦고 돌려서 통교에 들어간다. 통교는 망식(妄識)을 궤칙으로 삼고, 성

로, 『십지경론』의 역출을 선무제의 영평 4년(511)이라고 보면 30년 전의 사건인 셈이 된다.

> 불을 닦음에 통종에 의한다. 여래장진심은 위지(位地)에 의하여 다시 닦게 한다.
> 又法標師依佛陀三藏爲師. 此三藏所立通宗大乘明如來藏真心道理爲極. 故此中皆攝楞伽仁王華嚴. 以別教三乘六識爲軌則, 修成佛迴入通教. 通教以妄識爲軌則, 修成佛依通宗. 如來藏真心依位地更令修覺. (大正45.785c)

곧 법표가 설하는 3교판은 불타 삼장의 오리지널이며, 모든 가르침의 근저에 여래장 진심을 두는 것이라는 말이다. 여기에서 주목해야 할 점은 불타 삼장이 통교와 통종을 판연히 구별하고 나누어 사용하고 있다는 사실이다. 통교와 통종은 그 어법이 얼핏 비슷하지만, 그 의미하는 바는 전혀 다르다. 그리고 이 통교・통종이라는 사고방식이 4종판의 배경이 되어 있음은 『법화현의』의 다음의 설에 의해 명료하다.

> 그가 이렇게 말한다. "<u>광상부진종은 곧 통교이며, 상종은 단지 진종으로서 곧 통종이다</u>"라고 한 것에 대하여. … (중략) … 그는 『능가경』을 인용하여 이렇게 말한다. "설통은 동몽(童蒙)에게 가르치고, 종통은 보살에게 가르친다." 따라서 진종을 가지고서 통종으로 삼는 것이다.
> 彼云, <u>誑相不真宗即是通教, 常宗秖是真宗即是通宗</u>者, … (中略) … 彼引楞伽經云, 說通教童蒙, 宗通教菩薩, 故以真宗爲通宗也. (大正33.804c)

이 부분에서 지의는 4종판의 내용에 비판을 가하는데, 지금 주목하고자 하는 것은 비판의 대상으로서 들고 있는 밑줄 그은 부분이다. 이로써 통교·통종이 4종판의 후반 두 [항목의] 원형이 되었음은 분명하다. 그렇다면 다음으로 불타 삼장의 통교·통종은 어떠한 사상이었던 것일까? 이 점에 시사를 주는 것으로서 『성불묘의』는 다음과 같이 말한다.

> 불타 삼장은 『능가경』에 설해진 '설통대승·통종대승'에 의하므로 통종 등의 교를 세웠다.
> 佛陀三藏, 依楞伽經所說說通大乘通宗大乘故立通宗等教. (大正45.786a)

곧 불타 삼장은 『능가경』의 설통대승·통종대승의 설에 의해 통교·통종 등의 교리를 세웠다는 것이다.

그렇다면 다음으로 『능가경』을 살펴보자. 현존 구나발타라 역의 『능가아발다라보경(楞伽阿跋多羅寶經)』에는 '설통·통종'이라는 설을 두어 군데에서 볼 수가 있다. 첫째는 권3에 다음과 같이 보인다.

> 일체의 성문(聲聞)·연각·보살에 2종의 통상이 있다. 말하자면 종통 및 설통이다. …
> 一切聲聞緣覺菩薩有二種通相. 謂宗通及說通. … (大正16.499b)

두 번째는 마찬가지로 권3에 다음과 같이 보인다.

> 부처는 대혜에게 고하시길, 삼세의 여래에게 2종의 법통이 있다. 말하자면 설통 및 자종통이다. …
> 佛告大慧, 三世如來有二種法通. 謂說通及自宗通. … (大正16.503a)

양자는 어느 쪽이건 이렇게 제시[標擧]한 다음 설통·통종을 자세히 풀이하고 있는데, 그 내용은 요컨대 교법(敎法)에 의한 설시(說示), 곧 설통(說通)과 언설의 상(相)을 떠난 구극(究極)의 진실, 곧 종통(宗通)을 나타내는 점에서는 유사하다. 그렇다면 이 두 가지는 같은 내용을 중복하여 보인 것에 지나지 않는 것일까? 덧붙여서 보리류지 역 『입능가경』에서 이에 상응하는 부분은 전자가 '건립정법상, 설건립정법상(建立正法相 說建立正法相)'[55], 후자가 '건립설법상, 건립여실법상(建立說法相 建立如實法相)'[56]이라고 되어 있어서 약간 의미상의 상위를 예상케 한다. 여기에서 간과해서 안 되는 것은 전자가 수행자인 성문·연각·보살의 삼승에게 들리는 소설(所說)이며, 후자가 여래, 곧 능설(能說)의 사람에 관하여 세워진 것이라는 점이다. 마찬가지로 [『능가아발타라보경』 권3의 두 개소에서] '설통'·'종통'이라는 [비슷한] 말을 쓰고는 있지만, 그것이 제시되는 입장이 다른 것이다. 이 점은 여래에 의해 교법이 수행자에게 보이게 된다는 구체적 상황에서는 눈에 띄는 대조를 반드시 보인다. 곧 여래 측에 세워진 설통·종통이란 것은 진리의 본질적 형식을 나타내고 있다고 생각된다. 또한 『[능가아발타라보]경』은 뒤의 게송에서 단적으로 다음과 같이 설하고 있다.

> 나의 2종의 통은 '종통' 및 '언언(언설)'이라고 하였으니
> 설은 동몽에게 주고, 종은 수행자를 위한 것이다.

---

55) 大正16.542b.

56) 大正16.547a.

謂我二種通 宗通及言言(〉說) 說者授童蒙 宗爲修行者 (大正16.503a~b)

또한 "종통은 모든 외도나 성문 · 연각이 아는 바가 아니다"라는 말 등으로부터 여래 측에 설정된 설통 · 종통은 보살을 위한 가르침 및 성문 · 연각을 위한 가르침의 차이를 나타내는 것임이 틀림없다. 그 차이를 '종통' · '설통'이라고 하는 것이므로, 이것은 달리 말하자면 대승 · 소승의 차이를 나타내는 것과 다름없다. 한편 일체의 성문 · 연각 · 보살의 삼승에 2종의 통상(通相)이 있다고 하여 제시된 설통 · 종통이란 [각각] 교방편(巧方便)으로서의 교설과 언설문자를 떠난 가르침의 내용 자체를 의미한다.

따라서 불타 삼장이 이러한 2종의 설통 · 통종을 종합하여 통종 · 통교 · 삼승별교라는 교판을 세웠다고 한다면, 이 3교의 상호관계는 단지 횡의 방향으로 일렬[로 나열된] 것이라고는 생각하기 어렵다. 그렇다면 통교대승을 매개로 하여 (1) 통종 · 통교와 별교삼승이라는 조합, 곧 통(通)과 별(別)이라는 관점에 입각한 조합, (2) 통종과 통교 · 별교라는 조합, 곧 종(宗)과 교(教)라는 관점에서의 조합이라는 두 가지에 의해 생각해 보고자 한다. 이 경우 후자의 종과 교라는 관점은 성문 · 연각 · 보살에게 한결같이 제시되는 가르침에 관한 설통 · 종통에 상응함은 쉽게 이해할 수 있다. 그것은 능전(能詮)인 교와 소전(所詮)인 종인 것이다. 이에 따르면 전자의 통과 별은 대승 · 소승의 분판(分判)을 나타내는 것이 된다. 나아가 그 대승 가운데에 통교와 통종의 두 가지 개념이 존재하게 되는 것이다. 이 대승 중 통교 · 통종이 그대로 4종판의 후반의 두 가지에 상응함은 말할 것도 없다. 따라서 불타 삼장의 3교는 그것들이 직선적으로 늘어서 있는 것이 아니라, 별교·통교라는 횡의 관계와 교와 종이라는 종의 관계가 조합된 것이다.

이러한 관점에 설 때 4**종**판이 4**교**판이 아니라는 점에 주의해야 할 것이다. 통교를 '광상·부진종'이라고 이름하고, 통종을 '상·진종'이라고 이름하였다고 하는 『법화현의』의 4종판의 설에는 불타삼장의 3교의 논리로부터의 확실한 비약의 흔적을 인정할 수 있는 것이다. 곧 불타 삼장에게서는 소승까지도 포함하여 모든 교설과 그것에 의해 나타나게 된 내용을 구별하여 표시한 말이었던 '통교·통종'이라는 개념이 4종판에서는 대승 가운데의 옅고 깊음을 나타내는 것으로서 이용되고 있는 것이다. 그리고 바로 '4종판'이라고 말하면서[도] 교와 종[의 구별]에 의해 옅고 깊음을 세운다는 점이 지의에 의해 날카롭게 비판받게 되기도 하는 것이다.[57] 거기에는 불타 삼장의 통교·통종의 개념을 품고서 『능가경』의 2종의 설통·종통을 대승의 옅고 깊음이라는 형태로 파악하고 있던 족적

---

57) 『법화현의』 권10상(上)은 지론종의 4종판을 교와 종의 측면에서 비판하여 다음과 같이 말한다.

> 그들은 광상부진종은 곧 '통교', 상종은 단지 진종으로서 곧 '통종'이라고 말하는데, [그렇지 않고] '종'은 곧 진·부진에 통한다. '부진'에 어떠한 뜻이 있어서 종을 잠기게 하여[沒] 교[만]을 쓰는가? '진종'에 어떠한 뜻이 있어서 교가 없이 종을 세우는가? 종에 만약 교가 없으면 무엇을 '진'이라고 알 수 있겠는가? 진종이 만약 종에 잠기면서[도] 교가 있다면 곧 마찬가지로 '통교'라고 이름한다. 만약 함께 교에 잠기면서[도] 종을 남긴다면 곧 마찬가지로 '통종'이라고 이름한다. 만약 함께 교에 안주한다면 곧 마찬가지로 '통종교'라고 이름한다.
>
> 彼云誑相不真宗即是通教, 常宗秖是真宗即是通宗者, 宗則通真不真. 不真何意沒宗而用教. 真宗何意無教而立宗. 宗若無教何得知真. 真宗若沒宗有教則同名通教. 若俱沒教留宗則同名通宗. 若俱安教則同名通宗教. (大正33.804c)

(足跡)이 인정되는 것이다. 그것은 역으로 말하자면 『능가경』의 2종의 설통 · 통종 가운데 대승 · 소승을 나타내는 측면은 본래의 기능을 완수하고 있지 않다는 말이 된다.

그렇다면 이러한 논리의 전개를 가능케 한 것은 대체 무엇이었는가? 그 요인으로서 설통 · 통종 이외의 논리에 의해 이미 대승 · 소승의 분판이 밝혀져 있다는 상황, 혹은 그렇게까지 확정적[인 형태]로는 되지 않았더라도 이미 어떤 불특정한 사상과 설통 · 통종이 결합하여 소승 · 대승이 차례로 명확해져 갔다는 당시 불교계의 사상 상황을 생각해 볼 수 있다. 이러한 추론에 유력한 실마리를 주는 것으로서 일본 카마쿠라(鎌倉) 시대의 승려인 준코(順高)의 『기신론본소청집기(起信論本疏聽集記)』 권3본(本)에 인용된 지정(智正)의 『화엄경소』 권1의 문장을 들 수 있다.[58] 이미 언급한 것처럼 지정은 지엄의 스승이고, 그 의미에서는 [이는 그가] 남도 지론종의 최후의 학장(學匠)이라는 말이 될 것이다. 따라서 지정의 사상은 지론학파에서 전개된 갖가지 것들을 계승하여 그 최종적인 것을 나타내고 있다고 생각된다. 지정의 교판은 서장에서도 언급한 것처럼 여래 일대의 교법을 우선 성문장 · 보살장으로 나누고, 성문장을 다시 성문성문과 연각성문의 둘로, 보살장을 점교와 돈교의 둘로 나누는 것이다. 이 점에서 형식상으로는 정영사 혜원이 『대승의장』에서 보이는 2장판(藏判)과 완전히 같은 것이다.[59] 지정은 그 성문장 · 보살장을 풀이하여 다음과 같이 말한다.

---

58) 日佛全92.133下~135上. 뒤의 제2절에는 전문을 들고 있으므로 참고하라.
59) 이 점에 관해서는 뒤의 본서 제4장 「후기 지론학파의 교판사상」 참조.

이 두 가지는 『능가경』에서 '2종의 통'이라고 이름한다. 말하자면 종통 및 설통이다. 저 경에서 풀이하여 말하길, '종통'이란 여래의 자각(自覺)의 성취(成趣)를 말하고, '설통'이란 우리 제자들을 위해 9부 등의 가르침을 설한 것이다. 수기 · 본생 · 방광의 3부를 제외한 나머지 9부를 이름하여 '설통'이라고 한다. 이 두 가지는 또한 '대승 · 소승'이라고 이름한다. '반 · 만' 등의 교도 이름은 다르지만 그 뜻은 다름이 없다.
此二楞伽經中名二宗通. 謂宗通及說通. 彼經釋言, 宗通者謂如來自覺成趣, 說通者我爲諸弟子說九部等敎也. 除授記本生方廣三部餘九部名爲說通. 此二亦名大乘小乘. 半滿等敎, 名雖改異其義無別. (日佛全92.134下)

이에 따르면 지정에 이르기까지의 지론학파의 교학 전개 과정에서 최종적으로 성문장 · 보살장이라는 개념이 고정되기까지는 그것을 '설통 · 종통', '대승 · 소승', '반 · 만교' 등의 용어를 써서 다루어 왔음을 알 수 있다. 여기에서도 역시 『능가경』의 '설통 · 종통'이 인용되고, 그것이 '소승 · 대승', '반 · 만 2교'와 동의어라고 되어 있는 것이다. 지정은 '통교 · 통종'이라는 용어를 쓰지 않고, 4종판을 쓴 형적도 없으므로 혜광 이후의 4종판의 최종적인 형태를 여기에서 엿볼 수는 없다. 그렇지만 『능가경』의 설통 · 종통에 관해서 말하자면, 그것이 온갖 곡절을 거쳐 최종적으로 소승 · 대승으로서 지론학파의 사상 속에 정착해 갔음을 간취(看取)할 수 있다. 또한 여기에 인용된 반 · 만 2교란 이미 밝힌 것처럼 『열반경』의 설에 기초한 보리류지의 사상이다. 원래 북조 시대의 불교 연구의 기반에 『열반경』이 있었음은 종래 지적된 바이며, 따라서 지론학파의 교학 전개의 저류로서 『열반경』의 사상을 고려해야 함은 두말할 나위가 없다. 이 점은 4종판이 5종 · 6종으로 분열해 가는 과정에서 『열반경』의 사상이 밀접한 관계를 가지고 있다는 점으로부터도 수긍할 수 있을 것이다.60) 그렇다면 이 반 · 만 2교라는 사고방식이 대승 · 소승이라는 형태로 명확하게 인식되었는가 아닌가는 별개로 하더라도 [그것은] 당시의 식자들에게는 잘 알려진 사상이었음이 분명할 것이다. 따라서 여기에 인용되어 있는 『능가경』의 취의의 문장이 앞서 [우리가] 고찰한 2종의 설통 · 종통 가운데의 종과 교의 관계를 밝히는 문장에 의거하면서[도], 그 가운데에서 소승 · 대승의 차별을 점차 보게 된다는 태도[의 변화]는 비교적 용이하게 이해할 수 있을 것이다. 요컨대 2종의 설통 · 종통 가운데 소승 · 대승을 나타내는 측면은 반 · 만 2교 등과 동일시되어 [처음에는] 그다지 주목받지 않았던 것은 아닐까? 그렇다면 '설통' · '종통'이라고 말할 경우 곧바로 능전인 교와 소전인 종을 나타내는 것이라고 생각되며, 그것이 '통교' · '통종'이라는 용어가 되어 정착되었다는 순서를 생각할 수 있다.

이러한 점을 토대로 불타 삼장의 3교판을 돌이켜 보면 별교와 통

---

60) 법장이나 지의가 똑같이 전하고 있는바, 호신사(護身寺) 자궤(自軌)의 5종판은 혜광이 상종, 대연(大衍) 법사가 진(실)종이라고 말한 것을 『열반경』과 『화엄경』에 의해 각각 진실종, 법계종(法界宗)으로 나눈 것이다. 나아가 기사[름](耆闍[廪]) 법사의 6종판은 그 가운데에서 『법화경』을 별립(別立)한 것이다. 따라서 그것들은 『열반경』을 기본으로 하면서 거기에서 『화엄경』, 『법화경』의 과제가 가지는 독자성을 발견해 낸 것이라고 할 수 있다.

종 · 통교는 반 · 만 2교의 영향을 받아서 소승 · 대승으로 전개되고, 거기에 수반하여 통교와 통종은 대승의 천심(淺深)을 나타내는 것으로 풀이되었던 것은 아닐까 하고 생각된다. 대승에 심천(深淺)을 세운 것이 소승에 대해서도 심천을 세우는 것으로 파급하고, 그리고 그것들 전체에 소전인 종이라는 관점에서 질서를 부여하는 과정을 생각할 수 있는 것이다. 이렇게 생각해 가면 4종판의 성립과 전개는 『능가경』 사상 및 불타 삼장의 3교판을 기반으로 하면서 보리류지의 사상을 받아들임으로써 만들어진 것임을 이해할 수 있을 것이다. 게다가 혜광의 또 하나의 교판인 점 · 돈 · 원 3교판과 관련하여 북지의 점돈설이 역시 『능가경』에 기초한 것이며, 『약소』로부터 『광소』로 전개되는 배경에도 보리류지의 그림자를 볼 수 있는 것이었다. 또한 3**교**판, 4**종**판이라는 명칭 자체가 통**교**, 통**종**이라는 용어와의 관련성을 예상케 한다. 그 때문에 이러한 측면에 관하여 다음으로 항을 바꾸어 논하고자 한다.

3) 교판으로 본 보리류지와 혜광의 사상적 대립

앞의 항 및 그 앞의 항[의 서술]에 의해 혜광과 보리류지의 교판사상을 거의 개관할 수 있었다. 따라서 본 항에서는 다시 나아가 양자의 교판사상이 각각 서로에 의해서 어떠한 의미를 가지는 것인가 하는 점에 관하여 고찰해 가기로 한다. 원래 본 장에서 의도한 바는 지론종 남북 분파의 근본적 원인을 종래와 같은 법성의지(法性依持) · 아리야식의지(阿梨耶識依持)에 의해 단순히 이해하는 것이 아니라, 각 파의 조사(祖師)들의 사상을 음미하고 나면 그 지점에서 근본적인 사상적 대립을 볼 수 있는 것은 아닐까 하는 예상으로까지 나아가게 된 것이었다. 이 예상을 세우게 한 요소로서 [본서 제1장] 제2절 4)에서는 혜영의 『대지도론소』에 북지 사론종의 개조라고 일컫는 도장이 처음에는 혜광 문하에 있다가 나중에 보리류지를 만나서 노여움을 사서 숭산(崇山)에 틀어박힌 채 『대지도론』을 연구하게 되었다고 서술하고 있는데, 여기에서 보리류지와 혜광과의 대립을 어렴풋이 보게 됨을 언급할 것이다.[61] 그리고 앞의 항 및 그 앞의 항에서 대개 밝혀진 보리류지와 혜광의 교판사상과 관련하여 말하자면 다음과 같은 점이 한층 더 의문스럽다. 예컨대 보리류지의 일음교가 점돈설 비판으로서 주장된 것이었다고 한다면, 혜광의 점 · 돈 · 원 3교판과 무관할 수 있었던 것일까? 또 보리류지의 반 · 만 2교판이 모든 대승 경전의 동등성을 주장하는 것에 역점이 있다고 한다면, 소승 · 대승에 각각 천심(淺深)을 세움으로써 성립했다고 생각되는 혜광의 4종판과 무관할 수 있었던 것일까 하는 문제이다.

이 점에 관해서는 후대의 교판 자료를 조사한 결과, 하나의 특징적인 사실에 의해서도 어느 정도 뒷받침할 수 있다. 그것은 다음과 같은 사실이다. 곧 보리류지나 혜광 시대의 사상을 전하는 후대의 교판 자료 가운데 역사적으로도 사상적으로도 가장 중요하다고 생각되는 것은 지의의 『법화현의』[62]와 법장의 『오교장』[63] 및 『탐현

---

61) 본서 제1장 제1절 2. 4) 「지론종 성립에 관한 새로운 관점」 참조.

62) 大正33.801a~b.

63) 大正45.480b~481b.

기』[64] 등이다. 그것들은 어느 쪽이건 보리류지와 혜광 양자의 사상을 문제 삼으면서[도] 그 소개하는 방식이 완전히 대조적이다. 지의는 보리류지의 사상으로서 반・만 2교를 들고, 혜광의 사상으로서 4종판을 든다. 일음교에 관해서는 문제 삼기는 하지만 '북지(北地) 선사(禪師)의 설'로서 보리류지와의 관계를 덮어두고 있다. 한편 법장은 보리류지의 사상으로서 일음교를 들고, 혜광의 사상으로서 점・돈・원 3교판을 든다. 4종판에 관해서는 문제 삼아 언급하면서도 그것은 혜광 문하의 대연(大衍) 법사의 설이라고 하여 혜광과의 직접적 관계를 덮어두고 있는 것이다. 이 사실은 지의와 법장에게서 보리류지・혜광에 대한 관심을 기울이는 방식이 다르기 때문이라고 생각된다. 오히려 그것에 의해 지의와 법장의 사상적 기반의 상위점을 부각하는 것도 가능하다고 생각되지만, 이 점은 다소 방론으로 흐르게 된다고 여겨지므로, 지금은 이것 이상의 언급은 그만하고자 한다. 완전히 대조적인 이러한 사실은 지의 및 법장이 일음교와 점・돈・원 3교판, 반・만 2교와 4종판을 하나의 조(組)로 하여 이해하고 소개하고자 하는 것을 암암리에 나타내고 있는 것은 아닐까? 그러면 이러한 관점에 기초하여 혜광과 보리류지의 사상적 관계에 관하여 고찰하고자 한다.

이미 밝혀진 것처럼, 오늘날 혜광의 교판사상을 해명하고자 할 때 우리들은 『약소』의 3교판, 『광소』의 3교판, 4종판이라는 것을 다룰 수 있다. 그렇다면 혜광의 사상이 보리류지의 사상과 관계하여 전개된 것이라고 가정하고, 그것을 어떠한 형태로든 확실하게

64) 大正35.110c~111b.

하고자 할 경우 혜광 사상의 출발점을 어디로 정하면 좋은 것일까? 바꿔 말하자면, 혜광 사상의 가장 원초적인 것은 대체 어떠한 것이었을까를 먼저 생각해 두어야 한다. 이 점에 관하여 중요한 시사를 주는 것은 그가 늑나마제나 보리류지의 입락 이전에 불타 삼장의 제자였다는 사실이다. 이 점에 관해서는 이미 전 항에서 4종판과 관련하여 다소 언급한 것과 같다. 그 밖에 혜광의 수많은 제자 중 단지 한 사람인 『십지경론』 역출 이전의 제자인 담준(曇遵)에 관하여, [그가] 스승인 혜광에게서 받은 가르침을 '대승돈교 · 법계심원(大乘頓教法界心源)'이었다고 도선(道宣)이 기록하고 있는 점[65]도 큰 시사를 준다고 생각된다. 왜냐하면 혜광의 사상을 편의적으로 『십지경론』 역출에 의해 전후를 세워 생각한다면, 이미 전기 시대의 사상 속에 『화엄경』을 돈교로 하는 사상과 삼승교에 통 · 별을 세우는 사고방식(=대승)이 존재했다고 상상할 수 있기 때문이다. 그런데 『약소』의 3교판 가운데에는 불타 삼장의 통교 · 별교라는 관점으로부터의 영향을 전혀 볼 수 없다. 통 · 별이라는 과제는 원래 삼승 내의 보살과 성문 · 연각과의 공통성과 비공통성을 문제로 삼는 것이므로 바로 삼승이라는 틀 속에서 기능하는 관점이다. 그 때문에 『약소』의 3교판 속에 통 · 별이라는 관점이 없는 것은 3교판 속에 삼승이라는 틀이 없는 것인가, 삼승 속에 통 · 별을 세울 필연성이 없는 것인가 하는 [두 선택지 중] 어느 한쪽이라고 생각된다. 그런데 이미 지적한 것처럼, 『약소』의 3교판은 일승 · 삼승 사상에 기초하여 『화엄경』을 돈교라고 정의하는 데에 본래의 의도가

65) 『續高僧傳』 권8, 「曇無讖傳」(大正50.484a).

있었다고 여겨지므로 『약소』의 3교판 속에 삼승이라는 틀이 없었다고는 전혀 생각할 수 없다. 그렇다면 삼승 속에 통 · 별을 세울 필연성이 없었다고 생각해야 되는데, 그럴 경우 그러한 발상을 가능케 한 것은 대체 어떠한 논리인 것일까?

이러한 점에 생각이 미칠 때 남지(南地)에서 돈 · 점 2교와 삼승 통 · 별을 확립했다고 일컫는 도장사 혜관이 직면한 사상적 과제와 그것이 『승만경』 역출에 의해 근본적인 변경을 추구하게 된 사실에서 힌트를 볼 수 있다고 생각된다. 곧 혜관의 돈 · 점 2교판은 회삼귀일(會三歸一)을 주제로 하는 『법화경』의 일승사상에 의해 초전법륜(初轉法輪) 이후 『법화경』에 이르기까지는 삼승차별의 방편교(方便教)라고 하고, 그 가운데 설시(說時)에 의해 질서를 부여하여 그 체계에 맞추어 넣을 수 없는 『화엄경』을 돈교라고 규정하여 그것들과는 함께 논하지 않는다는 사상이었다. 그렇지만 그 후 『승만경』이 역출되자 그러한 체계의 모순점이 드러나게 되었다. 곧 『승만경』은 일승을 설하면서도 『법화경』과 일괄하여 논할 수가 없고, 설시에 따라 질서를 부여한다면 『법화경』 이전의 삼승차별교 가운데에 포함되어야 하기 때문이다. 이러한 과제를 극복하기 위해 돈 · 점 2교판은 돈 · 점 · 부정 3교판으로 전개된 것이다.[66] 이 사실에 따르면 혜관과 같은 돈 · 점 2교판을 가지고서는 승만일승과 법화일승에 모순 없이 질서를 부여할 수 없음을 이해할 수 있을 것

66) 돈 · 점 2교판에서 『승만경』을 수용한 것에 관해서는 후루타 카즈히로(古田和弘)의 「中国仏教に於ける勝鬘経の受用と展開」(『奥田慈応先生喜寿記念 仏教思想論集』, 平楽寺書店, 1976) 참조.

이다. 한편 북지에서는 『승만경』은 『법화경』이나 『화엄경』과 함께 처음부터 매우 잘 연구된 것 같다.[67] 이를 북지 교학과 관련해서 말하자면, 법화일승과 승만일승의 문제는 [그들에게는] 처음부터 과제였다고 상상할 수 있는 것이다. 곧 북지에서의 일승의 과제는 『법화경』과 같은 삼승의 차별을 전제로 할 뿐만 아니라, 삼승과는 별개로 일승이 세워져야 한다는 관점을 틀림없이 처음부터 포함하고 있었던 것이다. 따라서 삼승과는 별개로 일승이 세워지면 이미 삼승 내의 통·별을 논해야 할 필연성이 없어지는 것은 당연하다. 혜광의 『약소』의 3교판이 일승·삼승 사상을 전제로 하여 세워진 것이라는 말의 내적인 의미는 바로 이러한 점에 있었던 것이다.

약간 방론으로 흐르긴 하지만, 삼승교와는 별개로 일승교가 존재해야 한다는 사상은 그 후에도 용이하게 받아들여지지 않았던 것 같고, [이는] 지엄의 시대에 이르러서도 다시 집요하게 반복하여 그대로 주장되었다.[68] 또한 지엄의 제자인 법장은 그것을 삼거(三車)·사거(四車)의 문제로서 다루고 있는데, 완전히 동질의 문제인 것이다.[69] 삼승과는 별개로 일승이 존재해야 한다는 주장이 『승만경』의 일승사상을 근거로 하는 것이라고 한다면, 북지에서 『승만경』 연구를 직접 촉발한 것으로서 늑나마제의 『구경일승보성론』 역출

67) 横超慧日, 「北魏仏教の基本的課題」(横超慧日 編, 『北魏仏教の研究』, 平楽寺書店, 1970), p. 45의 표 참조.
68) 본서 제2장 제1절 「지엄에 있어서의 화엄 동·별 2교판의 형성」 참조.
69) 『오교장』 첫머리의 「건립일승(建立一乘)」(大正45.477a~)에서 다루는 갖가지 문제는 모두 그것에 기초하는 것이다.

에 큰 계기가 있었을 것임은 추찰하기 어렵지 않다. 일반적으로 『보성론』은 여래장사상을 집대성한 것으로 간주되는데, 여래장사상이란 여래와 중생이라는 본래 서로 모순한다고 생각되는 두 가지 개념에 관하여 여래의 입장에서 중생을 정의하고, 중생의 근원적 본래성을 밝히고자 하는 것이라고 말할 수 있다. 중생이 여래장을 갖추고 있다고 일컬어지는 것은 기본적으로는 여래의 입장에서 본 중생의 존재 양식을 나타낸 것이고, 중생의 관심 속에서 취급될 수 있는 것은 아니다. 여래와 중생을 과(果)와 인(因)이라는 말로써 나타낸다면 과의 관점에서 인을 설한 것이 여래장인 것이다. 이 점은 『보성론』이 인용하는 여러 경론에 공통하는 기본적인 입장이라고 생각된다. 담무참의 『대집경』 속에 나오는 여러 경들이나 『열반경』, 불타발타라 역의 『화엄경』 「성기품」이나 『여래장경』, 보리류지 역의 『부증불감경』, 구나발타라 역의 『승만경』 등의 경전 가운데에는 '여래장'이라는 용어를 쓰지 않는 것도 있지만, 그것들에 공통하는 사상은 앞에 서술한 것과 같은 '여래의 입장'을 기본으로 하는 것이라는 점이다. 이제 가령 이러한 사상을 편의적으로 '성(性)의 철학'이라고 부르기로 한다면, 이 '성의 철학'이야말로 늑나마제로부터 혜광에게 계승된 것이라고 말할 수 있을 것이다. 아마도 『보성론』 역출을 계기로 하는 '성의 철학'의 탐구는 결과로서 『승만경』, 『열반경』, 『화엄경』 등의 연구를 한층 촉진하게 되었을 것이다. 그리고 이러한 이른바 '여래의 입장'의 연구는 종래와 같은 삼승 내의 통이라든가 별이라든가 하는 틀로는 전혀 파악할 수 없음을 자각하여 별개의 틀을 지향하게 되었다. 그 결과로서 발견된 것이 삼승과는 별개로 일승이 존재한다고 하는 사상이고, 그것을 종래의 돈·점사상과 관련시켜 조직한 것이 혜광의 점·돈·원 3교판인 것이다.

이렇게 생각하면 혜광의 점·돈·원 3교판은 이중의 의미에서 보리류지의 일음교의 사상과 대립한 것이었으리라고 상상할 수 있다. 곧 첫째는 이미 서술한 것처럼 일음교가 원래 돈·점 2교설 비판이었다고 생각되는 점이다. 곧 돈·점 2교설은 회삼귀일의 『법화경』의 일승사상에 의해 초전법륜 이후는 삼승교여야 한다고 하는 관점으로부터는 정리되지 않는 『화엄경』의 특수성을 돈교라고 정의함으로써 조직된 것이다. 이에 대하여 삼승교라고 하건, 일승교라고 하건 가르침 자체에 구별이 있다는 것이 아니라 그것을 받아들이는 중생 측의 구별이 있을 뿐이라는 것이 보리류지가 주장한 일음이해(一音異解)의 일음교의 기본적인 입장이다. 곧 제불은 언제나 일승을 설하는 것이고, 그것을 중생이 삼승차별교로서 이해한다는 것이며, 따라서 삼승차별교라는 것은 원래 존재하지 않는 것이므로 회삼귀일의 모순점의 극복으로서 『화엄경』을 돈교로 [설정]할 필요성은 없어진다. 이 점은 『화엄경』을 돈교에 위치하게 하는 것을 기본적인 과제로 삼았던 혜광의 3교판과 정면으로 대립하는 것이 된다.

두 번째로 이미 서술한 것과 같은 '성의 철학'의 탐구 결과로서 발견된, 삼승과는 별개로 일승이 존재해야 한다는 주장은 삼승교의 존재를 기본적으로 인정하지 않는 보리류지의 일승관과 대립하게 되었을 것이다. 곧 일승·삼승의 문제를 보리류지의 관점에 기초하여 해석하면, 일승은 현실적으로는 삼승차별이라는 형태를 취하는 것을 떠나서는 존재하지 않을 터이며, 본래적으로는 그 현실적인 삼승차별교라는 것도 존재하지 않는다는 것이 '일음이해'의 의미이다. 따라서 삼승교의 존재를 인정하고 그러면서도 그것과는 별개로 일승교가 존재한다고 하는 혜광의 일승관은 틀림없이 도저히 용인할 수 없었을 것이다. 이 문제, 다시 말해 똑같이 일승을 기본적인 입장으로 하면서도 삼승을 전제로 하는 일승교인가, 그렇지 않은가 하는 상위는 먼 훗날 전개되는 천태교학과 화엄교학의 기본적인 입장의 문제와 얽혀 있다고 생각된다. 이 점에 관해서는 본 항의 과제를 벗어나므로 장을 바꾸어 논하고자 한다.

이상에 의해 혜광의 『약소』의 3교판은 원래 도장사 혜관 이래의 돈·점 2교판을 모태로 하면서 삼승교와는 별개의 일승교의 존재를 확인함으로써 조직된 것이었다는 점은 거의 분명해졌을 것이다.

이렇게 생각하면 법장이 소개하는 『광소』의 3교판이 일승·삼승을 배경으로 하는 『약소』의 3교판으로부터 소승·대승을 배경으로 하는 것으로 전개되는 과정에서 돈·점의 정의를 변경했음은 두 가지의 의미에서 보리류지의 사상의 영향을 받은 결과라고 생각할 수 있다. 하나는 『광소』의 3교판에서 점교와 돈교에 관한 정의가 대폭 변경된 결과, 부(部)로서의 『화엄경』을 돈교로 하는 것과 같은, 종래의 돈교설로부터 명확하게 탈피한 것이다. 이 점은 혜관의 점·돈 2교판이 경전을 특정하여 거기에 어떤 종류의 가치 판단을 확정해 가는 듯한 경전관으로서 주장된 것에 대한 비판으로서 [보리류지에 의한] 일음교가 제시되었다는 것을 [혜광이] 받아들인 결과라고 생각할 수 있다. 따라서 『약소』로부터 『광소』로 교판이 전개된 것은, 구체적으로 말하자면 부로서의 『화엄경』을 돈교로 특정하는 것 속에 포함되어 있는 차별적인 경전관에 대한 비판에 응답하는 것으로서 제시된 것은 아닐까 하고 생각되는 것이다. 두 번째는 3교판의 기반을 일승 · 삼승으로부터 소승 · 대승으로 변경해야 했다는 점 자체가 보리류지의 반 · 만 2교라는 소승 · 대승사상의 영향이라고 생각되는 점이다. 그 이유는 이 시대의 하나의 큰 사상적 조류가 된 소승 · 대승설의 확립에 관하여 예컨대 4권 『능가경』의 설통 · 종통설, 『대지도론』이나 『보살지지경(菩薩地持經)』의 성문장 · 보살장설, 『열반경』의 반 · 만 2교설 등이 그 근거가 되었음은 논할 필요가 없다고 하더라도 그 경전들만으로 이러한 사상이 형성되었다고는 생각하기 어렵기 때문이다. 왜냐하면 이 경전들은 어느 쪽이건 5세기 초엽부터 중엽에 걸쳐서 이미 번역되었음에도 불구하고 혜광의 시대에 이르기까지의 수십 년 사이에 이러한 사상이 정면에서 제기되어 불교관의 기저를 이룬 것으로서 다루어지는 경우는 여태까지 한 번도 없었기 때문이다. 더욱이 혜광에 이르러서도 여전히 『약소』를 저술한 시기에는 아직 그것이 기저로는 여겨지지 않았던 것이다. 그것이 『광소』에 이르러 불교 이해의 기저로서 자리 잡게 되었다는 사실은 『광소』를 쓸 무렵의 혜광의 시대에 이르러 차차 대 · 소승사상이 중국의 불교도들의 불교관의 기저가 될 수 있었음을 보여주는 것이다. 이 사실은 혜광의 입장에서 소승 · 대승사상의 형성을 생각함에 있어서 기존 경전을 정리하는 것만으로 그것이 형성되었다고 생각하기보다는 무언가 외적인 자극에 의해 새로이 열린 관점이라고 생각하는 쪽이 이해하기 쉬울 것이다.

보리류지의 반 · 만 2교판이 『열반경』에 기초한 것이라면, 그것은 특히 새로운 것임은 두말할 나위 없다. 이 시대에 『열반경』 연구가 융성한 모습을 통해 살펴보면 틀림없이 혜광은 그것을 상세히 알고 있었을 것이다. 그럼에도 불구하고 『약소』의 3교판에는 대승·소승의 관점을 볼 수가 없는 것이다. 이러한 점을 종합적으로 생각하면, 다시금 보리류지가 반·만 2교판을 주장한 것은 당시 불교계에서는 극히 중대한 의의를 가지고 있었다고 생각되는 것이다.

이미 앞의 항에서 밝힌 것처럼 혜광의 4종판은 4권 『능가경』의 2종의 설통·종통설에 의해 구성된 불타 삼장의 3교판을 모태로 하면서 소승·대승이라는 관점의 확립에 의해 설통·종통설을 통교·통종으로 풀이함으로써 형성된 것이었다. 따라서 혜광의 4종판의 형성에서도 보리류지의 반·만 2교판이 중대한 영향을 미쳤을 것이라고 추찰된다. 그 결과 조직된 4종판이 어떠한 사상이었는가 묻는다면, 소승·대승의 각각에 천심(淺深)을 세움으로써 불타의 교설을 넷으로 단계 지우는 것이었다[고 답할 수 있다]. 소승에 천심을 세우는 것은 아비담(阿毘曇)과 『성실론』을 비교 연구한 결과이고, 대승에 천심을 세우는 것은 공을 설하는 반야 경전보다도 상주(常住)를 설하는 『화엄경』이나 『열반경』의 쪽이 뛰어나다고 풀이한 결과이다. 이러한 견해 가운데에는 북지의 전통적인 『열반경』 연구나 『성실론』 연구의 족적을 볼 수가 있는데, 혜광이 반야 경전을 '광상(誑相)' 또는 '부진(不眞)'으로 풀이한 것은 중요한 의의가 있다. 지의의 지적에 따르면 혜광이 반야 경전의 종지를 광상이라고 한 것은 『대지도론』 권6의 『대품반야경(大品般若經)』의 10유(喩)의 해석에 의한 것이라고 되어 있다.[70] 이와 관련하여 『대품

70) 『法華玄義』 권10上(大正33.804b).

반야경』의 10유란 다음과 같은 것이다.

> 제법(諸法)은 환(幻)과 같고, 물속의 달과 같고, 허공과 같으며, 메아리와 같으며, 건달바(犍闥婆)의 성(城)과 같으며, 꿈과 같고, 그림자 갈고, 거울 속의 영상과 같고, 화(化)와 같다고 해료(解了)한다.
> 解了諸法如幻如焰如水中月如虛空如響如犍闥婆城如夢如影如鏡中像如化. (大正25.101c)

혜광은 반야 경전의 주장을 이 설 가운데에서 보고, 그것은 반야의 공리(空理)가 일체제법의 진실하지 않음을 밝히는 것이라고 본 것이다. 이러한 반야경관은 원래 반야학을 기초로 하여 전개된 남조의 불교계에서는 거의 고려되지 않았을 견해라고 생각된다. 그런데 그러한 전통을 가지고 있지 않은 북조에서는 경전 상호의 관계를 체계적으로 이해한다는 방향이 아니라 개개의 경전의 내부에서 그 경전의 취지의 독자성을 구해간다는 방향으로 향하고 있었다. 혜광의 경전관은 그러한 북조 불교 연구의 결과라고 생각된다. 강남에서는 『반야경』을 비롯한 여러 대승 경전의 종합적 이해가 불교도들의 과제였던 것과 대조적으로 북조에서는 부(部)로서의 개개의 경전의 종지를 확정하여 그것을 단계의 틀 안에 설정한다는 것이 과제가 되었던 것이다. 좋건 나쁘건 그런 점에 이 시대의 북방 불교 이해의 특징이 있는 것인데, 혜광이 반야 경전을 '광상'이라고 풀이한 것도 이러한 배경에 따른 것이라고 말할 수 있을 것이다. 이 경우에 광상의 틀에 의해 분류[格付]된 반야 경전에 대비되는 것으로서 『열반경』이나 『화엄경』이 상정되어 있음은 이미 서술한 것과 같다. 혜광의 경우 순서로서는 아마도 이 반대여서 『화엄경』이나 『열반경』의 사상에 기초하여 반야 경전을 광상으로 위치시켰을 것임이 틀림없다. 직접적인 계기로서 [작용한 것은] 이미 서술한 것과 같은, 늑나마제 등에 의해 가르쳐진 '성의 철학'에 기초를 둔 것이었을 터이다. 그렇지만 '성'을 의지처로 하여 반야 대승 경전에 단계를 세워서 이해하려고 하는 방법은 대승 경전의 진의(眞意)에 들어맞는 것은 아니다. 이러한 점에서 보리류지는 반·만 2교의 사상을 가지고서 대승 경전의 등질성을 새로이 주장하지 않으면 안 되었던 것은 아닐까?

이렇게 생각이 미치면 혜광의 4종판은 이중의 의미에서 보리류지의 반·만 2교판과 관련이 있음을 추찰할 수 있다. 첫째 혜광에게서 불타 삼장의 4권 『능가경』의 설통·종통설에 기초한 3교판이 4종판으로 전개되는 계기가 된 것이 대승·소승판인 보리류지의 반·만 2교에 있다는 점. 둘째 그 결과로서 조직된 4종판은 대승의 내부에 옅고 깊음을 봄으로써 대승을 이분(二分)하여 이해하고자 하였다거나 또는 대승 경전은 만자교(滿字敎)로서 질적으로 완전히 대등하다고 하는 반·만 2교의 주장은 그것에 대한 비판으로서 설해진 것이라는 두 가지 점이다.

이상에 의해 교판 자료로부터 엿볼 수 있는 혜광과 보리류지 사이의 사상적 대립이 거의 명료해졌다고 생각된다. 이 점에 관해서 본 항에서 처음 제시한 과제에 따라 말하자면 대개 다음과 같이 말할 수 있다. 곧 앞에 지적한 지론종 남북 분열의 통설에 관한 모순점은 분파의 원인을 혜광과 보리류지의 대승관에 대한 기본적인 상위에서 찾을 때 비교적 용이하게 이해할 수 있을 것이다. 앞에서 보인 것과 같은 종래의 보리류지와 늑나마제, 혜광과 도총을 서로 대치시켜 지론종 남북 분열을 이해하고자 하는 가운데에 포함되어 있는 갖가지 모순점은 무리 없이 이해할 수 있다. 곧 늑나마제 역이라고 하는 『보성론』에 보리류지 역의 『부증불감경』이 인용되어 있는 사실은 이미 늑나마제와 보리류지의 사이에 논쟁을 상정하지 않은 이상 어떠한 부적절함도 없을 것이다. 또한 도총의 유력한 제자들이 북지 사론종의 도장 문하가 되고 『대지도론』 연구자가 되었던 것이 아닌가 하는 지적은 보리류지의 혜광 일문(一門)에 대한 비판이 그 『반야경』 연구의 기본자세에 있었음을 상정하면 오히려 당연하다고 생각된다. 따라서 북도 지론종의 소식이 도총 이후 불명료한 점도 이에 의해 어느 정도 추찰할 수 있을 것이다.

이렇게 생각하게 되면, 지론종의 남북 분파라는 과제는 단지 학파 내의 교리 논쟁에 머무르는 것은 아니[라는 것을 알 수 있]다. 그것은 중국 땅에 대승이라는 불교가 뿌리를 내리고자 할 때쯤 발생한 근본적 과제를 보여주는 있는 것으로 생각되는 것이다. 구체적으로는 혜광과 보리류지의 논쟁이라는 형태를 취하면서 그 과정에서 음미되기에 이른 여러 과제들은 중국불교의 그 이후의 전개의 기초를 이루는 것이 되었던 것이다. 뒤에 밝혀질, 중국에서 불교 연구의 2대 고봉(高峰)인 천태학·화엄교학의 기본적 과제를 이 논쟁 가운데에서 볼 수 있다고 생각된다. 이미 서술한 것과 같은, 법장과 지의의 이 문제에 대한 취급 방법의 차이는 명확하게 그 점을 나타내고 있는 것으로 생각되는 것이다. 아마도 혜광에게서는 3교판과 4종판은 틀림없이 종이의 앞뒷면과 같은 관계에 있을 것이다.

3교판이 의미하는 바는 경전 상호 관계를 밝히고자 하는 것, 곧 부처 일대의 교설을 어떻게 체계화할 것인가 하는 점에 과제가 있고, 4종판은 개개의 경전의 내부에 어떠한 가르침이 설해져 있는지를 단계적으로 정리하고자 한 것이라고 해야 할 것이다. 이러한 점에 입각하여 말하자면 4종판은 결코 3교판과 같은, 경전 상호의 관계를 문제로 삼는 것은 아니었음이 틀림없다. 이 점은 불타 삼장의 통교·통종이라는 관점 속에 원초적으로 포함된 문제이고, 그 문제의 애매함에 관해서는 지의가 냉엄하게 지적하고 있는 것과 같다. 이 점에 관하여 혜광의 4종판의 논리 속에 약간 정리되지 않은 부분이 있는 것 같으며, 혜광 문하에서 그러한 이해에 관해서는 갖가지 의론이 있었던 것 같다. 그래서 다음으로 이러한 사상이 최종적으로는 어떻게 전개되어 갔는가 하는 문제를 정리해야 할 것이다.

4) 후기 지론학파의 교판사상

다음으로 본 항에서는 이미 밝혀진 바와 같은 혜광의 4종판·3교판이 그 후의 지론교학 가운데에서 어떻게 전개되었는가 하는 점에 관하여 음미해 보기로 한다. 그에 앞서 본 항에서 설명하는 불교도들의 사자(師資) 관계를 보이고자 한다. 또한 『속고승전』 등에 의하면 다음에 보이는 사람들 이외에도 사자 관계가 분명한 학장들이 많이 존재하지만, 지금은 본 항의 논지 전개상 필요한 사람만으로 한정한다.

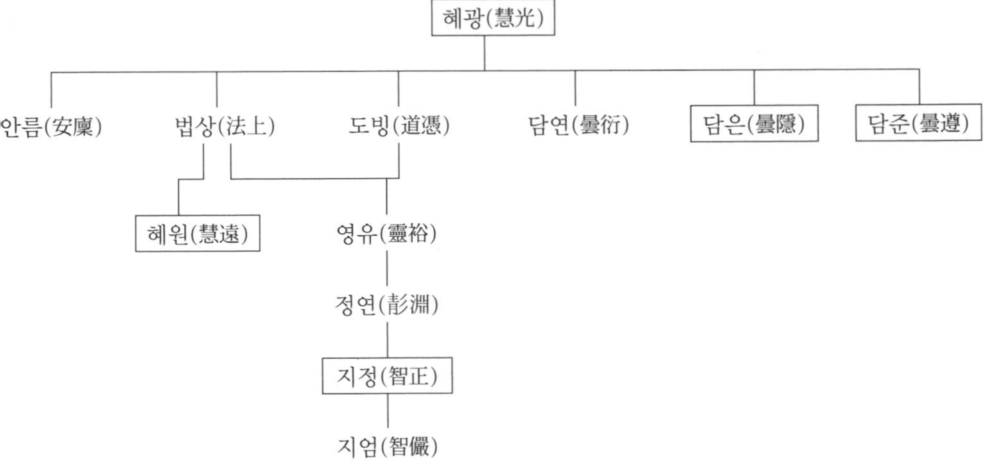

(1) 점 · 돈 · 원 3교판의 전개

먼저 점 · 돈 · 원 3교판의 이후의 전개에 관하여 고찰해 보자. 3교판이 혜광의 제자들에 의해 계승되었음은 『오교장』 및 『탐현기』의 다음과 같은 기록에 나온 바와 같다.

> 뒤에 광통 문하의 준통사 등 제덕(諸德)은 모두 또한 종승(宗承)하여 크게 이러한 설을 함께 했다.
> 後光統門下遵統師等諸德, 並亦宗承大同此說. (『五教章』 大正45.480b. 『探玄記』 大正35.111a도 같은 내용)

곧 '준통사(遵統師)' 등의 여러 제자가 이 3교판을 계승하였고, 그 내용은 **거의** 이 『광소』의 설과 같다는 것이다. 여기에 제시된 준통사가 누구를 가리키는가에 관해서는 두 가지 설이 있다. 하나는

『속고승전』 권21[71]에 기전(紀傳)을 볼 수 있는 '홍준(洪遵)'이라고 하는 교넨(凝然)의 설[72]이고, 이제 또 하나는 『속고승전』 권8[73]에 기록된 '담준(曇遵)'이라고 하는 호탄(鳳潭)의 설[74]이다. 이 점에 관해서는 근대의 학자 사이에도 의견을 달리하고 있고, 유스키 료에이(湯次了栄)[75]는 교넨의 의견을, 사카모토 유키오(坂本幸男)[76]는 호탄의 의견을 각각 따르고 있다.

이 점에 관해서 현존 『속고승전』 권21의 「홍준전」을 검토해 보면, 그는 혜광의 제자인 도운(道雲)과 도휘(道暉)의 가르침은 받아들이고 있지만, 교넨이 말한 것과 같은 혜광과의 직접적 관계를 볼 수는 없다. 또한 [그가] 『화엄경』을 배웠다는 사실은 기록되어 있지만, 교넨이 말한 것과 같은 『화엄소』 7권의 존재는 기록되어 있지 않다.[77] 아마 현존 『속고승전』을 기준으로 생각하면, 교넨이

---

71) 大正50.62a~.

72) 『五教章通路記』 권11(大正72.367a).

73) 大正50.484a~.

74) 『華嚴五教章匡眞鈔』 권2(大正73.348c).

75) 湯次了栄, 『華嚴五教章講義』(百華苑, 1975), p. 138 참조.

76) 坂本幸男 譯, 『花嚴經探玄記』(『國譯一切經』 經疏部6, 大東出版社, 1937), p. 35, 주12 참조.

77) 교넨의 『오교장통로기』 권11에 다음과 같이 나와 있다.

> 준통사는 화엄은 광통에게 친승(親承)하고, 율장은 곧 그의 손제자(孫弟子)이다.
>
> 遵統師, 花嚴親承光統, 律藏乃其孫弟也. (大正72.367b)

곧 홍준이 율에 관해서는 혜광의 손제자이며, 화엄에 관해서는 직제자라고 하고 있는데, 홍준이 혜광에게 친히 화엄[의 가르침]을 받았다는 것은 『속고승전』에는 기록되어 있지 않다.

"『속고승전』에 이르길"이라고 하여 나타낸 홍준의 전기는 『속고승전』의 문장을 그대로 인용한 부분과 취의(取意)의 문장, 그리고 교넨에 의해 부가된 부분으로 성립되어 있다고 해야 할 것이다. 이 점에 관해서 유스키 료에이는 완전히 무비판적으로 교넨의 주장을 그대로 받아들이고 있는 셈이 된다. 이에 대하여 호탄은 홍준은 광통의 손제자이므로 '광통 문하'에는 해당하지 않는다고 하여 교넨의 설을 거부하고 그를 담준으로 보는 설을 제시한다.

이 담준에 관해서는 그의 전기가 『속고승전』 권8에 실려 있다. 그것에 따르면 23세일 때 혜광의 문인이 되고, 뒤에 70여 세가 되었을 때 국도(國都)가 되며, 다시 국통(國統)이 되었음을 전하고 있다. 따라서 '광통 **문하**'의 '준**통사**'이라는 표현에 잘 부합한다고 생각된다. 이 점을 가지고서 사카모토 유키오도 담준설을 지지하는 것이다. 어느 쪽이건 객관적인 판단의 기준은 없는 것이지만, 필자에게는 호탄의 의견 쪽에 설득력이 있다고 생각된다. 그리고 가령 이 '준통사'가 담준이라고 한다면 혜광에게 입문한 것은 혜광 35세의 경명(景明) 4년(503)이라는 지적이 있고,[78] 『십지경론』 번역 이전에는 유일한, 혜광의 가장 젊은 시기의 제자라는 말이 된다. 그렇다면 이 담준의 학풍에 관하여 『속고승전』에 다음과 같이 전하고

78) 교넨의 『화엄경통로기』 권11에 다음과 같이 나와 있다.

> 준공은 운 · 휘 두 스님을 따라서 『사분율』을 습학하였다. 『초』 5권 본부(本部)에 개통(開通)하였으며, 겸하여 화엄에 통달하여 널리 풀이하였으니, 곧 『화엄소』 7권을 지었다.
>
> 遵公隨雲暉兩師習學四分律. 鈔五卷開通本部. 兼達華嚴講敷弘演. 即作華嚴疏七卷焉. (大正72.367a)

이 '『화엄소』 7권'도 『속고승전』에서는 확인할 수 없다.

있는 것은 [어떻게 이해해야 할까?]

> 혜광은 그 마음이 지극한 것을 자세히 보고서 곧 출가를 허락하여[度] 계를 주었다. [담준은] 그로 인해 [그를] 따라 학문을 받았으며, 공(功)은 일기(一紀)를 넘었다. 대승돈교·법계심원과 아울러 의리(義理)를 분석[披析]하여 당시의 거장[時匠]을 훨씬 넘어섰다.
>
> 光審其情至即度而授戒. 因從稟學功踰一紀. 大乘頓教法界心源並披析義理挺超時匠. (大正50.484a)

법장이 3교판의 상승(相承)에 관하여 굳이 '준통사등제덕(遵統師等諸德)'이라고 하여 혜광의 많은 제자 중에서 '준통사'라는 이름을 들고 있는 것과 [위의 인용문이] 전혀 무관하다고는 생각할 수 없다. 곧 혜광 이후의 지론교학은 소승·대승을 기조로 하는 4종판을 그 중심으로 하고 있었다고 생각되지만, 그 가운데에서 '대승돈교·법계심원'의 이해에 관해서는 많은 학자 중에서도 특히 담준이 빼어났다고 일컬어지는 것이다. 이 점은 3교판의 전개를 고려함에 있어서 특별한 의미를 가지고 있다. 곧 혜광에게서 3교판은 상당히 이른 시기에 이미 형성되어 있고, 그것을 초기 제자였던 담준이 계승한 것이라고 생각되기 때문이다. 이것에 더하여 계보적으로 말하자면 지론학파의 최후의 학장이라고 할 수 있는 지정의『화엄경소』가 역시 돈·점·원 3교의 개념을 사용하고 있다는 사실로부터 미루어 3교판은 지론 남도파의 일관된 사상이었다고 생각할 수 있을 것이다. 그렇지만 3교판은 원래 삼승·일승이라는 사상적 기반을 전제하고서 그 진가를 발휘하는 성격의 것이므로 소승·대승사상의 확립에 수반하여 그 원형을 바꾸지 않을 수 없는 것이다. 그리고 그 전조(前兆)가 이미 혜광 자신 속에도 있었음은 앞에 지적한 바와 같은데, 그것들의 가장 단적인 예증을 정영사 혜원 및 지정의 교판사상 속에서 볼 수 있다. 그렇다면 다음으로 그들의 사상에 관하여 고찰해 보자.

정영사 혜원의 교판사상에 관해서는 이미 몇몇 논고가 있다.79) 따라서 여기에서는 본 항의 논지 전개상 불가결한 부분에 관해서 언급하는 것에 그치며, 상세한 것에 관해서는 그 논고들에 양보하고자 한다. 『대승의장』 권1의 「중경교적의(衆經教迹義)」80)는 부처 일대의 교설을 크게 돈 · 점 2교로 나누어 정리하는 교판의 예로서 유규(劉虬)의 돈 · 점5시7계설(頓漸五時七階說)을 들고 그 불비(不備)함을 지적하면서 4부 아함이나 5부 계율을 체계화할 수 없음을 설시(說示)하고 있다. 그리고 자기의 주장으로서 성교(聖教)를 크게 정리하기 위해서는 성문장(聲聞藏) · 보살장(菩薩藏)이라는 범주를 사용해야 한다고 한다. '성문장 · 보살장'이라는 용어 자체는 『보살지지경』81) 등에 이미 보이는 것이며, 또한 부처의 설법에 2의(義)가 있다는 것은 『대지도론』 등에도 명확하게 설해져 있으므

79) 里道徳雄, 「慧光傳をめぐる諸問題(二)」(『大倉山論集』 13輯, 1978) 참조.

80) 주40 참조.

81) 『보살지지경』 권10에 다음과 같이 나와 있다.

> 여래는 보살, 성문, 연각들을 위하여 출고도(出苦道)를 행하고 수다라를 설하였다. 경장을 결집한다는 것은 보살행을 설함으로써 보살장을 세우고, 성문 · 연각행을 설하여 성문장을 세우는 것이다.
>
> 如來爲諸菩薩聲聞緣覺行出苦道說修多羅. 結集經藏者, 以說菩薩行立菩薩藏, 說聲聞緣覺行立聲聞. (大正30.958b~c).

로[82] 특별히 새로운 것은 아니다. 그렇지만 이미 누차 밝혀온 것처럼 부처 일대의 교설을 소승·대승이라는 개념에 의해 나누는 것은 중국불교사에 있어서 획기적인 것이다. 여기에서 삼승·일승을 사상적 기반으로 해온 중국불교의 오랜 전통으로부터의 완전한 탈피를 볼 수 있는 것이다. 더욱이 혜원은 성문장을 자세히 분류하여 다음과 같이 말하고 있다.

> 성문장에서 가르치는 바에 둘이 있다. 첫째 성문성문이요, 둘째 연각성문이다.
> 聲聞藏中所教有二. 一是聲聞聲聞, 二緣覺聲聞. (『維摩義記』권1本, 大正38.421a)

혹은 성문장·보살장을 합하여 다음과 같이 말하기도 한다.

> 대·소, 돈·점에 따라 분별한다. 이른바 국교·점교·돈교이다.
> 隨大小漸頓分別. 所謂局教漸教頓教. (『大乘義章』권1 「三藏義」, 大正

82) 예컨대 『대지도론』 권100에는 다음과 같이 나와 있다.
불법은 모두가 1종 1미이니, 이른바 고진해탈미(苦盡解脫味)이다. 이 해탈미에 2종이 있으니, 첫째는 단지 자신을 위한 것이요, 둘째는 겸하여 일체중생을 위한 것이다. 모두가 하나의 해탈문을 구하기는 하지만, 자리(自利)와 이인(利人)의 차이가 있다. 이 때문에 대·소승의 차별이 있다. 이 2종의 사람을 위하여 불구(佛口)가 설한 바를 문자·언어로 나누어 2종으로 삼는다. 삼장은 성문법이요, 마하연은 대승법이다.
佛法皆是一種一味, 所謂苦盡解脫味. 此解脫味有二種. 一者但自爲身, 二者兼爲一切衆生. 雖俱求一解脫門而有自利利人之異. 是故有大小乘差別. 爲是二種人故, 佛口所說以文字語言分爲二種. 三藏是聲聞法, 摩訶衍是大乘法. (大正25.756b).

44.468c)

이러한 말들을 종합하면 그의 교법 이해의 체계는 대략 다음과 같이 될 것이다.

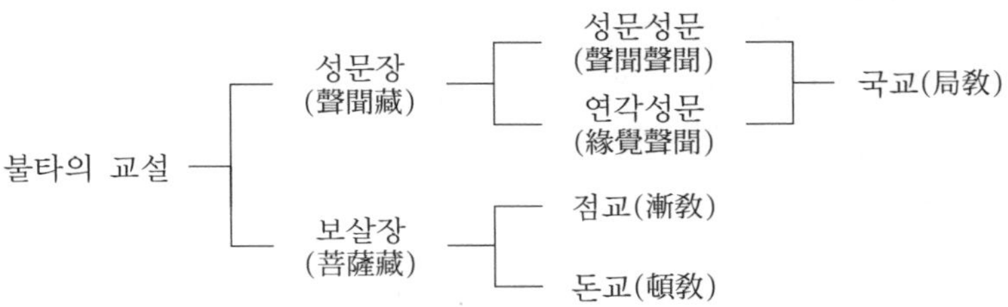

이것이 이른바 혜원의 '2장판'이라고 불리는 것이다. 완성된 조직이라는 측면에서 바라보면 '성문성문', '연각성문' 등 기묘한 명칭을 무슨 이유로 써야 하는 것인가, 또 보살장을 점교와 돈교로 나눌 필연성은 어디에 있는 것인가 하는 의문이 떠오르게 된다. 이 문제에 관해서는 2장판의 성립 배경을 고찰해 볼 때 비교적 용이하게 이해할 수 있을 것이다. 곧 원래 북지에서는 돈 · 점 2교는 삼승 · 일승을 전제로 성립한 것이므로 다음과 같은 대응 관계가 있었다.

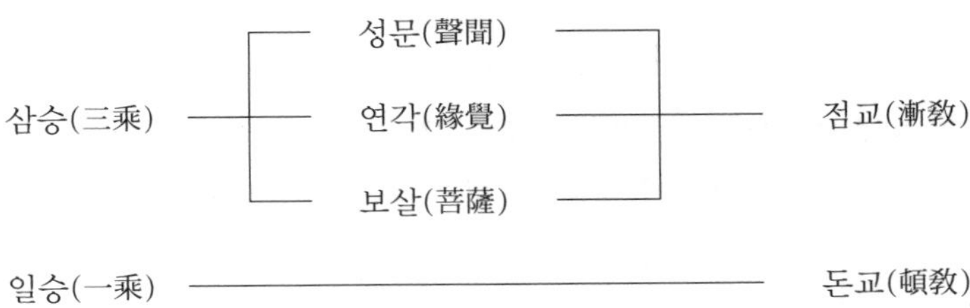

이것이 소승·대승의 확립에 의해 다음과 같은 형태로 대응 관계의 틀에 변화가 생기게 된다.

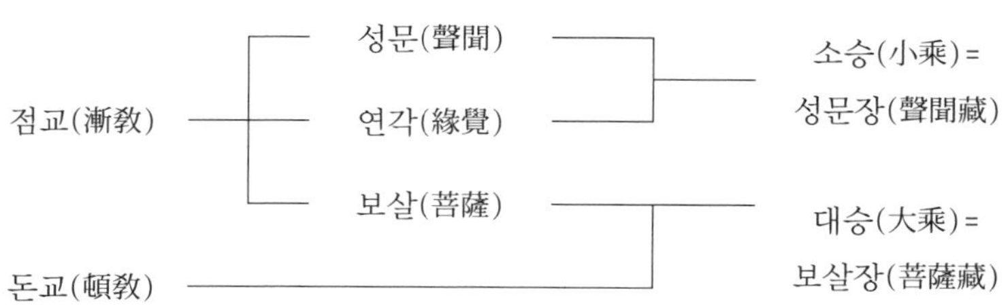

그리고 이 소승과 대승을 각각 성문장·보살장이라는 명칭으로 부르고자 할 경우 성문장 가운데에 성문과 연각이 있고, 대승 가운데에는 점교와 돈교가 존재하는 [것은 당연한] 이치다. 돈교라고 말하더라도 그 가르침을 받는 자는 보살에 다름없으므로, 따라서 이 교판의 문제점을 들자면 삼승 중의 보살승과 돈교의 가피를 받는[所被] 보살을 어떻게 명확하게 구별할 것인가, 또한 그 결과를 가르침의 구별로서 어떻게 구체화할 것인가 하는 것으로 귀결될 것이다. 예상대로 혜원은 보살에게 점오(漸悟)의 보살과 돈오(頓悟)의 보살의 구별이 있음을 인정하게 되어 다음과 같이 말하고 있다.

> 보살장 중에서 가르치는 바에 또한 두 가지가 있다. 첫째는 점입(漸入), 둘째는 돈오이다. '점입'이란 이 사람이 과거에 일찍이 대법(大法)을 익히다가 중간에 물러나 작은 것에 머물고, 뒤에 돌이켜 큰 것에 들어가는 것을 말한다. 큰 것은 작은 것을 따라서 오니, 이것을 일러 '점'이라고 한다. … (중략) … '돈오'란 여러 중

생이 있어서 대승과 상응하는 선근을 오래 익혀서 지금 처음으로 부처를 보고 곧 능히 큰 것에 들어가는 것을 말한다. 큰 것은 작은 것에 말미암지 않으니, 이것을 지목하여 '돈'이라 한다.
菩薩藏中所教亦二. 一是漸入, 二是頓悟. 言漸入者, 是人過去曾習大法, 中退住小, 後還入大. 大從小來, 謂之爲漸. … (中略) … 言頓悟者, 有諸衆生. 久習大乘相應善根, 今始見佛即能入大. 大不由小, 目之爲頓. (『維摩義記』 권1本, 大正38.421b)

곧 똑같이 대승의 가르침을 받는 보살이더라도 곧바로 이해하는 자와 그렇지 않은 자가 있다는 것이다. 그렇다면 '대승의 가르침을 곧바로 이해하지 않는 보살'이라는 개념은 이승(二乘)과 구별할 수 없는 것이 되므로, 이 모순을 해소하기 위해서 [그러한 자들은] 일찍이 대승을 배우고 있었지만 가끔씩 바로 소승에 떨어져 있는 것에 지나지 않는 것이고, 오로지 소승을 배워온 이승과는 다르다고 말하는 것이다. 이러한 보살관은 삼승·일승을 기반으로 하는 돈·점의 사상으로부터는 전혀 도출될 수 없는, 또는 도출할 필요도 없는 사고방식이다. [이렇게 보살을 돈·점으로 구별하는 것은] 삼승의 내부에 소승과 대승의 구별을 세우면서 종래의 점돈설까지도 집어넣었기에 필연적으로 일어나는 문제라고 말할 수 있을 것이다. 이러한 두 종류의 보살을 위해 설해진 교설은 오로지 소승·대승의 관계에 의해서 정의되어야 하는 상황에 이르게 될 것이다. 곧 돈교는 순수하게 대승의 가르침만을 설한 것, 점교는 대승을 설하면서 그것을 이해하지 못하는 보살을 위한 방편으로서의 소승까지도 포함하는 것이라는 형태이다. 소승·대승이라는 틀 속에 돈·점이라는 사고방식을 도입하면 이러한 형태가 되지 않을 수 없음은 오히려 당연하다. 따라서 이러한 돈 · 점의 정의는 혜원뿐만 아니라 이 시대의 불교도들에게 공통적으로 보이는 것이다.[83)]

이 공통된 문제점을 혜원보다 약간 후배인 지정(智正)의 교판사상 가운데에서 재확인해 두고자 한다. 지정은 사실상의 화엄종 개조(開祖)인 지엄의 스승이고, 그 의미에서 지론 남도파의 최후의 학장이라 일컫게 된다. 여기에서 지정의 교판사상을 분명히 해두는 것은 지론학파의 점 · 돈 · 원 3교판의 전개의 결말과 화엄교학 성립의 배경이라는 두 측면에서 참으로 중요한 의의를 가지고 있다고 할 수 있다.

지정에게 10권 『화엄경소』가 있었음은 『속고승전』[84)] 및 『화엄경전기』[85)]에서 똑같이 전하는 바인데, [이 주석서는] 현재는 산일하여 전하지 않는다. 간신히 준코(順高)의 『기신론본소청집기』[86)] 권3본(本)에, 이것도 현재는 산일하여 1부밖에 전하지 않는 『원종문류』 권3에서의 인용이 꽤 길게 이어져서 실려 있고, 다행히 그

---

83) 예컨대 『탐현기』에 의하면, 진제 삼장이 세운 점 · 돈 2교가 "대승이 소승에 의해 일어나며, 삼승의 차별이 있음을 '점'이라고 하며, 대승이 소승에 의하지 않고 단지 보살을 위해서만 설해진 것임을 '돈'이라고 한다"(大正35.110c)는 내용의 것이었다거나 『오교장』에 소개된 호법사(혹은 탄법사)의 점 · 돈 2교가 전술한 진제 삼장의 그것과 완전히 같은 내용을 가진 것으로서 소개된 것(大正45.480b) 등이 참고가 될 것이다. 이 『오교장』에 나오는 호법사(혹은 연법사)에 관해서는 사카모토 유키오 박사의 「教判史上の誕法師」(坂本幸男, 앞의 주1에 소개됨) 참조.

84) 大正50.536c.

85) 大正51.164c.

86) 日佛全92.133下~135上.

단간(斷簡)이 지정의 『소』의 첫머리라고 생각되는 부분(곧 「玄談」에 해당하는 부분)이므로 그의 교판 조직의 대강을 알 수 있다. 또한 지정의 『화엄경소』의 일문(佚文)에 관해서는 다음 절에서 『수현기』 현담의 구성에 관해 다루면서 다시 전문을 들 것이므로(이 책 152~154쪽) 여기에서는 논지의 전개상 혜원과 비교할 때 주목해야 되는 점에 관해서만 언급해 두고자 한다. 지정은 우선 다음과 같이 말하여 불타의 교법을 성문장과 보살장으로 나눈다.

> 여래라는 큰 성인은 도를 체득하고 근원을 궁구하며 무외(無外)를 광포(曠包)하니, 화용(化用)은 무리[倫]와 달리하고 두루 군품(群品)을 적셔준다. 가르침이 진사(塵沙)라 하더라도 간략히 그 핵심을 들면 통틀어[*역자 주: 원서의 한문 오역을 수정함] 두 가지가 있다. 첫째 성문장, 둘째 보살장이다.
> 如來大聖體道窮源曠包無外, 化用殊倫普潤群品. 教雖塵沙略舉其要總有二種. 一聲聞藏, 二菩薩藏. (日佛全92.133下)

그리고 다시 성문장을 성문성문과 연각성문으로, 보살장을 점교와 돈교로 나누고 있으므로 그의 교판의 기본은 정영사 혜원의 2장판과 같다고 말할 수 있을 것이다. 내용적인 측면에서 보더라도 각각의 항목의 정의는 거의 혜원의 그것과 차이를 인정할 수 없으므로, 이 사실로부터 판단하면 지정이 혜원의 사상의 영향을 강하게 받은 사람이거나 혹은 이러한 2장판이 후기 남도 지론학파의 일반적인 교학이었다고 추찰할 수 있다. 다만 지정의 교판은 보살장의 분제(分齊)로서 원교라는 명칭을 제시하고 있는 점에서 혜원과 다른 점을 볼 수 있다. 곧 섭교(攝敎)의 분제를 밝히는 부분 마지막에 다음과 같이 『화엄경』이 돈교와 원교의 소섭(所攝)이라고 말하고 있는 것이다.

> 지금 이 경은 2장 중 보살[장]에 포섭된다. 점·돈의 가르침 중 순수하게 근기가 성숙하여 직입(直入)하는 사람을 위하여 설하기 때문에, 이는 돈교의 법륜이기 때문이다. 또한 원교라고도 이름한다. 따라서 경에서는 말하길, "원만수다라를 설한다"라고 한다.
> 今此經者, 二藏之中菩薩攝. 漸頓教中, 淳爲根熟直入人說故, 是敦教法輪故. 亦名圓教攝. 故經云, 說圓滿修多羅也. (同.134下)

원교의 정의에 관한 상석(詳釋) 등은 전혀 없이 다만 경에 '원만수다라'라고 되어 있으므로 원교의 소섭으로 한다고 말할 뿐이며, 어떠한 사상적 배경이 있었는지는 확실하지 않다. 『화엄경』에 원만수다라를 설한다는 것은 아마도 60권 『화엄경』 권55의 「입법계품(入法界品)」의 제39번 선지식인 원용광명수호중생야천(願勇光明守護衆生夜天)의 단락에 보이는, 과거의 법륜음성허공등(法輪音聲虛空燈) 여래가 중생의 근기가 성숙함을 알고서 설했다고 설한 것을 가리킬 것이다.87) 경전의 문맥으로부터는 '원만수다라'라는 용어가 부(部)로서의 『화엄경』 전체를 나타내는 명칭이라고는 이해하기 어렵다. 또한 지정의 『소』 전체의 문맥으로부터 보더라도 아무리 보아도 [이러한 주장은] 돌발적이어서 나무에 대[竹]를 접붙인 [부자연스러운] 느낌을 벗어날 수 없다. 지정의 교판에서 혜원의 2

87) 大正9.749a.

장판에 덧붙여 다시 이러한 주장을 더해야 할 필연성에 관해서는, 그것이 혜원의 경우처럼 『의장』이라는 형식의 서물(書物)이 아니라 『화엄경소』에서 보인 것이라는 점을 고려해야 한다. 『화엄경』을 주석함에 있어서 전체 불교에서 『화엄경』의 위치를 명확히 한다는 중요한 과제가 있기 때문이다. 이로써 지정이 이러한 정합성을 결한 형식을 써서라도 굳이 『화엄경』이 원교의 소섭임을 밝혀야 한다는 과제를 가지고 있었음을 알 수 있다. 『화엄경』을 포함하여 원교라는 개념은 일승이라는 사상적 기반을 전제로 하여 비로소 유효하게 기능하는 것이다. 따라서 소승 · 대승을 대전제로 하는 중 · 후기 지론학파의 교판에서 돈교 · 원교의 개념만을 스스로의 틀 안에 도입하려 하더라도 그것은 결과로서 논리적인 정합성을 잃어버린 것이 되지 않을 수 없다. 지정의 2장판은 『화엄경』을 돈교 혹은 원교의 소섭으로 한 혜광의 사상을 이어받아 그것을 소승 · 대승의 틀 안에 단순히 도입하려고 하였기 때문에 결과적으로는 약간 불명료한 것이 되었다고 생각할 수 있다.

이상으로 지론학파에서 점 · 돈 · 원 3교판의 성립과 전개에 관하여 대략 개관할 수 있었다고 생각된다. 그 중심적인 과제를 한마디로 말한다면, 3교판은 원래 삼승 · 일승을 배경으로 하여 성립했지만, 소승 · 대승이라는 새로운 틀이 확립됨으로써 그 내용을 대폭 변경하고 있었다는 말[로 요약할 수 있을 것]이다. 그러나 똑같이 점교 · 돈교라고 부르면서도 혜광의 『약소』, 『광소』와 혜원 및 지정의 사이에서는 [그 용어가] 내용적으로 달라져 있다. 어떤 이유로 다른 개념을 표현하는데도 동일한 용어에 의하는가 하는 것이 새로운 의문으로서 떠오르게 된다. 그렇지만 이 점에 관해서 필자는 현

단계에서 명해(明解)한 답변을 가질 수 없다. 굳이 들자면 바로 그 지점에 혜광 이래의 지론학파의 전통이 있는 것은 아닐까 한다. 다시 말하자면 [그들은] 그 전통에 묶여서 새로운 문제점에 대처하지 못했던 것일지도 모른다.

이러한 문제점을 배경으로 하여 지엄의 교학이 등장하게 된 것인데, 이 점에 관해서는 절을 바꾸어 논술하고자 하며, 지금은 문제점을 지적하는 데에만 그치기로 한다.

(2) 4종판의 전개

다음으로 혜광 이후의 4종판의 전개에 관해서 검토해 보자. 이미 밝힌 것처럼, 혜광의 4종판은 하나하나의 경론의 설을 어떠한 것으로서 이해할 것인가 하는 구체적인 문제를 계기로 하면서, 소승·대승의 각각에 천(淺)과 심(深)의 구별을 세움으로써 성립한 것이다. 따라서 4종판의 형성과 3교판의 내용 변경 사이에는 밀접한 관련이 있다고 생각된다. 그리고 여기에서 놓쳐서는 안 되는 것은 혜광에게는 3교판과 4종판이 병행하여 설해져 있다는 점이고, 각각이 별개의 의도를 가지고서 밝혀져 있다는 사실이다. 이 점에서 『법화현의』가 혜광의 4종판을 소개할 즈음에 다음과 같이 말하고 있는 것은 간과할 수 없다.

> 불타 삼장은 학사 광통이 논한바, 4종을 가지고서 가르침을 판별한다.
> 佛駄三藏, 學士光統所辨, 四宗判教. (大正33.801b)

곧 4종판은 불타 일대의 교설을 통일적으로 보고자 하는 논리가 아니라, 개개의 경론의 요지[宗]를 정리하고자 한 것이다. 3교판이 경전 상호의 관계를 문제로 하는 것과는 대조적으로, 4종판은 하나하나의 경론의 내용의 [심화] 정도를 정하고자 한 것이다.

이러한 점에 주의하는 한, 혜광의 4종판이 바르게 제자들에게 계승되었는가 아닌가에 관해서는 매우 의문이 드는 바이다. 예컨대 『오교장』 및 『탐현기』가 소개하는 대연(大衍) 법사의 사상은 다음과 같다.

> 네 번째로 대연 법사 등의 한 시기의 제덕(諸德)에 의하면 4종교를 세워서 일대의 성교를 통수한다.
> 四依大衍法師等一時諸德立四宗教以通收一代聖教. (『五教章』 권1, 大正45.480b~c)

이 문장 이하에 제시된 내용적인 측면은 혜광의 4종판과 같음에도 불구하고, [우리는 여기에서] 4종을 '4종교'라고 하여 그것에 의해 불타 일대의 교설의 상호 관계를 밝히고자 한 의도를 읽어낼 수 있다. 가령 법장이 사실을 그대로 전하고 있다고 한다면, 대연 법사 등은 4종판을 경전 상호의 관계를 나타내는 것으로서 사용했다고 생각되는 것이다. 4종판을 이러한 방법으로 사용하고자 한다면 당연히 중요한 대승 경전의 수만큼 새로운 틀을 세워야 하는 상황이 오게 될 것이다. 그것을 증명하듯이 4종판은 5종·6종으로 전개되어 가는 것이다.

곧 지의 및 법장이 함께 소개하는 호신사(護身寺) 자궤(自軌)의

5종교는 대연 법사가 『열반경』 및 『화엄경』은 불성법계(佛性法界)의 진리를 밝히는 것이므로 진종교(眞[實]宗敎)라고 한 것 가운데에서 『화엄경』만을 법계종교(法界宗敎)로서 독립시킨 것이다. 마찬가지로 기사사(耆闍寺) 안름(安廩)의 6종교는 그 가운데에서 다시 『법화경』을 별립한 것이다. 이 점으로부터 당시 교학자들의 관심이 어디에 있었는지를 알 수 있다. 이러한 작업을 반복해 가면 중요한 대승 경전에 대한 종취관(宗趣觀)의 상위에 의해 한없이 틀 구성을 넓혀야 하는 상황이 오게 될 것이다. 따라서 대연 법사 이하의 4종 교판의 전개는 그 근본에서 능전(能詮)인 교(敎)와 소전(所詮)인 종(宗)을 혼동하는 잘못을 범하고 있다고 생각하지 않을 수 없다. 이 점에 관해서는 지의가 『법화현의』 속에서 엄격하게 지적한 것과 같을 것이다.[88] 이러한 문제점을 물려받았는지 모르겠지만 4종교판 등은 그 후 지론교학의 전개 속에서는 교판으로서는 전혀 받아들여지지 않고 있다. 곧 정영사 혜원이나 지상사 지정 등의 2장판 속에는 4종교판[*역자 주: '4종판'의 誤識으로 보임]은 전혀 반영되어 있지 않은 것이다. 그뿐만 아니라 혜원은 4종판에 의해 경전 상호의 관계를 정리하고자 하는 사상의 잘못을 지적하여 심지어 다음과 같이 말하고 있다.

> 사람들은 넷을 세워 별도로 부당(部黨)을 짝지어 말하길, "아비담은 인연종, 『성실론』은 가명종, 『대품[반야]경』·『법화경』 이런 경은 부진종, 『화엄경』·『열반경』·『유마경』·『승만경』 이런 경은 진종이다"라고 한다. 앞의 둘은 그럴 수 있다. 뒤의 둘은 그

88) 주57 참조.

렇지 않다. 이러한 경들은 곧 [법]문을 구별할 수 있더라도 옅고 깊음이 다르지 않다. 만약 파상(破相)을 논한다면 그것을 버리면 끝나버린다. 만약 그 진실을 논한다면 모두 법계연기의 법문을 밝힌다. 그 행덕(行德)을 말한다면 모두 진성연기가 이루는 바이다. 다만 이루어진 것에 관하여 행문(行門)이 같지 않고, 이 때문에 이러한 다름이 있는 것이다.

人立四別配部黨, 言阿毘曇是因緣宗, 成實論者是假名宗, 大品法華如是等經是不真宗, 華嚴涅槃維摩勝鬘如是等經是其真宗. 前二可爾. 後二不然. 是等諸經乃可門別淺深不異. 若論破相遣之畢竟. 若論其實皆明法界緣起法門. 語其行德皆是真性緣起所成. 但就所成行門不同, 故有此異. (大正44.483b)

곧 여러 대승 경전은 각각 단면(斷面)이 다를 뿐이며, 그것을 천심(淺深)이라는 관점에 의해 정리해서는 안 된다고 말하는 것이다. 다시 말해 4종판은 경전 상호의 우열 관계를 문제로 삼는 것은 아니며, 소승 · 대승의 각각의 경론에는 설해져야 할 내용의 상위가 존재하므로 그것을 정리한 것이라고 하는 것이다. 4종판이 4**교**판이 아니라 4종판인 한, 능전인 교와 소전인 종을 명확히 해야 한다는 혜원의 이러한 주장은 참으로 정곡을 찌른 것이라고 말할 수 있다. 여기에서 혜원에 의해 비판받은 대상이 된 '사람들'이 누구인가 명확하지는 않지만, 시대적으로 말해서 혜광의 직제자의 누군가를 가리킨다고 생각한다. 그렇다면 그 지적에 의해 혜광의 제자들 사이에서 이미 4종판의 이해에 관해서 상당한 이동(異同)이 있었음을 미루어 알 수 있다. 4종판은 원래 소승 · 대승이라는 사상적 기반을 가진 것이었으므로 소승 · 대승사상의 확립기에는 경전 이해에 도움이 되었던 것으로 생각된다. 그렇지만 후기 지론교학에서 소승 · 대승을 기반으로 하는 2장판이 확립되기에 이르자 교판으로서의 4종판은 거의 기능을 가지지 않게 되었던 것이다.

이상에 의해 혜광 이래 지정에 이르기까지의 지론학파에서의 교판사상의 대강을 개관할 수 있었다. 그것은 삼승 · 일승을 기반으로 갖는 사상이 소승 · 대승사상의 확립에 의해 크게 전개한 족적이다. 이 전개 속에서 삼승 · 일승을 어떻게 이해할까 하는 과제는 부분적으로 갖가지 모순을 낳게 되었다. 똑같은 대승이라는 틀 속에서 삼승 속의 보살승과 일승을 어떻게 이해하면 좋은 것인가? 역으로 삼승 속의 성문 · 연각승과 소승은 같은 것인가 다른 것인가? 이러한 문제에 대한 최종적인 해답을 지론학파의 교판 속에서 볼 수는 없다. 이 과제의 해결을 위해서는 별도의 새로운 관점이 요구되는 것이다.

제2절 지엄에 있어서의 일승의 과제

1. 교판사에서의 『섭대승론』 북지 전파의 의의와 과제

앞의 절에서 밝혀온 것처럼, 지론학파의 교판은 혜광·보리류지의 시대에 있었던 갖가지 문제를 결국 성문장·보살장의 2장판이라는 형태로 수렴해 갔다. 지론학파의 법맥에서 보면 혜원 및 지정은 그 최후에 자리매김될 수 있는 사람들이므로 이 2장판은 지론학파의 교판의 최종적인 스타일이라고 말할 수 있다. 따라서 지론학파의 교학은 보리류지의 반·만 2교판, 혜광의 4종판으로부터 일관되게 소승·대승사상의 확립을 목표로 해왔다고 말할 수 있다. 더욱이 혜원·지정에게서는 혜광 이래의 점·돈·원 3교판까지도 자기의 체계에 짜 넣으려 한 형적을 인정할 수 있다. 원래 혜광의 점·돈·원 3교판은 일승·삼승을 기반으로 하여 유효하게 기능하는 관점이므로 소승·대승의 틀 속에 굳이 집어넣고자 하면 상당한 수정을 필요로 했다는 점은 말할 필요도 없다. 혜원이나 지정의 점교 및 돈교 정의는 그러한 배경을 반영하여 상당히 복잡하게 얽힌 상태가 된 것이다.

이러한 문제를 잉태하면서도 시대의 흐름이 2장판으로 안정되어 가려 할 때 담천(曇遷)에 의해 진제 역 『섭대승론(攝大乘論)』이 북지에 처음으로 소개된 것이다. 원래 『섭대승론』은 보리류지와 동시대인 불타선다(佛陀扇多)의 역에 의한 것이 북지에도 존재하고 있었다. 그러나 그것은 이른바 세친의 『석론(釋論)』을 가지고 있지 않은 무착(無著)의 『논본(論本)』뿐이었기 때문인지 거의 연구된 형적이 없다. 그런데 거기에 『석론』을 동반한 진제(眞諦) 역 『섭대승론』이 소개되었다. 당시의 불교계에 이것이 얼마나 획기적인 것이었는가는 직후에 섭론종이라는 그룹이 형성되고, 금세 지론종의 면목이 세워지지 않게 되었다고 전해지고 있는 것 등에 의해서 엿볼 수 있는 바이다. 이처럼 담천에 의한 『섭대승론』의 북지 개강(開講)이 상당한 충격을 가지고서 받아들여진 이유에 관해서는 여러 점을 생각할 수 있다. 그렇지만 본 절의 문맥으로부터 바라보면 무엇보다 그것이 '대승을 포섭하는 논'이라고 이름 붙여진 것이라는 점에 주의하게 된다. 곧 구극의 대승을 밝히는 것이라는 뜻이므로 이 시대의 사람들의 관심을 끌지 않을 리가 없을 것이다. 그래서 다음으로 검토해야 하는 것은 그 '대승을 포섭하는 논'에 보여지는 '일승'이라는 관점이다.

'일승'이라는 과제는 지론교학에서도 그 출발점에 포함되어 있다. 그러나 지론교학의 전체적인 흐름으로서는 일승 · 삼승의 문제를 소승 · 대승이라는 틀 속에서 재확인한다는 방향성을 갖기에 이르렀다. 그 결과로서 조직된 것이 혜원의 2장판이었다. 대승이라는 개념의 확립이 한편에서는 소승이라는 개념을 상대시키는 것과 같은 성격을 가진 것으로서 이해되어 갔다면, 그것은 참으로 '마하연(摩訶衍)'으로서 보여져야 하는 것으로부터 상당히 어긋나 버리게 될 것이다. 참다운 대승은 소승과의 상대적 관계에 자리매김해야 하는 것은 아니기 때문이다. 가령 지론교학의 대승관이 이러한 것에 떨어지려 한다면 그것을 새로운 관점에 의해 바로잡아야 한다. 『섭대승론』이 진실의 대승의 의미를 일승으로서 새로이 주장해야 하는 이유는 이러한 점에 있는 것이다.

이것은 『섭대승론』에서는 다음과 같이 보여진다.

> 여래가 성립한 정법에 세 종류가 있다. 첫째 소승을 세우고, 둘째 대승을 세우고, 셋째 일승을 세운다. 이 셋 중에서 제3이 가장 뛰어나다. 따라서 '선성립'이라고 이름한다.
> 如來成立正法有三種. 一立小乘, 二立大乘, 三立一乘. 於此三中第三最勝. 故名善成立. (大正31.212b)

곧 여래의 교법에는 소승과 대승과 일승의 3종이 각각 별개로 존재한다는 사고방식이다. 교법에 대한 이러한 견해는 2장판에 안주하고자 했던 당시의 불교계에 완전히 새로운 문제를 제기하게 되었을 것이다. 곧 소승·대승과는 별개로 일승이 존재하고 그것이 최승(最勝)이라고 제시되어 있는데, 그것은 대체 어떠한 의미를 가지는 것일까? 또한 그러한 교설을 대체 경전의 어디에서 발견할 수 있는 것인가? 이러한 점이 당면하는 화급한 문제가 되었을 것이다.

담천의 『섭대승론』 북지 개강은 수문제(隋文帝)의 개황(開皇) 7년(587)의 일이며,[89] 혜원에게는 최만년(最晚年)의 일이다. 따라서 혜원으로서는 『섭대승론』을 새로운 관점으로 [해석]한 사상의

89) 『續高僧傳』 권18, 「曇遷傳」(大正50.572b~c).

재구축은 전혀 완전하지 않은 상태로 끝낼 수밖에 없었다.[90] 이 시대의 『섭대승론』 연구에 관해서는 오늘날 그것을 알기 위한 자료를 거의 결하고 있지만, 대정장 85권에 실려 있는 돈황 출토의 『섭대승론』에 관한 소초(疏抄)는 그것을 위한 몇 안 되는 자료라고 할 수 있다.

no. 2805 『섭대승론소(攝大乘論疏)』 권5, 권7
no. 2806 『섭대승론초(攝大乘論抄)』
no. 2807 『섭대승론장(攝大乘論章)』 권1
no. 2808 『섭론장(攝論章)』 권1
no. 2809 『섭대승의장(攝大乘義章)』 권4

이러한 5종의 책은 어느 쪽이건 저자 및 저작 연대가 불상(不詳)이다. 겨우 2808번 『섭론장』의 말후에 필사 및 교합(校合)에 관하여 인수(仁壽) 원년(601) 8월 28일이라는 오부(奧付)가 있다는 점,[91] 또한 2806번 『섭대승론초』의 「장섭분제(章攝分齊)」 단이 지엄의 『수현기』 권1과 거의 같은 내용이라는 점,[92] 또한 그 가운

---

90) 『속고승전』 권18, 「혜원전」(大正50.491b)에 의하면, 담천의 몰년은 개황(開皇) 12년(592)이고, 『섭대승론』 북지 개강 이후 5년째가 되는 때이다.

91) 大正85.1036a.

92) 『섭대승론초(攝大乘論抄)』의 「장섭분제(藏攝分齊)」 단락(大正85.999c~1000a)이 『수현기』의 「장섭분제」 단락 전반부(大正35.13c~14a)에 인용되어 있다고 생각된다. 상세한 것은 본서 제1장 제2절 2. 「『수현기』 현담과 지론 · 섭론교학의 관계」 참조.

데의 용어에 관하여 정영사 혜원과 공통성이 있다는 점,[93] 또 2809번 『섭대승의장』은 지론학파의 주요한 저작인 『대승의장』의 형식에 입각하여 전체를 『섭대승론』의 사상으로 통일하고자 한 것이라는 점, 추가적으로 이들 5종의 책의 몇몇 용어 등에 상당한 공통성이 있다는 점[94] 등등의 이유에 의해 아마도 담천의 『섭대승론』 북지 개강으로부터 지엄의 『수현기』 집필(628)까지의 대략 40년 사이에 써진 것임이 추찰된다. 이제 이러한 문제를 상세히 분석할 경우 본 절의 문맥에서 일탈하므로 이것 이상의 언급은 삼가고자 한다. 다만 본 절의 문맥에서 말하자면 예컨대 2805번 『섭대승론소』 권7에 다음과 같이 설해진 것이나 다음 2808번 『섭론장』에 다음과 같이 설해진 것은 특히 주목할 가치가 있다.

---

93) 『섭대승론초』에는 '성문장' · '보살장'이라는 용어(大正85.1000a) 외에도 '집성종(執性宗)' · '파성종(破性宗)'이라는 용어를 볼 수 있다(大正44.483a). 이는 혜원이 혜광 이래의 4종판을 자신의 용어에 의해 나타낸 것으로서, 『대승의장』 권1(大正44.483a)에 나오는 것과 동일하다. 또한 집성종에 관해서는 『대승의장』에서는 '입성종(立性宗)'이라고 하는데, 고려의 균여는 이것을 "원공(遠公)이 세운 집성교(執性敎)"라고 하고 있다(『均如大師華嚴學全書』 하권.97). 또한 이러한 용어들은 지엄의 『수현기』에도 '집성교' · '파성교(破性敎)'로서 인용되어 있다(大正35.14b).

94) 그 일례로서 그것 중 어느 것이건 '소승'과 '대승'이라는 용어로써 교리를 이분하여 정리하려고 한다는 점, 또는 『섭대승론』을 풀이함에 있어서 『기신론』의 사상을 이용하는데 그것은 『기신론』의 사상으로써 『섭대승론』을 회통하려 한 것이 아니라 양자는 처음부터 일체(一體)인 것으로서 취급되어 있었다고 생각된다는 점 등을 들 수 있다.

대승을 밝힘에 삼승 중 보살에 통하는 것을 '대'로 삼는다. 또한 '소'를 기다려 '대'를 얻는다. 일승은 이 · 삼승이 없다. 오직 하나이므로 상대(相待)의 승(乘)이 없이 진실최승(眞實最勝)이 되는 것이다.
明大乘通三乘中菩薩爲大. 又待小得大. 一乘者無二三乘. 唯是一故, 無相待之乘爲眞實最勝也. (大正85.999b)

삼장의 가르침은 소승에 있고 대[승] 가운데에 있지 않다. 무승(無乘)을 '마하연장'이라 이름한다.
三藏之教居在小乘不在大中. 無乘名摩訶衍藏. 復不說三故一乘. (大正85.1032b)

[이러한 설이 중요한] 이유를 들자면 이미 지적해 온 것과 같은 대승과 일승의 문제를 확실히 이해하고자 하는 것을 확인할 수 있기 때문이다.

대승과 일승에 관한 이러한 문제의식은 분명히 앞에 든 것처럼 『섭대승론』의 설을 계기로 제시된 과제라고 말할 수 있다. 무엇보다도 '일승'이라는 관점에 한정해서 말하자면 『섭대승론』 자체보다도 오히려 담천 자신의 사상에 의하는 바가 컸다고 생각할 수 있는 측면이 존재한다. 그래서 우선 이 점에 관한 담천의 사상에 관하여 검토해 두고자 한다. 다만 『속고승전』 권18의 「담천전」[95]에 기록되어 있는 기술 전체에 관해서는 이미 선학의 해설도 있으므로[96]

---

95) 大正50.571b~.

96) 結城令聞, 「隋 · 西京禪定道場釈曇遷の研究—中国仏教形成の一課題として—」(『福井博士頌寿記念 東洋思想論集』, 福井博士頌寿記念論文集刊行会, 1960)

옥상옥을 짓는 번거로움을 피하고, 문맥상 간과해서는 안 되는 문제에 한하여 논해 나가려 한다.

담천의 업적에 관해서는 장안(長安)에 『섭대승론』을 가져왔음이 특히 유명한데, 그것이 완전히 우연에 의해 이루어진 것이라고는 도저히 생각할 수 없다. 무엇보다도 북주 무제(武帝)의 폐불(廢佛)이라는 법난을 금릉(金陵)으로 가서 피한 것이 연(緣)이 되었음은 부정할 수 없지만, 그 땅에서 『섭대승론』을 얻는 것과 같은 인(因)은 이미 키워져 있었다고 생각해야 할 것이다. 그렇게 추측하는 근거로서 우선 담천이 21세 시기에 정주(定州) 매화사(賈和寺)의 담정(曇靜)을 따라 출가한 뒤 오로지 『승만경』을 배운 점, 그리고 다음으로 사사한 이가 담준 법사이며, 이 담준은 이미 서술한 것처럼 혜광의 점 · 돈 · 원 3교판을 계승한 학승으로서 법장이 소개하고 있다는 점,[97] 그리고 혜광의 가장 이른 시기의 제자이자 스승 혜광으로부터 '대승돈교 · 법계심원'이라는 사상을 받았다고 도선이 기록하고 있는 점 등을 들 수 있다.[98]

이러한 기술에 의하면 『섭대승론』을 얻기 이전의 담천은 『승만경』 및 『화엄경』의 사상에 통효했음이 엿보인다. 이어서 "『화엄경』 · 『십지경』 · 『유마경』 · 『능가경』 · 『지지론(持地論)』 · 『기신론(起信論)』" 등을 연구하여 하나하나 심오(深奧)를 궁구하고서 바로 『유

참조.

97) 『五教章』 권1(大正45.480b) 및 『探玄記』 권1(大正35.110c). 또한 담천에 관해서는 본서 제1장 제2절 3. 보설(補說)의 1) 「돈황본 『섭대승론초』에 관하여」 참조.

98) 『續高僧傳』 권8, 「曇遷傳」(大正50.484a).

식론(唯識論)』을 연구하고자 함에 이르러 마음에 열병(熱病)을 느꼈다고 기록되어 있다. 이 『유식론』은 아마도 현재로서는 보리류지 역이라고 생각되는 구담반야류지 역 『유식론』99)일 것이다. 담천은 이후 북주 무제의 폐불을 만나 금릉으로 가는데, 도장사에 도착하자마자 바로 "유식의 뜻을 담론했다"라고 기록되어 있는 것은 담천이 단지 법난을 피해 금릉으로 갔다고 생각할 수는 없는 이유의 한 가지라고 생각된다. 그리고 곧 『섭대승론』을 얻음으로써 지금까지 유식을 계속 연구해 오다가 정체되어 있었던 것이 [이제] 명료해진 모습을 도선은 다음과 같이 기록하고 있다.

> 계주(桂州) 자사(刺史) 장군(蔣君)의 집에 이르러 『섭대승론』을 얻어 온전한 여의주처럼 여겼다. 먼저 유식을 강론하고 대략 통종을 궁구하기는 하였으나 생각을 그윽하고 미묘한 데[幽微]에 짓는 데 이르자 가로막히는 바가 있었다. 이제 대부(大部)는 여기에서 그 넓은 문장의 뜻[文旨]이 완연히 [드러났다].
> 因至桂州刺史蔣君之宅. 獲攝大乘論. 以爲全如意珠. 雖先講唯識薄究通宗. 至於思搆幽微有所. 今大部斯洞文旨宛然. (大正50.572a)

이 기술에서 주의해야 할 것은 담천이 『섭대승론』을 얻기 이전에 이미 유식의 뜻과 관련하여 "대략 통종을 궁구하"고 있었다고 기록되어 있는 점이다. 이 '통종'이라는 용어는 이미 밝힌 것처럼 혜광의 스승이었던 불타 삼장의 3교판에서 기원하는 것이다. 그리고 그

---

99) 大正藏經, no. 1588(大正 31권 수록).

것은 4권 『능가경』의 사상을 근거로 하여 불타 삼장·혜광을 거쳐 지론학파의 교학 가운데 대승의 중심을 표현하는 개념으로서 자리매김하게 된 것이었다. 따라서 담준의 제자인 담천이 "대략 통종을 궁구하고 있었다"라고 말해진 배경에는 이러한 지론학파의 전통을 생각해야 함은 두말할 것도 없다. 이렇게 생각하면 이 '통종'이라는 개념이 담천에게서는 『섭대승론』의 '일승'이라는 용어와 바로 결부되는 질을 가졌던 것임은 용이하게 이해되는 바이다. 곧 진실의 대승은 이승·삼승의 상대적 관점으로는 파악할 수 없는 절대의 일승과 같은 것이라는 말이다. 담천은 『섭대승론』을 얻기 이전에 이러한 점을 대략 이해하고 있었다고 되어 있으므로 그의 유식 연구는 지론교학의 탐구 결과로서 자리매김해야 할 것이다.

이러한 관점에 설 때 담천이 『화엄명난품현해(華嚴明難品玄解)』[100]라는 서물(書物)을 지었다고 된 것도 극히 중요한 의미를 가진다고 생각된다. 이 책은 현재 전하지 않으므로 내용을 직접 알 수는 없지만, 아마도 담천 이후의 북지의 교학에 틀림없이 적지 않은 영향을 미쳤을 것이다. 그러한 추측을 가능케 하는 예증으로서 지엄의 설을 들 수 있다. 지엄은 『공목장』 권1에서 「명난품초입유식장(明難品初立唯識章)」을 짓고 있는데, 이것은 「명난품(明難品)」의 설에서 유식의 과제를 발견함으로써 제시된 것이다. 곧 「명난품」은 60권 『화엄경』의 제2 보광법당회(普光法堂會) 6품 중 제4에 해당하는데, 보광법당회는 『화엄경』 전체의 구성에서 말하자면 「십신품(十信品)」이라고 할 수 있는 성격을 가지는 것이다. 곧 『화엄경』 전체

100) 『續高僧傳』 권8, 「曇遷傳」(大正50.574b).

를 보살도의 체계로 볼 경우, 제2회 보광법당회에서 설해진 것은 그 전체가 보살도의 출발점인 '대승의 신심'을 밝히는 위지(位地)에 있다고 생각된다. 그리고 보광법당회 6품은 전3품과 후3품으로 대별할 수 있고, 전자의 「여래명호품(如來名號品)」·「사제품(四諦品)」·「광명각품(光明覺品)」의 셋이 신(信)의 대상인 여래의 신·구·의 3업을 밝히는 것과 대비하여, 후자의 「명난품」·「정행품(淨行品)」·「현수품(賢首品)」의 셋은 능신(能信)의 해(解)·행(行)·증(證)을 밝히는 것이라고 자리매김해 있다. 따라서 「명난품」은 대승의 보살이 행해야 할 보살도의 원점을, 수행자의 입장에서 밝히는 것이라고 할 수 있다. 지엄이 이 「명난품」에서 설해진 것에서 유식의 과제를 본 것은 다음과 같은 설에 의한 것이다. 곧 「명난품」의 첫머리에서 문수보살이 각수보살에 대하여 다음과 같이 질문하는 것이다.

> 불자여, 심성은 하나이다. 무엇이 능히 갖가지 과보를 생하는가?
> 佛子, 心性是一. 云何能生種種果報. (大正9.427a)

그런데 그 의미를 지엄은 아리야식의 자성연생(自性緣生)이라고 이해한 것[101]이다. 또한 「명난품」에서 설해진 것은 열 가지 질문과 그것에 답하는 열 개의 게송에 의하여 성립되어 있다. 그것들을 지엄이나 법장은 '십심심(十甚深)'이라고 총칭하고 있는데,[102] 법

101) 高峰了洲, 『華厳孔目章解說』(南都仏教研究会, 1964), p. 35 참조.
102) 『搜玄記』 권1下(大正35.28b); 『探玄記』 권4(大正35.176c).

장은 그것을 담천 선사의 풀이에 의한 것이라고 하고 있다.[103] 나아가 그 십심심의 제9와 제10은 신심의 내용으로서 제불의 구극적(究極的)인 경계를 나타낸 것이며, 그중에 "일체의 제불은 다만 **일승**으로써 생사를 벗어날 수 있다"[104]라고 설해져 있는 것이다. 이렇게 생각하면 담천의 『화엄명난품현해』는 그 내용만은 직접 알 수 없지만 『화엄경』의 일승의 과제와 『섭대승론』의 아리야식연생의 과제를 하나의 것으로서 밝히고자 하는 의도를 가졌던 것은 아닐까 하고 상상할 수 있는 것이다. 적어도 지엄 및 법장의 「명난품」 이해에 관하여 담천의 사상이 크게 흡수되었음은 충분히 이해할 수 있는 바일 것이다.

이것 이외에도 지엄과 담천의 관계를 적극적으로 결부시키는 재료가 몇 가지 존재한다. 그중에 가장 널리 알려진 것은 지엄이 『공목장』에서 자신의 성기(性起)사상을 다 보인 후에 담천의 『망시비론(亡是非論)』의 전문을 고스란히 인용하여 "성기에 따르기 때문에 그것을 기록해 부친다[錄付]"[105]라고 하고 있다는 점이다. 곧 지엄은 담천의 '시비를 없앤다'라는 사상의 연장선에 자신의 성기사상을 자리매김하고 있는 것이다. 이 『망시비론』이 불교의 중국적 전개에서 중요한 역할을 가진 것이었다는 지적에 따르면,[106] 이후 계속해서 화엄교학의 교리의 중추가 된 '성기'사상이 바로 불교의 중

---

103) 『탐현기』 권4에는 "천 선사의 풀이에 의하여 10가지 깊은 뜻으로 삼는다[依遷禪師釋爲十深義]"라고 되어 있다(大正35.176c).

104) 大正9.429b.

105) 大正45.581b.

106) 結城令聞, 앞의 논문(앞의 주96에 소개됨) 참조.

국적 사유의 대표적인 것이고, 그 맹아를 담천의 사상에서 볼 수 있는 것이다. 또한 『속고승전』 권14의 「지정전(智正傳)」에 의하면 지엄의 스승 지정은 수의 문제가 남북을 통일한 것을 계기로 개황 10년(590)에 천하에 널리 영현(英賢)을 구한 때에 담천과 함께 불려가 승광사(勝光寺)에 머물렀음을 기록하고 있으므로[107] 담천의 사상은 지정을 거쳐 지엄에 전해진 것인지도 모른다. 지엄과 거의 동시대의 도선은 지엄을 평하여 다음과 같이 기록하고 있다.

> [두순의] 제자 지엄은 명관(名貫)이 지상(至相)이다. 유년부터 [그를] 봉경(奉敬)하였고 바르게 [그의] 넓은 도량[餘度]를 따랐다. 나아가 정신[神用]이 청월(淸越)하여 도읍[京皐]에 행적을 드날렸다. 『화엄경』과 『섭론』을 평소에 강설하여 감소에 이르러 향천을 화도하였다. 따라서 이 티끌은 끝나지 않는 것이다.
> 弟子智儼, 名貫至相. 幼年奉敬雅遵餘度. 而神用清越振績京皐. 華嚴攝論尋常講說至龕所化導鄉川. 故斯塵不終矣. (大正50.654a)

이는 두 사람 모두 종남산에 머물고 있었음을 생각하면 틀림없이 도선이 직접 견문한 바였다고 생각된다. 이러한 점에서 "『화엄경』과 『섭론』을 평소에 강설"하고 있던 지엄의 사상의 배경에는 현저하게 담천의 교학이 존재하고 있었음이 상상되는 것이다.

---

107) 大正50.536b.

2. 『수현기』 현담과 지론 · 섭론교학의 관계

이상에 의해 지론학파의 교학 사상의 큰 흐름과 새로이 가져온 『섭대승론』의 중요성에 관해서는 대략 확인할 수 있었다. 서장에서도 언급했는데, 지엄의 『수현기』는 화엄교학 출발의 책이라고 해야 한다는 점을 지적해 왔다.[108] 그것에 즈음하여 『수현기』가 그 이전의 지론 · 섭론학파의 연구 성과를 훌륭하게 받아들이면서 전체로서는 차원이 다른 주장을 하고 있는 것이라는 관점에 서서 문제점을 밝혀왔다. 또한 그 대표적인 예로서 혜광의 『화엄경소』의 인용[109]이나 『수현기』 현담의 「명장섭분제(明藏攝分齊)」 단의 성립 및 배경에 관하여 자료적인 면에서의 검토를 덧붙이고자 한다.

먼저 『수현기』 제1의 상(上)의 현담 제2문인 「명장섭분제」 단과 『섭대승론초』[110]의 해당 개소를 대조한 것을 들기로 한다.

	『搜玄記』卷一之上 (大正35.13c~14c)	『攝大乘論抄』 (大正85.999c~1000b)
(1)	第二明藏攝分齊者, 斯之玄寂豈容言哉. 但以大悲垂訓道無私隱故, 致隨緣	第二次明藏攝分齊者, 然顯理ㅁㅁㅁ乃有塵沙. 今且據要而論.

108) 서장에서는 법장의 『화엄경전기』의 기술을 실마리로 하여 지엄의 『수현기』 찬술을 화엄교학의 출발이라고 법장이 생각했음을 밝혔다. 본 장에서는 그것을 전제로 하여 지엄의 학문적 계보를 검토하여 『수현기』의 사상사적 배경을 검토하였다.

109) 본서 제1장 제1절 3. 2) (1) 「점 · 돈 · 원 3교판에 관하여」 참조.

110) 大正85.999b~1011a에 수록됨.

之說法門非一. 教別塵沙, 寧容限目. 如約以辨.

一化始終教門有三. 一曰漸教, 二曰頓教, 三曰圓教. (가)

初門漸內所詮三故, 教則爲三. 約所爲二故, 教則爲二. 言其三者, 一曰修多羅. 此云線亦名經. 以線能貫華經能持緯義用相似. 但以此方重於經名不貴線稱. 是以翻譯逐其所重. 故廢線名存於經目. 譬聖言教能貫穿法相使不差失令法久住. 經與線相似. 此從譬立名. 即詮定教也. 二毘那耶, 此云滅. 以身口意惡焚燒行者義同火然戒能滅之故稱滅. 此從功能彰目. 教從所詮亦名爲滅. 即詮戒教也. 三者阿毘達摩. 此云無比法. 亦名對法. 能破煩惱及分別法相. 無分別慧最爲殊勝. 更無有法能比此者. 故曰無比法. 此從無他得名. 教從所詮亦名無比法. 此即詮慧教也. 名對法者, 即阿毘是能對智, 達摩是所對境法. 即境用立名. 此後二藏並從所詮得名也. 問, 若然者. 何故攝論云, 爲說三種修學別立修多羅, 爲成依戒依心

(A)

對所詮三故, 教則爲三. 約所爲二故, 教則爲二. 言其三者, 一曰修多羅. 此云綖亦名經. 以綖能貫花經能持緯義用相似. 但以此方重於經名不貴綖稱. 是以翻譯家逐其所重. 故廢綖名存於經目. 譬聖人言教能貫穿法相使不差失令法久住. 與經綖相似. 從譬立名. 即詮定教也. ㅁ者, 毘那耶, 此云滅. 以身口意惡ㅁ燒行者義同火然戒能滅之故稱滅. 此從功能彰目. 教從所詮亦名爲滅. 即詮戒行教也. 三者阿毘達磨, 此云無比法, 亦云對法. 欲破煩惱ㅁ分別法相. 無分別慧最爲殊勝. 更無有法能比此者故曰無比法. 此從無他得名. 教從所詮亦名無比法. 此即詮慧教. 若名對法者, 即阿毘是能對智, 達磨是所對法. 即從境用立名. 此後二藏皆從所詮得名也. 問, 若然者, 何故下釋論云, 爲説三種修學別立修多羅, 爲成依戒依心學故立毘那耶. 以此文驗, 應修多羅

學故立毘那耶. 以此文驗, 即經詮三行, 戒詮二行, 慧詮一行. 答有二義. 一剋性門, 二兼正門. 剋性如前說. 兼正門有二義. 一本末義經爲本教, 餘二次第末也. 二者兼正門. 經中定爲正, 戒慧兼也. 律論亦爾. 准可知耳. 此經即修多羅藏攝也.		詮三行, 毘那耶詮二行也. 答, 有二義. 一相成門. 以三學行互相助成. 能詮之教亦有兼正. 此文即是兼詮助□故云說三. 成二宗意爲成詮定戒也. 爲別本末故阿毘達磨不論□□理. 理實通有也. 二剋性門. 修多羅中雖說戒慧自屬毘那耶阿毘達磨. 阿毘達磨中雖說心戒自屬餘二藏亦爾. 毘婆沙中亦作此二釋也. 此論即是阿毘達磨藏攝.
所爲二故教即爲二者, 根有利鈍, 法有淺深. 故約聲聞鈍根就分別性立於三藏. 成聲聞行法故也.		對所爲機二者, 以根有利鈍之殊, 於法則有淺深之異. □聲聞鈍根約分別性立於三藏. 爲成聲聞行法故. 判爲聲聞藏. 由聲聞所立十一種色, 十四不相應, 四十七心心法, 及三無爲, 此七十五法悉是事法故屬分別性也.
爲菩薩利根約無分別等三無性, 義立三藏. 爲成菩薩行法故也. 問, 經云, 爲諸緣覺說因緣觀法. 即緣覺亦有教. 何故不立藏. 答, 依普曜經, 三乘教即立三藏. 今依攝論及地持等, 但假教即入聲聞藏. 故不立也.	(B)	對菩薩利根通約分別依他眞實性立於三藏. 爲成菩薩行法故. 判爲菩薩藏. 問, 經云, 爲諸緣覺說因緣觀法. 即緣覺亦有教. 何故不立藏. 答, 依普曜經, 三乘教即立三藏. 今依此論及地持論. 所以不立緣覺藏者, 以似佛爲說因緣觀者, 即是似聞他音而得悟道. 與聲聞同

『維摩義記』 卷一本

(大正38.421a~b)

一是聲聞聲聞, 二緣覺聲聞. 聲聞聲聞者, 是人本來求聲聞道常樂觀察四真諦法成聲聞性. 於最後身值佛欲小. 如來爲說四真諦法而得悟道. 本聲聞性故今復聞聲而得悟道. 是故名爲聲聞聲聞. 經言, 爲求聲聞者說四真諦. 據斯爲論. 緣覺聲聞者, 是人本來求緣覺道常樂觀察十二緣法成緣覺性. 於最後身值佛爲說十二緣法而得悟道. 本緣覺性於最後身聞聲悟道. 是故名爲緣覺聲聞. 經言, 爲求緣覺者說十二緣法. 據此爲言. 此二雖殊同期小果, 藉教處齊等. 以是義故齊號聲聞. 對斯二人所說之法名聲聞藏.

此以二義明之. 一聲聞聲聞, 是人本來求聲聞道樂觀四諦. 今遇佛說四諦法得道. 先有種性今復聞聲故曰聲聞聲聞. 如經中說, 求聲聞者如來爲說四真諦法. 據此爲言. 二緣覺聲聞者, 先求緣覺道. 今遇佛說因緣教法. 如經中說, 求緣覺者如來爲說十二緣法. 就此爲論. 初義總相知法, 後義別相知法. 利鈍雖殊同期小果總爲一藏也. 若上利根出無佛世自悟因緣而得道果, 有行無教. 據斯廢也. 依普曜經, 望理教別也. (나)

就聲聞中有其二種. 謂, 初執性教, 及順破性等諸部執教. 破性教者, 分知法空, 同依四諦趣於小果故同入聲聞藏也.

並判入聲聞藏攝. 唯據上達利根人出在無佛法時無教可聞. 宜以思修力故自悟因緣而得道果. 即有行故得立乘, 無教可聞故不立藏也.

聲聞藏內有二. 一立性教門, 以其人於和合陰內解無神我, 於陰等別法計有定性. 如說色色自性, 心心自性執. 三世一切法皆有定性. 以未達法空故也. 二破性教門, 此人機根稍利亦解無神我, 知陰等別法緣集故有本無自性. 此即分達法空也. 此二人觀解雖相有淺深, 同似聞他音而悟小果故. 總對所爲判爲聲聞藏二, 菩薩藏內有二. 一者先習大法, 後退入小, 今還進大故. 經說言, 除先修習學小乘者, 我今亦令入是法中名漸入也. 二者久習大乘今始見佛則能入頓. 故經說言, 或有衆生世世已來常受我化, 始見我身聞我所說, 即皆信受入如來慧也. 此經即入大乘教攝也.

也.
菩薩藏內有二. 一是顯示教, 此遣分別性內所有諸法. 如經說色空乃至涅槃畢竟體空. 此即無相大乘, 亦名顯示教門. 二就依他眞實, 說如實因緣如如眞實無垢等法. 此即緣起大乘自性住乘, 亦名祕密教門. 此二所詮雖相有淺深, 同爲菩薩利根進成大行而悟大果故. 總判爲菩薩藏. 此論二教中通二教. 若說三無性空等即顯教. 若說初相等即是祕密攝也.

(2) 第二頓教攝者, 故下經云.

若衆生下劣其心厭沒者, 示以聲聞道令出於衆苦. 復有衆生, 諸根少明利, 樂於因緣法爲說辟支佛. 若人根明利, 饒益於衆生有大慈悲心, 爲說菩薩道. 若有無上心決定樂大事, 爲示於佛身說無量佛法. (다)

以此文證知有一乘及頓教, 三乘差別. 又依真諦攝論, 一者一乘, 二者三乘, 三者小乘也. 問, 頓悟與一乘何別. 答, 此亦不定, 或不別. 或約智與教別. 又一淺一深也. 一乘藏即下十藏也. 相攝准之.

(3) 第三言圓教者, 爲於上達分階佛境者, 說於解脫究竟法門. 滿足佛事故名圓也. 此經即頓及圓二教攝.
(라)
所以知有圓教者, 如下文云. 如因大海有十寶山等准之. 問, 此經何故上來通三乘分別及攝者. 答, 爲此經宗通有同別二教三乘境見聞及修等故也. 如法華經三界之中三車引諸子出宅, 露地別授大牛之車. 仍此二教同在三界爲見聞境. 又聲聞等爲窮子. 是其所引. 故知, 小乘之外別有三乘. 互得相引主伴成宗也. 藏攝分齊訖.

『수현기』는 우선 불타의 생애 동안의 설법 교화를 통괄하는 관점으로서 (가)와 같이 말한다. 이것이 앞의 [제1절] 3. 2)에서 언급한 '점 · 돈 · 원 3교판'이라고 칭해지는 것이며, 이것이 혜광의 사상에 의한 것임은 이미 충분히 검토하였다.[111] 계속해서 점교 · 돈교 · 원교의 상석(詳釋)을 제시한다. (1), (2), (3)의 부분이다.

우선 점교에 관해서 제시된 개소(1)부터 검토하기로 하자. 여기에서 최초로 주목되는 것은 『수현기』가 점교를 풀이함에 있어서 '소전(所詮)의 셋'과 '소위(所爲)의 둘'이라는 관점에 의해 가르침

111) 『탐현기』[*역자 주: 원서의 '『오교장』'을 수정함] 권1(大正35.110c)에 혜광의 점 · 돈 · 원 교판을 소개하고 있다. 혜광의 점 · 돈 · 원 3교판에 관해서는 본서 제1장 제1절 3. 2) (1) 「점 · 돈 · 원 3교판에 관하여」 참조.

을 경 · 율 · 론의 3장과 성문장 · 보살장의 2장으로 나누어 정리하고 있는 점이다. '소전'이란 문자 그대로 가르침에 의해 나타난 것의 범주를 표현하는 것이며, '소위'란 가르침이 설해져야 할 대고중(對告衆)의 다름에 따라 가르침에 구별을 세우고자 하는 것이다. 경 · 율 · 론의 3장과 성문장 · 보살장의 2장이라는 파악 방법은 특별히 새로운 것은 아니다. 『수현기』의 특징은 양자를 병행하여 사용하고 있는 점에 있다. 그리고 이러한 사고방식은 진제 역 『섭대승론석』 권1의 「무등성교장(無等聖教章)」에 다음과 같이 설해진 것을 근거로 함은 명료하다.

> 이 보살장에 대개 몇 종이 있는가? 또한 3종이 있으니, 말하자면 수다라, 아비달마, 비나야이다. 이 셋은 상 · 하의 승의 차별에 의하므로 2종을 이룬다. 말하자면 성문장, 보살장이다.
> 此菩薩藏凡有幾種. 亦有三種, 謂修多羅, 阿毘達磨, 毘那耶. 此三由上下乘差別故成二種. 謂聲聞藏, 菩薩藏. (大正31.154b)

이 『섭대승론석』의 사상을 토대로 한 『수현기』의 주장과 완전히 같은 것을 돈황에서 출토된 『섭대승론초』(앞에 든 자료의 하단)라고 가제를 붙인 것 가운데에서도 볼 수 있다. 앞에 든 자료에서 『섭대승론초』의 '소전의 셋'에 결부되는 부분은 (A)이다. 이 부분은 위의 『수현기』의 문장과 하나하나 비교해 보면 이상과 같은 사상적 기반의 공통성뿐만 아니라 일자일구(一字一句)에 걸쳐 극히 많이 닮았음에 놀라게 된다. 다만 양자 사이에서 결정적으로 다른 것은 결론을 나타내는 밑줄 친 부분이다. 『수현기』는 『화엄경』의 주석이므로 『화엄경』은 삼장 중 수다라장에 포섭된다고 하고, 『섭대승론초』는 마찬가지로 아비달마장에 포섭된다고 하고 있다. 이 점은 당연하다면 당연하지만, 이 부분을 제외하고 나머지는 거의 완전히 똑같다는 점이 굳이 양자 사이의 특별한 관계를 상상하게 하는 것이다. 상식적으로는 한쪽이 다른 한쪽을 그대로 인용하되, 자기의 주장으로서 부적절한 부분만을 바꿔 말한 것이라고 생각하는 것이 자연스럽다.

그렇다면 다음으로 『수현기』와 『섭대승론초』의 양자에서 능소(能所)의 관계를 정리해 두고자 한다.

앞에서도 언급하였는데, 대정장 85권 고일부(古逸部)에는 『섭대승론초』를 포함하여 합계 5본의 『섭대승론』에 관한 주석서의 단간(斷簡)을 수록하고 있다.

no. 2805 『섭대승론소』 권5, 권7
no. 2806 『섭대승론초』
no. 2807 『섭대승론장』 권1
no. 2808 『섭론장』 권1
no. 2809 『섭대승의장』 권4

이들 다섯 책은 어느 쪽이건 대영박물관 소장의 돈황본 혹은 그 사본을 원본으로 하여 편집할 무렵에 제호(題號)를 붙인 것으로서 저자 및 저작 연대, 정식 명칭 등에 관해서는 전혀 밝혀진 바 없다. 그렇지만 이들 다섯 책이 완전히 진제 역 『논본』 혹은 『석론』에 관한 주석이고, 신역 경론에 관한 관설(關說)이 전혀 보이지 않는 점, 그리고 신역의 역어를 전혀 사용하지 않는다는 사실 등에 의해 『수현기』와 『섭대승론초』의 능소 관계를 판단하는 것은 가능하다고 생각된다. 적극적으로 양자의 관계를 증명하는 것은 불가능하다고 하더라도 개연성 높은 판단을 내리는 것은 가능하다고 생각한다.

그렇다면 먼저 목록들 및 고승전류 등에 의해 알 수 있는 『섭대승론』 주석서에 관한 기술을 정리하는 것부터 시작하기로 한다. 오늘날 남아 있는 자료 중 그것들을 엿볼 수 있는 것으로서는 『동역전등목록(東域傳燈目錄)』[112](永超錄), 『신편제종교장총록(新編諸宗教藏總錄)』[113](義天錄), 『주진법상종장소(注進法相宗章疏)[114](藏俊錄) 및 『속고승전』[115], 『송고승전』[116] 등의 기술을 들 수 있다. 그리고 이들 기술은 이미 선학에 의해 정리된 것이므로 지금은 그 성과를 빌려 논고를 진행해 가고자 한다.

『유식학전적지(唯識學典籍志)』(結城令聞 저)의 「제2 중국(조선)부(部)」의 『섭대승론』 항에는 중국 및 한국에서 찬술된 『섭대승론』에 관한 주석서류에 관하여 오늘날 남아 있는 문헌의 범위에서는 가능한 범위의 자료를 망라하여 정리되어 있다. 앞에 든 돈황본 다섯 책은 어느 것이건 진제 역에 관한 것이었으므로 지금은 진제 역에 관한 것을 중심으로 고찰해 가기로 한다.

『유식학전적지』에 제시된 진제 역 『섭대승론』에 관한 주석은 이하와 같다.

---

112) 大正55.1156b~c.
113) 大正55.1176b~c.
114) 大正55.1141c.
115) 大正 50권 수록.
116) 大正 50권 수록.

『섭대승론의소(攝大乘論義疏)』	8권	진제(眞諦)
『섭대승론소(攝大乘論疏)』	25권	진제 · 지개(智凱, 563)
『섭대승론소』	10권	담천(曇遷, 563~607)
『섭대승론소』	4권	담천(563~607)
『섭대승론소』	6권	정숭(靖嵩, 590~614)
『섭대승론소』		지응(智凝, 581~617)
『섭대승론장(攝大乘論章)』		혜색(慧賾, ~636)
『섭대승론장』	10권	도기(道基, 588~637)
『섭대승론장』	4권	도기(588~637)
『섭대승론초기(攝大乘論抄記)』		지정(智正, 590~639)
『섭대승론소』	7권	변상(辯相, ~貞觀 말까지)
『섭대승론소』		승변(僧辯, 581~642)
『섭대승론지귀(攝大乘論指歸)』		법호(法護, 607~643)
『섭대승론의소』	8권	법상(法常, 588~645)
『섭대승론현장(攝大乘論玄章)』	5권	법상(588~645)
『섭대승론의소』	13권	영윤(靈潤, 大業~唐初)
『섭대승론현장(攝大乘論玄章)』	3권	영윤(대업~당초)
『섭대승론소』		[혜]경(慧景, 隋~初唐)
『섭대승론장』	3권	[혜]경(수~초당)
『섭대승론소』	4권	원효(元曉, 초당)
『섭대승론장소(攝大乘論章疏)』		도인(道因, 594~658)
『섭대승론소』	15권	
『섭대승론의장(攝大乘論義章)』	14권	
『섭대승론소』	7권	비발라(毘跋羅, 唐)
『섭대승론요간(攝大乘論料簡)』	1권	비발라(당)
『섭대승론소』	8권	
『섭대승론소』	20권	
『섭대승론십종산동소(攝大乘論十種散動疏)』	1권	
『섭대승론의결(攝大乘論義決)』	7권	

이후 "돈황 출토 구(舊)『섭론』부(部)"라고 하여 이것들과는 별개로 앞에 든 다섯 책을 들고 있다. 다만 유키 레이몬(結城令聞) 박사는 2805번『섭대승론소』의 권5와 권7을 "앞의 것은 미제(尾題)에『소』라고 하고, 지금 것은『의기』라고 하고 있으므로, 지금 것은 별본이라는 상정 하에 별출(別出)한 것으로 하였다"[117]라고 하여 여섯 종류의 책을 들고 있다. 이 점에 관하여 필자는 권5와 권7에 걸쳐서 "논본운(論本云)", "석론왈(釋論曰)"이라는 사용 구분이 공통된다는 점, 또는 풀이된 논서 문장의 취급 방법 및 주석의 형태가 매우 유사하다는 점 등으로 보아 이 2편은 동일한 저자에 의한 것이라고 생각한다. 또한 권7의 말미에 "섭대승론의기제칠(攝大乘論義記第七)"[118]이라고 되어 있으므로 이들 2편은 전체로서 7권 이상의 분량을 가진『섭대승론소』또는『섭대승론의기』라고 불리는 저작의 일부라고 보는 것이 자연스럽다고 생각한다. 따라서 본서에서는 그것들을 별도로 취급하지 않기로 한다. 또한 앞에 묶어 제시한 것 중에서 고승전류에 의하여 저자의 생몰연대 및 해당 책의 저술 연대가 한정될 수 있는 것에 관해서는 저자 이름 아래 괄호에 그것을 나타내 두었다.

그런데 앞에 든『섭대승론』에 관한 주석을 일람함으로써『수현기』와『섭대승론초』의 능소 관계에 관하여 음미해 보고자 한다. 이 경우 전제가 되는 것은 다음의 두 가지 점이다. 첫째 이미 지적한 것처럼 양자의 유사성이 한쪽이 다른 쪽을 인용했기 때문에 발생한

---

117) 結城令聞,『唯識学田籍志』(大蔵出版, 1962), p. 222 하단 참조.

118) 大正85.999b.

것이라고 상정하는 것이다. 둘째 『화엄경전기』[119]의 기술에 따라 지엄의 『수현기』 찬술을 그의 27세 시기(628)라고 생각하는 것이다. 이 전제에 서서 가령 『섭대승론초』가 『수현기』를 인용하고 있다고 볼 경우 『수현기』 찬술 이후에 그러한 저작을 만들 수 있는 가능성을 가진 사람, 곧 『섭대승론초』를 658년 이후에 지을 수 있는 가능성을 가진 사람들을 이 가운데에서 들면 대략 다음과 같다.

혜색 도기 지정 변상 법호 승변 법상 혜경 원효 도인

이들 중 지론학파 및 섭론학파의 법맥에서 사자(師資) 관계가 분명하지 않은 것은 혜색과 혜경 두 사람이다. 이 가운데 혜경에 관해서는 현장과 동시대의 섭론종 계보의 사람이었음이 추정되고 있다.[120] 따라서 자리매김이 명료하지 않은 것은 혜색뿐이다. 그 이외의 사람들은 모두 시대적 · 법맥적으로 지엄의 선배 격에 해당하는 사람들뿐이다. 그 가운데 지정 · 승변 · 법상, 이들은 수학기(修學期)의 지엄이 직접 가르침을 받은 사람들이고,[121] 이른바 지엄의 사장(師匠) 계통에 해당하는 사람들이다. 이에 더해 『수현기』와

---

119) 『화엄경전기』 권3의 「지엄전」에 다음과 같이 되어 있다.
마침내 교를 세우고 종을 나누어 이 경의 소를 지었다. 이때가 27세였다.
遂立教分宗, 製此經疏. 時年二十七. (大正51.163c)
여기에서 '이 경의 소'가 『수현기』라고 생각된다.

120) 結城令聞, 앞의 책(앞의 주96에 소개됨), pp. 212 하단~213 하단 및 江田俊雄, 『朝鮮仏教史の研究』(国書刊行会, 1977), pp. 190~193 등 참조.

121) 수학기의 지엄의 사승(師承) 관련 문제에 관해서는 木村清孝, 『初期中国華厳思想の研究』(春秋社, 1977), pp. 376~382에 상세한 논구가 있다.

『섭대승론초』의 해당 개소를 비교하면 분명한 것이긴 한데, 『수현기』에만 있고 『섭대승론초』에는 존재하지 않는 설(앞의 자료 (나)의 부분)이 있다. 이 부분이 후기 지론학파의 중요한 사상임을 염두에 두면, 지엄의 선배 및 사장 계통에 해당하는 사람이 『수현기』에서 그러한 부분을 삭제하여 자기의 저작 속에 인용했다는 것, 바꿔 말하자면 제자 혹은 후배의 저작을 고의로 불완전한 형태로 인용했다는 것은 생각하기 어렵다.

그렇다면 『섭대승론초』를 지엄의 후배 저작이라고 생각할 경우는 어떠할까? 앞에 든 사람 중 이것에 해당하는 것은 원효 한 사람이다. 무엇보다도 여러 목록에 따르면 분명히 지엄의 후배라고 생각되는 사람들이 몇 종의 『섭대승론』 주석을 썼는데,[122] 그것은 어느 쪽이건 예외 없이 현장 역 『섭대승론』에 관한 것뿐이므로 본절에서 문제로 삼고 있는 돈황본 『섭대승론』 주석서 부류와는 관계가 없다. 따라서 지엄의 후배로서 진제 역에 주석을 썼다고 하는 기술이 남아 있는 것은 원효 한 사람이 되는 것이다. 그런데 『섭대승론초』는 신역에 관하여 전혀 언급하고 있지 않다. 또한 교판으로서는 성문장・보살장의 2장판이라는 조직을 기반으로 하고 있다. 원효가 『섭대승론』 주석을 쓰면서 신역에 관하여 전혀 언급하지 않는

---

122) 『영초록(永超錄)』(大正55.1156b~c), 『의천록(義天錄)』(大正55.1176b~c), 『장준록(藏俊錄)』(大正55.1141c) 등에 의하면 신확(神廓), [규]기([窺]基), 신태(神泰), 태현(太賢) 등의 사람들이 『섭대승론』의 주석을 지었음을 기록하고 있는데, 이것들은 모두 현장 역에 대한 것뿐이다. 또한 신역 『섭대승론』의 주석에 관해서는 結城令聞, 앞의 책(앞의 주96에 소개됨), pp. 225~234 참조.

다는 점은 거의 생각할 수 없는 것이며, 그는 교판의 틀로서는 '4교판'이라고 칭해지는 것을 가지고 있었다.[123] 원효의 4교판은 일승·삼승을 기본으로 그 각각을 분만(分滿)·통별(通別)이라는 관점에서 2분한 것이므로 소승·대승을 기반으로 하는 2장판과는 근본적으로 입장이 다른 것이다. 이러한 점에서 『섭대승론초』를 원효와 결부시키는 것은 무리이다.

이상의 이유로 『섭대승론초』가 『수현기』를 인용하고 있다는 능소 관계는 오늘날 남아 있는 자료로부터는 전혀 생각할 수 없다. 따라서 앞에 서술한 전제로부터 말하자면 『수현기』가 『섭대승론초』를 인용하고 있다고 생각하지 않을 수 없게 된다. 진제에 의해 『섭대승론』이 번역된(563) 이래 얼마나 많은 수의 주석이 써졌는가, 그 모든 것을 아는 것은 오늘날 불가능하다. 따라서 본 절에서 문제로 삼고 있는 돈황본 주석서 부류가 앞에 일람[한 목록] 중 어떤

123) 덧붙여서 『화엄경탐현기』 권1에 의하면 원효의 4교판은 다음과 같이 소개되어 있다.

> 일곱 번째로 당조 해동 신라국 원효 법사가 이 경의 소를 짓고 또한 4교를 세웠다. 첫째 삼승별교이니, 말하자면 사제의 가르침으로서 『연기경』 등이다. 두 번째로 삼승통교이니, 말하자면 『반야경』, 『해심밀경』 등과 같다. 세 번째로 일승분교이니, 『영락경』 및 『범망경』 등과 같다. 네 번째로 일승만교이니, 말하자면 『화엄경』의 보현의 가르침이다. 이 네 가지의 차별을 풀이한 것은 저 소에서와 같다.
>
> 七唐朝海東新羅國元曉法師, 造此經疏. 亦立四教. 一三乘別教. 謂如四諦教緣起經等. 二三乘通教. 謂如般若經深密經等. 三一乘分教. 如瓔珞經及梵網等. 四一乘滿教. 謂華嚴經普賢教. 釋此四別如彼疏中. (大正35.111a~b)

이 밖에도 원효의 4교판을 소개하는 자료가 있고, 그것들에 관해서는 사카모토 유키오(坂本幸男), 앞의 책(앞의 주36에 소개됨), pp. 233~235에 정리하여 서술되어 있다.

것인가에 해당한다고 본다는 점은 이 『섭대승론초』의 유래를 아는 데 있어서도 극히 중요한 것이다. 더욱이 『섭대승론』이 번역된 해부터 『수현기』가 지어진 해에 이르는 기간 동안 하북(河北)의 불교계의 양상까지도 이로부터 미루어 짐작할 수 있다. 그렇지만 그러한 점까지 언급하는 것은 본 절의 문맥을 벗어나므로 여기에서는 피하고자 한다. 여기에서는 [일단] 『수현기』와 『섭대승론초』의 능소 관계를 확인하였기에, 다시 『수현기』의 「명장섭분제」 단의 검토로 돌아오기로 하자.

『수현기』의 「명장섭분제」 단의 점교에 대한 풀이인 (1) 부분이 『섭대승론초』의 해당 개소를 전면적으로 인용함으로써 성립되어 있다고 한다면, 양자 사이에는 결정적으로 다른 점이 두 가지 존재한다. 첫째는 이미 언급한 것처럼 『수현기』의 해당 개소가 점·돈·원 3교의 일부인 점교의 상석(詳釋)으로서 제시되어 있는 점이다. 『섭대승론초』 쪽에서는 이른바 교판에 해당하는 사상은 성문장·보살장의 2장판이고, 거기에 다 담을 수 없는 관점을 '소전의 셋'으로 요약하고 있다. 따라서 『수현기』와 『섭대승론초』는 외견적으로는 비슷하지만 그 사상적 기반은 결정적으로 다르다고 해야 할 것이다. 두 번째는 성문장·보살장의 상석에 관하여 『섭대승론초』에는 전혀 존재하지 않는 설이 있다는 점이다. 이것은 앞에 든 자료의 (나)의 부분이다. 『수현기』의 해당 부분은 성문장을 성문성문과 연각성문으로 둘로 나누고 있는데, 이러한 주장은 『섭대승론초』에는 존재하지 않는다. 성문장을 성문성문과 연각성문으로 이분(二分)하는 사상은 앞의 절에서 서술한 것처럼 후기 지론학파의 사람들에게 공통되는 것이고, 정영사 혜원이나 지정이 그러한 사상을 가지고 있었다.[124] 이 사상은 후기 지론학파의 중심 사상인 2장판의 내용적인 특징이고, 2장판의 성립 과정과 깊은 관련이 있다. 따라서 『섭대승론초』에 이러한 사상이 존재하지 않는다는 것은 『섭대승론초』의 유래를 아는 데 있어서 유력한 시사를 주는 것이라고 생각되는데, 지금은 문제를 지적하는 데 그치기로 한다. 덧붙여서 『수현기』의 해당 개소는 정영사 혜원의 설과 극히 유사하므로 앞의 자료에 양자를 대조해 두었다. 아마도 지엄이 혜원의 설을 인용하고 있는 것이라고 생각된다.

다음으로 돈교에 관하여 밝히는 개소, 곧 (2)의 부분에 관하여 검토하고자 한다. 이 부분은 일견 분명한 것처럼 경문의 인용 (다)와 문답에 의해 이루어져 있다. 최초에 인용된 경문은 60권 『화엄경』의 권26의 「십지품」 제9지의 첫머리의 게송[125]이다. 이 게송이 의미하는 바는 제9 선혜지(善彗地)의 보살이 닦는 행인 설법교화(說法敎化)에 대하여 여래가 4종의 불도를 설한 것을 모범으로서 제시하는 데 있다. 그리고 그 '4종의 불도'란 상대의 상황에 응한 성문도 · 벽지불도 · 보살도 · 무량불법의 넷을 가리킨다. 이 게송은 지론학파에서도 주목받은 것 같고 똑같은 개소를 지정이 인용하고 있다. 다소 길긴 하지만 [아래에] 자료로서 제시하기로 한다.

華嚴經疏第一上智正法師述圓宗文類第三引之大方廣佛華嚴經世間淨眼品

---

124) 본서 제1장 제1절 3. 4) (1) 「점 · 돈 · 원 3교판의 전개」에 정리하여 고찰을 가하였으므로 참조하라.

125) 大正9.567c.

第一. 此初先明攝教分齊以繹經名. 如來大聖體道窮源, 曠包無外. 化用殊倫, 普潤群品. 教雖塵沙略擧其要總有二種. 一聲聞藏, 二菩薩藏. 云聲聞藏者, 如來初成道已第六七日後, 往波羅奈國鹿苑之所, 爲小機人轉於有作四諦法輪. 如此等教名聲聞藏. 就中復二. 謂聲聞聲聞, 緣覺聲聞. 若從先來樂觀四諦成聲聞種性, 於最後身値佛出世. 還復爲說四諦等法稱本器性. 故曰聲聞聲聞. 是故下經云, ①若衆生下劣其心厭沒者, 示以聲聞道令出於衆苦也. 言緣覺聲聞者, 是人本來求緣覺道, 恒示觀察因緣之法成緣覺種性, 於最後身値佛出世. 還復爲說十二因緣稱遂本性. 以聞聲悟道是故名爲緣覺聲聞. 故下經云, ②若復有衆生諸根小明利, 樂於因緣法爲說辟支佛. 二人雖殊同求小果. 以是義故, 對斯二人所說者, 齊號爲聲聞藏也. 云菩薩藏者, 如來創始成道第二七日, 爲大根性人說於大乘究寛法輪等. 就中亦有二種之異. 一依漸教入菩薩. 謂從小入大. 或有先曾習於大乘中間學小後還向大. 此等皆是漸入菩薩. 故餘經云, 除先修習學小乘, 今亦令入是法中. 此經亦言, ③若人根明利有大慈悲者, 我心饒益於衆生爲說菩薩道. 二者依頓教入. 有諸衆生久習大乘, 唯心眞觀相應善根, 今始見佛即能頓入究竟大乘. 故餘經云, 或有衆生世世以來常受我化, 始見我身聞我說法, 即皆信受入如來慧. 此則頓悟人也. 此經亦云, ④若有無上心決定樂大事, 爲示於佛身說無盡佛法. 斯等則是頓入菩薩也. 前偈漸入大對小乘人故云根明利. 次後一偈對頓機器決示大事頓說無盡佛法深義. 又如大乘寶積論明. 菩薩人謗法罪中言, 由不誦持頓教修多羅法故謗也. 以是義故, 如來說此修多羅. 又攝論云, 令未定根性聲聞直修大乘, 頓直義一也. 智度論中名迂廻人及名直往人. 以斯等驗故知, 頓漸二教義顯然矣. 對斯二人說名菩薩藏. 聖教雖衆要不出此. 故龍樹菩薩云, 佛滅後迦葉阿難, 於王舍城結集三藏爲聲聞藏. 文殊阿難等, 在鐵圍山集摩訶衍爲菩薩藏. 地持亦云, 佛爲聲聞菩薩行出苦道說修多羅. 結集者爲二藏. 以說聲聞所行爲聲聞藏, 說菩薩所行爲菩薩藏. 地持亦云, 十二部經唯方廣部是菩薩藏. 餘十日部是聲聞. 攝大乘論聖教章初亦云, 由上下乘差別故成二種. 謂聲聞藏及菩薩藏. 此二楞伽經中名二宗通. 謂宗通及說通. 彼經釋, 言宗通者, 謂如來自覺聖趣, 說通者, 我爲諸弟子說九部等經也. 除授記本生方廣三部, 餘九部名爲說通. 此二亦名大乘小乘. 半滿等教名雖改異其義無別. 故知, 聖教不出此二. 今此經者, 二藏之中菩薩攝. 漸頓教中淳, 爲根熟直入人說故, 是頓教法輪故, 亦名圓教攝. 故經云, 說圓滿修多羅也. 概知教分齊. 次釋經名. 今言大方廣佛華嚴經者, 此法喩雙擧. 所言大者, 乘旨包富該羅無外, 二乘漸學莫能過之. 謂之爲大也. 唯心眞如理正非邪. 稱之爲方. 法界法門過於數量故曰爲廣. 所言佛者, 此方名覺. 明達心源, 轉依究竟, 隨眠已盡, 塵習永亡, 暉光大夜, 曉示朦徒, 開演正趣, 自覺覺他. 故名爲佛. 云云 文 (日佛全92.133下~135上)

이상이 준코의 『기신론본소청집기』 권3본에 인용되어 있는 지정의 『화엄경소』 권1상의 전문(全文)이다. 이 중 밑줄 친 ①, ②, ③, ④가 지금 주목하고자 하는 부분이다. 『수현기』에서는 네 게송을 하나로 정리된 것으로서 인용하고 있는데, 지정의 『화엄경소』는 한 번 보더라도 분명히 알 수 있게 2장판에서의 성문성문 · 연각성문 · 점교 · 돈교를 [들고, 그것에 대한] 근거를 뒷받침하는 경증으로서 네 게송을 각각 한 개의 게송씩 떼어서 인용하고 있다. 이 게송의 본래 의미는 이미 서술한 것처럼 여래의 교설에 4종의 구별이 있는 것을 나타내는 것이므로, 그 의미에서는 지정[과 같이 설하는] 편이 경전의 원의에 따른 설시 방법이라고 말할 수 있을 것이다. 그것과 대조적으로 『수현기』는 그것들 전체를 돈교를 위한 경증으로 하는 것이므로, 앞 단의 점교 중에 성문 · 연각 · 보살을 위한 가르침이 이미 포함되어 있다고 하면, 그것들과는 별개로 무량 불법이라는 가르침이 존재하고 그것이 지금 여기에서 말하는 바의 돈교와 다름없다는 의미의 문맥이 된다. 종래의 사고방식에 따르면 삼승교와는 별개로 존재하는 가르침은 일승교라고 불리고 있었으므로, 여기에서 일승교와 돈교의 이동(異同)을 명확히 할 필연성이 생긴다. 따라서 『수현기』에서 이 직후에 놓여 있는 문답은 바로 무량한 불법—일승교와 돈교의 동이에 관한 의문을 밝히기 위한 것이다.

마지막으로 『수현기』의 원교에 관한 해석, 곧 (3)에 대하여 살펴보자. 이 부분에 제시된 원교의 정의 (나)는 법장이 『오교장』 및 『탐현기』 등에서 광통 율사의 3종교를 소개하면서 서술한 원교의 정의와 거의 같은 것이다. 이와 관련하여 그 해당 개소를 『탐현기』의 기술에 의해 나타내면 다음과 같다.

> 세 번째로 후위의 광통 율사는 불타 삼장에게 승습하여 3종교를 세웠다. 말하자면 점 · 돈 · 원이다. … (중략) … 셋째 상달의 부분적으로 부처 경계에 오른 자를 위하여 여래의 무애해탈(無礙解脫) 구경과덕(究竟果德) 원극비밀(圓極祕密) 자재법문(自在法門)을 설하니, 따라서 이름하여 '원'이라 한다. 곧 이 경을 가지고서 원교가 포섭하는 바[로 삼는 것]이다.
> 三後魏光統律師, 承習佛陀三藏立三種教. 謂漸頓圓. … (中略) … 三爲於上達分階佛境之者, 說於如來無礙解脫究竟果德圓極祕密自在法門, 故名爲圓. 即以此經是圓頓所攝. (大正35.110c~111a)

혜광의 설이 법장이 소개하는 것과 같은 것이었다고 한다면, 『수현기』의 해석은 그것을 그대로 차용한 것이라고 말할 수 있다.

이상에 의해 『수현기』 현담의 「명장섭분제」 단의 구조가 대략 명확해졌다. 곧 [지엄은 이 책에서] 『화엄경』에 관한 전체적인 관점을 혜광의 점 · 돈 · 원 3교판에 의거하면서, 3교 각각의 상석(詳釋)에 관해서는 그 이전의 갖가지 연구 성과를 솜씨 좋게 받아들이고 있다고 할 수 있다. 점교의 단에 인용되어 있는 『섭대승론초』는 6세기 말부터 7세기 초 장안(長安)을 중심으로 하는 불교계에서는 아마도 가장 새로운 불교 연구의 성과였을 것이다. 또한 정영사 혜원이나 지정의 2장판은 후기 지론학파의 교학의 중심을 이루는 것이기도 하였다. 이처럼 『수현기』의 「명장섭분제」 단은 당시의 최선단(最先端)의 연구 성과를 토대로 한 것이다. 그렇다면 여기에서 다시금 주목해야 할 것은 이러한 최신의 연구 성과를 혜광의 사상으로까지 소급하여 조직해야만 했던 것은 무엇 때문일까 하는 점이다. 곧 혜광 이후에도 많은 학장(學匠)이 『화엄경』을 연구하여 그 나름의 성과를 얻었을 터인데도 어찌하여 소급하여 혜광의 사상을 근거로 해야 했던가 하는 것이다. 그리고 그러한 조직을 빌려 『수현기』는 『화엄경』을 돈 · 원 2교의 소섭이라고 결론짓는 데 역점이 있다고 한다면, 이러한 화엄경관은 그때까지의 『화엄경』 연구와 어떠한 기본적 상위가 있는 것일까?

이러한 점에 주의가 미칠 때 후기 지론학파의 사상이 최종적으로 2장판으로 정착되어 있었다는 점을 간과할 수 없다. 곧 후기 지론학파의 대표적 존재인 정영사 혜원이나 지정의 2장판과 지엄이 근거로 삼은 혜광의 점 · 돈 · 원 3교판의 사이에는 근본적인 입장의 상위가 존재하는 것이다. 이 점에 관해서는 지정의 2장판에 관하여 앞의 절 3. 4)에서 언급한 바와 같다. 곧 2장판은 소승 · 대승판이므로 소승과 대승의 판별에 관해서는 명확한 관점을 얻을 수 있다. 그렇지만 삼승교와는 별개로 돈교가 있고 원교가 존재한다는 관점을 명확히 자리매김하는 것은 불가능하다. 다시 말해 2장판에서는 대승이라는 틀 속에 다시 일승교라는 입장이 있음을 명확히 할 수가 없는 것이다. 이러한 점은 정영사 혜원에게는 일승이라는 관점이 희박하다고 지적받고 있는 것과 잘 부합된다.[126)]

이렇게 생각하면 지엄이 생애에 걸쳐서 『섭대승론세친석』의 일승 · 대승 · 소승의 분판(分判)[127)]에 특별한 관심을 가지고 있었던 이유를 이해할 수 있을 것이다. 곧 『섭대승론석』의 이 설은 참으로 대승이라고 불릴 수 있는 것은 소승과 상대적 관계로 이해되어야 하는 것은 아니라는 점을 다시금 '일승'이라는 용어로 고쳐 표현한 것이다. 그리고 이 사상은 『수현기』에서는 일승 · 삼승 · 소승이라는 형태로 인용되고, 삼승교와는 따로 돈교 · 원교가 존재한다는 점에 대한 유력한 경증이 되어 있었다. 『수현기』는 『화엄경』을 돈교 · 원교의 소섭이라고 생각하고 있으므로 이 점은 결과로서 삼승교와는 별개로 『화엄경』이 존재함을 의미하는 것이 된다. 삼승과는 따로 일승이 존재한다는 사상과 『화엄경』은 삼승교와는 별개로 존재하는 것이라고 하는 견해를 종합하는 것과 같은 화엄경관을 '화

126) 吉津宜英의 앞의 논문(앞의 주40에 소개됨)은 맺음말에서 혜원의 교판에는 일승이라는 관점이 없음을 지적하고 있다.

127) 大正31.212b.

엄일승'이라는 말로 나타내면, 이 '화엄일승'이라는 관점은 후기 지론학파 사람들은 전혀 가질 수 없었던 것이다. 그렇다면 혜광 이후 『화엄경』 주석이 몇 종 써졌음에도 불구하고 기본적인 면에서 지엄이 그것들에 의지하지 않았음은 당연한 일이다. 지론학파의 전개가 기본적인 의미에서 2장판 완성을 위한 역사였다고 한다면, 지엄이 따라야 할 것은 그 가운데에는 존재하지 않았음이 틀림없다. 이러한 점 때문에 지엄은 혜광의 사상으로까지 거슬러 올라가지 않으면 안 되었던 것이다. 곧 『수현기』는 지론교학의 전통을 이어받으면서도 점·돈·원 3교를 근거로 함으로써 '화엄일승'이라는 사상을 분명히 하고자 한 것이다. 그리고 이 점 때문에 법장은 지엄의 『수현기』 찬술을 '입교분종'이라고 파악하고 화엄종의 독립이라고 본 것이다.

3. 보설(補說)

1) 돈황본 『섭대승론초』에 관하여

앞에 서술한 것처럼 지엄의 『수현기』는 그 이전의 지론·섭론학파의 사상을 기반으로 하여 성립했지만, 그 가운데에서도 최신의 연구 성과였던 『섭대승론초』의 설을 대폭 인용하면서 이루어져 있다. 따라서 여기에서는 그 인용된 『섭대승론초』에 관하여 가능한 한 검토해 두고자 한다.

담천이 장안의 대흥선사(大興善寺)에서 진제 역 『섭대승론』을 강

(講)한 것은 수나라 개황(開皇) 7년(587)이었다.[128] 이 사건은 하북의 불교계에 상당히 큰 충격을 가져온 것 같다. 이 시대를 대표하는 불교학자인 정영사 혜원은 담천의 강의를 직접 듣기에 이르러 죽기까지 겨우 몇 년 사이에 대표작인 『대승의장』을 맹렬하게 정정하고 가필한 것 같다. 또한 새로이 섭론종이 조직되고 지론종과 크게 논쟁하였다고도 전해져 있다. 그리고 이러한 정황은 현장의 귀조(歸朝)까지 이어졌다. 현장 이후는 유가(瑜伽) 유식계의 경론으로서는 현장 역의 것이 주류를 점하게 되는데, 『성유식론』이 주로 연구 대상이 되었기 때문이다.

여기에서 문제 삼고자 하는바, 대정장 85권에 수록된 2806번 『섭대승론초』는 이러한 배경 속에서 성립한 것이라고 생각된다.

먼저 본서의 설 중 특징적인 것을 몇 가지 들어서 음미해 보는 것에서 시작하고자 한다.

우선 본서는 전체를 네 단락으로 구성하고 있는데, 그 명칭 및 내용은 『수현기』와 공통성이 있다. 그 제2 「명장섭분제」 단은 『석론』을 모방하여 '소전(所詮)의 셋'과 '소위(所爲)의 기(機)의 둘'에 의해 가르침의 분제를 나타내고 있는데, '소위의 기의 둘'에 제시되어 있는 2장판은 다음과 같다.

> 성문장 안에 두 가지가 있다. 첫째는 입성교문이다. … 둘째는 파성교문이다. … 보살장 안에 두 가지가 있다. 첫째는 현시교이다. … 둘째는 … 비밀교문이다.

---

128) 『續高僧傳』 권18, 「曇遷傳」(大正50.572b~c).

聲聞藏內有二. 一立性教門. … 二破性教門. … 菩薩藏內有二. 一是顯示教. …二…秘密教門. (大正85.100a~b)

이 가운데 성문장의 분제로서 제시된 '입성교 · 파성교'에 관해서는 뒤의 제3단에서는 '집성종(執性宗) · 파성종(破性宗)'이라고 바꿔 말하고 있는데, 요약하자면 소승[의 가르침]을 천심(淺深)에 의해 2분한 것이다. 이 사고방식은 북지에서는 전통적인 것이며, 혜광 이래의 4종판은 이것에 기초한 것이었다. 따라서 본서의 사상도 그러한 전통에 따른 것이라고 생각할 수 있다. 다만 여기에서 간과할 수 없는 것은 '입성[또는 집성(執性)] · 파성'이라는 용어이다. 이미 서술한 것처럼 지론학파의 전통적인 4종판에서는 소승의 천심을 '인연종 · 가명종'으로 표현하고 있었다. 현재 확인 가능한 자료에서 '입성 · 파성'이라는 용어를 사용하고 있는 것은 과문(寡聞)이지만, 『대승의장』「이제의(二諦義)」의 다음의 설뿐이다.

> 분종(分宗)이라고 하는 것은 종을 구별하여 넷이 있다. 첫째 입성종이니, 또는 인연이라고 이름한다. 둘째 파성종이니, 또는 가명이라고 이른다. 셋째로 파상종이니, 또는 부진이라고 이름한다. 넷째 현실종이니, 또는 진종이라고 이른다.
> 言分宗者, 宗別有四. 一立性宗, 亦名因緣. 二破性宗, 亦曰假名. 三破相宗, 亦名不真. 四顯實宗, 亦曰真宗. (大正44.483a)

이 점에 관해서 고려의 균여는 이 '입성 · 파성'이라는 용어가 정영사 혜원의 창안이라는 점을 지적하고 있다.[129] 이것에 따르면 『섭대승론초』의 '입성(집성) · 파성'이라는 용례는 혜원과 모종의 관계를 상상하게 하는 것이다. 그런데 그 반대의 사실로서 이 성문장을 입성교와 파성교로 나눈다는 사상은 혜원이나 지정의 2장판과는 공통되지 않는 측면도 가진다. 지론학파의 2장판은 성문장을 성문성문과 연각성문으로 나누는 것이 일반적이며, 『수현기』도 그것을 답습하고 있었다. 곧 『섭대승론초』의 2장판의 성문장의 설은 지론학파의 전통에는 따르지 않지만, 용어적으로는 혜원과 가깝다는 말이 된다. 다음으로 보살장의 분제에 관해서는 지론학파의 2장판에서는 점교 · 돈교로 분류되는 것에 대하여 『섭대승론초』에서는 현시 · 비밀로 나누어져 있고, 여기에도 지론학파의 2장판과의 상위를 볼 수 있다. 점교 · 돈교라는 용어는 지론학파에서는 혜광 이래 중요한 교학적 위치를 차지해 온 것이고, 혜원 등은 단어의 본래 의미를 잃어버린 듯한 정의 변경을 가하면서까지 점 · 돈이라는 용어에 고집했음을 지적한 바 있다. 그 때문에 『섭대승론초』이 이후에도 전혀 점 · 돈이라는 용어를 사용하지 않는 것은 이 책이 지론학파의 전통에 없음을 말해주고 있다고 해도 지장 없다고 생각한다.

다음으로 세 번째 「가르침 아래, 소전의 종지를 밝히다」 단에서 특히 주목해야 할 것은 『섭대승론』의 설에 관해서 간결하게 다음과 같이 규정하고 있는 점이다.

> 아래 문장의 뜻에 준하여 종지에 둘이 있다. 첫째 이제(二諦)를 기준으로 하고, 둘째 불성을 기준으로 한다.

---

129) 『均如大師華厳学全集』(後楽出版, 1977) 下巻, p. 97.

準下文意宗旨有二. 一約二諦. 二約佛性. (大正85.1000b)

『섭대승론』의 사상을 이제와 불성의 두 가지 점으로 총괄한다는 견해는 『섭대승론』의 독자성을 납득한 것이라고는 말하기 어렵다고 생각된다. 그렇지만 거꾸로 보자면 본서의 작자의 사상적인 입장을 단적으로 나타내는 것이라고 생각할 수 있을 것이다. 곧 『섭대승론초』의 작자는 『섭대승론』을 풀이함에 있어서 우선 이제와 불성이라는 개념이 염두에 떠오르는 것과 같은 교학적 배경을 가지고 있었다는 점이며, 『열반경』이나 『반야경』의 소양을 익힌 사람이라는 점이다. 이 점에 관해서도 북방에서는 기초학으로서의 반야 연구의 전통이 없었다고 생각되며, 다른 한편 남방에서는 길장으로 대표되는 것처럼 불성·이제 등의 연구에 전심하고 있었음을 엿볼 수 있다. 이 점으로부터 미루어 본서의 작자는 강남의 불교 연구 학풍에 가까운 사람임을 상상할 수 있다.

제4단은 "논의 제목을 풀이하다"라고 이름 붙여져 있고, 처음 부분에 "섭대승론의지승상중명제일(攝大乘論依止勝相衆名第一)"을 한 구씩 순서대로 풀이하고, 이후는 단락의 명확한 구분 없이 『논본』과 세친의 『석론』으로부터 적의(適宜)한 항목을 들어 해설이 베풀어져 있다. 그 가운데에서 몇 개의 문제점을 간추려 보자.

5종의 장(藏)의 뜻은 본체의 이름이다. 첫째 체류(體類)의 뜻이니, '체'란 실(實)이며, '류'라는 말은 유류(流類)이다. 일체중생은 체를 취함이 많더라도 식은 다르지 않다. 체의 뜻에 따라 이름을 세운다. 둘째 인(因)의 뜻이니, 인이란 곧 연(緣)과 [그 밖의]

다른 것에 말미암은 것이다. 행법을 연으로 한다. 셋째 생(生)의 뜻이니, 생이란 곧 능히 생장한다는 것이다. 둘째 공능의 뜻에 따라 이름을 세운다. 다만 인은 인 그리고 인을 짓는 것을 취하니, 생하면 곧 과(果)에 나아가는 것이다. 넷째 진실(眞實)의 뜻이니, 이 식은 재세(在世)에 파괴되지 않고 출세(出世)에 다하지 않음을 밝힌다. 이것은 상형(相形)의 승의(勝義)에 대하여 이름을 세운 것이다. 다섯째로 장(藏)의 뜻이니, 이 식의 체는 항사(恒沙)의 공덕을 취적(聚積)함을 밝힌다. 승의에 따라 이름을 세운 것이다. 둘째로 체란 똑같이 본각의 해심(解心) 여래장을 가지고서 성(性)으로 삼는다.

五種藏義, 體名. 一體類義, 體者是實, 類之言流類也. 一切衆生取體雖多然識不異. 從體義立名. 二因義, 因者即由緣與他也. 行法爲緣. 三生義, 生者即是能生長. 二從功能義立名. 但因取與因作因, 生則就果也. 四眞實義, 明此識在世不破出世不盡. 此就相形勝義立名. 五藏義, 明此識體聚積恒沙功德. 從勝義立名. 二體者, 同用本覺解心如來藏以之爲性. (大正85.1003c~ 1004a)

이 부분은 『섭대승론』이 『대승아비달마경(大乘阿毗達磨經)』에서 "세계무시시 일체법의지(世界無始時 一切法依止)"[130]라는 게를 인용하여 아리야식의 존재를 입론한 것을 『석론』이 "계(界)에 다섯 뜻이 있다"[131]라고 해석하는 개소의 주석이다. 곧 『석론』이 "계유오의(界有五義)"로서 풀이한 것을 『섭대승론초』는 "5종의 장의 뜻"

130) 大正31.114a.
131) 大正31.156c.

이라고 해석하고 있는 것이다. '5종의 장'이란 원래 『승만경』의 「자성청정장(自性清淨章)」에서 다음과 같이 설해진 것을 가리킨다.

> 세존이여, 여래장이란 법계장, 법신장, 출세간상상장, 자성청정장입니다.
> 世尊, 如來藏者, 是法界藏, 法身藏, 出世間上上藏, 自性清淨藏. (大正12.222b)

여기에서는 직접적으로 『석론』의 "계의 다섯 뜻"과 결부하고 있는 것은 아니다. 그런데 진제 역으로 생각되는 『불성론(佛性論)』「변상분(辯相分)」에는 다음과 같이 설해져 있다.

> 이른바 '여래공덕상'이란 말하자면 여래장에 5종이 있다는 것이다. 어떤 것들을 다섯으로 삼는가? 첫째 여래장이니, 자성은 그 장의 뜻이다. … 둘째 정법장(正法藏)이니, 인(因)은 그 장의 뜻이다. … 셋째 법신장(法身藏)이니, 지득(至得)은 그 장의 뜻이다. … 넷째 출세장(出世藏)이니, 진실은 그 장의 뜻이다. … 다섯째 자성청정장이니 비밀은 그 장의 뜻이기 때문이다. … 따라서 『승만경』에 말하길, "세존이여, 불성이란 여래장이고, 정법장이고, 법신장이며, 출세장이며, 자성청정장입니다"라고 한다.
> 所言如意功德相者, 謂如來藏有五種. 何等爲五. 一如來藏, 自性是其藏義. … 二者正法藏, 因是其藏義. … 三者法身藏, 至得是其藏義. … 四者出世藏, 真實是其藏義. … 五者自性清淨藏, 以祕密是其藏義. … 故勝鬘經言, 世尊佛性者, 是如來藏, 是正法藏, 是法身藏, 是出世藏, 是自性清淨藏. (大正31.796b)

이 『불성론』에 설해진 것은 『승만경』에 설해진 "다섯 장(藏)의 뜻"과 『섭대성론』에 설해진 "계의 다섯 뜻"을 회통하는 것이다. 여기에서 주의해야 하는 것은 이것들이 어느 쪽이건 이제설의 관점에서 말하자면 승의제(勝義諦)·제일의제(第一義諦)를 설명하는 것이라는 점이다. 이 점은 『석론』에서도 예외가 아니어서 예컨대 '인(因)'의 뜻을 풀이하여 다음과 같이 말하고 있다.

> 두 번째로 '인'의 뜻은 일체의 성인법의 사념처 등은 이 계를 연으로 하여 생하기 때문이다.
> 二因義, 一切聖人法四念處等緣此界生故. (大正31.156c)

이것은 똑같이 '인'이라고 말하지만, 유위법(有爲法)으로서의 일체법의 인이라는 의미는 아니다. 이 점은 『불성론』(大正31.796b)에서도 [그대로 보이는데,] '계(界)'를 '성(性)'으로 바꿔 말할 뿐 의미는 완전히 같다. 게다가 『석론』은 "일체법의 의지(依止)"에 관해서는 다음과 같이 [규정]하는 것이다.

> '일체법의 의지'라는 것은 경에서 [이렇게] 말한 것과 같다. "세존이여, 만약 여래장을 깨닫지 못함으로 말미암음이 있기 때문에 생사는 있다고 말할 수 있습니다."
> 言一切法依止, 如經言, 世尊若如來藏有由不了故. 可言生死是有故. (大正31.157a)

어디까지나 가령 생사를 세우는 것의 근거를 가리킬 뿐이며, 여래장이 일체법의 생인(生因)이라고 말하고 있는 것은 아닌 것이다.

그것과 대조적으로 『섭대승론초』에서는 앞에 인용한 것처럼 "인이란 곧 연과 [그 밖의] 다른 것에 말미암는 것"이라든가 "생이란 곧 능히 생하는 것이다"라고 풀이하여, 일체법의 생멸에 관한 인이라고 이해하고 있는 것이다. 여기에는 나중에 혜원이 '의지(依持)와 연기'라는 관점에 의해 정리하게 되는 연기에서의 인연생멸(因緣生滅)과 상의상대(相依相待)의 혼동이 있다고 말할 수 있을 것이다. 이처럼 첫 번째로 『섭대승론』을 언급하고 그것을 여래장에 의해 해석하는 배경에는 다음과 같은 사상사적 흐름이 존재한다고 풀이할 수 있다.

『섭대승론초』는 어디까지나 『섭대승론』을 주석하고자 한 것이며, 그 때문에 그 설이 풀이하는 바는 말할 것도 없이 "계의 다섯 뜻"일 터이다. 따라서 이것을 어떠한 설명도 없이 "5종의 장의 뜻"이라고 해석할 경우 『승만경』을 자세히 알고 있음을 전제해야 한다. 『승만경』을 기반으로 하면서 『불성론』을 매개하여 『섭대승론』을 볼 때에 "계의 다섯 뜻"은 아무런 모순 없이 "5종의 장의 뜻"으로 해석할 수 있는 것이다. 이 점도 『섭대승론초』의 작자의 사상적 입장으로서 간과할 수 없는 점이다.

이상의 여러 논점에 의해 본서의 사상사적인 특징을 정리하자면, 다음과 같이 말할 수 있을 것이다. (1) 지론학파의 전통에는 속하지 않지만 정영사 혜원과는 가까운 관계에 있다고 생각된다는 점. (2) 저자는 특히 『열반경』, 『승만경』에 정통하고 있다는 점. (3) 저자는 『섭대승론』의 이해에 관하여 지엄에게 크게 영향을 끼칠 수 있는 사람이었다고 생각된다는 점. 이상의 세 가지 논점이다.

그렇다면 다음으로 이러한 관점들에 의해 『섭대승론초』의 저자에 관하여 추찰해 보고자 한다. 이 점에 관하여 가장 유력한 입장은 지엄의 『수현기』가 본서를 인용하고 있다는 점[에 주목하는 것]이다. 『수현기』는 법장의 『화엄경전기』의 기술[132]에 의해 지엄 27세인 628년에 저술되었다고 생각된다. 또한 『화엄경전기』는 수학기의 지엄이 여러 스승에게 『섭대승론』을 배웠음을 기록하고 있다. 이러한 점에 비추어 말하자면 이들 중에 『섭대승론초』의 저자를 생각해 보는 것은 상당히 개연성이 높다고 생각된다. 그렇다면 『화엄경전기』의 기술에 따라 지엄과 관계가 있었다고 생각할 수 있는 사람의 저작을 열거하면 다음과 같이 된다.

『섭대승론의소』	8권	법상(法常)
『섭대승론현장』	5권	법상
『섭대승론장소』		승변(僧辯)
『섭대승론초기』		지정(智正)

이것들 외에 직접 사자(師資) 관계는 없지만 사상적으로 관계를 가진 사람의 저작으로서 다음의 것들도 들어야 할지 모르겠다.

『섭대승론소』	10권	담천
『섭대승론소』	4권	담천

담천은 『섭대승론』의 북지 개강(開講)을 해낸 당사자인데, 지엄

132) 大正51.163c 및 앞의 주119 참조.

의 스승인 지정이 『섭대승론』을 연구하게 된 것은 이 사람의 영향이라고 생각된다. 또한 지엄이 『공목장』 권4의 「성기장(性起章)」에 담천의 『망시비론』을 고스란히 인용하고 있는 것은 이미 잘 알려져 있다. 이러한 사실로부터 고찰하여 지엄이 직접 · 간접으로 담천으로부터 영향을 받았음은 충분히 고려해야 할 것이다. 이상 네 명 중 지정은 지론학파에 속하는 사람인 정영사 혜원과 사상적으로 가까운 관계에 있다. 특히 2장판의 조직에 관해서는 혜원과 공통성이 있고, 이 의미에서는 『섭대승론초』의 2장판과는 상위함이 분명하다. 그렇다면 지정은 가장 지엄과 가까운 관계에 있으면서도 일단 제외된다. 따라서 담천 · 법상 · 승변의 세 사람으로 압축하여 그 기전(紀傳)을 통하여 본 절에서 겨냥한 것과의 관련성에 관하여 약간 고찰해 보고자 한다.

먼저 담천에 대해서인데, 그와 관련해서는 이미 몇 편의 논고도 있으며, 수대의 중국불교계에서 상당히 중요한 위치를 차지한 사람임이 알려져 있다. 따라서 『속고승전』도 다른 사람에 비하여 상당한 양을 통해 담천의 전기를 기록하고 있으며, 그 하나하나에 관하여 검토하는 것은 지면 사정도 있어서 불가능하다. 다만 본 절과의 관계에서 말하자면 "섭론소 10권"을 찬했다는 사실 그리고 다음과 같이 기록되어 있는 점이 주목된다.

> 또한 『능가』 · 『기신』 · 『유식』 · 『여실』 등의 소(疏), 『구식』 · 『사월(사명?)』 등의 장(章), 『화엄명난품현해』 등 총 20여 권을 찬하였고, 아울러 세상에 간행되었다.
>
> 又撰楞伽起信唯識如實等疏九識四月(>明?)等章華嚴明難品玄解總二

十餘卷. 並行於世. (大正50.574b)

이 외에도 『속고승전』 권25의 「법충전(法沖傳)」[133]에 담천이 4권의 『섭론소』를 찬하였음이 기록되어 있다. 어느 쪽이건 이것 이상의 상세한 내용은 알 수 없으므로 4권 『소』와 10권 『소』의 동이(同異) 등은 불명확하다. 그렇지만 그것들이 어쨌든 '소'라고 되어 있음은 『섭대승론초』가 '의장(義章)'과 같은 체재(體裁)로 써진 것과 모순된다. 또한 담천이 『구식장(九識章)』을 찬하였다고 된 것도 주목할 가치가 있다.

『섭대승론초』는 앞에 든 인용문에서도 밝혀진 것처럼 아리야식을 의지(依止)로 하면서도 그 본체로서 '본각의 해심(解心)'이라든가 '여래장', '심진여(心眞如)'라고 말하고 있으며, '제9식'이라든가 '아마라식(阿摩羅識)'이라는 용어는 사용하고 있지 않다. 대정장 85권에 수록되어 있는 다른 돈황본 『섭대승론』 주석에는 '아마라식', '제9식'이라는 용어를 쓰고 있는 것도 있으며,[134] 『섭대승론초』가 그러한 용어들을 쓰고 있지 않는 것은 하나의 사상적 특징이라고 말해도 좋다. 따라서 『구식장』을 찬한 담천과 『섭대승론초』와는 이 점에서도 공통점을 가지고 있지 않다.

다음으로 승변에 관해서 고찰해 보자. 『속고승전』 권15의 「승변전」에 의하면 그는 처음에 『유마』·『인왕(仁王)』의 두 경전을 듣고서 구족계를 받은 뒤 지응(智凝)에게 사사한다. 이 지응은 팽성(彭

133) 大正50.666b.
134) 大正藏經, no. 2807, 『攝大乘論章』(大正85.1016c) 등.

城)의 정숭(靖嵩)의 제자이고, 정숭의 스승 법태(法泰)는 진제 삼장의 직제자이다. 도선은 지응이라는 찬자에 관해서는 구체적인 이름을 들고 있지 않지만 『섭대승론』 연구자였음을 기록하고, 특히 명급(明及) 법사라는 인물에게 "려야식(黎耶識)은 소멸하는가 그렇지 않은가"라는 질문을 받고 "소멸한다"라고 답하였다고 기록하고 있다.[135] 이것은 일체법의 의지(依止)로서 아리야식(阿梨耶識)을 이해함에 있어서 중요한 의미를 가지고 있다. 곧 무루법(無漏法)이 현현할 때에는 아리야식은 소멸한다고 하는 사고방식이고, 아리야식은 출세간법(出世間法)의 의지로는 되지 않는다는 사상이다. 따라서 출세간법의 의지가 되는 것과 같은 아홉 번째 식의 존재를 주장하게 되고, '제9식'이라고도 '아마라식'이라고도 불리는 것이 되는 것이다. 과연 지응의 스승인 정숭에게는 『구식현의(九識玄義)』라는 찬술이 있었음을 도선은 기록하고 있다.[136] 이렇게 생각하면 진제—법태—정숭—지응으로 사자상승하는 계통에서는 일관되게 9식설을 준수해 왔다고 상상할 수 있다. 또한 『속고승전』은 승변의 저작에 관하여 다음과 같이 말하고 있을 뿐이다.

> 그의 『섭론』, 『중변』, 『유식』, 『사진(思塵)』, 『불성』, 『무성론』, 아울러 갖추어 장소(章疏)를 내어 세상에 유포하였다.
> 其攝論中邊唯識思塵佛性無性論. 並具出章疏在世流布. (大正50.540c)

135) 大正50.505a.
136) 大正50.502a.

이에 그의 학풍은 오로지 진제 직계의 유가(瑜伽)유식학이었다고 생각된다. 따라서 승변을 『섭대승론초』의 작자라고 생각하는 것은 여러 면에서 무리가 있다고 생각한다.

마지막으로 법상에 관해서 고찰해 보자. 『속고승전』 권15의 「법상전」에 의하면, 19세가 되었을 때 담연(曇延) 법사에게 의지하여 출가하였음을 알 수 있다. 담연에 관해서는 마찬가지로 『속고승전』 권8[137]에 전기를 볼 수 있는데, 어렸을 무렵부터 오로지 『열반경』 연구에 뜻을 두었고, 그 학덕은 정영사 혜원과 나란히 칭해질 정도였음을 알 수 있다. 다음으로 도선은 법상이 22세가 되던 때의 일을 다음과 같이 기록하고 있다.

> 『섭론』이 처음으로 흥기하였다. 새로운 법을 들음에 따라 그 넓은 뜻을 우러렀다.
> 攝論初興. 隨聞新法, 仰其弘義. (大正50.540c)

법상은 정관(貞觀) 19년(645)에 79세로 몰(沒)했음이 기록되어 있으므로, 역산하면 그때는 수나라 개황 8년(588)이 된다. 담천의 『섭대승론』 북지 개강은 이미 언급한 것처럼 개황 7년이라고 말해지고 있는데, 정확하게는 서주(徐州)에 있던 담천에 대하여 장안에서 강의해 달라는 칙명이 하달된 것이 개황 7년 가을이므로 실제로 강의가 행해진 것은 다음 해에 들어서부터였을지도 모른다. 따라서 여기에서 도선이 "『섭론』이 처음으로 흥기하였다"라고 말하고 있

137) 大正50.488a~.

는 것은 바로 담천의 개강을 가리키고 있다고 생각해도 틀리지 않다. 게다가 스승인 담연은 개황 8년 8월에 몰하였다. 이상에 의하면 법상은 19세부터 약 3년간 담연에 사사하여 오로지 『열반경』을 연구한 뒤 담연의 죽음 직후 담천의 『섭대승론』 강의를 열기에 이른 것이다. 담연이 동시대의 지론학파의 사람들의 가르침을 받은 형적은 없으므로 법상에게도 그러한 영향은 없었던 것으로 보인다. 그 뒤의 법상에 관해서는 다음과 같이 기록되어 있다.

> 때로 5년을 쌓아 명리(名理)를 파헤치고, 『성실』 · 비담 · 『화엄』 · 『지론』에 이르렀다. 널리 동이(同異)를 고찰하여 모두 궤철(軌轍)로 삼았다.
> 時積五年鑽覈名理, 至於成實毘曇華嚴地論, 博考同異皆爲軌轍. (大正50.540c)

특히 『성실』과 비담, 『화엄』과 『지론』의 동이에 관하여 연구를 깊이 하였다고 기록되어 있다. 『성실론』과 아비담의 관계는 지론종의 4종판 등에 의해 고찰해 온 테마이며, 『섭대승론초』에서는 성문장을 입성과 파성의 둘로 나누었던 것은 바로 이 문제에 상응한다. 또한 지론과 화엄의 동이에 관하여 생각을 깊이 했다고 한 것은 지론학과 화엄학이 격렬하게 논쟁하는 입장에 있다고 생각되는 지엄과의 관계를 암암리에 상상하게 한다. 더욱이 법상의 생애에 관해서는 다음과 같이 말하고 있다.

> 처음에 상(常)은 의문(義門)을 섭예(涉詣)하여 미묘하게 해행(解

行)을 숭상하였다. 따라서 뭇사람들이 추존하는 바의 아름다움이 『섭론』에 돌아갔지만, [그의] 마음이 숭상하는 바는 『열반경』을 사모하는 것이었다. 항상 [논서를] 펼쳐 강의하고자 하였지만 아직 그것을 기뻐하거나 깨닫지는 않았다. 마침내 대중의 청에 의해 오로지 이 논을 넓히고 그 이치와 맛을 도야하여 흉회(胸懷)에 정관(精貫)하였다.

初常, 涉詣義門妙崇行解. 故衆所推美歸於攝論, 而志之所尚慕涅槃. 恒欲披講未之欣悟. 遂依衆請專弘此論陶冶理味精貫胸懷. (大正50.541b)

그의 저작에 대해서는 다음과 같이 기록하고 있다.

『섭론의소』 8권, 『현장』 5권을 지었다. 『열반』·『유마』·『승만』 등에 각각 소(疏)나 기(記)를 남겨 널리 세상에 행해졌다.

著攝論義疏八卷玄章五卷. 涅槃維摩勝鬘等各垂疏記廣行於世. (앞과 같음)

이 기술에 따르면, 법상은 『섭대승론』을 깊이 이해하면서도 항상 『열반경』을 근거로 하였음을 알 수 있다. 이 점은 『섭대승론초』가 소전(所詮)의 종지를 불성과 이제로 요약하고 있다는 것과 통하는 것으로 생각된다. 또한 『섭대승론소』 외에 『섭대승론현장』 5권을 찬술했다고 된 것은 『섭대승론초』가 '의장'과 같은 체재로 쓰여 있는 것과도 부합한다.

이상 『섭대승론초』의 내용 검토와 저자 추정을 해보았다. 이 범위에서 말하자면 『섭대승론초』는 법상의 『섭대승론현장』 5권이 아닐까 추정되는데, 설해진 내용의 검토가 필요함은 두말할 나위 없

다.[138]

2) 도빙(道憑)의 5시판

화엄교학의 성립과 전개를 밝히기 위해서 지엄의 사상적 배경이 된 지론학파의 사상을 고찰해 왔다. 그 이유는 첫째 지엄의 사실상의 스승이었다고 생각되는 지상사 지정이 지론종 남도파의 법맥에 연결되는 사람이었다는 점, 둘째는 지엄의 사상의 출발점이라고도 할 수 있는 『수현기』가 혜광의 사상 아래에서 써진 것이라고 지적받은 점이다.[139] 화엄교학은 지엄에게서는 지론학파의 사상을 직접 모태로 하면서 그것을 환골탈태함으로써 성립한 것이라고 생각된다. 그 지론종의 성립과 전개에 관하여 광통 혜광이 극히 중요한 역할을 담당했음은 부정할 수 없다. 『속고승전』의 기술 등에 의하면, 혜광에게는 '광문십철(光門十哲)'이라고 칭해지는 사람들을 위시하여 우수한 제자가 다수 있었음을 알 수 있다. 그들의 교판사상의 주요한 것에 관해서는 이미 본 장 제1절 3)~4)에서 다루었다. 북위로부터 북제 · 북주에 이르는 불교계의 주요한 움직임은 아마도 그들이 파악하고 있었을 것이다.

---

138) 이 점에 관해서는 大竹晋, 『唯識説を中心とした初期華嚴教學の研究—智儼・義湘から法藏へ—』(大蔵出版, 2007) 제3부 제2장 「華厳の三性説」에서 고려의 균여가 『석화엄교분기원통초』 권6에 인용하는 법상(法常)의 『섭론소』 권6의 삼성설의 내용과 『섭대승론초』의 설이 겹치지 않으므로 저자의 추정에는 재검토가 필요하다고 지적하고 있다(p. 291, 주8).

139) 『華嚴經傳記』 권3(大正51.163c) 및 앞의 주119 참조.

이러한 문제에 관심이 미칠 때 지엄으로부터 거슬러 올라가 혜광에 이르는 법맥 중에서 도빙(道憑)이라는 인물의 존재가 주목된다. 곧 『속고승전』의 기술에는 혜광의 많은 제자 가운데에서도 법상과 도빙 두 사람이 걸출했다고 기록되어 있는데,[140] 법상의 문하에서는 정영사 혜원을, 도빙의 문류(門流)에서는 지엄을 배출했기 때문이다. 또한 법상과 도빙 두 사람은 단지 걸출했을 뿐만 아니라 불교도로서 대조적인 삶의 방식을 취했던 것 같다. 국통으로서의 혜광의 역할을 계승한 것은 법상이었다. 법상은 북위·북제의 불교계에서는 소현(昭玄) 대통으로서 수십 년간에 걸쳐서 계속해서 일대(一大) 권위였다. 한편 도빙은 그러한 경향과는 전혀 무연(無緣)하며, 명성을 꺼려 은거하고 있던 것 같다. 이러한 점 때문에 지론종 남도파에는 두 가지 사상적 경향이 있다고 지적받고 있다.[141] 핵심을 꿰뚫은 견해를 취하자면 그러한 법상과 도빙의 대조적 생활방식이 혜원과 지엄에 투영되어 있을지도 모르는 것이다. 이상과 같은 관점으로부터 여기에서는 혜광과 지엄 사이에 위치하는 도빙의 사상에 관하여 약간의 고찰을 하고자 한다.

오늘날 지론학파에 속하는 사람들의 사상을 직접 전하는 것은 정영사 혜원의 저작을 제외하면 극히 적다. 도빙에 관해서도 예외는 아니어서 그의 저작 등은 전혀 현존하지 않는다. 오늘날 그의 사상

---

140) 『속고승전』 권8 「도빙전(道憑傳)」에 다음과 같이 전한다.
빙사의 법상, 상공의 문구는 일대의 희귀한 보배이다.
憑師法相, 上公文句, 一代希寶. (大正50.484c)

141) 成川文雅, 「地論宗南道派に於ける二系譜」(『印度学仏教学研究』 9巻 1号, 1960) 참조.

의 일단을 미루어 짐작할 만한 자료로서는 겨우 북주 혜영(慧影)의 『대지도론소(大智度論疏)』 권17에 인용된 '5시교의(五時教義)'라는 말을 볼 뿐이며, 그 점에서 이 설을 극히 귀중한 것이라고 할 수 있다.

> 도빙 법사는 이 경을 읽고 삼승으로 하여금 똑같이 파야(波若: 반야)를 배우게 하였음을 보았기에 5시교의를 만들어 이 경을 통교로 간주하였다.
> 道憑法師, 讀於此經以見令三乘同學波若故造五時教義, 以於此經爲通教. (卍續1.87.236左下)

이 정도밖에 안 되는 자료이긴 하지만, 지론학파 교학의 흐름 속에서 그것이 어떠한 의미를 갖는가에 대해 조금 고찰해 보고자 한다.

후대의 교판 자료, 예컨대 지의의 『법화현의』[142]나 법장의 『오교장』,[143] 『탐현기』[144] 등에 의해 알 수 있는 지론학파의 교판사상이라고 한다면, 이미 서술한 것처럼 점 · 돈 · 원 3교판과 4종판이 중심적인 것이다. 양자는 어느 쪽이건 혜광에 의해 창안된 것이며, 그 후 다소의 [상이한] 전개는 보였지만 기본적으로는 혜광의 사상이 그대로 답습된 것이다. 이러한 전체적인 흐름 속에서 '5시교의'라는 사상은 상당히 이질적인 감[이 있음]을 부정할 수 없다.

142) 大正33.801a~b.
143) 大正45.480b~481b.
144) 大正35.110c~111b.

'5시교의'라는 사상은 점 · 돈 · 원 3교판과도 4종판과도 직접적인 형태로는 결부하기 어려운 것이다. 실마리로서는 전술한 것뿐이므로 '5시교의'의 상세를 아는 것은 불가능하지만, 도빙이 혜광의 유력한 제자였다고 [기록]되어 있는 것에 비추어 보아 혜광의 4종판 및 점 · 돈 · 원 3교판과 어떠한 관계 속에서 이러한 사상이 제출되었다고 한다면, 거기에는 어떠한 사정이 있었던 것일까? 그러한 점에 관하여 4종판, 점 · 돈 · 원 3교판과 '5시교의'와의 관계를 고찰하면서 '5시교의'의 내용을 유추해 보고자 한다. 따라서 본 절은 거의 자료적인 뒷받침이 되어 있지 않으므로 한정된 자료를 통하여 당시의 사상적 과제를 상상하는 범위를 넘어서는 것은 아니다.

도빙의 '5시교의'에서 특징적인 점은 그가 『반야경』을 통교라고 간주하고 있는 것이다. '통교'라는 사고방식은 어떤 교설이 성문 · 연각 · 보살의 삼승에 공통해서 설해진 것임을 나타내는 것이므로 삼승 내에서의 성문 · 연각 이승(二乘)과 보살승 사이의 공(共) · 불공(不共)의 관계를 근거로 한 것이다. 따라서 통교라는 개념에는 반드시 한편에서는 별교라는 짝이 되는 개념이 존재하지 않으면 의미를 갖지 않게 된다. 이승(二乘)과 보살승에 대하여 어떤 교설이 공 · 불공의 관계에 있다는 것은 『대지도론』의 공 · 불공 반야바라밀145)의 사상에 발원(發源)하는 것인데, 그것에 입각하여 교판 속

145) 예컨대 『대지도론』 권34에 다음과 같이 나온다.

반야바라밀에 2종이 있다. 첫째는 성문, 보살, 신들과 더불어 함께 설한 것이다. 둘째는 단지 십주를 구족한 보살과 더불어 설한 것이다.

般若波羅蜜有二種. 一者與聲聞菩薩諸天共說. 二者但與十住具足菩薩說. (大正25.310c)

에서 삼승에 대비되는 교설을 통교·별교라는 개념에 의해 정리한 것은 직접적으로는 아마도 남지(南地) 유송(劉宋)의 혜관(慧觀)의 돈·점 2교 5시판(時判)[146]을 효시로 할 것이다. 이러한 점에서는 혜관의 사상은 남조 반야학의 하나의 결론으로서 제시된 것이었다고 말할 수 있을 것이다. 이것에 대하여 북방에서도 교판 속에서 '통교'라는 용어를 사용하고 있었다. 그것은 혜광의 스승이었던 불타 삼장의 통종대승·통교·별교삼승이라는 3교판[147]에서이다. 이 3교판은 대승·소승의 분판을 나타내는 '통과 별'이라는 관점과 대승 내의 천심(淺深)을 나타내는 '교와 종'이라는 관점을 중층적인 구조에 의해 성립시키고, 이것이 혜광의 4종판의 모태가 된 것이었음은 이미 논한 것과 같다.[148] 불타 삼장의 통교·별교라는 개념은 용어적으로는 남지의 그것과 관계없는 것은 아닐지도 모르지만, 남조의 반야학을 중심으로 하는 불교 이해를 계승한 것은 아니다. 어떤 교설이 삼승에 대하여 공통인가 아닌가 하는 관점만을 물려받은 것이다. 도빙의 통교관이 남지의 사상을 이어받은 것인가, 그렇지 않으면 불타 삼장의 3교판을 계승한 것인가 그 점에 관해서는 상세히 알 수가 없다. 그렇지만 혜광의 제자이면서 다시금『반야경』을 통교라고 보는 점에 도빙의 사상의 특징이 있는 것이다. 곧 혜광의 4종판에서는『반야경』에 대하여 광상종(誑相宗) 혹은 부진종(不眞宗)이라는 정의가 부여되어 있으므로 그것을 고쳐서 통교

146) 혜관의 돈·점 2교 5시판에 관해서는『삼론현의』(大正45.5b) 참조.
147)『華嚴一乘成佛妙義』(大正45.785c~786a) 참조.
148) 본서 제1장 제1절 3. 2) (2)「4종판의 성립과 불타 삼장의 사상」참조.

라고 하는 것에는 무언가 필연성이 있어야 하는 것이다.

그렇다면 혜광의 4종판을 조금 반복해서 살펴보면, 이미 서술한 것처럼 4종판은 불타 삼장의 3교판이 근거로 한 4권 『능가경』의 설통 · 종통설[149]에 의해 대승 경전들에 천심(淺深)을 세움으로써 성립한 것이었다. 그리고 대승 경전에 심천을 세운다는 말의 구체적 내용은 지의나 법장이 소개하는 것에 따르면 『화엄경』 및 『열반경』과 『반야경』 사이에 하나의 선을 긋는다는 것이었다. 곧 『화엄경』 및 『열반경』은 법계의 담연(湛然) 및 불성의 상주를 설하는 것이고, 그것에 대하여 『반야경』은 제법의 환유(幻有)를 설하는 것이므로 일단 차원이 낮은 교설이라고 간주되며, 광상 혹은 부진으로 자리매김한 것이다. 이것은 『반야경』에 대한 정면에서의 평가라고 하기보다는 오히려 다른 대승 경전, 그중에서도 『화엄경』 · 『법화경』 · 『열반경』과의 비교에서 이루어진 것이라고 말할 수 있다. 부(部)로서의 특정 경전에 대해서 어떤 평가를 확정하여 차제(次第) 배열한다는 연구 방법은 경전을 엄밀하게 연구하면 할수록 [비교와 평가] 대상으로 하는 경전의 수만큼 [많은] 조합을 설정하지 않으면 안 되게 될 것이다. 사실 이 점에 의해 4종판은 그 후 5종판 · 6종판으로 분열해 가지 않으면 안 되었던 것이다.

따라서 4종판으로부터 6종판에 이르는 전개 속에서 이 시대의 불교 연구의 주된 관심을 들여다볼 수 있는 것이다. 그것은 『반야경』과 『화엄경』 · 『법화경』 · 『열반경』의 관계를 어떻게 볼 것인가 하는 점이 극히 중대한 과제였던 것이다. 4종판은 그 문제에 관하여

149) 大正16.499b~c 및 503a.

경전의 내용에 우열을 세우는 것으로 일정한 질서를 세우고자 하였다. 경전에 대한 혜광의 이러한 연구 방법은 한편에서는 격렬한 비판을 뒤집어썼다고 생각되며, 이 점은 본 장 제1절 3에서 상세히 논한 바 있다. 다시금 그 비판의 일례로서 다음의 설을 들고자 한다.

> 만약 보리류지의 반 · 만의 명의(明義)라면, 이 경은 곧 만자의 설로서 『화엄경』, 『열반경』과 다름없다.
> 若是流支半滿明義, 此經即是滿字之說, 不異華嚴涅槃. (『維摩經玄疏』 권6, 大正38.561c)

이것은 지의의 『유마경현소』의 처음에 설해진 것인데, 보리류지는 『유마경』은 만자교이므로 『화엄경』이나 『열반경』과 다른 것이 아니라고 주장하는 것이다. 이 시대의 일반적인 이해로서 공을 설하는 경전으로서 『유마경』은 『반야경』과 등질의 것으로 생각되고 있던 것 같으므로 보리류지의 이 주장은 『반야경』에 대해서도 들어맞는다. 따라서 이 의견은 대승 경전의 등질성을 주장한 것이었다고 생각할 수 있다. 그 때문에 대승 경전 사이에 천심을 세움으로써 이루어진 4종판과는 내용적으로 전혀 상용(相容)할 수 없는 사고방식인 것이다. 보리류지와 혜광 사이에 논쟁이 있었는가 어떠한가는 지금은 잠시 차치하더라도 시대적으로 겹치는 이 시기에 전혀 상용할 수 없는 두 개의 대승 경전관이 존재했다는 것은 주목할 가치가 있다.

그렇다면 도빙이 혜광의 제자이면서 스승과 다른 경전관을 갖게 된 이유가 가령 이러한 주장을 인정한 것에 따른 것이라고 한다면,

앞에 서술한 문제는 어떠한 관점에서 정리될 수 있을까? 경전의 내용에 관하여 전혀 우열을 인정하지 않고서, 『반야경』·『화엄경』·『법화경』·『열반경』의 각 경을 어떤 질서를 가지고서 보려고 한다면 그것들을 경전의 설시(說時)의 다름에 의하여 정리한다는 방법은 극히 타당한 방법으로 생각된다. 도빙의 '5시교의'는 아마도 이러한 배경에서 제출된 것은 아니었을까? 이러한 추찰로부터 본다면 도빙의 '5시교의'는 지의가 『법화현의』 등에서 『법계성론(法界性論)』 혹은 『법성론(法性論)』[150]의 설로서 인용하고 있는 것과 극히 가까운 내용을 가진 것은 아니었을까 하고 상상하게 된다. 더욱이 그것이 담연(湛然)에 의해 "보리류지가 『법계성론』을 내었다"[151]라고 주석되어 있는 점을 아울러 생각해 보면 참으로 주목해야 할 설이라고 말하지 않으면 안 된다.

보리류지의 『법계성론』에 관해서는 지의의 인용 경론을 망라하여 연구하면서 약간 다루어진 적도 있는데,[152] 거기에서는 내용에 관해서는 언급되어 있지 않았다. 근년에 이르러 『법계성론』의 내용을 검토한 성과가 발표되어 있으므로[153] 지금은 그 지적에 따르고자 한다. 그 가운데에서 본 절과 관련하여 특히 중요한 지적은 "『법계성론』에는 『화엄』·『반야』·『법화』·『열반』으로 순서 매겨진

---

150) 大正33.745b 및 808a, 809b 등.

151) 『法華玄義釋籤』 권13(大正33.909a).

152) 加藤勉, 「天台大師の撰述における引用経論の問題」(『大正大学大学院研究論集』 6号, 1982) 참조.

153) 青木隆, 「天台行位説形成の問題—五十二位説をめぐって—」(『早稲田大学大学院文学研究科紀要』 別冊 1 · 2集[哲学 · 史学編], 1986) 참조.

교판이 존재하고 있다"라고 되어 있는 것이다. 거듭 주목해야 할 점은 『법계성론』은 보리류지의 찬술 혹은 역출에 의한 것이라고는 생각하기 어렵다고 되어 있는 점, 내용적으로 보아 6세기 전반에 혜광의 사상과 무언가의 관련성을 가진 곳에서 저술된 것이라고 하는 추측이 이루어져 있는 점이다. 『법계성론』 자체의 문제는 본 절의 논지로부터 약간 벗어나므로 이 이상으로 관설(關說)하는 것은 피하고자 하지만, 이상의 지적에 따르면 도빙과의 사이에 뭔가 결부되는 것을 생각하는 것은 그다지 부자연스럽다고는 생각되지 않는다. 또한 이 시대는 『법화경』에 대한 『열반경』의 우위성을 주장한 시대였기 때문에 제5시라고 하여 지의와 같이 법화 · 열반시라고 하는 것과 같은 개념은 틀림없이 도저히 가질 수 없었을 것이다. 이러한 점으로부터 상상하자면 도빙의 '5시교의'란 다음과 같은 순서로 되어 있는 내용을 가졌던 것은 아닐까 하고 생각되는 것이다.

1. 화엄
2. 삼승별교
3. 삼승통교(반야)
4. 법화
5. 열반

그렇다면 다음으로 도빙의 '5시교의'가 가령 이러한 내용을 가진 것이라고 한다면 이 사상은 이 시대에 어떠한 의미를 가진 것이 되는 것일까? 우선 첫 번째 논점은 이미 서술한 것과 같은 4종판의 결함, 곧 제4의 상종 혹은 진종이 『화엄』 · 『법화』 · 『열반』의 각 경에 의해 5종 · 6종으로 분열해 가지 않으면 안 되는 것과 같은 구조를 가지는 것이었음을 [도빙의 이론은] 완전히 다른 관점에 의해 정리하고 있다는 것이다. 이것은 혹은 보리류지의 주장을 이어받았기에 그렇게 된 것이었는지도 모른다. 두 번째 논점은 5시판 가운데에 『화엄경』을 짜 넣음으로써 유송 시대 혜관 이래의 '돈 · 점 2교 5시'라는 사상으로부터 완전히 탈피하고 있다는 점이다. 곧 도빙의 '5시교의'는 종래와 같은 돈교 · 점교라는 전제를 필요로 하는 것은 아니라는 것이다.

원래 점 · 돈 2교판이 세워지게 된 배경에는 대승은 이승불공(二乘不共)이므로 초전법륜은 삼승차별의 가르침이었다고 하는 『법화경』의 설에 서서 그것과 분명히 모순하는 『화엄경』의 설을 회통해야 한다는 필연성이 있었다. 요컨대 불타 석존의 생애의 설법을 어떤 질서 아래에 보려고 함에 있어서 『화엄경』만이 다른 경전과 관계가 부여될 수 없는 것이었다는 점이다. 그래서 『화엄경』을 다른 경전으로부터 별립(別立)하기 위한 관점이 돈 · 점 2교라는 개념이었다. 이 사고방식은 혜관 이래 잠깐 사이에 중국불교계의 주류를 이루어 갔다. 그런데 이러한 돈 · 점 2교판에 대하여 역시 보리류지가 엄격하게 비판하고 있었다는 기술이 『의림장』 권1에 있다.

> 후위에 보리류지 법사가 있었다. 여기에서는 '각애'라고 이름한다. 다만 일시교를 세웠는데, 부처는 자재를 얻어 전혀 마음을 일으켜 설하거나 설하지 않음이 있지 않다. 다만 중생에게는 마음이 있어서 일체시에 일체법을 설한다고 말할 수 있다. 비유하자면 하늘 음악이 중생의 염에 따라 갖가지 소리를 내는 것과 같고,

또한 마니가 뜻의 구하는 바에 따라 갖가지 보석을 비처럼 내려 주는 것과 같다. 『화엄경』은 말하길, "여래는 한마디 말 속에 무변의 경전 바다를 연출한다"라고 하였다. 『유마경』은 말하길, "부처는 일음으로 법을 연설하고, 중생은 부류에 따라 각각 이해를 얻어 혹은 두려워하고 혹은 기뻐하며, 혹은 염리(厭離)를 낳고 혹은 의심을 끊는다"라고 하였다. 따라서 <u>하나의 가르침이 확정되어 돈, 확정되어 점이라고 하는 것은 없다.</u>

後魏有菩提流支法師. 此名覺愛. 唯立一時教. 佛得自在, 都不起心有說不說. 但衆生有感, 於一切時, 謂說一切法. 譬如天樂隨衆生念出種種聲. 亦如末尼隨意所求雨種種寶. 花嚴經云, 如來一語中演出無邊契經海. 維摩經云, 佛以一音演說法, 衆生隨類各得解, 或有恐怖或歡喜, 或生厭離或斷疑. 故<u>無一教定頓定漸</u>. (大正45.247a)

이 지적에 따르면 여래는 항상 유일한 완전한 가르침에 의해 설법하는 것이어서 받아들이는 방법에 각각 차이가 있을 뿐이다. 따라서 여래의 설법에 모순이 있다고 하여 특정의 경전을 돈교라고 한다든가 점교라고 한다든가 구별하여 이해해서는 안 된다는 것이다. 실제로 이러한 지적을 받아들여서인지 아닌지는 정해지진 않았지만, 지론학파에서는 혜광 이래 일관되게 돈교·점교라는 용어를 사용하면서도 그 내용은 크게 변화해 갔던 것이다. 도빙의 '5시교의'가 돈·점 2교를 전제로 하지 않는다는 말은 혹은 보리류지의 이러한 지적을 받아들여서 [그렇게 되었다는] 뜻인지도 모른다.

이상과 같이 생각하면 도빙의 '5시교의'는 혜광의 4종판과 종래의 5시판을 보리류지의 비판을 받아들이면서 전개한 것은 아니었을까 하고 상상하게 된다.

그런데 이러한 도빙의 사상은 후기 지론학파의 사람들에게 받아들여진 형적이 없다. 예컨대 도빙으로부터 세어서 3세대 후인 지상사 지정의 교판은 이미 언급한 것처럼 다음과 같은 것이다.

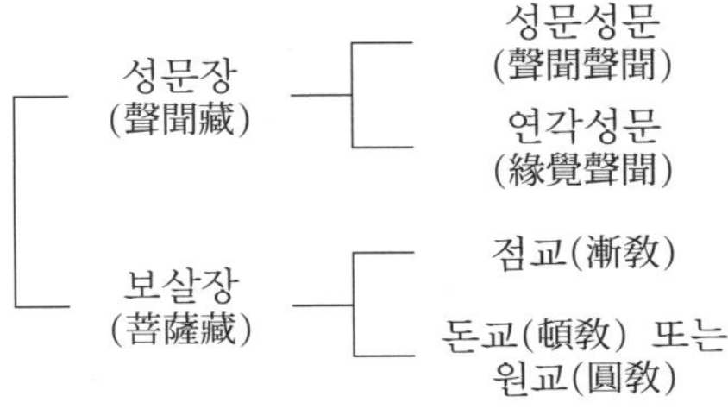

정영사 혜원의 2장판과 거의 같은 것이다. 이 사이의 사정을 어떻게 이해하면 좋을까? 아마도 그 가장 큰 이유 중 하나라고 생각되는 것은 도빙의 '5시교의' 가운데에 이 시대의 가장 큰 사상적 조류였던 소승·대승의 분판이라는 관점이 없다는 점이다. 곧 지론학파의 교학 전개를 혜광의 두 개의 교판으로부터 혜원·지정의 2교판에 이르는 역사라고 생각하면, 그것은 크게 말해서 소승·대승 사상 확립의 역사였다. 불타의 가르침을 소승과 대승이라는 관점에 의해서 정리하면 종래와 같은 삼승별교라는 견해는 전혀 필요하지 않다. 따라서 삼승별교와 대응 관계에 있는 삼승통교라는 개념도 쓰이지 않게 된다. 이러한 이유로 도빙의 '5시교의'는 모처럼 보리류지의 비판을 받아들이면서도 당시의 불교계에 그다지 큰 발언력을 갖지 않았던 것은 아니었을까 추찰되는 것이다. 그렇지만 돈·점 2교를 전제로 하지 않는 5시라는 사고방식은 적어도 다른 대승경전과 『화엄경』을 구별하지 않고 생각한다는 관점을 제공하였을

것이다. 그리고 그러한 관점이 후세에 이르러 지의의 5시판을 생겨나게 하는 모태가 되었을 것이며, 도빙의 문류로부터 지엄을 산출해 낸 배경이 된 것이리라고 상상하게 된다.

제2장
화엄일승사상의 성립

제1절 지엄에 있어서의 화엄 동 · 별 2교판의 형성

1. 들어가는 말

앞의 장에서 밝힌 것과 같은 지론 · 섭론학파의 과제 아래에서 등장하게 된 것이 지엄(智儼)의 사상이다. 곧 지정(智正)의 문제(門弟)였다는 점에서 보자면 [그는] 지론학파에서 배양되어 온 갖가지 문제를 충분히 이해할 수 있었을 것이다. 게다가 지정을 통하여 담천(曇遷)의 사상까지도 직접 · 간접으로 엿볼 수 있었을지도 모른다. 또한 섭론학파의 법상(法常) · 승변(僧辯) 등의 사람들에게 가르침을 받은 것[1]은 혜원(慧遠)으로서는 할 수 없던 『섭대승론(攝大乘論)』의 철저한 연구를 가능케 했을 것이다. 사실 『수현기(搜玄記)』 이래 『공목장(孔目章)』에 이르기까지 『섭대승론』은 지엄 사상의 중요한 부분을 점하고 있다. 그중에서도 중요한 것은 제1장 제2절에서도 다루어진 '소승 · 대승 · 일승'의 분판(分判)이다. 이것

---

1) 『華嚴經傳記』 권3(大正51.163c). 지엄의 전기에 관해서는 키무라 키요타카(木村清孝)의, 『初期中国華厳思想の研究』(春秋社, 1977), pp. 373~382 참조.

은 지엄의 전 생애를 통하여 그 저작 곳곳에 인용되어 있는 것이며, 뒤에 5교라는 형태로 정리된 화엄적 사유의 기반이 된 것이다. 이 『섭대승론』에 의해 제시된, 소승 · 대승과는 별개로 일승이 존재한다고 하는 관점은 결과적으로 그러한 일승교(一乘教)의 존재를 탐구하게 하였음에 틀림없다. 법장의 『화엄경전기(華嚴經傳記)』의 기술은 당시의 사정에 관하여 "깊이 경장(經藏)에 들어가 널리 서물(書物)을 검토하였지만 [적절한 것을] 찾지 못하였다. 어느 때에 마음을 기울여 붙잡은 것이 가끔 『화엄경』이었다. 그 이후 지엄은 일관되게 『화엄경』을 연구하게 되고, 지정의 문인이 되어 『화엄경』을 연구하면서 어느 때 혜광(慧光)의 『화엄경소』를 만났다"[2]라고 기록되어 있다. 그렇지만 지엄과 동시대인 도선(道宣)이 두순(杜順)의 제자로서 지엄의 이름을 들고, 그 두순의 가르침을 받아 지엄이 썼다고 되어 있는 화엄학의 교리서가 『화엄일승십현문(華嚴一乘十玄門)』[3]이라는 명칭을 가지고 있다는 점 등에 의하면 지엄과 『화엄경』을 결부시킨 요소가 법장(法藏)이 보이는 것뿐이었다고 생각할 수는 없을지도 모른다. 이 점은 일단 유보하되, 도리어 지엄의 내면 속에서 『화엄경』과 일승이라는 개념이 결부되었을 때, 그 이해의 규범을 과거 선배의 사상 속에서 찾고자 할 경우 어떠한 것이 참고가 될 수 있었을까? 지론학파의 역사가 이미 언급한 것처럼 소승 · 대승 사상의 확립의 역사였다고 하면, 『화엄경』을 다룬 것은 틀림없이 유일하게 혜광의 『약소』뿐이었던 것이다. 『수현기』가 혜광의 『약소』

2) 『華嚴經傳記』 권3(大正51.163c).
3) 大正藏, no. 1868(大正 45권 수록).

에 의해 써져야 할 필연성은 바로 여기에 있는 것이다.

이 점에 주의를 기울이면서 지엄의 일승관에 주목하면 흥미 깊은 점을 알아차리게 된다. 그것은 뒤에 언급되는 것처럼, 『수현기』 및 『일승십현문』에서는 『화엄경』의 근본적 입장을 '통종(通宗)' 및 '일승통종(一乘通宗)'이라는 용어로 파악하려고 한 것에 대하여 『오십요문답(五十要問答)』에서는 '일승불공교(一乘不共教)', 『공목장』에서는 '일승별교(一乘別教)'라는 용어를 쓰고 있다는 점이다. 이 사실은 지엄에게서 화엄 동·별 2교판의 기초가 조직되어 있었음을 암시하고 있다고 생각된다. 이러한 사실들에 입각하여 여기에서는 지엄의 일승관 전개의 족적을 밝히고자 한다.

2. 『수현기』에 설해진 것

지엄의 『수현기』 집필의 사상적 배경에 관해서는 이미 누차 밝혀 온 바와 같다. 『수현기』에서 그것들을 가장 선명하게 나타내는 것은 현담(玄談)의 제2 「장섭분제(藏攝分齊)」 단이다. 이것은 불교 전체 중에서 자신의 화엄경관을 어떻게 자리매김하는가를 밝히는 부분이므로 지엄의 불교관과 그 가운데에서의 화엄경관이 제시되어 있다. 『수현기』는 불타의 생애의 설법에 관해서는 다음과 같이 말하고 있다.

> [불타의] 일대(一代) 교화의 처음부터 끝에 이르기까지 교문(教門)에는 셋이 있다. 첫째 점교, 둘째 돈교, 셋째 원교이다.

一化始終教門有三. 一曰漸教, 二曰頓教, 三曰圓教. (大正35.13c)

이 '점 · 돈 · 원 3교판'이 혜광의 『약소(略疏)』의 사상에 기초한 것임은 이미 밝혔다. 이 불타의 생애의 교화를 점 · 돈 · 원 3교로 나누는 사고방식은 마찬가지로 점 · 돈 · 원 3교의 명칭을 쓰면서도 그것을 보살장의 분제로 하여 보이는 지정의 성문장(聲聞藏) · 보살장(菩薩藏)의 2장판(藏判)과는 근본적으로 입장을 달리하고 있다. 곧 대국적으로 말하자면 소승 · 대승을 기반으로 하는 사상으로부터 일승 · 삼승을 기반으로 하는 사상으로 거슬러 올라가는 것[遡行]이라고 말할 수 있을 것이다.

이후 3교의 하나하나에 관하여 상세히 해석이 베풀어진다. 우선 점교에 관한 상석(詳釋)은 소전(所詮)의 셋으로 요약하여 가르침을 수다라 · 비나야 · 아비달마의 셋으로 나누고, 소위(所爲)의 둘로 요약하여 성문장 · 보살장의 둘로 나눈다. 이것은 이미 서술한 것처럼 돈황 출토 『섭대승론초』(大正藏, no. 2806)의 「장섭분제」 단의 인용으로 보인다.

다음으로 돈교에 관해서는 "아래의 경에서 말하길"이라고 하여 『화엄경』 권26의 「십지품」 제9지의 첫머리의 게송을 경증(經證)으로 하면서 그 내용을 밝힌다. 곧 다음과 같이 말하는 것이다.

> 만약 중생 중 하열(下劣)하여 그 마음이 염몰(厭沒)한 자에게는
> 보이나니, 성문도로써 중고(衆苦)를 벗어나게 하노라.
> 만약 다시 중생이 있어서 제근(諸根)이 약간 명리(明利)하여
> 인연법을 바라는 경우에는 [그를] 위하여 벽지불을 설하노라.

만약 사람의 근기가 명리하여 중생을 요익하게 하며
대자비의 마음이 있는 경우 [그를] 위하여 보살도를 설하노라.
만약 무상의 마음이 있어서 결정코 대사를 바라는 경우에는
[그를] 위하여 불신(佛身)을 보여 무량(無量)한 불법(佛法)을 설하노라.

若衆生下劣 其心厭沒者 示以聲聞道 令出於衆苦. 若復有衆生 諸根少明利 樂於因緣法 爲說辟支佛. 若人根明利 饒益於衆生 有大慈悲心 爲說菩薩道. 若有無上心 決定樂大事 爲示於佛身 說無量佛法. (大正 9.567c)

이것은 경전의 과제로부터 말하자면 제9지 보살이 닦는 행이 설법행(說法行)이라는 점에 의해 야기될 필연적인 내용을 보이는 것이라고 이해할 수 있다. 덧붙여 『십지경론』에서는 제9지 보살 소작(所作)의 행으로서 "법사방편성취(法師方便成就)"[4]라는 이름을 들고 있다. 이 게송은 준코(順高)의 『기신론본소청집기(起信論本疏聽集記)』에 인용된 지정의 『화엄경소』 권1에도 그대로 인용되어 있고, 이 점에 관해서는 제1장 제2절에서 다루었다. 다만 지정은 이 4게를 하나의 게송마다 개개의 것으로서 다루며, 전체를 하나의 정리된 것으로서 다루고 있지는 않는다는 점에 차이가 있다. 이러한 점에 입각하면서 『수현기』 자체의 이 부분의 해석을 보자. 거기에서 이 부분은 9지 보살의 신(身) · 구(口) · 의(意) 3업 중 구업을 밝히는 것으로서 다음과 같이 설하고 있다.

4) 大正26.186a.

> 이 문장에 넷이 있다. 성문 · 연각 · 점 · 돈 등의 넷으로 나눈다. 또한 일승 · 삼승의 넷으로 나눌 수 있는 것이다.
> 此文有四. 聲聞緣覺漸頓等分四. 亦可一乘三乘分四也. (大正35.72a)

이 전반부의 "성문 · 연각 · 돈 · 점 등의 넷으로 나눈다"라는 말은 분명히 앞에 언급한 지정의 이해를 계승한 것이라고 말할 수 있을 것이다. 따라서 후반부의 "또한 일승 · 삼승의 넷으로 나눈다"에 『수현기』 본래의 주장이 있다고 보아도 좋다. 과연 「장섭분제」 단의 돈교 항에 이러한 전체를 돈교의 경증으로서 인용하고 있는 것이며, 이 인용에 이어지는 문장은 다음과 같이 말하고 있는 것이다.

> 이 문장으로써 일승 및 돈교 · 삼승의 차별이 있음을 증지(證知)한다.
> 以此文證知有一乘及頓教三乘差別. (大正35.14b)

곧 이 경문 전체에 의해 삼승교와는 별개로 돈교 혹은 일승이 존재함을 입증하고자 하는 것이다. 이것에 더하여 직후에는 예(例)의 『섭대승론』의 일 · 대 · 소승의 분판을 인용한다.

> 또한 진제의 『섭론』에 의하면 첫째 일승, 둘째 삼승, 셋째 소승이다.
> 又依真諦攝論, 一者一乘, 二者三乘, 三者小乘也. (大正35.14b)

여기에서 주의해야 하는 것은 진제 역의 세친 『섭론』에는 '대승'이라고 한 것을 지엄은 '삼승'이라고 바꿔 말하면서 인용하고 있다는 사실이다. 이 점에 관하여 참고할 만한 것으로서 법장은 『탐현기』 권1에서 다음과 같이 말하고 있다.

> 셋째 혹은 나누어 셋으로 한다. 말하자면 소승·삼승·일승교이다. 『지론』에 이미 이 경(=『화엄경』)을 가지고서 이승(二乘)과 함께하지 않는다고 한다. 따라서 이름하여 '불공(不共)'이라고 하는 것은 곧 일승이다. 『대품[반야경]』 등은 삼승과 같이 관하여 득익(得益)함에 통하는 것으로 하므로 이름하여 '공(共)'이라고 하는 것은 곧 삼승이다. 뜻으로써 준하면 4[부] 『아함[경]』은 이미 보살과 함께하지 않으므로 또한 '불공'이라고 이름한다. 곧 이는 소승이다. 이 삼위(三位)에 의하여 양(梁)의 『섭론』 권8에 말하길, "여래의 정법을 성립함에 3종이 있으니, 첫째 소승을 세우고, 둘째 대승(어떤 판본에는 '삼승'이라는 글자로 되어 있다)을 세우고, 셋째 일승을 세운다. 제3은 최승이므로 따라서 '선성립(善成立)'이라고 이름한다"라고 하였다.
>
> 三或分爲三. 謂小乘三乘一乘教. 智論既將此經爲不與二乘共. 故名爲不共即是一乘. 大品等爲通三乘同觀得益故名爲共即是三乘. 義准四阿含經既不共菩薩亦名不共. 即是小乘. 依此三位梁攝論第八云, 如來成立正法有三種, 一立小乘, 二立大乘(有本作三乘字), 三立一乘, 第三最勝故名善成立. (大正35.116a, 괄호 속 글자는 각주에 의해 보충함)

곧 『반야경』 등과 같이 삼승에게 똑같이 가르쳐진[開] 공교와 삼승과는 공통하지 않는 소승(4부 『아함경』)과 일승(『화엄경』)이 있고, 그것이 『섭대승론』에 소승·대승·일승의 구별이 있다고 설해져 있다고 하는 것이다. 대정장 저본의 '대승'에 관하여 어떤 판본에는 '삼승'으로 되어 있다고 협주(夾註)가 달려 있는데, 법장의 주(註)인지 저본의 주인지는 판연(判然)하지 않다. 『반야경』을 매개로 한 대승 경전의 통별(通別)은 종래부터 일관된 과제였으므로, 소승·대승 2교판의 전통 속에서 삼승 내의 불공(4부 『아함경』)과 삼승 그 자체의 불공(일승)을 명확히 하기 위해서는 『섭대승론』의 소승·대승·일승이라고 바꿔 말하는 쪽이 명확하다. 아마도 지엄의 의도를 대변하는 것이라고 생각된다. 돈교를 해설하는 장면에서 이 문장이 인용된 것은 결과적으로 삼승교와는 별개로 돈교 혹은 일승이 존재함을 입증하는 것이 된다. 따라서 이후 다음과 같은 문답이 이루어지게 된다.

> 물음: 돈오와 일승은 어떠한 구별이 있는가? 답변: 이것은 또한 부정(不定)이다. 혹은 불별(不別)이며, 혹은 지(智)와 교(敎)의 관점에서는 별(別)이다. 또한 하나는 옅고 하나는 깊다.
> 問頓悟與一乘何別. 答此亦不定. 或不別, 或約智與教別. 又一淺一深也. (大正35.14b)

곧 돈교와 일승의 동이(同異)에 관한 문답이다. 답변 중에는 이후에 보이는 것과 같은, 『화엄경』을 돈교로서 정의해야 하는 것과 같은 결정적인 주장을 볼 수는 없다.

마지막으로 원교에 관해서는 다음과 같이 제시된다.

> 세 번째로 원교라고 하는 것은 상달(上達)의, 부분적으로 부처 경지에 오른 자를 위하여 해탈구경의 법문을 설한다. 불사(佛事)를 만족하므로 '원'이라고 이름하는 것이다.

第三言圓教者, 爲於上達分階佛境者, 說於解脫究竟法門. 滿足佛事故名圓也. (大正35.14b)

이것은 이미 밝혀온 것처럼 혜광이 『약소』와 『광소』에 공통적으로 [지적]하고 있는 것과 내용적으로 같은 것이다.

이상과 같이 점 · 돈 · 원 3교의 정의를 다 보이고 나서 『화엄경』의 장섭분제를 밝히면서 다음과 같이 결론을 맺는다.

이 경은 곧 돈 및 원 2교에 포섭되는 것이다.
此經卽頓及圓二教攝. (大正35.14b)

『화엄경』이 원교의 소섭이라고 되어 있음으로 인해 마지막으로 하나의 문답이 놓이게 된다. 곧 다음과 같이 말하는 것이다.

물음: 이 경은 무엇 때문에 예전부터 삼승에 통한다고 분별하고 [삼승에] 포섭하는가? 답변: 이 경의 종통(宗通)에 동 · 별 2교가 있어서 삼승의 경계의 견(見) · 문(聞) 및 수(修) 등으로 삼기 때문이다. 『법화경』의 삼계 속에서 삼거(三車)를 가지고서 제자(諸子)를 이끌어 집에서 나오고 노지에서 따로 대우(大牛)의 수레를 준 것과 같다. 따라서 이 2교는 함께 삼계에 있어서 견 · 문의 경계로 삼는다. 또한 성문 등을 궁자(窮子)로 삼는다. 이는 그가 이끄는 바이다. 따라서 알아야 한다. 소승 외에 별도로 삼승이 있다. 서로 이끄는 것을 얻어 주반(主伴)으로써 종을 이루는 것이다.
問此經何故上來通三乘分別及攝者. 答爲此經宗通有同別二教, 三乘境見聞及修等故也. 如法華經三界之中, 三車引諸子出宅露地別授大

牛之車. 仍此二教同在三界爲見聞境. 又聲聞等爲窮子. 是其所引. 故知, 小乘之外別有三乘. 互得相引主伴成宗也. (大正35.14b~c)

이 문답은 『화엄경』을 점 · 돈 · 원 3교 중 돈 · 원 2교의 소섭이라고 하는 것과 그것을 삼승에 통하여 개현(開顯)하는 것은 본래적으로 모순하는 것은 아닌가 하는 점을 주지(主旨)로 하는 것이다. 그 가운데 '동 · 별 2교'라는 용어를 써서 『화엄경』이 삼승이 다 같이 견문(見聞)하는 바의 대상으로도 될 수 있다고 주장하는 것이다.

이 부분은 그 설 가운데에 '동 · 별 2교'라는 용어가 있으므로 동 · 별 2교판이 이미 『수현기』에서 밝혀져 있다는 주장의 근거가 되는 것이다.[5] 그렇지만 간단하게 그렇게 정리할 수 있을까? 대답 내용을 음미해 보면 "이 경", 곧 『화엄경』의 종통에는 동교와 별교가 존재하므로 삼승의 경(境)으로도, 견문하는 바로도, 닦는 바로도 된다고 말하고 있다. 그리고 『법화경』의 화택삼거(火宅三車)의 비유를 써서 동교와 별교의 2교가 어느 쪽이건 삼계 속에 있다고 말하는 것이므로 여기에 설해진 동 · 별 2교를 법장이 『오교장』의 첫머리에서 보이는 것과 같은 일승교(一乘敎)의 분제를 나타내는 것이라고 생각할 수는 없는 것이다. 왜냐하면 가령 여기에서의 동 · 별 2교를 일승교의 분제라고 생각할 경우 일승의 별교가 삼계 속에 있다는 말이 되고, 『법화경』의 비유와는 합치하지 않기 때문이다. 또한 이 대답의 후반부를 주의 깊게 보면 소승과는 별개로 삼

5) 吉津宜英, 「華厳教判論の展開—均如の主張する頓円一乗をめぐって—」(『駒沢大学仏教学部研究紀要』 39号, 1981) 참조.

승이 존재한다는 결론을 내리고 있는 것이므로 그 문맥으로부터 미루어 여기에서 말하는 바의 동·별 2교란 삼승과 소승의 공·불공을 다루는 것이라고 풀이할 수 있는 것이다. 『화엄경』의 종통은 그러한 삼승교를 반(伴)으로 삼으면서 성립됨으로써 스스로를 주반구족(主伴具足)의 원교답게 만들고 있다고 이해해야 하는 것이다.

여기에서 주목해야 하는 것은 그러한 『화엄경』이 가진 본질적인 의미를 '종통'이라는 말로 나타내고 있다는 점이다. 이 '종통'에 관해서는 이미 제1장 제1절 3. 2) (2) 「4종판의 성립과 불타 삼장의 사상」에서 자세히 논한 바 있다. 그것은 원래 4권 『능가경』에 의하면 "설통은 동몽에게 주고, 종통은 수행자를 위하여 설하였다"라고 되어 있는 것이었다. 그리고 견등(見登)의 『화엄일승성불묘의(華嚴一乘成佛妙義)』에 의하면 이 설통·종통설을 근거로 하여 혜광의 스승인 불타 삼장이 삼승별교·통교·통종이라는 3교판을 조직했다고도 말해지고 있는 것이다. 이렇게 생각하면 『수현기』 및 『일승십현문』[6]에서의 '통교·통종'이라는 용어는 『수현기』의 성립 배경을 생각하는 데 있어서 극히 중요한 의미를 가진 단어라고 말해야 한다. 『수현기』 속에는 '통교'(大正35.41b)·'일승통교(同.34c)'·'일승통종'(同.32a)이라는 용어를 각각 한 사례씩 볼 수 있다. 어느 쪽이건 『화엄경』에 설해지는 것을 설명하는 것인데, 그 가운데에서도 '일승통종'이라는 용어가 보이는 「현수품(賢首品)」 말후(末後)에 주목해 보자.

6) 大正45.515c 등에 설해져 있다. 이 점은 뒤에 다룰 것이다.

그 진실을 궁구하는 것과 같으니, 마땅히 이것은 일승통종의 행요(行要)여야 한다. 뜻이 참된 근본을 일으켜 세간을 버리지 않고 … 如究其實, 當是一乘通宗行要. 義興真本而不捨於世 … (大正35.32a)

이것은 「현수품」에 설해진 정신(淨信)이 일체의 보살도의 덕을 갖춘 것이라고 되어 있는 것에 대하여, 경문이 십지의 종심(終心)에 무상보리(無上菩提)를 만족한다고 설하는 것은 모순이 아닌가 하는 물음에 답한 것이다. 여기에 설해진 "일승통종의 행요"란 바로 그러한 외견적 모순으로 보이는 것이야말로 이 경의 본질임을 밝히는 것으로서, 일승통종을 『화엄경』의 본질로 생각하고 있다고 말할 수 있다. 이 부분은 이미 이시이 코세이(石井公成) 박사에 의해 '일승통종'이라는 용어까지도 포함하여 전체가 혜광의 『화엄경소』로부터의 인용은 아닐까 하고 추찰되고 있는 개소이다.[7] 『탐현기』와 혜광과의 깊은 관련성에 관해서는 제1장 이후 계속 일관되게 밝히고 있는데, 이 부분도 그 연장선상에서 이해하는 것이 충분히 가능하다. 따라서 『수현기』가 곳곳에서 혜광의 『소』를 인용한다는 것은 비교적 용이하게 생각할 수 있다.

그렇다면 다음으로 혜광과의 관계가 주목되는 『일승십현문』의 통·별설과 비교해 보고자 한다. 『일승십현문』은 우선 10문의 명칭을 나열한 다음 그것들 10문 각각이 다시 교의(教義)·이사(理事)·해행(解行) 등 상대하는 열 가지 법문을 갖추어 합계 100의

7) 石井公成, 『華厳思想の研究』 제1부 제2장 제3절 「三. 慧光の影響」(春秋社, 1996), p. 145 이하 참조.

법문이 존재함을 설한다. 그 가운데 제1의 '교의' 상대에서는 다음과 같이 말한다.

> 이른바 '교의'란 교는 곧 이 통상 · 별상 · 삼승 · 오승의 가르침이다. 곧 별교를 가지고서 별의(別義)를 논한다. 그런 이유로 이치를 얻으면 가르침을 잊는 것이다. 만약 이 통종에 들어가면 가르침이 곧 뜻이니, 동시에 상응하기 때문이다.
> 所言教義者, 教即是通相別相三乘五乘之教. 即以別教以論別義. 所以得理而忘教. 若入此通宗而教即義, 以同時相應故也. (大正45.515c)

또 제3의 '해행' 상대에서는 다음과 같이 말한다.

> 세 번째 '해행'이란 삼승의 설과 같은 것은 해이며, 행이 아니다. 사람의 이름자를 설하면서도 그 사람을 알지 않는 것과 같다. 만약 통종의 설이라면 곧 행이 해이다. 그 얼굴을 보고서 그 이름을 설하지 않더라도 스스로 아는 것과 같다.
> 第三解行者, 如三乘說解而非行. 如說人名字而不識其人. 若通宗說者, 即行即解. 如看其面不說其名而自識也. (大正45.515c)

이 두 개의 문장에 의해 통종이란 삼승교에 대한 일승교의 입장을 표현하는 것이며, '통상 · 별상 · 별교'라는 용어는 삼승교 내의 공 · 불공의 관계를 나타내는 것임을 이해할 수 있을 것이다. 이 점에 관해서 사카모토 유키오(坂本幸男) 박사는 신라 견등의 『화엄일승성불묘의』에 설해진 것에 의거하여 이러한 용어들은 불타 삼장이 창설한 것이라고 지적하고 있다.[8] 확실히 『화엄일승성불묘의』

의 「현교차별(顯教差別)」의 제3 약초회심교문(約初廻心教門)[9]에서는 '삼승별교·통교·통종대승'이라는 용어가 활발하게 사용되고 있는 것을 볼 수 있다. 다만 여기에서 간과해서는 안 되는 점은 불타 삼장 및 그 제자 법표(法標)가 통교와 통종을 완전히 구별하여 사용하고 있다는 사실이다. 이 점은 앞의 장에서도 강조해 왔던 것이다. 게다가 놓쳐서는 안 되는 것은 불타 삼장이 『능가경』에 의해 세운 통종대승을 지엄은 일승통종으로서 『화엄경』에 충당(充當)시켰다고 하는 『성불묘의』의 기술이다. 이 점은 지금까지 검토해 온 『수현기』 및 『일승십현문』의 설과 잘 부합한다. 곧 『수현기』 및 『일승십현문』에서의 '통종' 개념이란 삼승교와는 별개로 존재하는 『화엄경』의 본질적인 것을 나타내고자 하는 것이며, 그 직접적 근거는 아마도 혜광의 사상에 있었다고 생각된다. 이 '통종'이라는 용어는 혜광에게서는 소승·대승사상을 배경으로 함으로써 4종판으로 전개되고 있었던 것인데, 지금 지엄에게서는 일승·삼승을 기반에 둠으로써 그대로 일승을 나타내는 것이 되었던 것이다. 따라

8) 坂本幸男, 「華厳の同別二教判の起源について」(『大乗仏教の研究』, 大東出版社, 1980) 참조. 또 신라 견등의 『성불묘의(成佛妙義)』는 일본 주레이(壽靈)의 『오교장지사(五教章指事)』(大正72.245a)의 문장을 그대로 인용하여 설을 서술하는 개소(大正45.776b)가 존재한다. 견등이나 주레이는 신라와 일본의 화엄사상의 전개에 중요한 역할을 담당한 사람들이라고 생각되는데, 두 사람 모두 그 생애 등은 상세히 전하지 않는다. 따라서 일본과 한국의 불교 연구자에 의해 여러 각도에서의 고찰이 행해지고 있다. 상세한 내용은 崔鈆植, 「新羅見登の活動について」(『印度学仏教学研究』 50巻 2号, 2002) 참조.

9) 大正45.785c.

서 여기에서 말하는 통교·별교는 어디까지나 삼승교의 분제이며, 그것들에 대비하여 통종이 세워져 있다는 점을 결코 간과해서는 안 되는 것이다. 곧 『일승십현문』의 통상·별상설이 불타 삼장이 말하는 통교·별교의 내용의 연장에 있다고 한다면 어디까지나 삼승교의 분제를 설명하는 것이다. 그것에 대하여 일승교로서의 통종에는 '별종(別宗)'이라는 것을 생각하고 있는 것은 아니다. 따라서 사카모토 박사가 말한 것처럼 일승통종이라는 사상이 그대로 일승교의 동·별로 전개되고 있다고는 생각하기 어려운 것이다. 그 때문에 앞에 제시한 「장섭분제」 단에 나오는 '동·별 2교'란 별교·동교·통종의 순서로 배열되는 것의 일부인 것이며, 불타 삼장이 말하는 삼승별교·통교와 내용적으로 같은 것이라고 생각해야 한다. 실제로 지엄은 "'통'과 '동'은 뜻에 있어서 나름은 없다"[10]라고 확실히 말하고 있으며, 이 점에서도 동·별 2교의 명칭만 가지고서 『수현기』에 화엄교학 독자의 동·별 2교판이 있었다고 할 수는 없다고 생각된다.

이상으로 『수현기』 및 『일승십현문』의 사상적 과제가 일승통종—『화엄경』의 본질을 일승으로 보는 견해—의 확립에 있음이 밝혀졌을 것이다.

---

10) 『공목장』 권4에 다음과 같이 나와 있다.

> 전덕이 이미 통·별 2교를 서술하였으나 아직 풀이의 양상을 보지는 않았다. 이제 이치로써 구하니 '통'은 '동'과 그 뜻에 다른 취지가 없다.
> 前德已述通別二教. 而未見釋相. 今以理求, 通之與同義無別趣也. (大正45.586a)

3. 일승교의 공·불공이라는 관점

『수현기』에서 확립된바, 『화엄경』의 본질을 일승통종으로 보는 사상은 아마도 법장이 지엄의 『수현기』 찬술을 '입교분종'으로 본 이유였다고 해도 틀림없을 것이다. 그리고 그러한 기본적 관점은 『일승십현문』에도 상통하는 것이었는데, 『오십요문답』 및 『공목장』이 되면 새로운 전개를 보이는 것이다.

『오십요문답』 권1의 「일승분제의(一乘分齊義)」에서는 일승의 교의에 관하여 다음과 같은 문답을 하고 있다.

> 물음: 일승 교의의 분제는 어떠한가? 답변: 일승교에 2종이 있다. 첫째 공교, 둘째 불공교이다. 원교일승이 밝히는 바의 여러 뜻은 문문구구(文文句句)에 일체를 갖추니, 이것은 불공교이다. 자세히는 『화엄경』에 설해진 것과 같다. 둘째 공교란 곧 소승·삼승교이다. 명자(名字)는 같더라도 뜻은 모두 별이(別異)하다. 대승 경전들 가운데에 자세히 설한 것과 같다.
>
> 問, 一乘教義分齊云何. 答, 一乘教有二種. 一共教, 二不共教. 圓教一乘所明諸義文文句句皆具一切, 此是不共教. 廣如華嚴經說. 二共教者即小乘三乘教. 名字雖同意皆別異. 如諸大乘經中廣說. (大正45.522b)

곧 일승교에는 2종이 있어서 일승불공교는 문문구구에 일체를 갖추는 것이고 『화엄경』에 설해진 것이 그것에 상당한다고 되어 있는 것과 달리, 일승공교는 가르침의 구체상(具體相)으로서는 소승교 및 삼승교이며 똑같이 '공교'로 일괄되어 있는데, 각각 다른 것이며 여러 대승 경전에 널리 설해진 것이라고 한다. 공·불공의 사상에 관해서는 그 용어의 연원이 『대지도론(大智度論)』의 곳곳에 보이는 것[11]에 발단하고 있음은 이미 지적한 것과 같다. 거기에서 문제시된 것은 '반야바라밀'이 성문 · 연각 · 보살의 삼승 중 성문 · 연각에도 공통으로 제시된 것인가 그렇지 않은가 하는 것이었다. 따라서 이러한 이유에서 삼승교에 통교와 별교가 세워지기에 이른 것인데, 지금 『오십요문답』은 그 공 · 불공이라는 개념을 일승교의 분제로서 이용하고 있는 것이다. 이러한 문제의 배경에는 일승교라는 개념의 확립이 있음은 기다려 논할 필요 없지만, 일승교를 2종으로 나누어야 할 필연성이란 대체 어떠한 것이었을까?

이러한 점에 생각이 미칠 때 지론교학의 전개 [과정] 중에서 단지 하나의 어떤 시기에 한하여 일승에 관한 논쟁이 있었다고 여겨지는데, 이를 간과할 수 없다. 곧 그것은 제1장 제1절 3. 2)에서 밝힌 것과 같은 혜광과 보리류지의 일승을 둘러싼 논쟁이다. 혜광의 점 · 돈 · 원 3교판에서의 일승관은 삼승과는 별개로 돈교 혹은 원교(일승)가 존재한다는 것이었다. 한편 보리류지의 일음교의 사상은 '사(事)'로서의 소승 · 삼승교 그 자체의 심오(深奧)에 '이(理)'로서의 일승이 드러나 있다는 이(理)의 측면에 서서 여래의 설법은 언제나 일승이라고 하는 것이다. 이 보리류지와 혜광의 일승관의 상위는 소승 · 대승사상의 확립이라는, 그 후 지론교학 중에서는 전

---

11) 예컨대 『대지도론』 권34에 다음과 같이 나와 있다.

반야바라밀에 2종이 있다. 첫째는 성문, 보살, 신들과 더불어 함께 설한 것이다. 둘째는 단지 십주를 구족한 보살과 더불어 설한 것이다.

般若波羅蜜有二種. 一者與聲聞菩薩諸天共說. 二者但與十住具足菩薩說. (大正 25.310c)

이와 같은 설은 권41(357c), 권72(564a), 권100(754b) 등에도 있다.

혀 문제가 될 수 없는 특질을 가졌던 것이라고 말할 수 있을 것이다. 따라서 지엄에 이르기까지 그러한 문제는 전혀 정리되지 않은 채 그대로 온존(溫存)하게 되었음이 틀림없을 것이다. 그리고 지엄에게서 혜광의 사상을 근거로 하여 『화엄경』을 일승통종이라고 하는 것과 같은 사상이 확립될 때, 그 이면에서는 완전히 동시에 보리류지의 '일음교'에 의해 보여지는 것과 같은 일승교의 과제를 거두어들이게 되었을 것이다. 『수현기』 및 『일승십현문』에서는 일승통종의 확립이라는 것에 당면의 과제가 있었기 때문에 이러한 문제까지 언급할 수는 없었을 것이다. 이렇게 생각하면 『오십요문답』에 제시된 일승의 공교 · 불공교라는 과제는 바로 지엄에게서 새로이 전개된 것이라고 볼 수 있을 것이다.

'일승불공교'라는 용어에 관하여 "문문구구에 모두 일체를 갖추"므로 불공교라고 설하고 있는데, 이것은 약간 요해(了解)하기 어려운 해석이라고 말하지 않을 수 없다. 하나하나에 일체를 갖추는 것을 '불공'이라는 말로 표현해야 하는 의도가 그다지 명확하지 않기 때문이다. 한편 공교에 관해서는 소승교 · 삼승교의 본래적인 의미를 나타내는 것이라고 되어 있을 뿐이므로 이쪽은 비교적 이해하기 쉽다. 이러한 정의는 대체 어떠한 의도에 의한 것일까? 이 점에 관해서는 일승불공교에 상응하는 것으로서 『화엄경』만이 특정되어 있음에 주의하게 된다. 요컨대 모든 대승 경전 중에서 『화엄경』만을 뽑아내기 위한 논법인 것인데, 그것 이외의 의미를 갖고 있지 않은 것일까? 이러한 추찰을 뒷받침하는 것으로서 마찬가지로 『오십요문답』의 「제경부류차별의(諸經部類差別義)」의 일련의 문장을 들 수 있다.

물음: 경전들의 부류의 차별은 어떠한가? …『화엄』1부는 일승 불공교이다. 나머지 경은 공교이다. 일승은 삼승 · 소승이 함께 의지하기 때문이다. 또한『화엄』은 주(主)이고, 나머지 경은 권속이다. …『법화경』과 같은 것은 종의(宗義)가 일승경이다. 삼승은 삼계 안에서 그 행을 이루기 때문이다. 일승은 삼계 밖에서 삼계를 위해 견문(見聞)이 되기 때문이다.
問, 諸經部類差別云何. … 華嚴一部是一乘不共教. 餘經是共教. 一乘三乘小乘共依故. 又華嚴是主, 餘經是眷屬. … 如法華經宗義是一乘經也. 三乘在三界內成其行故. 一乘三界外與三界爲見聞故. (大正 45.523a~b)

이것에 따르면 일승불공인『화엄경』을 주(主)로 [간주]하고, 다른 모든 경전들을 권속으로 하는 것임은 분명하다. 곧 소승 및 삼승에 가탁(假託)되어 설해진 것인가 아닌가가 일승의 분제를 공과 불공으로 나눌 경우의 경목(境目)이 되는 것이다. 따라서 이러한 관점으로부터는『법화경』의 일승사상은 공이라거나 불공이라거나 어떤 한쪽으로는 분류할 수 없게 된다. 역으로 말하자면 회삼귀일(會三歸一)의『법화경』의 일승사상에 의해 소승 · 삼승교가 공교로서의 일승과 다름없음이 요해되는 것이며,『법화경』에 의해 지시된 삼계 밖에 있는 일승교의 내용이『화엄경』에 다름 아님이 요해되기 때문이다. 화엄교학 독자의 동 · 별 2교판의 본질적인 의미는 이상과 같은 구조를 가진 것이라고 말할 수 있다.

그것은 지엄에게는『공목장』권4의「융회삼승결현명일승지묘취(融會三乘決顯明一乘之妙趣)」에 다음과 같이 제시되어 있다. 거기에서는 우선 다음과 같이 동 · 별 2교가 의거하여 세우는 바를 정의

한다.

> 무릇 원통의 법은 구덕(具德)으로 종(宗)을 삼는다. 연기의 이치는 진실로서 2문을 써서 취회(取會)한다. 그 2문이란 이른바 동·별 2교이다.
> 夫圓通之法以具德爲宗. 緣起理實用二門取會. 其二門者, 所謂同別二教也. (大正45.585c)

그다음 별교를 다음과 같이 설명한다.

> 별교란 삼승을 구별하기 때문이다. 『법화경』에 말하길, "삼계 밖에 따로 대우(大牛)의 수레를 찾기 때문이다"라고 한다.
> 別教者, 別於三乘故. 法華經云, 三界外別索大牛之車故也. (大正45.585c)

이것에 따르면 '별교'라는 용어가 바로 삼승교와는 별개의 일승교를 가리키는 것이 되며, 삼승 안에 공·불공의 관계를 문제로 삼는 것은 아님이 분명해진다. 다음으로 동교를 풀이하여 다음과 같이 말한다.

> 동교란 경에 "셋을 모아서 하나로 돌아간다"라고 하였다. 따라서 '같다[同]'고 아는 것이다.
> 同教者, 經云會三歸一故. 知同也. (大正45.585c)

따라서 동교란 삼승과 일승의 관계성에 의해 파악된 삼승교를 의미하는 것임을 요해할 수 있다. 그리고 별교도 동교도 『법화경』에 설해진 것을 빌려 설명하고 있는 점이 극히 중요해 보인다. 이 점에 관해서는 이미 서술한 바와 같다. 나아가 동교를 다음과 같이 [추가적으로] 설명하고 있다.

> 또한 '동'이란 중다(衆多)의 별(別)의 뜻이 있더라도 한마디로 통하여 지목하기에 '동'이라 하는 것이다. 또한 뜻을 모으니 다종(多種)의 법문과는 같지 않는 것이다. 다른 것에 따라 하나를 취하니, 뜻 외에 별상이 없으므로 '동'이라 할 뿐이다. 이른바 '동'이란 삼승을 일승과 같게 하기 때문이다. 또한 '동'이란 소승을 일승과 같게 하기 때문이다. 또한 '동'이란 소승을 삼승과 같게 하기 때문이다.
>
> 又言同者, 衆多別義一言通目故言同. 又會義不同多種法門. 隨別取一, 義餘無別相故言同耳. 所言同者, 三乘同一乘故. 又言同者, 小乘同一乘故. 又言同者, 小乘同三乘故. (大正45.586a)

이에 의거하면 단지 일승과 삼승과의 관계라고만 말할 것이 아니라 소승·삼승·일승이라는, 각각 구별되는 기(機)와 교(敎)에서의 공통성의 문제라고 정의해도 좋다고 생각한다. 여기에서 특히 주의해야 할 점은 지엄이 최후의 개소에서 "소승을 삼승과 같아지게 한다"라는 입장까지도 인정하고 있다는 점이다. 이 "소승을 삼승과 같아지게 한다"라는 입장의 가르침으로 바뀌게 되면, 그것은 삼승동교라는 개념이 될 것이다. 지엄의 동교 개념 중에는 일승동교뿐만 아니라 삼승동교라는 개념까지도 포함하고 있는 점은 후의 법장 이후의 동·별 [교]판과의 관계[를 살펴볼 때] 주의해야 한다. 법장도 『탐현기』에서 '삼승통교'[12], '삼승별교'[13], '동교삼승'[14]이라는 용어를 쓰고 있지만, '삼승동교'라는 용례는 볼 수가 없다. 따라서 뒤의 일승 교의의 동·별이라는 관점에서 보자면 무시되기 쉬운 삼승동교라는 입장을 동교로 인정하는 것은 지엄의 동·별판의 본질을 아는 데 있어서 극히 중요한 사항이다. 그렇지만 지엄의 저작 중에서도 '삼승동교'라는 용어의 예를 자주 볼 수는 없다.[15] 곧 지엄에게서는 삼승동교라는 입장을 인정하면서도 '동교'라고 말하면 소승·삼승을 일승과 같아지게 한다고 하는 일승동교를 의미하는 경우가 많은 것이다. 아마도 이 점이 뒤의 동·별판의 방향성을 결정짓게 되었다고 생각되는 것이다. 여기에 이르러 『수현기』 이래의, 『화엄경』을 일승교로 보는 사상은 그 이전의 갖가지 문제를 모두 극복하면서 하나의 정리된 체계가 될 수 있었음을 확인할 수 있다.

그리고 지엄에 의해 지금까지 정리된 '화엄일승'이라는 개념은 다시 법장에 의해 한층 정련(精練)되고 완성되어 간다. 곧 법장이 『화엄오교장』의 첫머리에서 명시하는 다음과 같은 것이다.

> 이제 장차 석가불의 해인삼매 일승 교의를 열고자 함에 대략 10문을 짓는다. … 먼저 「건립일승을 밝힘」에 관하여. 그런데 이 일승교의의 분제는 열면 2문이 된다. 첫째 별교, 둘째 동교이다.

---

12) 大正35.111a.
13) 위와 같음.
14) 大正35.116a.
15) 필자가 아는 한에서는 『공목장』 권3(大正45.553a)의 한 사례뿐이다.

今將開釋迦佛海印三昧一乘教義略作十門. … 初明建立一乘者, 然此一乘教義分齊開爲二門. 一別教, 二同教. (大正45.477a)

석가불의 해인삼매 속에서 밝혀진 화엄일승의 교의를 별교와 동교의 둘로 나눔으로써 우선 일승 교의의 분제를 명확히 한다. 계속해서 별교를 다시 성해과분(性海果分)과 연기인분(緣起因分)으로, 동교를 다시 분제승(分諸乘)과 융본말(融本末)로 각각 나누어 각각의 것을 구체적으로 해석해 가는 것이다. 그리고 이 동·별판의 해석을 둘러싸고 그 후 갖가지 의견이 전개되기에 이른다. 예컨대 청량 징관(淸凉澄觀)이 『연의초(演義鈔)』 등에서 제시한바 법화동교일승설(法華同教一乘說), 고려 균여에 의한 해섭문동교설(該攝門同教說), 송대 이수사가(二水四家)의 논쟁, 본조(일본) 에도(江戶) 시대의 호탄(鳳潭)과 후자쿠(普寂)의 논쟁 등 하나하나 세자면 쉴 틈이 없다. 그렇지만 그러한 의론은 본질적으로는 동교일승을 어떻게 이해해야 할 것인가 하는 점을 둘러싼 논쟁이라고 말할 수 있다. 어찌하여 그렇게 떠들썩한 의론이 이루어졌던가 말하자면 바로 동·별 2교판이 5교판과 나란히 화엄교학의 중추를 차지하는 사상이기 때문인데, 징관 이후 천태와의 교섭 중에 동·별판이 법화일승과 화엄일승의 문제로서 파악되고 있었기 때문이다. 그렇지만 동·별 2교판을 화엄일승과 법화일승의 문제로서 파악하는 것은 지금까지 서술해 온 것과 같은 화엄일승사상의 전제로서의 동·별 2교라는 측면에서 보자면 본지를 일탈한 것이라고 말하지 않을 수 없다. 곧 동·별 2교판은 어디까지나 화엄일승의 문제로서 이해해야 하는 것이며, 법장이 '입교분종'[16]이라고 생각한 근거는 이 화엄일승이라는 점에 있었던 것이다.

16) 『華嚴經傳記』 권3(大正51.163c). 이 점에 관해서는 본서 서장을 참조하라.

제2절 화엄 동·별 2교판의 본질적 의미

— 『수현기』에 화엄 동·별 2교판은 존재하는가 —

1. 문제의 소재

앞의 절[의 설명]에 의해 법장이 『수현기』에서 화엄종 성립의 의미를 본 이유가 명확해졌다고 생각한다. '화엄일승'이라는 개념은 『수현기』에서 열매를 맺고 다시 전개되어 만년의 『공목장』에 이르러 뒤에 법장이 동·별 2교판으로서 『오교장』 첫머리에 제시하는 것의 원형이 정비되었던 것이다. 이러한 전개는 대략 명확하다고 생각되는데, 앞의 절에서도 언급했듯이 『수현기』 속에 '동·별 2교'라는 용어가 있기 때문에 『수현기』에 "이른바 화엄 동·별 2교판이 존재한다"라고 하는 오해가 뿌리 깊게 남아 있다. 그래서 본 절에서는 다시금 이 문제에 집중해서 화엄일승사상에서의 동·별 2교판이란 어떠한 것인가, 그 본질에 대하여 서술해 두고자 한다.

부(部)로서의 『화엄경』, 곧 하나의 정리된 형태를 지닌 텍스트로서의 경전이라는 의미에서의 『화엄경』을 석존 일대의 교설로서 어떻게 볼 것인가 하는 문제는 중국의 불교도들로서는 상당히 큰 과제였다. 왜냐하면 모든 경전을 우선 역사상 석존이라는 바로 그 인물이 설한 것이라고 생각할 때, 『화엄경』이 불타 성도의 바로 최절

정을 설교의 시소(時所)로 한다는 것은 초전법륜(初轉法輪)에 의해 가르침이 설해지기 시작했다고 하는 상식과 근본적으로 모순되기 때문이다.[17] 초전법륜 이전에 설해졌다는 경전이 존재한다는 것 자체가 하나의 큰 모순인 것이다. 더욱 분명히 말하자면 아직 불제자는 지상에 존재하지 않음에도 경전 속에는 성문의 비구가 등장한다는 것을 역사적 사실로서 이해하고자 하면 그것은 완전히 모순 그 자체인 것이며, 이해할 방법이 없는 것이다.

그런데 중국불교의 하나의 큰 특징이 교상판석(教相判釋)이라고 일컫는 불교관의 창조에 있음은 주지의 사실이다. 원래 교상판석은 다양하게 설해진 가르침 전체를 불설(佛說)로서 전체적으로 이해하기 위한 절차를 발견해 낸다는 점에 그 생명이 있었다. 이 점에서 모든 경전을 석존 일대의 교설이라고 생각하고 그것들 전체의 관계를 밝혀서 교상판석을 세우고자 할 때 부로서의 『화엄경』을 어떻게 볼 것인가 하는 것은 대단한 고심을 요하는 문제였다고 생각된다.

중국불교사에서 최초의 체계적인 교상판석으로서 유명한 도장사

---

17) 『화엄경』의 설시(說時)에 관해서는 갖가지 의론이 있었다. 그 근거가 된 것은 『십지경론』의 다음 설과 제8회 「입법계품」에 기원정사와 사리불 등 성문에 관련된 기술이 있는 점이다.

> 성도하여 아직 오래지 않은 제이칠일.
> 成道未久第二七日(大正26.123b)

이러한 [경문] 두 개소를 근거로 하여 전5회를 초칠일(初七日)로 보고, 그 이후를 제2칠로 보는 의견과 제8회만은 후시(後時)의 설이라고 보는 의견 등이 있었다. 그러한 상식적인 『화엄경』 이해에 대하여 지엄은 "법계에 포섭된다는 점에서 보자면 어떠한 모순도 없다"(大正35.88b)라고 말하여 물리치고 있다.

(道場寺) 혜관(慧觀)의 돈·점 2교 5시판 속에 그러한 고심의 흔적을 읽어낼 수가 있다.[18] 혜관은 여산(廬山) 혜원(慧遠)의 제자로서 장안의 구마라집(鳩摩羅什)의 역장(譯場)에 참가하고,[19] 『반야경』, 『유마경』, 『법화경』 등의 번역에 관계하였으며, 장안에서 쫓겨난 불타발타라를 여산의 혜원 곁으로 인도하여 60권 『화엄경』의 번역을 돕고, 더욱이 담무참(曇無讖)의 『열반경』이 강남에 전해지자 혜엄(慧嚴)·사령운(謝靈運) 등과 함께 6권 『니원경(泥洹經)』과 공통되는 부분을 교합(校合)하여 남본 『열반경』을 편집하였다. 이러한 경전들은 오늘날의 시점에서 보더라도 대승불교를 이해하는 데 있어서 빠뜨릴 수 없는 것이며, 어느 것이건 극히 중요한 것이다. 그리고 이러한 경전들은 당시에 어떤 것이 되었든 연달아 중역(重譯)된 것뿐이어서 그 중요성을 사람들이 더욱 깊이 의식하게 되었음은 쉽게 상상할 수 있다. 이러한 배경 속에서 혜관은 이러한 주요한 대승 경전의 상호 관계를 종합적으로 파악해야만 하는 상황에 처하게 되었을 것이다.

돈·점 2교 5시판은 길장(吉藏)의 『삼론현의(三論玄義)』에 소개되어 있는데, 그것이 『열반경』 「서」에 설해져 있다고 되어 있는 것[20]은 이 교판의 기본적인 성격을 잘 나타내고 있다고 생각된다.

---

18) 혜관의 점·돈 2교 5시판은 길장의 『삼론현의』(大正45.5b)에 소개되어 있다.

19) 이하 혜관의 기전(紀傳)에 관해서는 『고승전』 권7의 「혜관전」(大正50.368b~), 『고승전』 권2의 「불타발타라전」(大正50.335b), 『고승전』 권2의 「담무참전」(大正50.337a) 등 참조.

20) 『삼론현의』에는 다음과 같이 되어 있다.

곧 혜관은 부처 일대의 교설의 귀결은 『열반경』에 있는 것이며, 『열반경』이야말로 부처의 최고의 진실을 밝히는 것이라고 생각했던 것이다. 이 점은 그 후 강남의 불교 연구가 『열반경』 일색이라고 말해도 과언이 아닐 정도의 상황이 되어 버린 사실이 잘 보여주고 있다.[21] 그리고 5시의 순서를 세우면서 성도 후 제이칠일(第二七日)의 설이라고 생각되었던 『화엄경』을 그 틀 속에 집어넣지 않았던 것은 『화엄경』이 그 밖의 경전과 똑같은 차원으로는 다룰 수 없는 것이었음을 이야기하고 있다. 그리고 이 점을 회통하는 논리로서 돈교 · 점교라는 개념을 창작한 것이므로 『화엄경』이 돈교라고 말하는 것은 단순한 설시의 문제는 아니라고 생각해야 한다. 이 점에 대하여 오쵸 에니치(横超慧日) 박사는 "화엄을 돈교로 간주한 것은 화엄이 대승불공(大乘不共)의 견지에 서기 때문에 초전법륜은 삼승차별(三乘差別)이었다고 보는 『법화경』의 설과의 상위를 회통하기 위해서"[22]라고 지적한다. 결국 돈 · 점 2교판은 초전법륜에서 시작하여 『법화경』 · 『열반경』으로 완결해 가는 석존의 일련의 교설과 초전법륜 이전의 성도 직후의 교설이라는, 본래 하나가 되어야 하는 것, [이 두 가지를] 하나의 체계로서 보고자 하는 불교사관(佛教史觀)이었다고 말할 수 있다.

과거 『열반경』이 처음으로 강좌(江左)로 건너옴에 송 도장사 혜관이 이에 「경서」를 지어 대략 불교를 나누어 대개 2과가 있게 되었다.

昔涅槃初度江左, 宋道場寺沙門慧觀, 仍製經序略判佛教凡有二科. (大正45.5b)

21) 이 점에 관해서는 横超慧日, 「教相判釈の原始形態」(『中国仏教の研究 第に』, 法蔵館, 1971), p. 161 참조.

22) 위의 책, p. 160.

2. 점 · 돈 · 원 3교판의 배경

이러한 불교관을 출발점으로 하여 『화엄경』을 돈교로 보는 화엄경관이 남북의 불교계에 정착해 갔다.[23] 그러나 일단 그렇게 해서 통일적인 불교관이 완성되었다고 하더라도 변함없이 『화엄경』은 그것 이외의 경전과 같은 기준으로는 논해지지 않는 것이다. 이러한 사정은 천태대사 지의의 이른바 5시 8교의 교판 성립에 의해 기본적인 해결을 보게 되었다고 생각되지만,[24] 그 이전에도 다양한 시도가 행해지고 있었던 것이다. 북방에서의 사상적 지도자였던 광통 혜광의 점 · 돈 · 원 3교판도 틀림없이 이러한 배경 속에서 생겨났을 것이다.[25] 그렇다면 그 3교의 관계는 각각이 나란히 일렬로 이루어진 것이 아니라 틀림없이 다음과 같이 [원교나 일승이 상위에 놓이는 형태]였을 것이다.

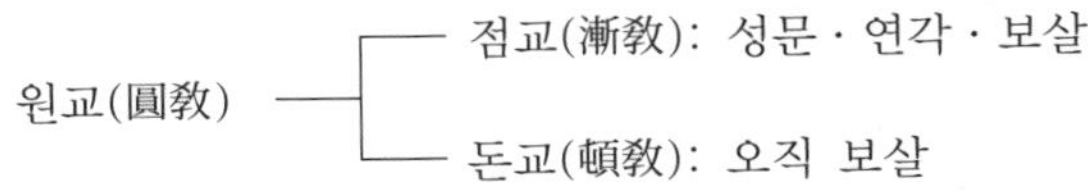

---

23) 예컨대 木村清孝의 앞의 책(주1에 소개됨), pp. 75~76에서는 남북조 시대 이전의 교상판석을 망라하여 언급하고 있다. 그것에 의하여 혜관 이후 남북 공통으로 돈교 · 점교라는 개념을 쓰고 있었음을 알 수 있다.

24) 지의의 교판의 본질에 관해서는 안도 토시오(安藤俊雄)의 『天台学—根本思想とその展開—』(平楽寺書店, 1968), 제4장 「天台の教判」 등 참조. 특히 남3 · 북7의 교판에 대한 지의의 비판 가운데 지의의 『화엄경』에 대한 독창적인 이해를 알 수 있다(같은 책, pp. 65~67).

25) 본서 제1장 제1절 3. 2) 「혜광의 교판사상」 참조.

그런데 제1장에서 서술한 것처럼 그 후 지론교학의 전개 과정에서 이 교판이 중요시된 형적은 없다. [이에] 그것을 대신했는지 모르겠지만 주목되기 시작한 것이 성문장 · 보살장의 2장판이었다. 그것은 기본적으로 다음과 같은 구조를 가지고 있는 것이다.

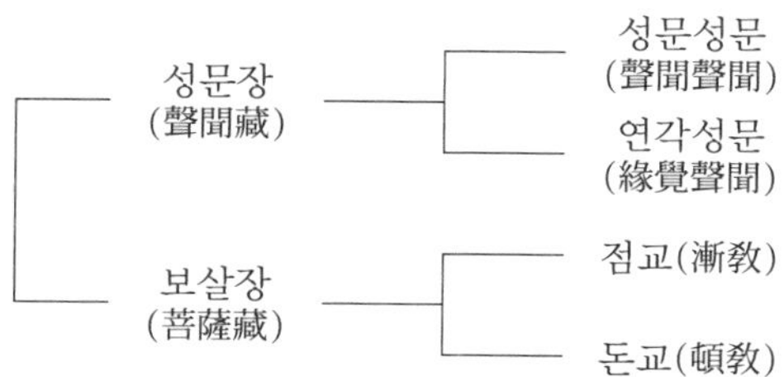

그리고 정영사 혜원이나 지상자 지정 등의 사상이 이것에 해당한다.[26] 그러나 이 견해 가운데에도 충분하지 않은 부분이 있다. 그것은 이 2장판이 부처 일대의 교설을 2분한 것이므로 성문장 · 보살장 전체를 통괄(統括)하는 것과 같은 관점이 없는 것이다. 이러한 시대적인 흐름 속에서 다시금 주목받은 것이 분명히 혜광에 의한 원교라는 개념이었을 것이다. 그러나 이 원교라는 개념에 의해 전(全) 불교를 보고자 하면 혜광의 점 · 돈 · 원 3교판에는 당연하게도 성문장 · 보살장이라는, 이른바 소승 · 대승의 관점이 없는 것이다. 그 때문에 이 시대의 불교도들은 소승 · 대승이라는 관점을 가지면서 그것들을 통괄하는 것과 같은 틀을 틀림없이 찾았던 것이다. 지엄의 시대에 그것을 제공한 것이 『섭대승론』의 일승 · 대

26) 본서 제1장 제1절 3. 4) 「후기 지론학파의 교판사상」 참조.

승 · 소승의 틀이었다.[27] 『섭대승론』에서는 대승비불설(大乘非佛說)을 배경으로 하여, 소(小) · 대(大) 상대(相對)의 대승은 본래의 대승도, 본래의 소승도 아니라고 하는 점[으로부터 바로 그러한 상대성을 초월한 대승]이 '일승'이라고 제시되므로, 대승과 일승은 본래 같은 것을 가리키고 있다. 그러나 지엄이 추구한 것은 성문장과 보살장을 총괄하는 것과 같은 개념이었으므로 '일승 · 대승 · 소승'이라고는 말하지 않고 '일승 · 삼승 · 소승'이라는 형태로 계속 사용하는 것이다.

이러한 틀을 도시하면 다음과 같이 될 것이다.

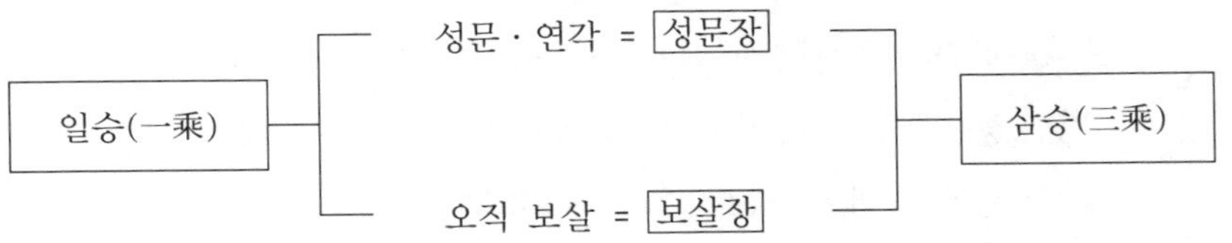

3. 『수현기』 3교판의 원교(圓教) 단의 사상

이러한 점을 토대로 다시 지엄의 『수현기』의 교판에 관하여 검토해 보고자 한다. 또한 그 기본적인 내용은 제1장 제2절 2 및 앞의

---

27) 『섭대승론(세친)석』 권9에 다음과 같이 나와 있는 것을 가리킨다.
여래가 성립한 정법에 3종이 있다. 첫째 소승을 세우고, 둘째 대승을 세우고, 셋째 일승을 세웠다. 이 셋 가운데에 제3은 가장 뛰어나다. 따라서 '선성(善成)'이라 이름한다.
如來成立正法有三種. 一立小乘, 二立大乘, 三立一乘. 於此三中第三最勝. 故名善成立. (大正31.212b)

절에서 밝힌 것처럼[28]『수현기』의 동 · 별 2교판은 법장이 주장하는 것과 같은 화엄 동 · 별 2교판과는 다르다는 것이 본서의 이해인데, 여전히 양자를 혼동하는 의견이 있으므로[29] 새로이 풀이한 바를 구체적으로 밝혀 두고자 한다.

『수현기』의 해당 개소는 다음과 같은 것이다.

① 물음: 이 경은 무엇 때문에 예전부터 삼승에 통하여 분별하고 포섭하는가?[30]
問, 此經何故上來, 通三乘分別及攝者.

② 답변: 이 경의 종통(宗通)에 <u>동·별 2교</u>가 있고, 삼승의 경계, 견문 및 수행 등이 되기 때문이다.
答, 爲此經宗通有<u>同別二教</u>, 三乘境, 見聞及修等故也.

③『법화경』에서 삼계 속에서 삼거(三車)를 가지고서 제자(諸子)를 이끌어 집에서 나오고, 노지(露地)에서 별개로 대우(大牛)의 수레를 주는 것과 같다. 따라서 이 2교는 함께 삼계에 있고 견문의 경계가 된다.
如法華經, 三界之中三車引諸子出宅, 露地別授大牛之車. 仍此二

28) 그것은 큰 흐름에서 보자면 소승 · 대승을 기본으로 한 후기 지론학파의 사상이『섭대승론석』의 일승에 관한 설을 얻어서 화엄일승사상으로 전개한 족적(足跡)이라고 말할 수 있다.

29) 吉津宜英,『華厳一乘思想の研究』(大東出版社, 1991), 제1장 제4절「同別二教判論の成立」(pp. 47~53) 참조.

30)『수현기』권1상에 "문의(文義)를 분판(分判)함에 5문으로써 분별한다"라고 되어 있는데, 그 제2문「장섭(藏攝)의 분제(分齊)를 밝히다」의 단에 설해져 있다.

教同在三界, 爲見聞境.

④ 또한 성문 등을 궁자로 간주한다. 이것은 그가 이끌어 낸 바이다.
又聲聞等爲窮子. 是其所引.

⑤ 따라서 알아야 한다. 소승 밖에 별도로 삼승이 있고, 서로가 잡아끄는 것을 얻어서 주반(主伴)으로써 종(宗)을 이루는 것이다.
故知, 小乘之外別有三乘, 互得相引主伴成宗也. (大正35.14b~c)

이 문답은 점·돈·원 3교 중 원교를 밝히는 단락에 나온다. 그 때문에 전체적으로 『화엄경』이 원교임을 밝히고 있다고 볼 수 있다.

우선 ①의 물음의 의미는 전술한 것처럼 『화엄경』은 일승불공의 입장에 서는 것이며, 본래 성문·벽지불에게는 펼쳐 보이지 않는 가르침이지만, 성문·벽지불에 관해서도 경의 분제가 제시되는 것은 무엇 때문인가 하는 것이다. 이것은 원교 이전의 점교·돈교를 밝히는 단락에서 일승·삼승·소승의 관계가 제시되고, 그것에 관하여 『화엄경』의 경문이 경증으로 제시되어 있는 것에 관하여 확인하고 있는 것이다. 이 부분의 이해에 관해서는 요시즈 요시히데(吉津宜英) 박사의 이해와 기본적으로 같다.

이 질문에 대한 답변이 ②이다. (『화엄경』은 원교이고) 『화엄경』의 '종통'에는 동·별 2교가 있어서 삼승에도 공통함이 밝혀져 있는 것이다. 이 '종통'을 요시즈 박사는 "종은 통하여"[31]라고 읽고 있는데, '종통'은 혜광의 스승인 불타 삼장 시대부터 사용된 단어로서 지론교학의 중요한 교리 용어이다.[32] 지금은 이 단어가 큰 배경을

31) 吉津宜英, 앞의 논문(앞의 주5에 소개됨), p. 51.
32) 본서 제1장 제1절 3. 2) (2) 「4종판의 성립과 불타 삼장의 사상」 참조.

가진 것이라는 점만을 지적하고, 지엄에게는 어떠한 의미였는지를 밝히기 위해 『수현기』의 다른 용례를 참고로 고찰을 진행하고자 한다.

> (이 「현수품」의 교설은) 대개 외범(外凡)이 처음으로 일으키는 바인 발심(發心)의 행이다. 그런데 경문이 논변하는 바는 곧 말하길, "십지의 끝에 부처 경계의 무상보리(無上菩提)에 들어 불사(佛事)를 만족하는 것이다"라고 한다. [그러나 그럴 경우] 언상(言狀)이 모순된다. 그 이유는 무엇인가 하면, 그 실(實)을 궁구하는 것과 같다[*역자 주: "그 실을 궁구할 경우"와 같이 번역할 수도 있음]. 바로 이는 일승통종(一乘通宗)의 행요(行要)이다.
> 蓋是外凡始起發心之行. 然經文所辨乃云, 十地終于入佛境界無上菩提, 滿足佛事. 言狀矛盾. 其故何也, 如究其實. 當是一乘通宗行要. (大正35.32a)

이 부분[33]은 「현수품」이 초발심(初發心) 보살의 공덕인 '신(信)'을 설하고 있는데, 이 점에 한해서 말하자면 외범인 사람이 불교에 귀의함을 설하고 있다고 풀이할 수 있다. 그럼에도 불구하고 거기에는 불교의 구극(究極), 부처의 무상보리의 경계까지 설해져 있다고 보이는데, 이는 어떠한 이유에 의한 것인가 하는 의문에 답하는 개소이다. 그리고 그러한 분별적 이해로는 하나의 모순이라고밖에 말할 방법이 없다는 바로 그 점이 『화엄경』의 '일승통종의 행요'라고 말하는 것이다. 따라서 '일승통종'이란 『화엄경』의 본질 혹은 가

33) 이 인용문에 관해서는 吉津宜英, 앞의 논문(앞의 주5에 소개됨), p. 55, 주19에도 설명되어 있다.

장 중요한 내용을 나타내는 말이라고 요해된다. 그렇다면 그 '종통'에 동 · 별 2교가 있고 삼승의 사람도 [그 수행의] 대상이 될 수 있다는 말은 어떠한 뜻을 나타내고 있는 것일까? 요시즈 박사는 '동 · 별 2교'의 내용 검토 없이 용어적으로 공통되는 것을 가지고서 이것을 바로 법장이 『오교장』의 첫머리에서 밝히는 것과 같은 의미에서의 화엄 동 · 별 2교판이라고 해석해 가는데, 이 점은 [추가적인] 음미를 필요로 하는 문제이다. 그렇다면 우선 "삼승인의 견문의 내용으로도, 수행의 대상으로도 된다"라는 말을 어떻게 이해해야 하는가에 관하여 『수현기』의 다른 용례를 참고하면서 고찰해 두고자 한다.

> 물음: 무엇 때문에 일제(一諦)에 의하지 않고 사제(四諦)에 의하여 법칙을 세우는가? [답변:] 통하여 아래의 삼승인과 더불어 견문의 경계가 되고, 나중에 신(信)을 일으켜 도에 들어가는 연(緣)을 이루기 위해서이다. 또한 이것이 유작(有作) · 무작(無作)에 통한다면, 이는 일승공교로 삼아야 하기 때문이다.
> 問何故不依一諦而依四諦設則者. 爲通與下三乘人作見聞境成後起信入道緣故. 又亦可此通有作無作. 爲是一乘共教故.

이 부분[34]은 「사제품」의 교설에 관한 것으로서, 『화엄경』이 일승을 밝히고자 하는 것이라면 『승만경』[35]처럼 일제를 밝혀야 함에

---

34) 이 인용문에 관해서는 吉津宜英, 앞의 논문(앞의 주5에 소개됨), p. 55에도 설명되어 있다

35) 『승만경』은 「법신장」에서 여래가 설한 사성제에 관하여 작성제의(作聖諦

도 성문을 위한 가르침과 공통되는 것과 같은 사제의 가르침을 설하는 것은 무엇 때문인가 하는 의문에 답한 것이다. 답 부분에 밝힌 것처럼 삼승의 사람들이 참된 불도에 들어가기 위한 연이 되기 위해서 이러한 입장에 서서 가르침이 제시되고 있다는 것이다. 더욱이 "유작 · 무작에 통하는 것은 일승공교로 삼아야 한다"라는 말은 성문을 위한 사제의 가르침은 '유작의 사제', 일승의 사제는 '무작의 사제'이며, 그리고 유작 · 무작을 설하는 입장은 성문의 입장에 준거하면서 일승을 설하는 것임을 나타내고 있으며, 이 『화엄경』에 설해진 사제는 무작의 사제라는 것이다. 이러한 설로부터 "삼승인의 견문의 내용으로도, 수행의 대상으로도 된다"라는 말은 『화엄경』의 설 중에 삼승까지도 대상으로 하는 것이 바로 설해지고 있음을 나타내고 있다고 이해할 수 있다. 그리고 이 점을 『화엄경』의 '종통'이 '동 · 별 2교'를 가지고 있다는 말로써 설명하는 것이다. 결국 『화엄경』은 전체로서는 일승이라는 입장을 밝히는 것이고, 직접 성문 · 벽지불에 대하여 설해진 것은 아니지만, 경의 표면상의 문언(文言), 곧 교(敎)에는 성문 · 벽지불이라는 소승에 대해서 설해진 것과 공통되는 것이 있으므로 이것을 "동 · 별 2교가 있다"라고 말하고, 삼승에 공통한다고 말하는 것이다. 이 경우 '동 · 별 2교'의 동별에는 일단 다음의 두 가지의 의미를 생각할 수 있다.

義)와 무작성제의(無作聖諦義)를 보이고(大正12.221b), 무작성제의 모두를 아는 것은 여래뿐이며, 유 · 무 상대로써 보인 사성제의 가르침 속에서는 멸제(滅諦)만이 제일의제라고 말한다(「一諦章」, 「一依章」, 大正12.221c~222a).

(가) 삼승의 내면에서 성문 · 벽지불이라는 소승이 대승의 보살과는 공통되지 않음을 '별'이라고 한다. 이 경우 '동'의 의미는 삼승에 공통된다는 것이 된다.

(나) 삼승 밖의 일승과의 관계 속에서『화엄경』에는 동교와 별교가 있고, 삼승의 견문으로도, 경계로도 되는 것을 '동교'라고 말한다. 이 경우는 삼승과는 공통되지 않는 것을 '별교'라고 하게 된다.

요시즈 박사는 이 가운데 (나)의 입장에 서서 해석하고 있는 것이며, 이것이 근거가 되어 온갖 문제가 계속 파생되는 것인데, 이 점에 관해서 다시 본서의 생각을 서술해 가고자 한다.

이 문제에 관한 이해의 방향성을 시사하는 것이 ③ 이하의 부분이다. ③에서는『법화경』「비유품(譬喩品)」의 화택삼거의 비유를 써서 삼계 속에서 삼거(三車)를 보이고, 계외(界外)의 노지(露地)에서 대백우거(大白牛車)를 준 것으로부터 동 · 별 2교가 마찬가지로 삼계 속에 있어서 동등하게 삼승의 사람들의 견문의 대상임을 알 수 있다고 서술하고 있다. 그 때문에 여기에서의 '동 · 별 2교'는 택내(宅內)의 삼거를 가리키는 것이 된다. 따라서 동 · 별 2교는 노지의 대백우거와는 직접 관계하지 않는다고 보아야 한다. 이 부분의 이해에 관해서 요시즈 박사는 "대백우거인 별교도, 삼거인 동교도 함께 삼계의 화택 속에서 이미 삼승인들이 견문하는 바가 되는 것이다"[36]라고 해석하고 있는데,『법화경』「비유품」을 읽는 한에서는

36) 吉津宜英, 앞의 논문(앞의 주5에 소개됨), p. 52.

제자(諸子)는 화택을 나온 뒤에 약속한 바인 삼거를 구했더니 대백우거를 받고서 "미증유(未曾有)인 것을 얻으니, 본래 소망한 것이 아닌 것과 같다"[37]라고 비유를 맺고 있으므로, 어떻게 읽더라도 제자가 화택 속에서 대백우거를 견문하고 있다고는 이해할 수 없다. 요컨대 이 단락의 요지는 삼승의 성문·벽지불·보살은 어느 쪽이든 불타에 의해 삼계에서 인출(引出)되어야 하는 대상임을 나타내고 있을 뿐이다.

다음으로 ④에서는 『법화경』「신해품(信解品)」의 장자(長者)·궁자(窮子)의 비유[38]로써 성문이 궁자에 해당함을 나타내고 있다. 『법화경』의 문맥에 따르면, 장자·궁자의 비유는 화택삼거의 비유를 통하여 불타의 진짜 마음을 안 수보리(須菩提) 등 4인의 성문이 자기의 이해를 피력하고 석존에게 그것이 맞는지 그른지를 묻는 것이다. 이것은 「방편품」에서 제시된 삼승방편(三乘方便)·일승진실(一乘眞實)의 가르침을 다시 부연하는 의미를 가지는 것이다. 그 때문에 여기에서 성문이 궁자이고, 그것이 인도된 자[所引]라고 다시 주장해야 하는 배경에는 삼승의 사람이 똑같이 일승에 귀입(歸入)할 뿐만 아니라 다시 성문(소승)의 성불을 주장해야 한다는 사정이 있는 것이다.

이러한 점들을 밝힌 다음에 전체의 결론으로서 ⑤에서 소승과는 별개로 삼승이 있다고 말하므로, 이것들이 ②의 문장을 결론 맺는 것이라면 ②의 문장의 '동·별 2교'란 삼승과 소승의 관계를 나타

37) 『法華經』 권2, 「譬喩品」(大正9.13a).
38) 『法華經』 권4, 「信解品」(大正9.16b~).

내는 것이라고 보아야 한다.

소승과는 별개로 삼승이 존재함을 다시 말해야 하는 것은 『화엄경』이 경문상에서는 성문을 대상으로 하고 있지 않은 점에 의한다. 결국 『화엄경』은 성문을 직접적 대상으로는 하고 있지 않지만, 소승은 삼승교에 의해 인도된 자이고, 삼승은 종통(일승)에 의해 인도된 자라는 점에 의해 『화엄경』이 모든 중생들에게 설해진 것임을 주장한다는 의미가 있는 것이다. 이것을 나타내고 있는 것이 "서로가 잡아끄는 것을 얻어서 주반으로써 종을 이루는 것이다"라는 문장이다. 또한 가령 (나)와 같은 말을 하고 싶다면 "동 · 별 2교가 있어서"라고 말할 필요는 없는 것이며, "동교가 있어서"라고만 말하는 편이 적절하다. 또한 요시즈 박사는 "지엄에게서는 그렇게 간단히 동 · 별 2교와 일승을 결부해서는 안 된다"[39]라고 하면서 "별교일승 혹은 일승별교의 용례도 많으며"[40]라고 하여, 암암리에 그러한 용어의 존재에 의해 『수현기』에 동 · 별 2교판이 존재한다고 독해할 수 있다는 듯이 표현하고 있는데, 이러한 돌려 말하기는 어떻게 이해하면 좋은 것인지 진의를 독해하기 어렵다.

『수현기』의 '별교일승', '일승별교'라는 말에 관해서는 요시즈 박사도 지적하고 있는 것처럼 '별교=일승'이라는 의미이고, 일승교에 '별교'가 있다고 말하는 것은 아니다. 이 점은 다음의 「회향품」의 용례 등에 의해 분명하다.

---

39) 吉津宜英, 앞의 논문(앞의 주5에 소개됨), p. 52.

40) 위의 논문, p. 52.

만약 일승별교를 기준으로 논하자면 혹은 치(治) 혹은 불치(不治) 등에 준하여 생각해 포섭해야 한다.
若約一乘別教辨者, 即或治或不治等可准思攝. (大正35.42c)

여기에서는 '회향'에 관하여 '소치(所治)', '성덕(成德)' 등과 같이 수행자가 닦아야 할 내용에 대하여 언급한 것이지만, 이것은 삼승을 기준으로 하여 서술할 따름인 것이다. 일승의 입장에서는 치(治)와 불치(不治)를 넘어서 있음을 나타내고 있다. 결국 삼승과 다른 일승의 입장을 '일승별교'라고 표현하는 것이다. 따라서 여기에서의 '별'이라는 말은 '삼승교와는 달리'라는 것을 나타내는 것이다.

이상 여러 관점에서 『수현기』의 점 · 돈 · 원 3교판의 원교 단락에 설해진 교설을 음미해 왔는데, 이 단락은 '원교'가 삼승을 해섭(該攝)하는 것임을 밝히는 단락이라고 생각해야 하며, 이 부분에 설해진 '동 · 별 2교'는 법장이 『오교장』 첫머리에서 밝히는 것과 같은 의미에서의 '화엄 동 · 별 2교판'은 아니라고 말해야 한다.

4. 『수현기』의 원교 이해의 배경

이러한 점이 밝혀지면 이상과 같은 『수현기』의 원교 단락에서의 동 · 별 2교의 기술은 내용적으로 지론학파의 전통적인 삼승별교 · 통교 · 통종의 '3교 종판'(이 명칭에 관해서는 검토할 필요가 있다)을 대략 조술(祖述)한 것임이 밝혀질 것이다.

이 지론학파의 3교 종판에 관해서는 제1장 제1절 3. 2)에서 언급했지만,[41] 훨씬 이전에는 신라의 견등이 『화엄일승성불묘의』에서 불타 삼장의 사상으로서 간단히 소개한 것을 비롯해[42] 소수의 자료를 통해서이긴 하지만 초기 지론학파의 중심적 교판이었음을 알 수 있다. 근년 그것을 기술하는 중요한 문헌이 복수(複數) 번각(飜刻)되는 등[43] 그 중요성이 다시금 인식되고 있으며, 그 배경 등이 차례로 밝혀지고 있다. 견등은 불타 삼장이 『능가경』의 설에 기초하여 이러한 교판을 세웠음을 기록하고 있다. 앞에서 논한 것처럼 『능가경』의 종통 · 설통설은 본래 일승 · 삼승의 관계를 나타내는 것이었는데, 그것이 소승 · 대승의 틀에 들어가게 되어 이러한 교판이 만들어졌다고 생각된다. 이 점은 번각된 불타 삼장의 『화엄양권지귀(華嚴兩卷旨歸)』나 『법계도(法界圖)』의 기술에서 확실히 확인할 수 있다. 『수현기』의 기술을 보다 정확히 이해하기 위해서 이러한 기술을 병기하여 검토해 보고자 한다.

이 가운데 『법계도』는 자료를 번각한 아오키 타카시(青木隆)에 의하여 지의와 거의 동시대에 성립한 것임이 추정되고 있다.[44] 또

---

41) 특히 본서 제1장 제1절 3. 2) (2) 「4종판의 성립과 불타 삼장의 사상」 참조.

42) 大正45.786a.

43) 우선 이시이 코세이(石井公成) 박사에 의해 카나자와(金沢)문고에 보존되어 있던 불타 삼장의 『화엄양권지귀(華嚴兩卷旨歸)』가 공개되었다[石井公成, 앞의 책(앞의 주7에 소개됨), 제3부 「資料編三蔵仏陀」, p. 519 이하]. 다음으로 아오키 타카시(青木隆)에 의해 돈황 문서 가운데 『법계도』가 번각(飜刻)되었다(「敦煌出土地論宗文献『法界図』について—資料の紹介と飜刻」, 『東洋の思想と宗教』 13号, 1996).

44) 青木隆, 앞의 논문(위의 주43에 소개됨) 참조.

한『화엄양권지귀』는 상·하 2권 중 상권의 내용으로부터 불타 삼장의 시대에 성립되었다고는 생각하기 어렵다는 지적이 제기되고 있지만,45) 지금은 이 점은 잠시 차치하고 일단 불타 삼장의 찬술로서 고찰하고자 한다. 그렇다면 이 세 종류의 책은『화엄양권지귀』,『법계도』,『수현기』의 순서로 저술되었다고 생각할 수 있다.

『화엄양권지귀』1)	통종대승(通宗大乘)	점교대승(漸敎大乘) =통교대승(通敎大乘)	점교이승(漸敎二乘)
『법계도』2)	통종대승	통교대승	삼승별교(三乘別敎)
『수현기』3)	통종	동교(同敎)	별교(別敎)

*1) 石井公成,『華厳思想の研究』(春秋社, 1996), 제3부「資料篇　三藏佛陀『華嚴兩卷旨歸』校注」, p. 537 이하.

*2) 青木隆,「敦煌出土地論宗文献『法界図』について—資料の紹介と飜刻—」(『東洋の思想と宗教』第13號, 1996).

*3) 大正35.14b.

『화엄양권지귀』가 삼승교를 점교대승과 점교이승으로 나눈 것은 초전법륜 이후의 교설을 대승(보살을 위한 가르침)과 소승(성문·벽지불을 위한 가르침)으로 나눌 필요가 있었기 때문이다. 따라서 여기에는 점교삼승으로는 곤란한 것이다. 한편『법계도』에서는 동일한 것을 삼승교 중의 통과 별이라는 개념으로 나타내려 하므로 '삼승별교'라는 표현법이 된다. 그러나 이 표현법으로는 삼승교와

45) 石井公成, 앞의 책(앞의 주7에 소개됨), p. 544, 주3 참조.

는 별개로 이승을 위한 가르침(소승)이 존재하는 것인지, 삼승교 속의 보살승과는 공통되지 않는 것을 말하는 것인지가 분명하지 않다. 이것들은 어느 쪽이건 일승 · 삼승과 대승 · 소승의 관계를 하나의 사물의 두 측면으로 보지 않고 한쪽으로 다른 한쪽을 집어넣으려 해서 그런 결과가 된 것이다. 그렇다면 『수현기』가 이것들을 동교 · 별교라고 표현한 것은 어떠한 이유에 의한 것일까? 이 점을 분명히 하기 위해 이들 3종(種)[*역자 주: 원문의 '三宗'은 '三種'의 誤記로 보임] 교판의 골조(骨組)를 도시하면서 생각을 진행해 가고자 한다.

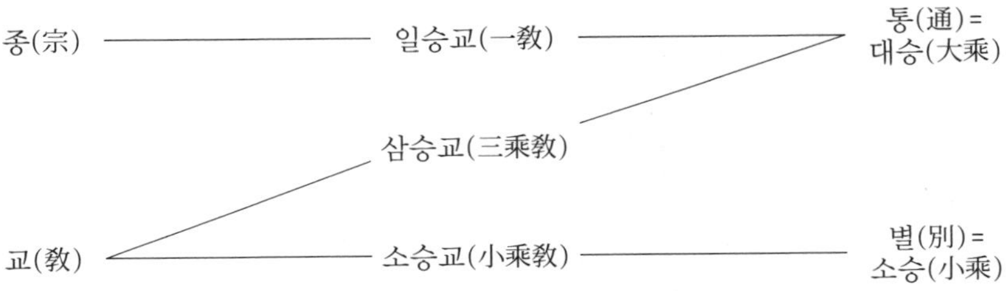

위의 그림에서 분명히 알 수 있는 것처럼, 3종 교판이 대승 · 소승과 일승 · 삼승을 종합한 것임은 전술한 바와 같다. 그리고 이 가운데에는 '교'라는 관점에서는 통(대승)과 별(소승)이라는 과제가 있고, 그것이 삼승(통교)과 소승(삼승별교)이라는 점, '통'이라는 관점으로부터는 종(宗)과 교(教)(『능가경』에서는 '說', '言言'이라고 표현되어 있다[46])라는 과제가 있음을 이해할 수 있다. 종과 교

46) 『楞伽阿跋多羅寶經』 권3(大正16.499b, 503a~b).

의 과제는 바꿔 말하자면 능전(能詮)인 교와 소전(所詮)인 종인 것이다. 그리고 그 소전인 종에 대한 능전인 교라는 입장은 어떠한 교설이 되었건 근본적으로는 모두 언어라는 것을 나타내고 있다. 이 관계 속에서 종과 교의 입장을 명확히 구별하기 위해 여기에서는 통교라는 표현법을 피한 것으로 보인다. 전통적으로 '통'과 '동', '별'과 '이(異)'는 동의(同義)로 간주하여 온 역사가 있고,47) 게다가 지엄은 만년에 이르러서도 이 양자는 동의라고 생각하고 있었다.48) 이러한 이유에 의해 여기에서는 '동교'라고 표현한 것일 테지만, 원래 명확한 구별이 있는 것도 아니므로 다른 개소에서는 '통교'라는 용어를 사용하는 경우도 있다.49)

이렇게 생각해 가면 『수현기』에서 점·돈·원 3교판이 제시된 전제 자체가, 다음과 같이 말해지는 것처럼 부처 일대의 교설을 횡으로 나열하여 체계화하는 데에 발상의 기본이 있다는 점에 다시 주목하지 않으면 안 된다.

> 일대 교화의 시종의 교문에 셋이 있다.
> 一化始終教門有三. (大正35.13c)

---

47) 예컨대 지의는 『법화현의』 첫머리에서 다음과 같이 말하고 있다.

> 이 5장을 풀이함에 통이 있고 별이 있다. 통은 '동'의 뜻이고, 별은 '이'의 뜻이다.
> 釋此五章有通, 有別. 通是同義, 別是異義. (大正33.682a)

48) 그 예로서 『공목장』 권4의 다음 문장을 들 수 있다.

> 전덕이 이미 통·별 2교를 서술하였으나 아직 풀이의 양상을 보지는 않았다. 이제 이치로써 구하니 '통'은 '동'과 그 뜻에 다른 취지가 없다.
> 前德已述通別二教. 而未見釋相. 今以理求, 通之與同義無別趣也. (大正45.586a)

49) 大正35.41b 등.

이것에 대하여 후대의 『오십요문답』이나 『공목장』 등은 그 『**화엄**오십요문답(**華嚴**五十要問答)』, 『**화엄경**내장문등잡공목(**華嚴**經內章門等雜孔目)』이라는 제호(題號)에 보이는 것처럼 『화엄경』 내면에 부처의 교설의 갖가지 과제 전체를 포함시켜 보려는 관점으로 변하고 있다. 이러한 시야가 열릴 때 비로소 『화엄경』을 본(本)으로 하고, 다른 경을 말(末)로 하는 것과 같은 교판이 필요하게 되는 것이며, 그것이 법장이 말하는 '화엄 동 · 별 2교판'이라는 사상의 본질인 것이다. 이러한 점을 확인한다면 그 용어적인 배경은 『수현기』에 있다고 하더라도 교학적 필연성은 아직 『수현기』에서는 성숙하지 않았고, 법장이 과제로 삼은 것과 같은 화엄 동 · 별 2교판은 『수현기』 속에서는 나타나지 않고 있다고 볼 수 있는 것이다.

제3장
화엄법계연기의 배경

제1절 중국불교의 '연기'사상 이해

—'연기(緣起)'와 '연집(緣集)'을 둘러싸고—

서장에서 서술한 것처럼 지엄(智儼)의 『수현기(搜玄記)』 찬술을 법장(法藏)은 '별교일승무진연기(別敎一乘無盡緣起)'[를 천명한 것]으로 이해하고, 바로 그 지점에서 화엄교학의 출발을 보았다. 제1장 · 제2장에서 '별교일승'의 검토를 마쳤으므로 본 장 이후는 뒷부분인 '무진연기'의 내용에 관하여 고찰해 가고자 한다.

지엄은 『화엄일승십현문(華嚴一乘十玄門)』의 첫머리에서 자기의 의지처를 "일승연기(一乘緣起) 자체법계의(自體法界義)"[1]라고 칭하고, "이 화엄 1부(部) 경의 종통(宗通)은 법계연기를 밝히는 것이다"라고 서술하고 있다. 또한 법장은 『오교장』 「의리분제」에서 십현연기를 밝히면서 "대개 법계 연기는 자재무궁하다"[2]라고 서술하고 있다. 이것은 모두 『화엄경』의 중심 사상을 언급하는 것이므로 『화엄경전기(華嚴經傳記)』에서 '무진연기'라고 칭한 것과 질적으로 같은 것을 가리키고 있다고 이해할 수 있다. 그렇다면 일단 화엄교학의 중심을 '법계연기(法界緣起)'라고 파악해 보면, 이 용어는

---

1) 大正45.514a.

2) 大正45.503a.

후기 지론학파의 정영사 혜원(慧遠),[3] 지엄, 법장 모두가 사용하는 용어라는 점을 알아차리게 된다. 게다가 지엄은 법계연기를 자세히 풀이하면서 '연집(緣集)'이라는 개념을 사용하고 있는데, 이것도 후기 지론학파와의 관계와 관련하여 주목되는 개념이다. 그 때문에 여기에서는 지엄·법장의 화엄법계연기설과 혜원의 법계연기설의 내용의 차이를 밝히기 위한 전제로서 '연기설' 자체가 중국불교에 정착했다는 점에 관하여 음미해 보고자 한다. 그런 다음 혜원의 법계연기설 → 지엄의 화엄법계연기설 → 법장에 의한 대성(大成)의 순서로 고찰해 가는 것이 타당하다고 생각된다. 이러한 의미에서 본장에서는 연기설의 수용으로부터 혜원에 이르기까지의 주요한 문제를 고찰하고 정리하는 것을 목적으로 한다.

1. 문제의 소재

석존의 가르침의 중심 문제에 관하여 1920년대에 키무라 타이겐(木村泰賢), 우이 하쿠쥬(宇井伯寿), 와츠지 테츠로(和辻哲朗), 아카누마 치젠(赤沼智善) 등에 의해 논쟁이 있었다. 그것은 연기설을 어떻게 이해하는가 하는 점과 연기설과 윤회설의 관계를 어떻게 생각하는가를 중심으로 한 것이었다.[4] 그들의 이해를 검증하는 것은

---

3) 이 점은 본서 제5장에서 상세히 논할 것이다.

4) 이 점에 관해서는 오다니 노부치요(小谷信千代), 「和辻博士の縁起説理解を問う—釈尊の輪廻説と縁起説—」(『佛教学セミナー』 76号, 2002)에 자세히 논해져 있다.

본 장의 직접적 과제는 아니므로 이 점은 차치하지만, '연기(緣起, pratītyasamutpāda)'를 석존의 중심 교리라고 보는 점에 대해서는 이론(異論)이 없었다.

당시의 의론(議論)을 포함하여 오늘날 우리가 문자로 쓰인 문헌을 근거로 하여 사상사를 연구할 경우 거기에는 결코 간과할 수 없는 큰 문제가 존재한다. 그것은 그 문헌이 쓰인 시대의 콘텍스트와 후대의 달라진 콘텍스트가 문자를 통하여 간단히 결부되어 버린다는 점이다. 어떤 문자가 읽힐 때는 언제나 시대의 선단(先端)에서 읽히는 것이다. 따라서 그때에는 그것이 써진 시대로부터 읽힐 때까지의 콘텍스트의 변화를 포함하여 읽히는 것이다. 써진 문자 쪽은 고정되어 움직이지 않으므로, 우리들이 그것을 읽는 경우 그것이 써진 시대로부터 비교하여 새로이 밝혀진 점까지도 포함하여 읽어 버리게 된다. 결국 우리들은 써졌을 당시보다도 문헌을 과도하게 읽어 버리는 위험을 항상 가지고 있는 것이다.

석존의 근본 교설이 '연기'였다는 것을 부정하자는 것은 아니다. 이 'pratītyasamutpāda'라는 불교의 중심 사상이 항상 '연기'라는 용어로 표현되어 왔는가 [묻는다고] 하면 결코 그렇지 않다[고 답할 것이다]. '연기'는 말할 것도 없이 한역어이고, 교리가 이 문자로 고정되기까지는 문자의 측면으로부터는 더듬어갈 수 없는 갖가지 문제가 있었던 것이다. 문제에 대한 이러한 관심으로부터 우선 여러 사정을 정리하고, 다음으로 그 이유를 생각하여 중국에서의 '연기' 이해의 역사를 고찰하고자 한다. 이것은 '연기사상'의 근원적인 의미와 본 장 이후의 과제인 화엄법계연기사상의 성립 배경에 관한 연구에 도움을 주는 것이라고 말할 수 있다.

2. 『요본생사경(了本生死經)』의 각종 이역(異譯)에서의 '연기'의 역례(譯例)

중국에서의 '연기'의 역례(譯例)로서 가장 오래된 것에 오(吳)나라 지겸(支謙)의 번역이 있다는 것은 이미 선학이 지적한 바이다.[5] 그렇다면 우선 지겸 역 『요본생사경(了本生死經)』의 검토부터 시작하고자 한다. 『요본생사경』은 일반적으로 "연기를 보는 자는 법을 본다, 법을 보는 자는 부처를 본다"라는 한 문장으로 잘 알려진 초기 대승 경전이고, 이역(異譯)이 4종 있다는 것도 ['연기'의 용례를 논구하려는] 본 장의 문맥상 잘 들어맞는다.

① 부처는 이것을 설하셨다. "만약 비구들이 연기를 본다면 법을 본다고 여긴다. 이미 법을 보면 나를 보는 것으로 여긴다." 佛說是. 若比丘, 見緣起爲見法. 已見法爲見我. (『了本生死經』, 大正16.815b)

이 문장은 경의 첫머리에 해당한다. 따라서 경은 부처의 근본은 '연기'에 있다고 말하고 있는 것이다. 이 개소에 상응하는 다른 이역 경전을 살펴보자.

② 오늘 세존은 도간(稻芉)을 보고서 이렇게 설하였다. "너희 비

---

5) 吉津宜英, 「「縁起」の用例と法蔵の法界縁起説」(『駒沢大学仏教学部研究紀要』 40号, 1982)에 "두 가지 역어(譯語)로서의 '연기'"에 관하여 설명되어 있다.

구들이여, <u>십이인연</u>을 보면 곧 법을 보며, 곧 부처를 본다."
今日世尊, 覩見稻芊而作是說. 汝等比丘, 見<u>十二因緣</u>即是見法, 即是見佛. (『佛說稻芊經』, 闕譯附東晉錄, 大正16.816c)

③ 오늘 세존은 도간을 보고서 여러 비구들에게 고하여 이 말을 설하셨다. "너희 비구들이여, 만약 <u>연생(緣生)</u>을 보면 곧 법을 보며, 만약 법을 보면 곧 부처를 본다."
今日世尊, 觀見稻葤告諸苾芻而說是語. 汝等苾芻, 若見<u>緣生</u>即是見法. 若見法即見佛. (『慈氏菩薩所說大乘緣生稻葤喻經』, 不空 역, 大正16.819a)

④ 이때 세존은 사려사담마를 보고 나서 여러 필추(苾芻)들에게 고하여 말하기를, "만약 필추가 있어서 <u>십이연생</u>에 대하여 능히 견료(見了)한다면 이를 법을 본다고 이름한다. 이 법을 보고 나면 곧 부처를 본다고 이름한다."
爾時世尊, 觀舍黎娑擔摩已告諸苾芻言, 若有苾芻於<u>十二緣生</u>而能見了是名見法. 見是法已, 即名見佛. (『大乘舍黎娑擔摩經』, 北宋 施護 역, 大正16.821b)

⑤ 오늘 세존은 도간을 관견(觀見)하고 여러 비구들에게 고하여 이와 같이 설하셨다. "비구들이여, 만약 <u>인연</u>을 보면 그는 곧 법을 본다. 만약 법을 보면 곧 능히 부처를 본다."
今日世尊, 觀見稻芊告諸比丘, 作如是說, 諸比丘, 若見<u>因緣</u>, 彼即見法. 若見於法, 即能見佛. (『佛說大乘稻芊經』, 失譯, 大正16.823b)

밑줄로 보인 것처럼 다섯 번역 모두 다 '연기'에 관한 역어가 다르다. 이것 중에는 10세기 후반의 번역도 포함되어 있고, '연기'라는 용어가 결코 일관되게 사용되었던 것은 아님을 알 수 있다. 『요본생사경』은 이후 연기에 관하여 외연기(外緣起: 종자로부터 뿌리를 생하는 것과 같은 일반적인 연기)와 내연기(內緣起: 십이지 연기를 내용으로 하는 인간 존재의 해명)로 나누어 각각을 인상박(因相縛: 외연기의 관점에서 말하자면 종자가 열매에 이르는 일련의 운동)과 연상박(緣相縛: 외연기의 관점에서 말하자면 지·수·화·풍·공 등의 조건)으로 나누어 해설한다. 그리고 이 외연기를 이해하면서 다음의 다섯 가지 관점을 놓쳐서는 안 된다고 한다. **비상**(非常: 뿌리가 생할 때에는 이미 종자는 존재하고 있지 않다), **부단**(不斷: 뿌리가 생겼다고 하더라도 종자와 分斷된 것은 아니다), **부저보**(不躇步: 종자와 뿌리는 다른 것으로서 종자가 뿌리에 이르는 것은 아니다), **종불패망**(種不敗亡: 하나의 종자로부터 많은 열매가 생겨나지만 종자가 없어지는 것은 아니다), **상상비**(相象非: 종자와 뿌리는 모습·형태가 같지 않다)라는 다섯이다.6)

다음으로 『요본생사경』의 십이지 연기를 중심으로 하는 내연기에 관한 경설(經說)을 다른 경전과 비교해 보자.

① 인연기(因緣起)로 인해 연은 법을 생하는 것이다.
因緣起故, 緣是生法. (『了本生死經』, 大正16.815c)

6) 大正16.815b.

② 무엇을 '십이인연'이라고 이름하는가? 미륵이 답하여 말하길, 유인(有因) · 유연(有緣) 이것을 '인연법'이라고 이름한다. 이것은 부처가 대략 인연상(因緣相)을 설한 것이다. 이 인으로써 능히 이 과를 생한다.

云何名十二因緣. 彌勒答言, 有因有緣是名因緣法. 此是佛略說因緣相. 以此因能生是果. (『佛說稻芉經』, 大正16.817a)

③ 또 묻기를, '연생'이란 무슨 뜻인가? 답하여 말하길, 유인 · 유연이다. 무인연(無因緣)이 아닌 것을 이름하여 '연생'이라 한다. 그리고 이 가운데 여래는 대략 연생의 상을 설하였다. 이 인으로 말미암으므로 능히 이 과를 생한다.

又問, 緣生者是何義. 答言, 有因有緣. 非無因緣名爲緣生. 而於此中如來略說緣生之相. 由是因故能生是果. (『慈氏菩薩所說大乘緣生稻蘚喻經』, 大正16.819b)

④ 무엇 때문에 이름하여 '십이연'이라고 하는가? 보살이 고하여 말하길, 유인 · 유연을 가지고서 '십이연'이라 이름한다. 사리자여, 이 법은 또한 인이 아니고, 연도 아니며, 또한 인연이 아닌 것도 아니다. 또한 연에 따라서 있다. 그대여, 지금은 대략 그 모습을 설한다.

以何故名爲十二緣. 菩薩告言, 以有因有緣名十二緣. 舍利子, 是法亦, 非因, 非緣. 亦非不因緣. 又從緣有. 子今略說其相. (『大乘舍黎娑擔摩經』, 大正16.821c)

⑤ 무엇 때문에 '인연'이라고 이름하는가? 답하여 말하길, 유인 ·

유연을 이름하여 '인연'이라고 한다. 무인·무연이 아니기 때문이다. 이 때문에 이름하여 '인연의 법'이라고 한다. 세존은 대략 인연의 상을 설하였다. 저 연생은 과이다.

何故名因緣. 答曰, 有因有緣名爲因緣. 非無因無緣故. 是故名爲因緣之法. 世尊略說因緣之相. 彼緣生果. (『佛說大乘稻芉經』, 大正16.823c~824a)

밑줄로 나타낸 것처럼 역시 다섯 번역 모두 역어가 다르다. 그리고 『요본생사경』에서는 연기(緣起)와 연생법(緣生法)을 엄밀히 구별하여 "연기불연생법(緣起不緣生法: 무명에 의해 행이 있음)·연생법불연기(緣生法不緣起: 무명 등 십이지의 支分)·연기연생법(緣起緣生法: 因과 果를 不斷의 관계로 보는 것)·불연기불연생법(不緣起不緣生法: 외도의 인과론)"[7]이라고 말하는데, 이러한 경설(經說)은 다른 경전에는 보이지 않는다. 경전의 문맥으로부터 보더라도 약간 이질적이며, 역자의 메모와 같은 것이 본문에 삽입된 것인지도 모른다. 어떤 것이 되었든 '연기'는 여러 연(緣)에 의해 새로운 존재가 생기는 것, '연생법'은 언어화된 여러 존재들을 나타내고 있으며, 양자를 명확히 구별하여 번역하고 있는 것이다. 지겸은 『패다수하사유십이인연경(貝多樹下思惟十二因緣經)』[8]이라는 명칭의 경전도 번역하고 있고, '연기'사상의 번역에 상당히 고로(苦勞)하고 있다는 사실을 인정할 수 있다.

이러한 번역에서 역어가 통일되지 않은 것은 초기불교의 '연기'

7) 大正16.815c.
8) 大正藏經, no. 713(大正 16권 수록).

교설로부터 어느 정도는 [그 이유를] 상상할 수 있다. 석존의 근본 교설의 이해에 관해서는 이미 언급한 것처럼, 근대 일본에서 불교학 연구의 큰 문제였던 것인데, '연기'사상을 어떻게 요해할 것인가와는 별개로 문제점의 정리는 진행되고 있다.[9] 그리고 최근의 '연기' 사상 연구에 따르면, 'pratītyasamutpāda'에는 원래 **논리적인 상의(相依) 관계와 시간적인 인과 관계**의 두 가지 측면이 포함되어 있었음이 밝혀지고 있다.[10] 논리적인 상의 관계란, 예컨대 부모와 자식과 같은 관계이며, 둘 이상의 존재의 관계가 상의 관계에 있음을 가리켜 '연기'라고 말하는 것이다. 이는 십이지 연기 중에서는 식과 명색의 관계 등이 그것에 해당한다는 말이다.[11] 한편 시간적인 인과 관계란, 예컨대 씨앗과 싹과 같은 관계인 것이고, 그것이 씨앗일 때에는 아직 싹의 존재는 없고, 그것이 싹일 때에는 이미 씨앗의 존재는 없어지는 것이다.

이러한 관계는 십이지 연기 속에서는 생과 노·사의 관계 등에 해당한다.[12] 이 양자의 사실은 언어 표현 속에서는 단절(종자와 싹은 같지 않음)과 연속(종자와 싹은 별개의 사물도 아님)의 중층

9) 이러한 연구 성과의 대표적인 것으로서 히라카와 아키라(平川彰)의 『法と縁起』(『平川彰著作集』 제1권, 春秋社, 1988)를 들 수 있다.

10) 小谷信千代, 앞의 논문(앞의 주4에 소개됨) 및 平川彰, 앞의 책, 제5장 3. 3) 「有無中道と縁起般若の智慧の意味」, 제5장 6. 3) 「イダパッチャヤターとしての縁起」, 제5장 6. 4) 「縁と起」 등 참조.

11) 平川彰, 앞의 책(위의 주9에 소개됨), 제5장 6. 3) (2) 「因果同時と識·名色」 항 등 참조.

12) 위의 책, 제5장 6. 4) (2) 「相依性」 항 등 참조.

성으로서 표현되지 않을 수 없는데, 『아함』에 상투적으로 사용되는 "이것이 있을 때 저것이 있고, 이것이 생할 때 저것이 생하며, 이것이 없을 때 저것은 없고, 이것이 멸할 때 저것은 멸한다"라는 연기의 정형구는 이러한 배경에 의한 것이다.13) 이 점을 필자는 연기의 양면으로서 논리적 상의(相依) 관계(있음 · 없음의 관계. 일본어의 "~이다, ~이 아니다[~である · ~でない]"에 해당함. 소쉬르가 말하는 공시적 관계)와 시간적 인과 관계(생함 · 멸함의 관계. 일본어의 "~이 되다[~になる]"에 해당함. 소쉬르가 말하는 통시적 관계)라고 칭하여 구별해서 생각해야 한다고 주장하고 싶다.14) 운동 변화를 언어에 의해 표현할 때에는 이러한 양면으로서 설하지 않을 수 없는 것이다. 이 점은 앞에 나온 『요본생사경』이 외연기의 다섯 가지 [관]점으로서 다시 자세히 말하고 있는 것과 같다. 이러한 "종자가 씨앗이 되는" 관계에서 씨앗을 성립시키는 무수한 조건 · 힘을 '연(緣)'이라고 부르고, 그 '연'에 포함되는 과(果)를 생하는 힘에 관하여 초기불교에서는 '연'이라고 칭하는 입장과 '연기'라고 칭하는 입장 두 가지가 있었다는 점도 이미 [학자들이] 지적하였다.15)

---

13) 위의 책, 제5장 6. 4) (4) 「此れ有るとき彼れ有り」 항 등 참조.

14) 졸고 「『起信論』の縁起説」(『大谷学報』 73巻 4号. 본서 제4장 제1절에 해당)에서는 이 점을 "공시적 논리 관계 · 통시적 상속 관계"로서 논하고, 졸고 「『起信論』の如来藏説と法蔵の如来藏縁起宗」(『仏教学セミナー』 70号. 본서 제7장 제3절 2에 해당)에서는 "의지(의하여 있음)와 연기(의하여 생겨남)"라는 관점에서 설명하며, 마찬가지로 졸고 「『起信論』の中国撰述説否定論」(『南都仏教』 81号. 본서 제4장 제2절에 해당)에서는 "**~이다**"와 "**~이 되다**"의 차이 및 "공시성과 통시성"으로서 논하고 있으므로 적절히 참고하기 바란다.

그 입장의 차이가 '연기', '연생', '인연'이라는 역어의 차이가 되어 나타나 있다고 이해할 수 있다.

3. 구마라집은 '연기'라는 역어를 사용하지 않는다

이러한 상황 속에서 초기의 중국불교의 방향성을 대략 결정지은 구마라집(鳩摩羅什)은 이 문제에 관하여 어떠한 태도를 취하고 있을까? 이에 대해서는 이미 선학(先學)이 지적한 바가 있고, 구마라집에게는 극히 일부를 제외하고는 거의 '연기'라는 용례가 없음이 밝혀져 있다.[16] 또한 구마라집이 번역한 경론에 의해 천태학을 확립한 지의(智顗)에게도 '연기'의 용례가 없음이 이미 지적되어 있다.[17] 이 사실은 대체 어떠한 이유에 의한 것일까? 초기 대승불교를 둘러싼 흥미로운 문제이다.

구마라집 역 『중론(中論)』 청목(靑目) 석(釋) 첫머리 귀경게의, 조론(造論)의 의취(意趣)를 해설한 개소에는 이 고찰에 즈음하여 놓쳐서는 안 되는 점이 기록되어 있다.

> 물음: 무엇 때문에 논을 짓는가? 답변: 어떤 사람은 "만물은 대자재천(大自在天)으로부터 생긴다"라고 말한다. … 부처는, 이와 같

---

15) 平川彰, 앞의 책(앞의 주9에 소개됨), p. 323 참조.

16) 앞의 주5 참조.

17) 新田雅章, 「天台教学と縁起の思想」(『平川彰博士古稀記念論集 仏教思想の諸問題』, 春秋社, 1985) 참조.

은 등의 사견(邪見)들을 끊고 불법을 알리고자 하기 때문에 먼저 성문법 가운데에 십이인연을 설하신다. 또한 이미 습행(習行)하여 대심(大心)이 있어 심법(深法)을 받는 것을 감당할 수 있는 자를 위하여 대승법으로써 인연상(因緣相)을 설하신다. 소위 일체법은 불생불멸(不生不滅), 불일불이(不一不異) 등, 필경공(畢竟空)이니 있는 바가 없다는 것이다. 『반야바라밀경』 중에 설한 것과 같다.

問曰, 何故造此論. 答曰, 有人言萬物從大自在天生. … 佛欲斷如是等諸邪見令知佛法故, 先於聲聞法中說十二因緣. 又爲已習行有大心堪受深法者以大乘法說因緣相. 所謂, 一切法不生不滅不一不異等, 畢竟空無所有. 如般若波羅蜜中說. (大正30.1b)

곧 외도의 갖가지 사견을 끊기 위해 십이인연을 설했지만, 대승에서는 그것을 『반야경』에 '불생불멸'이라고 설했다는 것이다. 더욱이 계속해서 다음과 같이 말한다.

부처의 멸도 후 뒤 500세 상법(像法) 시기에 사람의 근기가 다시 둔해져 깊이 제법(諸法)에 집착하여 십이인연 · 오음 · 십이입 · 십팔계 등의 결정상(決定相)을 구한다. 부처의 뜻을 모른 채 단지 문자에 집착한다. 대승의 법 가운데 필경공을 설하는 것을 듣고 무슨 인연 때문에 공인지를 모른 채 곧 의견(疑見)을 생한다.

佛滅度後, 後五百歲像法中, 人根轉鈍深著諸法求十二因緣五陰十二入十八界等決定相. 不知佛意但著文字. 聞大乘法中說畢竟空, 不知何因緣故空, 即生疑見. (同.1c)

곧 이『중론』은 부처가 말한바 십이인연 등을 '법의 유(有)'로 풀이한 사람들과 그것이 '불가득공(不可得空)'이라는 말의 진의(眞意)를 모르는 사람들에 대하여 설해진 것이라는 말이다. '법의 유'라는 사상 자체를 음미하는 것은 여기에서는 생략하지만, 설일체유부 등 아비달마 교학을 대상으로 했을 것이다. 그리고 '법의 유'가 설해진 근거는 아함의 다음과 같은 경설에 있다고 생각된다.

> 이때 세존은 여러 비구들에게 고하였다. "오수음이 있다. 어떤 것을 '다섯'으로 삼는가? 색수음, 수 · 상 · 행 · 식수음이다."
> 爾時世尊, 告諸比丘, 有五受陰. 何等爲五？色受陰受想行識受陰. (『雜阿含經』 권3, 大正2.19c)

여기에는 '무아(無我)'를 밝히기 위해서이긴 하지만, 일단 '오음'의 존재가 '유'라고 설해져 있다. 또한 다음과 같이 십이인연을 설하는 경설도 존재한다.

> 저 여래는 스스로 각지(覺知)하여 등정각(等正覺)을 이루어 사람들을 위하여 연설하고 개시(開示)하여 현발(顯發)케 한다. 말하자면 무명에 연(緣)하여 행이 있다. 내지 생에 연하여 노사가 있다.
> 彼如來自所覺知, 成等正覺, 爲人演說開示顯發. 謂緣無明有行. 乃至緣生有老死. (『雜阿含經』 권12, 大正2.84b)

이처럼 "~이 있다"라고 설해진 것을 이 진의를 빼놓고서 표현된 문자에 따라서 이해할 경우, 그 이해가 문자에 충실하면 충실할수록 결과적으로는 진의로부터 멀어져 가게 될 것이다. 『반야경』이

오음을 비롯하여 일체의 법을 길게 나열하면서[延延] '불가득공'이라고 계속 설하는 것은 이러한 사정에 의한 것이라고 생각된다. 일단 '유'라고 오해된 상황은 '무아'의 주장으로는 넘어설 수 없다. 이 점은 경전 번역상 어떠한 말로서 나타나는지를 말하자면, 『반야경』이 십이인연을 결코 유적(有的)으로는 표현하지 않는다는 말이다. 제법이 불가득공이라는 것은 주로 『대품반야경』이 설하는 바인데, 구마라집 이전의 『방광반야경(放光般若經)』·『광찬반야경(光讚般若經)』에도 이 점은 공통된다.[18]

『중론』「관인연품(觀因緣品)」에서는 "제법은 사연(四緣)에서 생한다"라는 아비담(阿毘曇)의 사람들에 대하여 어떠한 의미에서도 인연에서 제법이 생하는 경우는 없다고 하면서 다음과 같이 말한다.

> 제법은 … 단지 중연(衆緣)이 화합하기 때문에 <u>명자(名字)를 얻을 뿐이다</u>.
> 諸法, … 但衆緣和合故<u>得名字</u>. (大正30.2b)

---

18) 예컨대 『방광반야경』(西晉 無羅叉 역) 권1에는 다음과 같이 나와 있다.

> 이 십이인연도 또한 공과 합한다.
> 此十二因緣亦與空合. (大正8.5c)

『광찬경』(西晉 竺法護 역) 권3에는 다음과 같이 나와 있다.

> 십이인연 생사의 근원은 공과 다름이 없고, 주(住)와 다름이 없다. 그 십이인연 노·병·사란 곧 공이다. 생·로·병·사 십이인연은 자연히 공이다.
> 十二因緣生死之原無有異空, 無有異住. 其十二因緣老病死者此則爲空. 生老病死十二因緣自然爲空. (大正8.168c)

따라서 구마라집은 특정 경전을 제외하고는 존재로서의 '연생법'이나 구조로서의 '연기'라는 개념을 단독으로 사용하는 일은 없는 것이다.[19] '연기'라는 용례는 완전히 예외 없이 '인연기법(因緣起法)'이라는 문자 형태 속에 존재할 뿐이다. 일례를 들고자 한다.

一切諸法中, 定性不可得, 但從和合因緣起法故有名字諸法. (『摩訶般若波羅蜜經』, 大正8.407c)

이 문장 속의 "단종화합인연기법고(但從和合因緣起法故)"는 "다만 인연이 화합하는 것에 따라 법이 일어나기 때문에"라고 훈독해야 할 것이다. 또한 '연집(緣集)', '연생(緣生)' 등의 용어도 숙어로서가 아니라 예외 없이 "~ 인연이 모인다", "~ 인연으로써 ~을 생한다"라는 문맥에서 사용되는 것이다. 그러나 구마라집이 완전히 '연기'라는 개념을 쓰지 않았던 것도 아니다. 예컨대 구마라집 문하의 승조(僧肇)가 『조론(肇論)』에서 다음과 같이 말하는 것에 의해서도 추찰할 수 있다.[20]

---

19) 『유마경』에 예외적인 사용례를 볼 수 있는데(大正14.537a, 542c, 545c), 『유마경』에서도 대개는 '인연'이 사용되어 있다. 吉津宜英, 앞의 논문(앞의 주5에 소개됨) 참조.

20) 이 개소에 관하여 『조론소(肇論疏)』(唐 元康 찬)은 다음과 같이 말한다.

"『중론』에 이르길." 이 말은 통하여 『중론』의 뜻을 끌어온 것이다. 또한 이는 「사제품」의 게송이기도 하다.

中論云者, 此通引中論意也. 亦可是四諦品偈. (大正45.173b)

곧 전체적으로는 『중론』의 취의(取意)인데, 굳이 논거를 들자면 「사제품」의 게송일 것이라고 말하여 구체적으로 게송의 문장을 든다. 그러나 『중

『중관』은 말한다. “사물은 인연에 따르기 때문에 유(有)가 아니다. 연기이기 때문에 무(無)가 아니다.”

中觀云, 物從因緣故不有. 緣起故不無. (大正45.152b~c)

승조는 제법의 불가득을 이렇게 서술하는 것이다. 연기에 의해 비무(非無)를 설한다는 사상이 승조 독자의 것인가 아닌가는 지금 여기에서 판단할 수 없지만, ‘인연’과 ‘연기’를 나누어 사용하고 있는 점이 주목되는 것이다.[21] 이 점에서 보더라도 구마라집의 번역이 일관되게 ‘인연’을 사용함으로써 ‘법의 유’를 파하는 데 [그 의의가] 있었음이 명료한 것이다.

4. 보리류지 역 『십지경론』의 ‘인연집(因緣集)’과 ‘십이인연’

아비달마 불교가 ‘법의 유’를 설한 것에 대하여 『반야경』 등이 법의 불가득을 설하여 연기의 진실을 밝히고자 한 점은 상술한 바와

론』의 게송에는 당연하게도 “연기이므로 무(無)가 아니다”라는 표현은 존재하지 않는다.

21) 이 점을 들어서 카지야마 유이치(梶山雄一) 박사는 “중관철학 자체로부터 보면 [이는] 반야바라밀의 초월성의 개변이다”(「僧肇における中観哲学の形態」, 『肇論研究』, 제2편 研究編, 法藏館, 1972, p. 215)라고 말하는데, 『반야경』이 나타나야만 했던 배경을 고려하면 과연 그렇게 말할 수 있을까? 필자는 카지야마의 이러한 설에 찬동할 수 없다.

같은데, 이 점을 완전히 다른 관점에서 밝히려 하는 초기 대승 경전이 존재한다. 『십지경(十地經)』이 그것이다. 『십지경』의 제6 현전지(現前地)는 세속 세간의 10평등을 밝혀서 순인(順忍)을 얻음을 설하는데, 그 가운데 "삼계허망 단시일심작, 십이인연분 개의일심(三界虛妄但是一心作, 十二因緣分皆依一心)"[22]이라고 설해져 있고, 유식사상의 하나의 근거가 되어 있음은 잘 알려져 있다. 이 경에도 몇 종의 이역(異譯)이 있으므로, 먼저 여러 역을 비교해 보고자 한다.

경은 처음에 세간의 생멸을 모두 관한 다음에 "세간의 온갖 수신(受身)·생소(生所)의 차별"은 나에 탐착하는 것이 원인이라고 하여 이른바 '십이인연'을 제시한다.[23] "세간의 온갖 수신·생소의 차별"이란 구체적인 세간적 존재의 제상(諸相)이라는 것이고, 『반야경』이 법의 불가득을 밝히기 위해서 십이인연도 공하다고 말하는 것과는 기본적으로 입장이 다르다. 그리고 『십지경』의 이러한 관점은 초기 경전이 인간 존재의 근원을 밝히고자 십이인연을 설한 것과 공통되는 관점이라고 생각된다. 우선 역어의 비교를 위해 그 결론 부분을 비교해 보자.

① 보살도 이와 같으니, 유순(柔順)을 즐겨 십이연을 관한다.
菩薩如是, 樂于柔順觀十二緣. (『漸備一切智德經』, 西晉 竺法護 역, 大正10.476a)

---

22) 『十地經論』 권8(大正26.169a). 60권본 『화엄경』의 권25(大正9.558c)에 상응함.
23) 위와 같음.

② 이 십이인연은 모으는 자 있지 않아 자연스럽게 모이며, 흩어지게 하는 자 있지 않아 자연스럽게 흩어진다. 인연이 합하면 곧 있고, 인연이 흩어지면 곧 없는 것이다.
是十二因緣, 無有集者自然而集, 無有散者自然而散. 因緣合則有, 因緣散則無. (『十住經』, 姚秦 鳩摩羅什 역, 大正10.514c)

③ 이 십이인연은 모으는 자 있지 않고, 흩어지게 하는 자 있지 않다. 연이 합하면 곧 있고, 연이 흩어지면 곧 없는 것이다.
是十二因緣, 無有集者, 無有散者. 緣合則有, 緣散則無. (60권 『華嚴經』, 東晉 佛陀跋陀羅 역, 大正9.558b)

④ 이 인연집에 모으는 자가 있지 않아 자연히 모이고, 흩어지게 하는 자 있지 않아 자연히 멸한다.
是因緣集, 無有集者自然而集, 無有滅者自然而滅. (『十地經論』 所釋의 『十地經』, 後魏 菩提流支 역, 大正26.186b)

이처럼 역자에 따라 역어가 다르고, 여기에서도 '연기'라는 역어는 사용되고 있지 않다. 『십지경론』은 이 문장 ④의 뒤에 "이 인연집에 3종의 관문이 있다"라고 하여 성답상차별(成答相差別), 제일의제차별(第一義諦差別), 세제차별(世諦差別)을 들며, 세제차별 가운데에서 '십이인연분'이라는 용어를 쓰고 있으므로 전체를 묶는 개념으로서는 '십이인연'을 쓰지 않은 것이라고 생각된다. 이 ④에 설해진 '인연집'이라는 개념을 근거로 하여 뒤에 지론학파의 교리가 전개되어 가는 것이다.

그러면 이 『십지경론』과 거기에 풀이된 경문을 검토하여 『십지경』이 어찌하여 여기에서 '십이인연'을 상세히 언급하고 있는가 하는 점에 대해 고찰해 보고자 한다.

"이 인연집에 3종의 관문이 있다"라고 하는 문장의 [3종 관문 중] 맨 처음에 제시된 '성답상차별'이란 대략 다음과 같은 의미이다.

성차별(成差別) — 아(我)에 집착함으로써 세간의 생이 있고, 착아(著我)를 떠나면 그것이 그대로 제일의제(第一義諦)임을 나타낸다.

답차별(答差別) — 착아(著我)라고 하지만 존재하지 않는 것에 어떻게 해서 집착함이 성립하는 것인가 하는 점을 자문자답하여, 무명과 유애(有愛)를 근본으로 하여 사념(邪念)에 따라 사도(邪道)를 행하며, 갖가지 염법(念法)을 집기(集起)하기 때문임을 나타낸다.

상차별(相差別) — <u>착아의 구조를 밝히기 위해 십이인연을 나타낸다.</u>

이후 제일의제는 설명하지 않고, 이상의 것들이 증득되면 그것이 해탈이며 제일의제라고만 말하고, 세제차별에 대해 언급해 가는 것이다. 그 세제차별을 나타내는 최초의 경문이 잘 알려진 다음 문장이다.

三界虛妄但是一心作, 十二因緣分皆依一心. (大正26.169a)

경은 이후 다음과 같이 자세히 계속 설한다.

> 이유는 무엇인가? 수사(隨事)의 탐욕이 마음과 함께 생하는 것은 곧 식이다. 사(事)는 곧 행이다. 행은 마음을 속이므로 '무명'이라 이름한다. 무명이 마음과 함께 생하는 것을 '명색'이라 이름한다.
> 所以者何. 隨事貪欲共心生卽是識. 事卽是行. 行誑心故名無明. 無明共心生名名色. (앞과 같음)

이 경설은 '일심'이 어떠한 짜임새에 의해 마치 주체와 객체인 것과 같은 허구를 성립시켜 가는지를 구체적으로 보여준다. 곧 십이인연에서 '식'이 성립할 때에는 이미 무명에 의해 착색되어 있으며, 그때에는 동시에 명색이 성립해 있다는 것이다. 결국 『십지경』은 아에 집착하는 세간이라는 존재 양태를 『반야경』처럼 '불가득'이라고 말하는 것이 아니라 '일심'의 내용으로서 구조적으로 해명하려고 하는 것이다. 『십지경론』에서 풀이하는 『십지경』은 이러한 점을 밝히기 위해 '인연집'이라는 용어를 사용하고 있을 것이다.

5. 정영사 혜원(慧遠)의 연기관

여기에 설해진 '인연집'을 근거로 하여 지론학파는 갖가지 연기설을 전개하였다. 이 점은 이미 선학(先學)들이 지적해 온 바와 같다.[24] 여기에서는 그 중심적 존재인 정영사(淨影寺) 혜원(慧遠)의 연집설(緣集說)을 음미해 보고자 한다. 이미 언급해 온 것처럼 『십지경』은 제6지의 교설 가운데 십이인연을 '일심'의 구조로서 전개한다. 따라서 아마도 혜원도 자기의 연집설을 틀림없이 제6지에서 전개하였을 것이다.[25] 혜원의 『십지경론의기(十地經論義記)』는 제3지의 도중까지밖에 현존하지 않으므로 이 점에서 말하자면 그의 교리의 전모는 밝혀져 있지 않다. 그렇지만 다행히 『십지경론의기』는 『[십지]경』의 첫머리에서 제이칠일(第二七日)의 설임을 『십지경론』이 "인연행(因緣行)을 행함을 사유한다"라고 풀이하는 개소에 상세한 해설을 붙이고 있다. 이 부분은 『십지경』의 근본 과제를 언급하는 부분이므로 혜원이 『십지경론』을 어떻게 풀이했는지를 아는 데 있어서 최적의 개소라고 말할 수도 있다. 혜원은 『십지경론』이 "인연행을 행한다"라고 말한 것을 다음과 같이 해석한다.

> 법을 주려(籌慮)하는 것을 이름하여 '사유'라고 한다. 사심(思心)은 경(境)과 교섭하므로 이름하여 '행'이라고 한다. 소행(所行)의 경계의 본체는 정성(定性)이 아니다. 제법은 동체(同體)로서 서

---

24) 아오키 타카시(青木隆)의 「中国地論宗における縁集説の展開」(『フィロソフイア』 75号, 1988), 「天台大師と地論宗教学」(『天台大師研究』, 祖師讃仰大法会事務局 天台学会, 1997), 그리고 「地論宗の融即論と縁起説」(荒牧典俊 편저, 『北朝隋唐 中国仏教思想史』, 法蔵館, 2000) 등 참조.

25) 이와 관련하여 혜원에게서 큰 영향을 받은 지엄은 『수현기』의 「십지품」 제6지에서 '법계연기'설을 전개하고 있다(『搜玄記』 권3下, 大正35.62c~63b). 이 점에 관해서는 본서 제6장 제2절에서 상술할 것이다.

로 연집(緣集)하므로 '인연'이라 이름한다. 인연이 집기하는 것, 그것을 지목하여 '행'이라고 한다. 이 인연을 행하므로 먼저 설하지 않는다.

籌慮於法名曰思惟. 思心, 涉境故名爲行. 所行境界體非定性. 諸法同體互相緣集故曰因緣. 因緣集起目之爲行. 行此因緣故初不說. (續藏 1-71-2.145右下)

여기에서 '사심(思心)'이라고 말한 것은 인식 주체를 의미한다. 인식 주체가 인식 대상을 취하는 것을 '행'이라고 말하며, 대상은 뒤에 서술하는 것처럼 모두 '여래장'이라는 자체에 의해 성립하는 것이므로 '정성(定性)은 아니'며 '동체'이다. 이것이 '연집'이고 '인연'이라는 것이다. 그리고 이 '인연'의 집기(集起)가 '행'이라는 것이다. 여기에서는 '연기'라는 용어는 사용되지 않고 있는데, '인연'이라고 말해지는 것과는 별개의 것으로서 '행'을 이해하고 있다. 결국 혜원은 '인연' 속에서 법을 생겨나게 하는 힘을 보지 않고, '행'에서 그것을 보는 것이다. 이 점은 바꿔 말하자면 '인연의 행'이라는 말이 곧 '연기'를 나타내는 것이다.

[『십지경』이] 제이칠일의 설이라는 것을 '인연'이 아니라 '인연의 행'을 사유하고 있었기 때문이라고 『십지경론』이 보는 것에는, 지금까지 보아 온 것과 같은 『반야경』 등의 흐름에 입각할 때 언어표현과 제일의제(第一義諦) · 세속제(世俗諦)에 관련한 큰 문제가 있다고 하지 않을 수 없다. 혜원은 과연 그러한 『십지경론』의 기본적 입장을 충분히 잘 이해하고 있던 것일까? 혜원은 더욱이 '인연'만을 들어서 다음과 같이 말한다.

인연의 뜻은 경 가운데에 또한 '연기', '연집'이라고 이름한다. 인을 빌리고 연에 의탁하여 제법이 있다. 따라서 '인연'이라고 말한다. 법의 일어남은 연을 빌린다. 따라서 '연기'라고 칭한다. 법은 연으로부터 모인다. 따라서 '연집'이라고 이름한다.
因緣之義, 經中亦名緣起緣集. 假因託緣而有諸法故曰因緣. 法起藉緣故稱緣起. 法從緣集故名緣集. (續藏1-71-2.145左上)

이 설은 혜원이 배운 많은 경론을 정리한 것이고, 어쨌든 이 시대의 표준적인 견해였다고 생각된다. 곧 이 시대에 이르러서도 아직 '연기'라는 용어가 불교의 중심 개념으로 사용되는 것은 아닌 것이다. 그리고 혜원은 이후 『십지경』 제6지의 '인연집'이라는 개념에 의해 '유위연집(有爲緣集)·무위연집(無爲緣集)·자체연집(自體緣集)'을 주장한다.

'유위'란 생사의 법체에 무상(無常) 생멸(生滅)의 소위(所爲)가 있기 때문에 '유위'라 이름한다. 업번뇌의 인연에 따라 있으므로 '인연'이라 이름한다. '무위'란 소위 열반의 체는 생멸이 아닌 것을 이름하여 '무위'라 한다. 도를 빌려 있으므로 '인연'이라고 한다.
言有爲者, 生死之法體有無常生滅所爲故名有爲. 從業煩惱因緣而有故名因緣. 言無爲者, 所謂涅槃體非生滅名曰無爲. 藉道而有故曰因緣. (앞과 같음)

여기에서 말하는 무위법으로서의 열반이란 대승의 『열반경』 등이 주장하는 유위·무위를 넘어선 제일의제로서의 열반이 아님은 분명하다. 이러한 이해의 배경에는 『유마경(維摩經)』이나 『승만경(勝鬘經)』이 비판의 대상으로서 삼은 아비달마의 법 이해가 영향을 주고 있다고 생각된다.26) 그리고 자체연집에 관해서는 다음과 같이 말한다.

> '자체'란 곧 앞의 생사·열반의 법의 당법의 자성은 모두 이 연기라는 것이다. 그 모습은 어떠한가 하면, 생사의 본성은 곧 여래의 장이라고 설하는 것과 같다. 여래장 속에 일체의 항사의 불법을 구족한다.
> 言自體者, 即前生死涅槃之法當法自性皆是緣起. 其相云何, 如說生死本性即是如來之藏. 如來藏中具足一切恒沙佛法. (앞과 같음)

곧 자체연집이란 여래장이라고 말하고 있는 것이다. 그리고 다시 이 '여래장'에 유위여래장과 무위여래장이 있다고까지 말하는 것이다. 밑줄 친 문장은 『승만경』과 『기신론(起信論)』에 설해진 것을 합친 것으로 생각되는데,27) 『승만경』의 여래장설은 "여래장은 유

---

26) 예컨대 『유마경』은 다음과 같이 설한다.

> 무위법을 보고서 정위에 드는 자는 끝내 다시 능히 불법을 생하지 않는다.
> 如是見無爲法入正位者, 終不復能生於佛法. (「佛道品」, 大正14.549b)

『승만경』은 다음과 같이 설한다.

> 유량의 사성제를 설합니다. 왜 그러합니까? 다른 것에 인하여 능히 일체의 고를 알고, 일체의 집을 끊고, 일체의 멸을 증득하며, 일체의 도를 닦는 것이 아닙니다. 이 때문에 세존이여, 유위생사·무위생사가 있고, 열반도 또한 이와 같이 유여 및 무여입니다.
> 說有量四聖諦. 何以故. 非因他能知一切苦, 斷一切集, 證一切滅, 修一切道. 是故世尊, 有有爲生死, 無爲生死. 涅槃亦如是, 有餘及無餘. (「法身章」, 大正12.221b)

위상을 떠난다"[28]라거나 "여래장은 여래의 경계이다"[29]라고 말하는 것처럼 제일의제를 언어 세계에서 표현한 것이며, 범부는 말할 것도 없고, 아라한·성문·대력보살(大力菩薩)까지도 결코 볼 수 없다고 반복해서 설해지고 있다. 따라서 혜원의 이러한 주장은 적어도 『승만경』의 설을 일탈한 것이라고 말하지 않으면 안 된다. 그렇지만 여러 경론에 의해 여러 가지로 설해진 '인연', '연기', '연집'이라는 개념을 일단 구별하고 그에 입각해서 집대성하고자 하는 주장임은 인정할 수 있을 것이다. '연기'는 "앞의 인(因)으로부터 뒤의 과(果)를 집기(集起)한다"라고 말해지는데, 그 앞의 인을 '인연'이라고 칭하고 여러 연들 속에 법의 형성력을 보는 경우에는 '연집'이라고 말한다. 그리고 그것들이 자체로서의 '여래장'에 의해 성립함을 기본적인 입장으로 하는 것이다.

이렇게 혜원의 '3종 연집설'은 『유마경』이나 『승만경』·『능가경

---

27) 이와 관련하여 『승만경』에는 다음과 같이 설한다.

> 세존이여, 불공여래장은 항사를 넘어선 부사의한 불법을 떠나지 않으며, 벗어나지 않으며, 다르지 않은 것입니다.
> 世尊, 不空如來藏過於恒沙不離不脫不異不思議佛法. (「空義隱覆真實章」, 大正12.221c)

『기신론』에는 다음과 같이 설한다.

> 두 번째는 상대이니, 말하자면 여래장에 무량한 성공덕을 구족하기 때문이다.
> 二者相大, 謂如來藏具足無量性功德故. (大正32.575c)
> 진여 법신 자체가 불공임을 밝힌다는 것은 무량한 성공덕을 구족하기 때문이다.
> 明真如法身自體不空, 具足無量性功德故. (大正32.580a)

혜원의 설은 이것들을 합친 것일 것이다.

28) 「自性清淨章」(大正12.222b).

29) 「如來藏章」(大正12.221b).

(楞伽經)』·『기신론』 등의 대승의 중요한 경론의 설을 『십지경』의 '일심'으로 회통하려 한 결과라고 말할 수 있다. 본래 제일의제로서 설해진 여래장을 『십지경』의 '일심'의 내용으로 보고, 결과적으로 세속제 속에 자리매김한 것이다. 따라서 이 점에서 혜원의 교학은 큰 모순을 안게 되었다.30)

『십지경론』이 밝히고자 한 세속제에 서서 제법을 해명하는 것은 그 후 『섭대승론(攝大乘論)』 등이 소개되어 한층 발전하게 되었다. 『섭대승론』은 제2장 「소지의분(所知依分)」(玄奘 역)에서 이 문제를 바로 정면에서 들고 있기 때문이다. 그럼 현존하는 4역의 해당 부분을 비교해 보면 다음과 같다.

> 甚微最細因緣 (後魏 佛陀扇多 역, 大正31.98c)
> 此緣生於大乘最微細甚深 (陳 眞諦 역, 同.115a)
> 此緣生於大乘中微細甚深 (隋 笈多 역, 同.277a)
> 諸法顯現如是緣起, 於大乘中極細甚深 (唐 玄奘 역, 同.134c)

이 단락에 이르러서도 역어는 일관되지 않는다. 적극적으로 유식사상이 이해됨에 따라 간신히 현장의 시대에 이르러 '연기'라는 역

---

30) 제일의제를 세속제[와 대비되는 것]으로서 이해하였기에 혜원은 '진성연기', '불성연기'라는 교설을 전개하였다. 이러한 혜원의 교학에 관해서는 요시즈 요시히데(吉津宜英)의 「慧遠の仏性縁起説」(『駒沢大学仏教学部研究紀要集』 33号, 1977) 참조. 혜원은 또한 그 모순을 회통하고자 하여 '의지와 연기'라는 관점을 세워서 교설을 파악하고자 하였다. 이 점에 관해서는 본서 제5장에서 상설할 것이다.

어가 정착해 갔다고 추찰할 수 있는 것이다. 덧붙여 『반야경』에서 구마라집이 '인연'이라고 번역한 개소를 현장은 하나하나 '연기'라고 번역하고 있다.

소결

불교의 근본 사상이 pratītyasamutpāda임은 부정할 수 없다. 그러나 그것을 어떠한 역어로 표현하는가 하는 문제에 관해서는 적어도 이상에 서술한 것과 같은 많은 우여곡절을 겪고 있는 것이다. 이 점에서 말하자면 대승불교의 2대 사상인 중관과 유식에 관하여 전자를 '연기'사상이라고 부르는 일은 없었던 것이다. 따라서 "불교는 항상 **연기**를 설해 왔다"라고 하는 화법은 그 말을 가지고 보자면 중관사상을 뒤의 사상의 용어에 의해 해석하는 격이 되는 것이다. 이미 서술한 것처럼 초기불교에서의 '연기' 표현 중에는 시간적인 인과 관계와 논리적인 상의 관계를 동시에 포함하고 있었다. 그러나 중국에서는 북전 불교가 대승 중심이었다는 지리적인 관계나 자국에서의 노장(老莊)사상의 융성 등과 관련하여 대승불교의 반야사상의 이해가 불교 수용의 시작이 되었기 때문에 pratītyasamutpāda의 제일의제를 나타내는 측면(승조의 표현법으로 말하자면 '不有'의 측면)의 이해가 진보하였던 것이다. 그러나 그 후 그만큼 시간을 두지 않은 채 '불무(不無)'를 설하는 중기 대승불교를 만났기 때문에 혜원과 같은 모순을 안게 되었을 것이다.

현장은 『구사론(俱舍論)』에서 인과를 정의하여 다음과 같이 말한다.

> 이 가운데의 뜻은 바로 설한다. 인은 기(起), 과는 이미 생한 것이다. 논하여 말한다. 제지(諸支)의 인분(因分)을 설하여 '연기'라고 이름한다. 이것을 연으로 삼아 능히 과를 일으키기 때문이다. 제지의 과분(果分)을 '연이생(緣已生)'이라 설한다. 이것은 모두 연에 따라 생겨나기 때문이다.
> 此中意正說. 因起, 果已生. 論曰, 諸支因分說名緣起. 由此爲緣能起果故. 諸支果分說緣已生. 由此皆從緣所生故. (大正29.49c)

여기에 이르러 '십이인연'에서 각 지분과 '연기'의 관계는 명료해진 것이다. 그러나 돌이켜 보면 이러한 점은 이미 지겸의 『요본생사경』에 제시된 것이다. 따라서 그사이 '연기'라는, 세속제를 표현하는 것에 주안점이 있는 용어가 정착하지 않은 것은 전적으로 중국불교가 반야사상의 이해로부터 시작한 것에 기인한다고 생각된다. 이런 의미에서는 『승만경』의 '여래장'도 본래 제일의제를 표현하는 것이고, 이 점을 혼동함에 의해 혜원의 모순이 야기된 것인데, 현장의 사상과 깊은 관계를 가지고서 성립하고 전개된 화엄사상은 이 점을 어떻게 보고 있는 것일까? 지엄의 '법계연기'설이나 법장의 '여래장연기'사상의 해명이 과제가 되는 것인데, 이 점은 장을 바꾸어 [논하고 여기에서는] 이제부터 좀 더 혜원이 안고 있던 모순의 배경에 관해 정리해 보고자 한다.

제2절 알라야식사상과 여래장사상의 기본적 상위

앞의 절에서는 pratītyasamutpāda라는 개념이 '인연'·'연집'·'연기'라는 용어에 의해 중국불교에 정착해 가는 과정을 개관하였다. 중국불교의 사색 전개는 인도불교와 같은 대화와 지양(止揚)에 의한 것이 아니라, 간헐적으로 들여온 외래 사상을 어떻게 한어(漢語)에 의해 이해할까 하는 점이 본질적인 과제였다. 그 때문에 인도에서는 아비달마 불교의 법유설(法有說)과의 대화 속에서 전개한 '공'의 사상을, [중국불교도들은 그것이] 대화의 결과임을 알 수 없는 상태에서 언어를 통하여 이해하는 수밖에 없었던 것이다. 『반야경』에 따르면 언어 그 자체가 승의제가 아닌 것, 반야바라밀은 언어를 떠난 것이라고 설해져 있으므로 그 본질을 언어를 통하여 이해하는 것은 용이한 것이 아니었다. 그러한 반야공관을 이해하는 과정에서 『아함경』을, 그리고 그다지 시간을 지날 틈도 없이 유식사상·여래장사상을 중국의 불교도들은 만나게 된 것이다. 지론학파의 사상은 그러한 갈등의 족적이라고 말할 수 있을 것이다. 앞의 절에서는 그중의 대표적 인물인 정영사 혜원의 모순점에 관하여 약간 언급하였다. 그 모순은 대승불교의 사상사에서 말하자면 여래장과 알라야식을 혼동한 것에 기인한다고 말할 수 있는데, 그것은 어디까지나 뒤의 시대로부터 돌이켜보았을 때의 비판이며, 혜원 당시에는 가장 뛰어난 회통적 해석이었던 것이다. 그러한 혜원이 안고 있던 문제를 밝히기 위해 여기에서는 『반야경』이 원인이 된 이유와 그것이 여래장, 알라야식으로 전개된 사실이 가지는 의미에 관하여 정리하고, 지론학파의 연기 이해를 해명하기 위한 기반으로 삼고자 한다. 또한 본 절 이후 '알라야식', '아리야식(阿梨耶識)', '아려야식(阿黎耶識)', '아뢰야식(阿賴耶識)'이라는 말을 쓰는데, 문맥에 따라 신역(아뢰야식), 구역(아리야식)으로 나누어 쓰고 총체적으로 말할 경우는 '알라야식'으로 표기한다.

인간의 자연스러운 인식을 분석하여 인식하는 자와 인식되는 것을 발견하고, 인식된 것에 의해 자기와 세계가 성립된다고 생각한다면, 거기에 무엇이 존재하고 무엇이 존재하지 않는가를 인식하는 자는 세계 밖에 있는 자 혹은 자기 안에 있되 자기는 아닌 자가 아니면 안 된다. 자기의 신체나 성격이라는 것은 인식하는 것이 아니라 인식된 내용이라는 점이 분명하므로 그것을 인식하는 자는 신체나 성격 밖에 존재해야 한다. 이렇게 신체로부터도 완전히 떨어져 나간 순수한 인식 주체를 통상 우리는 '아(我=ātman, 주관)'라고 칭하며, 그것이 자기의 근본적 본체라고 생각하고 있다. 따라서 무언가 인식이 존재하는 한 인식의 대상은 갖가지로 의심할 수 있더라도 인식 주체 자체는 결코 의심할 수 없는 것이다.

석존을 낳은 당시 인도의 사상 상황도 이와 유사했던 것 같다. 아니, 그보다는 인간의 사고 양식 그 자체가 보편적이라고 생각하는 편이 나을지도 모른다. 우리가 존재하고 외계가 존재한다. 그 모든 것을 어떠한 형식으로 일반화하고 추상화할 수 있는가? 이러한 의문에 대한 분석은 데카르트 이래 근대 철학의 전개에 앞서서 석존 당시의 인도에서 활발하게 의논되었던 과제인 것이다. 그것 중에는 일원론 · 이원론 · 유물론 · 유심론 등 갖가지 사고방식이 있었던 것 같다. 그중 석존이 출현한 것은 그러한 여러 입장에 새로이 별도의 입장이 부가되었다는 의미는 아니다. 왜냐하면 석존이 밝힌 것은 그러한 존재에 관한 여러 해석은 아니기 때문이다. 존재를 인식하고 갖가지로 해석하는 인간의 능력을 임시로 '지성'이라고 부른다면, 지성은 확실히 인간 고유의 특성이며, 그것에 의해 인간은 많은 것을 만들어 내었다고 말할 수 있다. 그러나 한편에서는 그 지성 때문에 인간은 '아'라는 존재를 창출하고 그 창출한 것이 파괴된다고 생각하여 갖가지로 고생하고 괴로워하는 존재인 것이다. 인간 고따마의 출가 이유가 그러한 인간 존재의 근본적인 고(苦)를 응시한 결과임은 사문출유(四門出遊)의 고사에 상징적으로 나타나 있다. 따라서 불타의 성도는 그러한 근본적 인간 고로부터의 해방이었던 것이다. 그 인간 해방의 원리로서 불타가 '무아'라고 가르친 것은 단순한 자아 존재의 부정도 아니고, 모든 것은 허무라고 말하는 것도 아니다. 참으로 주체가 아닌 것을 주체로 간주하고 그것에 묶이는 지성의 구조를 척출(剔出)하고 있는 것이다. 바꿔 말하자면 무엇 때문에 '무아'인 것인가를 설명하는 논리가 '오온(五蘊) 가화합(假和合)', '연기'라는 사고방식인 것이다. 따라서 내부 구조로서의 연기가 지탱하는 무아가 나타내는 내용은 우리가 존재하고 외계가 존재한다는 것의 부정도 아니며, 모두가 존재하지 않는다는 것도 아니다.

그렇지만 '무아'라는 표현 자체가 '아'의 부정이라는 형식을 취하기 때문에 그것은 무언가의 존재의 부정이라고 받아들여지기에 이른다. 이렇게 하여 석존의 무아설은 어떤 때에는 '인무아법유(人無我法有)'로 풀이되어 인간의 무아만을 의미하는 것으로 이해되기에 이른다. 이것이 법의 탐구로서의 아비달마 불교의 기본적 입장일 것이다. 이렇게 해서 일단 오해하게 되면 오로지 원래의 '무아'라는 표현에 의해서는 본래의 의미를 회복하는 것이 불가능하다. 대승불교는 바로 이러한 과제를 짊어지고 나타난 것이라고 말할 수 있을 것이다. 『반야경』이 일체법의 불가득(不可得) · 무소득(無所得)을 설해야 했던 것은 바로 이러한 사정을 배경으로 한 것이 분명하다. 그러나 그 『반야경』도 불가득을 설함으로써 인간의 자연적 인식을 일단은 부정하기 때문에 앞에서와 동일한 논법에 의해 일체법의 존재를 부정하는 것이라는 오해를 받았던 것 같다. 그 오해를 바로잡는 것으로서 추가적인 대승 경전이 나타나는데, 그것은 허무론을 구제하기 위하여 유적(有的)인 표현을 가지고 있기에 무아를 근본으로 하는 석존의 가르침과 모순되는 것이라는 오해를 받는 경우도 적지 않다. 여기에서는 그러한 불교의 전개 가운데 중기 대승 경전의 유적인 표현이 대체 어떠한 이유에서 무엇을 나타내려고 하는지를 대강 정리해 두고자 한다.

1. 『반야경』의 '여(如)'

『반야경』이 일체법의 불가득 · 무소득을 설하는 것은 이미 서술한 바와 같다. 그렇다면 "일체법이 불가득이다"란 말은 어떠한 사태를 가리키는 것일까? "이러이러하다"라고 표현하면 그것은 이미 불가득이 아니게 된다. 따라서 여기에서는 『반야경』이 어떠한 논리로 그것을 밝히고 있는가에 초점을 맞추어 살펴보고자 한다.

인간의 자연적 인식 중에서는 모든 존재물은 우리가 그것을 인식함으로써 존재함이 확인된다. 곧 내가 책상을 봄에 의해 책상이 존재한다고 말해지는 것이다. 이 점을 역으로 보면 책상이 존재하므로 우리들에게 책상이라는 인식이 성립하는 것이라는 말이 된다. 철학적으로 말하면 전자가 인식론, 후자가 존재론의 입장에 해당할 것이다. 또한 인식의 내용을 '책상이 있다'라고 말하는 경우와 '책상이다'라고 말하는 경우 '책상'이라는 말이 나타내는 내용은 미묘하게 다르며, '있다'고 말해지는 것의 내용에도 상당한 간격이 있다. '책상이 있다'라고 말하는 경우의 '책상'은 개개로 각각 색깔·형태 등의 차이가 있는 구체적인 현실 존재를 나타내고 있다. 그것을 통상 '개물(個物)'이라든가 '개체(個體)'라고 부른다. 한편 '책상이다'라고 말하는 경우의 '책상'은 그것이 결코 눈앞에 존재하지 않는 경우에도 화제의 대상이 될 수 있다. 따라서 그것이 의자나 연필과는 구별되는 어떤 성질을 가진 것을 나타내고 있다고 생각된다. 이것을 통상 '책상 일반'이라든가 책상의 '본질'이라고 칭한다.

'책상이 있다'는 인식이 성립하기 위해서는 우선 본질로서의 책상이 요해되어야 한다. 곧 단지 개물 A로서의 시각 등의 대상이 되어 '이러이러하다'라고 지시되는 데 지나지 않는 것은 정의하는 것조차 불가능하고 이해하는 것도 불가능하기 때문이다. 이 점에 입각해서 말하자면 인식 이해가 성립하는 것은 개물의 위에 있는, 그것이 그것인 이유인 본질이 존재하기 때문이라고 말해야 한다. 개물의 인식을 이렇게 생각하면 그러한 본질이야말로 참된 존재이고 보편이라는 말이 될 것이다. 그렇지만 견해를 바꾸어 그것이 그것인 이유는 그것이 그것 이외의 것과 단지 구별되는 데 지나지 않는다고 생각하면 어떠할까? 곧 그것이 책상인 것은 단지 책상 이외의 것으로부터 구별되는 데 지나지 않는다고 이해하는 것이다. 이렇게 볼 때 책상은 본질을 가지고서 존재하고 있는 것 등은 아니며, 오히려 그것 이외의 것 없이는 존재할 수 없는 것이 된다. 그리고 책상과 마찬가지로 의자가, 연필이, … 모든 존재가 그것 이외의 일체의 것으로부터 떨어져서 구별될 때 그것이라고 인식된다는 관계이다.

이 견해 가운데에서 전체로부터 개체를 떼어 내는 것은 언어의 기능이다. 곧 개물 A는 언어화됨으로써 그것 이외의 모든 사물로부터 분리되어 인식 이해되는 것이다. 결국 개물에 더하여 본질이 존재하므로 그것은 그것이라는 것은 아니라, 개물도 본질도 그것이 언어화됨으로써 그것 이외의 모든 것으로부터 분리되어 마치 그것 자체로 존재하는 것처럼 이해된다는 것이다.

『반야경』이 전반부에서 반복해서 되감아 일체법의 불가득을 역설하는 것은 이러한 우리의 인식(분별)의 구조를 밝히려는 것이리라. 구체적으로 경문을 들어 보자.

> 색과 색상은 공이다.
> 色色相空. (大正8.259c)

여기에서 '색'과 '색상'이라고 한 것은 일반적 존재=색과 개물적 존재=색상을 나타내고 있다고 볼 수 있다. 그리고 일반적 존재 쪽은 그것 이외의 존재와 구별될 때 비로소 의미를 가진다는 점에서 다른 것에 의해 성립되는 것이고, 개물적 존재는 인연에 의해 생멸한다는 점에서 어느 쪽이건 공하다고 말해지는 것이다. 여기에서 우선 가령 언어화된 세계를 모두 '세간'이라고 칭한다면 '공'이라는 말까지도 포함하여 이것들은 모두 세간 내의 사태라고 말할 수 있다. 그러나 색과 색상을 근거로 하는 인식과 그것들을 공이라고 보는 이해는 구별되어야 하므로 그것들은 세간의 세속(색과 색상)과 세간의 승의(勝義: 공)의 관계라고 말할 수 있을 것이다.

> 내공(內空)은 내공의 성(性)으로서 공이다. 내지 무법(無法)·유법(有法)공은 무법·유법공의 성으로서 공이다.
> 內空內空性空 乃至 無法有法空無法有法空性空. (大正8.260a)

여기에서는 다시 언어화된 '공'의 본질이라고 말할 수 있는 출세간으로서의 공성(空性)이 이야기되고 있는 것이며, 이 관계는 승의 가운데의 구별로서 '승의의 세속(공)'과 '승의의 승의(공성)'라고 부를 수 있을 것이다. 앞의 색·색상과의 관계도 포함해서 말하자면, 다음과 같이 정리할 수 있다.

① 색과 색상	:	세간의 세속
② 공	:	세간의 승의(승의의 세속)
③ 공성	:	(출세간의) 승의

본 절의 입론상 이 관계는 특히 중요하다. 그렇다면 이 삼자의 중층 관계를 (1) 언어화라는 관점에서 세간(①+②)과 출세간(③)의 관계, (2) 허망성이라는 관점에서 허망(①)과 진실(②+③)의 관계라고 가칭하기로 한다.

『반야경』의 후반부는 전반부에서 부정적으로 표현되었던 것이

긍정적으로 표현되어 있다. 곧 언어화에 의해 의미 부여되어 전체로부터 분절(分節)된 구체적인 개개의 존재를 언어화 이전으로서 나타내려 하는 것 같다. 이 점은 추가적인 언어화에 의해 대립을 지양해 가는 철학적 방법과 혼동하기 쉬우므로 특히 주의를 요한다. '언어화 이전'이란 구별되기 전이라는 것이므로 '존재의 전체'라는 말이다.

> 색의 여상(如相)과 살바야(薩婆若)의 여상은 일여(一如)로서 둘 없고 다름없다.
> 色如相薩婆若如相是一如無二無別. (大正8.334c)

여기에서 '여(如)'라든가 '일여(一如)'라고 하는 것이 그 전체를 나타내는 것이다. 그리고 이 세계가 무분별지(無分別智)를 획득한 부처만의 경계이고, 그 때문에 부처는 처음 성도의 때에 설법하기를 바라지 않았음이 이 문장 직후에 다시 기록되어 있다.[31] 또한 다른 개소에서는 이 일여의 세계를 얻는 것을 '여래'라고 이름한다고 명시되어 있다.[32] 『반야경』에서는 이미 '일여'라고 말하고 있으므로 일여와 여래의 동이(同異)를 묻는 것은 사족이다.

이상 불타가 '무아'와 '연기'에 의해 나타내고자 한 것이 색과 색상의 '공'으로서 표현되어 있다는 것, 나아가 '공'에 의해 나타난 진실 그 자체가 일여=불타=여래와 다름없음이 밝혀졌다.

---

31) 大正8.335a.
32) 大正8.335c.

2. "모두가 불성이 있다"라는 말의 의미

『반야경』에 의해 밝혀진 "부처는 여래이다"라는 결론은, 앞의 장의 분석에 따라 말하자면 역사적인 하나의 인격으로서의 불타 석존에게서 어떤 본질 · 보편성을 발견한 것과 다름없다. 그렇지만 인간은 어디까지나 세간적 분별에 집착하는 자이며, 개물(個物)의 유무(有無)밖에 모르는 자이므로 그 보편성을 하나의 인격을 통해서밖에 이해할 수 없다. 인간의 이러한 본질적 잘못을 밝혀서 진실을 알게 하기 위해서는 그 개물의 소멸을 통해서 보편성을 가르치는 것이 가장 적절한 방법이라고 생각된다. 대승의 『대반열반경』이 불타 석존의 입멸(入滅)이라는 장면을 통해서 여래라는 보편성을 밝히고자 한 것은 바로 이러한 이유 때문인 것이다.

본 절의 논지에서는 결론적으로 '불성이 있다'라고 말해진다는 점이 특히 주목된다. 그것이 어떠한 의미를 나타내는가 하는 점에 관해서 「서품」부터 「대중소문품(大衆所問品)」까지를 범위로 하여 고찰해 보고자 한다. 또 그렇게 범위를 한정한 이유는 방대한 『열반경』 전편에 걸쳐 검토하는 것은 지면 사정상 불가능하다는 점과 「서품」에서 「대중소문품」까지는 원초적인 『열반경』에 해당한다고 생각된다[는 점] 때문이다.[33]

『열반경』이 불타 석존의 입멸을 무대로 빌려서 설해지기 때문에, 무엇보다도 우선 석존의 입멸이 인격적 한 개인의 사몰(死沒)이라

33) 졸저 『大般涅槃経序説』(東本願寺出版部, 2010), 제1장 「大乗『涅槃経』構造論」 참조.

고 생각하는 자에 대하여 열반(涅槃)의 본의가 밝혀져야 한다. 이 과제를 짊어지고 있는 것은 「장수품(長壽品)」이다. 거기에서는 석존이 여래임을 전제로 하여 여래의 수명(壽命)은 무량함이 다음과 같이 제시된다.

마땅히 알아야 한다. 여래는 상주법이며, 부변역법이다.
當知, 如來是常住法, 不變易法. (南本, 大正12.621c)

여기에서는 『반야경』에 보이는 것과 같은 '여(如)'의 논증이나 '여래'의 정의 부여 등은 완전히 생략되어 있다. 이는 『열반경』이 『반야경』을 전제로 하면서 다음의 의론(議論)을 전개하고 있다는 뜻으로 생각된다. 왜냐하면 여래가 상주한다는 것은 그것이 『반야경』에서 말하는 출세간법으로서의 일여(一如)와 다름없다는 점을 도외시하고서는 생각할 수 없기 때문이다. 그런데 참된 열반을 밝히고자 함에 있어서 우선 '여래는 상주한다'는 사실이 밝혀져야 하는 이유는 어디에 있는 것일까? 아마도 하나의 인격으로서의 불타의 몸에 일어난 바인 번뇌로부터의 해탈(解脫)이라는 것과 열반의 등질성(等質性)을 사람들이 오해하였기 때문이라고 생각된다. 곧 육체가 존속하는 한 번뇌로부터는 탈각(脫却)하더라도 참된 열반은 아니라고 보는 견해에 의하면 회신멸지(灰身滅智)한 무여열반(無餘涅槃)이야말로 참된 열반이며, 해탈과는 구별되어야 한다고 하는 결론에 이른다. 이러한 오해를 고치기 위해서는 불타의 본질이 육체의 유무와는 무관함을 가장 먼저 보일 필요가 있는 것이다. 그래서 최초에 『반야경』의 일여를 배경으로 한 여래관이 제시된 것이다. 원래 '일여'란 언어화 이전의 존재 전체를 나타내는 것이었으므로 그것 자체는 부증불감(不增不減)의 부변역법(不變易法)이다. 그리고 그것이 언어화를 거쳐 인간을 향할 때 갖가지 구체상을 취하는 것이다. 그러나 그것들이 본질적으로 등질임은 이미 「순타품(純陀品)」에서는 2종 시식(施食)의 평등[34]에 의해, 「애탄품(哀歎品)」에서는 이자(伊字)의 3점의 비유[35]에 의해 밝혀져 있는 것과 같다. 그것들은 본질적으로 등질인 것이므로 어떠한 국면에서도 똑같이 그 등질성을 보일 수 있지만, 그것을 나타낼 때는 불타의 전 생애를 꿰뚫어 볼 수 있는 입멸의 장면이 가장 잘 어울리는 것이다. 이상과 같은 이유에 의해 우선 '여래상주(如來常住)'를 보인 다음 그것을 전제로 하여 열반의 본질을 밝혀 나아간다. 그 가장 단적인 예는 다음의 문장일 것이다.

> 선남자여, 열반의 뜻이란 곧 이 제불(諸佛)의 법성이다.
> 善男子, 涅槃義者即是諸佛之法性也. (南本, 大正12.622a)

여기에서 '법성'이라고 말한 것은 『반야경』이 '공성'이라고 말한 것과 동일한 내용이라고 생각된다. 곧 '일여'라고 칭해지는 전 존재의 존재 양태가 하나하나의 구체적 개물을 통하여 현현하고 있는 모습을 나타내는 말이라고 생각된다. 그렇다면 다음으로 과제가 되는 것은 그러한 관계는 한 사람 한 사람의 인간에게는 어떠한 것으

---

34) 南本, 大正12.611b~c.
35) 南本, 大正12.616b.

로서 나타나고 있는가 하는 점이다. 이 점을 밝히는 것이 「여래성품(如來性品)」의 과제이다. 「여래성품」은 가섭(迦葉)보살의 "25유(有)에 아(我)가 있는가, 없는가?"[36]라는 물음을 받아서 불타가 다음과 같이 답하는 것에서 시작한다.

> 선남자여, '아'란 곧 여래장의 뜻이다. 일체중생에게 모두 불성이 있다는 말은 곧 이 아의 뜻이다.
> 善男子, 我者即是如來藏義. 一切衆生悉有佛性即是我義. (南本, 大正12.648b)

이 문장은 미묘한 표현을 통해 중요한 것을 표현하고 있으므로 세심한 주의를 기울여 읽어야 한다. 여기에서 '여래장의 뜻', '아(我)의 뜻'이라고 말하는 것은 '법과 의(義)', '법과 유법(有法)'이라는 용어로 표현된 바인 '존재와 의미' 중 '의미'의 쪽이다. 그러므로 참된 실재는 여래장의 뜻과 대비되는 '여래장' [자체]이지만, 이것은 일반적으로 여래장사상으로서 설해진 것과 다르며, 『열반경』에서는 여래비장(如來秘藏)의 대열반(大涅槃)을 가리키고 있다. 그렇다면 존재로서의 '아'와 그 의미의 관계는 다음과 같이 정리할 수 있다.

> 아(我) = 여래장의 뜻
> 아의 뜻 = 일체중생 실유불성(一切衆生悉有佛性)

---

36) 南本, 大正12.648b.

이 관계는 앞에 고찰한 "~이 있다"와 "~이다"의 관계에 해당하므로 "실유불성"은 "아(我)임"의 내용을 나타내게 된다. 한편 "아가 있다"는 것을 표현하는 것은 '여래장의 뜻'이 그것에 상응하게 된다. 불성의 '성'이란 이미 '공성'·'법성'으로서 사용되어 온 바인데, 어느 쪽의 경우건 "~이다"의 경우를 나타내는 말이며, "~이 있다"를 나타내는 것은 아니었다. 이 점에 따르면 "불성이 **있다**"라는 말은 종래의 견해처럼 가능성으로서의 불성이 있다고 읽기보다는 중생은 불성이라는 존재 양태를 취하고 있다고 읽어야 한다. 그렇다면 중생의 존재 양태로서의 "불성이 있다"라는 말은 어떠한 것을 가리키는 것일까?

> 선지식에 친근할 것을 모르기 때문에 무아를 수학한다. 또한 무아인 곳을 모른다. 또 스스로 무아의 진성(眞性)을 모르니, 하물며 다시 능히 아의 진성이 있음을 알겠는가? 선남자여, 여래는 이와 같은 중생들에게 모두 불성이 있다고 설하는 것이다.
> 不知親近善知識故修學無我. 亦復不知無我之處. 尚自不知無我真性, 況復能知有我真性. 善男子, 如來如是說諸衆生皆有佛性. (南本, 大正 12.649b)

여기에서 처음 사용된 '진성'이란 이미 언급해 온 공성·법성과 다름없다. 그러나 이 말은 단지 제법의 존재 양태를 나타낸다는 것이 아니며, 어떤 방향성을 가지고서 그것을 나타내는 말이다. 그 방향성이란 부처와 중생의 관계에서 말하자면 분명히 부처로 향하는 방향성이다. 제법의 진실의 존재 양태는 중생의 분별과는 본래 관계가 없으므로 그것을 '유(有)'라고 설하더라도 '무(無)'라고 설하더라도 진실이 되지는 않는다. 다만 중생의 분별을 부정하기 위해 '무아'라고 설한 것에 집착하여 어떤 자는 단견(斷見)에 떨어져 버렸기 때문에 그것을 구하고자 "불성이 있다"라고 설한다는 것이다. 결국 '있다'라고도 '없다'라고도 말할 수 없는 법성의 존재 양태를 중생의 논리에 따라 표현한 것이 "중생에게 불성이 있다"라는 말인 것이다. 따라서 "중생에게 불성이 있다"라는 말 전체를 법성의 존재 양태의 표현으로서 이해해야 하는 것이다.

그다음 『열반경』은 다시 무아(無我)와 아(我)가 불이(不二)라는 것 외에 무상(無常)과 상(常)이 불이임에 대해서도 설하는 것이다. 「여래성품」에 설해진 '젖[乳]의 5미(味)의 비유'에 의하면 젖은 낙(酪) → 생소(生酥) → 숙소(熟酥) → 제호(醍醐)로 변화하므로 무상이지만, 젖이 낙으로 된다는 것은 젖과 낙이 불일불이하지 않으면 성립하지 않는다. 마찬가지로 젖과 제호도 불일불이의 것이므로 거기에 젖으로부터 제호에 일관하는 참된 실재가 인정된다. 이 일관성을 '성(性)'이라고 하며, 성에 있어서 위(位)의 차이를 언어화한 것이 5미인 것이다. 따라서 여기에는 앞의 절에서 약간 언급한 바 "~이 되다"에 상응하는 연기의 개념도 포함되어 있는 점이 『열반경』에서 비롯된 새로운 전개라고 말할 수 있다. "불성이 있다"라는 말은 변화 · 운동하는 것을 언어라는 스태틱(static)한[靜的인] 방법에 의해 표현할 경우의 한결같은 본질(다만 색깔이나 형태가 있는 것은 아님)을 의미하는 것이다.

3. "여래장이 있다"란 무슨 뜻인가

앞의 절의 『열반경』 인용문 중에서 "'아(我)'란 곧 여래장의 뜻이다"라고 제시된 여래장은 『열반경』에서는 여래비장(如來秘藏)의 대반열반(大般涅槃)을 나타내는 것이다. 따라서 일반적으로 여래장 사상이라고 개괄되는 것과는 다른 의미를 가지는데, 표현이 동일하므로 주의가 필요하다. 일반적으로 '여래장사상'이라고 칭해진 것을 가장 원초적인 형태로 설하는 것은 아마도 『승만경』일 것이다. 그 『승만경』에 설해진 여래장의 본질적인 의미에 관해서는 논지의 전개상 제5장에 미루고,[37] 여기에서는 『승만경』에 설해진 여래장이 여래의 존재 양태로서 설해져 있음을 지적해 두고자 한다. 곧 『반야경』에 기초한 일여(一如)와 그 존격적(尊格的) 표현인 여래장을 기반으로 하여, 번뇌와 관계 맺는 데 있어서 부(負)의 존재라고 생각되는 중생을 여래의 존재 양태로서 표현하려 하고 있다는 것이다. 이는 결과적으로 "중생에게 불성이 있다"라고 말해지는 것과 '여래장'이라고 말해지는 것이 그것을 나타내고자 하는 입장에서 역의 관계에 있음을 의미한다. 바꿔 말하자면 중생에게 부처의 본질이 '불성'인 것에 대하여, 여래에게 객진번뇌(客塵煩惱)적인 존재 양태를 '여래장'이라고 칭하는 것이다.[38] 원초적인 의미에서는 여래장과 불성은 결코 완전히 똑같은 내용을 가지는 것은 아님을 이

37) 본서 제5장 제1절에서 상술할 것이다.

38) 이 점에 관해서는 졸고 「「因中說果」と「因中有果」の違い—『起信論』理解の中心点—」(『東アジア仏教学術論文集』 4号, 2016)에서 상세히 논하였다.

해할 수 있을 것이다. 『승만경』의 여래장설이 여래의 존재 양태를 보이는 것이라는 이유 때문에, 『승만경』에서는 중생의 존재 양태가 이것 이상으로 설명되는 경우는 없다. 『승만경』에 의하면 중생이란 비본래적인 여래의 존재 양태라는 점이 틀림없기 때문이다. 이 점을 가장 단적으로 보이는 것은 「자성청정장(自性淸淨章)」의 첫머리의 다음과 같은 문장이다.

> 세존이여, 생사는 여래장에 의하는 것입니다. 여래장으로 인해서 본제(本際)는 알 수 없다고 설합니다. 세존이여, 여래장이 **있기** 때문에 생사를 **설합니다**. 이것을 '선설(善說)'이라고 이름합니다.
> 世尊, 生死者依如來藏. 以如來藏故說本際不可知. 世尊, **有**如來藏故**說**生死. 是名善說. (大正12.222b)

볼드체로 표시한 것처럼 여기에서는 여래장을 근거로 하여 그것에 의해 생사를 설할 뿐이라고 설해져 있다. 이 논리 구조는 이 직후에 "세간의 언설에는 사(死)와 생(生)이 있지만, 여래장에는 생도 사도 없다"39)라고 설해진 것을 서로 겹쳐보면 한층 명료해질 것이다. 곧 여기에서 '있다'고 규정된 여래장은 세간의 유무(有無)

---

39) 이와 관련하여 『승만경』 본문에는 다음과 같이 되어 있다.

> 세존이여, 죽음과 태어남이라는 이 두 가지 법은 여래장입니다. 세간의 언설 때문에 죽음이 있고, 태어남이 있습니다. 죽음이란 이른바 근이 파괴되는 것이며, 태어남이란 새로이 여러 근이 일어나는 것입니다. 여래장에 죽음이 있고 삶이 있는 것은 아닙니다.
> 世尊, 死生者此二法是如來藏. 世間言說故有死有生. 死者謂根壞. 生者新諸根起. 非如來藏有生有死. (大正12.222b)

의 논리와는 전혀 다른 논리 속에서 '있다'라고 말해지는 것이다. 더욱이 "여래장이 있다"라고 표현된 것은 본 절의 주된 문맥에서 말하자면 "~임"보다는 "~이 있음"을 나타내는 것이다. 따라서 여기에서는 여래의 존재 양태로서 본래 "~임"의 논리에 속해야 할 내용이 명사화되어 "~이 있음"의 논리로 표현되기에 이르렀다고 볼 수 있다. 이러한 『승만경』의 여래장설은 만약 전체의 구조를 떠나 이 말만이 홀로 걷기 시작하면 유무의 논리로 끌려 들어가 오해되기 쉬운 위험성을 가지고 있다. 이러한 이유로 본 경의 여래장설은 중국의 불교도들로서 이해하기에 상당히 어려웠던 게 틀림없다.

다음으로 여래장계 경전에 속하고 『승만경』보다 후대의 성립으로 간주되는 『부증불감경(不增不減經)』에 설해진 것을 살펴보자. 『부증불감경』에서는 일법계(一法界)에서의 법신과 중생계의 관계가 여래장이라고 설해진다.[40] 곧 『승만경』에서는 '여래 법신'과 '여래장'이라는 말로 제시된 내용이 '일법계에서의 법신'과 '중생계'라는 말로 설해져 있는 것이다. 그리고 다시 본 경은 이 법신의 갖가지 존재 양태가 '중생'·'보살'·'여래'라고 이름 붙여진다고 하므로[41] 우선 '법신'보다도 '일법계'의 쪽이 보다 보편적인 개념으로서 정의되어 있다. 모든 존재의 근거를 나타낸다는 점에서 '일

40) 이와 관련하여 『부증불감경』에는 다음과 같이 되어 있다.

일체의 우치한 범부는 참되게 일법계를 알지 않으므로 참되게 일법계를 보지 않으므로 사견심을 일으킨다.

一切愚癡凡夫不如實知一法界故, 不如實見一法界故起邪見心. (大正16.466b)

이 점은 다음 절에서 상세히 논할 것이다.

41) 大正16.467b.

법계'라는 중립적 표현은 '여래', '여래 법신'이라는, 신체적인 뉘앙스를 가진 말보다도 한층 어울린다고 할 수 있을 것이다. 『부증불감경』에서는 '여래장'이라는 말에 관해서는 이것 이상의 해설은 하고 있지 않다. 곧 관계성을 나타낸다는 의미에서 본 경의 여래장은 "~이다"의 논리에 속하는 것이라고 풀이할 수 있다. 따라서 "~이 있다"라는 문맥 속에서 설해진 것은 여래장이 아니라 다음 문장에 제시된 것처럼 일법계의 양면으로서의 중생계와 법신이다.

> 중생계를 떠나지 않고서 법신이 있다. 법신을 떠나지 않고서 중생계가 있다. 중생계는 곧 법신이다. 법신은 곧 중생계이다.
> 不離衆生界有法身. 不離法身有衆生界. 衆生界即法身. 法身即衆生界. (大正16.467b)

여기에서는 법신과 중생계의 어느 쪽이든 "~이 있다"로서 제시되어 있다. 이 문장에서 특히 주의해야 할 점은 본래 하나여야 할 것이 양 측면을 지닌다는 자체가 이미 비본래성의 현현이므로 "법신이 있다"라고 말해지고 있는 것은 어쨌든 세간의 논리에 따르는 것이고, 출세간이라는 의미에서의 일법계가 있다고 설해져 있는 것은 아니라는 점이다.

이상에 의해 『승만경』이 "여래장이 있다"라고 한 것은 출세간의 의미에서라는 점, 그리고 그러한 여래장설을 이해하기 어려움을 보완하여 후대의 『부증불감경』은 『승만경』과 같은 논리로는 여래장설을 설하지 않음이 분명해졌다.

4. "단지 식만이 있다"에 관하여

지금까지 다루어 온 것과 같은 불성이나 여래장의 사상은 『열반경』을 출발점으로 하는 대승불교의 중기적 전개를 보이는 유력한 예증이다. 그리고 이러한 관점에서 반드시 놓쳐서는 안 되는 것은 유식사상이다. 특히 본 절의 문맥상에서는 "단지 식만이 있다"라고 일컫는 알라야식설이 주목된다. 그렇다면 우선 '계(界)의 5의(義)'에 관하여 『승만경』과의 연관[42]이 자주 문제가 되는 진제(眞諦) 역 『섭대승론』과 세친(世親)의 『석론(釋論)』에 대하여 생각해 보고자 한다. 해당 개소는 『대승아비달마경(大乘阿毗達磨經)』에서 인용한 것으로 알려진 다음의 게송이다.

> 此界無始時 一切法依止
> 若有諸道有 及有得涅槃 (大正31.156c)

이 게송은 두 번째 행의 의미가 요해하기 어렵다. 이와 관련하여 나가오 가진(長尾雅人) 박사는 티베트 역으로부터 다음과 같이 국역(國譯)을 제시하고 있다.[43]

---

42) 예컨대 양자의 관계를 부정적으로 소개하는 것으로는 나가오 가진(長尾雅人)의 『攝大乘論　和訳と注解 上』(講談社, 1982), p. 78, 주3, 또는 양자를 적극적으로 겹쳐서 보려는 것으로는 타카사키 지키도(高崎直道)의 「真諦訳 · 攝大乘論世親釈における如来藏説―宝性論との関連―」(『結城教授頌寿記念 仏教思想歴史論集』, 大蔵出版, 1964), pp. 241~264 등이 있다.
43) 長尾雅人, 위의 책(위의 주42에 소개됨), pp. 75~76.

‘이것이 있기 때문’이라는 바로 그 이유로 모든 (미혹이) 생겨나는 경위(境位)가 있고, 또한 열반의 깨달음이 있다.

이에 따르면 두 번째 행은 “만약 있다면 제도(諸道)가 있고, [그것] 및 열반을 얻는 것이 있다”라고 읽어야 할 것이다. 다만 나가오의 번역에서도 “미혹의 생겨남”과 “열반의 깨달음”이 병렬적으로 “~이 있다”라고 되어 있으므로 이 ‘계’를 유위법(有爲法)과 무위법(無爲法)의 공통되는 인(因)이라고 생각하고 있음을 알 수 있다. 그런데 진제 역에서는 “열반이 있다”라고는 말하고 있지 않다. 어디까지나 “열반을 얻음이 있다”라고 말하고 있는 것이며, 제도(諸道)와 열반이 단순히 병렬된 것은 아니다. 양자의 관계를 『반야경』에서 밝혀진 일여(一如)의 관점에서 문제로 삼으면 그 일여 아닌 것을 ‘번뇌(제도)’라고 칭하고, 그 일여인 것을 ‘열반’이라고 칭하는 것이어서 일여 가운데에 번뇌와 열반이 병렬된다는 것은 아니었다. 따라서 만약 여기에서 ‘계’가 제도와 열반의 공통의 인임을 말한다면, 열반을 무위법으로서가 아니라 단순히 무루법(無漏法)으로 자리매김해야 할 것이다. 더욱이 유루법과 무루법의 인으로서의 ‘계’의 존재를 주장한다는 것이라면 어쨌든 이해할 수 있다. 그렇지만 진제 역은 그러한 관계를 주장하고 있는 것은 아닌 것 같다. 이 점은 뒤에 나온 현장 역에서는 역어상 한층 명료하게 표현되어 있다. 이 게송은 현장 역에서는 다음과 같이 되어 있다.

無始時來界　一切法等依
由此有諸趣　及涅槃證得 (大正31.324a)

진제 역과 큰 차이점은, 우선 첫 번째 행에서 진제 역이 "이 계는 의지(依止)이다"라는 문맥이었던 것을 현장은 "제8식이 계(=因)이고, 의지이다"라는 문맥으로 고치고 있는 점이다. "제8식이 계"라는 말은 이 식이 제법의 인이라는 의미이고, 현행(現行)하고 있는 제법을 집지(執持)하고 있음이 '의지'라는 [말의] 의미이다. 곧 제8식은 싹을 생하기 위한 씨앗으로서의 인(因)인 동시에 그것들을 지탱하는 대지이기도 한 그러한 존재라는 말이 된다.

나아가 이 게송은 『성유식론(成唯識論)』에도 인용되어 갖가지로 해석되어 왔는데, 오늘날 그러한 성과를 『신도본(新導本)』에 의해 알 수 있다. 이 책에는 두 번째 행을 해석하면서 '유(有)'를 2중으로 읽어서 "'이것으로 말미암아 **있다**'라는 말은"과 "'제취(諸趣)가 **있다**'라는 말은"이라는 주석을 더하고 있다. 이로 인해 이 개소는 "이 식이 있음으로 말미암아 선악취(善惡趣)가 있다"[44]라는 의미가 된다. 아래 구에 관해서는 "'열반'이라는 말은 소증(所證)인 멸(滅)을 드러내고, 뒤의 '증득'이라는 말은 능득(能得)인 도(道)를 드러낸다"[45]라고 해석하고 있다. 이 해석은 열반은 유위법은 아니므로 식의 존재와는 관계없으며, 따라서 "있다"라고 할 수 있는 것은 그것을 얻기 위한 길이라고 보는 견해(無性의 설이라고 주석함)는 물론, 열반이나 도는 유위법은 아니므로 그것들"이 있다"라고는

---

44) 『성유식론』 권3에는 다음과 같이 되어 있다.

"이것으로 말미암아 있다"는 말은 이 식이 있음으로 말미암는다는 것이다.
"제취가 있다"란 말은 선취·악취가 있다는 것이다.
由此有者, 由有此識. 有諸趣者, 有善惡趣. (大正31.14a)

45) 大正31.14b.

말할 수 없기 때문에 "열반을 증득**함**이 있다"라고 말해야 한다고 보는 견해(世親의 설이라고 주석함)를 모두 배척하고 있다. 이러한 점들로 인해 두 번째 행을 논리적으로 읽으려 하면 다소 복잡한 생각을 짜내야 하는 상황에 이르렀다. 이제 이 점을 『신도본』에 따라 나타내면 다음과 같다.

① 이것이란 제취 및 열반을 증득하는 것[이라는 둘]이 있음으로 말미암아 있다.

② 이것이란 제취 및 열반과 증득[이라는 셋]이 있음으로 말미암아 있다.

③ 이것이란 제취 및 열반을 증득함[이라는 둘]이 있음으로 말미암아 있다.46)

①은 제8식이 모든 유위법의 인이라는 논리에서 전체를 해석한 것이고, ②는 제8식이 집지식(執持識)이라는 논리에서 전체를 해석한 것이며, ③은 양자를 합하여 해석한 것이라고 말할 수 있을 것이다. ①의 독해 방법에서는 열반은 어디까지나 무위법이라는 원칙이 지켜지고 있다. ②의 독해 방법에서는 열반을 무루법으로 풀이함으로써, 제8식이 일체법의 의지(依止)라는 원칙이 관철되고 있다. ③은 그것들과 관련하여 결코 엄밀하지는 않지만, 원칙에 저촉되지 않는 것으로 되어 있는 것이다. 그러나 이러한 해석은 결과적으로 본래 무위법이어야 할 열반의 정의를 확대한 것과 관련되므로47) 그

46) 『新導成唯識論』 권3, p. 17(113).

47) 이와 관련하여 『성유식론』 권10(大正31.55b)에서는 본래자성청정(本來

의미에서는 '열반'[이 아닌] 다른 말로써 무위법을 언어화해야 하는 상황에 처한다. 이러한 의미에서 『성유식론』에 설해지는 '진여'는 일체식의 활동 외부에서 설해지는 것으로 [간주]되는 것이다.

이상의 논점들을 포함하여 다시 진제 역의 게송을 살펴보자. 두 번째 행의 "만약 있다면 제도가 있다"란, 앞에 서술한 것처럼 알라야식을 인으로 하여 중생의 생사"가 있다"는 의미가 될 것이다. 여기에서의 식과 생사의 관계는 경호(更互) 인과이고, 따라서 양자 "가 있다"라고 말할 [때의] 의미는 같은 논리에 입각한다. 한편 "열반을 얻음이 있다"란 알라야식을 근거로 하기 때문에 환멸법(還滅法)의 지속이 가능한 것이고, 최종적으로 열반에 이를 수 있다는 의미로서, 결코 알라야식과 열반이 경호 인과임을 나타내고 있는 것은 아니다. 따라서 "제도가 있다"라고 말해지는 것과 "열반을 얻음이 있다"라고 말해지는 것에서는 똑같이 "~이 있다"라고 말해짐에도 불구하고 똑같은 논리 속에서 사용되고 있는 것은 아닌 것이다.

『섭대승론』에서는 이것 이상의 [다른] 표현에 의해 '식(識)의 유(有)'를 주장하는 경우는 없지만, 『성유식론』에 이르면 적극적으로 '식의 유'가 주장된다. 그리고 이 점에서 『성유식론』에 설해진 것은 오해를 받기 쉬운 것이다. 그렇다면 거기에서의 '식의 있음'이란 어떠한 의미일까? 이것을 구체적으로 나타내고 있는 것은 다음과 같은 문장이다.

自性淸淨)열반, 유여의(有餘依)열반, 무여의(無餘依)열반, 무주처(無住處)열반의 4종의 열반을 설한다.

경(境)은 내식(內識)에 의하여 가립(假立)되므로 오직 세속에만 있다. 식(識)은 이러한 가(假)인 경의 소의(所依)인 사(事)이므로 또한 승의(勝義)에도 있다.

境依內識而假立故唯世俗有. 識是假境所依事故亦勝義有. (大正31.1b)

여기에서는 경과 식 어느 쪽이건 "있다"라고 되어 있는[데, 그] 말의 의미 차이를 밝히고 있다. 경이 세속의 입장에서만 '유(有)'라고 되어 있다는 [말의] 의미는 요해하기 쉽다. 그것과 대비하여 "식이 승의에서 유이다"라는 말은 주의를 필요로 한다. 『성유식론술기(成唯識論述記)』48)는 여기에서 '승의'라고 말하고 있는 것은 '세간승의(世間勝義)'를 의미하는 것이라고 주석하고 있다. 곧 똑같이 '승의'라고 말해지고 있지만, 여기에서는 『반야경』이 '공성'이라는 말로써 나타내려고 한 '출세간'이라는 의미의 승의가 아니라 식의 유는 경의 유에 비해 한층[一段] 진리에 가까움을 나타내는 데 지나지 않는다는 것이다. 경(境)은 세간세속에서만, 다시 말해 인간의 일상적 인식의 세계 속에서만 '있다'라고 간주되는 것이며, 실제적으로 존재하는 것은 아니다. 그 의미에서 경은 세간의 승의에서는 '공(空)'이라고 말해야 하는 것이다. 이와 대비하여 식은 일상적 인식을 생겨나게 하는 주체이므로 인식 그 자체가 존재하는 한 '있다'라고 간주해야 하며, 이 점을 '세간의 승의'라고 하는 것이다. 따라서 식의 유와 경의 공은 표현상에서 표리의 관계에 있기는 하지만, 똑같은 내용을 나타내고자 한 것임을 요해할 수 있다. 결국 식

48) 大正43.243c.

의 유란 일체법의 공을 긍정적으로 표현한 것이며, 이것을 출세간의 승의와 혼동해서는 안 된다. 덧붙여서 『성유식론』에서는 '4진(眞)·1속(俗)'이라고 하여 승의에 4종의 단계를 설하고 있으며,[49] 세간승의는 그중의 가장 낮은 데에 자리매김해 있다.

소결

이상으로 석존에 의해 '연기'·'무아'라고 표현된 것이 『반야경』을 거쳐 중기 대승불교 속에서 어떻게 '유'적으로 표현되어 있는지를 개관할 수 있었다.

『반야경』에서는 어떠한 층위[位層]에서도 어떠한 것을 '유(有)'라고 표현하는 일은 없다. 그러나 중기 대승불교에서는 몇몇 문맥에서 '유'가 설해져 있다. 표현상으로 공통된다고 해서 이것들을 모두 인간의 일상적인 유·무의 상식에 의해 이해하려고 하는 것은 큰 잘못이며, 각 경전 전개 [과정]의 필연성을 무시하게 된다. 『열반경』이 '실유불성'이라고 말하는 것은 세간적 진실을 공성(空性) → 법성(法性) → 불성(佛性)으로 표현해 온 역사를 고려할 경우 모든 중생의 본래적 존재 양태를 보이는 것이라고 풀이해야 할 것이다. 또한 『승만경』이 "여래장이 있다"라고 말하는 것은 중생과 여래의 본래적 동일[성]을 여래의 존재 양태로서 보이는 것이다. 따라서 이것들은 어느 쪽이건 출세간 그 자체를 언어화한 것이라고 말해야

49) 『成唯識論』 권9(大正31.48a).

한다. 그것에 대비하여 여래장을 설하는 경전 중에서도 후기에 속한다고 생각되는 『부증불감경』에서는 출세간 그 자체는 아니지만, 그 구체성이 '유'라고 설해져 있다. 나아가 유식교학에서는 '식의 유'를 설하는 것에만 머무르지 않고 문맥에 따라서는 일상적인 인식 속에서의 '유'에 이르는 것까지도 언급되어 있다.

이처럼 중기 대승불교 속에는 출세간에 대해 설하는 장면에서 이용되는 '유'와 세간의 범위 속에서 설해지는 '유'가 혼재된 것이다. 그리고 이러한 '유'가 어느 쪽이건 어떤 진실성을 표현하고 있으므로 그것들에 의해 표현되는 진실이란 단지 일반적 인식의 비진실성을 밝힐 뿐인 것부터 출세간의 구극적(究極的) 진실을 나타내는 것까지를 포함하게 된다. 이 점은 출세간만을 승의로 간주하는 입장에서 보자면, 그것 이외는 모두 세간에 속하므로 세속 또는 세속제라고 간주한다는 것과 같은 의미이다. 결국 [이러한 혼재는] 승의와 세속을 어디에서 구별할까 하는 문제[와 연관되는 것]이다.

이 점에 관하여 『성유식론술기』는 다음과 같이 서술한다. 곧 『성유식론』은 4진(眞) · 1속(俗)을 설하고, 『유가론(瑜伽論)』은 4속 · 1진을 설한다[50]고 하여 이 문제를 멋지게 정리하고 있다.

그 관계를 일람표로 보이면 다음과 같이 될 것이다.

50) 『瑜伽師地論』 권64(大正30.653c~654a).

『유가론』	세간(世間)세속 (택사宅舍·군림軍林 등)	도리(道理)세속 (온·처·계 등)	증득(證得)세속 (고·집·멸·도 등)	승의(勝義)세속 (승의를 안립하는 말)	
『성유식론』		세간승의(勝義)	도리승의	증득승의	승의승의 (소전所詮의 진여眞如)
(『반야경』)	(색色·색상色相)			(공성空性·여如)	
『열반경』				불성	
『승만경』				여래장	
『부증불감경』				법신(法界)	
『섭대승론』				(열반)	
『성유식론』				(진여)	

표의 아랫부분은 본 절에서 다룬 경론 중에 설해진 개념들이 4진1속 및 4속1진의 어느 쪽에 해당하는지를 보인다. 이것에 의해 각각의 경론이 제한된 문맥 속에서만 '유'를 설함이 명료해진다고 생각한다. 곧 『유가론』의 승의에 상응하는 것을 '유'라고 설하는 경론 속에는 그것 이외를 '유'라고 설하는 일은 결코 없는 것이며, 『성유식론』은 『유가론』이 세속이라고 보는 것을 승의로 보고 있음이 분명하다. 요컨대 양자 사이에는 세속과 승의에 관한 정의가 다르게 되어 있는 것이다.

그렇다면 여래장과 알라야식을 동시에 설하는 것, 예컨대 『기신론』 등에서는 이 점은 어떻게 되어 있는 것일까? 이 문제에 주의하면서 몇 가지 예문을 들어 보자.

① 여래장에 의하므로 생멸심이 있다.

依如來藏故有生滅心. (大正32.576b)

② 스스로 자기[己身]에게 진여법이 있다고 믿고 발심·수행한다.
自信己身有真如法發心修行. (大正32.578b)

③ 수다라에 여래장에 의하므로 생사가 있다, 여래장에 의하므로 열반을 얻는다고 설한 것을 듣고서….
聞修多羅說依如來藏故有生死, 依如來藏故得涅槃…. (大正32.580a)

①의 문장에서는 생멸심이, ②의 문장에서는 진여가 각각 '있다'고 말해져 있다. 『기신론』에 설해진 생멸심은 앞의 표에서는 세간세속에 상응하므로 『기신론』은 앞의 두 군(群)의 용법을 겸하여 갖추고 있게 된다. 또한 ③의 문장에서 '수다라'는 구체적으로 『승만경』을 가리키고 있다고 생각된다. 그러므로 이 문장을 앞에 나온 『승만경』의 인용문과 겹쳐서 이해하는 것이 일반적이다. 그렇지만 여기에서는 특히 단어의 사용에 주의하지 않으면 안 된다. 곧 『승만경』에서는 다음과 같이 되어 있는 것이다.

여래장이 있으므로 생사를 설한다.
有如來藏故說生死. (大正12.222b)

양자는 표현상에서는 매우 비슷하지만, '있다'라고 말해지는 입장이 완전히 반대이다. 이 점에 주의를 게을리하면 양자가 함께 "여래장이 **있기** 때문에 생사가 **있다**"라고 설하고 있다[고 간주하]는 오해에 빠지는 것이다.[51] 그리고 이렇게 오해된 여래장은 "만약 있으면 제도(諸道)가 있다"라고 말해지는 알라야식과 표현상 완전히 겹쳐지고 마는 것이다. 이 의미에서 『기신론』은 극히 오해받기 쉬운 표현을 가진 논서라고 말할 수 있을 것이다.

본 절은 처음에 언급한 것처럼 광범위한 중기 대승불교의 경론에 관하여 엄밀한 논증을 포개어 쌓는 것은 아니다. 당초 '무아'라고 설해진 불교의 진리가 어떠한 배경에서 알라야식 · 여래장의 '유'라고 설해지기에 이르렀는가? 또한 양자의 '유'는 같은 지평에 세운 것인가? 이러한 [문제]점에 대하여 정리를 시도한 것이다. 각각의 교법에 설해진 유적(有的) 표현은 그렇게 표현되었기 때문에 인간의 일상적인 관심에 의해 이해되기 쉽다. 초기 경전으로부터 『반야경』으로, 나아가 『반야경』으로부터 중기 대승 경전으로 전개된 불교의 걸음은 바로 그러한 언어에 의한 표현을 둘러싼 갈등의 역사라고 생각할 수 있을 것이다. 그 때문에 이 알라야식과 여래장이 어느 쪽이건 '유'라고 말해진 것은 언어의 이해를 통해서 불교를 배우고 있던 중국인으로서는 극히 곤란한 문제이고, 지론학파의 각양의 교학적 갈등은 바로 여기에 기인하는 것이다.

---

51) 그 전형적인 예를 히라카와 아키라(平川彰)의 『大乘起信論』(仏典講座22, 大蔵出版, 1973), p. 97의 첫 번째 줄 등에서 볼 수 있다.

第3절 여래장사상에서의 구나발타라(求那跋陀羅) 역과 보리류지(菩提流支) 역의 상위

1. 문제의 소재

앞의 절에서 밝힌 것과 같은 알라야식사상과 여래장사상의 언어 표현에서의 층위의 차이를 바르게 이해하는 것은 지론학파의 사람들로서 극히 중대한 과제였다. 그것은 지론학파의 남상(濫觴)부터 이미 포함되어 있던 문제였는데, 그 곤란함에 더욱 새로운 요소가 더해졌다고 생각된다. 그것은 보리류지에 의해 역출된 경전에서의 '여래장'의 어법이 여래장사상의 원초로 보이는 『승만경』과 다르다는 점이다. 이것은 하나의 사상 표현의 전개에 속하는 문제이지만, 용어가 공통되기 때문에 전체적인 이해를 보다 곤란하게 만들었을 것이다. 오늘날에도 여래장사상을 둘러싸고서는 입장이 다른 이해가 존재한다.52) 그 때문에 여기에서는 후기 지론학파의 연기설 이

52) 의론의 단서는 마츠모토 시로(松本史朗)의 「如来藏思想は仏教にあらず」(『印度学仏教学研究』 35卷 1号, 1986)였다. 이 논문에서 마츠모토 씨는 여래장사상을 기체설(基體說)이라고 이해하고, 무아를 설하는 불교와 근본적으로 받아들일 수 없는 것으로 보았다. 그 후에도 마츠모토 씨는

해를 정리하기 위한 기반으로서 다시 이 문제를 언급해 두고자 한다.

앞의 절에서 약간 언급했지만, 『승만경』과 『부증불감경』에서는 똑같이 여래장이 설해져 있더라도 [그 내용이] 완전히 같지는 않다. 그러나 이러한 문제는 완전히 등한시되어 있다. 그 이유를 생각해 보면 오늘날 이루어져 있는 의론의 많은 부분이 '여래장'이라는 용어를 『능가경(楞伽經)』 혹은 『보성론(寶性論)』의 범본을 근거로 한 '따타가따가르바(tathāgata-garbha)'라는 산스크리트어로 환원하여 그 단어가 가진 의미를 시종 변화하지 않는 것으로 상정한 다음 따타가따가르바에 관한 주변의 상황이 논의되고 있기 때문이다.[53] 이러한 방법으로는 오늘날 범본을 잃어버린 『승만경』을 비롯한 대다수의 경론은 이러한 의론에는 직접 참가할 수 없[게 되어 버린]다. '여래장'을 설하는 경론 중에는 그러한 문맥에서 읽어도

「『涅槃経』とアートマン」(『前田專学先生還曆記念論文集〈我〉の思想』, 1991)에서도 같은 논법으로 『열반경』의 불성사상을 아트만과 동일시하였다. 그러한 언어적 동일성을 근거로 하는 수준의 비판에 대해서는 같은 차원에서의 반론은 성립하지 않으므로 본 장 제1절, 제2절 등과 같은 사상사적 고찰이 필요하다고 생각한다.

53) 이 점에 관해서 말하자면, 여래장사상 연구는 원래 그러한 방향성을 가지고 있었다. 곧 이 연구의 개척자인 타카사키 지키도(高崎直道) 씨는 그의 저서 『如来藏思想の形成』(春秋社, 1974) 「서론」에서 "'여래장사상'이란 『보성론』이 그것의 [해명이라는] 목적을 가지고서 서술된바, [이 논서에] 풀이된 교리 내용을 가리키는 이름이다"(「서론」, p. 9)라고 정의하고, 그것을 작업가설이라고 하면서 여래장 계통 경전 3부작의 검토부터 시작하되, 그 이전으로는 거슬러 가지 않는다. 이러한 방법으로는 3부 경전과 『반야경』, 용수의 사상과의 관계 등은 전혀 문제가 되지 않음은 말할 나위 없다.

지장 없다고 생각되는 것이 적지 않다. 그렇지만 그 단어를 산출한 사상적 배경이나 용어상의 공통성을 넘어선 문맥 전체에 의해 표현되는 사상의 전개·변화 등은 이러한 방법으로는 결코 밝힐 수 없다.

이제 가령 '여래장'을 설하는 경론 사이에 사상적인 전개가 있다고 한다면, 그 전개의 출발점에 해당하는 것은 구나발타라 역 『승만경』에 설해져 있는 것이라고 생각된다. 곧 『반야경』을 중심으로 하는 초기 대승 경전이 마땅한 이유에 의해 중기 대승 경전으로 외견적인 변화를 이룬 과정에서 '여래장'을 그 중기 대승 경전의 주요한 교설로 본다고 하면, 그 결절점(結節點)에 『승만경』이 위치하고 있다는 의미이다.

『승만경』은 1권의 극히 소부(小部)의 경전인데, 그 가운데에 15개나 되는 장(章)을 가지며, 대략 표현상으로부터 보더라도 다른 대승 경전에 비해 이질적인 분위기를 가진 경이다. 전체에 자세히 장이 세워져 있는 것은 이 조직 자체가 하나의 주장이라고 생각할 수 있다. 이 점을 '여래장'이라는 말을 실마리 삼아 생각해 보고자 한다. 경에서 '여래장'이 직접적인 형태로 설해지는 것은 「법신장(法身章)」 이후의 후반에서이다. 이때 주목해야 할 것은 '여래장'이 여래 법신과의 관계를 통해 제시된다는 점이다. 이로써 '여래장'이 설해지기 위해서는 우선 '여래 법신'이 명확히 제시되어야 하는 것이다. 과연 경의 전반의 중심적인 부분은 「일승장(一乘章)」이라는 제목이 붙어 있고, 우선 이승(二乘)이 열반을 얻는다는 가르침은 부처의 방편임이 제시되고, 참된 일승의 내용이 '아뇩다라삼먁삼보리(阿耨多羅三藐三菩提)'라는 말로 제시된 다음 그것이 열반이고 여래 법신과 다름없음이 밝혀져 있다. 여기에는 분명히 『법화경』에 입각한 전개를 볼 수도 있으며, 그러한 과제가 주어진 것은 『열반경』과 공통됨을 알 수 있다. 『승만경』에서는 우선 여래 법신이 제시된 다음 그것을 전제로 하여 여래 법신과의 관계를 통하여 '여래장'이 주장된다는 구성을 취하는 것이다. 이 점이 『승만경』의 여래장설을 이해하는 데 특히 중요한 점이다.

2. 보리류지 역 경론에 설해진 여래장의 개념

이 점에 입각하여 보리류지에 의해 번역된 경론에 설해진 '여래장'의 개념에 관하여 약간의 고찰을 해보자.

보리류지는 구나발타라보다도 시대적으로는 상당히 뒤에 활약한 역경가이다.[54] 그는 중국에 처음으로 세친의 불교를 전했다는 점에서 특히 중요한 역할을 해낸 것인데, 이것에 더하여 『십지경론』의 역출에 즈음하여 대립했다고 되어 있는 그 한쪽 편인 늑나마제(勒那摩提)가 『보성론』의 역자임을 고려하면 본 절의 문맥상 주의해야 하는 점이 [한두 가지가 아니라] 몇 가지나 존재한다고 생각된다. 보리류지의 역경 활동에 관해서는 오늘날 다소 명료성을 결하는 점이 존재한다. 그렇지만 지금은 이 문제를 언급하는 것이 본

54) 『역대삼보기(歷代三寶記)』에 의하면 보리류지의 역경 활동은 영평(永平) 원년(508)부터 천평(天平) 2년(535)이었음을 알 수 있다. 덧붙이자면 『승만경』은 원가(元嘉) 13년(436)에 번역되었다.

의가 아니므로 종래의 이해에 따라 논을 진행해 가고자 한다.

다카사키 지키도(高崎直道) 박사의 지적[55]에 의하면, 보리류지가 역출한 경론 가운데 '여래장'이라는 말을 볼 수 있는 것은 다음의 4부이다.

no. 272 『대살차니건자소설경(大薩遮泥乾子所說經)』(10권)
no 668 『부증불감경(不增不減經)』(1권)
no. 671 『입능가경(入楞伽經)』(10권)
no. 1519 『묘법연화경우바제사(妙法蓮華經憂波提舍)』(2권)

그러면 이 4부에 관하여 차례로 검토해 보기로 하자.

『대살차니건자소설경』

전체로서 10권 12품으로 구성되어 있고, 내용은 크게 둘로 나눌 수 있다. 「서품」에서 「일승품(一乘品)」까지의 3품은 문수사리와 불타의 문답을 축으로 하여 구성되어 있다. 후판의 「예엄치왕품(詣嚴熾王品)」에서 말후까지는 엄치왕과 대살차니건자와의 문답을 빌려 여래란 무엇인가를 밝히고 있다고 볼 수 있을 것이다. 본 절의 문맥상으로는 전반의 「일승품」의 마지막에 일승의 근거로서 다음과 같이 설하는 것이 주목된다.

---

55) 高崎直道, 앞의 책(앞의 주53에 소개됨)에 수록된 부표(附表) 1 「如来藏説に連関する漢訳経論」 참조.

법계성(法界性)은 무차별이므로
以法界性無差別故. (大正9.326a)

곧 여기에서는 일체법의 근거로서 '법계성'이라는 개념을 제출하고 있는 것이다. 나아가 후반의 주요한 개소인 「여래무공덕품(如來無功德品)」에서는 사문 구담(瞿曇)이 여래의 32상(相) · 80종호(種好) · 대자 · 대비 · 삼념처(三念處) · 삼부사의(三不思議) · 일체종지(一切種智) · 십자재(十自在) · 37도품(道品) · 십종지력(十種智力) · 사무소외(四無所畏) · 불공지법(不共之法)을 성취하고 있음을 보인 후 다음과 같이 질문한다.

대사(大師)여, 이러한 법신은 마땅히 어떤 법에 의하여 이러한 관을 짓는가?
大師, 如此法身, 當依何法作如是觀. (大正9.359a)

이 물음의 의미는 한 사람의 역사적 인격이라고 생각되는 고따마가 보편적 혹은 비역사적인 법신 여래라는 것은 어떻게 하면 요해할 수 있는가 하는 것이리라. 이 물음은 대승불교가 불설(佛說)이라는 말의 의미를 묻는 근본이다. 그 물음에 답하는 형태로 제시되는 경설 중 주목할 만한 표현이 보이는 것이다. 조금 길게 이어지므로 요점만을 뽑아내 보자.

㉮ 마땅히 일체중생의 번뇌신(煩惱身)에 의하여 관(觀)해야 합니다. … 이 몸은 곧 이 여래장이기 때문입니다.
當依一切衆生煩惱身觀. … 此身即是如來藏故. (大正9.359a)

㉯ 대왕이여, 마땅히 알아야 합니다. 일체의 번뇌는 제구장(諸垢藏) 가운데에 여래성이 있어서 담연히 만족합니다.
大王, 當知, 一切煩惱諸垢藏中有如來性湛然滿足. (同)

㉰ 이 때문에 나는 말합니다. 번뇌신 가운데에 여래장이 있다고.
是故我言, 煩惱身中有如來藏. (同.359b)

이 세 개의 문장은 연속되는 한 문장은 아니지만, ㉯는 ㉮를 받고 ㉰는 ㉯를 받는 구조로 설해져 있다. 여기에서 주목할 만한 점은 '여래성'과 '여래장'이 분명히 구별되어 쓰이고 있다는 점이다. 그리고 이 점을 명확히 하기 위해서 경에서는 ㉯와 ㉰의 사이에 열 개의 비유를 들고 있다. 그 가운데에서 '유중락(乳中酪)'[56]이라고 말해지는 비유를 들어서 이 점을 생각해 보자.

이 여래성·여래장, 유중락의 비유는 분명히 『열반경』의 「여래성품」을 본보기로 삼은 것이다.[57] 유중락에서 유(乳)와 낙(酪)의 양자는 어떠한 경우에도 절대로 동시에 존재하지 않는다. 곧 그것이 유인 때에는 어디에도 낙의 존재는 없고, 그것이 낙인 때에는 이미 유는 존재하지 않는다. 그렇다면 이 '유중락'이라는 비유는 어디까지나 양자의 관계 혹은 구조로서 생각해야 한다. 다시 말해 동시에 존재할 수 없는 유와 낙을 결부시킬 만한 기반을 근거로 하여 (1) 낙을 유의 존재의 방식으로서 문제로 삼거나 혹은 (2) 유를 낙의

56) 大正9.359b.
57) 이 점에 관해서는 졸저 『大般涅槃経序説』(東本願寺出版部, 2010), 제2장, pp. 50~53 참조.

존재 방식으로서 문제로 삼거나 [간에] 어느 [한]쪽에 의거하지 않으면, 이 양자를 동시에 표현하는 것은 불가능한 것이다. (1)의 입장에 따르면 "낙은 유의 다른 존재 형식이다"라는 말이 될 것이다. 이 관계는 유의 측면에서 표현하자면 유 속에 낙성(酪性)이 있다는 어법이 된다. 또한 (2)의 입장에 따르면 유는 낙의 다른 존재 양태를 취하는 것이며, 낙 속에 유성(乳性)이 있다는 말이 될 것이다. 그렇다면 이 유와 낙은 원래 번뇌와 여래성을 비유한 것이었으므로 이 비유에 따라 다음과 같은 두 가지 견해에 의거해야만 할 것이다.

(1) 여래성을 번뇌신의 존재 양태로서 문제로 삼는다.
(2) 번뇌신을 여래성의 존재 양태로서 문제로 삼는다.

그리고 전자에 의하면 "번뇌신 속에 여래성이 있다"라고 표현되며, 후자에 의하면 "번뇌신은 여래의 다른 존재 양태"라고 표현된다. 나아가 이 "여래성의 다른 존재 양태"를 '여래장'이라고 부른다면, 앞의 인용문 ㉮가 이 견해를 표현하는 것임이 분명해질 것이다. 또한 이렇게 생각해 가면 앞의 인용문 ㉰의 "번뇌신 속에 여래장이 있다"라는 어법이 이러한 두 가지 견해를 종합하는 관점을 가지는 것임이 명료해질 것이다. 그리고 이러한 표현은 『승만경』에는 보이지 않았던 것이며, 이 점에서 본 경의 여래장설은 『승만경』의 그것을 일보 전진시킨 것임을 요해할 수 있는 것이다. 요약해서 말하자면 『승만경』이 "번뇌신은 여래장**이다**"라고 논증한 것을 전제로 하여 본 경은 다시 "번뇌신 속에 여래장이 있다"라고 표현하기에 이른 것이다.

『부증불감경』

이 경에 관해서는 앞의 절에서 『승만경』과의 논리 구조의 차이만을 지적했다. 여기에서는 일련의 보리류지 역 경전군 가운데 논리 전개를 다시 파악해 보고자 한다.

> 일체의 우치한 범부는 참되게 일법계(一法界)를 알지 않기 때문에, 참되게 일법계를 보지 않기 때문에 사견의 마음을 일으킨다.
> 一切愚癡凡夫不如實知一法界故, 不如實見一法界故起邪見心. (大正16.466b)

[『부증불감경』은 위의 인용 경문과 같이] 말을 꺼내서 '일법계'라는 개념을 제출한다. 이 점은 앞의 『대살차니건자소설경』이 '법계성'을 말하고 있었던 것과 공통되는 것이다. 그리고 이 '일법계'를 여실히 지견(知見)하지 않아서 일어나는 사견심(邪見心)이란 중생계에 증감을 보는 것이라고 하고, 일법계를 여실히 지견하는 것이 심심(甚深)의 뜻이라고 하여 다음과 같이 말하는 것이다.

> 심심의 뜻이란 곧 제일의제이다. 제일의제란 곧 중생계이다. 중생계는 곧 여래장이다. 여래장이란 곧 법신이다.
> 甚深義者即是第一義諦. 第一義諦者即是衆生界. 衆生界者即是如來藏. 如來藏者即是法身. (大正16.467a)

이에 따르면 중생계와 법신이 여래장을 매개로 하여 즉(卽)의 관계로 묶이게 된다. 여기에서 법신이라는 개념을 도출하기 위해 여래장이 이용되고 있는 것인데, 『승만경』 등과 같은, 여래의 존재 양태로서 여래장을 논하는 방법과는 반대가 되어 있다. 이 점은 『승만경』이 고심하여 정의한 것을 본 경은 맨 처음부터 전제로 하고 있음을 의미한다. 그와 같이 법신의 개념을 도출한 다음으로 본 경은 이 법신의 존재 양태로서 중생 · 보살 · 여래응정변지(如來應正遍知)의 각각을 정의한다. 곧 이 법신이 번뇌에 얽혀서 세간에 수순(隨順)하고 생사에 왕래하고 있는 것을 '중생'이라고 칭하고, 생사를 염리(厭離)하여 보리행을 닦는 것을 '보살'이라고 칭하며, 그것들을 구경(究竟)하여 일체법에서 자재를 얻는 것을 '여래'라고 칭한다고 말하는 것이다.[58]

여기에서 주의해야 하는 것은 이 법신의 존재 양태로서의 여래를 정의한다는 표현은 지금까지 음미해 온 『승만경』이나 『대살차니건자소문경』에는 결코 볼 수 없었던 것이라는 점이다. 그들 경전 속에서는 여래장을 정의하기에 앞서 근거로서 제시된 상황은 어느 것이건 '여래 법신'[59]이라고 표현되어 있고, 법신을 여래와 떼어 내어 사용한다는 발상은 보이지 않는다. 그렇다면 이러한 용어상의 변화는 대체 어떠한 이유에서 생겨난 것일까? 그 점을 생각하기 위해서 좀 더 경문을 살펴보자. 중생 · 보살 · 여래응정변지를 법신의 존재 양태로서 정의한 직후 다시 다음과 같이 말한다.

---

58) 大正16.467b.

59) 이와 관련하여 『승만경』에는 다음과 같이 되어 있다.

> 세존이여, 이와 같은 여래 법신의 번뇌장을 떠나지 않은 것을 여래장이라 이름합니다.
>
> 世尊, 如是如來法身不離煩惱藏名如來藏. (大正12.221c)

> 중생계를 떠나지 않고 법신이 있다. 법신을 떠나지 않고 중생계가 있다. 중생계는 곧 법신이다. 법신은 곧 중생계이다. 사리불이여, 이 두 가지 법은 뜻이 하나이지만 이름이 다를 뿐이다.
> 不離衆生界有法身. 不離法身有衆生界. 衆生界即法身. 法身即衆生界. 舍利弗, 此二法者, 義一名異. (大正16.467b)

이 문장은 앞의 인용문을 다시 설명하는 것으로 볼 수도 있으며, 이 문장의 직후에 "다시[復次]"[60]라고 말하고 있는 것으로부터 그 때까지의 결론을 보이는 것이라고 볼 수도 있다. 여기에서 "뜻은 하나[義一]"라고 말해지고 있는 것은 첫머리에 언급한 '일법계'를 의미한다고 생각되므로 법신과 중생계는 일법계의 두 측면이라는 말이 된다. 본래 하나여야 하는 것이 두 가지 측면을 가진다는 것 자체가 비본래성이 현현한 것이므로, 여기에서는 어쨌든 '일법계'의 쪽이 법신보다도 상위의 개념이라고 생각된다.

이렇게 생각해 가면 여기에서 '법신'이라고 말해지는 개념은 『승만경』 등에 여래장의 근거로서 제시된 여래 법신의 내용과 완전히 같지는 않음이 요해된다. 곧 『승만경』이나 『대살차니건자소문경』 등에서는 여래(性)와 여래장이라는 관계로 제시되는 상황이 일법계와 중생계 · 법신이라는 관계로 나타나 있는 것이다. 이미 밝힌 것처럼 본 경에서는 『승만경』과 같이 여래의 존재 양태로서의 여래장이 제시되는 일은 없다. 그러기는커녕 오히려 적극적인 여래장에 관한 정의 부여는 보이지 않는다고 말하는 쪽이 사실에 가깝다. 굳이 말하자면 그것은 일법계의 구체성으로서의 중생계와 법신의 즉

---

60) 大正16.467b.

불리(卽不離)의 관계를 나타내는 것이라고 할 수 있다. [역으로] 이것에 의해 '여래장'이라는 말이 가지는 의미가 크게 변화했다고는 할 수 없다. 그렇지만 '여래 법신'·'여래성'·'여래장' 등 용어적으로 근사하다는 점에서 오해를 받기 쉬운 말들이 상당히 정리된 형태로 제공되기에 이른 것은 확실하다. 이러한 점에서 본 경의 여래장설은 『승만경』에 비하여 일보 진전한 것이라고 보아야 할 것이다.

『입능가경』

이 경의 여래장설을 고찰할 즈음해서는 두 가지 점에 주의해야 한다. 첫째 본 경의 이역인 구나발타라 역의 『능가아발다라보경(楞伽阿跋多羅寶經)』(이하 '4권 『능가경』'으로 약함)과의 관계이다. 4권 『능가경』의 여래장설은 구나발타라의 다른, 여래장을 설하는 경전과 대비하여 특이한 면이 있다.[61] 그 요점은 4권 『능가경』이 여래장을 제법(諸法)의 인(因)으로서 들고 있는 점이다. 이 점은 이 경의 독창이었지만, 반면 큰 모순을 안게 되기도 하였다. 왜냐하면 이미 누차 논해온 것처럼 여래장은 본래 인연·생멸의 인으로서 설해져 온 것은 아니기 때문이다. 가령 여래장에 제법의 인으로서의 측면을 인정한다고 하면 그것은 연기법의 필연으로서의 경호(更互) 인과의 관계를 가지는 것이 되고, 여래장은 제법 가운데 하나라는 위치를 부여받게 된다. 이러한 자리매김은 여래장을 출세간·제일의제·여래성과의 관계에서 밝히려 했던 문맥과는 분명히 일치

61) 상세한 내용은 정영사 혜원의 사상적 모순을 밝히는 장면, 본서 제5장 제1절에서 논하기로 한다.

하지 않는다. 이것은 원래 연기의 양의성(兩義性), 곧 "의하여 있는" 관계(여래장)와 "의하여 생하는" 관계(種子識으로서의 제8식)의 혼동이다. 이러한 견해에서 보자면 4권 『능가경』의 여래장설은 '여래장'이라는 명칭을 가질 뿐이며, 내용적으로는 일체법이 "의하여 생겨나는" 관계를 설명하는 것이다. 4권 『능가경』에서 여래장은 "의하여 있는" 관계로서는 설해져 있지 않은 것이다. 이러한 4권 『능가경』의 기본적인 성격은 『입능가경』에서도 그대로 답습되고 있다고 생각된다. 그런데 다소 이 점을 보정(補正)하려 한 것은 아닌가 하고 생각하게 되는 설도 존재하므로 그 점에 관하여 언급해 두고자 한다.

① 4권 『능가경』
부처는 대혜에게 고한다. "여래의 장은 선 · 불선의 인이다. 능히 널리 일체의 취생(趣生)을 흥조(興造)한다. 비유컨대 기아(伎兒)가 제취(諸趣)를 변현(變現)하는 것과 같다."
佛告大慧, 如來之藏是善不善因. 能遍興造一切趣生. 譬如伎兒變現諸趣. (大正16.510b)

② 『입능가경』
부처는 대혜에게 고한다. "여래의 장은 선 · 불선의 인이기 때문이다. 능히 육도를 위하여 생사의 인연을 짓는다. 비유컨대 기아가 갖가지 기(伎)를 내는 것과 같다. <u>중생은 여래장에 의하므로 오도(五道)에 생사한다</u>."
佛告大慧, 如來之藏是善不善因故. 能與六道作生死因緣. 譬如伎兒出種種伎. <u>衆生依於如來藏故五道生死</u>. (大正16.556b)

이 부분은 『능강경』에서 제법의 인으로서의 여래장의 정의가 가장 명확하게 제시된 개소이다. 『입능가경』의 밑줄 그은 부분은 현행 범본에도 상응하는 문장이 보이지 않는다는 점으로부터[62] 역자에 의해 부가된 것은 아닌가 하고 생각되는 문장이다. 4권 『능가경』과 거의 일치하는 내용을 서술한 다음, 덧붙인 것처럼 여래장이 생사의 근거라는 점을 언급하고 있다. 만약 이 부분이 역자에 의한 부가라고 한다면 본 경의 역자는 상당히 명확한 의도를 가지고서 『능

62) 이와 관련하여 한역 양본과 산스크리트본의 설을 대조하면 다음과 같으며, 10권 『능가경』의 해당 개소는 4권 『능가경』, 산스크리트본에 공히 상응하는 문장이 없다.

4권 『능가경』(大正16.510b)	10권 『능가경』(大正16.556b)	『梵文和訳入楞伽經』 (安井訳 1976, 法藏館, p. 200)
부처가 대혜에게 고한다. "여래의 장은 선·불선의 인이다. 능히 두루 일체 취의 생을 흥조함이 비유컨대 재주꾼[伎兒]이 제취를 변현하는 것과 같다. (佛告大慧, 如來之藏是善不善因. 能遍興造一切趣生, 譬如伎兒變現諸趣.)	부처가 대혜에게 고한다. "여래의 장은 선·불선의 인이므로 능히 육도와 더불어 생사의 인연이 된다. 비유하자면 재주꾼이 갖가지 재주를 내는 것과 같다. (佛告大慧, 如來之藏是善不善因故, 能與六道作生死因緣. 譬如伎兒出種種伎.) 중생은 여래장에 의지하므로, 오도에 생사한다. (衆生依於如來藏故, 五道生死.)	마하마티여, 여래장은 선과 불선의 인이 되어, 일체의 생(삼세)과 취(육취)의 작자가 되며, 무인(舞人)처럼 위난(危難)의 취(趣)에 생기[流轉]하지만,
아·아소를 떠나니, 그것을 깨닫지 않기 때문에 3연이 화합하여 방편으로 생겨난다. 외도는 깨닫지 못하여 작자를 계착한다." (離我我所. 不覺彼故, 三緣和合方便而生. 外道不覺計著作者.)	대혜여, 그런데 여래장은 아·아소를 떠난다. 모든 외도 등은 알지 않고 깨닫지 않는다. 이 때문에 삼계에 생사하여 인연이 끊어지지 않는 것이다." (大慧, 而如來藏離我我所. 諸外道等不知不覺. 是故三界生死因緣不斷.)	아·아소를 떠나 있다 (무지와 愛와 업의) 세 가지가 화합한 연의 작용과 결부된 (윤회)가 생기하는 것은 이러한 것을 요해하지 않기 때문이다. 모든 외교(外敎)는 (이를) 요해하지 않고 (아트만이라는) 인(因)의 집착에 몰두한다.

가경』의 여래장설을 보정하려 한다고 볼 수 있다. 그렇지만 원래 『능가경』에 설해진 제법의 인으로서의 여래장이라는 사고방식 자체가 비여래장적인 것이므로 이러한 보정은 점차 그 모순을 확대해 간 것이 분명하다.

이 밖에도 4권 『능가경』에서는 여래장, 여래장식장(如來藏識藏), 장식(藏識)으로 나누어 사용된 개념이 '여래장-아리야식(如來藏阿梨耶識)', '아리야식(阿梨耶識)'으로 번역됨으로써 더욱 적극적으로 알라야식과 여래장의 동화가 이루어지고 있다고 볼 수 있는 개소가 산견(散見)된다.[63] 이러한 이유에서 4권 『능가경』과 비교해서 본

63) 이 점에 관해서 양자를 대조하면 대개 다음과 같다.

4권 『능가경』	10권 『능가경』
① 무시(無始)의 허위 악습에 의해 훈습되니, 이름하여 '식장(識藏)'이라 한다. 무명주지를 생하여 7식과 함께 한다. 爲無始虛僞惡習所薰, 名爲識藏. 生無明住地與七識俱. (大正16.510b)	「불성품(佛性品)」 대혜여, 아리야식은 '여래장'이라 이름하며, 무명 7식과 함께 한다. 大慧, 阿梨耶識者名如來藏, 而與無明七識共俱. (大正16.556b~c)
② 떠나지 않고 구르지 않는 것을 '여래장식'이라고 이름한다. 7식은 유전(流轉)하면서도 소멸하지 않는 것이다. 不離不轉名如來藏識藏. 七識流轉不滅. (同)	「불성품」 대혜여, 여래장식은 아리야식 가운데에 있지 않다. 이 때문에 7종식은 생이 있고 멸이 있지만, 여래장식은 불생불멸이다. 大慧, 如來藏識不在阿梨耶識中. 是故七種識有生有滅, 如來藏識不生不滅. (大正16.556c)
③ 이 때문에 대혜여, 보살마하살은 승진(勝進)을 구하고자 한다면, 마땅히 여래장 및 식장의 이름을 맑혀야 한다. 대혜여 만약 식장의 이름이 없다면, 여래장은 곧 생멸이 없는 것이다.	「불성품」 이 때문에 대혜여, 모든 보살마하살은 승법(勝法) 여래장-아리야식을 증득하고자 한다면 응당 수행해야 한다. 청정하게 하기 때문에. 대혜여, 만약 여래장-아리야식의 이름이 없다고 한다면 아리야식을 떠나서 생이 없고 소멸이 없는 것이다. 是故大慧, 諸菩薩摩訶薩欲證勝法如來藏阿梨耶識者,

경은 개념들의 정의가 자세해짐으로써 독자로서는 한층 이해하기 어려운 것이 되었던 것은 아닌가 하고 생각된다.

『묘법연화경우바제사』(이하 '『법화경론』'으로 약함)

마지막으로 이 논서에서의 여래장의 용례를 살펴보자.

'실상'이란 이른바 여래장 법신의 체가 불변한다는 뜻 때문이다.

是故大慧, 菩薩摩訶薩, 欲求勝進者, 當淨如來藏及藏識(明本 · 宮本: 識藏名)名. 大慧, 若無識藏名, 如來藏者則無生滅. (同) ④ 다시 대혜여, 우부는 7식신의 소멸에 의하여 단견을 일으킨다. 식장을 깨닫지 않으므로 상견을 일으킨다. 復次大慧, 愚夫依七識身滅起斷見. 不覺識藏故起常見. (大正16.513b)	應當修行令清淨故. 大慧, 若如來藏阿梨耶識名, 爲無者, 離阿梨耶識無生無滅. (大正16.556c) 「화품(化品)」 다시 대혜여, 일체 범부 · 외도 · 성문 · 벽지불 등은 6식의 소멸을 보고 단결에 떨어진다. 아리야식을 보지 않으면 상견에 떨어진다. 復次大慧, 一切凡夫外道聲聞辟支佛等, 見六識滅墮於斷見, 不見阿梨耶識墮於常見. (大正16.561a)

이것들 가운데 ①~③의 용례는 10권 『능가경』의 「불성품」에 상응한다. 4권 『능가경』에서는 본래 무위법인 여래장이 현실적으로는 유위법의 의지처가 되어 있는 측면을 "이름하여 '식장(識藏)'이라고 한다"라고 설하고 있다. 이는 ②의 용례와 마찬가지로서, "'식장'이라고 이름한다"라는 측면이 없으면 유위법의 근거가 없다는 것이다. 이에 대하여 10권 『능가경』은 ①의 용례에서 유위법인 아리야식과 무위법인 여래장을 중첩시키고, ②의 용례에서는 '여래장-아리야식'이라는 중층적인 개념에 의해 양자를 지양하려는 것이다. 또한 ④의 용례로부터는, 4권 『능가경』의 '식장'이라는 개념이 10권 『능가경』에서는 아리야식에 대응하고 있음을 읽어낼 수 있다.

言實相者，謂如來藏法身之體不變義故．(大正26.6a)

세 번째로 법불의 보리를 시현한다. 말하자면 여래장은 성정열반, 상항청량하여 불변이다.
三者示現法佛菩提．謂如來藏，性淨涅槃，常恒淸涼不變．(大正26.9b)

이 두 문장은 실상 및 법신불의 보리의 내용을 나타내는 하나로서 '여래장'이라는 말이 사용된 예이다. 여기에는 여래의 존재 양태로서 여래성과 여래장을 구별한다는 관점은 보이지 않는다. 오히려 여래장과 법신의 체·성정열반이라는 개념이 병행하여 서술된 점에서 보자면 여기에서 '여래장'이라고 말하고 있는 것은 여래성 자체를 의미한다고 생각해야 할지도 모른다. 이 점은 다음의 문장에 의해 한층 명료해질 것이다.

삼계의 상이란 말하자면 중생계는 곧 열반계이다. 중생계를 떠나지 않고 여래장이 있다.
三界相者，謂衆生界即涅槃界．不離衆生界有如來藏．(大正26.9b)

이 문장의 후반부의 여래장을 설명하는 개소는 이미 언급한『부증불감경』의 세 번째 인용문의 첫머리와 유사하다.『부증불감경』에서는 "중생계를 떠나지 않고서 법신이 있다"라고 하여 법신과 중생계의 본래적인 일원성을 여래장이라고 정의한 것에 대하여, 여기에서는 그 '법신'에 해당하는 부분에 '여래장'이라는 말이 끼워 넣어져 있다. 이 점에서 본 논서의 '여래장'은 여래의 존재 양태가 아니라 제일의제로서의 여래성 자체를 나타내는 것으로 생각된다. 본 논서에 사용된 '여래장'이라는 용어가 제일의제 자체를 나타낸다는 것은 다음과 같은 숙어에 의해서도 한층 명료해질 것이다.

> 여래장진여의 본체는 중생계에 즉하지 않고, 중생계를 떠나지도 않기 때문에.
> 如來藏真如之體, 不即衆生界,不離衆生界故. (大正26.9b)

말할 것도 없이 여기에서는 '여래장'과 '진여'가 동의어로서 숙어를 형성하고 있다. 이러한 용례는 지금까지 음미해 온 어떤 경전과도 공통성을 지니지 않는 것이며, 본 논서가 세친이 지은 것임을 고려할 때 다양한 문제를 야기할 것이다.

소결

이상 보리류지에 의해 번역된 경론에서의 여래장의 용례를 대강 검토할 수 있었다. 가령 『승만경』에 제시된 여래장설을 원초적인 것이라고 한다면 보리류지에 의해 번역된 경론 중에 설해진 것은 내용적으로 상당히 변화한 것임이 명료해졌을 것이다. 그리고 똑같이 보리류지에 의해 번역된 경론 중에도 '여래장'이라는 용어를 사용하면서도 내용에는 피차의 차이가 있음이 분명해졌을 것이다. 이러한 사실은 용어의 내용은 문맥에 의해야 함을 의미하며, 역어의 공통성·비공통성만으로 사상을 판단하는 것의 위험성을 보여준다고 할 수 있다. 이러한 점이 바로 지론학파의 사람들로서는 큰 과제였던 것이다.

제4장

『대승기신론』을 둘러싼 문제

제1절 연기사상의 전개로부터 본 『기신론』의 연기설

본 장에서는 『대승기신론(大乘起信論)』(이하 '『기신론』'으로 약함)에 관한, 본서의 기본적 태도에 관하여 정리해 두고자 한다. 『기신론』은 겨우 1권, 대정장경에서 8페이지 남짓한 극히 소부(小部)의 논서이다. 그럼에도 불구하고 중국 · 한국 · 일본의 불교 전개 속에서 항상 주목받아 현재에 이르러서도 다양한 의론의 대상이 되고 있다. 본 장의 주제와 연관해서 말하자면 지엄(智儼)은 『기신론』을 특별히 중시한 듯한 형적은 없는 것인데, 법장(法藏)에 이르면 극히 큰 영향을 받고 있다. 그 이유는 대체 어디에 있는 것인가? 지엄과 법장의 본 논서에 대한 관심의 중심이 어디에 있는가가 극히 중요한 문제이다.

또한 『기신론』에는 찬술의 진위(眞僞)와 번역에 관하여 옛날부터 의의(疑義)가 있어 왔다. 이러한 점도 등한시해서는 안 된다. 그래서 본 장에서는 본서의 주요한 과제인 연기사상의 전개에서 『기신론』의 여래장설 · 알라야식설은 어떠한 특징이 있는지, 또한 번역에 관한 의의가 생겨난 이유나 내용에 대한 진위에 대해서도 밝히고자 한다.

『기신론』이 그러한 [찬술 및 번역과 관련된] 문제를 포함하였지만, 그 출현 이후 중국 · 한국 · 일본의 불교 전개 과정에서는 대단히 큰 역할을 담당했다는 사실은 부정할 수 없다. 그것은 대체 무엇 때문일까? 『기신론』이 그 적은 지폭(紙幅) 속에 대승불교의 본질을 응축하고 있기 때문일까? 혹은 인간이 사물을 이해할 때에는 항상 빠지기 쉬운 함정이 있어서 그 함정을 가진 서물(書物)은 어느 시대의 인간에게도 받아들여지기 쉽게 되고, 『기신론』은 그러한 배경에 의해 읽혀 왔던 것일까? 그리하여 『기신론』을 둘러싼 갖가지 문제에 관해서는 상당히 많은 논고가 거듭 쌓이고 있다.[1)]

본 장은 이러한 의론의 하나하나에 입각하여 새로운 견해를 제공하려는 것은 아니다. [본 장의 의도는] 그렇게 하지 않고 『기신론』에 설해진 것이 의미하는 바를, 우리의 인식과 우리를 둘러싼 '물(物)'적 세계라는 [관]점에서 생각해 보려는 것이다. 달리 말하자면 『기신론』은 인도에서 성립한 것인가, 중국에서 성립한 것인가 하는 의론이나 여래장설과 알라야식설을 함께 설하는 것은 어느 쪽의 정계(正系)로부터도 벗어나 있다고 하는 의론은 일단 보류하고,

1) 대개 『기신론』만큼 여러 가지 의론을 일으킨 논서도 드물다. 그 주요한 논점은 진제 역의 진위에 관한 문제부터 시작하여 논 자체의 찬술 진위에 관한 문제, 알라야식을 설함으로써 [제기된] 유식설과의 관계, 여래장설을 둘러싼 문제 등 다기하다. 이 가운데 전반의 문제들은 가시와기 히로오(柏木弘雄)의 『大乘起信論の研究』(春秋社, 1981), 제1장 「起信論の成立に関する資料の性格」에 체계적으로 정리되어 있다. 또한 후반의 문제들에 관해서는 히라카와 아키라(平川彰)의 『如來藏と大乘起信論』(春秋社, 1990)에 여러 학자의 주요한 견해가 정리되어 있다.

그 설해진 것은 원래 어떠한 것이며, 그것은 불교의 역사에서 어떠한 의미를 지니는 것인가 하는 점을 밝히고자 한다. 앞에 서술한 것과 같은 『기신론』을 둘러싼 문제들은 분명히 간과할 수 없는 것이다. 그렇지만 그러한 의론 과정에서 방향성을 찾아내어 나아가기 위해서는 보다 근본적인 지점에서 『기신론』에서 설해진 것의 의미를 파악해야 할 것이다. 그렇다면 『기신론』이 사용하고 있는 교리 용어를 다른 문헌과 비교할 뿐만 아니라, 표현의 근원에 있는 '의미' 혹은 표현화된 '배경'을 논 전체의 문맥 가운데 우선 명확히 해야 함은 두말할 나위 없을 것이다.

예컨대 '책상'이라는 표현은 일단 표현의 형식을 취하면 어떠한 내용을 우리에게 전하는 것인데, 그것이 언제라도 어디에서라도 누구에게라도 완전히 같은 내용을 전하는가 하면 결코 그렇지 않다[는 것을 알 수 있다]. 지금 화자가 화제로 삼고 있는 이 '책상'은 전 세계 속에 단지 하나밖에 존재하지 않는 것이며, 색깔도 형태도 재질도 다른 책상과는 다르다. 그러나 그것이 '책상'이라는 형태로 일단 표현되면 그 '책상'이라는 말은 화자의 상황과는 완전히 분리되어 이해되는 것이다. 형태가 있는 것조차 이러하기 때문에 형태가 없는 것의 경우에는 그 이상으로 곤란한 과제를 내포할 것이다.

이러한 점에서 우리는 『기신론』의 여래장설이 온당한 것은 아니라고 말하기 전에 그것이 어떠한 것을 표현하고 있는지를 우선 파악해야 한다. 가령 '여래장'이라는 단어를 문제로 삼는다면 각각의 문헌의 문맥에 따라서 그 의미가 근본적으로 밝혀질 때 그것들의 동이(同異)가 문제시되며, 단어의 공통성만을 근거로 무언가를 판단할 때에는 단어는 어떤 종류의 보편성을 표현한다는 암묵적 전제가 있게 된다. 이러한 점까지도 시야에 넣고서 『기신론』의 근본 주장을 찾아가려 한다.

1. 분별의 문제

『기신론』은 그 귀경송(歸敬頌)의 직후에 밝히는 것처럼, 중생이 대승의 신근(信根)을 일으키는 것을 근본 과제로 하여 설해진 것이다.[2] 그 때문에 왜 중생은 대승의 신근을 일으켜야 하는가, 또는 대승의 신근을 일으킨다는 것은 대체 어떠한 것인가 하는 점이 우선 밝혀져야 한다. 이것들은 『기신론』이 그 전체의 구성에 의해 최종적으로 밝히는 것이므로 여기에서 바로 그 전체를 문제로 삼을 수는 없다. 그렇지만 『기신론』의 근본 주장에 관하여 음미하고자 하므로 그 문제 제기가 어디에 있는 것인가 하는 것은 먼저 언급해 두고자 한다.

『기신론』에서 '중생'이란 원래 어떠한 존재를 말하는 것인가? 그리고 중생이 중생이라는 말이 과제가 되는 이유[課題性]란 어떠한 것인가? 이러한 점에 관심이 미칠 때 『기신론』이 「입의분(立義分)」 첫머리에서 입론(立論)의 근거를 '중생심(衆生心)'으로 삼는 것에는 특별한 주의를 기울여야 할 것이다.[3] 앞으로 논을 진행해 나아

---

2) 『기신론』의 첫머리는 다음과 같은 말로 시작한다.

논하여 이렇게 말한다. "법이 있어서 능히 마하연의 신근을 일으킨다."
論曰, 有法. 能起摩訶衍信根. (大正32.575b)

3) 大正32.575c.

감에 있어서 '중생심'을 출발점으로 삼으려는 것은 [바로 이러한] 이유에서이다. 그 입론의 근거인 '중생심'이란 대체 어떠한 것을 표현하려는 것일까?

그런데 『기신론』에서 말하는 '중생'이란 뒤에 알 수 있듯이 육취(六趣)를 각각 의미하는 종합적인 것을 가리키는 것이 아니라, 갖가지로 사유함으로써 고뇌하는 구체적인 인간을 말한다. [따라서 '중생심'을 내세운 것은] 그 인간의 '마음'을 모든 의론의 출발점으로 삼는다는 것이다. 이것은 어떠한 이유 때문일까? 통상 마음이란 인간의 인식 · 감각 · 기억 등 일체의 지적 활동을 총칭하는 것이다. 그리고 『기신론』에서는 이 '중생심'을 제시하기 위해 특별한 정의를 내리고 있다. 따라서 여기에서는 여러 가지로 사려 · 분별하는 구체적인 인간의 존재 양태를 의미한다고 생각해도 좋다고 본다. 그렇다면 인간의 갖가지 지적 활동은 무엇을 근거로 하여 성립된 것일까? 이 점을 우리의 일상적 인식의 범위 속에서 잠시 생각해 보자.

우리의 일상적인 인식은 철학적 해명을 기다릴 것까지 없이 주체와 객체에 의해 성립되어 있다[고 할 수 있다]. 무엇인가를 인식한다는 것은 우리의 내적 인식 주체가 우리의 외부를 둘러싼 객체인 사물의 의미를 파악하는 것이라고 우선 말할 수 있다. 이 관계는 인식이 이른바 자기 바깥쪽을 향하고 있는 동안에는 주체(=자기)와 객체(=바깥쪽)라는 관계로 볼 수 있다. 그런데 그 인식이 자기의 안쪽으로 향하게 되는 경우가 종종 있다. 이때에는 우리의 내적 인식 주체는 우리 자신을 그 인식의 대상으로 삼으므로 단순히 자기가 인식 주체라고 말해서는 안 된다. 왜냐하면 '내'가 '나'를 생각한다는 것은 '주체=나, 객체=나'라는 관계이기 때문이다. 이 관계 속에서 주체인 '나'는 어디까지 연장(延長)하더라도 순수한 의미에서 '생각하는 자'이며 '생각되는 것'은 아니다. 이러한 의미에서는 순수한 주체는 절대로 인식의 대상이 되는 경우는 없으므로, 이 문맥에 따르면 참된 주체는 일반적인 인식의 범위를 넘어선 것이 된다. 그 때문에 참된 주체는 초월론적 주체라고 말해야 한다는 입장이 세워지게 된다.

이렇게 우리의 극히 일반적인 인식을 조금 고찰하는 것만으로도 그 속에 있는 모순이 분명해진다. 그렇지만 인간은 통상 이 모순을 모순이라고는 자각하고 있지 않다. 이 점에서 인간의 통상적 인식 활동은 진실한 것이라고는 말할 수 없는 것이다. 그래서 주체와 객체로 분열한 것을 종합적으로 전체화하려는 활동이 행해진다. 이 활동을 대표하는 것이 이른바 변증법이라는 과학일 것이다. 이것은 바꿔 말하자면 인식을 넘어서는 인식을 발견해 간다는 것이다. 이것은 인간의 인식을 전제로 하여 거기에 존재하는 모순을 넘어서 나아가고자 하는 활동이라고 말할 수 있을 것이다. 그 한편에서 완전히 별개의 관점에서 이 모순을 보려는 입장이 성립한다. 그것은 인식의 출발점 자체를 문제로 삼는 듯한 입장이다. 곧 눈앞에서 주체와 객체로 떨어져서 보이는 듯한 우리의 현실을 [당연히 주어진] 전제로는 취하지 않는다는 입장이다.

이 점에 대하여 불타의 근본 교설에 따라 생각해 보자. 새삼스럽게 말할 것도 없이 불타는 연기(緣起)라는 법을 깨달음으로써 불타가 되었다. 그 교설은 십이지 연기로서 정리되었다고 하는데, 그 원초(原初)는 식(識)과 명색(名色)의 상의(相依) 관계에 의한 것이었다고 한다.[4] 식과 명색의 상의 관계란 지금 여기에서 문제로 삼고 있는 바인 주관과 객관이라는 개념에 상응한다. 그것이 상의 관계에 있다는 것은 주관을 원초로 보는 사고방식과는 근본적으로 다른 것인데, 인간의 근본적 문제 해결의 실마리를 일반적인 인식 속에서 발견하고 있다는 점에서는 공통성이 있다. 『기신론』이 입론의 근거를 '중생심'으로 보는 것은, 이렇게 인식함[이라는 활동]에 의해 다양한 과제를 야기하는 인간 존재 자체를 근거로 하고 있음을 의미한다. 이 점에서 여래 법신이나 일법계를 근거로 하는 이른바 '여래장사상'과는 입장을 달리하고 있다. 이러한 『기신론』의 설은 불교의 전개 속에서 어떠한 의미를 가지는 것일까? 완성된 연기설이라고 생각되는 상의상대(相依相待)의 연기설에 관한 고찰을 진행해 감으로써 『기신론』의 근본적 입장을 밝혀 나가고자 한다.

2. 『기신론』에 설해진 '연기'의 구조

일반적으로 '연기의 형태'라고 말해지는 연기설은 다음과 같은 정형구로써 보여진다.

> 이것이 있을 때 저것이 있고, 이것이 생함으로부터 저것이 생하며, 이것이 없을 때 저것은 없고, 이것이 멸함으로부터 저것이 멸한다.[5]

---

4) 山口益・他, 『仏教学序説』(平楽寺書店, 1961), p. 89 참조.

여기에서는 '이것'과 '저것'의 관계를 유 · 무와 생 · 멸의 두 관점에서 들여다보고 있다. '이것'과 '저것'의 관계를 유 · 무에 의해 설명하는 상황이란 그 관계가 어떠한 것인가는 차치하더라도 양자가 동일 시간상에 있다는 것이 전제이다. 이와 대조적으로 '이것'과 '저것'의 관계를 생멸변화에 의해 설명하기 위해서는 시간적인 어긋남이 필요하다. 이로써 '연기'에는 "연하여 일어남"이라는 시간적으로 계속되는 상황을 설명하는 입장과 "연하여 일어나 있음"이라는 동일 시간상의 논리적인 구조를 설명하는 입장이라는 두 가지 관점이 있음이 분명해진다.[6] 이 점에 관해서는 제3장 제1절에서 이미 논한 것처럼 '연기'라는 말의 본래 의미는 후자에 있는 것 같은데,[7] 지금 여기에서는 그것을 자세히 음미하는 것은 당면한 과제가 아니므로 앞으로 나아가기로 한다. 따라서 "연하여 일어남(縁して起ること)"과 "연하여 일어나 있음(縁して起っていること)"이란 말은 일본어로도 의미가 다르다[는 점에 먼저 주목하자]. 후자에만 있는 '있다(いる)'라는 말은 문법적으로 말하자면, "인간 · 동물이 존재함을 나타내는 자동사이다."[8] 하지만 [여기에서는] "동사의 연용형+'-て(~하여서, ~하고)'를 받아서 동작 결과의 현존(現存)을 나타낸다"[9]라고 말해지는 것처럼, 사물이 동일 시간상에 현존하고 있음을 나타내고 있다. 따라서 "연하여 일어나 있음"이란

5) 위의 책, p. 83 참조.
6) 위의 책, p. 67 참조.
7) 위의 책, p. 72 참조.
8) 『岩波国語辞典』 제3판, p. 69 참조.
9) 위와 같음.

"연한다"라는 말을 매개로 하여 능의(能依)와 소의(所依) 양자가 동일 시간상에 존재하고, 그 양자의 논리적 관계를 나타내는 것이다. 그렇다면 이 연기의 정형구에 있는 양측의 차이를 명확히 하기 위해 여기에서는 편의상 "연하여 일어나 있음"을 '능의와 소의의 공시적(共時的) 논리 관계'(앞의 장에서는 '논리적 상의 관계'라고 칭했음)라고 부르고, "연하여 일어남"을 '능의와 소의의 통시적(通時的) 상속(相續) 관계'(앞의 장에서는 '시간적 인과 관계'라고 칭했음)라고 부르기로 한다. 그러면 다음으로 이 관점에 의해 『기신론』의 다양한 설들을 정리해 보고자 한다.

3. 『기신론』에서 공시적 논리 관계를 나타내는 교설

인간에게서 분별과 세계의 구조를 '연기'라는 개념에 의해 생각하려 할 때, 『기신론』에서 우선 그 재료가 되는 것은 「해석분(解釋分)」일 것이다. 「해석분」은 '현시정의(顯示正義)' · '대치사집(對治邪執)' · '분별발취도상(分別發趣道相)'의 3장(章)에 의해 성립되어 있다. 그리고 그 중심을 차지하는 것은 '현시정의'이다. 이 장절(章節)은 앞의 단인 「입의분」에서 제시된 중생심의 2상(相)[10]을 여러 각도에서 밝히는 데에 그 목표가 있다. 거기에서는 우선 「입의분」의 2상이 다음과 같이 제시되어 있다.

---

10) 大正32.575c.

> 일심법에 의지하여 2종의 문이 있다. 무엇을 둘로 삼는가? 첫째 심진여문, 둘째 심생멸문이다.
> 依一心法有二種門. 云何爲二. 一者心真如門, 二者心生滅門. (大正 32.576a)

곧 일심법의 2문으로 제시된 것이다. 『기신론』 전체의 문맥 속에서 '일(一)' 혹은 '일심(一心)'이라는 말은 극히 중요한 의미를 가진다. 그 때문에 「입의분」의 중생심을 「해석분」에서 '일심의 법'이라고 바꿔 말하고 있는 것에는 중요한 의미가 있는 것으로 생각되는데, 이 점에 관해서는 마지막에 고찰하고자 한다. 여기에서 말하는 심진여와 심생멸이란 '여래'와 '중생'의 관계에 상응한다고 생각되는데, 여기에도 "이것이 있을 때 저것이 있다"라는 관계로 2문이 제시되어 있음에 주목해야 한다.

그런데 심진여문의 기본적 주장은 다음과 같이 말하는 데에서 완결된다고 생각된다.

> 심진여란 곧 이 일법계 대총상 법문의 체이다. 이른바 "심성은 불생불멸이다."
> 心真如者, 即是一法界大總相法門體. 所謂, 心性不生不滅. (大正 32.576a)

그러나 이 표현의 진짜 의미를 정확히 포착하는 것은 어렵다. '일(一)', '대(大)', '총(總)'이라는 말로 표현하고자 하는 것은 개별별이라는 분별·구별이 없는, 비교를 끊어버린 전체 자체라는 것이다. 인간의 근원적 평등인 하나됨, 본래성을 말하는 것이다. 그러나 이러한 인간의 본래성은 현실적으로는 노출되어 있지 않다. 이 표현을 통하여 분명해진 '인간의 구체상'이란, 갖가지 모습을 취한 상대적인 비교 속에서의 각별한 존재 양태이다. 심진여문은 그러한 인간의 본래적 존재 양태를 밝히는 데에 목적이 있으므로, 인간의 구체적인 존재 양태가 어떠한 구조를 가지는가 하는 점에 관해서는 언급하지 않는다. 그렇지만 인간의 본래성과 구체상이 어떻게 떨어져 있는 것인가를 나타내기 위해서 다음과 같이 말한다.

> 일체의 제법은 단지 <u>망념에 의하여 차별이 있다</u>. 만약 망념을 떠나면 곧 일체의 경계의 상(相)이 없다. 이 때문에 일체법은 본래부터 언설(言說)의 상을 떠나고, 명자(名字)의 상을 떠나고, 심연(心緣)의 상을 떠난다.
>
> 一切諸法唯<u>依妄念而有差別</u>. 若離妄念則無一切境界之相. 是故, 一切法從本已來離言說相, 離名字相, 離心緣相. (大正32.576a)

여기에서 말하는 '일체의 제법' 혹은 '일체의 경계의 상'은 인간의 일반적인 인식에 있는, 그 인식의 대상을 나타내기 때문에 우리의 경우 '세계'라는 개념으로 바꿔 놓을 수 있다. 곧 이 하나의 문장에 의하면, 세계를 성립시키는 것은 '망념'이고, 그 망념이란 인간의 언설이며, 문자이며, 표상 작용을 내용으로 한다는 말이 되는 것이다.

그렇다면 다음으로 인간의 구체적 존재 양태가 망념이라고 말해지는 것은 어떠한 내실(內實)을 가지고 있는 것인가? 이 점을 자세히 살펴보고자 한다. 『기신론』에서 그것을 밝히는 것은 심생멸문이다. 심생멸문은 『기신론』의 중심을 이룬다고 생각되는 「해석분」의 6할 정도의 분량을 가지는 것으로부터도 추찰되듯이 『기신론』에서 가장 중요한 부분이다. 여기에서는 이미 서술한 것과 같은 심진여를 배경으로 하여, 그것이 구체적으로는 갖가지 상을 취하는 것처럼 눈앞에 나타나고 있는 구조가 밝혀지게 된다. 곧 중생심을 근거로 하여 본래적으로는 전체로서 하나인 것이 구체적으로는 갖가지 상을 취하는 그 구조가 해명되어 가는 것이다. 이 구체성에 있어서 심생멸문의 중생심은 심진여문처럼 본래적인 의미에서의 '일심'이라고는 말해지지 않는다. 그것은 일심의 갖가지 구체상으로서 '생멸심'로 칭해지며, 그 생멸심이 본래적인 의미에서의 일심과 다른 것은 아님이 '여래장'으로 칭해진다. 심생멸문이 그 첫머리에 여래장을 제시하는 것은 이러한 배경에 의한 것이다.

> 여래장에 의하므로 생멸심이 있다. 이른바 "불생불멸과 생멸이 화합하여 하나가 아니고 다름도 아닌 것"을 이름하여 '아리야식'이라 한다.
> 依如來藏故有生滅心. 所謂, 不生不滅與生滅和合非一, 非異名爲阿梨耶識. (大正32.576b)

여기에서도 특히 주의해야 하는 것은 "여래장에 의하므로 생멸심이 있다"라고 말해지는 양자의 관계에 관해서이다. 이 점에 대해서는 본서에서도 자주 "~에 의해서 있음"과 "~에 의해서 생김"의 근본적 상위(相違)로서 정리해 온 바와 같다. 요점은 여래장은 "~에 의해서 있음"을 표현하는 것이며, 결코 "~에 의해서 생기다"라는 문맥으로 읽어서는 안 된다는 점이다.11) 여기에서는 그것이 문자 그대로 표현되어 있다고 볼 수 있다. 이러한 "~에 의해서 있음"을 표현하는 중요한 문장은 이 외에도 몇 개의 예를 볼 수 있다.

① 일심법에 의하기 때문에 2종의 문이 있다.
依一心法有二種門. (大正32.576a)

② 아리야식에 의하기 때문에 무명이 있다고 설한다.
以依阿梨耶識說有無明. (大正32.577b)

③ 진여법에 의하기 때문에 무명이 있다.
以依真如法故有於無明. (大正32.578a)

①의 문장은 이미 인용한 것처럼 근거로서의 중생심에서 본래적인 측면과 구체적인 측면을 본다는 점을 나타내는 「해석분」 첫머리의 문장이다. ②와 ③은 어느 쪽이건 심생멸문에서 비본래성으로서의 구체상이 왜 있는가를 설명하는 개소 중 한 문장이다. 이 가운데 ②의 문장은 이미 서술한 것과 같은, 인간의 구체상으로서의 '생멸심'이 본래성으로서의 심진여와 다르게 존재하고 있는 존재 양태

11) 이 점은 본서 제3장 제1절에서도 연기사상의 중핵에 관하여 "~이다"와 "~이 되다"의 차이를 고찰하였는데, "의하여 있다"와 "의하여 생기다"와 동질의 문제이다. 또한 후자의 문제에 관해서는 본서 제5장 제1절 「정영사 혜원의 '의지와 연기'의 문제」에서 상세히 논할 것이다.

전체를 '아리야식'이라고 말하는 것이다. 그 때문에 본래성으로서의 심진여와 구체상으로서의 '아리야식'의 사이에는 현실로서 어긋남이 있게 되고, 이 눈앞에서 어긋나 있는 것은 "무명이 존재하기 때문에"라고 말하는 것이다. 곧 "아리야식에 의한다"라는 말은 "바로 지금 구체적으로는 본래성이 현현하고 있지 않은 존재 양태를 취하고 있는데, 그 존재 양태에서"라는 의미이다. 또 ③의 문장도 마찬가지로 염법(染法)이 어떻게 존재하는 것인가 하는 구조를 밝히는 개소인데, 염법과 진여법의 어긋남의 원인을 '무명'이라 이름하고, 그 무명을 이유로 하여 일체의 염법이 눈앞에 성립함을 설명하는 것이다. "진여법에 의하기 때문에"란 말은 염법은 진여법과 관계 [맺음이라는 그 맥락]에서 그 의미가 명확해지는 것이며, 본래 진여인 것이 구체적으로는 염법으로서 존재한다는 관계를 말하는 것이다.

이처럼 ②와 ③의 문장에 의하면, 인간의 구체적인 갖가지 인식을 '생멸심'이라고 하고, 그것이 본래적으로는 진여와 별개의 것은 아님을 '여래장'이라고 말하는 것이며, 그것은 근거로서의 중생심의 현실적인 한 측면이다. 그 존재 양태는 '중생'이라고 불리는 것이지만, 그것은 단지 중생이라는 존재 양태로 존재할 뿐만 아니라, 본래성으로서의 일심=여래와 다른 것도 아니므로 그것을 '여래장'이라고 말하는 것이다. 따라서 여래장이란 여래와 중생이 접전(接戰)함을 나타내는 것이라고 풀이할 수 있다. 결국 여래장이란 비본래적인 현실의 존재 양태를 본래성에 입각하여 말하는 것이며, 그 여래장을 중생 쪽에서 볼 경우의 전체적인 존재 양태를 '아리야식'이라고 말하는 것이다. 그렇다면 그 비본래적인 현실의 존재 양태는 어떠한 구조를 가지고서 눈앞의 세계로서 모습을 보이는 것인가, 이 점에 대하여 살펴보자.

4. 『기신론』에서 통시적 상속 관계를 나타내는 교설

"비본래적인 현실의 존재 양태"라는 어법은 심진여문에 입각하여 심생멸문을 볼 때에 보이는 견지인데, 말할 것도 없이 인간의 현실이라는 의미이다. 그 때문에 심생멸문에서 설해진 인간의 현실이란, 일심인 전체로부터 어떻게 해서 각별(各別)의 세계가 눈앞에 나타나는가 하는, 인간의 분별심(分別心)의 구조를 밝히는 데에 그 주제가 있다. 인간이 여래와 본질적으로 하나이면서 현실[적]으로는 다른 존재라는 점을 『기신론』에서는 '불각(不覺)'이라고 표현한다. 각자(覺者)와 대비하여 불각자(不覺者)라는 의미이다.

> 불각에 의하므로 3종의 상을 생한다. 저 불각과 상응하여 떠나지 않는다. 무엇을 셋으로 삼는가? 첫째는 무명업상이다. 불각에 의하므로 마음이 움직이는 것을 설하여 '업'이라 이름한다. … 둘째는 능견상이다. 움직임에 의하므로 능견이 있다. … 셋째는 경계상이다. 능견에 의하므로 경계가 허망하게 나타난다. …
> 依不覺故生三種相. 與彼不覺相應不離. 云何爲三. 一者無明業相. 以依不覺故心動說名爲業. … 二者能見相. 以依動故能見. … 三者境界相. 以依能見故境界妄現. … (大正32.577a)

여기에는 불각자의 세계가 어떻게 해서 계속 현현하는지 혹은 어떻게 현현하고 있는지 그 구조와 순서가 밝혀져 있다. 여기에서 말하는 '능견상'과 '경계상'이란 인간의 일반적 인식에서의 주관과 객관에 상응한다. 그 때문에 주관과 객관으로 나뉘어서 인식이 성립한다는 것 자체가 인간에게는 구체상인 동시에 불각상이라 불리게 되는 것이다. 그렇다면 어찌하여 이러한 현실이 나타나게 되는 것일까 묻는다면, 이 점에 대해 이 문장에서는 '무명업상'에 의한다고 말하고 있다. '무명업상'이라는 표현은 '무명'과 그것에 의한 '업'이 결합한, 인간 실존의 가장 기저(基底)에 있는 존재 양태를 말하는 것이다.

그렇다면 인간의 가장 기본적인 존재 양태인 '무명업상'이란 어떠한 것을 말하는 것일까? 그것을 나타내고 있는 것이 '움직이다'라는 개념이다. 그러면 『기신론』의 본문에서 '움직이다'라는 표현을 뽑아내어 보면 다음과 같은 것이 있다.

① 첫째는 '업식'이라고 이름한다. 말하자면 무명의 힘으로 불각심이 움직이기 때문이다.
一者名爲業識. 謂無明力不覺心動故. (大正32.577b)

② 대해의 물이 바람으로 인하여 파동(波動)하는 것과 같다.
如大海水因風波動. (大正32.576c)

③ 중생의 자성청정심은 무명의 바람으로 인하여 움직인다.
如是衆生自性淸淨心因無明風動. (大正32.576c)

이 가운데 ①의 문장은 생멸의 인연, 곧 인간의 구체적인 분별심이 어떠한 구조에 의해 성립된 것인지를 설명하는 개소의 최초 문장이다. 또 ②와 ③의 문장은 『기신론』의 특징적인 설로서 주목해야 할 '해(海)·파(波)의 비유' 가운데의 문장이다. 앞의 인용문과 이 ①의 문장을 겹쳐서 생각하면 불각자의 세계 구조와 그것이 모습을 드러내게 되는 근원은 무명이 활동하여 인식이 작용하는 것이라고 요해할 수 있다. 그 때문에 여기에 밝혀진 무명업상·업식은 불각자의 세계의 출발점을 나타내는 것이다. 전체로서의 일심·일법계에서 그것을 분별하는 것이 출현함을 이렇게 '움직이다'라는 말로 표현하는 것이다. 그 때문에 이미 분별하고 있는 자로서는 어떠한 이유에 의해 그렇게 된 것인지는 모르지만, 알아차려서 보면 그렇게 되어 있다고밖에 말할 방법이 없다. 이를 '무명'이라는 말로 설명하는 것이다. 곧 일체의 인식 세계의 성립 원인을 '무명'으로 보는 것은, 바로 지금 [우리의 인식 세계가] 어떻게 되어 있는지를 본래적인 입장에서 볼 때 거기에 있는 현실태와 본래성 사이의 어긋남을 나타내는 것이다. 그 점을 가장 단적으로 표현하고 있는 것은 다음의 문장일 것이다.

> 본래부터 염념(念念) 상속하여 아직 일찍이 염을 떠나지 않았기에 '무시무명'이라고 설하였다.
> 以從本來念念相續未曾離念故, 說無始無明. (大正32.576c)

여기에서 "염념 상속하고" 있다는 것이 바로 지금 여기에 분별하는 인간으로서 존재하는 존재 양태를 시간적으로 표현하는 것이다. 그 때문에 이러한 존재 양태는 대체 언제부터 시작한 것인가 또는

어떠한 이유로 시작한 것인가에 대해 다 생각해 내는 것은 불가능하다. 알아차릴 때에는 이미 이렇게 되어 있다고밖에 말할 방법이 없는 것이다. 이를 '무시(無始)'라고 하는 것이다. 그 때문에 이 인용문 속 "'무시무명'이라고 **설하였다**(説けり)"의 '설하였다'가 특히 중요한 의미를 가지고 있다. 반복해서 말하자면 이 논리에서는 "무명이라는 것이 있다"라고 말하는 것이 아니라, 본래성과 현실태의 어긋남을 '무명'이라고 설명하는 것이다. 따라서 일체법의 원인으로서 '무시무명'이 설해진다고 하더라도 이러한 구조에 의해 언어화된 이유를 실체적으로 생각하는 것은 의미가 없을 뿐만 아니라, 『기신론』의 설을 오해하는 원인이 되기도 한다.

이상과 같은 의미에서 일체법은 '무명'을 인(因)으로 하여 설해진 것이다. 그리고 이는 『기신론』에는 다음과 같이 표현되어 있다.

① 마땅히 알아야 한다. 무명은 능히 일체의 염법을 생한다.
當知. 無明能生一切染法. (大正32.577a)

② 일체법은 모두 마음에서 일어나니, 망념으로서 생한다.
以一切法皆從心起, 妄念而生. (大正32.577b)

③ 일체의 번뇌는 무명에 의하여 일어나는 바이다.
如是一切煩惱依於無明所起. (大正32.576c)

특히 ②의 문장에서 '마음'이라고 말해지고 있는 것은 망심(妄心)=업식(業識)이며, 이 문장에 의해 밝혀지는 것은 분별 존재로서의 인간의 원초적 형태인 업식에 의해 일어나게 된 일체의 망념(妄

念)・망법(妄法)은 어떤 경우건 '생한다'라든가 '일어난다'라고 표현되어 있다는 것이다. 이러한 표현은 '생하는 것이다'라고도 '생해져 있는 것이다'라고도 읽을 수 있으므로 연기의 이치에서의 연이생법(緣已生法)으로서 통시적으로도, 공시적으로도 이해할 수 있다.

소결

이상과 같이 『기신론』의 연기설을 공시적 논리 관계와 통시적 상속 관계라는 관점에 의해 정리해 보았다. 그렇다면 마지막으로 이러한 음미를 거쳐 밝혀진 논점들을 통해서 『기신론』을 읽어나가기 위해서 빠뜨려서는 안 되는 몇 가지 관점을 정리해 두고자 한다.

『기신론』의 교설에는 연기의 공시적인 측면과 통시적인 측면이 교착(交錯)해서 설해져 있다. 이런 점 때문에 그 교설은 "오른쪽으로 흔들리다가 왼쪽으로 흔들리고 돌아오면서 전개하"[12]는 것처럼 보인다. 그러나 그러한 견해는 인간의 사유=분별을 읽는 측의 전제로서 『기신론』에 언어화되어 있는 것을 고정적으로 받아들이려는 태도에 의해 발생한 혼란이다. 예컨대 '진여'라든가 '무명'이라는 말의 경우 그것을 일단 자기의 분별 속에 넣고서 나아가 그러한 형이상학적인 의미를 발견하려는 방법에 의해서는 결국 그 말의 진짜 의미를 발견할 수 없게 된다. 왜냐하면 분별하는 것 자체가 이미 인

---

12) 井筒俊彦, 『意識の形而上学―『大乗起信論』の哲学―』(中央公論社, 1993), p. 14 参조.

간에게서 비본래적인 존재 양태이기 때문이다. 그런 뜻에서 '진여'라든가 '무명' 등의 말이 문장의 주어가 되어 있는 개소에서도 이러한 주의를 게을리해서는 안 된다. 그 말을 전제로 하여 다음의 무엇인가를 생각해 가는 것이 아니라, 그 말 자체를 생각해 가지 않으면 안 되는 것이다. 이 의미에서 『기신론』이 입론의 근거를 '중생심'으로 삼는 것에 다시금 주목해야 한다. 이미 서술해 온 것처럼 『기신론』의 주장은 주관과 객관의 대립을 어떻게 해서 지양해 갈까 하는 철학적인 과제와는 전혀 시선이 다르다. 그것은 변증법적인 주객의 합일을 과제로 하는 것은 아니며, 인간의 본질을 주객의 분열 이전에서 보려 하는 데에 있다. 그러한 인간의 원점을 '여(如)'라든가 '진여'라고 말하는 것이며, 그것이 전체임을 『기신론』에서는 '일심'이라고 말하는 것이다.

'여래'와 '중생'이라는 말은 그것에 의해 두 가지 존재를 나타내기보다는 한 존재의 두 측면을 나타내고 있다고 말하는 편이 적절하다. 여래와 중생을 한 존재의 두 측면으로 보기 위해서는 그것이 본래 하나임을 나타내는 입장과 현실적으로는 그 본래성이 현현하지 않음으로써 비여래적(非如來的) 존재 양태(=중생)를 취하고 있음을 밝히는 입장이라는, 이 두 입장을 동시에 성립시키는 것과 같은 근거가 필요하다. 『기신론』이 중생심을 입론의 출발점으로 하는 것은 이러한 의미에서의 근거를 제시하는 것이다. 그 때문에 이 중생심을 공통의 입각지로 하여 그 본래적인 존재 양태가 '심진여'라고 말해지는 것이고, 현실적으로는 그 본래성이 현현하고 있지 않은 상황을 '심생멸'이라고 말하는 것이다. 그리고 '무명'이란 바로 지금 여기에 존재하는 비여래로서의 중생과 그 본래성으로서의 여래 사이의 어긋남을 설명하기 위해 언어화된 것이며, 그 어긋남을 일단 언어화한 이상 그 말에 기초하여 거슬러 올라가 분별 세계의 생기(生起)의 순서를 밝히고자 하는 데에 심생멸문의 목표가 있다. 그 때문에 "무명이 있다"라는 어법은 공시적 논리 관계 속에서만 의미를 가지는 것이며, 일체법의 생기의 순서를 밝히기 위해서 통시적 상속 관계 속에서 사용되는 경우에는 반드시 "무명에 의한다"라고 표현되어 있다. 이 차이를 알아차리지 않고 '무명'이라는 말만을 실마리로 읽어가면 『기신론』은 진여와 무명의 이원론을 설하는 것으로 보일 것이다. 또한 '진여'라는 말은 『기신론』의 문맥에서는 중생심의 본래적 존재 양태를 말하는 것이고, 구체적인 인간의 본래적 존재 양태를 나타내는 것이다.

이러한 것들로부터 떠나지 않고서 '염정훈습(染淨熏習)'[13]을 생각할 때 거기에는 구체적인 인간이 어떻게 비본래적일까 하는 점과 그 구체성으로부터 어찌하여 탈각할 수 있는 것인가, 혹은 탈각해야 하는 것인가 하는 점이 서술되며, 일반론으로서의 제법의 생멸 도리가 제시되는 것은 아니다. 곧 제법을 생하는 듯한 인간의 현실을 과제로 하고 있다고 보아야 하는 것이다. 구체적 인간이 비본래적인 것은 그 망념=분별=인식에 기인[依因]한다. 그 때문에 『기신론』은 중생심을 의론의 출발점으로 삼는다. 그리고 [그 중생심이] 실제로 어떠한 것인가 하는 점과 그것은 왜 그렇게 되어 있는가 하는 점을 반복해서 중층적으로 밝혀 나가는 것이다. 이러한 이유에 의해 어떠한 장면에서도 '무명을 생한다'라든가 '진여를 생한다'라

13) 大正32.578a.

는 어법은 성립하지 않는다. 이 점은 『기신론』의 교설 중에는 진여와 무명을 주어로 하여 어떤 것인가를 정의하는 개소가 없다는 데에 나타난다. 곧 진여도 무명도 언어로서는 유무의 분별 범위 속에 있지만, 그 말의 진짜 의미는 분별과 병행하면서 밝혀지는 것은 아니며, 분별의 연장 위에 있는 것도 아니다. 이 점이 명확해지지 않으면 『기신론』은 독자에게 모순만 눈에 들어오는, 이해하기 어려운 논서로 비치게 될 것이다.

제2절 『기신론』의 중국 찬술설 부정론

1. 들어가는 말

『대승기신론』은 분량적으로는 극히 소부의 논서이면서도 7세기 이후의 중국 · 한국 · 일본의 불교에 극히 큰 영향을 계속 끼쳤다. 그와 동시에 『기신론』은 그 내용이나 번역에 관하여 실로 많은 의론을 낳아 왔다. 특히 근대 이후 실증적인 연구의 진전과 함께 의론은 점점 복잡해지고 있다. 특히 구역 『기신론』을 둘러싸고서 '마명 보살 조, 진제 역'으로 되어 있는 것이나 그 교설의 내용에 관하여 '중국 찬술설', '인도 찬술설'로 나뉘어 온갖 의론이 거듭 쌓여가고 있었다.[14] 또한 근년 새로운 문제도 제기되어 있다.[15] 이러한 선행하는 연구들에 촉발되어 여기에서는 『기신론』에 관한 의론으로부터 일정한 방향성을 도출하고자 하는 것이다. 결론을 선취(先取)

14) 이러한 의논의 상세한 내용과 경위에 관해서는 柏木弘雄, 앞의 책(앞의 주1에 소개됨), 제1장 제3절에 간략하게 정리되어 있다.

15) 아라마키 노리토시(荒牧典俊) 박사는 『北朝隋唐 中国仏教思想史』(法蔵館, 2000)의 서(序) 「北朝後半期仏教思想史序説」에서 담천 찬술설을 제창하고 있다.

하여 말하자면, 『기신론』은 당시의 중국인에게는 도저히 창작할 수 있을 것 같은 질을 가진 것은 아니었다는 것을 논증하는 것이다. 이 점부터 [미리] 말하자면 본 절은 지금까지의 『기신론』에 관한 많은 의론의 하나하나에 대하여 찬부(贊否)를 표명하려는 것은 아니다. 지론교학과 화엄교학의 본질을 밝히기 위해 지금까지의 의론과는 다른 방법에 의해 『기신론』 중국 찬술설은 성립하지 않음을 논증하고자 하는 것이다.

'지금까지와는 다른 방법'이란 다음의 두 가지 점[을 말하는 것]이다. 첫째 모치즈키 신코(望月信亨) 박사가 중국 찬술설을 강력하게 전개하는 계기가 된 『법경록(法經錄)』의 기술을 재점검하는 것이다. 둘째는 『기신론』의 아리야식설과 여래장설을 불교의 연기론의 전개라는 측면에서 볼 때 어떠한 점이 밝혀지게 되는가, 그리고 중국의 불교도들은 그것을 어떻게 수용했는가 하는 점이다. 『기신론』의 찬술에 관해서는 이외에도 몇 가지의 중요한 문제가 있지만, 지폭(紙幅)의 사정상 여기에서는 이상의 두 가지 점에 초점을 맞추고자 한다.

2. 『법경록』의 「중론의혹」 기술을 둘러싸고서

『기신론』의 중국 찬술설을 주장한 것은 주로 모치즈키 박사와 무라카미 센쇼(村上專精) 박사이다. 그리고 그 기선을 잡은 것은 모치즈키 박사이다 모치즈키 박사의 주장은 다기(多岐)하며, 인도 찬술을 주장하는 토기와 다이죠(常磐大定) 박사 등과의 논쟁의 최종적인 결론으로서 정리된 것이 「대승기신론지나찬술사견(大乘起信論支那撰述私見)」[16]이다. 거기에서는 우선 총론을 서술한 다음 「진제의 역경과 『기신론』」이라는 하나의 장을 세워서 『법경록』이 『기신론』을 「중론의혹(衆論疑惑)」에 거두어들이고 있다는 점 때문에 진제의 번역은 아니라고 이해하고, 그로부터 『기신론』의 위찬을 도출하여 중국 찬술설의 첫 번째 근거로 삼고 있다. 그러나 모치즈키 박사가 말한 것처럼 『법경록』은 무조건적으로 신뢰할 만한 것이고, 거의 동시대의 『역대삼보기(歷代三寶紀)』는 완전히 두찬(杜撰)으로서 신뢰할 수 없는 것일까? 여기에서는 이 모치즈키 박사의 입론의 근거가 되는 『법경록』과 그 이후 경록들의 기술을 한 번 검토해 보고자 하는 것이다.

『법경록』은 정식으로는 '『중경목록(衆經目錄)』'이라고 칭하며, 통상은 그 찬자의 이름을 취해 그렇게 불리고 있다. 수(隋) 문제(文帝)의 개황(開皇) 14년(594) 5월 5일에 칙명을 받아 작업을 시작하여 동년 7월 14일에 완성했음을 권9의 「서문」에서 알 수 있다.[17] 곧 『법경록』은 겨우 2개월여에 찬술된 것이다. 그 선택 방침은 법경 자신이 다음과 같이 서술하고 있다.

> 지금은 다만 잠시 제가(諸家)의 목록에 의거하여 가부(可否)를 산간(刪簡)하고, 강기(綱紀)를 총표(總標)할 뿐이다.
> 今唯且據諸家目錄刪簡可否, 總標綱紀. (大正55.149a)

16) 望月信亨, 『講述大乘起信論』(富山房百科文庫, 1938)에 수록됨.
17) 大正55.148c~149a.

곧 지금까지 존재하고 있던 경록들을 종합하여 전적(典籍)의 진위를 판정하고 일정의 표준을 보이고자 하는 것이라고 말하는 것이다. 따라서 구체적으로 개개의 경전에 있어서 유본(有本)·무본(無本)을 점검한다거나 유역(有譯)·실역(失譯)을 확실히 한다는 작업은 행해지지 않은 것이다. 이 점이 다른 경록과 다른 『법경록』의 특질이라고 말할 수 있다. 「서문」의 마지막에 "끝내 3국의 경본(經本) 및 유문(遺文)·일법(逸法)을 얻지는 못하였다"[18]라고 말하는 것은 이러한 사정을 나타내는 것일까? 『법경록』이 전적의 대승·소승의 구별과 진위를 밝히기 위해 찬술된 것임은 전체의 조직에도 여실히 반영되어 있다고 볼 수 있지만,[19] 이 점은 지금은 차치하고 문제의 『기신론』에 관한 기술을 살펴보자.

> 중론의혹5(衆論疑惑五)
> 『대승기신론』 1권: 사람들은 진제 역이라고 말하지만 「진제록」을 살펴보니 이 논이 없으니, 따라서 「의혹」에 넣는 것이다.
> 大乘起信論一卷 人云真諦譯勘真諦錄無此論, 故入疑. (大正55.142a)

우선 『기신론』이 포함된 「중론의혹5」는 번역자에 관해서 의문이 있다는 것으로서, 이것이 바로 위서(僞書)를 의미하는 것은 아니다. 『법경록』은 분명히 위서로 보이는 것에 관해서는 「중론위망6(衆論僞妄六)」에 배당하고 있는 것이다.[20] 따라서 『법경록』의 이

---

18) 大正55.149a.
19) 内藤龍雄, 「『法経録』について」(『印度学仏教学研究』 19卷 1号, 1970) 등 참조.

기술에 의해 『기신론』을 곧바로 위서라고 생각하는 것이 타당하지 않음은 이미 선학이 지적하는 바이다.[21]

그렇다면 다음으로 『법경록』이 『기신론』의 역자를 의심하는 점에 관하여 고찰해 두고자 한다. 전술한 "사람들은 진제 역이라고 말하지만"이라는 기술로부터 『법경록』이 찬술된 시점(時點)에 진제 역으로 되어 있는 『기신론』이 존재하고 있었음은 분명하다. 그러나 「진제록」에는 『기신론』을 기재하지 않으므로 역자에 의문이 있다고 말하는 것이다. 그래서 『법경록』이 본 「진제록」이란 어떠한 것이었는지가 문제가 된다. 또한 『법경록』이 「진제록」에 『기신론』이 기재되어 있지 않다고 말하는 점에 관하여, 가령 찬자가 빠뜨린 것이 없었다고 한다면 무엇인가 특별한 이유가 있었다고는 생각할 수 없는 것일까? 『법경록』의 '의혹'론을 검토하기 위해서는 이러한 점도 밝혀져야 할 것이다. 이 점에 관하여 고찰하고자 할 때 우선 주의해야 하는 것은 『법경록』이 현재 확인할 수 있는 진제 역의 전적을 모두 싣고 있는 것은 아니라는 점이다. 『법경록』은 역자에 의문이 있다고 하는 『기신론』과 『유교론(遺教論)』을 제외하면 27부의 전적을 진제 삼장의 번역으로서 들고 있다. 그러나 그 가운데에는 현재 진제 역으로 간주된 다음의 경론을 들고 있지 않다.

---

20) 『법경록』은 경 · 율 · 론의 각각을 대승과 소승으로 나누어 6과(科)를 세우고 있는데, 그 각 과 가운데에 '의혹(疑惑)'과 '의망(疑妄)'을 따로따로 세우고 있다. '의혹'이란 역자에 대하여 의문이 있다는 의미이고, 위서는 '의망'에 실려 있다.

21) 深浦正文, 「経録の研究(中)」(『龍谷学報』 314号, 1936) 참조.

『금강반야바라밀경(金剛般若波羅密經)』(1권, 大正 8권 수록)
* 『결정장론(決定藏論)』(3권, 大正 30권 수록)
* 『전식론(轉識論)』(1권, 大正 31권 수록)
『십팔공론(十八空論)』(=『大空論』)(1권, 大正 31권 수록)
* 『현식론(顯識論)』(1권, 大正 31권 수록)
* 『무상사진론(無相思塵論)』(1권, 大正 31권 수록)
* 『해권론(解捲論)』(1권, 大正 31권 수록)
『십팔부론(十八部論)』(1권, 大正 49권 수록)
『부집이론(部執異論)』(1권, 大正 49권 수록)
『금칠십론(金七十論)』(1권, 大正 54권 수록)

이 가운데에는 『금강반야바라밀경』과 같이 번역의 사정을 확실히 알 수 있는 것도 포함되어 있으므로[22] 『법경록』이 근거로 한 경록은 진제의 번역을 망라한 것은 아니었음을 요해할 수 있다. 덧붙여 앞부분에 * 표시를 붙인 각 전적은 『역대삼보기』(597년 찬술)에도 기록을 볼 수 없는 것이다. 이것들 가운데 『해권론』과 『무상사진론』은 수(隋) 인수(仁壽) 2년(602) 찬술된 『중경목록』(=『인수록』)에 처음 나오며,[23] 『결정장론』·『전식론』·『현식론』에 이

22) 『금강반야바라밀경』에는 후기(大正8.766b~c)가 있고, 그것에 의해 562년 5월 1일부터 9월 25일에 걸쳐서 번역되었음을 알 수 있다. 덧붙여 말하자면, 진제는 이 직후에 귀국하려 한 것 같다.
23) 『인수록』 권1에 다음과 같이 나온다.
金七十論三卷
思塵論一卷
解拳論一卷
右三論陳世真諦譯 (大正55.153c)

르러서는 『대주간정중경목록(大周刊定衆經目錄)』(=『대주록』, 695년 찬술)까지 기록을 볼 수 없다.[24] 이 사실은 대체 무엇을 말하는 것일까? 이들 사실로부터 추측할 수 있는 것은 진제가 번역한 경론이 북방에 전해진 것이 한번에 이루어진 것이 아니라 점진적인 과정을 거친 것이 아니었을까 하는 점이다. 그리고 이 점은 진제의 중국에서의 생애와 밀접한 관계가 있다고 생각된다.

진제의 생애에 관해서는 우이 하쿠주(宇井伯寿) 박사의 면밀한 연구가 있고, 오늘날에도 기본적인 점은 이것을 참고해야 한다.[25] 진제는 양(梁)나라 말기의 혼란기에 중국에 도착하여 일단은 남조의 도읍인 건업(建業)에 들어가 궁정에 오르는데, 번역을 개시하고 얼마 안 되어 겨우 2개월 정도 되어 후경(侯景)의 반란을 만나고, 이후 현재의 절강성 · 강서성 · 복건성의 주변을 돌아다닌 다음, 일단 귀국하려다가 조난하여 광주(廣州)에 이르고 거기에서 생을 마감한다. 시대적으로 말하자면 전반은 양대(梁代)이고, 후반은 진대(陳代)이다. 그 때문에 『역대삼보기』나 『개원석교록(開元釋敎錄)』은 진제의 기술을 양대와 진대로 나누어 기재하고 있다.[26] 또한 이 점

---

24) 『대주록』 권6의 표기로는 다음과 같이 되어 있다.

顯識論一卷 (저본에는 역자 표기 없음. 송본에는 "真諦三藏譯", 원 · 명본에는 "陳三藏真諦譯"이라고 되어 있음) (大正55.407b)

決定藏論一部二卷 (저본에는 역자 표기 없음. 송 · 원 · 명 3본에 "梁天竺三藏真諦譯"이라고 되어 있음) (大正55.407c)

轉識論一卷

解拳論一卷

右陳代真諦譯, 出內典錄 (大正55.408a)

25) 宇井伯寿, 「真諦三藏伝の研究」(『印度哲学研究第六』, 岩波書店, 1965).

26) 『역대삼보기』에서 양대(梁代)의 기술(記述)은 大正49.98c~99a에, 진대

에 관해서도 몇 가지 의문이 있는데, 『법경록』에 기록된 『진제록』과도 관계가 있는 것이므로 뒤에 정리해서 상술(詳述)하기로 한다.

진제의 생애를 아는 데 있어서 가장 참고가 되는 자료는 도선(道宣)이 찬한 『속고승전(續高僧傳)』 권1의 「구나라타전(拘那羅陀傳)」이다.[27] 그렇지만 이미 우이 박사가 지적하고 있는 것처럼 그 기술에는 약간의 혼란이 있다. 또한 같은 작자에 의한 『대당내전록(大唐內典錄)』의 진제에 관한 기술에도 상응하는 혼란이 있어서[28] 도선이 어느 정도 진제의 일을 이해했는가 하는 의문을 갖지 않을 수 없는 바이다. 본 절은 이러한 점을 해명하는 것이 주지(主旨)가 아니므로 앞으로 나아가되, 도선이 법상유식(法相唯識)을 중국에 가져온 현장과 거의 동시대 사람이라는 점을 고려하면 이러한 사실도 이해되지 않는 것은 아니다.

그렇다면 대체 도선은 무엇에 기초하여 『속고승전』의 기술을 정리한 것일까? 이 점이 마음에 걸리는 바이다. 『속고승전』의 기술에는 다음과 같이 되어 있다.

(陳代)의 기술은 大正49.87c~88b에 나온다. 『개원록』에서 양대의 기술은 大正55.538a~c에, 진대의 기술은 大正55.545b~c에 나온다.

27) 大正50.429c~431a. 또한 『속고승전』 등에 "拘**那羅**陀"라고 된 것은 "拘**羅那**陀"여야 한다. 이 점은 宇井伯寿, 앞의 책(앞의 주25에 소개됨), p. 8 참조.

28) 『내전록』은 『역대삼보기』에 따라 양(大正55.266a~b)과 진(大正55.273a~274a)으로 나누어 『역대삼보기』의 설을 인용하는데, 『역대삼보기』에 기록되어 있지 않은 여섯 서적을 삽입하고 있다. 그 가운데 『기신론』이 포함되어 있고, 두 곳에 이름을 들고 있다.

종공은 따로 행장을 지었다. 널리 세상에 간행되었다.
宗公, 別著行狀. 廣行於世. (大正50.430b)

곧 제자인 승종(僧宗)이 「진제삼장행장」이라는 것을 지었음을 알 수 있다. 나아가 진제의 번역에 관해서 다음과 같이 기록하여 '조비의 「별력(別歷)」'이라는 것을 보이고 있다.

조비의 「별력」 및 『당정관내전록』(=『대당내전록』)을 보고서 …
見曹毘別歷及唐貞觀內典錄. (同)

이 조비(曹毘)라는 사람은 『속고승전』 권1 「법태전(法泰傳)」에 다음과 같이 기록되어 있는 인물이다.

살펴보니 보살계 제자인 조비라는 자가 있었다. 개(愷)의 숙자(叔子, 원래는 '시동생' 의미)이다.
諦有菩薩戒弟子曹毘者. 愷之叔子. (大正50.431b)

또한 개(愷)란 광주(廣州) 시대의 진제를 지원한 혜개(慧愷)(또는 智愷)이며, 조비는 혜개의 제자임을 알 수 있다. 승종이나 혜개는 원래 건업의 건원사(建元寺)의 승려였다고 기록되어 있으므로[29] 조비도 그들과 행동을 함께한 사람이라고 추측된다.

---

29) 『속고승전』 권1, 「구나라타전」(大正의 誤植 그대로)에 다음과 같이 되어 있다.
揚都建元寺沙門僧宗法准僧忍律師等. (大正50.430a)

그런데 『역대삼보기』는 권11에 양대(梁代)의 진제의 번역을 기록한 후 다음과 같이 기록하고 있다.

그 일은 많은 부분이 조비의 「삼장전문(三藏傳文)」에 있다.
其事多在曹毘三藏傳文 (大正49.99a)

또한 권9의 진대(陳代)의 개소에서는 진제의 역업(譯業)에 관하여 다음과 같이 말한다.

아울러 조비의 「삼장력전(三藏歷傳)」을 보니 이렇게 말한다.
並見曹毘三藏歷傳云. (大正49.88a)

여기에서는 조비의 「삼장력전」이라는 문장을 인용하고 있다. 권11의 「삼장전문」과 권9의 「삼장력전」은 아마도 같은 것이라고 추찰된다. 그리고 이 인용문과 『속고승전』이 조비의 「별력」에 대해 언급하는 전후의 개소는 내용적으로 극히 유사하다.[30] 이러한 점들을 종합하면 『속고승전』의 「진제전」은 승종의 「행장」과 조비의 「별력」(=「삼장력전」, 「삼장전문」)을 합쳐서 쓴 것은 아닐까 하고 추찰할 수 있는 것이다. 만약 『속고승전』의 「진제전」이 조비의 「별력」에 의해 써졌다고 한다면 『역대삼보기』가 「전문」·「역전(歷傳)」

마찬가지로 「법태전」에는 다음과 같이 되어 있다.
住楊都大寺, 與慧愷僧宗法忍等知名梁代. (大正50.431a)

30) 「구나라타전」의 진제 몰후의 기술(大正50.430b의 21행부터 25행까지)이 『역대삼보기』에 인용된 「삼장역전」의 문장(大正55.88b)과 극히 유사하다.

을 든 것은 매우 큰 의미를 지니게 된다. 곧 『역대삼보기』의 진제에 관한 기술은 조비의 「별력」에 의해 쓰인 것은 아닌가 하는 추찰을 가능케 하기 때문이다.

진제 생애에서 후반의 광주 시대는 비교적 안정된 시기라고 할 수 있다.[31] 그것과 대비하여 전반의 편력 시대는 사회적으로도 혼란스러웠고 유력한 외호자(外護者)도 없이 만족할 만한 번역장을 확보하는 것은 불가능했을 것이라고 상상된다. 한 곳에서 2년 이상 머무르는 일도 없이 열 곳 이상을 오갔다는 것이다. 그 진제의 전반의 편력에 관한 『속고승전』의 기술과 『역대삼보기』가 협주(夾註)에서 기록하는 양대의 진제의 번역 기록은 분명히 오자(誤字)라고 생각되는 한두 개의 예외[32]를 제외하고는 거의 일치하며,[33] 양자

---

31) 진제의 광주 시대(562~569)에 관해서는 石田德行, 「欧陽頠・紇と仏教—真諦との関係を中心に—」(『仏教史学研究』 23巻 1号, 1979) 참조.

32) 진제 작의 소서(疏書)를 기술하는 후반부의 협주에 "太淸三年"이라고 되어 있는 것은 무언가의 오자가 아닐까 하고 생각된다. 아마도 진제가 번역을 개시한 것이 『속고승전』이 말하는 것처럼 부춘령(富春令) 육원철(陸元哲)의 아래에 있을 때였을 것이다. 그것은 태청 4년의 일이었다고 생각된다. 또한 번역과 동시에 소(疏)를 완성해 가는 것이 진제의 번역 태도였던 것 같으므로 그 이전에 소서를 지었다고는 생각되지 않는다.

33) 이와 관련하여 『속고승전』에 기록된 진제의 이동 형적과 『역대삼보기』에 기록된 경론의 역출 연차를 대조하면 다음과 같다.

『속고승전』 권1(大正50.429c~)	『역대삼보기』 권11(大正49.98c~99a) [*역자 주: 원서의 '大正55'를 수정함]
南海(546년 8월 15일) ↓ 建業(548년 8월) ↓	550년 『十七地論』 (富春令陸元哲宅)

가 공통의 근거에 의해 써졌다고 추찰할 수 있는 것이다. 이렇게 보게 되면 『역대삼보기』의 진제에 관한 기술은 모치즈키 박사가 말한 것과 같은 두찬(杜撰)의 것으로서 간단히 배척하는 것은 도저히 불가능한 것이다. 확실히 『역대삼보기』에는 이미 갖가지로 지적받은 것과 같은 문제점이 있을 것이다. 그러나 그것을 일반화하여 모든 기술을 신용할 수 없다고 하는 견해에는 도저히 함께할 수 없다.

그렇다면 다음으로 일단 『역대삼보기』를 축으로 하여 전후의 경록을 바라볼 경우 어떠한 점이 보이게 되는지 고찰해 보자. 이미 서술한 것처럼 『역대삼보기』는 진제에 관한 기술을 양과 진의 두 시기로 나누고 있다. 이것은 진제의 생애를 되돌아볼 때에는 당연한 조치라고 말해야 할 것이다. 그리고 양대의 기록에 관해서는 다음과 같이 말하고 있다.

富春 陸元哲 宅	同 『大乘起信論』
↓	同 『中論』, 『如實論』, 『十八部論』
建業(552년)	同 『本有今無論』
↓	552년『金光明經』(揚州 正觀寺 및 기타 장소)
金陵 正觀寺(552년)	
↓	
予章(552년 2월)	
↓	553년『彌勒下生經』(豫章 寶田寺)
新吳·始興	554년『仁王般若經』(豫章 寶田寺)
↓	
南康	
↓	
予章(558년 7월)	558년『無上依經』(南康 淨土寺)
↓	
臨川·晉安(閩)	
↓	
南越	
↓	
梁安(562년 9월)	(562년 9월『金剛般若經』; 梁安, 經 後記)
↓	
廣州(562년 12월)	

서천축 우선니국 삼장법사 파라말타. 양에서는 '진제'라고 불린다.
西天竺優禪尼國三藏法師波羅末陀. 梁言眞諦. (大正49.99a)

이와 대비하여 양대의 기록에서는 다음과 같이 말하고 있다.

서천축 우선니국 삼장법사 구나라타. 진에서는 '친의'라고 불린다. 또한 별도로 진제라고 한다.
西天竺優禪尼國三藏法師拘那羅陀. 陳言親依. 又別云眞諦. (大正49.88a)

우리가 통상 '진제'라고 부르고 있는 번역 삼장은 두 종류의 이름을 가지고 있는 것이다.[34] 이것이 어떠한 사정에 의한 것인가 그 상세한 사항을 밝히는 것은 불가능하지만, 이 점에 관하여 『속고승전』은 다음과 같이 기록하고 있다.

구나라타, 진에서는 '친의'라고 한다. 혹은 '파라말타'라고 한다. 번역하여 '진제'라고 한다. 모두가 범문의 명자(名字)이다.
拘那羅陀, 陳言親依. 或云波羅末陀. 譯云眞諦. 並梵文之名字也. (大正50.112c)

이 '범문의 명자'란 말에 대하여 진제와 가장 가까웠던 제자 중 한 명인 지개는 『섭대승론(攝大乘論)』 「서문」에서 다음과 같이 서

34) 앞의 주27 참조.

술하고 있다.

> 삼장법사가 있었다. 우선니국의 바라문 종족으로서 성은 파라타, 이름은 구라나타, 이 땅에는 번역하여 칭하니 '친의'라고 한다.
> 有三藏法師. 是優禪尼國婆羅門種, 姓頗羅墮. 名拘羅那他, 此土翻譯稱曰親依. (大正31.112c)

이 기술로부터 그는 진대에는 '친의 삼장'이라 불리고 있었음을 확인할 수 있다. 어쩌면 진제는 양대와 진대에 이름을 나누어 쓰고 있었을지도 모른다.

그런데 이러한 점은 『법경록』에는 전혀 반영되어 있지 않다. 『법경록』이 들고 있는 진제의 번역은 전부 예외 없이 진대에 진제가 번역했다고 한다. 『역대삼보기』나 『속고승전』에 의해 양대의 번역임을 확인할 수 있는 『금광명경(金光明經)』조차도 "진시진제역(陳時眞諦譯)"이라고 하는 것이다.[35] 대체 양 · 진의 구별이나 '친의'라는 이름은 어디로 가버렸던 것일까? 그리고 이러한 점은 『역대삼보기』 이후의 경록들에도 공통되는 점이다. 예컨대 『인수록』은 『법경록』에 기재되지 않은 것을 들고 있는데, 어느 쪽이건 "진세진제역(陳世眞諦譯)"이라고 하며,[36] 『정태록(靜泰錄)』(664년 찬술)도 『인수록』과 같은 양상이다. 『정태록』과 거의 동시기에 완성된 도선의 『내전록』은 권4의 「양조전역불경록(梁朝傳譯佛經錄)」에 "사문

---

35) 大正55.115a.

36) 예컨대 다음과 같이 되어 있다.

起信論一卷 陳世真諦譯 (大正55.153c)

진제(沙門眞諦) 16부 46권"이라고 권두에 표거(標擧)하여 『역대삼보기』를 그대로 인용한다. 또한 권5의 「진조전역불경록(陳朝傳譯佛經錄)」에는 "사문 구나라타 48부 242권"[37]이라고 표거하여 마찬가지로 『역대삼보기』의 기술을 그대로 인용하는데, 실제로는 다음과 같은 여섯 책이 삽입되어서 합계 54부를 들고 있다.

『승섭다율(僧澁多律)』(陳言總攝)
『구사석론(俱舍釋論)』 22권
『불아비담경(佛阿毘曇經)』
『기신론(起信論)』
『해권론(解捲論)』
『사진론(思塵論)』

따라서 『기신론』은 두 곳에 기록되게 되며, 기술에 혼란이 보인다. 그리고 이 점이 뒤의 『개원록(開元錄)』에 의해 비판받는 것이다.[38] 무후(武后) 시대에 편찬된 『대주록(大周錄)』(495년 찬술)은 『역대삼보기』나 『내전록』 등을 근거로 하고 있으므로 기본적으로 이미 서술한 것을 답습하고 있다. 게다가 『역대삼보기』나 『내전록』의 기술을 잘못 인용한 개소도 있으며,[39] 본 절의 문맥상에서는 이

37) 大正55.273a.

38) 이 점에 관해서 『개원록』 권7에 다음과 같이 엄하게 비판하고 있다.

『내전록』에서 양·진 2대에 모두 『기신론』을 게재한 것은 잘못이다.
內典錄中, 梁陳二代俱載起信論者非也. (大正55.546c)

39) 예컨대 『대주록』은 다음과 같이 되어 있다.

中論一卷

이상으로 언급할 필요가 없다고 생각된다.

마지막으로 『개원록』(730년 찬술)에 대하여 살펴보고자 한다. 경록의 역사상 『개원록』의 가치에 관해서는 여기에서 새삼스럽게 서술할 필요도 없을 것이므로 생략하지만, [이 경록은] 현재의 대장경의 편찬이나 경전 연구의 가장 확실한 근거로 되어 있는 것이다. 『개원록』의 양대 진제에 관한 기술은 기본적으로 『역대삼보기』나 『내전록』에 의거하면서 그것들에 엄밀한 고증을 가하여 결론적으로 11부 24권을 기재하고 있다.[40] 이는 『역대삼보기』의 기술로부터 진제의 주소(注疏)와 『십팔부론』을 제외하고 『무상의경(無上依經)』과 『결정장론』을 추가한 결과이다. 새로이 더해진 것 이외의 기술은 『역대삼보기』를 인용하고 있는데, 그중에서 『기신론』만이 고쳐 쓰여 있다. 그 내용은 지개가 지은 것으로 되어 있는 「대승기신론서」[41]에 의한 것이다. 그리고 이 「서」가 위작이라고 생각된다는 점이 『기신론』 자체를 의심하는 하나의 근거가 되기도 했던 것이다.[42] 「서」의 내용에 관하여 상술하는 것은 지금은 피하려 하는

右梁承聖年沙門真諦譯. 出長房錄. (大正55.406c)

그런데 현행본 『역대삼보기』에는 "太淸四年出"이라고 되어 있다(大正55.99a). 또 『대주록』은 다음과 같이 되어 있다.

如實論一卷(二十二紙)

右陳代沙門真諦譯. 出內典錄. (大正55.407c)

그러나 『내전록』에서는 『여실론소』를 들고 있을 뿐(大正55.273c), 『여실론』은 양대[의 저작으로] 들고 있다(大正55.266c).

40) 大正55.538a~b.

41) 大正32.575a~b.

42) 앞의 주14 참조.

데, 확실히 진제와 지개의 관계 등을 비롯하여 사실이 아니라고 추찰되는 점이 많다. 『역대삼보기』는 이 「서」를 참조한 모습은 없으므로 아마도 『개원록』까지의 사이에 『기신론』의 유행에 수반하여 제작되어 유포한 것은 아닐까 하고 생각된다.

이상 『법경록』의 기술과 관련하여 발견되는 몇 가지 문제를 정리해 보았다. 결론적으로 진제의 번역에 관해서는 조비의 「별력」을 근거로 한다고 추정되는 『역대삼보기』의 기술에 따라야 함이 밝혀졌다고 생각한다. 그렇다면 『법경록』이 참조한 「진제록」에 『기신론』의 기재가 없었던 것은 어떠한 이유에 의한 것일까? 이미 살펴본 것처럼 진제의 번역 작업은 양대와 진대에 걸쳐 있다. 그 전체는 『역대삼보기』에 의하면 합계 64부 278권이 된다. 그 가운데에는 진제 찬의 주소(注疏)도 포함되어 있으므로 번역에 관한 엄밀한 숫자를 나타낸다고는 말할 수 없지만, 어쨌든 그렇게 보고자 한다. 그렇다면 이 숫자는 『속고승전』의 기술과 완전히 겹치며,[43] 나아가 『역대삼보기』 권9에 인용된 조비의 「삼장력전」(=「전문」, 「별력」)의 다음 문장과도 겹쳐지는 것이다.

> 지금 번역한 바는 다만 수박의 다라엽서뿐으로, 이미 200여 권을 얻었다. 통하여 진대에 미치더라도 300권에 못 미친다.
> 今之所譯, 止是數縛多羅葉書, 已得二百餘卷. 通及梁代減三百卷. (大

---

43) 『속고승전』은 진제의 번역에 관하여 다음과 같이 말한다.

> 그가 번역해 낸 경전과 논서[는] 기전(記傳)[에 따르면] 64부, 합하여 278권이다.
> 所出經論記傳, 六十四部, 合二百七十八卷. (大正50.430b)

正49.88b)

이 문장은 진제가 역출한 경론이 [그가] 가져온 범본 전체에서 보면 참으로 적다는 사실을 서술하고 있는 것인데, 양대의 것을 포함하더라도 300권에 미치지 않는다고 말한 곳에서 글쓴이의 의식을 엿볼 수 있다. 조비는 광주에서 『섭대승론』과 『구사론』을 주로 배운 사람이며, 그 점에서 진제의 번역의 중심은 광주 시대에 있다고 보는 것 같다.[44] 아마도 조비 자신은 '친의 삼장'이라고 불렀을 테지만, 웬일인지 북방에 전해졌을 때에는 '진제'라는 양대의 이름이 정착하고 '진(陳)의 진제'라는 견해가 완성되었던 것이다.

『법경록』이 본 「진제록」은 어떠한 것이었을까? 지금은 그것을 알 만한 실마리가 없다. 만약 「진제록」이 조비 등에 가까운 사람에 의해 광주 시대를 중심으로 정리된 것이라면, 그 가운데에 『기신론』의 이름이 없다는 것은 충분히 이해할 수 있다. 또 『역대삼보기』처럼 시대마다 편집한 것이라면 진대에 『기신론』은 기재되어 있지 않은 것이 당연할 것이다. 어느 쪽이건 약 2개월이라는 기간에 편찬된 『법경록』이 착종(錯綜)의 극을 달리는 진제의 번역을 모두 파악할 수 없었다고 하더라도 어쩔 수 없으리라고 생각된다. 이렇게 보면 『개원록』이 『법경록』의 잘못을 지적하면서 그 네 번째로 다음과

---

44) 『속고승전』 권1, 「법태전」의 부전(付傳)인 「지의전」에 진제가 다음과 같이 말했음을 기록하고 있다.

> 이제, 두 논서(『섭론』, 『구사론』을 가리킴)를 번역하였다. 말과 이치가 온전히 갖추어지니 나에게는 회한이 없다.
>
> 今譯兩論. 詞理圓備吾無恨矣. (大正50.431b)

같이 구체적으로 비판하는 점에는 극히 큰 의미가 있다.

> 『인왕경』, 『기신론』 등을 가지고서 「의록(疑錄)」에 편재(編在)하는 것은 네 번째 잘못이다.
> 以仁王經, 起信論等編在疑錄, 四誤也. (大正55.575c)

그 주장의 배경에는 『역대삼보기』를 비롯한 몇 개의 근거가 있었을 것이며, 결코 간과할 수 없는 지적이라고 해야 할 것이다.

이상으로 『기신론』에 관해서는 『역대삼보기』의 기술에 의해야 하며, 따라서 태청(太淸) 4년(550)[45]에 부춘(富春)의 육원철(陸元哲)의 옥부(屋敷)에서 진제가 번역한 것이라고 생각해야 함이 분명해졌을 것이다.

3. 『기신론』에 설해진 여래장과 아리야식의 관계

다음으로 본 절의 입론의 두 번째 논점에 관하여 고찰하고자 한다. 그것은 『기신론』의 여래장설과 아리야식설의 내용을 검토하여 그것을 중국의 불교도들이 어떻게 이해하고 있었나 하는 점을 밝히는 것이다. 이 문제에 관한 주요한 상황에 관해서는 이미 앞의 절 및 제3장 제2절에서 고찰하였다.[46] 따라서 여기에서는 그 요점들

---

45) 또한 『역대삼보기』에는 "太淸四年"(550)으로 되어 있지만(大正49.99a), 무제는 태청 3년 5월에 몰하였고, 태청 4년에는 실재하지 않는다. 양나라 말기의 혼란기이며, 무엇인가 착오가 있다고 생각된다.

을 정리하여『기신론』이 당시 중국 불교도들에게는 도저히 창작할 수 있을 것 같은 질을 가진 것은 아님을 논증하고자 한다.

이 점을 추구해 가고자 할 때 원경(遠景)으로서 특히 중요한 관점은 불교의 연기사상이 어떻게 전개되어 여래장설과 알라야식설이 생겨난 것인가 하는 점이다.[47] 지금까지의『기신론』을 둘러싼 의론 가운데 이 문제는 지론종 · 섭론종의 교리를 둘러싸고 진식의지(眞識依持)인가 망식의지(妄識依持)인가 혹은 진망화합식(眞妄和合識)인가 하는 문제로서 다루어져 왔다고 생각한다.[48] 그러나 '의지(依持)'라는 말이 대체 어떠한 의미를 갖는 것인가 하는 그 내용에 관한 점은 거의 의론되지 않고, 언어상의 공통성을 실마리로 하여 고찰되어 왔다는 점에서 의론의 불충분함을 느낀다. 나아가 근경(近景)으로서『기신론』에 한하여 이 문제를 생각하고자 할 때에는 상술한 것과 같은 원경에 입각하면서『기신론』과『능가경』이 어떠한 관계에 있는가 하는 점을 밝히는 것이 특히 중요해 보인다.[49] 중국에서의『기신론』수용에 중요한 역할을 하였던 정영사

46)『기신론』의 여래장과 아리야식, 진여와 무명 등의 관계를 어떻게 볼 것인가 하는 점에 관해서는 본서 제4장 제1절에서 서술하였다. 또한『기신론』을 축으로 할 때 다른 경론에 설해진 여래장설, 아리야식과의 관련에 대해서는 본서 제3장 제2절에서 서술한 바 있다. 또한 이 문제가 어떻게 지론학파에 수용되었는가에 관해서는 본서 제5장에서 상세히 논하고자 한다. 나아가 이들 문제와 지엄의 사상 형성에 관해서는 본서 제6장에서, 법장의 교학과의 관련에 대해서는 본서 제7장에서 논하기로 한다.

47) 본서 제3장 제2절 및 제5장 제1절 등 참조.

48) 望月信亨, 앞의 책(앞의 주16에 소개됨)에 수록된「大乘起信論支那撰述私見」의 제6「起信論と楞伽及び地摂両論の阿梨耶識説」등 참조.

혜원(慧遠)은 『기신론』이 『능가경』을 부연한 것이라는 견해를 명확히 하고 있다.[50] 그리고 이러한 견해는 오늘날에 이르러서도 뿌리 깊은 『기신론』관이라고 할 수 있다. 그 점은 연기론의 전개로부터 볼 때 바른 이해라고 말할 수 있을까, 그렇지 않을까? 이러한 점을 여기에서는 밝히고자 한다.

세존의 '연기'의 사상 가운데 후일 용수(龍樹)가 '공(空)·중(中)'이라고 고쳐 표현한 것 같은 측면과 무착(無着)·세친(世親)이 '알라야식연기'라고 고쳐 표현한 것 같은 측면의 두 가지 측면이 있었음은 이미 제3장 제1절 및 제2절에 정리한 바와 같다. 그것을 요약해서 기술하면 다음과 같다.

어떤 사물이 '어떤 상태'로부터 '다른 상태'로 이행하는 것을 인식하고 그것을 언어화할 때 '변화'라는 개념이 성립하고, 그 변화에서 '시간'이라는 개념이 생긴다. 이것을 가지고서 우리의 일상적 표현으로 나타내면 '어떤 상태' 또는 '다른 상태'란 우리가 통상 "~이다"라고 말하고 있는 것이며, '어떤 상태'로부터 '다른 상태'로 이행한다는 것은 "~이 되다"라고 표현하고 있는 것에 해당한다. 곧 사물이 영원히 '어떤 상태'에 계속 머무르는 것이라면, 거기에는 변화라든가 시간의 경과라는 말이 존재할 수 없으므로 불교의 중심 과

---

49) 이 점에 관해서는 본서 제5장 제1절에서 다시 논할 것이다.

50) 혜원의 『대승기신론의소』에 다음과 같이 되어 있다.

> 이 때문에 다시 마명 보살이 나와서 중생을 슬피 여기고, 인간 아닌 무리를 인도하였으며, 부처가 출현한 궁극적 뜻이 잠긴 것을 괴로이 여겨 『능가경』에 의지하여 『기신론』 1권을 지었다.
>
> 是故復出馬鳴菩薩, 愍傷衆生抣非人流, 感傾佛出極意潛沒, 依楞伽經造出起信論一卷也. (大正44.176a)

제인 “부처가 된다”라는 것은 성립하지 않는다. 또한 ‘부처가 된다’라고 말하더라도 완전히 다른 것으로는 본래 될 수 없으므로 “~이 되다”라는 말이 성립하기 위해서는 ‘어떤 상태’와 ‘다른 상태’ 사이에는 일정한 연속성이 성립해 있어야 한다. 이것은 언어상 논리적으로 생각하면 하나의 모순이지만, 현실적으로는 “아이가 어른이 되다”라는 말로서 일상 속에서 성립되어 있다. 그리고 그것은 『기신론』이나 『능가경』 속에서는 ‘바다와 물결’의 비유로 제시되는 것이다.[51] 또한 관점을 바꾸면 근대 언어학의 아버지라고도 할 수 있는 소쉬르가 ‘공시성(~이다)’과 ‘통시성(~이 되다)’이라고 부른 것은 이러한 내용이다.[52]

그런데 여래장사상에서는 “여래장이 되다”라는 표현은 성립하지 않으므로 여래장이 ‘어떤 상태’를 나타내는 것임을 이해할 수 있다. 그것에 대하여 알라야식설에서는 ‘인(因)·연(緣)·과(果)’를 설하므로,[53] ‘어떤 상태’로부터 ‘다른 상태’로의 이행까지도 범주로 하

---

51) ‘바다와 물결’의 비유를 둘러싸고 유식계 논서와 『기신론』과 『능가경』 사이에 각양각색의 입장 차이가 존재하는 점에 관해서는 본서의 결장 제3절 「화엄교학의 ‘이(理)’의 개념」 참조.

52) 예컨대 마루야마 케이사부로(丸山圭三郎)의 『言葉とは何か』(夏日書房, 1994)의 II-5 「言葉の状態と歴史」, 타츠카와 켄지(立川健二)·야마다 히로아키(山田広昭)의 『現代言語論』(新曜社, 1990)의 「ソシュール」(p. 30) 및 「共時態と通時態」(p. 40 이하) 등 참조. 또한 연기설을 이 두 측면에서 볼 수 있다는 점에 관해서는 본서 제4장 제1절에 상설한 바와 같다.

53) 예컨대 『섭대승론』에서는 알라야식을 ‘자상(自相)·인상(因相)·과상(果相)’의 세 측면에서 건립하고자 한다(大正31.134b, 현장 역). 이는 온갖 사물의 성립을 원인의 측면(인상)과 결과의 측면(과상)으로 나누고,

는 것임을 이해할 수 있다. 이러한 점을 충분히 포함하여 『기신론』의 사상을 돌이켜 보기로 한다.

『기신론』은 '심생멸문' 속에서 확실히 여래장과 아리야식을 동시에 설하고 있다. 그러나 그것은 4권 『능가경』이나 10권 『능가경』이 설하는 것처럼 양자를 중층적으로 본 것일까? 이 점을 확실히 하기 위해서 우선 『기신론』의 심생멸문의 첫머리의 설을 음미해 보자.

> 여래장에 의하므로 생멸심이 있다. 이른바 "불생불멸과 생멸이 화합하여 일(一)도 아니고 이(異)도 아닌 것"을 이름하여 '아리야식'이라고 한다. 이 식에 2종의 뜻이 있다. 능히 일체법을 포섭하고 일체법을 생한다.
> 依如來藏故有生滅心. 所謂不生不滅與生滅和合非一, 非異名爲阿梨耶識. 此識有二種義. 能攝一切法, 生一切法. (大正32.576b)

이 부분은 『기신론』의 연기설의 중핵을 점하는 것이며, 특히 여래장과 아리야식의 관계를 생각할 때에는 이 문장을 정확히 독해하는 것이 필요하다. "여래장에 의하므로 생멸심이 있다"라는 한 문장이 가지는 의미에 관해서는 앞의 절에서 고찰한 바와 같다. 여기에서는 다음의 논점에 주목하고자 한다. 곧 심생멸을 의론함에 있어서 아리야식에 관해서는 주의를 기울여 『기신론』 독자의 의미 부여를 하는 것과 대비하여 여래장에 관해서는 어떠한 정의도 제시하

그 두 측면이 하나가 된 것 같은 의미(자상)가 알라야식의 내용이라고 말하는 것이다. 이 입장은 유식설의 기본적인 것이며, 『성유식론』에서 완전히 같은 설을 볼 수 있다(『成唯識論』 권2, 大正31.7c~8a).

지 않는 점이다. 이 점에 관해서는 필요한 고찰을 마친 뒤에 다시 생각해 보기로 하고, 지금은 주의를 환기하는 데 그친다. 다음으로 『기신론』의 여래장 정의를 탐색하기 위해서 다른 용례를 검토해 보기로 하자. 기본적이며 중요한 개념임에도 불구하고 『기신론』에서는 '여래장'에 관한 용례가 의외로 적다.

> 두 번째는 상대. 이른바 여래장에 무량의 성공덕을 구족하기 때문이다.
> 二者相大. 謂如來藏具足無量性功德故. (大正32.575c)

이 문장은 「입의분」에서 '마하연(摩訶衍)'의 의미를 체·상·용의 세 가지 점에서 밝히는 개소의 '상대(相大)'를 설명하는 것이다. 이 '마하연'이란 『기신론』의 의론의 근거라고도 할 수 있는 '중생심'의 본래적 존재 양태를 말하며, 불법에 관한 무언가를 입론하고 설명하기 위한 씨름판과 같은 것을 나타낸다. 덧붙여 『승만경』에서는 이것을 8대하(大河)의 근원인 아뇩달지(阿耨達池), 일체의 식물의 기반인 대지에 비유하고 있다.[54] 여기에서는 구체적으로는 "일체는 공이다"라는 진실이 아무것도 없는 것은 아니고 역으로 온갖 공덕을 포함하는 것임을 나타낸다고 볼 수 있다. 다시 다른 용례를 살펴보자.

> (여래의 장은) 다만 진여의 뜻에 의하여 설하기 때문에.

---

54) 大正12.219b.

(如來之藏)以唯依真如義說故. (大正32.580a)

이 문장은 「해석분」의 '대치사집(對治邪執)' 단에 설해진 것이며, 여래장에 유위법의 차별이 있다고 보는 오해를 바로잡으려는 것이다. 언어 표현을 끊은 진여를 구체적으로 표현하는 것이 여래장인 것이며, 일체제법으로서의 유위법과의 관계가 없다고 말하는 것이다. 다음 용례도 거의 같은 내용이다.

여래장은 전제(前際)가 없기 때문에, … 여래장은 후제(後際)를 가짐이 없는 것이다.
以如來藏無前際故, … 如來藏無有後際. (同.580a~b)

이 문장은 여래장에 의해 생사가 있다고 듣고서 중생에게 시작이 있고 열반에 끝이 있다고 보는 오해에 대하여 설해진 것이다. 이들 용례에 의하면 『기신론』에서의 여래장이 본래 언어 표현을 끊은 것인 진여와 인간의 현실인 제법의 사이에서 성립한 것임을 요해할 수 있을 것이다.

다음으로 『기신론』에서의 '아리야식'의 용례를 검토해 보자. 여래장과의 차이가 확실하게 나오면 앞으로의 논고를 위하여 큰 참고가 될 것이다. 『기신론』에서는 '아리야식'의 용례도 극히 적다. 바로 앞의 용례 외에는 다음의 한 문장을 볼 뿐이다.

아리야식에 의하므로 무명이 있다고 설한다.
以依阿梨耶識, 說有無明. (大正32.577a)

여기에서도 "~에 의하여 ~이 있다"라는 논법이 사용되고 있다. 이 논법으로 설해지는 '무명'이란 대체 어떠한 것일까 하는 점에 관해서도 이미 앞의 절에서 논한 바와 같다. 그리고 생멸하는 유위법의 존재 원인에 대하여 『기신론』은 일관되게 '무명'을 원리로서 설하고 있다. 구체적인 용례를 살펴보자.

① 마땅히 알아야 한다. 무명은 능히 일체의 염법을 생한다.
當知. 無明能生一切染法. (大正32.577a)

② 일체법은 모두 마음에서 일어나니, 망념으로서 생하므로 일체의 분별은 곧 자심을 분별하는 것이다.
以一切法皆從心起, 妄念而生一切分別即分別自心. (大正32.577b)

①은 '불각(不覺: 구체적인 인간의 모습)'을 '삼세육추(三細六麤)'로 분석하여 설명하는 결론 부분이다. ②는 '무명'이 현실적으로는 망념으로서 작용하여 인간에게 유위법을 생하게 하고 있음을 서술하는 부분이다. 여래장을 설하는 장면에서는 결코 사용되지 않았던 "일체법을 **생한다**"라는 논법이 사용되고 있다는 점을 강조해 두고 싶다.

『기신론』은 인간의 현실태인 중생심을 근거로 하여 그것을 '심진여'와 '심생멸'의 2문에서 고찰함으로써 '중생이라는 상태'로부터 '진여 혹은 여래라는 상태'로의 이행을 언어화하는 것에 입론의 의도가 있다. 그때 중생과 진여의 본래적 동일성은 '여래장'이라고 말해지고, 중생과 진여의 현실적 비위성(非違性)의 원인이 '무명'이라고 말해져 있는 것이다. 본래적으로는 진여인 것이 현실적으로는 중생이라고 말하는 곳에 '시간의 어긋남' 혹은 역사라고 불리는 것이 있으며, 『기신론』에서는 그러한 본래성으로부터 어긋나 있는 현실태를 '아리야식'이라고 부르는 것이다. 여기에 『기신론』이 여래장과 아리야식을 동시에 설하면서 양자를 구별해야 하는 이유가 있다. 『기신론』은 결코 일체법의 인(因)으로서 '여래장'을 설하고 있는 것은 아니다. 『기신론』의 논법에 의하면 일체법의 인은 무명이고, 무명은 아리야식의 속성이다. 그리고 그 아리야식은 여래장을 근거로 하고 있지만, 여래장은 '무명'과는 무연(無緣)하다는 것이 『기신론』의 심생멸문 첫머리 문장의 의미인 것이다.

이러한 『기신론』의 여래장관은 분명히 여래장사상의 원류로 보이는 『승만경』을 의식한 것이라고 생각된다. 예컨대 앞에 서술한 '대치사집' 단에 인용된 경설을 『기신론』의 문맥에 맞추듯이 다소의 변경이 가해져 있기는 하지만,[55] 『승만경』의 다음 경설을 인용하고 있다고 생각된다.

---

55) 『기신론』에서는 수다라의 설로서 다음과 같이 설한다.

> 일체 세간의 생사 염법은 모두 <u>여래장에 의하여 있다.</u>
> 一切世間生死染法皆<u>依如來藏而有.</u> (大正32.580a)

그런데 『승만경』에서는 다음과 같이 설해져 있다.

> 세존이여, <u>여래장이 있으므로</u> 생사를 설합니다.
> 世尊, <u>有如來藏故</u>說生死. (大正12.222b)

곧 『기신론』에서는 여래장을 의지처로 하여 생사가 있다고 설해진 것에 대하여 『승만경』은 어떠한 문맥에서도 결코 '생사가 있다'라고는 말하지 않는다. "있다"라고 된 것은 어디까지나 여래장 쪽이다.

세존이여, 생사는 여래장에 의합니다. 여래장 때문에 본제는 알 수 없다고 설합니다. 세존이여, 여래장이 있기 때문에 생사를 설합니다.
世尊, 生死者依如來藏. 以如來藏故說本際不可知. 世尊, 有如來藏故說生死. 是名善說. (大正12.222b)

이에 대하여 지금까지 『기신론』과 깊은 연관이 있다고 지적받아 왔던 『능가경』에는 오히려 『기신론』의 교설과는 상반된 듯한 기술이 있다. 여래장과 아리야식을 일체시하는 것이 『능가경』의 특징이기 때문이다. 그 전형적 예가 여래장을 제법의 인으로 보는 다음과 같은 용례이다. 확인을 위해 세 가지 예를 인용해 보자.

① 부처는 대혜에게 고한다. "여래의 장은 선·불선의 인이다. 능히 널리 일체의 취생(趣生)을 흥조(興造)한다."
佛告大慧, 如來之藏是善不善因. 能遍興造一切趣生. (大正16.510b)

② 부처는 대혜에게 고한다. "여래의 장은 선·불선의 인이기 때문에 능히 육도를 위하여 생사의 인연을 짓는다."
佛告大慧, 如來之藏是善不善因故. 能與六道作生死因緣. (大正16.556b)

③ 대혜여, 여래장은 선·불선의 인이다. 능히 널리 일체의 취생(趣生)을 흥조(興造)한다.
大慧, 如來藏是善不善因. 能遍興造一切趣生. (7권 『능가경』, 大正16.619c)

어느 쪽이건 거의 같은 내용을 설하고 있다. 그리고 여래장이 인이 되어 제법을 생한다고 하는 사상은 『기신론』이 신중하게 피하여 온 것이다. 오히려 비판해 왔다고 말해도 좋을 정도이며, 그 때문에 『기신론』에서는 여래장과 제법 사이에 아리야식을 매개하는 것이다. 이렇게 보게 되면 『기신론』의 교설은 결코 『능가경』을 부연하는 것 따위가 아님이 분명해질 것이다.

그런데 이러한 『기신론』의 독자성은 중국의 불교도들에게 거의 이해되지 않았던 것 같다. 그렇다면 다음으로 『기신론』에 대한 중국인의 이해(특히 曇延, 淨影寺 慧遠 등의 이해와 법장의 결론)를 되돌아보고자 한다.

담연 『소』의 이해

담연(曇延)과 담연 『소』(=『起信論義疏』)를 둘러싸고 지금까지도 몇 가지 의론이 있는데, 최근에 담연이 『기신론』의 작자는 아닌가 하는 견해도 제기되었다.[56] 이러한 문제는 본 절의 직접적 과제가 아니므로 여기에서는 일단 유보하고 내용의 음미를 우선시하고자 하는데, 어느 쪽이건 담연 『소』가 중국불교에서 최초기의 『기신론』 이해라는 점은 확실하리라고 생각된다. 담연 『소』는 앞에 인용한 「입의분」을 해석하여 다음과 같이 말한다.

'상대'란 두 번째로 진여 상대의 뜻을 세운다. 말하자면 여래장은

56) 앞의 주14 및 주15 참조.

여기에 두 가지 뜻이 있다. 첫째 섭(攝)의 뜻, 둘째 생(生)의 뜻이다. 相大者第二立真如相大義. 謂如來藏者此有二義. 一攝義, 二生義. (續藏1-71.267左下)

여래장에 '섭의 뜻'과 '생의 뜻'이 있다고 하는 후반부의 해석은 분명히 심생멸문의 아리야식의 두 가지 뜻을 인용한 것이다. 곧 담연은 여래장과 아리야식을 완전히 동일시하는 것이다. 담연 『소』에는 이 밖에도 주의해야 할 점이 있는데, 지금은 담연이 여래장에 '생의 뜻', 곧 제법의 인의 측면이 있다고 보고 있다는 사실을 지적하는 것만으로 충분할 것이다. 이 점 하나를 들어 보더라도 담연을 『기신론』의 작자로 비정(比定)하는 설에는 찬동할 수 없다.

『대승지관법문(大乘止觀法門)』의 이해

다음으로 『기신론』 전파 직후의 3부작의 하나로 알려진 『대승지관법문(大乘止觀法門)』[57]에서의 여래장의 해석을 살펴보자. 이것은 직접 『기신론』을 해석한 것은 아니지만, 6세기 말의 중국 불교도들이 여래장과 아리야식을 어떻게 이해하고 있었는지를 알기 위한 중요한 실마리이다.

어찌하여 다시 이 마음을 이름하여 '여래장'이라 하는가? 답하여 말하길, 세 가지 뜻이 있다. 첫째 능장(能藏)을 '장'이라 이름한

57) 『대승지관법문』은 大正 46권에 수록됨. "전파 직후의 3부작"이라는 개념은 柏木弘雄, 앞의 책(앞의 주1에 소개됨)의 제3장에 의한다.

다. 둘째 소장(所藏)을 '장'이라 이름한다. 셋째 능생(能生)을 '장'이라 이름한다. … 셋째 능생을 '장'이라 이름한다고 한 것은 여자의 태장(胎藏=자궁)이 능히 자식을 낳는 것과 같이 이 마음도 또한 그러하다[는 뜻이다]. 본체에 염·정 2성의 작용을 갖추므로 염·정 2종의 훈력(熏力)에 의하여 능히 세간·출세간법을 생하는 것이다. 이 때문에 경에서 말하길, "여래장은 선·불선의 인"이라고 한 것이다.

云何復名此心爲如來藏. 答曰有三義. 一者能藏名藏. 二者所藏名藏. 三者能生名藏. … 第三能生名藏者, 如女胎藏能生於子此心亦爾. 體具染淨二性之用故, 依染淨二種熏力能生世間出世間法也. 是故經云, 如來藏者是善不善因. (大正46.644b)

여기에는 여래장의 이해를 둘러싼 갖가지 문제가 보이면서도 또한 숨겨져 있다. 문장 속의 "이 마음"이란 지관(止觀)의 근거인 '일심'을 말하며, '자성청정심', '진여', '불성', '법신', '여래장', '법계', '법성' 등으로 불리는 것을 가리키고 있다.[58] 『기신론』에서는 '중생심'을 근거로 하여 거기에 '심진여·심생멸'의 양면이 있다고 하는 순서였는데, 여기에서는 '심진여'를 근거로 하여 그 '심'에 다양한 속성이 있다고 하는 순서로 역전되어 있다. 이것은 일별한 것만으로는 그다지 큰 문제로 보이지 않을지도 모르지만, 의론을 진행해 가는 경우 근본적 입장의 변경이라고 해야 한다. 다시 말해 구체적인 것에 기초하여 본래성을 발견해 간다는 관점으로부터 본래성에 의해 현실을 설명한다는 관점으로의 변경인 것이다. 거기에는

58) 大正46.462a.

의론이 구체성을 잃고 추상적·관념적으로 되어 간다는 위험이 있다고 말할 수 있다. 그러한 의미를 포함하는 바인 '심'과 '진여'의 입장이 역전된 것은 그 후 중국불교의 전개에 큰 영향을 미치게 되는 것이다. 더욱이 아리야식과 여래장은 그 근거로서의 '일심'이 갖는 속성으로서 이해되는 것이다. 여기에서 말하는 '경'이란 앞에 인용한 『능가경』을 가리키며, 여래장이 제법의 인이라는 이해로 [전개]된다. 『대승지관법문』에는 『기신론』을 직접 언급하는 개소도 많이 있지만, 여래장과 아리야식의 이해에 관해서 『기신론』과 『능가경』을 구별한다는 발상은 전혀 보이지 않는다.

정영사 혜원의 이해

다음으로 정영사 혜원의 이해에 관하여 음미해 보고자 한다. 혜원이 『승만경』 등에 설해진 여래장설과 『능가경』에 설해진 알라야식설 사이에서 크게 고심하였음은 다음 장에서 자세히 서술하겠지만, 여기에서는 처음에 서술한 것처럼 혜원이 『기신론』은 『능가경』을 부연한 것이라고 보고 『기신론』을 적극적으로 『능가경』(보리류지 역 10권 『능가경』)적으로 읽으려고 하여 다음과 같이 서술한다는 점을 지적하는 데 그치고자 한다.

> 여덟 번째 아리야식이다. … '아리야'란 이쪽에서는 바로 번역하여 이름하여 '무몰(無沒)'이라 한다. 생사에 있더라도 실몰(失沒)하지 않기 때문이다. 뜻에 따라 방번(傍飜)함에 이름이 달라져 8개 있다. 첫째 '장식'이라 이름한다. 여래의 장을 이 식으로 간주

하기 때문이다.

八阿梨耶識. … 阿梨耶者此方正翻名爲無沒. 雖在生死不失沒故. 隨義傍翻名別有八. 一名藏識. 如來之藏爲此識故. (『大乘義章』「八識義」, 大正44.524c)

혜원은 이 모순을 해소하고자 '의지(依持) · 연기(緣起)'라는 개념을 세운 것이다. 이러한 혜원의 이해는 법장의 스승이었던 지엄에게 큰 영향을 주었다. 지엄 자신은 현장과 동시대 사람이었기 때문에 현장의 알라야식설과 여래장사상 사이에 어떠한 결착점(決着點)을 발견할 것인가 하는 점에 크게 고심했던 것이다.[59]

법장의 이해(『起信論義記』①②③과 『無差別論疏』)

다음으로 화엄교학의 대성자인 법장의 해석을 살펴보고자 한다. 법장의 생애는 장안(長安)의 태원사(太原寺)(후에 몇 번인가 명칭을 변경함)에 머물러 경전 연구에 종사하고 많은 주석서를 썼던 전반기와 외국 삼장의 역장(譯場)을 뛰어다닌 후반기로 나누어 볼 수 있다. 상세한 내용은 제7장에서 일괄해 서술하겠지만, 이 전반기의 저작을 대표하는 것 중 하나가 『대승기신론의기(大乘起信論義記)』이다. 현행의 『의기』에 관해서는 내용 등에 약간의 의문이 있지만,[60] [그 문제에 대한 논의는] 지금은 보류하고 논의를 진행하고

59) 본서 제6장 제3절 「지엄의 아리야식관」 참조.
60) 이 점은 본서 제7장에서 법장의 사상 형성을 논할 때에 다시 검토하기로 한다.

자 한다.

① '일심'이란 것은 말하자면, 일여래장심에 두 가지 뜻을 포함한다.
言一心者, 謂一如來藏心含於二義. (大正44.251b)

② 리야심의 체는 자성을 지키지 않으니, 이것은 생멸의 인이다.
梨耶心體, 不守自性, 是生滅因. (同.264b)

③ 참으로 보건대, 진심은 자성을 지키지 않으니, 훈습에 따라 화합하여 일(一)인 듯하며 상(常)인 듯하다.
良以, 真心, 不守自性, 隨熏和合似一, 似常. (同.255c)

이것들은 『의기』의 각각의 개소에 설해진 것들 정리하여 여기에 든 것이다. 따라서 전후의 문맥을 알기 어려울지도 모르지만, 여기에서는 『의기』의 여래장 이해의 핵심이 밝혀지면 충분하다.

①의 문장에서는 『대승지관법문』의 항에서 밝힌 것처럼 '중생심'과 '여래장'의 관계가 『기신론』과는 역전되어 있고, '여래장심'에 진여와 생멸의 2문이 있다고 말하고 있다. 이것은 법장 이전의 전통적인 해석에 따른 것이리라. ②의 문장은 '일심'을 근거로 하기 위해 여래장과 아리야식이 겹쳐지고 말았는데, '일심'을 유위법으로 볼 수는 없으므로 "자성을 지키지 않는다"라는 개념을 도입한 것이다. 이러한 이해의 배경에는 법장이 법상유식에 의해 알라야식을 배웠다는 점이 깊이 관련되어 있다고 생각된다. 그렇지만 ①과 ②의 문장을 겹쳐 보면 "여래장은 선·불선의 인이다"라고 하는 『능가경』 사상의 연장상에 있다고 말하지 않을 수 없다. ③의 문장

은 ①과 ②의 문장을 거듭 합쳐 보면 무슨 말을 하고 싶어 하는지 쉽게 이해할 수 있다. '**여래장심**'이라고, '**리야심**'이라고, '**진심**'이라고 말하면서도 그것들이 생멸의 인이라고 보는 『의기』의 해석은 혜원이나 지엄이 '의지 · 연기'라고 말한 [논]점을 "자성을 지키지 않는다"라는 새로운 개념에 의해 정리하려는 것이기는 하지만, 『기신론』의 연기설을 바르게 받아들인 것이라고 말하기 어려운 것이다. 그런데 법장의 이러한 여래장 이해는 후반의 저작이 되면 일변한다. 예컨대 『무차별론소』에서는 『보성론(寶性論)』의 다음 게송을 언급한다.

> 무시세(無始世) 이래의 성(性)은 제법의 의지를 지으니,
> 성(性)에 의하여 제도(諸道)가 있고 열반과를 증하네.
> 無始世來性 作諸法依止 依性有諸道 及證涅槃果 (大正31.839a)

[그리고 법장은] 이에 대하여 다음과 같이 말한다.

> 이것은 『아비달마대승경』의 게송이다. 저 논(=『보성론』)은 『승만경』을 인용하여 이 게송을 풀이한다. 모두가 이 여래장으로써 의지하는 바를 삼는 것이다. 『유식론』 · 『섭론』은 아뢰야식을 기준으로 풀이한다. <u>따라서 알아야 한다. 두 종(宗)이 같지 않음을</u>. 此是阿毘達摩大乘經頌. 彼論, 引勝鬘經釋此頌. 總是如來藏爲所依止. 唯識攝論約阿賴耶識釋. <u>故知二宗不同也</u>. (大正44.67c)

여기에서 법장은 여래장과 아뢰야식은 본래 다른 것이라고 말하고 있는 것이다. 법장은 『무차별론』의 번역에 입회함으로써 점차

여래장설과 알라야식설의 차이를 알게 되었던 것이다.[61] 『보성론』 자체는 늑나마제(勒那摩提)의 번역이므로 상당히 이전부터 존재하고 있었다.[62] 그렇지만 『능가경』의 교설과 거듭 합쳐서 해석되어 온 전통 속에서 여래장사상 본래의 이해를 할 수 없었던 것이다.

이상으로 중국의 불교도들은 당초부터 일관되게 여래장을 알라야식과 동일시해 왔음이 밝혀졌다. 그 배경에는 『능가경』의 존재가 있었다고 생각되지만 양자가 본래 다른 사상이라는 점을 알아차리는 것은 후반기의 법장에 이르러서이다. 법장은 외래 삼장(提雲般若나 實叉難陀)의 번역에 입회하여 점차 중국인으로서는 처음으로 양자의 차이를 알아차린 것이다. 법장과 극히 깊은 관계에 있던 실차난타는 자신이 번역한 『능가경』의 「서문」에 이렇게 말하고 있다.

> 발타의 번역은 아직 넓지 않고, 류지의 뜻은 틀린 것이 많다.
> 跋陀之譯未宏, 流支之義多舛. (『全唐文』 권913.11右)

보리류지 역은 "틀린 것"이 많다고 말하는 것은 10권 『능가경』이 여래장을 아리야식으로 읽으려고 한 태도를 비판한 것이라고 볼 수 있는 것은 아닐까?

본 절에서는 『기신론』이 중국 찬술이라고는 생각할 수 없는 이유를 주로 두 가지 논점으로 압축하여 논고를 진행해 왔다. 전반에서

---

61) 법장과 『법계무차별론』(提雲般若 역)의 관계에 관해서는 본서 제7장 제2절에서 고찰을 가할 것이다.

62) 『개원록』 권6(大正55.540b)에는 『보성론』은 정시(正始) 5년(508) 역출로 되어 있다.

는 경록들과 그 배경을 점검한 결과 『기신론』은 진제 역이라고 보아야 함이 밝혀졌다. 후반에서는 『기신론』의 여래장설과 아리야식설의 특징을 점검하여 그것이 중국의 불교도들에게는 바르게 이해되어 오지 않은 경위를 밝혔다. 중국에서는 여래장사상 자체가 법장의 만년에 이르기까지 이해되지 않았던 것이다. 이러한 점에서 보면 여래장과 아리야식을 판연하게 구별하는 『기신론』의 설은 당시 중국의 불교도들로서는 도저히 창작할 수 있는 것이 아님은 명백하다.

제3절 지엄 · 원효의 『기신론』 수용

1. 들어가는 말

법장 이후의 화엄교학에서 『기신론』이 차지하는 위치가 대단히 컸기 때문에 화엄교학은 처음부터 『기신론』의 영향 아래에서 발전해 왔던 것으로 생각하는 경향이 있는데, 이것은 과연 사실일까? 만약 지엄에게서 『기신론』 수용이 그 정도의 어떤 것이 아니라면, 화엄교학에서 『기신론』의 중요성은 법장 이후의 사상 · 시대성에 기인하는 문제가 된다. 여기에서는 [이런 논점을 제시하는 것이] 약간 앞질러 가는 모양새가 되지만, 그러한 문제의식에 입각하여 『기신론』에서 파생하는 문제로서 정리해 두고자 한다.

서장에서 서술한 것처럼 중국의 화엄교학은 발달사적으로 보자면 제3조로 간주되는 현수대사 법장을 분수령으로 생각할 수 있는데, 법장 이후의 화엄교학에서는 대외적으로도 대내적으로도 『기신론』은 빠뜨릴 수 없는 극히 중요한 것이 되어 있다. 그것은 아마도 법장의 화엄교학의 궁극적 양태[究極態]로서의 법계연기설이 『기신론』의 설과 밀접한 연관 속에서 형성된 것이기 때문일 것이다. [그렇다면] 반대로 법장 이전에는 어떠했을까?

그런데 우선 법장의 화엄교학을 성립시킨 배경에 대해서 생각해 보면, 특히 다음 세 가지 점을 간과해서는 안 된다. 첫째 그의 직접적 스승인 지상 지엄(至相智儼, 602~668)의 교학, 둘째는 동문의 선배로서 항상 존경해 마지않았던 해동의 원효(元曉, 617~686)의 교학, 셋째 당시 일세를 풍미하고 있던 신흥 유식법상의 교학이다. 이 밖에도 법장 교학의 요인에 관해서 많은 것들이 생각되지만, 대략 말하자면 이 세 가지가 특히 중요하다고 생각된다. 그리고 본 절의 과제부터 말하자면 이 가운데에서도 앞의 두 가지 점에 초점을 맞추어 생각해야 한다. 바꿔 말하자면 법장 이후의 화엄교학에서 『기신론』을 중시하는 태도가 화엄교학의 본질적인 것이라면, 법장 이전에 관해서도 그것과 같은 태도가 보일 것이다. 또한 만약 그러한 태도가 발견되지 않는 경우에는 그것들과 법장의 주장을 비교함으로써 법장의 『기신론』 수용의 특질을 명료히 할 수 있다고 생각된다. 곧 법장에 의해 밝혀진 중국불교 교학의 하나의 정점을 분석해 보고자 할 때 『기신론』을 둘러싼 문제들을 해명하는 것은 법장 교학의 연유를 명확히 시사해 줄 것이다. 그래서 본 절에서는 우선 법장에게 직접적인 형태로 영향을 끼쳤다고 생각되는 지엄과 원효의 『기신론』 수용에 관하여 고찰해 보고자 한다.

2. 지엄의 『기신론』 수용

『기신론』에 대한 중요한 주석을 남긴 정영사 혜원, 해동 원효, 현수 법장 등의 사이에 있었던 지엄은 『기신론』을 어떻게 이해했던 것일까? 이 문제는 화엄교학에서 『기신론』이 수행한 역할을 해명하는 데 있어서 극히 중요한 문제를 안고 있다. 왜냐하면 지론교학을 환골탈태함으로써 화엄교학은 성립하였는데, 그 당사자인 지엄의 『기신론』 수용을 해명하는 것은 『기신론』에 대한 화엄교학의 가장 원초적인 형태를 밝히는 것이라고 말해도 지장이 없기 때문이다.

법장의 『화엄경전기(華嚴經傳記)』에 기록된 지엄의 전기에는 지엄과 『기신론』의 관계에 대해서는 어떠한 언급도 없다.[63] 그렇지만 당시 학계의 정황에 비추어 보면 지엄이 『기신론』에 대하여 전혀 무관심했다고는 생각할 수 없다. 오늘날 이러한 추측을 적극적으로 뒷받침하는 것으로서 고려 의천(義天)의 『신편제종교장총록(新編諸宗教藏總錄)』이 있다. 『의천록』은 지엄에게 『기신론』의 『의기(義記)』 1권, 아울러 『소(疏)』 1권이 있었음을 기록하고 있다.[64] 그러나 그것들은 현존하지 않을 뿐만 아니라 단간(斷簡)조차 전하지 않으므로 지엄이 그러한 것을 지었는지 아닌지에 관해서는 판단을 내릴 수 없다. 그렇다면 현재 남아 있는 지엄의 저작에서 『기신론』 사상과 직접 관계가 있다고 생각되는 것을 들어 고찰을 가하여 지엄 교학에서 『기신론』이 수행한 역할을 생각해 보고자 한다.

실제로 남아 있는 지엄의 저작을 돌이켜보면 직접적인 형태로

---

63) 지엄의 전기에 관해서는 키무라 키요타카(木村清孝)의 『初期中国華厳思想の研究』(春秋社, 1977)의 제2편 제2장, p. 371 이하 참조.

64) 『신편제종교장총록』 권3의 『대승기신론』 항목에 다음과 같은 기술을 볼 수 있다.

義記一卷
疏一卷　已上智儼述 (大正55.1175a)

『기신론』을 언급하는 개소는 의외로 적다. 『수현기(搜玄記)』에는 『기신론』의 명칭을 보인 개소가 1례, 『기신론』 사상을 인용한다고 생각되는 개소가 2례 있을 뿐이며, 『오십요문답(五十要問答)』, 『공목장(孔目章)』에도 『기신론』의 명칭을 도합 3회 인용할 뿐이지만, 이러한 소수의 자료에서도 지엄과 『기신론』과의 관계는 논구할 수 있으므로 그것들 하나하나를 들어서 고찰해 가기로 한다.

첫째는 「십지품」 제6지의 석의(釋義)에서 인용된 것으로서 다음과 같이 말한다.

> 논에서 설한 것과 같다. 진망화합(眞妄和合)한 것을 '아리야'라고 이름한다. 다만 진일 뿐이므로 생하지 않고, 단지 망이면 이루어지지 않는다. 진 · 망이 화합하여 비로소 소위(所爲)가 있다.
> 如論說. 真妄和合名阿梨耶. 唯真不生單妄不成, 真妄和合方有所爲. (大正35.63b)

이것은 내용적으로는 『기신론』이 심생멸문에서 다음과 같이 설한 것을 이어받은 것이라고 생각된다.

> '심생멸'이란 여래장에 의하므로 생멸심이 있다. 이른바 불생불멸과 생멸이 화합하여 일(一)도 아니고 이(異)도 아닌 것을 이름하여 '아리야식'이라고 한다.
> 心生滅者, 依如來藏故有生滅心. 所謂不生不滅與生滅和合非一, 非異名爲阿梨耶識. (大正32.576b)

여기에 보이는 "유진불생단망불성 진망화합방유소위(唯真不生單

妄不成 真妄和合方有所爲)"라는 유명한 한 구절은 『대승의장(大乘義章)』 권1,[65] 『십지경론의기(十地經論義記)』 권1,[66] 『대승기신론의기』 권중본(中本)[67] 등에도 거의 같은 용례가 있고, 그것들의 말주(末註), 예컨대 준코(順高)의 『본소청집기(本疏聽集記)』,[68] 탄에이(湛睿)의 『교리초(教理抄)』,[69] 호탄(鳳潭)의 『환호록(幻虎錄)』[70] 등은 『십지경론(十地經論)』의 취의(取意)라고 보고 있다. 그런데 호탄도 지적하고 있는 것처럼 『십지경론』에는 이러한 문장을 볼 수가 없으며, 대정장의 텍스트 데이터베이스 검색에 의해서도 이러한 논의 문장은 존재하지 않음을 확인할 수 있다. 따라서 [이 문장의 출처로는] 『기신론』의 앞에 제시한 설이 예상되는 것이다. 그러므로 이 "여론설(如論說)"의 '논'을 바로 『기신론』이라고 단정할 수는 없지만, 지론종 남도파가 아리야식을 진망화합식이라고 보고, 그러한 해석의 배경에 『기신론』이 존재했다고 보는 것은 이미 여러 선학이 지적하는 바이며,[71] 여기에서의 지엄의 해석도 그러한 전통을 답습한 것이라고 생각된다.

두 번째는 마찬가지로 「십지품」 제6지의 제10 무소유진관(無所

---

65) 大正44.473b.

66) 續藏1-71.154左上

67) 大正44.255a.

68) 『起信論本疏聽集記』 권9(日佛全92.410上) 참조.

69) 『起信論義記教理抄』 권10(日藏42.217下~218上) 참조.

70) 『起信論義記幻虎錄』 권3(日藏43.168上) 참조.

71) 예컨대 모치즈키 신코 박사의 「大乘起信論支那撰述私見」(『講述大乘起信論』 제2편, pp. 69~107)의 제6장 「起信論と楞伽及び地摂両論の阿梨耶識説」 등에 이러한 관점에 입각한 논고가 있다.

有盡觀)에 인용된 것으로서 다음과 같은 문장이다.

> 논에서 말하길, 이 심진여상은 능히 마하연의 체를 나타낸다. 따라서 알아야 한다. 이 진여는 이름을 얻기는 하지만, 속상(俗相)은 체가 아닌 것이다.
> 論云, 是心真如相, 能示摩訶衍體. 故知雖是真如得名俗相不是體也. (大正35.67b)

이것은 제6 현전지(現前地)에 설해진 10관 중 제9관이 다만 '유(有)'에만 수순(隨順)하여 설해진 것임에 대하여, 제10관은 속제로서의 공과 유의 두 가지에 수순하여 설해진 것이므로 체상(體相)에 상대하여 이를 논할 때는 상(相)을 기준으로 논해야 한다는 교증(教證)으로서 인용된 것이다. 따라서 여기에서 인용된 『기신론』「입의분」의 '심진여상'이란 말도 체상 상대의 상으로서 파악되는 것이다. 이러한 해석은 심진여상을 제9 아마라식(阿摩羅識)에, 심생멸상은 다른 망식(妄識)에 배당하는 혜원의 사상[72] 등과 상당히 다르다고 생각되는데, 오히려 혜원의 주장보다도 『기신론』의 본의에 가깝다고 생각된다. 여기에서 지엄은 승의(勝義)로서의 체 자체인 진여에 대하여 상으로서의 심진여상을 생각하고 있는 것이므로

---

72) 예컨대 『대승기신론의소』 권상지상(上之上)에 다음과 같이 되어 있다.

> 심진여란 제9식이다. 모두 참되므로 심진여라고 이름한다. 심생멸이란 제8식이다. 연에 따라 허망함을 이룬다. 체를 포섭하여 용에 따르며 심생멸 가운데에 섭재(攝在)한다.
> 心真如者, 是第九識. 全是真故名心真如. 心生滅者, 是第八識. 隨緣成妄. 攝體從用. 攝在心生滅中. (大正44.179c)

그것은 진여의 이름을 짊어지고는[冠] 있지만 체 자체로서의 진여는 아니라고 말하는 것이다. 『기신론』의 심진여상을 심생멸상에 상대하는 것으로 간주하고, [그것을] 바로 승의의 진여라고는 보지 않는 지엄의 해석은 주목해야 한다고 생각된다.

세 번째는 「입법계품」의 열 번째 선지식인 방편명(方便命) 바라문을 풀이하는 개소에 인용된 것이다. 잘 알려진 것처럼 이 선지식은 「입법계품」의 반도행(反道行)의 선지식 중 한 사람이다. 그 방편명 바라문이 일체지를 구하고자 도산(刀山)에 올라 화취(火聚)에 몸을 던지는 것에 관하여 다음과 같이 말한다.

> 또한 도산에 올라 화취에 던진 이유란, 어떤 상(相)을 기준으로 수순하는 것인가? 답하길, 진실을 기준으로 하자면 법이다. 아울러 모두 널리 통한다. 만약 국한한다면 별(別)이 없지 않다. 왜냐하면 칼[刀]의 체는 상속하여 그 단법(斷法)의 작용을 증성(增成)한다. 파괴의 공능이 있기 때문이다. 불[火]의 체가 이어지지 않으므로 그 상을 드러내는 작용을 증성한다. 비추는 공능이 있기 때문이다. 이것은 어떠한 이치에 의하는가? 유·무의 두 명칭과 같다. '유'라고 설하여 능히 단(斷)을 떠나게 하여 묘상(妙常)의 이해하는 작용을 이룬다. '무'라고 설하여 능히 유·무를 떠나게 하여 그 묘무절상(妙無絕相)의 공능을 이룬다. 불은 곧 무(無)의 이치를 써서 망(妄)을 모아 현(玄)을 비추는 작용이 있다. 칼은 곧 유(有)의 이치를 써서 무를 부수어 신(信)을 이루는 실덕(實德)의 해(解)이다. 따라서 유는 파(破)의 뜻이 늘며, 성(成)의 뜻은 미미하다. 해(解)를 이룸이 드러남으로 말미암기 때문이다. 무는 곧 성(成)의 뜻이 늘어난다. 증(證)을 드러내는 이치에 말미

암기 때문이다. 이는 『기신론』의 설과 같다.

又所以登刀山投火聚者, 約何相順也. 答, 約實是法. 並悉廣通. 若局非不有別. 何者, 刀體相續增成其斷法之用. 由有破能故. 火體不續增成其顯常之用. 由有照能故. 此依何理. 如有無二名. 說有能令離斷, 成解妙常之用. 說無能令離有無, 成其證會妙無絕相之能. 火即用無理, 會妄照玄之用. 刀即用有理, 破無成信實德之解也. 故有破義增, 成義微. 由成解顯故. 無即成義增. 由顯證理故. 此如起信論說也. (大正35.93c)

곧 법(지혜)을 설하는 경우에는 두 가지의 방법이 있고, 법의 유를 설하는 경우에는 소견(所見)을 떠나게 하여 진리의 상주함을, 법의 무를 설하는 경우에는 유무의 견에 사로잡힌 집착을 떠나게 함을 주된 목표로 하여 설하는 것이라고 하며, 이를 『기신론』이 설한 바라고 하는 것이다. 여기에서는 구체적으로 『기신론』의 어느 부분을 의미하고 있는 것인지는 석연치 않지만, 아마도 내용적으로 말해서 심진여문의 의언진여(依言眞如)의 여실공(如實空) · 여실불공(如實不空)의 설 등을 염두에 둔 것으로 생각된다.

다음으로 『오십요문답』 초권(初卷)의 「심의식의(心意識義)」에서는 첫머리에 여러 가르침에 의한 심식의 차별을 열거한 뒤 삼승초교(三乘初教)의 설인 '이숙아뢰야식(異熟阿賴耶識)'이 훈습(熏習)을 받아 종자를 이룬다는 설은 회심성문(迴心聲聞)의 아직 법공(法空)에 통달하지 않은 자를 위한 설인 것에 대하여, 『기신론』의 진여훈무명 · 무명훈진여(真如熏無明 無明熏真如)라는, 이른바 염정상자(染淨相資)의 사고방식을 다음과 같이 인용하여 결론 맺고 있다.

> 이제 『기신론』은 직진(直進) 보살의 연기상을 아니, 곧 무생(無生)을 이해하므로 별도로 설을 짓는다.
> 今起信論爲直進菩薩識緣起相即會無生故作別說. (大正45.521c)

곧 『기신론』의 염정상자의 훈습설은 연기의 상즉(相卽)을 알게 하며, 일체법의 무생을 가르치는 것이라고 말하는 것이다.

이어서 『공목장』 권1의 「유식장(唯識章)」에서는 전체를 10문으로 나누어 논하는 가운데 제7 「대치멸불멸문(對治滅不滅門)」에서 아뢰야식의 활동의 처음을 풀이하여 다음과 같이 말한다.

> 『기신론』에 말하길, 일념의 무명은 곧 불각이다. 움직이면 곧 고(苦)가 있다. 과(果)는 인(因)을 떠나지 않으니, 뢰야이숙은 그 과에 해당하는 것이다. 따라서 이것이 그 시작이다.
> 起信論云, 一念無明即是不覺. 覺即不動, 動即有苦. 果不離因, 賴耶異熟當其果也. 故是其始. (大正45.547a)

지엄의 아뢰야식 이해의 특질에 관해서는 제6장에서 상세히 서술할 것이지만, 여기에서 중요한 것은 아뢰야식을 포함한 전체의 식(識) 활동을 심생멸로 파악하고, 그것을 해설하는 데에 『기신론』의 사상을 도입하고 있는 점이다. 여기에서 인용된 『기신론』의 문장은 지말불각(枝末不覺)의 무명업상의 문장[73]이다.

나아가 『공목장』 권2의 「통관장(通觀章)」에서는 법성에 수순하

73) 大正32.577a.

여 일체제법을 논하면 모든 법은 본래 '진여'여서 지상(智相)이 연하는 바가 아니라고 하여 일체의 염법의 근본 원인인 무명도 실은 진여와 다름없는 것이며, 진여가 없으면 무명도 이루어지지 않는다고 서술한 다음 『기신론』을 인용하여 다음과 같이 말한다.

> 따라서 『기신론』에서 "무명 등에 따른다"라고 한 것이다. 일체제법은 모두 마하연 중생의 마음이다. 진여의 체 중의 생멸의 상 · 용이다.
>
> 故起信論從無明等. 一切諸法皆是摩訶衍衆生之心. 真如體中生滅相用也. (大正45.550b)

여기에서 인용된 『기신론』의 문장은 말할 것도 없이 「입의분」 첫머리에서 취의(取意)한 것인데, 일체제법이 진여의 체 중의 생멸의 상 · 용이라는 표현에 주의하게 된다. 이것은 중생심의 본래적 존재 양태와 현상적 존재 양태라는 『기신론』 본래의 입론 구조를 불생불멸인 체로서의 진여와 그 내면의 상 · 용으로서의 생멸일체법(生滅一切法)이라는 논리 구조로 변환시킨 것이다. 이러한 진여 및 생멸의 해석은 본 절 서두에 서술한 『수현기』에서의 심진여상의 용례와 어떠한 관계에 있는지 판연하지 않다. 용례가 적으므로 지엄이 심진여상과 진여의 체를 어떻게 생각하고 있었는지 아직 명확하지 않은 것이다. [그러나 이는] 원래 『기신론』 자체가 '진여'라는 용어에 중층적인 개념을 부여하고 있기 때문에 부자연스러운 상이(相異)는 아닌 것이다. 그보다 여기에서 주목해야 하는 것은 체로서의 진여에 상 · 용을 인정하고 그것이 곧 생멸상으로서의 일체법이라는 주장은 후에 법장이 주장하는 바인 '진여의 불변(不變)·수연(隨緣)'이라는 개념에 결부된다는 점이다. 본래 마하연의 의(義)로서 설해진 체·상·용설을 진여의 체·상·용으로 풀이함으로써 화엄교학 독자의 진망관(眞妄觀)의 기초가 형성되었다고 할 수 있을 것이다.

이상 지엄의 남겨진 저작 중에서 『기신론』과 관련된다고 생각되는 개소를 들어 검토하였는데, 그 인용 용례의 대부분은 진여와 무명의 관계에 관한 개소로 일관하고 있다. 또한 지엄은 『기신론』 이외의 경론을 인용하는 경우에는 비교적 원문에 충실하게 인용하는 경우가 많지만, 『기신론』의 인용례는 상당히 대담하게 취의(取意)하고 있다. 그러한 사실로부터는 『기신론』에 대하여 지엄이 숙지한 모습이 엿보인다. 그렇지만 『기신론』은 지엄의 교학 형성상 예컨대 『섭대승론』이나 『십지경론』, 『대지도론(大智度論)』, 『유가론(瑜伽論)』, 『성유식론(成唯識論)』이라는 논서와 비교하면 인용 횟수도 훨씬 적고 결코 주요한 것이라고 말할 수 없다. 여래장사상을 설한 것으로서도, 아리야식사상을 설한 것으로서도 『기신론』은 2차적인 취급을 받고 있는 것이다. 그 이유는 아마도 대승불교의 교리를 통괄하는 것으로서 『섭대승론』이 존재했기 때문일 것이다. 곧 혜원이 『기신론』이나 『능가경』에 기초한 전통적인 심식설에 갑자기 『섭대승론』을 도입하려 하여 상당한 혼란에 빠진 것[74]에 대비하여, 지

---

74) 이 점에 관해서 사카모토 유키오(坂本幸男) 박사는 다음과 같이 지적하고 있다.

혜원의 제8식관은 표면적으로는 어디까지나 진식(眞識)임에도 불구하고 또한 다소 진·망 화합의 측면도 남기고 있는 불철저함을 보이고 있다(「地

엄은 『섭대승론』을 숙지할 수 있었기에 『기신론』과 『섭대승론』을 융회적으로 해석할 수 있었던 것이다. 그 대표적 예를 『공목장』 권1 「명난품초입유식장(明難品初立唯識章)」의 다음 개소에서 볼 수 있다. 곧 제5 건립문(建立門)에서 『섭대승론』에 준하여 본식(本識)의 건립을 증명하는 단락[依攝論建立賴耶] 중 제6 '약연생의(約緣生義)'에서는 다음과 같이 서술하고 있다.

> 이른바 자성연생은 곧 체이다. 식은 연생의 통인이 되기 때문이다. 둘째 애비애연생은 상이다. 셋째 수용연생은 용이다.
> 謂自性緣生即是體也. 爲識是緣生通因故. 二愛非愛緣生即是相也. 三受用緣生即是用也. (大正45.544b)

이것은 『섭대승론』에 따르면 다음과 같이 되어 있을 뿐이다.

> 이 연생은 대승에서 가장 미세하고 심심하다. 만약 대략 설하면 2종의 연생이 있다. 첫째 분별자성이요, 둘째 분별애·비애이다.
> 此緣生於大乘最微細甚深. 若略說有二種緣生. 一分別自性, 二分別愛非愛. (大正31.115b)

세친의 『석론(釋論)』에 의하면 다음과 같이 되어 있다.

> 대승에는 갖추어 3종의 연생이 있다. … 이 첫 번째 연생은 가장

論学派に於ける心識観—特に法上・慧遠の十地論疏を中心として—」(『華厳教学の研究』, 平楽寺書店, 1956, p. 396).

미세하고 심심하므로 다른 승에게는 설하지 않는다. … 이 연생에 몇 종이 있는가? 만약 자세히 설하면 3종이 있다. 만약 대략 설하면 2종이 있다.

大乘具有三種緣生. … 此第一緣生最微細甚深故於餘乘不說. … 此緣生有幾種. 若廣說有三種. 若略說有二種. (大正31.164a)

따라서 [『공목장』의 저 문장이] 『섭대승론』의 "약설유이종(略說有二種)"에 의하고 있음이 명료하다. 세친의 『석론』은 그 뒤의 "광석유삼종(廣說有三種)"에 대해서는 어떠한 언급도 없으므로 그것이 지엄이 주장하는 3종 연생과 같은지 어떤지에 관해서는 불명확하다. 그렇다면 지엄은 『섭대승론』의 어떠한 설에 의해 이 3종 연생을 주장한 것인가 하면, 『섭대승론』「상품(相品)」제2의 다음과 같이 설해진 것과 관련된다.

나머지 식은 아려야식과 다르다. 말하자면 생기식이다. 일체의 생처(生處) 및 도에 대해서는 마땅히 알아야 한다. 이것을 '수용식'이라고 이름한다는 것을.

所餘識異阿黎耶識. 謂生起識. 一切生處及道應知. 是名受用識. (大正31.115c)

[또한 『섭대승론』「상품」은] 세친의 『석론』에서는 장을 바꾸어 「사연장(四緣章)」이라는 개소에서 다음과 같이 3종의 연생을 든다.

첫째 궁생사연생, 둘째 애증도연생, 셋째 수용연생이다.

一窮生死緣生, 二愛憎道緣生, 三受用緣生. (大正31.115c)

따라서 아마도 이것에 의해 '분별자성, 분별애 · 비애, 수용'의 3종 연생을 말하는 것이라고 생각된다. 그렇지만 세친 『석론』에는 제1연생인 분별자성연생에 관하여 다음과 같이 말한다.

> 만약 생기(生起)의 인을 분별하면 오직 하나의 식이다. 만약 제법의 성(性)을 분별하면 곧 이 식이다. 만약 제법의 차별을 분별하면 모두 이 식에서 생한다. 따라서 제법은 이 식에 의해 모두 동일한 성이다.
> 若分別生起因唯是一識. 若分別諸法性即是此識. 若分別諸法差別皆從此識生. 是故諸法由此識悉同一性. (大正31.164a)

곧 모든 연생법의 차별은 동일성으로서 제1연생에 포섭되므로 2종, 3종은 그다지 중요한 문제는 아니라고도 말할 수 있다. 이러한 사실 가운데 지엄은 어찌하여 『섭대승론』 등에 의해 2종이라고 설하지 않고 굳이 3종을 주장한 것일까? 지엄은 분명히 모든 연생법을 아리야식을 체로 한 '체 · 상 · 용'설에 의해 통일하려고 한 것이다. 『기신론』의 체 · 상 · 용은 「입의분」의 심진여에 관하여 설해진 것이며, 생멸법인 아리야식에 관한 것은 아니다. 결국 지엄은 여기에서 『섭대승론』의 아리야식설과 『기신론』의 아리야식설의 적극적인 동화를 꾀한 것은 아닐까 하고 생각되는 것이다. 일체의 연생법의 근본을 아리야식(지엄은 '리야심'이라고 부르는 경우도 있음)에 둔다는 것은 교설로서는 『기신론』보다는 『섭대승론』적이다. 이러한 점에서 보더라도 지엄의 사상의 기반은 『기신론』보다는 『섭대승론』에 있었다고 보아야 할 것이다.

3. 원효의 『기신론』 수용 — 일심(一心)을 실마리로 하여 —

같은 문제를 원효와 관련하여 생각해 보는 것은 지엄의 경우에 비하여 훨씬 복잡한 절차를 필요로 한다. 왜냐하면 엄청나게 많은 수에 이르는 그의 저작 대부분이 오늘날 사라져 버렸기 때문이다. 현재 우리가 실제로 볼 수 있는 그의 저작은 불완전한 것까지도 포함하여 22부인데, 경록들에 의하면 86부나 되는 명칭을 게재하고 있는 것이다.[75] 게다가 남겨진 것의 저술 순서도 지엄의 경우처럼 명료하지 않다.

원효의 『기신론』 이해를 살펴보는 데 있어서 가장 중심이 되는 것은 그것에 대한 2편의 주석, 곧 『기신론소(起信論疏)』 1권과 『대승기신론별기(大乘起信論別記)』 2권(모두 大正 44권에 수록됨)임은 두말할 것도 없다. 이것에 더하여 그 밖의 저작에도 상당한 양의 『기신론』 인용이 있다. 따라서 원효의 『기신론』 수용을 파악하고자 하면, 그러한 모든 것을 상세히 검토해야 하지만, 지금은 지면의 제약이 있으므로 특히 필자가 중요하다고 생각하는 것을 제시하고, 다른 것은 여러 저작에서의 『기신론』 인용 개소의 일람표[76]를

75) 원효의 저작에 관해서는 동국대학교 불교문화연구원 편, 『한국불서해제사전』, pp. 15~34에 각각의 명칭을 들어 간단한 해설이 제시되어 있다.
76) 원효의 저작에 보이는 『기신론』 인용은 대략 다음과 같다.

전적명	인용 개소	『기신론』의 해당 개소	해당 개소의 大正藏 페이지
『金剛三昧經論』	大正34.965c 966a 969b	覺 發起序, 一心, 一心二門 生滅相	大正32.576b 575b, 576a 577c

게시하여 편의를 도모하여 제현의 교시를 청하고자 한다.

먼저 원효의 저작들을 검토하여 개괄적으로 말할 수 있는 것은 『기신론』이 그의 특정한 학설 또는 그것에 기초한 사상에 한정되는 것은 아니고 폭넓게 인용되어 있다는 사실이다. 이 점은 원효가 『기신론』을 평하여 『기신론소』 앞부분에서 다음과 같이 말한 것에 의하면 쉽게 수긍할 수 있다.

	969c	眞如의 自體相	579a
	970b	始覺	576b~c
	981b	隨染本覺	576c
	981c	始覺	576b
	982a	始覺	576c
『兩卷無量壽經宗要』	大正37.126c	用大(응신과 보신)	579b
	130a	信成就發心	580b
	131b	證發心의 功德成滿相	581b
『涅槃宗要』	大正38.242c	究竟離執을 밝힘	580b
	243b	覺·不覺 同異(染淨 同異)	577b
	245a	用大(응신과 보신)	579b
	249b	一心	576c
	250b	隨染本覺	576c
	253c	六染	577c
『遊心安樂道』	大正47.110c	不退의 方便念佛往生을 밝힘	583a
	111c	信成就發心	580a
	113b	證發心의 功德成滿相	581b
	117b	三種發心	580b~
『瓔珞本業經疏』	續藏61.251右上	無明의 忽然念起	577c
	265左下	三細?	
『二障義』	橫超本 22	無明의 忽然念起	577c
	22	五意의 轉起	577b
	29	隨染本覺	576c
	29	熏習의 의미	578a
	59	根本無明의 離斷	577c
	64	枝末不覺(三細·六麤)	577a

또한 원효의 『기신론』 이해에 관한 선행 연구로는 후쿠시 지닌(福仕慈稔)의 『新羅元曉の研究』(大東出版社, 2004)의 제1장 「序論」 말미의 연구 리스트 (123)~(134)가 있다.

서술한 것은 넓지만 대략 말할 수 있다. 2문을 1심에 열어 마라(摩羅) 108의 광곡(廣誥)을 총괄하고, 성정(性淨)을 상염(相染)에 보여 두루 유도(踰闍) 15의 유치(幽致)를 모은다. 곡림(鵠林)의 일미의 종지와 취산(鷲山)의 무이(無二)의 취(趣), 금고(金鼓)의 동성(同性) 3신(身)의 극과(極果), 『화엄』·『영락』·4계(階)의 심인(深因), 『대품』·『대집』의 방탕한 지도(至道), 일장·월장의 비밀의 현문에 이르러 대개 이러한 무리의 온갖 경전의 간심(肝心)이며, 하나로써 그것을 꿰뚫은 것은 오직 이 논뿐인가! 所述雖廣可略而言. 開二門於一心總括摩羅百八之廣誥, 示性淨於相染普綜踰闍十五之幽致. 至如鵠林一味之宗, 鷲山無二之趣, 金鼓同性三身之極果, 華嚴瓔珞四階之深因, 大品大集曠蕩之至道, 日藏月藏微密之玄門, 凡此等輩中衆典之肝心一以貫之者, 其唯此論乎. (大正44.202b. 『起信論別記』, 大正44.226b에도 거의 똑같은 문장이 있음)

곧 중다(衆多)의 경론 종지를 통괄하는 것으로서 『기신론』을 자리매김한 것이다. 따라서 『기신론』은 여러 장면에서 교증으로서 인용되기에 이른다. 다시 이 점에 관해 이제 좀 더 상세히 살펴보면, 풀이의 대상이 되는 전적의 성격에 따라 『기신론』의 인용 방법에도 어느 정도 비슷한 경향을 볼 수 있다. 예컨대 『양권무량수경종요(兩卷無量壽經宗要)』[77] 및 『유심안락도(遊心安樂道)』,[78] 『열반종요(涅槃宗要)』[79]에서는 불신관(佛身觀)이나 발심(發心)의 해석 등

77) 大正 37권 수록.
78) 大正 47권 수록.

에 관하여 『기신론』이 인용되며, 『이장의(二障義)』[80] 등에서는 망념에 관한 『기신론』의 설들의 인용이 대부분을 차지한다는 식이다. 그러한 경향성까지도 포함하여 여기에서는 원효가 『기신론』의 설 가운데에서 특히 빈번하게 인용하여 논지를 전개하고 있는 바인 '일심'이라는 개념에 관하여 고찰해 두고자 한다. 정영사 혜원이나 지엄은 이 심(心)과 여래장 · 아리야식 · 진여와의 관계를 모순 없이 이해하기 위해 대단한 노력을 기울였던 것인데, 원효에게서는 그것은 어떻게 파악되어 있는가, 잠시 생각해 보고자 한다.

원효가 일체의 연생법의 근본을 '일심'이라는 용어로 파악하려 하고 있다는 점은 예컨대 『기신론소』에서 '귀명(歸命)'을 풀이하여 다음과 같이 설하는 것을 통해 요해할 수 있다.

> 중생의 6근은 일심으로부터 일어나 자기 근원을 등지고 6진으로 달려가 흩어진다. 이제 거명함에 6정을 총섭하여 그 뿌리인 일심의 근원으로 돌아간다.
> 衆生六根從一心起而背自原馳散六塵. 今擧命總攝六情還歸其本一心之原. (大正44.203b)

『금강삼매경론』에도 [비슷한 취지의 다음과 같은 문장이 있다].

> 일심을 통하여 일체의 염 · 정 제법의 의지하는 바가 되기 때문이

---

79) 大正 38권 수록.
80) 『이장의』에 관해서는 오쵸 에니치(横超慧日) · 무라마츠 노리후미(村松法文) 편, 『新羅元曉の二障義』(平楽寺書店, 1979)에 의거한다.

다. 곧 제법의 근본인 것이다. 본래의 정문(靜門)은 항사(恒沙)의 공덕을 갖추지 않는 바 없고, 따라서 "일체법을 갖춘다"고 말한다. 수연(隨緣)의 동문(動門)은 항사의 염법을 갖추지 않은 바 없으니, 따라서 "일체법을 갖춘다"고 말한다.

如是一心通爲一切染淨諸法之所依止故. 即是諸法根本. 本來靜門, 恒沙功德無所不備, 故言備一切法. 隨緣動門, 恒沙染法無所不具, 故言具一切法. (大正34.968b)

또한 일심이 일체의 염·정법의 근본이므로『불설아미타경소(佛說阿彌陀經疏)』및『양권무량수경종요』의 대의(大意)를 밝히면서 다음과 같이 상징적인 화법이 이루어져 있음을 볼 수도 있다.

예토와 정국(淨國)은 본래 일심이다. 생사와 열반은 결국 이제(二際)가 없다.

穢土淨國本來一心. 生死涅槃終無二際. (大正37.348a;『無量壽經宗要』, 同.125c)

원효의 저작들 속에는 '일심'이라는 용어가 상당한 개소에서 사용되는데, 그것이 얼마나 중요한 개념인지 상상할 수 있는 것이다. 그리고 또한 많은 경우에 이 일심을 심진여와 심생멸이라는 2문으로 펼쳐서 풀이하고 있으므로[81] 이 일심이『기신론』의 설임은 거

81) 그 일부를 예로 든다면『금강삼매경론』권중(中)(大正34.982b, 987c), 권하(下)(大正34.1002a);『범망경보살계본사기(梵網經菩薩戒本私記)』권상(上)(續藏1-95.111右下) 등을 들 수 있을 것이다.

의 명료하다. 그렇지만 원효의 저작들 속에는 그러한 일심의 입장의 전거로서 명확하게 『기신론』이라는 명칭을 들고 있는 개소는 비교적 적다.[82] 『금강삼매경론』에서는 일심(一心)·본각(本覺)·여래장(如來藏)에 대해 다음과 같이 말한다.

> 부처 지혜로 들어가는 바인 실법상이란 다만 일심 본각인 여래장이다. 『능가경』에서 말한 것과 같으니, "적멸을 이름하여 '일심'이라 하고, 일심이란 '여래장'이라고 이름한다."
>
> 佛智所入實法相者, 直是一心本覺如來藏法. 如楞伽經言, 寂滅者名爲一心, 一心者名如來藏. (大正34.964b)

이처럼 일심의 교증으로서 『능가경』을 들고 있는 경우까지 있는 것이다. 여기에 들고 있는 『능가경』이란 보리류지 역 『입능가경』 권1 「제불품(諸佛品)」 맨 끝부분에 다음과 같이 설해진 것을 가리킨다.

> 이 때문에 법 및 비법을 알지 않고, 허망을 증장하여 적멸을 얻지 않는다. 적멸이란 이름하여 '일심'이라고 하며, 일심이란 이름하여 '여래장'이라고 한다.
>
> 是故不知法及非法, 增長虛妄不得寂滅. 寂滅者名爲一心, 一心者名爲

---

82) 필자가 조사한 한에서는 일심 2종문을 『기신론』의 설이라고 명확히 나타내고 있는 것은 『금강삼매경론』의 다음 일례뿐이다.

> 답한다. "『기신론』에서 말하기를, '법이 있어 능히 대승 신근을 일으킨다. 말하자면 중생심이다. 일심법에 의하여 2종의 문이 있다'라고 하였다."
>
> 答起信論云, 有法能起大乘信根. 謂衆生心. 依一心法有二種門. (大正34.966a)

如來藏. (大正16.519a)

원효가 이『능가경』에서 설하진 일심과『기신론』에 설해진 일심을 구별하고 있지 않음은 예컨대『기신론소』의 다음과 같은 문장 등에 의해서 명료하다.

> "일심법에 의하여 2종의 문이 있다"라고 한 것은 경본에서 말한 것과 같으니, "적멸이란 이름하여 '일심'이라 하고, 일심이란 '여래장'이라고 이름한다." 이 심진여문이라고 이름한 것은 곧 저 경의 "적멸이란 이름하여 '일심'이다"라고 한 것을 풀이한 것이다. 심생멸문이란 이 경 가운데의 "일심이란 '여래장'이라고 이름한다"를 풀이한 것이다.
>
> 言依一心法有二種門者, 如經本言, 寂滅者名爲一心, 一心者名如來藏. 此言心真如門者即釋彼經寂滅者名爲一心也. 心生滅門者是釋經中一心者名如來藏也. (大正44.206c)

곧 원효는『기신론』의 심진여 · 심생멸의 2문은『능가경』의 적멸 · 여래장의 2의와 완전히 같다고 생각하고 있는 것이다. 이『능가경』에 기초하여 마음을 파악하는 태도는 원효의 심식설의 근간을 이루는 것인데, 원효에게서 일심의 개념 속에 아리야식을 비롯한 전통적인 중국불교의 심식설이 포함되어 있지 않음은 이러한 용어가 인용되어 있는 경우[83]에도 일심과의 관계가 전혀 설해지지

83) 예컨대『금강삼매경론』권(中)(大正34.976a),『범망경보살계본사기』권상(上)(續藏1-95.114左下) 등.

않는다는 점에 의해 알 수 있는 바이다. 또한 그는 『금강삼매경론』에서 경 가운데의 대고중(對告衆)인 심왕(心王)보살의 '심왕'을 풀이하여 다음과 같이 말한다.

> 그런데 '심왕'의 뜻에 대략 2종이 있다. 첫째는 8식의 심의 심수들을 통어(統御)하기 때문에 '심왕'이라 이름한다. 둘째는 일심의 법이 총괄하여 온갖 덕을 통어하기 때문에 '심왕'이라 이름한다.
> 然心王之義略有二種. 一者八識之心御諸心數故名心王. 二者一心之法總御衆德故名心王. (大正34.973b~c)

이 경문에 의하면 8식은 심·심소법을 총괄하고, 일심은 일체의 공덕을 총괄한다는 구별을 세우고 있음을 알 수 있다. 이러한 사실로부터 미루어 원효가 일심의 체를 본각[84]이라고 간주했음은 요해하기 쉽다. 그리고 이 본각이 염법에 수순하는 것을 '여래장'이라 칭하는 것이다. 따라서 원효는 여래장을 제일의제로서 이해하고 있지 않은 것이다. 그 주장의 명확한 예증으로서 예컨대 『열반종요』에서 불성을 풀이하는 개소 등을 들 수 있다. 곧 『열반종요』에서는 『열반경』의 교종(教宗)을 밝혀 열반문(涅槃門)과 불성문(佛性門)으로 [나누고] 그 불성의 체를 풀이하여 다음과 같이 말한다.

---

84) 『대승기신론별기(大乘起信論別記)』 본(本)에 다음과 같이 되어 있다.
 또한 이 일심의 체는 본각이다. 그러나 무명에 따라 동작·생멸한다. 따라서 이 문에서 여래의 성이 숨어 나타나지 않는 것을 '여래장'이라 이름한다.
 又此一心體是本覺. 而隨無明動作生滅. 故於此門如來之性隱而不顯名如來藏. (大正44.227a)

불성의 체는 바로 일심이다.
佛性之體正是一心. (大正38.249b)

그런데 이것은 고래로부터의 불성의(佛性義)에 관한 여러 의론을 (1) 축도생(竺道生)의 불성의, (2) 장엄사(莊嚴寺) 시(是) 법사의 불성의, (3) 광택사(光宅寺) 법운(法雲)의 불성의, (4) 양무제(梁武帝)의 불성의, (5) 신사(新師)의 불성의, (6) 제6사(진제 삼장)의 불성의, 곧 합계 여섯 유형으로 나누어 각각을 검토하여 최종적인 원효의 결론으로서 설한 것이다. 그리고 다시 그 일심을 설명하여 다음과 같이 말한다.

일심법에 2종의 뜻이 있다. 첫째는 불염(不染)이되 염(染), 둘째 염이되 불염이다. 염이되 불염이므로 일미적정(一味寂靜)하고, 불염이되 염이므로 육도에 유전(流轉)한다.
於一心法有二種義. 一者不染而染, 二者染而不染. 染而不染一味寂靜, 不染而染流轉六道. (앞과 같음)

결국 원효가 주장하는 일심이란 연기한 현상의 측면과 본래적인 절대공(空)의 측면을 합쳐서 가진 것이며, 이것을 바로 제일의제로서의 진여라고 이해하는 것은 아니다. 이 점은 이 주장 직후에 제6사의 아마라식 진여해성(阿摩羅識真如解性)을 불성이라고 보는 설을 들고서 이것을 『기신론』의 설이라고 하는 것은 여래장의 "염이불염(染而不染)"의 측면밖에 취하지 않은 것이 되므로 『기신론』의 바른 이해가 되지 않는다고 엄히 지적하고 있는 것에 의해 한층 명료하게 요해된다. 이러한 점에서 볼 때 원효가 '일심의 유전'[85]이라는 기본적인 사고를 가졌음은 지극히 당연하다.『대승기신론별기』에서는 그 점을 설명하여 '일심수연문(一心隨緣門)'[86]이라고 풀이하고 있다. 일심이 수연(隨緣)하여 제취(諸趣)가 된다는 것이므로 따라서 일체중생이 해야 할 일은 '일심의 근원[源]'으로 돌아가는 것[87]이라고 주장하는 것이다. 이 "심원(心源)으로 돌아간다"라는 표현이야말로 바로『기신론』적[88]이며, 원효가『기신론』을 평하여 모든 경론을 꿰뚫는 것으로 삼는 이유인 것이다.

이상은 광범위한 원효의 사상에서『기신론』수용[과 관련된 내용]의 겨우 일부에 지나지 않는다. 원효의 사상이 중국 화엄교학의 형성 [과정]에서 수행한 역할이나 그 가운데『기신론』의 위치 등을 해명하기 위해서는 다시 복잡한 절차가 필요함은 말할 것도 없지만,『기신론』에 대한 원효의 근본적인 자세는 이 가운데에서도 엿볼 수 있다고 생각한다.

---

85)『金剛三昧經論』권上(大正34.964c).

86) 大正44.229c.

87)『금강삼매경론』권上(大正34.961a, 963c, 964c),『열반종요』(大正38.250b),『영락본업경소』(續藏1-61.250右上) 등에 그 용례를 볼 수 있다.

88)『기신론』의 시각 설명 부분에는 다음과 같이 되어 있다.

본각에 의하므로 불각이 있다. 불각에 의하므로 시각이 있다고 설한다. 또한 <u>심원(心源)</u>을 깨달으므로 구경각이라 이름한다. <u>심원</u>을 깨닫지 않으므로 구경각이 아니다.

依本覺故而有不覺. 依不覺故說有始覺. 又以覺<u>心源</u>故名究竟覺. 不覺<u>心源</u>故非究竟覺. (大正32.576b)

소결

앞에서 언급한 것처럼 본 절의 목표는 대성된 화엄교학에 수용된 『기신론』의 사상적 역할을 해명하기 위한 전(前) 방편으로서 법장에게 직접적인 형태로 영향을 끼친 두 사람의 불교도, 곧 지엄과 원효의 『기신론』 수용을 검토하는 데 있었다. 법장에게 끼친 영향에 관해서는 제7장에서 자세히 논하고자 하는데, 여기에서는 그 전제라고 할 수 있는 것을 정리해 두고자 한다. 그것은 법장의 『기신론』 수용에서 특징적인 사항이 지엄과 원효 사상의 융합적인 전개라고 생각된다는 점이다.

그 특징적인 사항이란 화엄교학의 중요한 교리의 하나인 '진망관(眞妄觀)'의 기초가 되는 '진여수연(眞如隨緣)'의 사상이다. 법장은 『대승기신론의기』[89]에서 진여에는 불변(不變)과 수연(隨緣)의 2의(義)가, 무명에는 무체즉공(無體卽空)과 유용성사(有用成事)의 2의가 각각 있고, 진여의 불변과 무명의 즉공에 의해 심진여문이 설해지고, 진여의 수연과 무명의 유용에 의해 심생멸문이 설해진다고 한다. 이 주장은 현실태인 중생심의 절대적 측면(심진여문)과 현상적 측면(심생멸문)이라는 『기신론』의 본래의 사상과는 반드시 일치하지는 않는다. 그것은 예컨대 『기신론』에서는 '진여'라는 용어보다는 '일심'이라는 용어 쪽이 상위의 개념인 것에 대하여 법장에게서는 그것이 역전되어 있는 점 등에 의해 명확히 이해할 수 있다. 게다가 『기신론』의 설에 충실히 따르면 그 일심을 유정적(唯淨的)

89) 大正44.255c.

으로만 파악해서는 안 됨은 원효가 엄격하게 지적하는 바이기도 하였다. 그 때문에 원효는 『기신론』의 설을 어디까지나 충실하게 따랐고, 일심에 일심절상문(一心絶相門)과 일심수연문(一心隨緣門)을 생각한 것이다. 그런데 이 '일심'을 일단 중국의 전통 속에서 생각해 보면 이것을 유정적으로 이해하고자 하는 것은 반드시 견강부회적인 것은 아니다. 곧 [이는] 「십지품」에 설해진 일심을 둘러싼 문제들이다.

> 삼계는 허망하며, 단지 일심이 지은 것이다.
> 三界虛妄 但是(一)心作. (大正9.558c, 각주에 의해 '一'자를 보충함)

이 일심의 해석에 관한 지론 · 섭론학파의 논쟁의 주요한 논점은 정영사 혜원 등을 거쳐 모두 지엄[의 사상] 속에 흘러들어 왔다고 생각할 수 있다. 지엄이 『수현기』의 「십지품」 해당 개소에서 보이는, 깊숙이 파고든 법계연기의 조직은 바로 그러한 사실을 단적으로 이야기하는 것이다. 『기신론』의 본래의 설을 일탈하였다고까지 말할 수 있는 법장의 진여불변 · 수연의 사상은 지엄에 기초한 전통적인 진망관 위에 원효의 일심수연의 사상을 겹칠 때 무리 없이 이해할 수 있다고 생각되는 것이다. 그렇지만 이 결론은 어디까지 일면적인 것이다. 그것을 더욱 보편적으로 증명하기 위해서는 법장 쪽에서의 상세한 연구가 이루어져야 함은 말할 것도 없다. 이하[의 논의]는 제7장에 미루기로 한다.

제5장
지론학파의 '연기'사상

지금까지 몇 가지 논점에서 서술해 온 것처럼 지론학파를 대표하는 학승인 정영사 혜원의 사상은 여러 의미에서 그 이후의 중국불교의 전개에 큰 영향을 주고 있다. 특히 화엄교학의 성립에 관해서 말하자면 지엄의 교학에 극히 큰 영향을 끼치고 있다. 본 장에서는 그렇게 자리매김한 혜원의 사상적인 과제를 '의지(依持)'와 '연기(緣起)'라는 개념을 실마리로 하여 밝히고자 한다. 그런 다음 지론학파의 사람들이 사용하는 '법계연기'라는 개념이 어떠한 것인가, 특히 지엄의 사상과의 연속성과 비연속성에 주목하면서 고찰하고자 한다.

제1절 정영사 혜원의 '의지'와 '연기'의 문제

1. 혜원의 저작에 보이는 '의지'와 '연기'의 용례

혜원의 저작 중에는 어떤 테마에 관하여 자설(自說)의 핵심을 '의지'와 '연기'라는 개념에 의해 해설하는 개소를 상당수 볼 수 있다. 그것들이 대체 어떠한 배경에 의한 것이며, 무엇을 보이고자 하는 것인가 하는 과제는 지금까지 서술해 온 것과 같은 중국불교의 연기사상 수용을 어떠한 형태로든 표현하는 것으로 보인다. 그렇다면 그중 대표적인 것을 먼저 들어 보자.

제4종 가운데 의(義)를 나누면 둘이 있다. 첫째 의지의 뜻이요, 둘째 연기의 뜻이다.

만약 의지에 나아감으로써 둘을 밝힌다면, 망상의 법을 능의(能依)로 하고, 진(眞)을 소의(所依)로 한다. 능의인 망을 설하여 '세제(世諦)'라 하고, 소의인 진을 판(判)하여 '진제(眞諦)'라 한다. 그렇지만 저 파성종(破性宗)과 파상종(破相宗)에서는 유위세제, 무위진제가 있다[→'유(有)'는 세제이고, '무(無)'는 진제이다 *역자 주: 원서의 한문 오역을 수정함]. 이제 이 종에서는 망유리무(妄有理無)를 세제로 삼고, 상적체유(相寂體有)를 진제로 삼는 것이다.

만약 연기에 나아감으로써 둘을 밝힌다면, 청정법계 여래장의 체는 연기하여 생사 · 열반을 조작한다. 진성 자체를 설하여 진제로 하고, 연기의 용을 판하여 세제라 한다.

第四宗中, 義別有二. 一依持義, 二緣起義.

若就依持以明二者, 妄相之法以爲能依, 真爲所依. 能依之妄說爲世諦, 所依之真判爲真諦. 然彼破性破相宗中, 有爲世諦, 無爲真諦. 今此宗中, 妄有理無以爲世諦, 相寂體有爲真諦也. 若就緣起以明二者, 清淨法界如來藏體, 緣起造作生死涅槃. 真性自體說爲真諦, 緣起之用判爲世諦. (大正44.483c)

이 부분은 혜원의 주저인 『대승의장(大乘義章)』 권1의 「이제의(二諦義)」 후반의 주요한 개소이다. 「이제의」의 후반은 진제와 세속제의 관계를 교설의 심천(深淺)에 의해 넷으로 나누어 나타내는 데에 역점이 놓여 있다. 인용문 첫머리의 '제4종'이란 그중 네 번째임을 나타내고 있다. 곧 이 부분은 가장 고도의 교설이라고 혜원이 생각한 것 가운데에 제시된 진 · 속 2제의 관계를 나타내는 것이 된다.

먼저 '의지'라는 개념에 관해서 살펴보자. 그런데 우선 세속제는 망상의 법이라고 파악되며, 그리고 진제와 세속제의 관계는 소의와 능의라고 생각된다. 더욱이 세속제는 중생의 망정(妄情)에서만 성립하는 것이고 본래적으로는 존재하지 않는 것이라고 간주된다. 그리고 이 점에서 유위법과 무위법을 세속제 · 진제로 보는 이하의 교설로부터도 일단 높은 가르침이라고 요해(了解)되는 것이다. 이 경우에 진제와 세속제의 사이에서 능 · 소의 관계가 역전하는 것은 결코 있을 수 없으므로 세속제는 진제에 의해 성립한다고 말할 수 있다.

다음으로 '연기'라는 관점에 관해서는 단적으로 "청정법계 여래장의 체는 연기하여 생사와 열반을 조작한다"라고 제시되어 있다. 곧 연기하는 주체로서의 여래장과 그것이 연기하여 일체를 생하는 것을 진제와 속제라고 칭하는 것이다. 이른바 '진제'와 '속제'는 여래장에서의 체와 용의 관계를 나타내는 것이라고 말할 수 있을 것이다. 이러한 의지와 연기에 의한 이제의 해석에 관해서는 약간의 의문이 없는 것은 아니지만, 본 절에서 다루고자 하는 것은 그 점 자체가 아니며, 이러한 해석을 성립시키고 있는 '의지'와 '연기'라는 사고방식 자체이다. 그것이 어떠한 사상사적 필연성을 가지고 있던 것인가 하는 점에 관해서이며, 특히 주목하고자 하는 것은 후자의 "여래장이 연기하여 제법을 생한다"라는 여래장에 대한 관점이 어디에서 연유(緣由)한 것인가 하는 점이다. 이 문제를 푸는 열쇠는 상술한 것과 같은 의지 · 연기설이 제4종에서 서술된 데에 있다고 생각된다.

원래 4종판은 혜광 이래 지론학파의 중심적 교상판석으로서 전통적인 것이었다.[1] 그것은 앞에서 서술한 것처럼 소승과 대승의 각각을 교설의 심천에 의해 다시 2분하고, 결국 불타의 가르침을 정도의 차이에 의해 4단계로 나누어 이해하는 것을 실질로 하는 것이다. 대승 가운데에서 옅은 가르침으로 된 것은 파상종 혹은 부진종(不眞宗)으로 불리고, 제법의 무상(無相)을 설하는 것이 그것에 해당한다고 간주되었다. 그것에 대하여 대승 중의 깊은 가르침으로 된 것은 현실종(顯實宗) 혹은 진실종(眞實宗)으로 불리고, 앞의 인용문의 내용이 그것에 해당한다고 생각된다. 그리고 그 제4종을 서술하면서 '의지'와 '연기'라는 개념이 이용되고 있기에, 그것이 이른바 '중기 대승 경전'이라고 불리는 경전군의 교설을 정리하고자 하는 의도를 가진 것은 아니었을까 하는 예측을 세울 수 있는 것이다.

이러한 추측을 뒷받침하는 것으로서 『대승기신론의소(大乘起信論義疏)』의 다음 문장을 들 수 있을 것이다.

> '용대(用大)'란 용에 2종이 있다. 첫째 염(染), 둘째 정(淨)이다. 이 2용 중에 각각 2종이 있다. 염 중의 둘이란 첫째는 의지(依持)의 용이고, 둘째는 연기(緣起)의 용이다. '의지의 용'이란 이 진심(眞心)은 능히 망염(妄染)을 지탱한다는 것이다. 만약 이 진이 없

1) 4종판에 관해서는 본서 제1장 제1절 3. 2) 「혜광의 교판사상」에서 그 내용과 사상적 배경을 논하였으므로 그 부분을 참조하라.

다면 망은 곧 서지 않는다. 따라서 『승만경』에서 말하길, "만약 장식(藏識)이 없다면 온갖 고통을 심지 않을 것이다. 식의 7법은 머무르지 않아서 고를 싫어하고 열반을 낙구(樂求)할 수 없다"라고 한다.[*역자 주: 원문의 한문 오역을 수정함]

'연기의 용'이란 앞의 의지의 용은 염 중에 있다고 하더라도 염이 되지 않고 다만 본(本)일 뿐인데, 이제 망이 더불어 연집(緣集)되어 염을 일으킨다. 물이 바람에 따라 파랑을 집기(集起)하는 것과 같다. 이로써 『부증불감경』에서 풀이하여 말하기를, "곧 이 법계의 5도에 윤전(輪轉)하는 것을 이름하여 '중생'이라 한다"고 한다. 염의 용은 이와 같다.

言用大者, 用有二種. 一染, 二淨. 此二用中各有二種. 染中二者, 一依持用, 二緣起用. 依持用者, 此真心者能持妄染. 若無此真妄則不立. 故勝鬘云, 若無藏識不種衆苦. 識七法不住不得厭苦樂求涅槃.

言緣起用者, 向依持用雖在染中而不作染, 但爲本耳. 今與妄令緣集起染. 如水隨風集起波浪. 是以不增不減解言, 即此法界輪轉五道名爲衆生. 染用如是. (大正44.179b)

이 문장은 『기신론』의 입의분(立義分)[2]이 '마하연(摩訶衍)'에 법(法)과 의(義)의 2문을 세우고, 다시 의문(義門)을 체·상·용의 3대로 나누어 입론하는 개소를 풀이한 것이다. 혜원이 용대를 염용(染用)과 정용(淨用)의 2문으로 나눈 것은 유전문(流轉門)과 환멸문(還滅門)을 나타내는 것에 상응하므로 일반적인 이해라고 생각된다. 그리고 염문과 정문을 다시 각각 2문으로 나누어 풀이하고

2) 大正32.575c.

있는 것인데, 이미 밝힌 것처럼 염문에는 의지와 연기라는 개념을 도입하고 있다. 그리고 이 인용문 직후에 제시된 정용을 밝히는 문장 속에서는 그것들의 개념에 관해서는 언급하고 있지 않다. 이 사실에 따르면 혜원에게서 의지와 연기라는 사고방식은 최고의 대승의 교설 가운데에 제시된 중생 유전(流轉)의 구조를 밝히는 것이 될 것이다.

혜원이 모든 연기법과 그것을 성립시키는 근거의 관계를 진과 망이라는 개념으로 이해하고 있음은 이미 종종 지적한 바 있다.[3] 앞에 든 문장 속의 진과 망도 그러한 혜원의 진망관에 따른 것이다. 그리고 그 '진'이라는 개념은 혜원에게서는 갖가지 용어에 의해 말해지고 있다.[4] 앞의 인용문에서는 의지의 용을 밝히면서 진심과 장식이 동일시되고, 그 경증으로서 『승만경』이 인용되어 있다. 그렇지만 현행 『승만경』을 보는 한 '장식'이라는 개념은 어디에도 볼 수가 없다. 그렇다면 혜원의 이러한 이해는 어떠한 경로에 의해 성립한 것일까? 이 문제의 해명은 중기 대승불교의 중국적 수용을 확정한 뒤에 그 출발점을 새로이 확인하는 것에도 통한다. 그래서 다

3) 혜원의 연기관이 철저한 진망론을 기조로 한다는 점에 관해서는 요시즈 요시히데(吉津宜英)의 「大乘義章八識義研究」(駒沢大学仏教学部研究紀要』 30号, 1972)와 「慧遠の仏性縁起説」(同 33号, 1975) 등에 상세히 지적하고 있다.

4) 吉津宜英, 앞의 논문(「大乘義章八識義研究」) 및 사카모토 유키오(坂本幸男)의 『華厳教学の研究』(平楽寺書店, 1956), pp. 392~396의 「慧遠の阿陀那識及び阿梨耶識説」 등은 혜원이 제8식의 내용인 진(眞)의 측면을 밝히기 위해 여러 명칭을 사용하고 있음을 지적하고 있다.

소 에둘러 가는 것이긴 하지만, 혜원이 의지하였던 경론의 핵심 취지[骨旨]를 간단히 돌아보면서 '의지'와 '연기'라는 개념을 도출해 내야 했던 혜원의 사상적 배경을 생각해 보고자 한다.

2. 『승만경』과 『능가경』의 여래장설

앞에 든 『기신론의소』의 한 구절 속에서 경증으로 인용된 『승만경』의 문장은 일견 분명히 「자성청정장」에 설해진 것을 취의(趣意)한 것이다.5) 새삼스럽게 말할 것도 없이 「자성청정장」은 여래장이 생사의 의지처임을 보이는 것이며, 그 여래장을 장식으로 보는 것은 경이 본래 요구하는 독해 방법은 아니다. 그렇다면 『승만경』에서 여래장이 생사의 의지처라는 말은 본래 어떠한 의미를 나타내고 있는 것일까? 그 점에 대해 생각해 보기 위해서는 어떤 이유에서 '생사의 의지처'라는 것이 설해져야 했던 것인가, 그 점을 음미해야 할 것이다.

극히 개괄적으로 말하는 것이긴 하지만, 『승만경』을 포함하여 이른바 중기 대승 경전 중에는 제법공(諸法空)을 설하는 교설을 불료

---

5) 『승만경』 「자성청정장」에는 다음과 같이 되어 있다.

> 세존이여, 만약 여래장이 없다면 고(苦)를 싫어하고 열반을 낙구(樂求)할 수 없습니다. 왜 그럴까요? 이 6식 및 심법지(心法智), 이 7법은 찰나에 머무르지 않아서 중고(衆苦)를 심지 않고 고를 싫어하며 열반을 낙구할 수 없습니다.
> 世尊, 若無如來藏者, 不得厭苦樂求涅槃. 何以故. 於此六識及心法智, 此七法刹那不住. 不種衆苦, 不得厭苦樂求涅槃. (大正12.222b)

의(不了義)로 보는 견해를 가지는 것이 있다.[6] 그 점은 중기 대승 경전이 편집되어야 했던 사정을 암암리에 이야기해 주는 것이라고 이해할 수 있을 것이다. 본래 일체법공(一切法空)을 설하는 초기 대승 경전은 그 자체로 완결된 내용을 가졌던 것이다. 그 점은 용수에 의해 석존의 가르침이 훌륭하게 소생된 것에 여실히 나타나 있다. 그럼에도 불구하고 중기 대승 경전이 출현해야만 했던 것은 무엇 때문인가? 이유는 명확하다. 다름 아니라 사람들이 일체법공의 참된 의미를 이해하지 않았거나 혹은 오해했기 때문이다. 공의 입장 가운데에는 중생의 분별의 완전한 부정과 그 완전한 부정을 통해 나타나는 진실상(眞實相)의 표전(表詮)이라는 것이 동시에 표현되어 있다. 자주 인용되는 비유인데, 불은 '태운다'는 점에서 다른 것과 구별된다. 따라서 태움이 불의 독자성이라고 생각된다. 곧 우리가 통상 불과 그것 이외의 것을 구별할 수 있는 것은 불이 태우는 것이라는 사실 때문이라고 생각하고 있다. '불이 장작을 태우고 있다'라는 상황을 생각해 보자. 여기에서는 불은 장작을 태우는 것으로서 스스로를 태우지 않고, 스스로를 태우지 않는 것으로서 장작을 태우고 있다. 따라서 지금 불이 활활 타고 있는 것은 자신을 태우지 않는 것이다. 그렇다면 불 자체 안에서의 불의 존재 양태를 설명하고자 한다면 불은 '태우는 것'이 아니라 '태우지 않는 것'이라고 말해야 할 것이다. '불은 태우지 않는 것이다'라는 불의 정의는

---

6) 대표적인 예는 『해심밀경』의 3시 법륜(大正16.697a)에 볼 수 있다. 그 외에도 일체공(一切空)을 설하는 경전은 유여(有餘)의 설이라고 하는 것(『大法鼓經』 권下, 大正9.296b)이나 일체법공(一切法空)을 설하는 것을 허망하다고 하는 예(『央掘魔羅經』 권2, 大正2.530b) 등을 볼 수 있다.

우리의 상식적 인식을 근저에서부터 뒤집는 것이라고 말할 수 있다. 따라서 우리의 상식적 인식으로서는 '불은 태우지 않는 것이므로 태우는 것이다'라는 표현은 완전히 모순으로 가득한 것으로 비칠 것이다. 이렇게 "제법이 공이다"라는 말은 우리의 상식적 인식의 절대 부정인 동시에, 공이므로 제법은 제법으로서 성립할 수 있다는 제법의 진실상(眞實相)까지도 표현하는 것이다.

이 문맥에 따라 말하자면 "생사는 공이다"라는 표현 자체가 '열반'이라는 말의 의미였던 것이다. 따라서 유분별(有分別)의 세계에는 열반은 존재할 수 없다. 그렇지만 분별이 분별인 이유는 분명 그러한 구조 위에 성립한 열반까지도 분별하여 자신의 내부로 끌어들이고자 하는 데에 있다. 이 점에 의해 생사와 열반을 동일한 평면상에서 분별하려고 하는 견해가 출현하는 것이다. 이러한 견해에 따를 때 '제법공(諸法空)'은 단지 상식적 인식의 부정을 나타내는 것으로 이해하여 그것에 대하여 상주(常住)하는 열반을 주장하기에 이르게 된다. 한번 이러한 오해가 성립해 버리면 오로지 '공'이라는 말에 의해 진실을 전하는 것은 극히 곤란한 것이 되어버릴 것이다. 중기 대승 경전이 제법공을 설하는 것을 '불료의(不了義)'라고 하는 것은 이러한 사정에 기초한 것이다.

그렇다면 이와 관련하여 『승만경』은 이 문제를 어떠한 형태로 보이고 있을까? 그것을 가장 잘 나타내고 있는 것은 다음의 문장이다.

> 세존이여, 2종의 여래장공지(空智)가 있습니다. 세존이여, 공(空)여래장은 일체의 번뇌를 혹은 떠나고 혹은 벗어나며 혹은 [그것과] 다릅니다. 세존이여, 불공(不空)여래장은 항사(恒沙)를

넘어 부사의(不思議)한 불법을 떠나지 않고 벗어나지 않고 [그것과] 다르지 않습니다.
世尊, 有二種如來藏空智. 世尊, 空如來藏, 若離, 若脫, 若異, 一切煩惱藏. 世尊, 不空如來藏, 過於恒沙, 不離, 不脫, 不異, 不思議佛法. (大正12.221c)

이 문장의 '여래장공지'란 이 문장 직전에 다음과 같이 말하고 있는 것과 관련된다.

세존이여, 여래장지(如來藏智)는 여래의 공지입니다.
世尊, 如來藏智, 是如來空智. (앞과 같음)

따라서 본래의 의미에서의 '공'이 여래의 진실의 지혜임을 의미하고 있다고 생각된다. 그것에 대하여 공지(空智)의 내용으로서 '공'과 '불공'이 제시되는 것이다. 공지의 내용인 '공'이란 그것이 번뇌와는 본질적으로 다른 것임을 나타내고 있다. 한편 '불공'이란 여기에서는 항상 불법(佛法)과 상응하고 있음을 의미하고 있다. 파사즉현정(破邪卽顯正)을 나타내는 경우의 본래 의미에서의 공이 부정어에 의해 수식(修飾)되는 일은 있을 수 없으므로, 여기에서 '불공'이라고 말하는 경우의 공의 의미는 '공지'라고 말하는 경우의 본래 의미에서의 공과는 분명히 의미가 다르다. "항상 불법과 상응하고 있다"는 말과 그것을 '불공'이라고 표현하고 있는 것은 그렇게 단순히 결부시키는 것은 아닐 것이다. 따라서 이 '불공'이라는 표현을 통해 앞에서 서술한 것과 같은 단견(斷見)에 의한 공의 이해를 파척(破斥)하려는 의도를 살펴볼 수 있으리라 생각한다. 그리고 이로써 다른 한편으로는 본래의 공이 의미하는 바를 단견에 의해 오해되지 않도록 표현하는 것을 지향해 가게 된다. 중기 대승 경전이 종종 '아(我)'를 설하는 것은 이러한 이유를 반영하는 것이다.[7] 그것은 공을 부정적으로밖에 이해하지 않는 자에 대하여 진리가 상주(常住)함을 표현하는 것이다.

그런데 다음으로는 진리가 '상주'라고 표현됨으로써 그것을 대상화하고, 실재하는 것이라고 보는 견해가 나타난다. 원래 분별이란 유(有)와 그것의 부정으로서의 무(無)에 의해 성립하는 것이므로 진실은 어떻게 표현하고자 하더라도 어느 것이건 유라든가 무로 수속(收束)되고 마는 것이다. 이 점은 『승만경』에는 다음과 같이 나타나 있다.

> 제행무상(諸行無常)을 보는 것은 단견으로서 정견이 아니다. 열반상(涅槃常)을 보는 것은 상견으로서 정견이 아니다. 망상의 견이므로 이러한 견을 짓는다.
> 見諸行無常, 是斷見非正見. 見涅槃常, 是常見非正見. 妄想見故, 作如是見. (大正12.222a)

곧 제행무상과 열반상주를 따로 보지 않고 하나의 것으로 보고,

---

7) 예컨대 남본(南本) 『대반열반경』의 「여래성품(如來性品)」 앞부분은 다음과 같은 문답에 의해 '아'를 논하고 있다.

> 가섭이 부처에게 이렇게 고하였다. "세존이여, 25유에 아가 있습니까?" 부처가 이렇게 말하였다. "선남자여, '아'란 곧 여래장의 뜻이니라. 일체중생에게 모두 불성이 있으니, 곧 이것이 '아'의 뜻이다.
> 迦葉, 白佛言, 世尊, 二十五有有我不耶. 佛言, 善男子, 我者即是如來藏義. 一切衆生悉有佛性, 即是我義. (大正12.648b)

그것을 '공' 이외의 말로 표현하는 것과 같은 지평(地平)을 발견해야 하는 것이다. 상주하는 것과 무상한 것의 상즉성(相卽性)이란 어떠한 구조에서 성립하는 것일까? 예컨대 '중생의 성불'이라는 것을 가지고서 생각해 보자. 중생과 부처가 본질적으로 별개의 것이라면 불이 물이 되는 일이 있을 수 없는 것처럼 중생이 부처가 되는 일은 있을 수 없다. 또 중생과 부처가 본질적으로 같은 것이라면 중생이 부처가 될 필요 등은 전혀 없게 된다. 따라서 이 경우 중생과 부처의 관계는 같은 것인가 다른 것인가 하는 동일면 위에서의 관점으로는 결코 포착할 수 없게 된다. 그럼에도 불구하고 '중생이 부처가 된다'라는 테마는 불교의 근본적 과제이고, 이것을 떠나서 불교는 성립할 수 없다. 그래서 한 가지 생각할 수 있는 것은 중생과 부처라는 개념을 동일 평면상 혹은 같은 차원 속에서 생각하는 것이 아니라, 어떤 하나의 것이 차원이 다른 혹은 층위가 다른 것을 나타내는 것이라고 보는 것이다. 곧 하나의 존재의 다른 층위라고 풀이하여 하나의 존재라는 의미에서는 동일하며, 층위가 다르다는 의미에서는 다르다는 사실이 동시에 성립한다고 이해하는 것이다. 따라서 이를 표현함에 있어서는 시선의 방향이 다름에 의해 당연히 두 가지 말하는 방식이 필요하게 될 것이다. 결국 중생 쪽에 시점을 두면 깨달은 중생을 '부처'라고 칭하게 된다. 한편 부처=여래 쪽에 시점을 두면 헤매고 있는 여래를 '중생'이라고 칭하게 되는 것이다.[8] 같은 내용을 전자는 중생의 존재양태로서, 후자는 여래의 존

---

8) 이러한 견해의 대표적인 예는 『부증불감경』의 다음 문장이다.

사리불이여, 곧 이 법신이 항사를 넘어 무변 번뇌에 얽혀 있고, 무시세 이래 세간에 수순하여 파랑처럼 유전하여 생사에 왕래하는 것을 이름하여

재양태로서 설하여 보이게 된다. 『승만경』이 여래장을 설하는 것은 이 후자의 입장에 따르고 있다. 곧 다음과 같이 정의하는 것과 같다.

> 세존이여, 이처럼 여래 법신은 번뇌장을 떠나지 않은 것을 '여래장'이라 이름합니다.
> 世尊, 如是如來法身不離煩惱藏, 名如來藏. (大正12.221c)

이 정의와 같이 '여래장'이란 말은 중생이라는 자리에 있는 여래 법신의 존재양태를 나타내는 것이다. 여래장이 재전위(在纏位)의 법신이라고 하는 말은 이 점을 직접 표현하는 것이다. 곧 과위(果位)인 출전위(出纏位)의 법신에 대하여 인위(因位)를 '여래장'이라고 말하는 것이다. 따라서 이 문맥에 따르면 여래장이 여래가 되는 것이 열반의 실현이며, 열반 자체는 결코 여래장의 안에는 위치할 수 없게 된다. 그 의미에서는 생사가 여래장을 의지처로 한다고 말하는 것은 생사를 넘어설 가능성을 명확히 함과 동시에 넘어서야 할 것으로서의 생사를 위치시키는 것도 되는 것이다.

이상과 같은 『승만경』의 여래장설 대하여 『능가아발다라보경』에

> '중생'이라 한다.
> 舍利弗, 即此法身過於恒沙無邊煩惱所纏, 從無始世來隨順世間, 波浪漂流往來生死名爲衆生. (大正16.467b)

덧붙여 말하자면, 혜원 등이 상투구로 사용하는 "법신이 오도에 유전하는 것을 이름하여 '중생'이라 한다[法身流轉五道名爲衆生]"(지엄 『수현기』, 大正35.63b)라든가 "법계의 오도에 윤전하는 것을 이름하여 '중생'이라 한다[法界輪轉五道名爲衆生]"(大正44.179b)라는 어법은 이 경문에 의거한다고 생각된다.

서는 같은 역자임에도 불구하고 여래장이 생사를 생기(生起)한다고 설해져 있다. 일례를 들어 보자.

> 부처는 대혜에게 고한다. "여래의 장은 선 · 불선의 인이다. 능히 두루 일체의 취생을 흥조한다."
> 佛告大慧, 如來之藏是善不善因. 能遍興造一切趣生. (大正16.510b)

이러한 설에 따르면 여래장은 일체법의 인(因)이라는 말이 된다. 그런데 '생사의 의지처'라는 말과 '생사의 인'이라는 말은 같은 내용을 나타내고 있는 것일까? 이 점을 확실히 하기 위해 4권 『능가경』의 설을 좀 더 검토해 보자.

4권 『능가경』은 8식이라는 개념을 설하고 있는데,9) 뒤의 보리류지(菩提流支) 역 『대승입능가경』(이른바 10권 『능가경』)에 볼 수 있는 것과 같은 '아리야식(阿梨耶識)'이라는 용어는 쓰이고 있지 않다. 이 점은 아마도 무착(無著) · 세친(世親)의 재세(在世) 연대와 모종의 관계가 있다고 생각되지만, 그 점은 여기에서는 잠시 차치해 둔다. 그리고 10권 『능가경』이 '아리야식'이라고 번역하고 있는 개소

---

9) 예컨대 4권 『능가경』 권2에 다음과 같이 되어 있다.

> 대혜가 부처에게 고하였다. "세존이여, 8식을 건립하지 않습니까?" 부처가 말하였다. "건립한다."
> 大慧, 白佛言, 世尊, 不建立八識耶. 佛言, 建立. (大正16.496a)

또한 4권 『능가경』에서는 8식을 다음과 같이 풀이하여 설한다.

> 대혜여, 선 · 불선이란 이른바 8식이다. 무엇을 8식이라 하는가? 말하자면 여래장을 '식장'이라고 이름한다. 심 · 의 · 의식 및 5식신이다.
> 大慧, 善不善者謂八識. 何等爲八. 謂如來藏名識藏. 心 · 意 · 意識及五識身. (大正16.512b)

는 4권 『능가경』에서는 예외 없이 '장식(藏識)'으로 번역되어 있다. 말할 것도 없이 이 장식은 생사의 근본인데, 다음의 문장에 따르면 그 근본식은 여래장의 어떤 상태를 나타내고 있다고 생각된다.

> 떠나지 않고, 구르지 않는 것을 '여래장식장'이라고 이름한다. 7식은 유전(流轉)하여 소멸하지 않는다. 그 이유는 저것은 모든 식의 생겨남을 반연하는 것에 인하기 때문이다.
> 不離, 不轉名如來藏識藏. 七識流轉不滅. 所以者何. 彼因攀緣諸識生故. (大正16.510b)

여기에서 '여래장식장(如來藏識藏)'이라고 하는 것은 여래장이 현실적으로는 식이라는 상태를 취함을 나타내고 있다.[10] 따라서 '식장(識藏)'이라는 모습을 취하지 않을 때에는 여래장의 본래의 모습이 나타나게 된다.[11] 이 관계 속에서 여래장식장을 일체법의 측면에서 나타낸 것이 장식이고, 열반의 측면에서 본 것이 여래장이라고 말해지는 것이다.

그리고 이 여래장과 여래장식장과 장식의 관계는 경에서는 종종 바다와 물결에 비유되어 있다.[12] 곧 물결은 바다에 의해 바다를 인

---

10) 앞의 주 및 4권 『능가경』 권4에 다음과 같이 설해진 개소 참조.
  이름하여 '식장'이라고 한다. 무명주지를 생하여 7식과 함께 한다.
  名爲識藏. 生無明住地與七識俱. (大正16.510b)

11) 이와 관련하여 4권 『능가경』 권4에는 다음과 같이 설해져 있다.
  대혜여, 만약 '식장'아라는 이름이 없다면 여래장에는 곧 생과 멸이 없다.
  大慧, 若無識藏名如來藏者, 則無生滅. (大正16.510b)

12) 大正16.510b.

(因)으로 하여 생겨나는 것인데, 바다와 물결의 관계는 양자를 동일한 평면상에서 보는 한 동이(同異)로써는 설명할 수 없다. 곧 물결은 바다를 떠나서는 성립하지 않지만 바다 자체는 아니므로, 그곳에서 바다를 보고 있을 때에는 [그곳은] 물결이 아니고 [그곳에서] 물결을 보고 있을 때에는 [그곳은] 바다가 아니기 때문이다. 이 관계에서 여래장은 바다 자체에, 장식은 물결에 비유되어 있다. 그리고 물결이 바다를 떠나서는 성립할 수 없다는 관계성을 '여래장장식'이라고 칭하는 것이다. 이 비유는 실로 뛰어난 것이며, 일별하는 것만으로는 놓쳐 버리기 쉽지만 잘 음미해 보면 여기에는 두 가지의 다른 측면이 포함되어 있다. 하나는 바다에 의해 물결이 있다고 말하는 것이고, 또 하나는 바다를 인으로 하여 물결이 생겨난다고 말하는 것이다. "의하여 있다"라는 말과 "의하여 생한다"라는 말은 같은 내용을 나타내고 있는 것은 아니다. "바다에 의해 물결이 있다"고 말하는 경우에는 물결이 바다에 종속하는 것, 소위 바다의 속성 중 하나로서의 물결을 나타내고 있는 것이며, 양자의 종속·피종속의 관계가 역전하는 일은 결코 없다. 한편 "바다에 의해 물결이 생겨난다"고 말하는 경우에는 바다가 전(全) 존재를 들어 물결이 되어 있는 것이며, 물결을 볼 때는 오로지 바다는 존재하지 않는 것이다. 이 경우에 물결을 생하기 이전의 바다와 [물결을] 생한 이후의 바다를 시간적으로 연속하는 것이라고 생각해서는 안 된다. 그렇게 생각한다는 것에는 [이미] 앞에서 보인 것과 같은 바다의 속성으로서의 물결이라는 개념이 숨어 들어가 있기 때문이다. 우리의 상식적인 바다에 관한 인식 속에 "바다는 상주하는 것, 변화하지 않는 것"이라는 선입견이 있기 때문에 이러한 혼동을 범하는 것이다.

이 점을 다시 생각해 보기 위해 비유를 바꾸어 보자. "씨앗에 의해 싹이 생겨난다"라고 하는 경우는 어떠할까? 씨앗 전체가 조건에 의해 싹을 생하고 있는 것이며, 싹이 생겨났을 때는 씨앗은 이미 씨앗이 아닌 것이다. 씨앗이 씨앗인 때는 어디에도 싹의 존재는 없다. 이 관계는 결코 양자의 시간적인 전후 관계를 나타내고 있는 것은 아니다. '씨앗'이라고 칭해지는 것과 '싹'이라고 칭해지는 것의 논리적인 관계를 나타내고 있는 것이다. 다시 말하자면 싹을 생하는 가능성이 전혀 없는 씨앗, 예컨대 불에 의해 타버린 것이라든가 썩어버린 것 등은 이미 '씨앗'이라고 불리지 않는 경우도 있다. 따라서 이 경우에는 싹이 생겨남이 [씨앗이] 씨앗인 소이(所以)를 성립시키고 있다고 말하는 것도 가능할 것이다. 이렇게 되면 "씨앗에 의해 싹이 생겨난다"라고 하는 견해조차 일면적이라고 말하지 않을 수 없게 된다. 곧 양자는 상의상대(相依相待)의 관계에 있는 것이며, 한쪽에 의해 다른 쪽이 종속적으로 성립하고 있는 것은 아님을 의미하는 것이다. 이것은 이제 다시 말할 것도 없이 불타 석존에 의해 가르쳐진 연기의 사상이 분명하다.

이렇게 생각해 가면 『승만경』에 설해져 있는 여래장설은 "의하여 있다"라는 것을 나타내는 것이며, 결코 "의하여 생겨난다"라는 관계를 나타내는 것은 아님이 명료해질 것이다. 그것에 대하여 4권 『능가경』은 여래장이 일체법을 생하기 위한 인(因)이라는 사상을 설하는 것이다. 이것은 장식(藏識)의 내용으로서의 본식(本識)과 전식(轉識)의 인과 관계를 여래장과 장식의 관계 속에 도입함으로써 성립했다고 생각할 수 있지만, 그것은 본래 다른 흐름으로서 전개해 온 여래장사상과 알라야식사상을 『능가경』이 거듭 밝히고자 한 데 따른 착종(錯綜)이라고 말할 수 있을지도 모른다. 다만 4권 『능가경』의 시대에는 아직 알라야식설은 대성되지 않은 게 확실하다. 이런 점에서 말하자면 이러한 착종 속에서 유식설이 정련되고 있었던 것인지도 모른다. 어쨌든 번역된 경전에 의해서밖에 불교를 알 수 없었던 사람들에게는 이러한 복잡한 사정까지는 꿰뚫어 볼 수 없었던 것이 분명하다.

3. 『능가경』과 『기신론』의 질적 상위

이러한 관점에 서서 혜원이 주석하고자 한 『기신론』의 설을 보면 어떠한 말을 할 수 있을까? 『기신론』이 여래장설과 알라야식설을 융합하고자 한 것임은 종종 지적받아 온 바이다.[13] 또한 그 설의 유사함에 의해 『능가경』이 전개한 것으로서도 자리매김하였다.[14] 이 점에 관하여 『기신론』 자체에서는 어떻게 설하고, 그것이 어떻게 이해되었는가는 앞 장에서 서술한 것과 같다. 따라서 여기에서 옥상옥을 만들 생각은 조금도 없다. 그렇지만 본 장의 문맥상 결코 간과할 수 없는 점이 있으므로 그 점에 국한하여 언급해 두고자 한다.

『기신론』은 우선 「입의분(立義分)」에서 세간(世間)·출세간(出

13) 望月信亨, 『講述大乘起信論』(富山房百科文庫, 1938), pp. 89~97; 宇井伯寿, 『仏教汎論』(岩波書店, 1962), pp. 461~464; 平川彰, 『大乘起信論』(仏典講座22, 大蔵出版, 1973), p. 56; 柏木弘雄, 『大乘起信論の研究』(春秋社, 1981), pp. 146~182 등 참조.

14) 望月信亨, 『講述大乘起信論』, pp. 85~89; 平川彰, 『大乘起信論』, p. 56 등 참조.

世間)의 온갖 법의 의지처를 '중생심(衆生心)'이라고 정의한다.[15] 그리고 이 마음에 심진여(心眞如)와 심생멸(心生滅)[16]의 2문을 세움으로써 출세간과 세간의 온갖 구조를 해명하고자 한다. 그 심진여문은 출세간을 나타내는 것이므로 본래 언어에 의해 표현할 수 없다고 하면서도 그것을 굳이 분별하면 '여실공(如實空)'과 '여실불공(如實不空)'[17]으로 나뉜다고 하는 말 등은 『승만경』이 공지(空智)=여래장지(如來藏智)의 내용으로서 보인 것과 거의 같은 내용을 가지고 있다. 따라서 『승만경』이 '여래장'이라고 표현한 내용을 『기신론』은 중생심의 심진여에 자리매김하고 있음을 알 수 있다. 그것에 대하여 심생멸문은 세간의 일체제법의 구조를 밝히는 것이다. 여기에서는 다음과 같이 제시되어 있고, 여래장설과 아리야식설이 교묘하게 끼워 넣어져 있는 것을 볼 수 있다.

> '심생멸'이란 여래장에 의하므로 생멸심이 있다. 말하자면 불생불멸과 생멸이 화합하여 하나도 아니고, 다르지도 않은 것을 이름하여 '아리야식'이라고 한다. <u>이 식</u>에 두 가지 뜻이 있다. 능히 일체법을 포섭하고, 일체법을 생하는 것이다.
> 心生滅者, 依如來藏故有生滅心. 所謂不生不滅與生滅和合非一非異名爲阿梨耶識. <u>此識</u>有二種義. 能攝一切法, 生一切法. (大正32.576b)

여기에서 놓쳐서는 안 되는 것은 "여래장에 의하므로 생멸심이

15) 大正32.575c.
16) 大正32.576a.
17) 위와 같음.

있다"라고 말해지는 것처럼 여래장과 세간법의 관계는 '의하여 있는' 것이며 결코 여래장에 의하여 세간법을 생기한다고는 설해져 있지 않다는 점이다. 그것에 대하여 세간법을 생기한다고 하는 것은 '아리야식'이고, 아리야식이 일체법을 포섭하고 일체법을 생한다고 설해져 있다. 그리고 그 아리야식은 여래장 자체와의 관계로는 제시되지 않고 불생불멸과 생멸의 비일비이(非一非異)로서 제시되는 것이다. 이 점이 4권 『능가경』과의 근본적인 상위이다. 4권 『능가경』에서는 여래장이 세간·출세간법의 인(因)이라고 되어 있는 것에 대하여 『기신론』에서는 여래장은 어디까지 세간법의 의지처이다. 이 점은 여래장설에 관해서 말하자면 『기신론』은 기본적으로 『승만경』과 같은 입장임을 나타내고 있다. 만약 『능가경』보다도 『기신론』의 성립이 나중이라고 한다면 『기신론』은 『능가경』의 착종(錯綜)을 수정하고 있다고 생각할 수도 있지 않을까? 또한 『기신론』은 아리야식이 일체법을 생한다고 말하면서 인으로서의 종자식을 설하는 것도 아니다. 이 점에서 아리야식을 본식으로 보는 인과(因果)연기를 적극적으로 설하려 하는 것도 아니다. 요컨대 '여래장에 의해 제법이 생겨난다'는 견해를 고치기 위해서 여래장과 제법의 사이에 본식으로서의 아리야식을 끼워 넣었을 뿐인 것이다. 그러나 단지 이것만으로 『능가경』이 범한 착종으로부터 해방되어, 이 여래장에 의해 아리야식이 있고, 그 아리야식에 의해 제법이 생기한다고 하는 도식이 성립하게 된다. 그리고 이 일련의 견해는 여래장과 아리야식을 동시에 설하면서, 나아가 양자 본래의 의미로부터 일탈하지 않는 견해를 제시하게 되는 것이다.

이렇게 보게 되면 『승만경』과 『능가경』과 『기신론』에 설해진 여래장설을 질적으로 완전히 같은 것이라고 생각하는 것은 도저히 불가능하다. 거기에는 '여래장'이라는 공통된 단어가 사용되고는 있지만 내용적으로는 분명히 2단계의 전개가 있다. 본 절의 주제와 관련한 점만을 정리하면 다음과 같이 말할 수 있을 것이다.

먼저 『기신론』이 『능가경』에 선행하여 성립했을 가능성은 거의 없다고 생각해도 된다고 본다. 그렇다면 『능가경』과 『승만경』에서는 어떠할까? 만약 여래장설과 알라야식설이 원래 하나의 것으로서, [곧 동일한 사상으로서] 성립해 온 것이라면 『능가경』의 여래장설을 정련한 것이 『승만경』의 그것이라고 하는 견해도 불가능한 것은 아니다. 그러나 이 견해에는 전제 부분에 상당한 무리가 있다. 곧 반야 · 공사상의 전개로서 여래장설과 알라야식설이 설해지기 시작했다고 생각하면, 만약 양자가 같은 내용을 가진 것이라면 두 가지의 교설로서 설해져야 할 이유가 전혀 존재하지 않기 때문이다. 따라서 여래장과 알라야식은 똑같이 반야 · 공사상을 공통의 원천으로 하면서도 설해지기 시작한 기반 혹은 방향성이 다른 것이라고 생각해야 할 것이다. 이 점에 관해서는 제3장 제2절에서 논한 것과 같다. 그 때문에 4권 『능가경』의 설을 정리한 것이 『승만경』이라고 보는 견해는 합리성이 없는 것이라고 말할 수 있다. 이상에 의해 이 3종의 책에서 여래장사상의 전개는 『승만경』 → 4권 『능가경』 → 『기신론』이라는 흐름으로서 이해할 수 있다.

이미 고찰해 온 것처럼 『승만경』으로 대표되는 여래장설은 용수(龍樹)에 의해 '공성' 혹은 '중(中)'으로 표현된 불타의 깨달음의 내용을 중생에게 있는 여래의 존재 양태로서 보이고자 하는 것이었다. 그것이 설해져야 했던 배경에는 다양한 사정을 생각할 수 있지만, 단(斷)·상(常) 2견의 집착을 지양하는 것이 가장 큰 과제였다고 생각된다. 그것에 대하여 알라야식설은 가(假)의 구조를 철저하게 해명함으로써 공에 이르는 길을 밝히려는 데에 기본적인 입장이 있다. 그리고 이 점에 근거하여 양자의 외견상의 공통점을 든다고 하면, [그것은] 어느 쪽이건 '생사의 의지처'라고 설해지는 점이다.[18] 이 점에서 『능가경』은 스스로의 안에 여래장을 받아들인 것이다. 그리고 그것은 결과로서 '생사의 인으로서의 여래장'이라는 개념을 낳게 되지만, 이 점은 환언하자면 세속제 속에 승의제를 끌어들인 것과 같다. 말이 약간 비약인 것 같지만, 여래장사상을 대성한 논서라고 일컫는 『구경일승보성론(究竟一乘寶性論)』을 번역한

---

18) 이와 관련하여 진제 역 『섭대승론』은 십승상(十勝相)의 첫 번째로 응지의지승상(應知依止勝相)을 들어 다음과 같이 말한다.

> 이 초설(初說)인 응지의지를 세워 '아리야식'이라고 이름한다.
> 此初說應知依止立名阿黎耶識. (大正31.113c)

그리고 그 경증(經證)으로서 『대승아비달마경』의 게라고 알려진 다음 문장을 들고 있다.

> 이 계는 무시의 때부터 일체법의 의지이다.
> 만약 있다면 제유(諸有)가 있으며 나아가 열반을 얻음이 있다.
> 此界無始時　一切法依止
> 若有諸道有　及有得涅槃. (大正31.114a)

나아가 진제 역의 세친 『석론』(=『섭대승론석』)이 이 '계'를 다섯 뜻으로 풀이하고 있음(大正31.156c)은 이미 잘 알려져 있는 바이다. 한편 『승만경』은 여래장과의 관계를 풀이하여 다음과 같이 말한다.

> 세존이여, 생사는 여래장에 의하는 것입니다. 여래장이기에 본제(本際)는 알 수 없다고 설합니다. 세존이여, 여래장이 있으므로 생사를 설하는 것입니다. 이를 '선설(善說)'이라 이름합니다.
> 世尊, 生死者依如來藏. 以如來藏故說本際不可知. 世尊, 有如來藏故說生死. 是名善說. (大正12.222b)

늑나마제(勒那摩提)와 10권 『능가경』을 번역한 보리류지(菩提流支)가 크게 논쟁했다고 말해지는 것[19]의 원인은 아마도 틀림없이 이 문제였을 것이다. 늑나마제로서는 '생사의 인으로서의 여래장'이라는 견해는 단연코 용인할 수 없는 사고방식이었다. 이러한 점에 주의를 기울이면 『기신론』이 일탈하는 일 없이 자상하게 두 가지 설을 취급하고 있다는 점이 다시금 주목될 것이다. 『기신론』은 『능가경』의 단순한 연장선상에 위치하는 것은 아니다.

소결

혜원의 '의지(依持)'와 '연기(緣起)'라는 사고방식에 발단(發端)하면서 상당히 길을 돌아온 것 같은데, 이미 언급해 온 것과 같은 몇 가지 요점에 의해 그것이 "의하여 있다(=依持)"라는 것과 "의하여 생한다(=緣起)"라는 것을 의미하는 것임이 밝혀졌을 것이다. 그렇다면 양자는 어떠한 필연성에 의해 세워진 것이었는가? 또한 그것은 중국에서 불교의 전개 과정에서 어떻게 자리매김한 것인가? 마지막으로 이러한 논점들을 정리해 두고자 한다.

혜원이 속한 지론종 남도파는 보리류지와 대립하였다고 하는 늑나마제의 가르침을 끌어왔다고 한다. 그러나 보리류지의 영향을 받지 않은 것은 아니다. 보리류지는 한토(漢土)에 처음으로 무착·세친의 불교를 전한 사람인데, 한편에서는 『부증불감경』이나 『무상의경(無上依經)』 등의 여래장 계통의 경전도 번역하고 있다. 그 때

19) 본서 제1장 제1절 2. 「지론종의 성립에 관한 문제들」 참조.

문인지 아닌지는 확정할 수 없지만, 보리류지가 번역한 10권 『능가경』은 '여래장-아리야식'이라는 개념을 전면에 내세우는 것이 특징이다.[20] 이 견해는 여래장과 장식에 관한 4권 『능가경』의 고뇌 가득한 설에 관하여 양자를 적극적으로 동일시하는 방향성을 가지고서 한 단계 발전시킨 것이다. 따라서 여래장-아리야식은 제8식임에도 불구하고 제법을 생하는 인(因)인 동시에 연기한 제법에 있어서는 의지처이고, 그것들과 같은 성질의 것은 아니라고 하는 일면도 가지고 있다. 그리고 나아가 그 양면 중 한쪽만을 취할 때는 전자는 '아리야식', 후자는 '여래장' 혹은 '여래장식'으로만 불리며, 암암리에 '여래장-아리야식'과 완전히 같다고 이해하는 것을 피하고 있는 것 같다.[21] 이러한 사정 때문에 이들의 교설을 받아들인

---

20) 예컨대 『능가경』 권7에는 다음과 같이 되어 있다.

> 따라서, 대혜여, 모든 보살마하살은 승법(勝法)인 여래장-아리야식을 증득하고자 한다면, 마땅히 수행하여 청정하게 해야 하는 것이다.
> 是故大慧, 諸菩薩摩訶薩欲證勝法如來藏阿梨耶識者, 應當修行令清淨故. (大正16.556c)

21) 이 점과 관련하여, 예컨대 『능가경』 권2 「집일체불성품(集一切佛性品)」 등에서는 허망분별의 구조를 밝히면서 다음과 같이 설할 뿐, 결코 여래장에 대해서는 언급하지 않는다.

> 대혜여, 아리야식의 허망분별은 갖가지로 훈멸하여 제근(諸根) 역시 소멸한다. 대혜여, 이것을 '상멸'이라고 이름한다.
> 大慧, 阿梨耶識虛妄分別, 種種熏滅諸根亦滅. 大慧, 是名相滅. (大正16.522a)

이에 대하여 권7 「불성품(佛性品)」에서는 아리야식과 여래장의 관계를 역설하고 있다. 우선 여래장이 일체법의 인(因)임에 관해서는 다음과 같이 설하여 4권 『능가경』과 거의 같은 취지를 서술하고 있다.

> 부처는 대혜에게 고한다. "여래의 장은 선·불선의 인이므로 능히 육도와 생사의 인연이 된다."
> 佛告大慧, 如來之藏是善不善因故, 能與六道作生死因緣. (大正16.556b)

사람들 가운데에는 아리야식을 제7식으로 보는 설[22]이나 9식설[23]을 세운 불교도도 있었던 것 같다. 그렇지만 이러한 설들은 경설에 의해 명확하게 뒷받침될 수는 없다. 『능가경』에서는 어디까지나 제8식의 내용으로서 아리야식과 여래장(식)이 설해지고 있기 때문이다.

이상과 같은 사정을 반영함으로써 혜원의 제8식 이해는 결과적으로 모순으로 가득 차게 되어 버렸다.[24] 곧 여래장과 아리야식 양자를 『십지경론』에서 마음을 파악하는 중심인 제6지의 "삼계허망

다음으로 아리야식을 여래장과 동일시하는 예로서는 다음과 같은 설을 볼 수 있는데, 이들의 설에 의해 여래장-아리야식이라는 개념이 생겨나는 것이다.

> 대혜여, 아리야식은 '여래장'이라고 이름한다. 무명 7식과 더불어 함께한다.
> 大慧, 阿梨耶識者, 名如來藏. 而與無明七識共俱. (大正16.556b~c)

이에 대해서는 다음 경문 등에 의하면 양자가 별개라고 보는 관점을 가지는 것 [또한] 이해할 수 있다.

> 대혜여, 여래장식은 아리야식 가운데에 있지 않다.
> 大慧, 如來藏識不在阿梨耶識中. (大正16.556c)

22) 坂本幸男, 앞의 책(앞의 주4에 소개됨), pp. 384~392의 「法上の第七阿梨耶識説」 참조.

23) 담천에 의한 진제 역 『섭대승론』의 북지 개강을 계기로 성립하였다고 여겨지는 북지 섭론종에 속하는 불교도의 손에 의한 것으로 생각된다(이 점에 관해서는 상세히 음미해야 한다고 생각하고 있다). 『섭대승론장(攝大乘論章)』(가제, 大正85, no. 2807)에는 다음과 같이 되어 있는데, 아마도 『능가경』이 제9식을 설하고 있는 듯한 해석이 이루어져 있다.

> 8·9 2식의 체란, 이 2식은 혹은 '8식'이라 이름하고 혹은 '9식'이라 이름하는 것이니, 따라서 『능가경』에서 '8·9 종종식'이라고 하는 것이다.
> 言八九二識體者, 此之二識或名八識, 或名九識. 故楞伽云, 八九種種識. (大正85.1016c)

24) 坂本幸男, 앞의 책(앞의 주4에 소개됨), p. 396 참조.

단시일심작(三界虛妄 但是一心作)”[25]의 일심의 내용이라고 볼 경우, 거기에는 제법을 생기하는 인으로서의 일면, 그리고 제법과 함께 있으면서 제법과 섞이지 않고 출세간을 구하는 경우 그 의지처가 되는 것과 같은 일면을 합쳐서 가지게 되는 것이다. ‘의하여 생하는 것’과 ‘의하여 있는 것’은 본래 별개의 논리였음에도 불구하고 어느 쪽이건 제8식의 내용으로 하는 것이므로 당연히 그 주장은 혼란되지 않을 수 없는 것이다.

이미 지적한 것처럼 혜원은 『승만경』의 여래장을 『능가경』을 경유해 ‘장식(藏識)’으로 바꾸어 말하고 있다. 이 사실은 분명히 혜원이 여래장과 아리야식을 별개의 것으로는 생각하고 있지 않음을 나타내고 있다. 이러한 이해에 의해 생겨나는 모순은 여래장과 아리야식을 본래 별개의 논리로 분리해서만 해결될 수 있는 성질을 가지는 문제이다. 그런데 혜원에게서는 『승만경』과 『능가경』과 『기신론』을 동일한 평면상에서 다루는 것이 출발점이었다. 그럼으로써 생겨나는 모순을 회통하는 관점으로 생각해 낸 것이 ‘의지’와 ‘연기’라는 개념이었음에 틀림없다. 이러한 혜원의 사상 가운데 아리야식 이해에 관한 문제는 그 뒤 더욱 상세한 유식설이 전해짐으로써 사상적인 정리가 덧붙여졌다. 한편 여래장을 연기에서의 인(因)이라고 이해하는 견해는 그 뒤에도 정정될 기회를 거의 얻지 못한 채 여래장에 관한 일반적인 이해로서 중국불교계에 정착하여 오늘날에 이르고 있는 것은 아닌가 하고 생각된다.

---

25) 『十地經論』 권8(大正26.169a); 60권본 『華嚴經』 권25(大正9.585c).

제2절 지론학파의 법계연기사상

서장에서 서술한 것처럼 법장(法藏)은 자신의 스승인 지엄(智儼)에 대하여 '별교일승 무진연기(別教一乘無盡緣起)'를 이해하고 '입교분종(立教分宗)'하여 『화엄경』의 주석을 썼다고 기록하고 있다.[26] 그리고 이 '별교일승 무진연기'를 가리켜 자신의 저서 『화엄오교장』의 '십현연기 무애법문의(十玄緣起無礙法門義)'에서는 '법계연기'라고 칭하고 있다.[27] 그 때문에 법장에게 '법계연기'라는 개념은 화엄교학의 중심 사상을 의미하는 것이다. 그리고 저 지엄의 주석서는 바로 『수현기』이므로 법장은 지엄[의 사상 형성]에 있어서의 『수현기』의 찬술을 극히 무거운 의미에서 받아들이게 된다.

지금까지도 갖가지로 고찰해 온 것처럼 지엄의 사상은 지정(智正) 계통의 지론교학과 『섭대승론』에 기초한 연기사상과 두순(杜順)의 법계사상이 중층적으로 융합하여 성립한 것이다.[28] 따라서

---

26) 『華嚴經傳記』 권3(大正51.163c).

27) 大正45.503a.

28) 지엄의 사상적 배경에 관해서 전체적으로 키무라 키요타카(木村清孝)의, 『初期中国華厳思想の研究』(春秋社, 1977)의 제2편 「智儼とその思想」을, 『섭대승론』과의 관계에 관해서는 본서 제1장 제2절을, 두순과의 적극적인

지엄의 사상의 독자성은 교리 용어의 공통성만으로는 결코 알 수 없다. 법장이 중시한 '법계연기'라는 용어도 예외는 아니다. 그것은 지엄 이전의 지론교학에서도 사용되던 용어인 것이다. '법계연기'라는 용어가 이미 지론교학에 존재하고 그것이 화엄교학에 큰 영향을 주었다는 것은 지금까지 몇몇 선학(先學)이 지적하였다.[29] 그러나 그러한 지적은 대개 용어의 선재성(先在性)을 지적했을 뿐이며, 지론교학과 화엄교학이 어떻게 맞부딪쳤는가 하는 관심에 의해 이루어졌다고는 말하기 어렵다. 그 때문에 본 절에서는 그러한 선학의 지적에 의지하면서 지론교학의 '법계연기'의 내용을 검토하여 지론교학에 대한 화엄교학의 독자성을 밝히기 위한 기초 작업으로 삼고자 한다.

1. 연집설(緣集說)의 근거가 된 『십지경론』의 설

지론교학의 법계연기설을 고찰함에 있어서는 우선 지론종의 특징적인 사상인 '연집설'을 고찰해야 한다. 왜냐하면 '법계연기'는 연집설과 겹쳐서 나타나기 때문이다. 지론종의 연집설에 관해서는 이미 선학에 의해 그 내용이 소개되어 있다.[30] 또한 '연기'와 '연

관련성에 관해서는 본서 제7장 제1절 등을 참조하라.

29) 坂本幸男, 「法界縁起の歴史的形成」(『大乘仏教の研究』, 大東出版社, 1980); 木村清孝, 앞의 책(위의 주28에 소개됨), 제1편 제7장 제4절 「地論南道派の「法界縁起」思想」; 아래의 주30에 보일 아오키 타카시(青木隆)의 일련의 논문 등 참조.

집'이 어떻게 서로 관계하고 있고, 그것은 무엇에 기초하는 것인가 하는 점에 관해서는 제3장 제1절에서 서술하였으므로 여기에서는 본 절의 논지상 간과할 수 없는 점만을 거론하는 데 그치고자 한다.

지론학파의 '연집설'의 근거는 『십지경』 제6지에 설해진 '인연집(因緣集)'이다.[31] 이 말에 관해서는 제3장 제1절에서 이미 검토했지만 요점을 다시 말하면 다음과 같다.

(1) 경은 우선 "세간의 온갖 수신(受身)·생소(生所)의 차별"은 나에게 탐착하는 것이 원인이라고 하여 '십이인연'을 제시한다.

(2) 다음으로 '십이인연'을 해설하여 다음과 같이 말한다.
이 인연집, 모으는 자가 있지 않아 자연히 모이고, 흩어지게 하는 자 있지 않아 자연히 멸한다.
是因緣集, 無有集者自然而集, 無有滅者自然而滅. (『十地經論』 所釋의 『十地經』, 後魏 菩提流支 역, 大正26.186b)

(3) 다음으로 "이 인연집에 3종의 관문이 있다"라고 하여 성답상차별(成答相差別)·제일의제차별(第一義諦差別)·세제차별(世諦差別)을 든다.

(4) 이 가운데에서 '성답상차별'은 문답으로 착아(着我)와 십이인연의 관계를 보이고, 착아를 떠나면 그대로 제일의제라고

30) 아오키 타카시(青木隆)의 「中国地論宗における縁集説の展開」(『フィロソフイア』 75号, 1988), 「天台大師と地論宗教学」(『天台大師研究』, 祖師讃仰大法会事務局 天台学会, 1997), 그리고 「地論宗の融即論と縁起説」(荒牧典俊 편저, 『北朝隋唐 中国仏教思想史』, 法蔵館, 2000) 등 참조.

31) 大正26.168b.

한다. 그리고 제일의제에 관해서는 어떠한 언급도 하지 않고 '세제차별'을 나타내어 다음과 같이 말하는 것이다.

삼계는 허망하여 다만 이 일심이 지은 것이다. … 십이인연분은 모두 일심에 의한다.

三界虛妄但是一心作, 十二因緣分皆依一心. (大正26.169a)

요컨대 『십지경』의 이 중요한 경문은 경의 문맥에 따르면 세속제를 나타내는 것이다. 세속제를 나타낸다는 것에는 두 가지의 중요한 의미가 있다. 하나는 말할 것도 없이 그것이 제일의제는 아니라는 점이고, 또 하나는 세속에서의 진리라는 점이다. 바꿔 말하자면 언어를 초월한 절대적인 진리가 아니지만, 언어 세계에서의 진리라는 것이다. 진리 · 진실과 그것을 언어로써 표현하는 것 사이에는 근본적인 문제가 존재하고 있다. 붓다가 설법을 단념한 사실을 비롯하여 많은 대승 경전이 주의해 온 문제이다. 곧 지론학파의 '연집설'은 언어를 끼고서 언어 측면의 문제와 언어에 의해 표현되는 '사물[もの]', 혹은 '사태[こと]'의 문제를 서로 겹쳐서 가지고 있다는 것이다.

2. 지론학파의 연집설과 혜원 · 영유(靈裕)의 '법계연기'

이 '인연집'을 둘러싸고 지론학파가 갖가지의 연집설을 전개하는 것은 아오키 타카시(青木隆)에 의한 일련의 논고가 있으므로[32] 여

32) 앞의 주30 참조.

기에서는 그것에 따라 요점을 기록한다.

우선 가장 원초적인 사상으로 '연집'이라는 말을 쓰고 있다고 생각되는 것은 영변(靈辯, 477~522)이 제시한 다음 문장이다.

> 보살은 여실히 분별하여 연집은 유위이고, 연집이 아닌 것은 무위라고 안다.
> 菩薩如實分別, 知緣集是有爲, 非緣集是無爲. 33)

곧 세속의 유위법을 가리켜 '연집'이라고 말하고 무위법과 구별하는 것이다.

다음으로 이 무위법까지도 '연집'이라는 개념으로 정리한 것이 법상(法上, 495~580)의 2종 연집설이다.

> '연'과 관련하여 유위연집, 무위연집은 그 체이다. 이미 그 연이 있으면 반드시 본실이 있다. 따라서 다음으로 법을 설명한다. 법을 '자체진여'라고 이름한다.
> 緣者有爲緣集無爲緣集體也. 既有其緣必有本實. 故次辯法. 法名自體眞如. (大正85.764a)

이것은 무위법을 체로 하고, 체를 근거로 하여 수연(隨緣)하는 것이 유위법이라고 하는 이해이다. 앞의 영변의 사고방식을 교리적으로 정리한 것이라고 말할 수 있을 것이다.

---

33) 『華嚴經論』 권17(新藤晋海, 「霊弁述華厳経論新発見分の紹介(四)」, 『南都仏教』 12号, 1962, p. 120 참조).

다음으로 체를 근거로 하여 수연하는 것을 유위·무위로 나눈 것이 정영사 혜원(522~592)의 3종 연집설인데, 다음과 같이 말하고 있다.

> '인연'의 뜻은 경 중에는 또한 '연기'·'연집'이라고 이름한다. 인에 가설하고 연에 의탁하여 제법이 있다. 따라서 '인연'이라고 말한다. 법이 일어나는 것은 연[의 힘]에 빌린다. 따라서 '연기'라고 칭한다. 법은 연으로부터 모인다. 따라서 '연집'이라고 이름한다. 분별하면 셋이 있다. 첫째는 유위, 둘째는 무위, 셋째는 자체이다.
>
> 因緣之義, 經中亦名緣起緣集. 假因託緣而有諸法. 故曰因緣. 法起藉緣. 故稱緣起. 法從緣集. 故名緣集. 分別有三. 一是有爲, 二是無爲, 三是自體. (續藏1-71-2.145左上)

이 문장에 이어 유위·무위·자체연집의 내용을 해설하고 있는데, 요컨대 염인(染因)에 의해 열반을 낳는 것을 '유위연집'이라 하고, 정인(淨因)에 의해 열반을 낳는 것을 '무위연집'이라 하며, 양자의 근거가 여래장인 것을 '자체연집'이라고 하는 것이다. 이 혜원의 연집설이 『유마경』이나 『승만경』·『능가경』·『기신론』 등의 설들을 『십지경』의 '일심'을 가지고서 회통하고자 한 결과임은 이미 지적한 바와 같다.[34] 여기에서 분명한 것처럼 그때 근거가 된 것은 여래장이다. 이 점에 관해서 혜원은 다음과 같이 말한다.

---

34) 본서 제3장 제1절 및 제5장 제1절 등 참조.

'자체'라고 하는 것은 곧 앞의 생사 · 열반의 법의 당법의 자성은 모두 연기[라는 것]이다. 그 상은 어떠한 것이냐 하면, "생사의 본성이 곧 여래의 장이다"라고 설한 것과 같다. 여래장 가운데에 일체의 항사의 불법을 구족한다.

言自體者, 即前生死涅槃之法當法自性皆是緣起. 其相, 云何, 如說生死本性即是如來之藏. 如來藏中具足一切恒沙佛法. (同.左下)

그리고 이러한 여래장관이 근본적으로 모순을 안고 있어서 그 모순을 회통하기 위한 논리가 앞의 절에서 서술한 '의지'와 '연기'라는 개념이었다.[35] 이 여래장관이 혜원의 근본 사상이므로 혜원이 '법계연기'라는 용어를 사용한다고 하더라도 그것은 '자체연집'처럼 중요한 개념은 아니다.

그렇다면 다음으로 혜원[의 저작]을 통해 '법계연기'라는 용례를 살펴보고자 한다. 혜원에게 '법계연기'라는 용어가 있음은 이미 지적하고 있는 바이다.[36] 그것은 예컨대 『대승의장』에 다음과 같이 사용되는 것이다.

네 번째(초지 이상)는 여래장 중의 <u>진실한 법계연기</u>의 문을 해지(解知)하는 것이다.

第四解知如來藏中<u>真實法界緣起</u>之門. (大正44.651b)

이것은 「2종 종성의(二種種性義)」를 해석하면서 설해져 있는 것

35) 본서 제5장 제1절 참조.
36) 앞의 주29 참조.

이다. 이 말은 무엇을 나타내고 있는가? 여기에서 [혜원은] 수행자가 진리에 도달해 가는 계제(階梯)를 4단계(習種爲, 性種位, 解行位, 初地 이상)로 나누어 그 제4단계의 지혜의 내용을 설명하고 있다. 이 전후의 문장에서는 같은 내용을 '진실연기법계(眞實緣起法界)'[37]라고 말하거나 '연기무진법계(緣起無盡法界)'[38]라고 말하고 있으므로 '법계연기'라는 고정된 교리적 개념이 있는 것은 아니라고 생각된다. 이러한 추찰을 증명하는 교증(敎證)으로서 '법계'와 '연기'에 관한 혜원의 다음과 같은 이해를 제시할 수 있다.

> 여래장 가운데 항사의 불법이 있어 동일한 체성이다. 서로 연집하는 것을 이름하여 '연기'라고 한다. 문은 별로서 각각 다른 것을 이름하여 '법계'라고 한다.
> 如來藏中恒沙佛法同一體性. 互相緣集名爲緣起. 門別各異名爲法界. (『地持論義記』 卷5下, 續藏1-61-3.245右上)

또한 '법계'의 정의에 관해서는 다음과 같이 말한다.

> '법'이란 자체여래장 속에 일체법을 갖춘 것이다. 마찬가지로 일체이긴 하지만 문은 별로서 항상 다른 것이다. 다르기 때문에 '계'라고 이름한다.
> 法者自體如來藏中具一切法. 雖同一體門別恒異. 異故名界. (『十地經論義記』 卷1, 續藏1-71-2.161左上)

---

37) 大正44.651b.
38) 위와 같음.

여기에서 혜원이 말하고 있는 것은 체로서의 여래장에 온갖 공덕이 갖추어져 있다는 것이 '법'이고, '연기'라는 것이다. 그리고 이러한 공덕이 여래장이라는 일체(一體)에서의 사물이면서 동시에 온갖 구별을 성립시키고 있음을 '계'라든가 '법계'라고 말하는 것이다. 그 때문에 앞에 나온 『대승의장』에 설해진 통일감의 결여도 이로써 납득할 수 있다. 이러한 관점에 서게 되면 혜원의 다음과 같은 문맥에서 제시된 '법계연기'도 같은 방식으로 이해할 수 있다.

> 이러한 경전들(대품 · 법화 · 화엄 · 열반 · 유마 · 승만)은 곧 그 문이 구별되어 천심(淺深)이 다르지 않아야 한다. 만약 파상(破相)을 논한다면 그것을 부정하는 것으로 끝나게 된다. 만약 그 진실을 논하자면 모두 법계연기의 법문을 밝힌다. 그 행덕을 말하자면 모두 진성연기가 이루는 바이다.
> 是等諸經, 乃可門別淺深不異. 若論破相遣之畢竟. 若論其實皆明法界緣起法門. 語其行德皆是真性緣起所成. (大正44.483b)

곧 대승 경전에는 각각 과제가 있으므로 그 점에서는 외견상의 차이가 있는 것처럼 보이지만, 그 내실은 어느 것이나 여래장의 온갖 공덕을 밝히기 위한 것이며, 여래장(=진성연기)에 의해 성립되어 있다고 할 수 있을 것이다.

요컨대 일체법의 체를 여래장이라고 이해한 혜원으로서는 여래장에 모든 공덕이 모여 있는 것이 '연집'(연기)이고, 그 공덕이 각각 구별되는 것이 '법계'인 것이다. 그 때문에 '법계연기'라고 하든 '연기법계'라고 하든 의미는 다르지 않으며, 뒤에 서술하는 것과 같은 4종 연집설로 전개할 필연성도 없던 것이다.

혜원과 거의 동시대의 사람으로서 같은 방식으로 '법계연기'라는 용어를 쓴 사람이 있다. 그는 바로 영유(靈裕, 518~605)이다. 영유도 시대적으로는 매우 중요한 역할을 담당한 불교도였지만, 여기에서는 '법계연기'에만 초점을 맞추어 논의를 진행하고자 한다. 영유의 『화엄문의기(華嚴文義記)』는 '연집'이라는 용어는 사용하지 않지만, '유위법 · 무위법 · 자체연기법'이라는 카테고리를 제시하고, 각각이 "범부에 상응하는 법, 이승에 상응하는 법, 보살에 상응하는 법"이라는 내용으로 되어 있다. 더욱이 <u>법·보·응(法報應)의 3신(身)을 낳는 작용을 '법계연기'라고 칭하고 있다</u>. 다음의 문장이 그것이다.

> 처음의 4신(淨法身 · 善業化身 · 持佛法身 · 如意法身)은 바로 법계연기로서 진신(眞身)을 이루는 뜻을 밝힌다. 두 번째로 '비생멸' 이하의 4신(非生滅身 · 非去來身 · 非虛實身 · 非聚散身)은 그 몸이 무상한 것이 아니다. 이 때문에 진임을 밝히는 것이다. … 선업화(善業化)는 보신이고, 지불(持佛)은 응신이고, 여의(如意)는 응(應)의 별도의 작용이다.
> 初之四身正明法界緣起, 成真身之義. 二非生滅已下四身明身非無常, 是故真也. … 善業化者報身也, 持佛者應身也, 如意者應之別用也. (續藏1-88-1.14左上)

『화엄경』「입법계품」의 마야부인이 설한 1부(部)에는 선지식이 갖가지 모습을 보인다고 설해져 있고,[39] 이것은 그것을 주석한 것이다. 괄호 안에 있는 말은 경전에 언급된 단어들이다. 이것과 거의 같은 내용의 교설이 돈황 문헌인 『법계도(法界圖)』에도 존재한다는 지적이 있었다.[40] 이 자료에서는 법신(=자성연집)·보신(=무위연집)·응신(=유위연집)이라고 정의하여 다음과 같이 설해져 있다.

> 이 3종의 신(身)이 원융하여 불이인 것은 곧 법계연집신이다. 무방(無方)의 대용(大用)으로서 처(處)하여 존재하지 않음이 없다.
> 此三種身圓融不二即是法界緣集身也. 無方大用無處不在. (주40의 아오키의 논문, p. 77)

불신(佛身)을 성립시키는 근거를 '연집'으로 설명하고 영유와 마찬가지로 3신이 원융함을 '법계연집'이라는 개념으로 나타낸 것이다. 영유의 사상과 돈황 문헌 『법계도』의 직접적인 관계는 불분명하지만, 이것들에 의해 혜원과 같은 사고방식과는 별개로 여래 출현의 범주로서 '법계연기(연집)'를 이해하는 입장이 있었음은 분명하다.

3. 늠사(懍師)의 4종 연집설과 '법계연기'

다음으로 지론학파의 연집설의 최종적인 것이라고 할 만한 '4종 연집설'에 관하여 살펴보고자 한다. 그것은 『속장경』 권12에 수록

---

39) 大正9.761c.

40) 青木隆, 「敦煌出土地論宗文献『法界図』について―資料の紹介と翻刻―」(『東洋の思想と宗教』 13号, 1996) 참조.

된 표원(表員) 찬술의 『화엄경문의요결문답(華嚴經文義要決問答)』(이하 '『요결문답』'으로 약칭)에 인용된 늠사(懍師)의 설이다. 이 전적과 저자에 관해서는 『화엄종장소병인명록(華嚴宗章疏幷因明綠)』(圓超錄)에 "화엄문의요결 5권 신라 표원 술(華嚴文義要決 五卷 新羅表員述)"(大正55.1133c)이라고 되어 있고, 『속장경』의 제호(題號)에 "황룡사 석 표원 집(皇龍寺釋表員集)"[41]이라고 되어 있을 뿐, 상세한 내용은 불분명하다. 『요결문답』은 『화엄경』 이해에 관한 제사(諸師)의 요점을 뽑아낸 것인데, 그 제사란 법장 · 원효 · 혜원 등과 늠사이다. 거기에는 의상도 지엄도 인용되어 있지 않고, 신라의 학장(學匠)으로서의 저자의 학계와 관련하여 흥미로운 점이 있지만, 이러한 점은 앞으로의 과제로 삼고자 한다. 『요결문답』에 인용된 늠사의 교설은 문장 가운데에 『법경론(法鏡論)』에서 인용한 뜻이 기록되어 있는데,[42] 상당한 장문이다.

늠사의 4종 연집설을 검토함에 있어서 우선 주의를 끄는 것은 늠사가 '연집'과 '연기'의 개념을 명확히 구별하고 있다는 점이다. 혜원 등은 이 점에 관하여 확실하게 양자에는 구별은 없다고 말하고 있고,[43] [이는] 영유와 대비할 경우에도 주목할 만한 점이다. 『요

---

41) 삼국시대 신라의 도읍지에 황룡사가 건립되었던 것은 진흥왕 10년(553)부터 27년(566)의 일이었다(『三國史記』). 그 후 통일신라 · 고려시대를 거쳐 1238년 원의 침공에 의해 소멸될 때까지 황룡사는 항상 국가의 중심적인 사원이었다. 따라서 '신라 황룡사'라는 점으로부터 표원의 구체적인 행장을 추찰하는 것은 어렵다.

42) 『華嚴經文義要決問答』 권3(續藏1-12-4.342左下).

43) 『十地義記』 권1본(本)에 다음과 같이 되어 있는 것에 의거한다.

인연의 뜻은 경 가운데에는 또한 '연기', '연집'이라고 이름한다.

결문답』은 신라 화엄교학의 전통에 있는 것이라고 생각되며, 늠사의 4종 연집설은 '육상의'의 '체(體)를 보이는[出]' 것으로서 소개되어 있다. 이 '체'라는 개념이 혜원의 사상과 공통되며, [그것이 그를] 여기에 문제 삼은 이유이다.[44] '육상'에 관해서 늠사는 다음과 같이 말한다.

> 두 번째로 '체를 보임'에 대하여 늠 법사는 이렇게 말한다. "통(通)할 경우 곧 법계연기를 체로 한다. 별(別)로 할 경우 곧 총상은 중도로써 체를 삼고, 별상은 이제(二諦)로써 체를 삼으며, 동상은 여여로써 체를 삼고, 이상은 만법으로써 체를 삼으며, 성상은 연집으로써 체를 삼고, 괴상은 연기로써 체를 삼는다."
> 第二出體者懍法師云, 通則法界緣起爲體. 別則總相以中道爲體, 別相以二諦爲體, 同相以如如爲體, 異相以萬法爲體, 成相以緣集爲體, 壞相以緣起爲體. (329.右上)

곧 육상 중 '성·괴'의 개념을 '연집'과 '연기'로써 설명하는 것이다. 법장이 『오교장』 등에서 비유로서 사용하는 '집[家]'과 '기둥[柱] 이나 대들보[梁] 등'의 관계를 가지고서 말하자면 다음과 같이 될 것이다. 기둥이나 대들보 등의 집을 구성하는 조건의 전체가 하나 되어 집이 성립됨[成相]을 '연집'이라고 하고, 역으로 하나의 집에 관하여 그것을 구성하는 기둥이나 대들보 등의 전체를 조건으

因緣之義, 經中亦名緣起緣集. (續藏1-71-2.145左上).

44) 『십지경론』에 설해진 육상과 법계연기의 관계에 관해서는 본서 제6장 제1절에서 상세히 논할 것이다.

로 볼 때 집은 어디에도 없게 되므로[壞相] 그것이 '연기'라고 말하는 것이다. 후대에는 '연기'라는 개념에서 이 양면을 보게 되는데, 늠사는 '연집'과 '연기'라는 용어를 가지고서 이것을 구별하는 것이다. 이러한 용례는 다음의 문장에도 나타나 있다.

> 물음: 연집과 연기는 혹은 취함이 다른 것[取異]으로 삼는가? 답변: 집성(集成)은 '연집'의 뜻, 수능(殊能)은 '연기'의 뜻이다.
> 問緣集與緣起, 若爲取異. 答集成是緣集義, 殊能是緣起義. (342左下)

여기에서는 특히 '수능'이라는 말의 의미가 중요하다. '수(殊)'는 '나누다'라든가 '둘로 떼어놓다의 뜻'[45]이라고 일컫는 것처럼 하나의 것을 나누어 보는 것이므로 하나의 사물을 성립시키고 있는 조건을 구별하여 보는 것이 '연기'의 의미라는 말이 된다. 이처럼 늠사는 '연집'과 '연기'를 구별하여 쓰고 있으므로 '법계연기'의 사상내용의 검토에 즈음하여 이 점에 특히 주의해야 한다.

다음으로 주목되는 것은 늠사의 '법계'에 관한 정의이다. 이 점은 다음과 같이 서술된다.

> 첫 번째로 석명(釋名)이란 … 늠은 이렇게 말한다. "자체가 여실한 것, 이를 이름하여 '법'이라 하고, 도성(都城)을 포괄[該羅]하는 것, 이를 이름하여 '계'라 한다."
> 第一釋名者, … 懍云, 自體如實, 名之爲法, 該羅都城 ,名之爲界. (340左下)

45) 신판 『大字典』(講談社, 1965), p. 1249 참조.

'계'는 본래 '경계, 한정하다'라고 설명되는 것처럼 밭과 밭의 구별을 성립시키는 경계선[境目]을 나타내는 말이다.[46] 따라서 문자의 의미로부터 말하자면 '법계'는 일체법이 일체법으로서 성립하는 것 그 자체라는 말이 된다. 이러한 점을 근거로 하여 법장은 '계'를 분제(分齊)라고 정의하는 것이다.[47] 이제 늠사가 "도성을 포괄한다"고 정의하는 것은 극히 특이한 해석이라고 말할 수 있는데, 인도나 중국의 도시가 성벽에 의해 둘러싸여 있는 것처럼 '법계'는 전체를 포섭하고 있다는 의미일 것이다. 늠사에게 있어서 '법계'는 전체를 둘러싼다는 개념이기 때문에 그것이 유루법이나 무루법과 어떠한 관계에 있는 것인가를 보이지 않을 수 없게 된다. 다음의 문장에 보이는 4법계는 그러한 관점을 나타내는 것이라고 생각된다.

> 세 번째로 문답으로 분별한다. 묻는다. "늠사는 이렇게 말하였다. '대개 체의 다름을 논하자면 허·실을 넘지 않는다.' 무엇인가?" 답한다. "4종으로써 체를 구별한다. 첫째는 수연법계(隨緣法界), 둘째는 대연법계(對緣法界), 셋째는 망연법계(忘緣法界), 넷째는 연기법계(緣起法界)이다."
> 第三問答分別, 問懍云, 凡論體異濫於虛實. 何耶. 答以四種簡體. 一者隨緣法界, 二對緣法界, 三忘緣法界, 四緣起法界. (341右上)

---

46) 위의 책, p. 1511 참조.

47) 『華嚴經探玄記』 권18에 계(界)의 3의(義)를 드는데, 세 번째에 대하여 다음과 같이 되어 있다.

> 세 번째는 분제의 뜻이다. 말하자면 모든 연기가 서로 섞이지 않기 때문이다.
> 三是分齊義. 謂諸緣起相不雜故. (大正35.440b)

4법계를 설명하는 이 문장은 상당히 길기 때문에 여기에서는 요약하여 보이기로 한다. 이 가운데 첫 번째인 '수연법계'란 원래 법계는 색 · 심법이 아니지만 연에 따라서 색 · 심이라고 설해지며 그 상황마다 구별이 있음을 말한다. 구별은 법계가 아니므로 다만 명자(名字)만이 있는 것이며, 그 자체로서의 법이 있는 것은 아니다. 어디까지나 중생의 정(情)에 따라 설할 뿐이라는 의미이다. 두 번째의 '대연법계'란 유(有)에 집착하는 사람에게는 무(無)를 설하고, 무에 집착하는 사람에게는 유를 설하여 중생의 오해를 푸는 것이라는 의미이다. 따라서 이 첫 번째와 두 번째에서는 똑같이 '법계'라고 칭해지더라도 거기에는 체(體)는 없다고 한다. 세 번째의 '망연법계'란 모든 언설을 지양하는 것을 말한다. 그 때문에 여기에서는 법계의 체를 세우는 것조차 없는 것이다. 곧 '불립(不立)'이라는 것이 법계의 표현인 것이다. 네 번째의 '연기법계'에 관해서는 본 장의 논지와 직접 관계되므로 [전체] 문장을 제시해 두고자 한다.

> 연기법계란 앞의 망연이 이미 의지하여 집착하는 바가 없다. 이제 다시 이 연을 잊는 것이다. 이를 '망연망연'이라 하는 것이다. 그런 뒤에 곧 연기법계의 뜻을 세울 뿐이다.
> 緣起法界者, 前忘緣既無所依著. 今復忘此緣. 謂之忘緣忘緣也. 然後乃立緣起法界義耳. (341右下)

곧 언어 표현을 끊은 '망연법계'를 이제 한 번 잊어버리는 곳에 열리는 것이 '연기법계'라고 말하는 것이다.

이것과 용어적으로 극히 유사한 개념으로서 '법계연기'라는 것이 있다. 방금 서술한 '연기법계'가 법계의 내용으로서 설해져 있는 것에 대하여 '법계연기'는 연기의 내용으로서 설해진 것이다. 이미 서술한 것처럼 늠사에게는 육상 중 '괴상'에 상응하는 것이 연기였다. 따라서 전체를 포섭하는 개념으로서의 '법계'와 괴상으로서의 '연기'가 이어질 때 대체 어떠한 내용으로 되는 것일까? [이에 대해] 주의 깊이 살펴보고자 한다.

> 세 번째로 문답으로 분별한다. … 늠사는 이렇게 말한다. "연기의 체는 둘이 없지만 용을 열어 4종으로 한다. 첫째는 유위연기, 둘째는 무위연기, 셋째는 자체연기, 넷째는 법계연기이다."
> 第三問答分別, … 三懍師云, 緣起體無二開用爲四種. 一有爲緣起, 二無爲緣起, 三自體緣起, 四法界緣起. (332左上~下)

다음으로 '유위연기'는 아래와 같이 설해진다.

> 유(有)는 스스로 유가 아니니, 무(無)를 연하여 유를 일으킨다.
> 有不自有, 緣無起有. (同左下)

곧 유는 무와 상대(相待)함으로써 성립하는 것이라고 말하는 것이다. 그리고 '무위연기'는 이 문장의 유와 무를 맞바꾸어 설명하고 있다. 곧 유위법과 무위법은 각각 독립해서 성립하는 것이 아니라 서로 상의상대(相依相待)하여 성립하고 있다고 말하는 것이다. 다음으로 '자체연기'는 다음과 같이 설명된다.

> 유위 · 무위를 2용으로 하며, 비유위(非有爲) · 비무위(非無爲)는

> 불이(不二)를 본체로 하는 것이다. 불이는 스스로 불이가 아니며, 연하여 이(二)와 불이를 일으킨다. 또한 자(自)는 자가 아니며 타(他)를 연하여 자를 일으킨다. 또한 체(體)는 스스로 체가 아니며 용(用)을 연하여 체를 일으키므로 자체연기라고 이름하는 것이다.
>
> 有爲無爲爲二用, 非有爲非無爲不二, 爲本體也. 不二非自不二, 緣起二不二. 又自不自自, 緣他起自. 又體不自體, 緣用起體故名自體緣起也. (332左下)

[다시 말해] 유위·무위연기라는 작용과 상의상대함으로써 성립하는 것이 '체'라고 말하는 것이다. 곧 유위와 무위를 이(二)라고 보고, 불이(不二)를 자체라고 보는 것이다. 그리고 이러한 이와 불이를 지양한 것을 '평등'이라고 하며, 평등과 불평등을 지양하는 것을 네 번째 '법계연기'라고 말하는 것이다.

이러한 늠사의 4종 연기설은 극히 논리적이며, 실천적인 과제로부터 나온 것으로 보이는데, '법계연기'를 포함한 4종의 연기가 어느 쪽이건 상의상대에 의해 성립하는 것이라고 보는 점이 특징이다. 전술한 '연기법계'가 언어 표현을 끊은 곳에 성립하는 것, 이른바 제일의제인 것에 대하여 이 '법계연기'는 구극(究極)의 상의상대, 곧 제일의제와 접하는 의미에서의 세속제인 것이다.

그리고 그 제일의제로서의 '연기법계'를 다시 4종으로 연 것이 늠사의 '4종 연집설'인 것이다.

> 연(기)법계의 가운데를 열어 4종으로 한다. 첫째는 유위연집법계, 둘째는 무위연집법계, 셋째는 자체연집법계, 넷째는 평

등연집법계이다.

緣(起)法界中開爲四種. 一者有爲緣集法界, 二者無爲緣起(〉集)法界, 三者自體緣集法界, 四者平等緣集法界. (341右下~左上)

이미 언어를 끊은 경계에서의 문제를 정리한 것이므로 '유위연집법계'라고 말하더라도, "만약 유를 밝힌다면 곧 일체는 유이다"라고 설해지는 것처럼 단지 유위법을 나타내는 것은 아니다. 그 의미는 '불생의 생', '불멸의 멸' 등의 표현에 의해 법계가 유위로서 설해지는 것이다. '무위연집법계'도 마찬가지이며, 자체연집은 유위와 무위를 지양하는 것이다. 여기에서 주목할 것은 자체연집의 교증으로서 『십지경』의 "자체본래공 유불이부진(自體本來空有不二不盡)"이라는 문장을 들고 있는 점이다.[48] 이 문장은 『십지경론』의 역출에 즈음하여 보리류지와 늑나마제가 논쟁했다고 말해지는 개소(個所)이다.[49] 늑나마제는 이 부분을 "정불이부진(定不二不盡)"이라고 번역해야 한다고 주장하여 논쟁했다는 것이다. 그리고 현행 『십지경론』은 두 설을 병기한다고 되어 있다. 여기에서 늠사가 '자체연집'의 교증으로서 이 문장을 드는 의미는 "자체본래공 유불이부진"을 "자체는 본래적으로 공과 유의 불이이며 부진이다"라고 이해했음을 의미한다. 그리고 이러한 해석에는 두 가지 의미가 있다. 첫째는 지론학파에서 설해지는 연집설에서는 '자체연집'이 중요한 의미를 지니고 있지만, 그 '자체'라는 말의 전거가 여기에 있다는

48) 『十地經論』 권2(大正26.133a, 풀이한 경문은 同.132b).

49) 『속고승전』 권7, 「도총전(道寵傳)」(大正50.482b)에 나온다. 이 내용에 관해서는 본서 제7장 제2절 2.에서 자세히 논할 것이다.

것이다. 또 하나는 늠사가 늑나마제와 보리류지의 논쟁과는 관계없는 경문의 독해 방법을 취하고 있다는 점이다. 이러한 점이 무엇을 의미하는 것인가는 지금 단계에서는 잘 알 수 없지만, 지론학파의 교학적 기반이나 늠사의 사상적 입장을 밝히는 데 일조할지도 모른다. 그리고 네 번째의 '평등연집법계'는 유위와 무위를 떠난 평등법계 전체의 공덕이 갖추어져 있는 것을 말하며, 이것을 '대법계연집'이라고 바꿔 말하고 있다. 늠사로서는 이것이 구극의 진리의 표현일 것이다.

'연집'과 '연기'를 명확히 구별하는 늠사에게 '법계연기'는 연기에 대한 하나의 표현으로서 본래 하나인 것이 각각 구별됨[各別]을 의미하고, '법계연집'은 각각 구별되는 것이 법계에 갖추어져 있음을 의미하는 것이다. 여기에 이르러 "도성을 포괄하는 것, 이를 이름하여 '계'라고 한다"라는 법계의 정의가 잘 이해될 수 있는 것이다. 그리고 『문의요결문답』은 [늠사의 이러한 설을] 길게 인용하고서 마지막에 다음의 문답을 두고 있다.

> 물음: '법계연집'이라고 할 때 앞의 3법을 통틀어 곧 '법계'라고 하는가? 3법 이외에 다시 법이 있어서 '법계'라고 이름하는 것인가?
> 답변: 바로 앞의 3법을 통틀어 이름하여 '법계'라고 한다. 그렇다면 총 · 별의 다름이 있고, 다시 법계연기가 있다고 말할 수 있는 것이다.
> 問法界緣集者, 爲總前三法即是法界, 爲三法之外更有法名法界耶. 答正總前三法名爲法界. 然總別之殊, 得言更有法界法(원문 그대로 표기)起也. (續藏1-12-4.342左上)

곧 법계연집은 유위 · 무위 · 자체연집으로 구별되는 것은 아니고, 그것들은 총(법계연집)과 별(유위 · 무위 · 자체)의 관계라고 하며, 그리고 그 총 · 별의 다름이 있는 것이야말로 '법계연기'인 것이라고 말하는 것이다. 결국 늠사의 '법계연기'설이란 제일의제로서의 법계연집이 세속제로서의 구체적인 표현을 취하는 것을 나타내는 것이다.

소결
— 지엄의 법계연기설에 대한 전망 —

이상의 검토에 의해 몇 개의 논점이 밝혀지게 되었으므로 그것들을 정리하여 본 절의 소결로 삼아 지엄의 법계연기설에 대한 전망을 정리해 두고자 한다.

우선 지금까지 지적해 온 것처럼 확실히 '법계연기'라는 용어는 지엄 이전에 존재하고 있다. 그러나 혜원에게는 보다 상위의 개념으로서 '여래장'이 있고, '법계'나 '연기'는 그 내용을 설명하는 것에 지나지 않는다. 그리고 문맥에 의해 확실히 '법계연기'라고 읽을 수 있는 개소도 존재하지만, 거기에는 '법계연기'라는 특정의 고정적인 교리 개념이 있는 것은 아니고 '법계'와 '연기'가 중층적으로 설해져 있는 것에 지나지 않는 것이다.

또한 늠사의 연집 · 연기설은 극히 흥미 깊은 것이며, 시대적으로는 혜원과 겹쳐 있을 것인데, 사상적인 내용은 상당히 다르다. 늠사에게 특징적인 것은 연집과 연기를 굳이 구별하면서 거기에 '인과'

라는 관점이 보이지 않는다는 점이다. 늠사가 말하는 '유위, 무위, 자체'는 『유마경』이 「입불이법문품(入不二法門品)」을 비롯하여 곳곳에서 설하는 "범부는 생사에 집착하고, 이승(二乘)은 열반에 집착하고, 보살은 어디에도 집착하지 않는다"는 교설[50]과 겹치는 것이다. 그 때문에 늠사의 법계나 연기에 관한 4종의 설은 『유마경』적인 것을 『화엄경』이 둘러싼다는 구조로 되어 있고, 그 둘러싼다는 것이 늠사의 '법계' 개념이다. 그러나 지금까지 검토해 온 것처럼 거기에는 혜원과 같은 '인과연기'라는 개념이 희박한 것이다. 혜원은 인으로서의 여래장이라는 관점에 섰기 때문에 갖가지 모순을 일으키게 되었지만, 이는 좋든 나쁘든 중기 대승불교를 수용하고자 한 결과이다. 그 점에서 늠사는 연기사상조차도 상의상대로써 해석하고 있[는 점이 주목된]다. 여래장사상이나 아리야식에 대해 언급하는 장면도 전혀 존재하지 않으므로 늠사의 사상에 인과연기의 관점이 없음은 늠사의 학계와 어떠한 관계가 있을 것이다.

나아가 영유가 제시한, 여래 표현(表現)을 낳는 원리로서의 '법계연기'라는 사상도 극히 특징적이고 중요한 것이다. 왜냐하면 혜원이나 늠사가 말하는 것처럼 '법계'가 언어적인 것을 넘어선 진여 자체일 때 그 진여가 어떠한 구체적 표현을 취하는 것이 부처의 3신이고, 이 점은 『화엄경』의 중심 테마와 다름없기 때문이다.

---

50) 예컨대 「입불이법문품」의 보인수(寶印手)보살[*역자 주: 원서의 '法印主菩薩'을 수정함]의 다음과 같은 설 등을 참조하라.

> 열반을 바라고 세간을 바라지 않는 것을 '이(二)'라고 한다. 만약 열반을 바라지 않고 세간을 싫어하지 않으면 둘 없음이 없게 된다.
> 樂涅槃不樂世間爲二. 若不樂涅槃, 不厭世間則無有二. (大正14.551c)

이렇게 생각하면 『수현기』에 보이는 지엄의 법계연기의 사상은 형식적인 면에서 보더라도 분명히 본 장에서 검토해 온 몇 가지의 사상을 표준으로 삼고 있음을 수긍할 수 있다. 다음 장에서 다시 고찰하겠지만, 『수현기』의 '법계연기설'(大正35.62c)은 다음과 같은 구조에 의해 성립되어 있다.

- 법계<u>연기</u>(法界緣起)
  - 범부염법(凡夫染法)을 기준으로 함[約]
    - <u>연기</u>일심문(緣起一心門)
      - 진망<u>연집</u>문(眞妄緣集門)
      - 섭본종말문(攝本從末門)
      - 섭말종본문(攝末從本門)
    - <u>의지</u>일심문(依持一心門)
  - 보리정분(菩提淨分)을 기준으로 함[約]
    - 본유(本有), 본유수생(本有修生)
    - 수생(修生), 수생본유(修牲本有)

이 가운데 '연기'·'의지'라는 개념은 혜원의 사상을 받아들이고 있고, '연기'·'연집'은 늑사를 비롯한 지론교학을 받아들이고 있다. '보리정분을 기준으로 함'은 성기(性起)사상을 그 내용으로 하며 '여래의 성기'를 말하므로, 영유 등에 의해 제시된 여래 표현을 낳는 '법계연기'를 받아들인 것으로 생각할 수 있다. 이처럼 『수현기』의 법계연기설은 지금까지 제시되어 온 갖가지 사상을 퍼즐처럼 다시 짜서 맞춘 것이다. 그 때문에 법장이 말한 것과 같은 화엄사상의 독창성이란 [다른 데에 있지 않고] 용어로 나타낸 사상적 의미를 조합하기 위한 관점을 획득하는 데에 있는 것이다. 이는 어떤 시대의 어떠한 사상에 관해서도 성립하는 문제이고, 사람이 사물을 독창적으로 생각한다는 것은 이미 어떤 말로써 최신의 시대적 과제에 응한다는 행위인 것이다. 따라서 용어가 공통된다는 것은 전제인 것이며, 그 조합이 어디에서 와서 무엇을 밝히는가를 해명해야 하는 것이다.

지엄은 이러한 설을 서술함에 있어서 "대경본(大經本)에 의하니 법계연기는 대개 중다(衆多)하게 있다"[51]라고 말한다. 이는 아마도 이미 서술해 온 것과 같은 지론학파 등의 교설을 가리키는 것으로 보인다. 그러나 그것들은 기본적으로 세속제에 제일의제를 거두어들여서 생겨나는 모순을 품은 혜원의 사상이나 제일의제와 세속제의 미묘한 관계에 의해서 성립하는 늠사나 영유의 사상이며, 공통적인 기반을 가지는 것이라고는 말하기 어렵다. 이러한 관점에 설 때 지엄이 '법계'를 이(理) · 사(事)의 관점에서 종횡무진으로 언급하는 『법계관문』을 지은 두순의 제자였다는 점이 다시금 큰 의미를 가지는 것으로 보인다. 이 점에 관해서는 다음 장에서 고찰한다.

51) 大正35.62c.

제6장
지엄의 법계연기사상

제1절 『십지경론』의 육상설과 지엄의 연기사상

— 지론으로부터 화엄으로 —

이미 서장에서 서술한 것처럼 법장(法藏)은 스승인 지엄(智儼)의 교학 형성에 관하여 『수현기(搜玄記)』의 찬술을 하나의 획기[적인 시기]로 생각하고 있었다. 본서[에서 필자]는 그 의미를 찾으면서 장(章)을 거듭해 왔다. 드디어 지엄의 사상을 검토할 단계에 이르렀기에 다시금 문제점을 정리해 두고자 한다. 법장의 『화엄경전기(華嚴經傳記)』의 기술은 다음과 같은 것이었다.

> 그 절의 지정(智正) 법사 아래에서 이 경을 청수(聽受)하니, 구문(舊聞)을 보긴 했지만 항상 새로운 뜻을 품고 염량(炎涼: 상이한 해석 · 태도)을 빨리 바꾸었지만, 아직 의심스러운 것을 깨뜨리지 못하다. 마침내 두루 장경(藏經)을 열람하고 온갖 풀이를 검토하고 찾았다. 광통(光統) 율사의 문소(文疏)에 이르러 수진(殊軫: 다른 것)을 약간 열었으니. 이른바 '① <u>별교일승(別敎一乘) 무진연기(無盡緣起)</u>'이다. 흔연히 상회(賞會: 맛보고 이해함)하니, 거칠게나마 모목(毛目: 가죽옷의 털과 그물코)을 알게 되었다. 뒤에 낯선 승려가 와서 만나니 이렇게 말하였다. "그대가 ② <u>일승의 뜻을 이해할 수 있기를 바란다면 저 십지 중의 육상의 뜻을 삼가</u>

[연구하되] 가벼이 여기지 말라. 한두 달 사이에 [몸과 마음을] 거두어 그것을 조용히 생각하여 마땅히 스스로 알아야 할 것이다." 말을 마치자 홀연 [모습을] 나타내지 않았다. 엄(儼: 지엄)은 한동안 놀라고 두려워하였다. [그 일로] 인하여 도연(陶硏: 연구)하여 여러 달을 채우지 않고서 이에 크게 깨달았다. 마침내 ③ 입교분종(立敎分宗)하여 이 경의 소(疏)를 지었으니, 그때 27세였다.

於當寺智正法師下聽受此經. 雖閱舊聞常懷新致. 炎涼亟改未革所疑. 遂遍覽藏經討尋衆釋. 傳光統律師文疏稍開殊軫. 謂①別教一乘無盡緣起. 欣然賞會, 粗知毛目. 後遇異僧來, 謂曰, 汝②欲得解一乘義者, 其十地中六相之義, 慎勿輕也. 可一兩月間攝靜思之. 當自知耳. 言訖忽然不現. 儼驚惕良久. 因則陶研, 不盈累朔於焉大啟. 遂③立教分宗製此經疏. 時年二十七. (大正51.163c)

지론종의 지정 아래에서 『화엄경』을 연구하고 있을 때 광통 혜광(慧光)의 주석에 의하여 『화엄경』의 '별교일승 무진연기'의 사상을 조금 이해했는데(밑줄 표시 ①), 다시 상세한 것을 알고 싶다고 생각하고 있었다. 그러자 한 명의 낯선 승려가 와서 "일승 교의를 이해하고자 하면 『십지경』(혹은 『십지경론』)의 육상의 뜻을 잘 생각하라"라는 시사를 받아(밑줄 표시 ②) 그것에 의해 '입교분종'하여 『수현기』를 지었다(밑줄 표시 ③)는 것이다. 이 기술의 의미를 밝히기 위해서 지금까지 '별교일승'과 '무진연기'의 두 측면으로 나누어 지론학파의 교학을 검토해 왔다.[1] 여기에서는 그것들의 선구적

---

1) 별교일승의 측면에 관해서는 본서 제1장과 제2장에서, 무진연기에 관해

사상이 일승의 뜻으로서의 『십지경론』의 육상설에 의해 해명된다는 의미에 관하여 생각해 보고자 한다.

'입교분종'이란 교학적 독립을 의미한다고 생각되므로, 적어도 법장은 지엄의 『수현기』를 화엄종 독립의 책으로 보고 있다는 말이 된다. 또한 화엄교학의 중심이 '일승사상'임은 주지의 사실이며,2) 그 일승 교의를 밝히는 법장의 『오교장』의 말미가 육상원융의로 마무리되어 있는 것도3) 일승의 뜻과 육상설의 깊은 관계를 말해주고 있다. 이렇게 생각해 보면 지엄에 있어서 육상설 연구는 화엄교학의 독립을 촉진했다고 볼 수 있을 것이다. 그렇다면 대체 지론학파의 육상설과 지엄의 사상에서 무엇이 다른 것일까? 이 점을 밝힌다는 것은 지론교학과 화엄교학이 부딪히는, 극히 중요한 사상적 과제라고 생각된다. 그 때문에 본 절에서는 우선 『십지경』, 『십지경론』 자체의 육상설의 중핵을 검토하고 그것을 바탕으로 지론학파의 법상(法上), 정영상 혜원(慧遠, 이하 '혜원')의 이해를 정리하고, 다음으로 이것을 지엄의 사상과 비교 검토하고자 한다.

서는 제3장~제5장에서 서술한 바와 같다.

2) 지엄의 『화엄일승십현문』(大正 45권 수록)이나 법장의 『화엄일승교의분제장』(大正 45권 수록)이라는 주저의 명칭에 나타나는 것 외에 화엄교학의 주요한 교판인 동·별 2교판이 일승에 관한 것이라는 사실 등에 상징적으로 나타나 있을 것이다.

3) 大正45.507c~.

1. 『십지경』, 『십지경론』의 육상설은 어떠한 사상인가

이에 대해서는 이미 몇 가지 선행 연구가 있으며, 크게 참고가 된다.[4)]『십지경』에서 '육상'을 언급하는 곳은 후에 상술할 1개소뿐이며, 『십지경론』에서는 경과 중복되는 곳 이외에 4개소의 용례가 있다.[5)] 결론적으로 말하자면 이것들은 전부 같은 내용이며, 경전의 설을 이해하기 위한 여섯 가지 관점, 혹은 경전의 문언(文言)을 융통성 없이[杓子定規] 이해해서는 안 되는 점을 여섯 가지로 정리한 것이라는 의미를 그 내용으로 하는 것이며, 법장이 문제시하는 것과 같은 인과연기에 속하는 것은 아니다. 이제 여기에서 전체의 용례를 검토할 여유는 없으므로 『십지경』 자체의 용례와 법상・혜원 등의 사상적 특징을 파헤치기 위한 적절한 용례를 들어 검토하고자 한다.

『십지경』 자체에 설해지는 유일한 용례는 제8 교량승분(挍量勝

---

4) 『십지경』, 『십지경론』의 육상설을 직접 다루는 것에 히노 타이도(日野泰道)의 「華厳に於ける六相説の思想史的考察」(『大谷学報』 118号, 1953), 이토 즈이에이(伊藤瑞叡)의 「六相説の源泉と展開(上)」(『仏教学』 13号, 1982) 등이 있고, 육상에 관한 원어적인 문제까지 연구되어 있다.

5) 해당되는 개소는 다음의 넷이다.

① 대고중(對告衆)의 보살의 '입(入)'에 관한 10구의 풀이(본문 가운데의 용례2, 大正26.124c~125a)

② 대고중의 보살의 '선결정(善決定)' 해석(同.127a *역자 주: 원문의 誤植을 수정함)

③ 마찬가지로 대고중의 보살의 공통성에 관한 해석(同.128b)

④ 보리심을 일으키는 중생의 10종 선(善)에 관하여(同.134c)

分)에서 보살의 10대원(大願)을 설하면서 제4 대원을 설하는 다음 문장이다.

용례1

또한 대원을 발한다. 소위 〈일체의 보살이 행하는 광대하고 무량하며 뒤섞이지 않는〉〈모든 바라밀에 포섭되며〉, 〈모든 지에 청정해져서 모든 조도법을 생하며〉, 〈총상·별상·동상·이상·성상·괴상으로써〉 일체의 보살이 행하는 여실한 지(地)의 도(道) 및 모든 바라밀의 방편업을 설하여 일체를 교화하며, 그것을 행하여 행을 받게 하며, 마음에 증장(增長)을 얻게 하기 때문이다.
又發大願. 所謂〈一切菩薩所行廣大無量不雜〉〈諸波羅蜜所攝〉, 〈諸地所淨生諸助道法〉, 〈總相別相同相異相成相壞相〉, 說一切菩薩所行如實地道及諸波羅蜜方便業, 教化一切令其受行, 心得增長故. (大正26.139a. 〈 〉는 필자의 보충)

중요한 용례이므로 바로 문장의 뜻을 독해하기 위해 경문을 손보았다. 세친에 따르면 보살의 제4 대원이란 갖가지 법을 설하여 중생의 마음을 증장시키는 것이라고 해석되어 있다.[6] 곧 후반에 이 문장의 주지(主旨)가 있는 것으로서 〈 〉로 묶은 네 개의 구는 '법을 설한다'라는 보살의 행을 지탱하는 공덕의 내용을 먼저 들고 있는

6) 덧붙여 말하자면, 이 경문을 풀이하여 『십지경론』에서 우선 다음과 같이 말한 것에 의거한다.

> 논하여 다음과 같이 말한다. "제4 대원에 '마음에 증장을 얻는다'라는 말은 어떠한 행으로써 마음을 증장시킨다는 말인가?"
> 論曰, 第四大願心得增長者, 以何等行令心增長. (大正26.139a)

것이라는 말이다. 여기에서 중요한 점은 보살의 제4 대원이 '법을 설함'에 있는 것이며, 이러한 설 자체가 보살행의 내용을 나타내고 있는 것은 아니라는 점이다. 곧 세친이 "방편은 총상·별상·동상·이상·성상·괴상이다"[7]라고 말하는 의미는 보살행에 육상의 방편이 있다고 말하고 있는 것이 아니라 육상에 의해 보살의 방편행을 설한다는 의미인 것이다. 이 점은 아래의 지론학파의 법상·혜원 등의 이해를 검토함에 있어서 극히 중요한 문제이므로 특히 강조해 두고 싶다.

다음으로 『십지경론』의 용례 검토로 이동한다. 이미 서술한 것처럼 『십지경론』에는 용례1의 경문을 해석하는 개소 이외에 합쳐서 4개의 용례가 있다. 어느 것이건 똑같은 내용을 가지는 것인데, 그 중에서 법상·혜원 등과의 관계상 특히 중요한 것은 '가분(加分)'에 설해진 다음의 문장이다.

용례2

일체의 설해진 십구 중에 모두 6종의 차별상의 문이 있다. 이 언설의 해석은 마땅히 알아야 하니, 사(事)를 제외한다. '사'란 이른바 음(陰)·계(界)·입(入) 등이다.

一切所說十句中皆有六種差別相門. 此言說解釋應知, 除事. 事者謂陰界入等. (大正26.124 c~125a)

---

7) 이와 관련하여 『십지경론』의 '논'의 문장에는 다음과 같이 되어 있다.

논하여 다음과 같이 말한다. "'방편'이란 경에서 말한 바와 같이 '총상·별상·동상·이상·성상·괴상'이다."

方便者如經, 總相別相同相異相成相壞相故. (大正26.139b)

이 문장은 금강장보살에 의해 설해진 '보살의 십지'는 어떠한 목적을 가지고서 대고중(對告衆)의 보살들에게 설해지는 것인가 하는 문제에 관하여 모든 보살들이 '보살의 십지'에 의해 자리이타의 공덕을 완성하기를 바라고 있다는 점을 분명히 하는 경문을 해석한 것이다. 경문은 보살들의 공덕을 20구로 서술하는데, 전반 10구가 자리(自利)를 나타내고, 후반 10구가 이타(利他)를 나타내고 있다. 그 전반 10구는 보살들이 모두 "지혜지(智慧地)에 들어가기"[8] 위해 이 '보살의 십지'가 설해지는 것이며, 그 10구의 관계가 육상에 의해 성립되어 있다는 것이 세친의 주장이다. 따라서 문장 속의 "사를 제외한다. '사'란 이른바 음 · 계 · 입 등이다"라는 말은 육상설이 『십지경』의 설하는 방식의 형식에 관련되며, 오온·십이처·십팔계 등 사(事)로서 존재하는 제법의 범주에 관한 것은 아니라는 의미이다. 나아가 계속해서 세친은 이하와 같이 서술한다.

> 6종의 상이란 말하자면, 총상 · 별상 · 동상 · 이상 · 성상 · 괴상이다. 총이란 근본 입이다. 별상이란 나머지 9입으로서 별(別)로서 본(本)에 의지하여 저 본을 채우기 때문이다. 동상이란 입(入)이기 때문이며, 이상이란 증(增)의 상이기 때문이다. 성상이란 약설(略說)이기 때문이며, 괴상이란 광설(廣說)이기 때문에 세계의 성괴와 같다. 나머지 일체의 10구에서도 [이] 뜻에 따라 유추하

---

8) 『십지경』 경문의 최초에 다음과 같이 말한 것을 가리킨다.

> 경에서 다음과 같이 말한다. "또한 일체 보살에게 불가사의한 제불의 법과 명(明)을 설하여 지혜지에 들어가게 하기 때문에."
> 經曰, 又一切菩薩不可思議諸佛法明說, 令入智慧地故. (大正26.124b)

여 알라.

六種相者謂, 總相別相同相異相成相壞相. 總者是根本入. 別相者餘九入. 別依止本滿彼本故. 同相者入故, 異相者增相故. 成相者略說故, 壞相者廣說故, 如世界成壞. 餘一切十句中隨義類知. (앞과 같음)

곧 여기에서는 모든 보살들이 "지혜지에 든다"라는 말의 의미가 10구로써 해설되어 있다고 분명히 한 다음 육상 각각의 의미 내용을 설명하고 있는 것이다.

육상의 각각은, '총상'은 10구의 근본적 의미(여기에서는 '들어감[入]')[이며], '별상'은 근본적 의미를 10종으로 각각 설함, '동상'은 10종 각각의 설명의 공통성, '이상'은 각각의 설명이 이루어짐, '성상'은 통상의 세간적 언어에서 일단 약속하고 나서 언어가 통용되고 커뮤니케이션이 성립함(일단 '들어감'의 의미가 통함), '괴상'은 세간적 언어의 내용을 검토하면 일단의 약속이란 것이 성립하지 않고 많은 설명을 요함('들어감'이란 어떠한 것인가 하는 [것이 논]점이 되면 많은 설명이 필요함)이라는 의미이다. 세친은 이 점을 우선 분명히 하여 『십지경』이 이것 이후 하나하나의 개념에 관하여 각각 10구에 의해 설하고 있는 것은 모두 이러한 이유에 의한 것임을 해설하고 있는 것이다.

이상에 의해 『십지경』과 『십지경론』의 육상설의 기본적 의미가 밝혀졌다. 결론적으로 말하자면 『십지경론』의 육상설은 법장이 말한 것과 같은 인과연기에 관한 것은 아니며, 교설의 언어 표현에 관한 것이라고 말할 수 있다. 그렇지만 '언어'와 '존재'의 관계는 용수가 말한 것처럼 제일의제의 측면에서는 어느 것이건 부정되지만,

세속제로서는 불가분인 측면도 부정할 수 없으므로[9] 엄밀하게 검토를 가할 필요가 있다.

2. 육상설에 관한 법상·혜원의 견해

다음으로 이 문제를 지론학파의 조사들은 어떻게 이해하였는가 하는 점에 관하여 검토하고자 한다. 이 점에 관해서도 약간의 선행 연구가 있지만, 다소 정확성을 결하고 있다고 생각되므로[10] 그것들을 참고하면서 문제의 본질을 해명하고 싶다.

법상은 『십지론의소(十地論義疏)』 권1에서 앞에 든 용례2의 문장을 해석하여 다음과 같이 말한다.

---

9) 예컨대 용수의 『대지도론』에서는 무희론적멸상(無戲論寂滅相)을 설명하면서 "일체법은 보리 가운데에 들어오면 모두 적멸상이다[一切法入菩提中皆寂滅相]"라고 설하는 경우(大正25.708a)와 "일체 명자·언어·음성이 모두 끊어져 있다[一切名字語言音聲悉斷]"라고 설하는 경우(大正25.726a)가 있으므로 세속에는 존재의 측면과 언어의 측면이 상정되어 있다고 생각된다.

10) 지론학파의 육상 이해를 다룬 것으로서 무라타 츠네오(村田常夫)의 「天台の十如と華厳の六相」(『大崎学報』 110号, 1959), 나리카와 분가(成川文雄)의 「地論師の六相説」(『印度学仏教学研究』 8巻 2号, 1960) 등이 있다. 아직 무라타의 논문은 『십지경』과 『십지경론』에 설해진 육상설의 이해가 정밀하지 않고, 나리카와의 논문은 화엄교학 쪽에서 법상(法上)과 혜원(慧遠)의 설을 보고 있기 때문에 그 독해가 지나치다고 말하지 않을 수 없다.

〈일체의 10구 중에 모두 6종이 있다〉란, 이는 통하여 『십지경』 1부(部)에 6종의 총·별의 뜻이 있다는 것을 풀이하는 것이다. 〈언설의 ~ 마땅히 알아야 한다〉는 교화를 위해서 이 우열의 설을 짓는다는 말이다. 진실의 상은 말에 의하여 취할 수 없기 때문에 [*역자 주: 원서의 한문 오역을 수정함] 〈마땅히 알아야 한다〉고 한다. 또한 풀이하자면, 일즉일체, 천(淺)·심(深) 평등하여 여섯에 육상이 없는 것이다. 〈음 ~ 입〉이란, 음은 오온, 입은 십이입, 계는 십팔계이다. 사는 구별되어 융화하지 않으므로 마땅히 제외하는 것이다.

〈一切十句中皆有六種〉者, 此通釋十地一部中皆有六種總別義也. 〈言說應知〉者, 爲教化故作此優劣之說. 眞實之相不可依言而取故云〈應知〉. 又解, 一即一切, 淺深平等六無六相也. 謂〈陰入〉者, 陰是五陰, 入是十二入, 界是十八界. 事別不融故, 須除也. (大正85,762b)

법상의 이해를 명확히 하기 위해 『십지경론』에 풀이된 문장에 〈 〉를 붙였다. 전체적인 의미로서는 육상설을 경문 해석의 기준으로 삼고 있는 점에서 『십지경론』에 따르는 것으로 볼 수 있지만, 『십지경론』이 『십지경』에 설해진 해당 10구의 관계를 문제 삼고 있는 것에 대하여 여기에서는 교설 일반으로 확대되어 있는 점이 다르다. 법상의 의견은 인분가설(因分可說)로서의 교설의 문언(文言)은 그 자체에 우열이 있는 것으로 보이더라도 그것을 넘어서 불가설(不可說)인 진의(眞意)를 독해해서는 안 되며, 그 때문에 "마땅히 알아야 한다"고 말하고 있다는 것이다

교설의 언어는 불가설이라는 진의에 입각하여 원융하는 것이며, 이 점이 음·계·입 등의 현상적 사물과는 다르다는 것이다. 육상

설에 대한 이러한 이해는 지론학파에서 일반적이었던 것 같고, 길장(吉藏)이 『중관론소(中觀論疏)』 등에서 소개하는 내용과 합치한다.[11] 따라서 이 문장 뒤에서 총과 별의 관계를 상설(詳說)하여 다음과 같이 말하는 예 등도 교설 언어에 관한 것이다.

> 이 〈총이란 근본 입이다〉란 지혜지의 체이다. 별은 9입이다. 〈본에 의지한다〉란 본(本)이 아니기에 아직 곧 즉(卽)하지 않으며, 말(末)이 아니기에 본은 곧 채워지지 않는다[는 뜻이다]. 따라서 〈채운다〉라고 말하는 것이다.
> 是〈總本入〉者, 智慧地體也. 別者九入也. 〈依止本〉者, 非本末則不立, 非末本則不滿. 故云, 〈滿〉也. (앞과 같음)

[따라서] 여기에 설해진 '본'과 '말'은 존재로서의 제법을 문제 삼는 것은 아니라고 보아야 할 것이다.[12]

이러한 점은 혜원의 해석[을 살펴보게] 되면 한층 명료해진다. 혜원은 『십지의기(十地義記)』, 『대승의장(大乘義章)』의 몇 개의 개

---

11) 길장 찬 『중관론소』 권9본(本)에 다음과 같이 되어 있다.

> 지론종 사람들의 경우 육상의로써 경전들을 풀이한다. 말하자면 총상 · 별상 · 동상 · 이상 · 성상 · 괴상이다.
> 又如地論人用六相義以釋衆經. 謂總相別相同相異相成相壞相. (大正42.136a)

『백론소(百論疏)』에도 같은 문장이 있다(大正42.271c).

12) 나리카와의 앞의 논문(위의 주10에 소개됨)은 육상설은 경전 해석의 방법론이라고 이해하면서도 "제법원융설(諸法圓融說)로서의 육상설이라고도 받아들일 수 있다"라고 하는데, 이는 '법'을 화엄적으로 이해한 데 따른 것이다.

소에서 육상설을 언급하고 있으므로[13] 이것들을 검토해 보고자 한다. 이러한 설들 가운데 가장 기본이라고 생각되는 것은 『십지의기』에서의 용례2에 관한 해석이다. 거기에서는 『십지경』, 『십지경론』이 '십입'에 관하여 어찌하여 육상을 세우는 것인가 하는 점에 관하여 4문을 세워 해석을 진행하고 있다. 그 4문이란 (1) 입의(立意), (2) 건립의 소의(所依), (3) 제법과 관련하여 육상을 해석함, (4) 해석이다. 이 가운데 (1), (2), (3)에서 혜원의 사상이 명확히 나타난다. 순서대로 검토해 가자. 제1문은 다음과 같은 것이다.

> 첫째 입의를 밝히자면, 정견(定見)을 논파하기 위함이다. 어떤 사람이 법에 대하여 확정적으로 총 · 별 · 일 · 이 등의 상을 취하기 때문에 제법의 연기호성(緣起互成)의 6문은 정(定)이 아님을 밝히니, 그의 정집(定執)을 논파한다.
> 一明立意, 爲破定見. 有人於法取定總別一異等相故, 明諸法緣起互成六門非定, 破彼定執. (續藏1-71.151右下)

뒤에 밝혀지겠지만, 여기에서 혜원이 '법'이라고 하는 것은 존재를 의미하는 유위법이 아니라 불법에서의 <u>하나하나의 교설·개념</u>이다. 따라서 "정견을 논파하기 위함이다"란 교설이 설해짐으로써 정해져 버린 것으로서 표면적으로 이해되는 것을 부정하기 위하여 육상설이 설해진 것이라는 의미이다. "제법의 연기호성의 6문"이라

---

13) 앞의 주5에 든 논문의 해석 외에 『대승의장』 권3의 「육종상문의(六種相門義)」(大正44.524a~b), 권19의 「이지의(二智義)」(大正44.486b) 등에서 육상설을 언급하고 있다.

는 용례를 언급하면 뒤의 화엄사상을 아는 사람들은 이것과 화엄의 연기사상의 관련을 곧바로 상상해 버리는데, 혜원의 의도는 그러한 것은 아니다. 이 점에 관해서는 뒤에 상술한다.

다음으로 제2문은 다음과 같다.

> 둘째로 그 건립의 소의를 밝힌다. 논주는 무엇에 의하여 이 육상을 세우는가? 말하자면 이 경에 의하면 다음의 초지 제4원에서 "일체의 행에 모두 6문이 있어서 방편으로 삼는다"라고 설한 것과 같다. 따라서 논은 그것에 의해 일체를 준하여 풀이하는[類釋] 것이다.
>
> 第二明其建立所依, 論主依何立此六相, 謂依此經如下初地第四願中說一切行皆有六門以爲方便. 故論依之類釋一切. (앞과 같음)

혜원이 지적하는 경문은 말할 것도 없이 앞에 언급한 용례1의 문장이다. 그것을 혜원은 "일체의 행에 모두 6문이 있어서 방편으로 삼는다"라고 이해한 것이다. 이러한 혜원의 '방편' 이해는 앞의 용례1에서 특별히 기록한 점을 가지고서 말하자면 세친의 해석을 기본적으로 그르치고 있다. 그리고 이 혜원의 해석의 중핵에 관해서는『대승의장』권19「이지의(二智義)」에 다시 상세한 견해가 서술되어 있다.「이지의」는 실지(實智)와 방편지(方便智)의 관계를 밝히는 것이 목적인데, 그 방편지를 4종으로 나누어 해설하면서 세 번째로 '집성방편(集成方便)'이라는 개념을 세우고 있다.

> 세 번째로 집성방편은 제법의 동체(同體)로서 교상(巧相)이 집성하기 때문에 '방편'이라고 한다. 무엇을 '교성(巧成)'이라 하는

가? 일진심(一眞心) 중에 널리 법계 항사(恒沙)의 불법을 갖추는 것이다.

三集成方便, 諸法同體巧相集成故曰方便. 云何巧成. 一真心中曠備法界恒沙佛法. (大正44.846b)

혜원의 경우 '일진심'이란 여래장을 의미하는데, 그 일진심의 본체 속에 온갖 불법이 갖추어져 있는 것을 '집성방편'이라고 말하는 것이다. 문장 가운데의 '교상집성'이란 앞의 문(門)의 '제법의 연기호성의 6문'과 같은 의미이다. 나아가 이 문장 직후에 육상설을 소개하여 다음과 같이 말한다.

『[십]지경』에서 일체행(一切行)은 총상 · 별상 · 동상 · 이상 · 성상 · 괴상으로써 방편으로 삼는다고 설한다. 이것은 또한 그 집성방편이다. 이 하나의 방편은 저 일체의 음 · 계 · 입 등의 사법(事法)과 상대하되, 실지(實智)를 마주하지는 않는다. 따라서 『[십]지[경]론』에서 육상문을 논변하여 설하기를 "사(事)를 제외하니, 사란 소위 음 · 계 · 입 등이다"라고 한다.

地經中, 說一切行總相別相同相異相成相壞相而爲方便. 此亦是其集成方便. 此一方便與彼一切陰界入等事法相對不對實智. 故地論中辨六相門說言除事, 事者所謂陰界入等. (앞과 같음)

곧 보살행의 하나하나의 방편(구체적인 교설)이 존재로서의 사법과 상대하여 설해지고 있는 것이며, 그것을 『십지경론』은 "사를 제외한다"라고 설한다는 것이다. 요컨대 온갖 교설은 하나하나가 방편이며, 그것이 보살의 행으로서 설해지고 있는 것이고, 그 때문에 단순한 사물과는 다른 것이라는 의미이다.

혜원에 있어서의 이러한 '법'과 '사' 개념의 차이는 다음의 제3문에 이르러 한층 명확하게 설해진다.

> 세 번째로 무릇 제법에 관하여 육상을 해석한다. 사법이 다르다고 하더라도 이치와 뜻이 가지런히 통한다. 이제 우선 색에 관하여 육상을 논하여 풀이한다. 나머지 종류는 [이에 준하여] 알아야 한다.
>
> 三汎就諸法解釋六相. 事法雖別, 理義齊通. 今且就色辨釋六相. 餘類可知. (續藏1-71.151左上)

우선 "제법에 관하여 육상을 해석한다"란 하나하나의 구체적인 교설에 관하여 육상의 의미를 해석한다는 말이다. "사법이 다르다고 해도 이치와 뜻이 가지런히 통한다"란 오온·십이처·십팔계로서의 '사'와 가르침으로서의 '법'은 다른 것이지만, 육상은 도리로서 공통되는 것이므로 시험 삼아 '일색(一色)'을 들어서 해설한다는 것이다.

> 육상이란 무엇인가? 일색 가운데 동체로서 갖추어 고·무상 등의 일체의 모든 뜻이 있는 것과 같다. 이러한 모든 뜻으로써 일색을 집성한다. 뜻에 따라 구별하여 나누면 색에 무량이 있다. 말하자면 무상색(無常色), 고색(苦色), 공색(空色), 무아색(無我色) 등의 갖가지 차별이 있다. 그 총을 논하는 것이다.
>
> 六相云何. 如一色中同體具有苦無常等一切諸義. 以是諸義集成一色. 隨義別分色有無量. 謂無常色·苦色·空色·無我色等種種差別. 論

其總也. (앞과 같음)

여기에서 말하는 바 무상 · 고 · 공 · 무아 등이 혜원이 말하는 '법'의 개념이고, 그 갖가지 법이 '사'로서의 일색으로 성립하고 있는 것이 '총상'이라는 개념이다. 그 때문에 『십지경론』의 "사를 제외한다"란 혜원에게는 "법과 관련하는 것이며, 사와 관련하는 것은 아니다"라는 의미인 것이다. 이것과 완전히 같은 취지의 설이 『대승의장』 권3의 「육종상문의(六種相門義)」에 설해져 있고,[14] 그것에 의하여 혜원의 육상 개념을 개설하면 대략 다음과 같아질 것이다.

총상: 일색 가운데 무상 · 고 · 공 · 부정(不淨) 등의 별별(別別) 법이 성립한다.
별상: 일색 가운데 무상 · 고 · 공 · 부정 등의 별별 법이 성립하므로 구별된 무량의 색(무상색 · 고색 등)이 있다.
동상: 이 무량의 구별된 색은 어떤 것이건 같은 색이다.
이상: 같은 색이지만, 예컨대 무상색과 고색은 구별된다.
성상: 무상색 · 고색 등과 뜻의 측면에서는 구별되지만 체로서의 색은 하나이다.
괴상: 체로서는 하나이지만, 뜻은 다르므로 다색(多色)이라고도 말할 수 있다.

이러한 혜원의 해석은 결국 체에서의 뜻[義]의 동이(同異)와 이

14) 大正44.524a.

의(異義)에서의 체의 동일(同一)을 서술할 뿐이므로 조합해 보면 실제는 4상밖에 성립하지 않는다. 따라서 이 점에 관하여 혜원은 다음과 같이 언급한다.

> 실제에 의거하여 그것을 논하면, 앞의 4문을 설하면 뜻을 논하므로 마땅히 충분하다고 할 수 있다. 동이(同異)를 기준으로 앞의 2문(성상과 괴상)을 이루는 것으로 하기 때문에 여섯이 있다.
> 據實論之, 說前四門辨義應足. 爲約同異成前二門故有六也. (大正 44.524a)

곧 혜원과 같은 이해로는 결국 동이문(同異門)과 성괴문(成壞門)은 같은 것의 반복이 되어 버리는 것이다. 그리고 혜원 자신도 이 모순점을 알아차리고 있던 것이다.

이상으로써 『십지경』, 『십지경론』 및 그것에 기반한 법상 · 혜원의 견해가 분명해졌을 것이다. 『십지경론』과 법상 · 혜원의 이해 사이에는 상당히 큰 간극이 있다고 말할 수 있는데, 법상 · 혜원 등의 사상이 뒤의 화엄교학이 과제로 삼는 것과 같은 일체법의 상즉상입 등을 문제 삼는 것은 아님이 분명하다.

3. 지엄의 육상설 수용

그렇다면 다음으로 육상설이 어떠한 의미에서 화엄일승의 교의를 열었던 것인가, 이 점을 밝히기 위해 초기의 지엄의 사상을 검토해 가고자 한다. 이미 서술한 것처럼 지엄의 『수현기』는 지론과 화엄이 맞부딪치는 위치에 있다고 생각되는데, 『일승십현문(一乘十玄門)』도 같은 위치에 있다고 생각된다.15) 이 두 책의 관계에 관해서는 법계연기의 내용이 다르다고 하는 선행 연구도 있지만,16) 이하의 논고에 의해 양자가 긴밀한 관계에 있음을 밝히고 싶다. 『수현기』의 법계연기설과 지론 · 섭론학파의 교학과의 관계에 관해서는 제1장, 제3장에서 밝혀 두었는데,17) 여기에서는 그것들을 토대로 하면서 『일승십현문』의 사상을 검토하여 『수현기』와의 연관을 밝히고자 한다.

그런데 지엄은 『수현기』의 권3하에서 「십지품」의 제6지의 10종 십이인연관의 제8을 해석하여 다음과 같이 말한다.

---

15) 『일승십현문』에는 신역 유식설의 영향이 전혀 보이지 않는 점, 현행 대정장경 수록본의 찬호에 "承杜順和尙說"로 되어 있는 점, 이에 더하여 이하 본서 제6장에서 밝힐 점 등에 따른다. 그렇지만 이 문제에 관해서는 "지엄의 초기 저작으로 보기에는 문제가 있다"(石井公成, 『華厳思想の研究』, 春秋社, 1996, p. 162)라는 의견도 있다.

16) 사카모토 유키오(坂本幸男) 박사는 두 책의 '법계연기'의 내용에 관하여 "별교일승의 무진연기를 가리키는 경우와 『화엄경』 가운데의 일체의 연기설을 통섭한 경우의 두 종류가 있다"라고 한다(「法界縁起の歴史的形成」(『大乘仏教の研究』, 大東出版社, 1980, p. 61). 또 키무라 키요타카 박사도 양자는 "별개의 관점에 서 있다"라고 한다(『初期中国華厳思想史の研究』, 春秋社, 1977, p. 523).

17) 본서 제1장 제2절 2. 「『수현기』 현담과 지론 · 섭론교학의 관계」, 제3장 제1절 「중국불교의 '연기'사상 이해」, 제5장 제1절 「정영사 혜원의 '의지'와 '연기'의 문제」. 제5장 제2절 「지론학파의 법계연기사상」, 제6장 제2절 「『수현기』의 법계연기사상」 등 참조.

> "여섯 가지 뜻과 육상이 함께 이룬다"란 육상의 두 가지 뜻이 있다는 말이다. 첫째는 이치에 따름이요, 둘째는 현상에 따름이다. 이 두 가지 뜻 중 이치에 따름의 뜻이 두드러지므로 현상에 따름의 뜻은 미미하다. 그 사연(四緣)의 현상은 두 가지 뜻과 같더라도 다만 현상에 따름의 뜻이 늘어나며, 이치에 따르는 뜻은 미미하다.
> 六義六相共成者, 六相有二義. 一順理, 二順事. 此二義中, 順理義顯順事義微. 其四緣事, 二義同上, 但順事義增順理義微. (大正35.66b)

이것은 어떠한 것을 문제 삼고 있는가 하면, 인과연기의 존재들에 관하여 그것을 육인(六因)·사연(四緣)에 의해 설하는 교설과 육상에 의해 설하는 교설의 두 가지 뜻이 있다는 것이 우선 문제가 되어 있다. 그리고 인(因)의 여섯 가지 뜻[六義]과 육상은 중복되는 문제를 다루고 있다고 하는데, [그러면서도] 육상은 이치에 따르는 것임에 대하여 육인·사연은 현상에 따라 설해지고 있는 점이 다르다고 지엄은 말하는 것이다. 왜 그러한가? 육인·사연은 범부의 집착을 풀기 위한 교설이지만, 인연에 의해 과(果)를 생한다고 설하므로 일체법을 실체화하기 쉽[기 때문이]다. 그것에 대하여 육상설은 이치에 들어가게 하기 위한 교설인 것이라고 말하는 것이다. 이 점을 다시 다음과 같이 말한다.

> 물음: 무엇으로써 단지 총·별 6의는 이치에 따라 증가함[順理增]을 얻어 현상을 취하지 않음을 알 수 있는가? 답변: 논주는 현상은 육상을 갖추지 않는다고 간별하고 다만 뜻을 기준으로 논하였다. 따라서 [그렇게] 아는 것이다.
> 問何以得知但總別六義得順理增不取於事. 答論主簡事不具六相唯約

義辨. 故知也. (앞과 같음)

이 설은 앞에 다룬 용례2의 문장 말미의 "사(事)를 제외한다"의 의미를 이(理)와 사의 관계 속에서 "이치를 간별하는" 것으로 이해했음을 의미한다. 그것은 바꾸어 말하자면 육상설을 사·리의 입장에서 해석했다는 말이다. 이 관점에 서면 그러한 이해의 배경에 이·사에 의한 법계관을 가르친 두순(杜順)의 직접적인 영향,[18] 인과연기를 설한 지론·섭론학파의 사상[19] 등을 읽어 내는 것은 극히 용이할 것이다. 그리고 이 인과연기에서 이와 사의 문제는 그대로 『일승십현문』 첫머리의 문제 제기와 겹치는 것이다.[20]

일승연기 자체법계의를 밝히자면, 대승과 이승의 연기가 다만 능히 상(常)·단(斷)의 과(過) 등을 집착함을 떠나는 것과 같지 않다. 이 종은 그렇지 않고 일즉일체로서 과를 떠나지 않음이 없고 법의 같지 않음이 없는 것이다.
明一乘緣起自體法界義者, 不同大乘二乘緣起但能離執常斷諸過等. 此宗不爾, 一即一切無過不離, 無法不同也. (大正45.514a)

---

18) 그 이유로서 우선 『일승십현문』의 찬호에 "承杜順和尙說"이라고 되어 있는 점, 두순의 『법계관문』은 이(理)와 사(事)를 종횡무진으로 상설(詳說)하여 무애에 이른다는 내용이었던 점(『법계관문』의 내용에 관해서는 木村淸孝, 앞의 책[앞의 주16에 소개됨], 제2편 제1장 제2절 「『法界觀門』をめぐる問題」, pp. 328~342 참조) 등을 들 수 있을 것이다.
19) 앞의 주17 등 참조.
20) 위의 주18 등 참조.

곧 화엄의 일승연기(=理)는 대승·이승의 집착을 파하기 위한 연기(=事)와는 다르다는 것이다. 그렇다면 그 이로서의 일승연기는 대체 어떠한 내용인 것일까? 이 점에 관해서 다시 검토해 보고자 한다.

『일승십현문』은 크게 십전(十錢)의 비유를 사용하여 동체(同體)·이체(異體)를 설하는 전반부와 십현문(十玄門)을 설하는 후반부의 두 부분으로 구성되어 있는데, 그것은 다음과 같은 전제 위에 성립하고 있다.

> 이제 잠시 이 '화엄'[이라는] 1부(部)의 경의 종통(宗通)에 나아가 법계연기를 밝힘에 자체의 인(因)과 과(果)를 넘어서지 않는다. 이른바 '인'이란 말하자면 방편연수(方便緣修)로서, 제(體)가 다하고 위(位)가 만족된 것이다. 곧 보현이 이것이다. 이른바 '과'란 말하자면 자체가 궁극적으로 적멸한 원과(圓果)이다. 십불의 경계로서 일즉일체(一卽一切)이다.
> 今且就此華嚴一部經宗, 通明法界緣起, 不過自體因之與果. 所言因者, 謂方便緣修體窮位滿. 卽普賢是也. 所言果者, 謂自體究竟寂滅圓果. 十佛境界一卽一切. (大正45.514a~b)

곧 법계연기는 십불(十佛)의 자경계(自境界=果)와 보현의 경계(=因)의 두 측면에 의해 성립된 것이다. 그리고 직후에 "원과(圓果)는 설상(說相)을 끊는"[21] 것이[라고 말하고 있으]므로 방편연

21) 大正45.514b.

수인 인의 측면만을 설하기로 한다. 이러한 구조는 법장이 『오교장』 첫머리에서 설한 바와 같기 때문에[22] 잘 알려진 점이다. 그러나 여기에서 특히 주의해야 하는 점이 하나 있다. 그것은 '일즉일체'라는 화엄교학의 상투어가 '십불경계'를 나타내는 것으로서 설해져 있는 점이다. 후에 서술하는 것처럼 지엄에게서는 인문(因門)에서는 '일즉다(一卽多)'라는 말은 종종 사용되는 것이지만, 저작의 구조상 '일즉일체'는 원과를 나타내는 것으로서 여기 이외에는 전혀 사용되고 있지 않은 것이다. 이 점은 법장의 용례와도 관계된 것이므로 다시 언급하고자 한다. 나아가 또 한 가지 주목하고 싶은 것은 인문·과문(果門) 공히 '자체'의 두 측면으로 [지엄이] 생각한다는 점이다.[23] 『오교장』의 십현문 첫머리는 "무릇 법계의 연기는 곧 자재 무궁하다"라고 시작하고 '자체'라는 개념은 보이지 않는다. 그 때문에 『일승십현문』의 첫머리가 "일승의 연기의 자체인 법계의

22) 『오교장』은 석가여래 해인삼매 일승 교의를 열어 10문으로 하고, 그 제1 「건립일승(建立一乘)」에서 일승 교의를 별교와 동교로 나누어, 별교를 풀이하여 "첫째는 성해과분(性海果分)으로서 불가설의 뜻이다. 왜냐하면 교(教)와 상응하지 않기 때문이다. 곧 십불의 자경계(自境界)이다. … 둘째는 연기인분(緣起因分)으로서 곧 보현의 경계이다[一性海果分是不可說義. 何以故, 不與教相應故. 則十佛自境界也. … 緣起因分則普賢境界也]"라고 한다(大正45.477a).

23) 이 '자체'라는 개념은 지론교학과의 관계를 상상케 한다. 예컨대 정영사 혜원이나 『화엄경문의요결문답』(續藏 1-12套 수록)에 인용된 늠사(懍師) 등의 후기 지론학파에 속하는 사람들이 자신의 사상적 기반을 '자체연기'라고 부르고 있었기 때문이다. 이 후기 지론학파의 '자체' 개념에 관해서는 본서 제5장 제2절 「지론학파의 법계연기사상」에서 논하였다.

뜻을 밝히자면"이라는 말로 시작하는 것에는 큰 의미가 존재한다고 생각된다. 그리고 이 말 다음 앞에 든 인용문이 보이므로 "일승연기 자체법계의(一乘緣起自體法界義)"와 "법계연기"는 동의어라는 말이 된다. 이러한 점은 지엄에게서 '법계연기'의 개념이 '일승연기'와 '자체법계'의 중층적인 것임을 예상케 하는 것인데, 이 점에 관해서도 결론에서 다시 설명하고자 한다.

이 보현인분(普賢因分)은 이미 서술한 것처럼 "비유를 들어 법을 변성(辨成)하는" 전반부와 "법을 논하여 이치를 회통하는" 후반부에 의해 성립되어 있다. 그러면 우선 전반부의 '십전의 비유'를 검토하고자 한다. 그것은 다음과 같은 게송이다.

> 비유하자면 십을 세는 법의 일을 증가하여 무량에 이르는 것과 같다.
> 모두가 각각 본수로서 지혜 때문에 차별되는 것이다.
> 譬如數十法 增一至無量 皆悉是本數 智慧故差別. (大正45.514b)

이것은 60권『화엄경』의「야마천궁보살설게품(夜摩天宮菩薩說偈品)」의 정진림(精進林)보살의 게송 일부에 상당한다.[24] 경전의 일련의 문맥은 일체의 법에는 진실상도 차별상도 존재하지 않는다는 것을 서술하는 것이다. 인용한 게송의 직전에는 열반과 제법의 불가득(不可得)을 밝히는데, 언설로써 설할 때 두 가지의 상이 있는 것처럼 이해되고 만다고 서술하고 있으므로 이 게송은 이러한 콘텍

24) 大正9.465a.

스트상에서 이해되어야 하는 것이다. "십을 세는 법"이란 언어와 더불어 인간이 사물을 인식하는 경우의 수단으로서의 '수'를 말한다. 1을 기반으로 하여 2 · 3 · 4 · …라고 세는 것이다. 지엄은 이 10을 세는 법에 동체문과 이체문의 2문을 열어 각각 "일중다, 다중일(一中多多中一)"과 "일즉다, 다즉일(一卽多多卽一)"로 나누어 설하는 것이다. 두 문이 모두 비교적 짧은 해설과 복수의 친절한 문답으로 구성되어 있다. 그러면 잠시 지엄의 교설을 소개 · 검토해 보고자 한다.

이체문에 관하여

지엄은 우선 이체문의 "일중다, 다중일"부터 해석을 시작한다.

> 이제 10이라는 수를 기준으로 일중다 · 다중일을 밝히자면, 만약 순수(順數)한다면 1부터 10에 이르러 향상(向上)으로 간다. 만약 역수(逆數)한다면 10부터 1에 이르러 향하(向下)로 온다.
> 今約十數明一中多多中一者. 若順數從一至十向上去. 若逆數從十至一向下來. (앞과 같음)

이것은 통상 사물을 셀 때의 1부터 시작하여 10에 이르는 경우(向上去)와 10부터 시작하여 1에 이르는 경우(向下來)를 말한다. 사물을 세는 경우 세어지는 측의 사물을 전체로서 한 개로 파악하지 않으면 센다는 행위가 성립하지 않는다. 예컨대 학교를 1개교(個校), 2개교라고 셀 경우 각각의 학교에는 면적의 광협(廣狹) 등의 차이가 있을 것이며, 거기에 포섭되는 건물의 수나 학생[生徒]

의 수 등도 모두 다를지 모른다. 그러나 개개의 사물을 개개로서 다루는 것[만]으로는 센다는 행위는 성립하지 않는다. 그 때문에 갖가지 다른 조건에 의해 성립하는 개개의 학교를 '1개의 학교'라고 전제할 때 비로소 센다는 행위가 성립한다. 이것을 지엄은 다음과 같이 말한다.

> 1은 1과 같은 것은 연성(緣成)이기 때문이다. 1 속에 곧 10이 있으니, 따라서 1이 이루어진다.
> 如一者一緣成故. 一中即有十, 所以一成. (앞과 같음)

"1이 연성이다"라는 것은 조금 전 서술한 것과 같은 '하나의 학교'가 갖가지 조건에 의해 성립한다는 것이다. 그리고 이 가운데에는 두 개의 다른 측면이 갖추어져 있다. 세어지는 측면의 사물이 갖가지 조건에 의해 연기한다는 측면과 하나를 기반으로 하여 10까지 세는 것 속에 각각의 수가 다른 수와 관계를 맺고 성립한다는 측면의 두 측면이다. 수학적으로 말하자면 '수'에는 사물을 세고 아울러 대소를 비교한다는 추상적인 측면과[25] 헤아린 개개의 사물의 분량을 나타내는 구체적인 측면[26]의 두 측면이 있고, 양자는 밀접하게 서로 겹쳐서 우리가 사용하는 '수'의 개념이 성립하는 것인데,

---

25) 志賀浩二, 『大人のための数学① 数と量の出会い 数学入門』(紀伊国屋書店, 2007), 제2장 「量と数」, pp. 32~46 참조.

26) 본래 수와 양은 다른 의미를 가지고 있었지만, 그것이 통합되어 새로운 '수'라는 개념이 형성된 과정은 위의 주25에 소개된 도서에 알기 쉽게 설명되어 있다.

지엄이 문제로 삼는 것은 순서를 나타내는 수의 쪽이다. 가령 1이 절대적인 것인 경우 1이 2가 된다는 것은 성립하지 않으므로, 수의 체계란 전제로서의 1부터 시작하여 무량에 이르기까지 모든 수가 상의상대에 의해 성립한다는 것이다. 곧 개개의 수에 다른 모든 수가 계기(契機)되어 있다는 것이며, 이것을 "일중다, 다중일"이라고 말하는 것이다.

다음으로 이체문의 "일즉다, 다즉일"의 내용을 살펴보자.

> 다음으로 일즉다, 다즉일을 밝히자면, 다시 앞의 문 중의 향상거 · 향하래와 같다.
> 次明一即多多即一者. 還同前門中向上去向下來也. (同.514c)

내용으로서는 앞의 문과 같다고 말할 뿐이다. 그렇다면 상세한 것은 불명확하므로 지엄은 이후에 아홉 개의 문답을 세운다. 이제 그것들을 상세히 검토할 지면은 없으므로 요점만을 정리해 두고자 한다.

> 물음: 앞에서 1 속의 10이 있음을 밝히고, 여기에서는 1이 곧 10임을 밝힌다. 어떤 차이가 있는가?
> 답변: 앞에 밝힌 '1 속의 10'은 1을 떠나서 10이 있음이 없되, 10은 1이 아니다. 여기에 밝히는 '1이 곧 10'과 같은 것은 1을 떠나서 10이 있음은 없고, 10은 곧 1의 연성이기 때문이다[*역자 주: 이 부분은 "10은 곧 1이니, 연성이기 때문이다"라고 번역할 수도 있다].
> 問前明一中十. 此明一即十. 有何別耶. 答前明一中十者. 離一無有十而十非是一. 若此明一即十者. 離一無有十. 而十即是一緣成故. (앞과 같음)

곧 양자 모두 1과 10 어느 쪽이든 연기에 의해 성립해 있다는 여건은 같지만, '1 속의 10[一中十]' 쪽은 지금은 1이고 아직 10이 되지 않은 것에 대하여 '1이 곧 10[一即十]'의 쪽은 동일한 시간에서의 전체와 부분의 논리적 관계를 말하는 것이다. 비유해서 말하자면 '1속의 10'은 『열반경』에 설해진 '우유[乳]과 제호(醍醐)'와 같은 관계(우유에서의 제호의 존재양태), '1이 곧 10'은 『오교장』에 설해진 '집[家]과 기둥[柱] 등'과 같은 관계를 나타낸다는 것이다. 우유는 그 속에 낙(酪: 유지방, 크림)이 계기되어 있다고는 하지만, 지금은 낙이 아니라 우유이다. 한편 집과 기둥 · 마루[床] 등은 동일 시간 내의 전체와 부분의 관계이다. 연기에는 이러한 양면성이 있고, 이 점은 본서에서 이미 전자를 '~이 되다' 계통의 연기설(통시적 연기), 후자를 '~이다' 계통의 연기설(공시적 연기)이라고 가설적으로 칭하여 문제를 환기해 온 바와 같다.[27]

동체문에 관하여

다음으로 동체문의 설을 살펴보자.

> 두 번째로 동체문을 밝힌다면, 다시 앞의 문과 같다.
> 二明同體門者, 還如前門. (同.515a)

[위의 인용문에서] 설해진 대상은 이체문과 같다고 한다. 곧 '십

27) 본서 제4장 제1절 「연기사상의 전개로부터 본 『기신론』의 연기설」, 제4장 제2절 「『기신론』 중국 찬술설 부정론」 등 참조.

전의 비유'에 대한 분석인 점은 달라지지 않는 것이다. 그 때문에 동체·이체의 차이를 먼저 묻게 된다.

> 물음: 이 동체문 가운데는 앞의 이체문과 어떤 구별이 있는가?
> 답변: 앞의 이[체]문에 '1 속의 10'이란 뒤의 9를 바라보기 때문에 '1 속의 10'이라고 이름한다. 이 문에서 '1 속의 10'이라고 말하는 것은 곧 1 속에 9가 있기 때문에 '1 속의 10'이라고 말하는 것이다.
> 問此同體門中, 與前異體門中有何別耶.
> 答前異門言一中十者, 以望後九故名一中十. 此門言一中十者, 即一中有九故言一中十也. (앞과 같음)

곧 우유와 제호의 관계를 가지고서 말하자면 양자의 사이에 불일(不一)의 측면을 보는 것이 이체문이고, 양자의 상즉을 보고 불이(不異)라고 보는 측면이 동체문인 것이다. 우유 속에 이미 제호가 존재한다면 그것은 우유가 아니라 제호이다. 그러나 한편으로 우유 속에 제호가 없다면 우유가 제호가 되는 일은 없다. 우유와 제호의 불일불이(不一不異)[인 관계 속]에서 우유는 우유이고, 제호는 제호일 수 있다. '연성(緣成)'이란 이러한 관계를 말하는 것이다. 그 다음 문답은 동체문의 '1속의 10'은 이체문의 '1이 곧 10'과 어떻게 다른가 하는 의미를 밝히는 것이다.

> 이 가운데에 1에 9가 있다고 말하는 것은 자체에 9가 있으면서도 1은 9가 아니다. 앞의 별체문에서 말하는 것과 같은 경우는 1이 곧 저 이체의 10 등이면서도 10은 1을 떠나지 않는 것이다.

此中言一有九者, 有於自體九而一不是九. 若前別體門說者, 一即是彼異體十等而十不離一. (앞과 같음)

여기에 설해진 "이체의 10"이란 집과 기둥 등의 관계에 의해 설해져 있던 것으로서 전체와 부분의 불일불이를 나타내는 것이다. 그리고 이 관계는 우유와 제호의 사이[의 관계]로는 비유할 수 없는 성질의 것이다. 왜냐하면 우유와 제호의 불일의 관계에는 상태의 변화가 계기되어 있고, 거기에서 시간의 어긋남이 생겨난다. 한편 전체와 부분의 관계는 동일 시간 내의 논리적 관계이다 '1 속의 10'은 변화를 계기하는 인과 관계의 연기 구조, '1이 곧 10'은 전체와 부분의 상즉 관계에 의한 상의상대(相依相待)의 연기 구조라는 말이 된다. 여기까지 계속 생각해 오면, 마지막의 동체문의 '하나가 곧 10'은 집과 기둥 등의 비유에 의해 기둥 등이 그대로 집과 다르지 않음을 의미하는 것임은 분명해질 것이다.

이상의 검토에 의해 『일승십현문』의 이체·동체설은 연기에서의 불일(=異)불이(=同)를 나타내는 것이며, 그 구성요소인 '일중다, 다중일'이란 연기에서의 변화를 계기하는 통시적인 관계(='~이 되다' 계통의 연기)이고, '일즉다, 다즉일'이란 연기에서의 전체와 부분의 논리적 관계(='~이다' 계통의 연기)임이 분명해졌다.

그렇다면 이 『일승십현문』의 연기설은 대체 어떠한 의미에서 육상설의 연구 성과인 것일까? 이 점에 관하여 서술해 두고자 한다. 이미 언급한 것처럼 지엄은 인과연기의 육인(六因)·사연(四緣)과 육상설을 '사(事)'와 '이(理)'의 관점에서 구별한 것이다. 그러나 육상과 인문육의(因門六義)가 중층적이라는 점은 『일승십현문』의 사상적 배경과 관련해서 중요한 문제이다. 동체·이체라는 개념은 그대로 육상 중의 '동·이'에 상당(相當)하기 때문이다. 그리고 앞에 서술한 것처럼 '일즉다'는 전체와 부분의 논리적 관계이므로 육상 가운데의 '총·별'에 상당한다. '일중다'는 생멸 변화를 계기로 하므로 '성·괴'에 상당한다.

이렇게 생각하게 되면 『일승십현문』은 『십지경론』의 육상설을 불일(이체문)·불이(동체문)를 기반으로 하여 거기에 총·별(일즉다)과 성·괴(일중다)를 짜 넣어 재조직한 것임이 분명해질 것이다. 이 점을 법장은 『화엄경전기』에서 '별교일승 무진연기'를 "십지 가운데 육상의 뜻"이라는 말로써 밝혔다고 말한 것이다.

4. 화엄연기론의 본질—지엄과 법장—

『일승십현문』의 기본적 구조와 내용이 밝혀졌으므로 다음으로 법장의 『오교장(五敎章)』에서 설해진 것과의 관계를 검토해 보고자 한다. 『오교장』의 「의리분제(義理分齊)」는 (1) 삼성동이의(三性同異義), (2) 연기인문육의법(緣起因門六義法), (3) 십현연기무애법문의(十玄緣起無礙法門義), (4) 육상원융의(六相圓融義)의 4문으로 구성되어 있다.[28] 이것들은 어느 것이건 지엄의 『일승십현문』과 깊은 관계에 있는데, 그중에서도 특히 문제가 되는 것은 '십현연기무애법문의'이다. 『오교장』의 십현연기무애법문의는 전체를 유

28) 大正45.499a.

설(喩說)과 법설(法說)로 나누고, 유설에서는 '십전의 비유'를 설하여 이체·동체를 열고, 각각을 일중다·다중일, 일즉다·다즉일에 의해 설하며, 법설에서는 십현문을 설하므로 구성적으로 분명히 『일승십현문』을 따른다. 따라서 『일승십현문』과 공통되지 않는 부분이 있다고 한다면 거기에 법장의 독자성이 있다고 생각된다. 이러한 관점에서 『오교장』의 설을 볼 때 우선 눈에 띄는 점은 이체·동체를 엶에 즈음하여 [그것이] 인문육의와 관계를 맺어서 설해지는 점이다.29)

> 이 2문이 있는 이유[所以]는 모든 연기문 안에 두 가지 뜻이 있기 때문이다. 첫째는 불상유(不相由)의 뜻이니, 말하자면 스스로 덕을 갖추기 때문이다. 인(因) 가운데의 부대연(不待緣) 등과 같은 것이 이것이다. 둘째는 상유(相由)의 뜻이니, 대연(待緣) 등과 같은 것이 이것이다. 처음 것은 곧 동체, 뒤의 것은 곧 이체이다.
> 所以有此二門者, 以諸緣起門內有二義故. 一不相由義, 謂自具德故. 如因中不待緣等是也. 二相由義, 如待緣等是也. 初即同體, 後即異體. (大正45.503b)

---

29) '인(因)의 육의'는 유식사상의 종자의 여섯 뜻[六義]을 바꿔 말한 것인데, 『섭대승론』에 언급되었고 지엄에 의해 창안된 것이다(이 점에 관해서는 大竹晋, 『唯識說を中心とした初期華嚴教学の研究―智儼·義湘から法蔵へ―』, 大蔵出版, 2007, pp. 298~312 참조). 지엄에게서는 『화엄경』의 소전(所詮)을 나타내는 것이 십현연기이고(『捜玄記』 권1上, 大正35.15a~b), 인의 육의는 인과연기의 문제였다. 그것이 법장에게는 화엄일승사상의 의리(義理)로서 겹쳐져 있었다고 생각된다.

이 동체·이체를 부대연·대연에 관계 맺는 설은『오교장』의 '연기인문육의법' 가운데에도 볼 수 있다.[30] 연기법이므로 인(因)의 측면과 과(果)의 측면에서 논하는 것은 일단 조리가 통한다고 생각된다. 그러나 이 인과 과로부터 연기법을 본다는 점에 관해서 지엄은 "(법계연기는) 대승·이승의 연기가 단지 능히 상·단을 집착하는 온갖 과(過) 등을 떠나는 것과 같지 않다"라고 하여 [법장과 같은 방식으로는] 언급하지 않은 것이었다. 그렇다면 법장에게 인문육의와 육상설은 어떻게 이해되는 것일까? 이 점에 관하여 '인문육의법' 가운데에 다음과 같은 문장이 있다.

그런데 이 육의는 육상으로써 융섭하여 그것을 취한다.
然此六義以六相融攝取之. (大正45.502c)

법장은 육의와 육상이 상호 겹치는 사상이라고 말하는 것이다. 이 점을 다시 상설(詳說)하기 위해 육상의 각각을 해석하여 다음과 같이 말한다.

육의를 융(融)함을 하나의 인(因)으로 삼으니, 이것이 총상이다.
하나의 인을 열어 육의로 하니, 이것이 별상이다.
육의가 가지런히 인이라고 이름하는 것은 동상이다.
육의가 각각 서로 알지 않는 것은 이상이다.
이 육의에 의해 인 등이 이루어질 수 있는 것은 성상이다.

---

30) 大正45.502c~503a.

육의가 각각의 자위(自位)의 뜻에 머무르는 것은 괴상이다. 融六義爲一因, 是總相. 開一因爲六義, 是別相. 六義齊名因, 是同相. 六義各不相知, 是異相. 由此六義因等得成, 是成相. 六義各住自位義, 是壞相. (同.502c~3a)

곧 법장은 인(因)의 육의의 상호관계를 나타내는 것으로서 육상설을 이해하는 것이다. '인의 육의'란 말할 것도 없이 인과연기의 유위법에서의 인의 문제이므로, 지엄이 이(理)와 사(事)가 다르다고 하여 언급하지 않았던 문제를 한 걸음 더 파고들어서 해석한다고 말할 수 있을 것이다. 이러한 법장의 태도는 다음 문장 등에 한층 적극적으로 표명되어 있다.

물음: 육상과 육의의 분제(分齊)는 어떠한가? 답변: 육의는 <u>연기의 자체(自體)</u>에 의거한다. 육상은 <u>연기의 의문(義門)</u>에 의거한다. 법체(法體)로써 의문에 들어가 마침내 차별을 이루는 것이다. 問六相六義分齊云何. 答六義據<u>緣起自體</u>. 六相據<u>緣起義門</u>. 以法體入義門遂成差別. (同.503a)

인의 육의는 연기법 자체에 관한 문제이고, 육상설은 언어적 의미에 관한 문제라고 말하는 것이다. 육의에 의해 연기하여 성립하는 제존재(=諸法, 여기에서는 自體)가 의문(=언어적 범주)에서 파악됨에 의해 각각의 구별된 사물이 성립한다고 말하는 것이다. 여기에 이르러 존재와 언어가 융합한 연기사상으로서 법장이 생각하는 화엄의 일승연기가 구축되었다고 말할 수 있는 것은 아닐까?

다음으로 주목되는 것은 지엄이 일관되게 일중다 · 다중일, 일즉다 · 다즉일이라고 반복하는 것을 법장은 '상입 · 상즉'이라고 표현한다는 점이다. 이것에 관해서 십현연기무애법문의의 앞의 인용문 직후에 다음과 같이 말한다.

> 모든 연기법에 모두 두 가지 뜻이 있으므로, 첫째는 공 · 유(空有)의 뜻이니, 이것은 자체를 바라본다. 둘째는 역 · 무력(力無力)의 뜻이니, 이것은 역용(力用)을 바라본다. 처음의 뜻에 의하므로 상즉을 얻고, 뒤의 뜻에 의하므로 상입을 얻는다.
> 以諸緣起法皆有二義故, 一空有義, 此望自體. 二力無力義, 此望力用. 由初義故得相即, 由後義故得相入. (大正45.503b)

'자체'에 대해서 상즉을 논하고, '역용'에 대해서 상입을 논하는 것이다. 앞에 든 인문육의에서는 자체(自體)와 의문(義門)이 다름으로써 존재의 구별이 성립한다고 하였다. 존재 자체와 그 구별이라는 것은 환원하자면 '체(體)와 상(相)'이라는 것[에 대응할 것]이다. 그리고 여기에서는 '체와 용(用)'에 의해 상즉 · 상입을 세운다. 이 두 가지의 관점을 겹치면 '체 · 상 · 용'이 된다. 그 때문에 이러한 법장의 사상은 『기신론』의 연구 성과가 아닌가 하는 점이 추찰되는 것이다.[31]

이미 서술한 것처럼 지엄은 지론 · 섭론의 영향하에 있었는데, 법장에게로 화엄교학이 전개된 데에는 『기신론』을 비롯한 여래장 계

---

31) 『기신론』은 「입의분(立義分)」에서 중생심의 심생멸인연상(心生滅因緣相)이 "능히 마하연의 자체 · 상 · 용을 나타낸다[能示摩訶衍自體相用]"라고 말하고(大正32.575c), 마하연의 의(義)란 체대 · 상대 · 용대라고 한다(同).

통 경론이 크게 관계한다.[32] 지엄의 용어는 『화엄경』 자체에 의거한 것에 대하여, 법장이 그것을 [광범위하게] 교학[적으로] 조직화하였다고 말할 수 있을 것이다. 그리고 법장 이후는 이러한 법장의 이해가 일반화하였던 것이다. 법장의 이해에 의하면 연기법은 '인'의 측면과 '과'의 측면이 있고, 양자는 '불일불이'이다. 이것을 구조적으로 나타내는 것이 『오교장』「의리분제」의 인문육의법과 십현연기일 것이다. 따라서 양자는 중층적인 개념에 의해 설해지는 것이며, 그것이 상즉(체), 상입(용), 동체 · 이체(불상유 · 상유)라고 생각된다.

소결

이상으로 『십지경론』의 육상설의 검토를 비롯하여 지론학파의 법상 · 혜원을 거쳐 화엄의 지엄 · 법장에 이르는 사상의 전개를 추적해 왔다. 『십지경론』의 육상설이란 본래 불가설(不可說)인 부처의 근본지(根本智)를 언어에 의해 개시(開示)하는 장면의 문제, 곧 언어 표현에 관한 것이었다. 그리고 세친이 "사를 제외한다"고 말한 의미도 육상설은 언어 표현에 관한 것이었지, 유위법에 관한 것은 아니라는 의미였다. 지론학파의 법상 · 혜원은 이 『십지경』, 『십지경론』의 설을 불법의 교설 언어와 개개의 존재를 구별하는 것으로 이해함으로써 한 존재에 무량의 교설 언어가 성립함을 나타내는

32) 이 점은 본서 제7장 제2절에서 자세히 논할 것이다.

것으로 생각했다. 그것에 대하여 지엄은 '사'와 '이'의 구별을 나타내는 것으로 받아들여 육상설로부터 동체·이체, 일중다·다즉일의 '일승연기'를 찾아낸 것이다. 이것은 결과적으로는 상의상대로서의 연기의 공시적 측면과 인과로서의 연기의 통시적 측면을 통합하는 사상이 된 것이다. 이 지엄의 '일승연기'에 기초하고 그곳에 존재(인의 육의)와 언어(육상)의 문제를 짜 넣어 재조직한 것이 법장의 『오교장』의 법계연기사상이다. 그 증거가 되는 것이 『오교장』의 육상원융의에서 보이는 '집과 기둥 등'의 비유[33]라고 말할 수 있을 것이다. 이 '지엄에서 법장으로'라는 전개에 관해서는 달리 언급하지 않으면 안 되는 점이 많으므로 장을 달리하여 논하고자 한다.

---

33) 본래 언어에 관한 문제였던 육상설이 '법계연기 육상용융(法界緣起六相鎔融)'으로 이해되고, 그 결과 존재로서의 '연성(緣成)인 집'을 비유로 하여 육상원융이 설해져 있다는 사실에 [이러한 통합이] 상징적으로 나타난다고 생각된다(大正45.507c~).

제2절 『수현기』의 법계연기사상

법장이 지엄의 『수현기』를 "교를 세워 종을 나누는" 것으로 해석하고 그 내용을 '별교일승 무진연기'라고 요해(了解)했음은 이미 서장에서 언급한 바와 같다.[34] 그 사상 배경을 '별교일승'과 '무진연기=법계연기'로 나누어 생각해 왔는데, 그렇다면 그 '별교일승 무진연기'라고 불린 것은 어떠한 내용을 가지는 것일까? 적어도 현행 『수현기』를 보는 한 이러한 정리된 표현을 발견할 수는 없다. 그 때문에 이 표현은 법장 독자의 해석[이라고 해야 할 것]인데, 법장이 『수현기』에서 어떠한 사상을 끄집어 내어 이렇게 표현한 것일까?

이러한 문제의 한편에서 후대의 화엄교학[을 강설한] 자의 다수는 화엄교학의 중심 과제를 '사사무애(事事無礙)의 법계연기'에 있다고 해석한다.[35] 이 사사무애란 화엄교학의 다른 용어로 말하자면 '중중무진(重重無盡)'과 같은 내용이라고 생각되므로, 법장이 말

---

34) 『華嚴經傳記』 권3(大正51.163c).

35) 예컨대 근대의 대표적인 화엄교학자인 유스키 료에이(湯次了榮)가 쓴 『華厳大系』(国書刊行会, 1975)의 「教理編」 제2장 제2절 「四種法界」(p. 426~) 등 참조.

하는 '별교일승 무진연기'는 일단 '법계연기'를 가리킨다고 생각할 수 있다. 그리고 『수현기』에는 1개소만 법계연기를 언급하는 설을 볼 수 있다. 이러한 관점에 서면 『수현기』의 법계연기설은 법장이 생각한 화엄교학 독립의 가장 본질적이고 중요한 점을 탐색해 가기 위한 재료라는 말이 될 것이다.

이러한 사정을 감안하여 화엄교학의 출발점을 밝히기 위한 일조(一助)로서 그 중심 사상이라고 말해지는 법계연기설은 원래 어떠한 사상이었는가 하는 점을 밝히려는 것이 본 절의 목적이다.

1. 『수현기』에 설해진 법계연기는 어떠한 것인가

그렇다면 우선 『수현기』의 단지 1개소에서만 설해진 법계연기설에 관하여 직접 살펴보기로 한다. 해당하는 문장은 「십지품」 제6 현전지(現前地) 가운데 십이연기를 10종으로 관하는 경문을 총괄하는 형태로 제시된 것이다.[36] 전체는 상당한 분량에 이르므로 전문(全文)을 인용하는 것은 지면 사정상 삼가고자 한다. 전체의 구조는 다음과 같은 것이다.

36) 大正35.62c~63c.

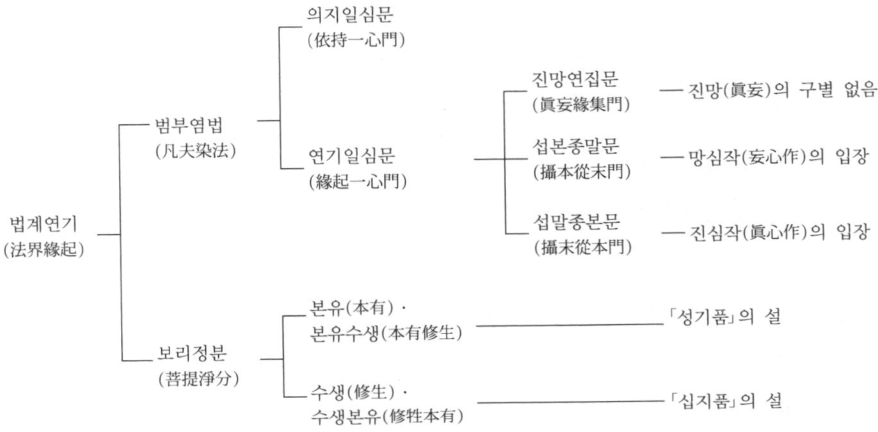

이 설에 관해서는 이미 몇 건의 연구 성과가 발표되어 있고,[37] 결코 새로운 것은 아니지만, 본 절의 문맥상 필요한 것이므로 다시 보인 것이다. 첫머리에서 법계연기를 나타낼 때는 다음과 같이 말한다.

> 대경본에 의하면 법계연기는 중다(衆多)가 있다. 이제 요문으로써 대략 포섭함에 둘로 한다.
> 依大經本, 法界緣起乃有衆多. 今以要門略攝爲二. (大正35.62c)

따라서 그것이 『화엄경』에 기초한 것임은 분명한데, "중다가 있

37) 예컨대 木村清孝, 앞의 책(앞의 주16에 소개됨), 제2편 제6장 제2절 「『捜玄記』の法界縁起」(p. 512 이하); 石井公成, 앞의 책(앞의 주15에 소개됨), 제1부 제2장 제1절 「性起説の成立」 등에 언급되어 있다. 본서에서는 제5장의 소결에서 약간 이 점에 대해서 언급하였다.

다"라는 말은 대체 어떠한 것을 나타내는 것일까? 가령 다수의 화엄교학 연구자가 말하는 것처럼 법계연기가 궁극[究極]의 연기관을 표현하는 것이라면[38] 그것이 "중다가 있다"라는 말은 대체 어떠한 의미인가? 이 점에 관해서는 제5장 제2절에서 지론학파의 개념에 관해 언급하고, 용어의 공통성을 넘어선 문제가 밝혀져야 한다는 점을 지적하였다. 그래서 여기에서는 지엄의 설을 대강 검토하고 나서 이 점에 관하여 생각해 보고자 한다.

그런데 이미 밝혀진 것처럼 지엄은 법계연기를 크게 범부염법과 보리정분의 둘로 나누어 정리한다. 그래서 본문에 따라서 그 내용을 검토해 가자. 총설에서는 범부염법, 보리정분의 순서대로 설하지만, 각설에서는 보리정분부터 해설한다.

보리정분의 4문은 대강을 말하자면 생사에 매몰된 중생에게 보리심이 일어나는 그 구조를 논리적으로 밝힌 것이라고 말할 수 있다. 곧 '중생'이란 아직 보리심이 일어나지 않기에 중생인 것이며, 이미 보리심을 일으킨 자는 '보살'이라고 불리는 것이므로, 단어의 엄밀한 의미에서 보리심이 없는 자를 가리키는 것이다. 본문에서 이 중생성을 의미하는 단어는 '분별'이다.[39] 그것에 대하여 분별이

---

38) 앞의 주35 참조.

39) 본유수생을 해석하는 단락에서 다음과 같이 말한다.

> 모든 정품(淨品)은 본래 이성(異性)이 없다. 이제 제연(諸緣)이 새로운 선을 낳는다는 점에 입각한다. 저 제연에 의거하면 곧 망법에서 생겨난 진지(眞智)가 곧 보현에 합하는 것이다. 성체(性體)에는 본래 분별이 없고, 수지(修智)도 또한 분별이 없다.
>
> 諸淨品本無異性. 今約諸緣發生新善. 據彼諸緣乃是妄法所發真智乃合普賢. 性體本無分別, 修智亦無分別. (大正35.63a)

이 문장에서 거꾸로 염법의 소의(所依)가 분별에 있음을 알 수 있다.

없음을 '보리'라고 말하는 것이므로 단어의 엄밀한 의미에서 보리 가운데에는 참으로 약간의 중생성도 존재하지 않는다. 이러한 관계 속에서 중생에게 보리심이 일어난다는 것이 눈앞에 사실로서 있을 수 있는 것이다.

그 일어난 보리심은 분별과 본래 무연(無緣)이므로 중생성 속에서 생겨났다고 말할 수는 없다. 그 때문에 중생성과는 무관계한 본래성의 발현이라고 이해해야 한다. 이 본래성을 여기에서는 '본유'라고 말하는 것이다. 그렇지만 그 본래성은 원래 존재하는 것이면서 사실로서 현현하지 않은 것이므로 이번에 새로이 발현한 것이라고도 말해야 한다. 이 점을 원래 존재하던 것이 기회를 얻어 나타났다는 점을 가리켜 '본유수생'이라고 말하는 것이다.

한편 중생성의 쪽에서 보리심이 일어났다는 사실을 본다면 그때까지 존재하지 않았던 완전히 새로운 것이 시작한 것이므로 이 점을 '수생'이라고 말하는 것이다. 그렇지만 원래 어떠한 요소도 가지고 있지 않다면 새로이 시작한다는 것 자체가 분명 성립하지 않는 것이므로, 그 새로이 시작한 것을 성립시키는 것은 원래부터 존재하던, 그것을 성립시키는 요소라는 말이 된다. 곧 '수생'을 성립시키는 것은 중생의 본래성이기에 이 점을 '수생본유'라고 말하는 것이다.

이러한 점을 하나의 예를 들어 정리해 두자. 예컨대 지금까지 헤엄칠 수 없었던 사람이 헤엄칠 수 있게 되었다고 해보자. 지금까지 헤엄칠 수 없었던 것이기에 그 사람은 이번에 새로이 헤엄칠 수 있게 된 것이지만, 그것은 원래 헤엄칠 수 있는 소질이 있어서 그 소질이 발현했다는 말이다. 그렇지만 아직 헤엄칠 수 없을 때는 그러한 소질이 자기에게 갖추어져 있는지 어떤지 알 길이 없다. 그리고 소질이 갖추어져 있지 않은 경우에는 어떻게 하더라도 그것을 실현할 수 없다. 아무리 노력하더라도 결코 사람이 공중을 날 수 없는 것과 같은 것이다. 이러한 관계에서도 원래 갖추어져 있던, 헤엄칠 수 있는 소질이라는 것을 '본유'라고 부르는 것이며, 헤엄칠 수 없던 사람이 헤엄칠 수 있게 된 것을 소질의 발현으로서 '본유수생'이라고 부르는 것이다. 또 헤엄칠 수 없던 사람이 새로이 헤엄칠 수 있게 된 것을 '수생'이라고 부르는 것이며, 그것은 원래 가지고 있던 소질에 의해 성립된다는 점을 '수생본유'라고 부르는 것이다.

『수현기』에서는 이 4문을 보리정분의 연기로서 나타내는 것이므로 법계연기의 보리정분이란 중생에 있어서의 보리심 생기(生起)의 구조를 보이는 것이라고 생각된다. 그리고 마지막으로 '본유', '본유수생'은 「성기품(性起品)」의 입장이고, '수생', '수생본유'는 「십지품(十地品)」의 입장이라고 말한다.40) 이 점에 관해서도 뒤에 다시 생각하고자 한다.

다음으로 범부염법을 기준으로 하는 측면을 살펴보자. 거기에서는 이미 보인 것처럼 '연기일심문'과 '의지일심문'의 2문이 세워져 있다. 이 '연기'와 '의지'의 2문은 정영사 혜원의 사상에 기초한 것

---

40) 「십지품」에서 제6지의 보살이 닦아야 할 법으로서 십이인연을 순·역으로 10종 관찰하는 것이 설해져 있는데(大正9.558c~559a), 이를 『십지경론』은 "이 보살은 이와 같이 10종으로 인연을 관한다"라고 해석한다(大正26.171b). 이에 대하여 『수현기』는 다음과 같이 해석한다.

> 이 열 번의 연생(緣生)에는 오직 2문이 있다. 첫째 수생이요, 둘째 수생본유이다. 나머지 둘(본유·본유수생)은 「성기품」에 있다.
> 此十番緣生唯有二門. 一修生, 二修生本有. 餘二在性起品. (大正35.63a)

이라고 생각되며,[41] 용어적인 공통성을 지적할 수 있다. 혜원이 이러한 2문을 세운 것은 “여래장이 연기하여 제법을 생한다”라는 여래장에 대한 관점을 중심에 두고서 『승만경』과 『능가경』의 여래장설을 회통하고자 한 것이었다.[42] 과연 지엄의 사상은 그러한 혜원의 기본적 입장을 이어받은 것일까? 순서대로 검토해 가기로 한다.

연기일심문에는 다시 3문이 세워져 그 가운데 첫째는 ‘진망연집문’이라고 이름 붙여져 있다. 여기에서 주목되는 것은 ‘연집’이라는 개념이고, 본문은 다음과 같이 말한다.

> ‘연집’이란 총상을 가지고서 십이인연을 논하자면 하나의 본식이 지은 것으로서 진·망의 구별이 없는 것이다.
> 言緣集者, 總相論十二因緣一本識作無真妄別. (大正35.63b)

연집이라는 개념은 정영사 혜원 등도 종종 사용하는 것이고, 지론학파의 교학에서 당초부터 존재하던 사상적 과제였다.[43] 지엄이 여기에서 ‘진망연집’이라고 부르는 것도 당연히 그러한 흐름 가운데에 있는 것이라고 생각된다. 이 점에 관해서 지엄은 예컨대 「세간정안품」에서 부처가 선정(禪定)에 든 가운데 모인 자들을 설명함에 즈음하여 다음과 같이 풀이하는 예 등이 있다.

---

41) 본서 제5장 제1절 「정영사 혜원의 ‘의지’와 ‘연기’의 문제」 참조.

42) 위의 주41 참조.

43) 青木隆, 「中国地論宗における縁集説の展開」(『フィロソフイア』 75号, 1988); 「天台行位説に関する一、二の問題」(『印度学仏教学研究』 41巻 2号, 1993, p. 53 이하) 등 참조.

첫째 보살 등을 논하자면 무위연집중을 밝히며, 둘째 여러 신 등은 유위연집중을 밝힌다.
一辨菩薩等明無爲緣集衆, 二諸神等明有爲緣集衆. (大正35.17a)

[여기에서 '연집'은] "연에 따라 모여 하나가 되어 있다"라는 정도의 의미라고 생각된다. 또한 본문에 『기신론』의 아리야식을 해석하여 다음과 같이 말한다.

오직 진이면 생하지 않고, 단지 망이면 이루지 않는다. 진·망이 화합할 때 비로소 하는 바가 있다.
唯真不生單妄不成. 真妄和合方有所爲. (大正35.63b)

이미 서술한 것처럼 전면적으로 정영사 혜원의 사상을 인용한 것이며,[44] 지엄의 독자성이 있다고는 생각되지 않는다. 더욱이 『기신론』의 심생멸문과 심진여문의 사상이 진망연집이라는 개념에 상응한다고 설하는 것 등을 고려에 넣으면 이 진망연집문은 연기하고 있는 제법의 논리적인 구조를 보인 것이 아니라, 연기법의 논리적 구조로서 언어화된 '진'과 '망'을 시간적인 관계 속으로 끌어와서

---

44) 예컨대 『대승의장』 권1에 다음과 같이 되어 있다.

오직 진(眞)이면 생하지 않으며, 단지 망(妄)이면 이루어지지 않으니, 진·망 화합하여 비로소 음(陰)의 생겨남이 있다.
唯真不生, 單妄不成. 真妄和合, 方有陰生. (大正44.473b)

그리고 이 부분의 이해에 관해서는 요시즈 요시히데의 「慧遠の仏性緣起説」(『駒沢大学仏教学部研究紀要集』 33号, 1975) 등 참조. 또한 이 표현이 혜원, 지엄, 법장에게 고유한 것이지는 다음 절 참조.

제법의 원인으로 보고 있음이 분명해질 것이다. 이러한 연기관은 정영사 혜원의 여래장에 대한 관점의 특징이고,[45] 그것을 이러한 형태로 지엄이 정리한 것이라고 말할 수 있을 것이다.

제2문인 섭본종말문은 단적으로 "망심작(妄心作)"의 입장이라고 일컬어진다. 이 점에 관해서도 정영사 혜원이 종종 쓰는 『부증불감경』의 취의(趣意)의 문장으로 불리는 다음의 문장이 인용되어 있다.[46]

> 법신이 오도(五道)에 유전(流轉)하는 것을 '중생'이라고 이름한다.
> 法身, 流轉五道名爲衆生. (大正35.63b)

여기에서 요해(了解)되는 것은 중생은 단지 중생으로서 있는 것이 아니라고 하더라도 눈앞에 [보이는 모습이] 중생인 이상은 그 본래성에 관해서는 잠시 논외[埒外]로 하고 현실태에서 연기를 논해야 한다는 입장을 나타내는 것이다. 곧 '망심작'이라는 말은 십이인연은 중생이라는 분별적 존재가 분별이라는 허망한 마음에 의해 만들어 낸 것이라는 단순한 사실이 아니라 본래성과 현실태의 관계 속에서 현실태의 입장에서 중생이 어찌하여 중생인 것인가 하는 점

---

45) 앞의 주41 참조.

46) 『대승의장』 권3에 다음과 같이 되어 있다.

> 이 때문에 『부증불감경』에서 "곧 이 법계, 오도에 윤전하는 것을 '중생'이라고 이름한다"라고 말한다.
> 是以不增不減經言, 即此法界, 輪轉五道, 名曰衆生. (大正44.530a)

똑같은 표현은 『대승기신론의소(大乘起信論義疏)』 권상(上)의 상(大正44.179b) 등에서도 볼 수 있다.

을 밝히고자 하는 것이다. 이 점을 처음에 "논에서 말하길, 종자식 및 과보식(果報識)이라 이름하는 것이다"라고 말하는 것이다. 이것은 『섭대승론』을 비롯한 유식사상의 중심적 과제이고, 정영사 혜원으로서는 아직 가질 수 없었던 관점이라고 말할 수 있을 것이다.[47]

제3문인 섭말종본문은 역으로 다음과 같이 말한다.

> 십이인연은 오직 진심이 지은 것이다.
> 十二因緣唯真心作. (大正35.63b)

그리고 「십지품」의 일심소섭관(一心所攝觀)의 잘 알려진 경문인 "삼계는 허망하며 단지 이 (일)심이 지은 것이다"[48]라는 문장을 인용하여 이것을 "논에서 풀이하여 말하길, 제일의(第一義)이기 때문이다"라고 보는 입장이라고 한다. 이미 제3장 제1절에서 밝힌 것처럼 이 『십지경론』의 "삼계허망 단시심작(三界虛妄 但是心作)"은 제일의제가 아니라 세속제의 입장을 나타내는 것이었다. 그 때문에 지엄이 여기에서 이 경문이 제일의제에 관한 것이라고 이해하는 근거가 된 "논석운(論釋云)"이 무엇을 가리키는지가 중요할 것이다. 그것을 특정하는 것은 지금은 불가능하지만, 여래장사상과 겹쳐서

---

47) 『속고승전』 권18 「담천전(曇遷傳)」(大正50.572b~c)에 의하면, 담천에 의한 『섭대승론』의 북지 개강은 수 문제 개황(開皇) 7년(587)이고, 혜원의 몰년(開皇 12년, 『續高僧傳』 「慧遠傳」, 大正50.491b에 의함)의 겨우 5년 전의 일이다. 따라서 혜원은 최만년이 되고 나서 자기의 심식(心識) 이해를 틀림없이 재구성해야 했던 것이다.

48) 60권 『화엄경』 권25(大正9.558c).

이해한 것임은 우선 부정할 수 없다. 만약 [지엄이 근거한 사상이] 제법을 생기(生起)하는 일진심(一眞心)이라고 한다면 이것은 상당히 특징적인 사상인 것이지만,[49] 이 맥락에서는 그렇게까지 독해하는 것은 불가능하다. 그것보다는 오히려 "오음 · 십이인연 · 무명 등의 법은 모두가 불성이다"[50]라는 문장에 주목해야 할 것이다. 이 문장에 따르면 "진심작(眞心作)"이라는 입장은 '심'이라는 말에 특별한 관심이 가는 경향이 있지만, 연기법에서의 본래성을 문제시하는 입장이라고 요해할 수 있다. 이 점을 밝히기 위해서 그 뒤에 하나의 문답이 제시되어 있다. 질문은 "연기법에서의 본래성이라고 한다면 그것은 보리정분의 입장인데, 어찌하여 이 염문(染門)에서 보여야 하는 것인가?"라는 것이다. 이것에 대하여 "염법(染法)에 대하여 정법(淨法)을 밝히는 입장과 오로지 정법만을 밝히는 입장의 차이가 있다. 여기에서는 전자에 해당한다. 「성기품」 등은 후자에 해당한다"라고 말하는 것이다.

이상으로 연기일심문의 대강이 거의 밝혀졌을 것이다. 연기일심문의 설은 마음의 파악에 관한 세 가지 입장, 곧 정영사 혜원으로 대표되는 지론종 남도파의 교학과 『섭대승론』으로 대표되는 유식교학(아마도 섭론종의 교학이 되겠지만, 그것을 확실히 하기 위한 자료가 현존하지 않는다), 그리고 불성 · 여래장상의 본래 입장을 병렬적으로 요약한 것이다. 그리고 그것을 정리함에 있어서 진망연집, 섭본종말(망심작), 섭말종본(진심작)으로 하는 것은 <u>진망론(眞</u>

49) 湯次了榮, 앞의 책(앞의 주35에 소개됨), 제4편 제2장(p. 420 이하) 등 참조.
50) 大正35.63c.

妄論)을 기반으로 하여 거기에 본말(本末)이라는 개념을 겹쳐놓은 것이라고 말할 수 있다.

다음으로 범부염법의 또 한편인 '의지일심문'에 관해서 살펴보고자 한다. 거기에서는 우선 다음과 같은 정의를 보인다.

> 6·7 등의 식은 리야에 의하여 이루어진다.
> 六七等識依梨耶成. (大正35.63c)

그 직후에 다음과 같은 교증이 인용된다.

> 따라서 논에서 이렇게 말한다. "십이연생은 리야식에 의한다. 리야식을 통인(通因)으로 하기 때문이다."
> 故論云十二緣生依梨耶識. 以梨耶識爲通因故. (大正35.63c)

이 "논에서 말하길"이라는 문장은 『섭대승론석』(세친석)의 진제역 권2 「연생장」 제6에 '분별자성연생'을 풀이하여 다음과 같이 설한 것을 가리킨다.

> 풀이하여 말하길, 제법의 종자에 유래하고, 아려야식(阿黎耶識)에 의지하여 제법을 생하고자 할 때, 외연이 만약 갖추어지면 아리야식에 의하니, 곧 다시 생겨남을 얻는다. 제법이 생겨나는 것은 아리야식을 통인으로 한다.
> 釋曰. 由諸法種子. 依阿黎耶識諸法欲生時. 外緣若具. 依阿梨耶識則更得生. 諸法生以阿黎耶識爲通因. (大正31.164a)

곧 전술한 '연기일심문'은 진과 망을 기반으로 범부(염)와 부처(정)의 관계를 정리한 것이고, '의지일심문'은 『섭대승론』에 설해진 아리야식연기를 설한 것을 가리킨다고 말할 수 있다. 그다음으로 『수현기』는 연기일심문과 의지일심문의 차이에 관하여 다음과 같이 말한다.

> 위의 연기일심은 염 · 정이 곧 체이니, 별이(別異)를 나누지 않는다. 이 의지문은 능 · 소(能所)가 같지 않으므로 둘로 나누는 것이다.
> 上緣起一心染淨即體不分別異. 此依持門能所不同故分二也. (大正35.63c)

곧 진망론에서는 범부와 부처는 여래장이라는 점에서 대등한 존재인 것에 대하여, 아리야식과 7식은 능 · 소의 관계가 결코 역전하는 일이 없으므로 2문으로 나누었다는 것이다.

이상 범부염법을 기준으로 하는 2문을 대략 개관하였다. 이것으로써 여기에 제시된 문(門)들이 진망론을 기반으로 하는 지론학파의 사상과 아리야식의 연생(緣生)을 설하는 『섭대승론석』의 설을 합쳐서 정리한 것임이 밝혀졌다. 그리고 이것들이 무엇을 위한 영위(營爲)인가 하는 것은 마지막에 놓인 문답에 의해 밝혀진다.

> 물음: 위의 여러 뜻과 같은 것은 모두 하나하나의 문이 구별된다. 어찌하여 하나의 증경계(證境界)를 이룰 수 있는가?
> 問如上諸義並一一門別. 云何得成一證境界. (大正35.63c)

지금까지 밝혀온 것처럼 범부의 생사의 세계는 갖가지로 해석할 수 있다. 그렇다면 어떻게 해서 단 하나의 진실한 경계를 얻는 것이 가능한가 하는 물음이다. 이에 대한 답의 요지는 "진실한 경계를 얻기 위한 방편에는 갖가지 연(緣)이 있고, 이것들은 그 방편으로서의 소의(所依)인 관문(觀門)을 보이는 것이다. 진실한 경계의 존재 양태는 이미 10평등법으로서 보인 바와 같다"[51]라는 것이다. 이 문답은 법계연기의 설 전체에 관한 총괄이라고 생각되며, 이상에 설해진 바의 의미를 고려해 보는 데 있어서 중요한 의미를 지닌다고 생각된다. 특히 중요한 것은 이것들이 '소의인 관문'의 체계라고 되어 있는 점이며, 이에 따르면 『수현기』의 법계연기설은 이른바 연기법의 해석이 아닌 것이다. 이상에 의해 『수현기』의 법계연기설의 내용을 대략 개관하였다.

2. 법계연기설은 왜 제6지에서 설해지는 것인가

다음으로 지금까지 서술해 온 것과 같은 법계연기설은 『수현기』에서는 왜 제6 현전지에서 설해져야 했는가 하는 점에 관하여 고찰을 가하고자 한다. 종래의 많은 이해[방식]에 따르면 법계연기가

---

51) 『수현기』의 본문에는 다음과 같이 되어 있다.

> 답한다. "위에서 논한 바는 모두 연(緣)의 관점에서 달리 드러낸 것이다. 곧 이는 증경(證境)의 방편도의 연이다. 욕락(欲樂)이 이미 다르기에 곧 지금의 소의인 관문도 하나가 아닌 것이다. 만약 증경을 찾는다면 위의 10평등의 설과 같다."
>
> 答上來所辨, 並約緣別顯. 即是證境方便道緣. 欲樂既別, 即今所依觀門非一. 若尋證境如上十平等說. (大正35.63c)

제6지에 설해진 것과 제6지에 설해진 저명한 "삼계허망 단시심작"의 경설을 겹쳐서 논하는 경우가 많았다.[52)] 이 점에 관한 타당성 여부도 아울러 고려해 가고자 한다.

그런데 하나의 부(部)로서의 60권 『화엄경』이 7처8회의 구성을 가진다는 것은 잘 알려진 바이지만, 지엄은 이것을 크게 셋으로 나누어 본다.

(1) 거과권락생해분(擧果勸樂生解分): 「세간정안품」1~「여래광명각품」5
(2) 수인계과생해분(修因契果生解分): 「보살명난품」6~「보왕여래성기품」32
(3) 의연수행성득분(依緣修行成得分): 「이세간품」33, 「입법계품」34[53)]

곧 지엄은 60권 『화엄경』의 구성을 대략 첫째 부처의 의보(依報)·정보(正報)를 들어 중생에게 권하고, 둘째 불과(佛果)에 이르는 보살도의 인과 관계를 보이고, 마지막으로 과(果)를 이루는 모습을 밝힌다고 보는 것이다. 이 견해에 따르면 제2 보광법당회(普光法堂會)는 둘로 나누게 되는데, 지엄이 '신(信)'이라는 문제에 관하여 어떻게 생각하고 있던 것인지가 의문스럽지만,[54)] 이 점은 당

---

52) 예컨대 湯次了榮, 앞의 책(앞의 주35에 소개됨), 제4편 제2장 제1절 제2항 「一心」(pp. 422~423) 등 참조.
53) 『搜玄記』 권1上(大正35.19c).
54) 이와 관련하여 법장은 다음과 같이 말한다.

면한 과제가 아니므로 다른 원고에서 논하고자 한다. 여기에서 필요한 것은 「명난품」 이하를 수인계과생해분에 포함함으로써 천궁(天宮)의 4회와 합쳐서 이것들을 십신 · 십주 · 십행 · 십회향 · 십지의 대승 보살도의 순서라고 생각한다는 점이다. 말할 것도 없이 「십지품」은 이 자운데 '수인계과생해분'에 포함된다. 원래 보살도란 무상보리(無上菩提)를 추구하여 모든 바라밀을 행하고 중생을 이익되게 하려는 회향심을 가지는 사람이 걷는 길을 뜻하므로 십주 · 십행 · 십회향의 이른바 '삼현'은 십지 보살의 이 세 측면을 각각 설한 것이라고 볼 수도 있다. 이러한 견해에 서면 보살도의 중심은 십지에 있다고 말할 수 있다. 그리고 그 보살도의 체계를 나타내는 수인계과생해분은 다시 「보현보살행품」과 「보왕여래성기품」의 2품이 '자체인과(自體因果)'를 나타내고, 그 밖의 것이 '방편대치수성인과(方便對治修成因果)'를 나타내는 것으로서 2분되어 있다.[55] 이 자체인과와 방편대치수성인과란 이미 서술한 설말종본문의 마지막 부분의 문답과 동질의 것이라고 생각된다. 곧 수인계과생해분의 전체 27품 중 「명난품」부터 「불소상광명공덕품」까지는 염법(染

> 세 번째로 제2회부터 제6회에 이르는 1주의 문답을 '수인계과생해분(修因契果生解分)'이라고 이름한다.
> 三從第二會至第六會來一周問答名修因契果生解分. (大正35.125b)

곧 보광법당회를 일괄하여 수인계과생해분으로 보고, 보광법당회의 본의(本意)를 해석하여 다음과 같이 말한다.

> 앞의 회는 소신(所信)인 경(境)을 밝힌다. 이제 능신(能信)인 행(行)을 논하는 것은 의(義)가 [그다음] 순서이기 때문이다.
> 前會明所信之境. 今辨能信之行, 義次第故也. (大正35.167a)

55) 大正35.28a.

法)에 대하여 정법(淨法)을 순서 세워서 밝히는 것에 대하여, 마지막 2품은 오직 정법만을 밝히는 것이라는 취지이다. 이 점은 법계연기가 범부염법과 보리정분으로 나누어진 이유를 밝히기 위한 중요한 개념이라고 생각된다. 이렇게 생각해 가면 「십지품」은 대치도(對治道)로서의 보살도를 밝히는 측면에서의 『화엄경』의 중심이라고 말할 수 있다.

그렇다면 그 「십지품」 가운데 제6지란 어떠한 위치에 있는 것일까? 「십지품」의 경설은 이미 서술한 것처럼 대승 보살도의 체계인 것인데, 그 하나하나의 설상(說相)을 자세히 보면 이른바 소승의 교설을 이용하여 진행되고 있음을 알아채게 된다. 초지의 십원(十願), 제2지의 삼취정계(三聚淨戒), 제3지의 사정(四定)은 이른바 '세간선(世間善)'이라고 일컫는 것이며,[56] 제4지의 37도품, 제5지의 사성제, 제6지의 십이연기는 '출세간(出世間)의 선'이라고 일컫는 것이다.[57] 제7지는 지전(地前)에 획득된 공(空)의 진리를 참된

---

56) 『수현기』는 십지의 각 지에서 보살이 무엇을 성취하는가에 대하여 다음과 같이 말한다.

초지: 단월 및 10원(願)을 이룬다.

成檀越及十願 (大正35.53c)

2지: 계도(戒度) … 바로 문장을 풀이함에 2단의 경문이 있다. 첫째는 발기정(發起淨)이며, 둘째는 자체정(自體淨)이다. '발기'란 지(地)에 나아감이다. 방편으로써 뒤의 지를 일으킴에 삼취정계를 '발기정'이라고 이름한다.

戒度… 正釋文內有二段經. 一發起淨, 二自體淨. 發起者趣地. 方便生後地中三聚淨戒名發起淨. (同.54c)

3지: 인행(忍行) 및 4정을 이루는 것이다.

成忍行及四定也. (同.55c)

57) 위의 주56과 마찬가지로 다음과 같이 말한다.

4지: 정진행 및 도품 등을 이룬다.

의미에서 자신의 것으로 삼는 장면이며, 이것을 빠져나간 8지 이상은 '출출세간선(出出世間善)'이라고 일컫는다.[58] 그리고 십지의 하나하나가 십바라밀의 각각에 대응되어 있다.

이렇게 보면 보살도의 출발점인 초지와 반야바라밀의 완성인 제6지가 십지 속에서도 특히 중요한 의미를 지닌다고 요해할 수 있다. 그리고 지금『수현기』에서는 제6지에 특히 많은 분량을 할애하여 주석을 단다. 이는 '별교일승 무진연기'를『화엄경』에서 독해했다고 알려진 지엄에게서는 연기를 설하는 경문을 특히 중시한다는 의미에서 당연한 일일 것이다.『수현기』에서 법계연기의 사상이 제6지에서 설해져야 할 필연성은 이 점에 있다. 곧 십이연기는 단지 십이연기로서 보아야 하는 것이 아니라 뒤에 전개되어 온 갖가지 연기설을 시야에 넣고서 그것들의 참된 의미를 발견해야 하는 과제가 거기에 있는 것이며, 이를 지엄은 '법계연기'라고 부른 것이다.

그렇다면 그 법계연기설은 저명한 "삼계허망 단시일심작"이라는 경문과 어떠한 관계에 있는 것인가? 다음으로 이 점을 확실히 해두자. 60권『화엄경』의 제6지의 경문은 전후의 게송과 그 사이의 장행(長行)으로 성립되어 있다. 아울러 세친의『십지경론』에서는

成精進行及道品等. (大正35.57b)
5지: 선바라밀 및 사제를 배운다.
禪波羅蜜及學四諦. (同.59a)
6지: 반야바라밀을 이룬다. 나아가 연기를 해득(解得)한다.
成般若波羅蜜及解得緣起. (同.60c)

58) 나아가 8지 이상에 관해서는 다음과 같이 말한다.
이하는 '출출세간법'이라고 이름한다.
此下名出出世間法. (大正35.70c)

이 장행만 풀이의 대상인 경문으로서 취급되어 있다. 그리고 세친은 경문을 승만대치(勝慢對治), 부주도행승(不住道行勝), 피과승(彼果勝)의 셋으로 나눈다.59) 『수현기』도 수문해석(隨文解釋)을 하는 장면에서는 전면적으로 『십지경론』의 해석에 따른다. 이 가운데 '승만대치'란 제5지를 획득한 것에 대한 집착을 타고 넘는다는 의미이다. '부주도행승'이란 보살은 대비심 때문에 세간에도 열반에도 머무르지 않음을 의미한다. '피과승'이란 부주도행이 가져다 준 뛰어난 결과라는 의미이다. 그리고 이 가운데 '부주도행승'으로 분판(分判)된 개소가 10종의 십이인연관을 나타내는 경문이다. 경문은 '부주도행승'의 마지막에 열 개의 관(觀) 명칭을 제시하고 있으므로60) 그것에 의하면 경문의 10단락이 십이인연관의 각각에 상응하게 된다. 그리고 "삼계허망 단시일심작"이라는 문장은 제2단락의 첫머리에 놓여 있으므로 그 10[단락] 중 하나인 '일심소섭관'의 문장에 포함된다. 이에 대해서 『수현기』는 법계연기설을 이들 10[관]을 총괄하는 장면에서 설하는 것이며, 이 점에서 일심소섭관만을 해설하는 것이라고는 할 수 없다.

한편 『십지경론』은 10종 십이연기의 10단락의 경문을 3종61) 혹

---

59) 『十地經論』 권8(大正26.167c).

60) 60권본 『화엄경』 권25에 다음과 같이 되어 있는 것을 가리킨다.

이와 같이 역·순 10종으로 십이인연을 관한다. 소위 인연분차제, 심소섭, 자조성법, 불상사리, 순삼도행, 분별선후제, 삼고차별, 종인연기, 생멸박, 무소유진관이다.

如是逆順十種觀十二因緣法. 所謂, 因緣分次第, 心所攝, 自助成法, 不相捨離, 隨三道行, 分別先後際, 三苦差別, 從因緣起, 生滅縛, 無所有盡觀. (大正9.559a)

은 2종으로 나누고 있다.[62] 이 점에 관해서는 제3장 제1절에서 구체적으로 검토했는데, 3종으로 나눈다는 것은 다음과 같은 것이다. 곧 제1 단락은 전체의 총설이라고 생각되며, 이것을 성차별(成差別), 답차별(答差別), 상차별(相差別)의 셋으로 나누어 상차별의 부분을 '유분차제인연집관(有分次第因緣集觀)'이라고 이름 붙인다. 다음으로 "삼계허망 단시일심작" 이하의 제2 단락이 시작되는데, 이 문장만을 특히 들어서 이것을 세제차별(世諦差別)로 삼고, 그 세제차별에 염의지관(染依止觀) 이하 6종(제2 인연관은 2종으로, 제6 深觀은 다시 4종으로 나뉘므로 합계 10종이 됨)이 있다고 한다. 그리고 그 10[관]을 '10종 인연집관(因緣集觀) 상제차별관(相諦差別觀)'이라고 하는 것이다. 이것에 따르면 "삼계허망 단시일심작"이라는 문장은 10종 인연집관 상제차별관을 열기 위한 소의(所依)라는 말이 되며, 세속제에 의해 제일의제에 들어가기 위한 총설이라는 말이 된다. 지엄이 법계연기의 사상을 전개하는 것은 '부주도행승'의 별석(別釋) 부분이고, 이 『십지경론』의 주장에 따른 것이라고 말할 수 있다. 이러한 관점에 따른다면 "삼계허망 단시일심

61) 『십지경론』 권8에 다음과 같이 되어 있는 것을 가리킨다.

이 인연집에 3종의 관문이 있으니, 마땅히 알아야 한다. 첫째 성답상차별, 둘째 제일의제차별, 셋째 세제차별이다.

此因緣集有三種觀門應知. 一成答相差別, 二第一義諦差別, 三世諦差別. (大正26.168b)

62) 마찬가지로 『십지경론』 권8에 다음과 같이 되어 있는 것을 가리킨다.

다시 3종의 이관(異觀)이 있으니, 첫째 대비수순관, 둘째 일체상지분별관이다.

復有二種異觀. 一大悲隨順觀, 二一切相智分別觀. (大正26.170c)

작"이라는 문장을 풀이하여 다음과 같이 말하는 『십지경론』의 문장이 『수현기』의 법계연기설의 근거로서 분명히 크게 참고가 되었을 것이다.

> 논하여 말하길, "다만 이는 한 마음이 지은 것이다"라는 말은 일체의 삼계는 단지 마음이 구른 바이기 때문이다.
> 論曰, 但是一心作者, 一切三界唯心轉故. (大正26.169a)

이 주석에 따르면 삼계는 마음에 의해서 만들어 낸 것이라 하더라도 삼계에 앞서서 마음이라는 무언가가 존재하는 것을 의미하는 것은 아님이 명시된 것 같다. 최초로 마음이라는 어떤 것인가가 우선 존재하고 그 뒤에 그것이 삼계를 만들어 내는 것이 아니며, 여기에 '구른다[轉]'라고 한 것은 삼계는 마음에서 감수(感受)되어 있는 것, 마음은 삼계에 의해 움직여지는 것이라는 상의관계를 표현하는 것이라고 생각할 수 있다.

이처럼 생각해 가면 『수현기』의 법계연기설은 스스로 '소의인 관문'으로 자리매김하는 것처럼 『십지경론』의 설에 따라 세속제를 바르게 관찰하여 제일의제에 들어가기 위한 방법을 체계적으로 정리한 것이라고 생각할 수 있다.

3. 법계연기에 "중다(衆多)가 있다"란 무슨 뜻인가

이상과 같은 내용을 가지는 『수현기』의 법계연기설은 이미 선학이 지적한 것처럼『일승십현문』의 법계연기설과 별개의 것일까? 다음으로 이 점을 고려하면서 지엄이 "법계연기에 중다가 있다"고 한 말의 의미에 관하여 생각해 보고자 한다.

이 점에 관해서 키무라 키요타카(木村清孝) 박사는『일승십현문』과『수현기』에서는 "별(別)의 관점에 선다"라고 서술하고,63) 사카모토 유키오(坂本幸男) 박사는 "법계연기를 논함에 통·별의 2도(途)가 있다"라고 서술한다.64) 두 선학의 주장에는 의미의 차이가 약간 있지만, 주장의 근거에는 공통성이 있다고 생각된다. 그렇다면 우선 그 근거부터 검토해 가고자 한다. 따라서『일승십현문』의 설을 검토해야 하는데,『일승십현문』의 지엄 찬술에 관해서는 갖가지 의견이 있다.65) 지금은 이 찬술 문제를 고려해 가기 위해서라도 우선 [두 책에] 설해진 것을 검토하는 데에 전념하고자 한다.

『수현기』의 법계연기설과『일승십현문』의 법계연기설을 구별하는 근거는『일승십현문』의 첫머리 부분을 어떻게 읽을까 하는 문제와 관련되는 것 같다. 거기에는 다음과 같이 설해져 있다.

일승연기 자체법계의를 밝히자면, 대승·이승의 연기가 단지 능

---

63) 木村清孝, 앞의 책(앞의 주16에 소개됨), p. 523. 또한 요시즈 요시히데 박사는 이 점을『일승십현문』의 위찬의 근거로 삼는다(『華厳一乘思想の研究』, 大東出版社, 1991, p. 32).

64) 坂本幸男,『国訳一切経』経疏部九(大東出版社, 1939), p. 66, 주9.

65) 石井公成, 앞의 책(앞의 주15에 소개됨), 제1부 제2장 제3절「『一乘十玄門』の諸問題」; 吉津宜英, 앞의 책(위의 주63에 소개됨), 제1장 제2절「智儼の著作」(p. 31 이하) 등 참조.

히 상(常)·단(斷)의 과(過) 등을 집착함을 떠나는 것과는 같지 않다. 이 종은 그렇지 않다. 일즉일체로서 과(過)를 떠나지 않음이 없고, 법이 같지 않음이 없다.

明一乘緣起自體法界義者, 不同大乘二乘緣起但能離執常斷諸過等. 此宗不爾. 一即一切無過不離, 無法不同也. (大正45.514a)

이 문장은 이미 앞의 절에 소개했는데, 다시 들고자 한다. 『수현기』의 연기일심문이나 의지일심문의 내용을 여기에서 말하는 것과 같은 대승의 가르침들의 연기설이라고 생각하고, 지엄 자신의 입장은 '일승연기의 자체법계의 뜻'에 있다고 간주한다면, 여기에 제시된 '일승연기 자체법계의 뜻'과 『수현기』의 법계연기설은 다른 것이라고 하는 해석도 일단 성립할 것이다. 그렇지만 여기에서 지엄이 주장하는 바가 과연 그러한 것일까? '일승연기 자체법계의 뜻'이란 그것 이외의 무언가와 상대하여 성립하는 것과 같은 것일까? 가령 상대적으로 성립하는 것이라고 한다면 그것은 궁극적인 것으로는 될 수 없는 것은 아닐까? 그렇다면 다시 한 번 그 설을 돌이켜 살펴보자.

"상·단의 과 등을 집착함을 떠남"이라는 말은 중생이 분별에 의해 유·무에 집착하는 것을 떠나게 한다는 의미이다. 진실의 측면에서 말하자면 집착할 만한 것은 어떤 것도 없을 뿐 아니라 떠나야 할 것도 본래 존재하지 않는다. 그것들은 중생의 환상의 세계 속만 그러한 사태로서 성립해 있는 것이며, 그러한 중생을 향하여 보여진 연기의 가르침을 '대승·이승'이라고 말하는 것이다. 이것에 대하여 『화엄경』에 보여진 일즉일체의 연기의 가르침은 중생의 분별의 유 · 무와는 본래 관계가 없고 진실의 세계를 그대로 보인 것이라고 말하는 것이다. 그것은 가르침의 우열이라기보다는 오히려 가르침의 성질 · 입장의 차이라고도 말할 수 있는 것이며, 바로 그 이유 때문에 개개의 가르침이 대체 불가능한 것으로서 중요한 역할을 담당하는 것이다. 갖가지 성질 · 입장의 차이를 가지는 가르침을 정리하는 관점으로서는 갖가지 측면이 고려된다고 생각되지만, 그 가운데 하나로서 중생의 미망을 진실화하는 것을 주된 과제로 삼아서 가르침을 정리하는 방법을 고려할 수 있다. 이것은 『일승십현문』의 입장에서 보면 가장 소원(疎遠)한 관점이라고 말할 수 있을 것이다. 중생의 분별을 본래화하기 위해서 가르침이 설해진다는 측면을 지엄은 일반적인 용법을 따라서 '대치(對治)'라고 부른다.[66] 그리고 갖가지 가르침의 '대치'의 효용은 완전히 같지 않으므로 그 가르침을 받는 중생의 근기의 차별에 따라서 가르침에 심천(深淺)이 있는 것처럼 보인다. 이 점에 관해서 지엄은 『수현기』에서 '대치'라는 점에서 불타의 교설을 살펴보기 위해 세 가지 관점을 보이고 있다.

(1) 방편수상(方便隨相) 대치연기(對治緣起) 자류인행(自類因行)
(2) 실제연기(實際緣起) 자체인행(自體因行)
(3) 궁실법계(窮實法界) 부증불감(不增不減) 무장애연기(無障礙緣起) 자체심심(自體甚深) 비밀과도(秘密果道)

---

66) 『수현기』 권1상(上)에 다음과 같이 말한다.

> '취'와 '제'는[*역자 주: '취(趣)가 가지런하여'와 같이 번역하는 것이 일반적임] 둘이 아니다. 등동일미로서 궁극적으로 나머지는 없다. 어떤 다름이 있겠는가? 다만 대치의 공용이 같지 않기 때문이다.
> 趣齊莫二. 等同一味究竟無餘. 何殊之有. 但以對治功用不等故. (大正35.15c)

일즉일체의 연기가 대치를 위한 연기와 같지 않다는 말은 이 가운데 제3의 입장에 서는 것이라는 점은 분명할 것이다. 이것에 대하여 『수현기』의 법계연기설은 전체가 '소의인 관문'을 나타내는 것이므로 대개 이 가운데 제1의 입장에 선 것이라고 말할 수 있을 것이다. 이 차이는 법계연기 자체의 내용의 차이라기보다는 『수현기』와 『일승십현문』이라는 두 전적의 성격의 차이를 반영한다고 생각할 수 있을 것이다. 따라서 일즉일체의 연기는 중생이 진실에 이르기 위한 의지처는 되지 않는 것인가 하면, 결코 그렇지 않다.[67] 또한 일승연기 자체법계라는 경지는 『화엄경』 이외의 경전에 설해지지 않은 것인가 하면 그렇지도 않은 것이다.[68] 본래 불타

---

67) 『일승십현문』에서는 우선 다음과 같이 말한다.

> 이제, 우선 이 화엄 1부의 경의 종통에 대하여 법계연기를 밝힘에 자체의 인과 과에 지나지 않는다.
>
> 今且就此華嚴一部經宗通, 明法界緣起, 不過自體因之與果. (大正45.514a)
>
> [*역자 주: 大正藏經 원문의 구두점은 "華嚴一部經宗. 通明法界緣起"로 되어 있으나, 저자의 의도를 살려 변경하였음]

이 가운데 "자체의 인"이란 『수현기』가 수인계과생해분의 후반인 「보현보살행품」과 「성기품」을 자체의 인 · 과로 분판(分判)한 것(大正35.28a)을 받아들이고 있기 때문에, 보현행을 가리키는 것이 된다. 그 인에 관해서는 다음과 같이 말한다.

> 이른바 '인'이란 말하자면 방편연수의 체가 궁극에 이르러 위(位)를 만족하는 것이다.
>
> 所言因者, 謂方便緣修體窮位滿. (大正45.514a)

이는 요컨대 대치도의 구극(究極)으로서의 보현행이 십불경계(十佛境界) 일즉일체(一卽一切)인 불과(佛果, 大正45.514b)와 별개의 것이 아니게 되기 때문이다.

68) 『일승십현문』에서는 일즉일체의 연기를 밝힘에 있어서 『화엄경』 이외에도 종종 『유마경』을 교증(敎證)으로 하는 사례를 볼 수 있다(大正45.514c 등).

의 교설은 모두 중생을 향하여 보인 것이다. 그 의미에서는 중생의 논리에 따라 그것을 설할 필요가 있다. 이렇게 생각한다면 법계연기 자체에 통·별이 있는 것이 아니라 법계연기의 표현 방식에 통·별이 있다고 말해야 하는 것은 아닐까? 곧 『수현기』가 "법계연기에 중다가 있다"라고 말하는 것은 법계연기 자체가 갖가지 있다는 말이 아니라 진실에 들어가기 위한 문은 엄청나게 많음을 나타내는 것이며, 그것 전체를 총괄하여 '법계연기'라고 말하는 것이다. 따라서 구극의 연기와 그렇지 않은 연기가 존재하는 것처럼 보이는 것은 연기 쪽에 과제가 있는 것이 아니라 그것을 받아들이는 중생 쪽에 문제가 있다는 말이 되는 것이다.

소결

이상으로 『수현기』의 법계연기설을 둘러싼 갖가지 논점에 관하여 일단 음미할 수 있었다고 생각된다. 여기에서 주의해야 할 것은 지엄이 당초 생각했던 법계연기설이 '소의인 관문'을 나타내는 것이었다는 점이다. 우리들은 걸핏하면 이 점을 놓치기 쉽게 되며, 자기의 존재와 관계없는 곳에서 이 문제를 생각하고자 한다. 구극의 연기설이라는 점에 특별한 생각을 담아서 우주만유의 진리를 설하여 보여주는 것[69] 등으로 생각하는 경향이 있다. 우주만유의 생기

69) 예컨대 유스키 료에이의 『華厳学概論』(龍谷大学出版部, 1935)은 다음과 같이 말한다.

(生起)라고 하더라도 자기의 존재를 도외시한 채 자기의 외측에 세계를 상정하고 자기의 내측에 마음을 상정한 이상 세계와 마음의 관계를 문제 삼는다면 그러한 태도야말로 원래 인간의 분별인 것이다. 법계연기의 근거가 된 "삼계허망 단시일심작"이라는 문장도 이러한 문맥에서 독해된다면 인도사상의 실체[론]적인 전변설(轉變說)과 같은 것이 되어 버릴 것이다.

정영사 혜원의 여래장에 대한 관점은 인간이 빠지기 쉬운 이러한 특징을 갖추고 있다는 점에서 우리들로서는 역으로 친숙해지기 쉽다.[70] 지엄은 혜원의 후배라는 점도 있어서 그 사상의 은혜를 상당히 받아들이고 있다. 『수현기』가 사용하는 교리 용어의 대부분은 혜원의 저작에서 발견할 수 있다고 하더라도 지나친 말이 아닐 정도이다. 이러한 시각에서 『수현기』의 법계연기설을 개관하면 그것은 단지 그 이전의 여러 맥락의 교리를 정리한 것이라고 보는 것도 불가능하지는 않다. 그러나 그렇다면 법장이 "가르침을 세우고 종을 나눈다[立教分宗]"라고 말한 의미가 없어져 버린다. 연기의 진리란 사물이라는 존재의 논리적 구조를 밝히는 것이지만, 사물이란 끝까지 파고들면 결국 자기 존재를 떠나서 성립할 수 없다. 이러한 시각에 서지 않는다면 연기관이라고 하더라도 물리적인 법칙과 조금도 다르지 않게 될 것이다.

이러한 점에 생각이 미칠 때 다시금 법계연기가 '소의인 관문'이

법계연기론은 우주의 만유인 진진법법(塵塵法法) 하나하나가 모두 남김없이 이 법계의 실체라고 보는 것이다(p. 98).

70) 앞의 주41 참조.

라고 되어 있는 점에 주의해야 하는 것으로 생각한다. 이 점은 지엄이 단지 정영사 혜원이나 지상사 지정의 사상적 후계자였다기보다는 『법계관문』을 지은 두순의 제자였다는 것에 극히 큰 의미가 있다고 생각하는 것이다. 두순은 일종의 카리스마적인 선사(禪師)이고, 교학자라고 일컫는 타입의 사람은 아니었던 것 같다. 그 두순의 주체적 · 내관적(內觀的) 가르침을 기반으로 하여 그때까지의 설을 체계화한 것, 그것이 『수현기』에 보이는 법계연기설인 것은 아닐까? 그리고 이 점을 법장은 "가르침을 세우고 종을 나눈다"라고 본 것은 아닐까? 이러한 추론이 성립하는 것인데, 이 점에 관한 상세는 장을 바꾸어 고찰하기로 한다.

제3절 지엄의 아리야식관

제1절, 제2절에 밝힌 것처럼 지엄은 그때까지의 지론·섭론학파, 그중에서도 정영사 혜원으로 대표되는 것과 같은 연기사상을 이해하는 과정에서 발생한 모순을 [해소하고], 『십지경론』에 설해진 육상설을 환골탈태시켜 일승연기로서 확립했다. 그 순수한 교리적 표현이 『일승십현문』이고, 불도 실천의 소의로서 밝힌 것이 『수현기』의 법계연기설이었다고 생각된다. 그리고 『수현기』의 찬술은 지엄 27세인 정관(貞觀) 2년(628)의 일이었다. 한편 이 시대는 현장의 귀국에 의한 신역 불교의 도래라는 일대 에포크를 맞이하게 된다. 현장이 소개한 유식-법상사상은 '~이 되다 계통의 연기'가 가장 심화한 것으로서 당시 불교도들에게 극히 큰 영향을 준 것이었다. 특히 지엄으로서는 몸소 『섭대승론』을 배운, 앞에 서술한 법상(法上) 및 승변(僧辯)의 아래에서 현장과 동문이었다[71]는 사실은 이를 더

71) 『화엄경전기』에 기록된 상(常)법사·변(辯)법사와 『대당대자은사삼장법사전(大唐大慈恩寺三藏法師傳)』에 "그때 장안에 상·변 2대덕이 있었다[時長安有常辯二大德]"라고 기록되어 있는 "2대덕"(大正50.222b)은 어느 쪽이건 법상·승변이라고 추정된다. 다만 『화엄경전기』에 설해진 변법사를 영변이라고 생각하는 쪽이 이해하기 쉽다는 점도 있으므로 일괄하여 단정할 수는 없지만, '상법사'라고 한 것은 법상을 가리킬 것이다. 법상의 전기에 관해서는 『속고승전』 권15(大正50.540c~541a) 참조. 승

욱 배가하는 것이 되었을 것이다. 현장이 귀조(歸朝)하여 번역 사업에 착수한 당 태종의 정관 19년(645)은 지엄 44세의 해이며, 상식적으로 말하자면 인간으로서 가장 왕성한 시기이다. 이 시기에 새로이 획기적인 대량의 경론이 [외부에서] 들어온 것이다. 그것도 자신이 일찍이 배워온 세친의 가르침의 흐름을 이어받은 것이다. 지엄에 그것에 몰두하는 모습은 틀림없이 지적 흥미 등 피상적인 [이유 때문인 것]은 아니었을 것이다. 불교사상적으로 말하자면 여래장과 아리야식의 이해에 고심하던 당시의 사람들로서는 법상-유식불교가 도래한 것은 어떠한 의미를 가지는 것이었을까? 지엄에게는 자기의 사상적 기반이 흔들리는 것 같은 일은 없었던 것일까?

본 절에서는 이러한 점에 관하여 고찰을 가해 두고자 한다. 따라서 본 절에서는 현존하는 지엄의 저작을 그 저술 연차에 따라 편의적으로 현장 귀조 이전의 것과 이후의 것, 두 그룹으로 나누어 고찰해 가고자 한다.

1. 『수현기』의 심식설(心識說)

현장 귀조 이전의 지엄의 저작 중 대표적인 것은 말할 것도 없이

변의 전기에 관해서는 같은 책, 권15(大正50.540a~c) 참조. 영변의 전기에 관해서는 『화엄경전기』 권3(大正51.163a~b) 참조. 또한 사카모토 유키오 박사는 지엄과 현장을 법상 · 승변의 상족(上足)이었다고 보는데(『華厳教学の研究』, 平楽寺書店, 1956, p. 397 참조), 키무라 키요타카 박사는 『화엄경전기』의 변법사를 승변이라고 단정할 수는 없다고 본다(木村清孝, 앞의 책[앞의 주16에 소개됨], p. 380 참조).

그가 27세에 썼다고 하는 『수현기』[72]이다. 『수현기』에서는 직접(心識)을 언급하는 개소는 결코 많지 않지만 그중에서 가장 조직적으로 심식 이해를 천명하는 것은 앞의 절에서 서술한 「십지품」의 제6 현전지의 '법계연기'의 설이다. 그 사상적인 배경에 관해서는 제3장, 제5장에서 상세히 서술한 바와 같다.[73] 특히 정영사 혜원의 『십지경론의기』 등의 사상적 연관이 강하다. 나아가 여기에서 들고자 하는, 제6 현전지에 설해진 법계연기설의 구조와 사상사적 의의에 관해서는 앞의 절에서 서술한 바와 같다.[74] 그 때문에 여기에서는 『수현기』에서의 아리야식 이해의 구체적인 특징을 고찰해 가고자 한다.

이미 서술한 바와 같이 『수현기』의 해당 개소는 "범부염법을 기준으로 하는" 염문(染門)과 "보리정분을 기준으로 하는" 정분(淨分)으로 2분된다. 염문은 다시 연기일심문과 의지일심문의 둘로 나뉘는데, 이 2문은 앞의 절에서 서술한 것처럼 혜원으로 대표되는 "여래장이 제법(諸法)을 생기(生起)한다"라는 여래장에 대한 관점에 기초한 진망론(眞妄論)을 기반으로 하여 거기에 본말(本末)이라

72) 『화엄경전기』의 다음 문장에서 언급하는 '소(疏)'가 『대방광불화엄경수현분제통지방궤』(大正 35권 수록)라고 생각된다.

어느새 크게 깨달아 마침내 입교분종하여 이 경의 소를 지었으니, 이때가 27세였다.

於焉大啟, 遂立教分宗製此經疏. 時年二十七. (大正51.163c)

73) 그것을 토대로 하는 지엄의 법계연기의 내용에 관해서는 본서 제6장 제2절 1. 「『수현기』에 설해진 법계연기는 어떠한 것인가」 참조.

74) 마찬가지로 이 제6 현전지의 '삼계유심'의 과제가 법장에게서 어떻게 전개되는가에 관해서는 본서 제7장에서 정리하여 고찰할 것이다.

는 개념을 겹침으로써 성립한 것이 '연기일심문'이고, 진망으로 환원할 수 없는, 『섭대승론』에 설해진 아리야식(能)과 전7식(所)의 관계를 '의지일심문'으로서 정리한 것이었다. 다시 연기일심문은 진망연집문, 섭본종말문, 섭말종본문의 셋으로 분판(分判)된다. 이러한 분판은 전면적으로 혜원의 사상에 의한 것임은 이미 지적하고 있으며,75) 그 사상사적 의미에 관해서는 본서에서도 갖가지로 서술해 온 바와 같다. 여기에서 문제로 삼아야 할 것은 지엄이 입론의 기본을 혜원에게 의지하면서도 아리야식의 이해까지도 전면적으로 혜원의 사상을 받아들이는 것인가 아닌가 하는 점이다. 『수현기』에 설해진 내용은 앞의 절에서 서술한 바와 같은데, 심식 이해라는 관점에서 주목해야 할 것을 정리하면 다음과 같아질 것이다.

지엄은 우선 법계연기를 '범부염법'과 '보리정분'으로 요약하여 논한다. 이는 혜원이 『대승의장』에서 교증(教證)의 의미를 범주화(categorize)하여 교(教)와 의(義), 염(染)과 정(淨), 잡(雜)의 다섯으로 나누는 가운데의 '염과 정'이라는 관점과 공통되는 것이다. 나아가 혜원은 『대승의장』의 첫머리에서 다음과 같이 말한다.

> 의에 오취(五聚)가 있다. 첫째 교의 취, 둘째 의의 취, 셋째 염의 취, 넷째 정의 취, 다섯째 잡의 취이다.
> 義有五聚. 一者教聚, 二者義聚, 三者染聚, 四者淨聚, 五者雜聚. (大正44.465a)

---

75) 石井公成, 앞의 책(앞의 주15에 소개됨), pp. 81~82 참조.

곧 그는 이 오취에 의해 일체의 불법을 정리하고자 한다. 그런 다음 각설(各設)에서는 전자를 '염법분별연생(染法分別緣生)'이라고 칭하고, 다시 그 가운데 연기일심문과 의지일심문을 여는 것이다. 이 '염법분별연생'이라는 개념은 세친의 『섭대승론석』이 제6장에 「연생장(緣生章)」을 세워 다음과 같이 말한 것과 관련된다.

> 만약 약설하면 2종의 연생이 있다. 첫째 분별자성연생, 둘째 분별애비애이다.
> 若略說有二種緣生. 一分別自性緣生, 二分別愛非愛. (大正31.164a)

[세친은] 이렇게 2종의 인연연기를 든 다음, 전자에 대해서 다음과 같이 설한다.

> 널리 삼계의 제법의 품류는, 만약 [그것들이] 생기하는 인을 분별하면 오직 이 일식이다. … 만약 제법의 차별을 분별하면 모두 이 식에 따라 생한다.
> 遍三界諸法品類, 若分別生起因, 唯是一識. … 若分別諸法差別皆從此識生. (大正31.164a)

[지엄의 법계연기 중 염문은 『섭대승론석』에서] 이렇게 설한 것을 [혜원이] '리야심(梨耶心)'으로 이해하여 아리야식에 포개놓았다는 점에 기초한 것으로 추찰된다. 이러한 혜원의 이해에 의지하면서 지엄은 법계연기의 염문의 기반은 '일심'에 있다고 생각하고, 그 차이를 따로 구별하여 정리한 것이다. 그때 절단면이 된 것은 '진망'과 '본말'이라는 개념이고, 후술하는 바와 같이 그 내용을 가

지고서 보면 '진망'론은 『기신론』을 비롯한 여래장사상이고, '본말'론은 『섭대승론』에 설해진 본식(本識)과 전식(轉識)의 관계에 기초한 것이라고 생각된다. 그다음으로 지엄이 생사[의 세계인] 염법의 기반을 '일심'이라고 생각했던 것은 말할 것도 없이 「십지품」 제6지의 "삼계허망 단시일심작"(大正9.558c)이라는 문장에 의한 것인데, 거기에 10권 『능가경』의 다음 문장이 겹쳐져 있다.

> 적멸이란 '일심'이라고 이름한다. 일심이란 '여래장'이라고 이름한다.
> 寂滅者名爲一心. 一心者名爲如來藏. (大正16.519a)

또는 『기신론』의 다음 사상이 겹쳐져 있는 것이다.

> 일심법에 의하여 2종의 문이 있다. 무엇을 둘로 하는가? 하나는 심진여문, 둘은 심생멸문이다.
> 依一心法有二種門. 云何爲二. 一者心真如門. 二者心生滅門. (大正32.576a)

이 4문에 관해서는 앞의 절에서 다루었으므로 여기에서는 이러한 관점에 기초하여 염법분별연생의 4문의 차이를 요약하면 대개 다음과 같다.

진망론을 기반으로 하는 연기일심문의 제1 진망연집문은 『기신론』의 "일심법에 의하여 2종의 문이 있다" 또는 "진망화합을 아려야식이라고 이름한다"를 교증으로서 인용하는 것처럼 『기신론』에 설해진 것을 '진망연집'으로 해석한 것이다.

제2 섭본종말문은 다음과 같이 논을 교증으로 하여 증명된다.

> 논에서 말하길, '종자식' 및 '과보식'이라고 이름한다. 대치도의 때에 본식은 모두 다하는 것이다.
> 論云, 名種子識及果報識. 對治道時, 本識都盡. (大正35.63b)

이것은 세친의 『섭대승론석』에 다음과 같이 설해진 것을 요약한 것이라고 생각된다.

> 상·락·아·정은 법신의 4덕이다. 이러한 문훈습 및 4법을 4덕의 종자로 삼는다. 4덕이 원만해질 때에 본식은 모두 다한다. 문훈습 및 4법을 이미 4덕의 종자로 하기 때문에 능히 본식을 대치한다.
> 常樂我淨是法身四德. 此聞熏習及四法爲四德種子. 四德圓時本識都盡. 聞熏習及四法既爲四德種子故能對治本識. (大正31.174a)

『섭대승론』에 설해진 것은 대치도(對治道)가 완성되어 열반이 성취될 때에는 염법의 의지처인 아리야식은 멸진(滅盡)한다는 내용이다. 이 설에 따라서 진망을 기반으로 하는 일심을 아리야식으로 보고 '망심작'을 의미하는 것으로 본 것이다.

제3 섭말종본문은 제2문과는 역(逆)으로 진망론의 일심을 '진심(眞心)'으로 보는 견해를 말한다. 그 때문에 『불성론』 등이 교증으로서 인용되어 있다. 또한 「십지품」 제6 현전지의 문장을 인용하여 다음과 같이 말하기도 한다.

> 또한 이 경에서 말한다. "삼계는 허망하여 오직 일심이 지은 것이다." 논에서 풀이하여 말한다. "제일의제이기 때문이다."
> 又此經云, 三界虛妄唯一心作. 論釋云, 第一義諦故也. (大正35.63b)

그러나 제5장 제2절에서 밝힌 것처럼 이 경문은 제일의제가 아니라 세속제의 차별을 설명하는 문장이라고 하는 것이 『십지경론』의 설이었는데, 이것을 지엄은 "삼계는 허망하지만 소의인 일심은 진심이다"라고 이해한 것이다.

연기일심문에 대하여 세워진 [염문의 제4] '의지일심문'은 전술한 것처럼 『섭대승론』의 본식과 전식의 관계에서 능의(能依) · 소의(所依)가 역전(逆轉)하는 경우는 결코 있을 수 없기 때문에 '진망론'으로는 정리할 수 없고, 그것을 따로 세운 것이었다.

이상과 같이 『수현기』의 설은 혜원이 창안한 '의지', '연기'라는 사상을 근거로 한다. 크게 다른 점은 혜원[은 그]의 사상적 기반이 진망론에 있었기 때문에 진식(여래장심)의 용대의 염용(染用)으로서 아리야식을 자리매김함으로써 진식이 염(染)의 연생(緣生)까지도 생하게 되는 것인데, 지엄은 그것들 전체를 법계연기의 염법분별연생으로 정리하여 보리정분과는 구별한다는 점이다. 이 점은 지금까지의 검토에 의하면 진망론으로 환원할 수 없는 『섭대승론』의 아리야식연생(阿梨耶識緣生)을 깊이 배웠기 때문이라고 생각된다. 이 점에서 보더라도 『섭대승론』은 지엄의 『화엄경』 이해에 큰 영향을 주었다고 말할 수 있는 것이다.

제6 현전지에 설해진 법계연기의 '범부염법'에 관한 부분은 대략 이상과 같다. 그러면 다음으로 이러한 연기관에 서서 경문을 어떻게 해석하는가 하는 점을 살펴보기로 한다.

경[76]은 우선 제6지에 들기 위해서는 10평등법을 얻어야 한다고 한다. 그것을 위해서는 십이인연을 순·역(順逆)으로 닦아야 한다고 설한 다음, 다시 구체적인 10종의 관을 설한다. 그 10종관의 제2의 경문에 유명한 "삼계허망 단시심작"[77]이라는 문장이 존재하는 것인데, 지엄은 이 제2관을 '의지일심관(依止一心觀)'이라고 이름 붙인다. 곧 다음과 같이 풀이한 것이다.

> 두 번째로 '의지일심관'이란 곧 십이연 등의[*역자 주: 원문의 한문 오역을 수정함] 능의이다. 심이란 곧 리야심이다. 이것에 대한 것으로써 글의 제목을 삼는다. 리야연기로써 이 관의 체로 삼는다. 二依止一心觀者, 即十二緣等能依也. 心者即梨耶心. 就此以題章. 以梨耶緣起爲此觀體. (大正35.64b)

이 의지일심관은 소관(所觀)의 대상인 십이인연이 리야심을 근거로 하는 것임을 보인다고 한다. 나아가 지엄은 유식에는 2종이 있다고 하여 다음과 같이 말한다.

> 유식에는 2종이 있다. 첫째는 리야식이 지탱하여 제법을 생한다. 식을 떠나서는 곧 없다. 두 번째는 의식유식을 밝힌다. 생사, 열반, 염정 등의 법은 지금 의지(意地)에 있다. 식을 떠나서는 곧 없다. 리야유식의 처음은 해경(解境)으로서 행의 소의(所依)가 아

76) 60권본『華嚴經』권25(大正9.558b).
77) 大正9.558c.

니다. 의식유식, 이것의 끝은 바로 해(解)의 소의이다. 심(心)의 끝과 의(意)의 처음은 앞의 것을 뒤집으면 알 수 있다.
唯識者有二種. 一梨耶識持生諸法. 離識即無. 二明意識唯識. 生死涅槃染淨等法現在意地. 離識即無. 梨耶唯識始是解境非行所依. 意識唯識此終即是正解所依. 心終意始反前可知. (大正35.64b)

이에 의하면 이 십이인연이 리야심에 의한다는 것은 삼계의 일체 제법이 리야심을 근거로 하여 생겨남을 의미한다. 게다가 해(解)에서 시작하여 행(行)에 이르는 바인 리야유식과 행에서 시작하여 해에 이르는 바인 의식유식을 들고 있으므로 그 제법에 염정을 세우는 것이 의식의 작용이고, 그것을 행과 해로써 닦아 [나아]간다는 것이다.78) 처음의 아리야식에 의한 유식이란 일체종자과보식(一切種子果報識)이라고 설해지는 것을 염두에 둔 것임은 명료하다. 그렇다면 여기에 설해진 의식유식이란 대체 어떠한 것일까?

의식유식에 관한 직접적인 언급은 『수현기』에서는 앞에 기재한 인용문 이상의 것을 볼 수는 없다. 그렇지만 행문의 유식과 해문의 유식을 다음과 같이 풀이한다.

실경(實境)을 버리고 멸할 때에 곧 일분(一分) 공무상성(空無相性)을 얻는다. 무상이 나타나므로 유식으로서 상(相)과 경(境)이 모두 생하지 않는 것을 "무성성(無性性)을 얻는다"라고 이름한다. 이것은 행문의 유식관법이다. 만약 생해(生解)를 기준으로 한

---

78) 이와 같은 견해가 『공목장』에도 보인다는 점은 후술할 것인데, 법장의 경우에도 『화엄경문답』(大正45.605b) 등에서 볼 수 있다.

다면 곧 삼성 다음에 무성성을 논하는 것이다.

遣實境滅時, 即得一分空無相性. 無相現故, 唯識想境並則不生名得無性性. 此是行門唯識觀法. 若約生解, 則三性後辨無性性. (大正35.64c)

이에 따르면 대경(對境)을 멸하여 무상(無相)을 알고, 식(識)과 경(境)이 함께 멸하는 관법을 행문의 유식으로 삼으며, 삼성설의 이해로부터 시작하여 무성성에 이르는 것을 해문의 유식으로 삼고 있다. 이것을 앞의 문장과 겹쳐보면 리야유식이 해문의 유식에 의식유식이 행문의 유식에 상응한다고 생각된다. 그 때문에 의식유식은 능분별(能分別)의 식에 의해 소분별(所分別)의 경(境)을 소멸하고, 경이 소멸하면 식도 따라서 소멸함에 의해 경식구공(境識俱空)을 성취하는 것이라고 이해된다. 따라서 이러한 이해는 경의 "사(事)에 따라 욕심을 생한다"79)라고 할 때의 '욕심'을 다음과 같이 풀이하는 것과 같은 해석을 낳게 된다.

욕심에 두 가지 뜻이 있다. 첫째 식은 현재 작용분별을 일으킨다. 둘째 곧 이 식이 인연의 발기(發起)이다. 작용의 의변(義邊)은 곧 그 사(事)에 속하며, 능견의 취변(取邊)은 곧 의식에 속한다. 인연발기는 곧 리야에 속한다.

欲心有二義. 一識現起作用分別. 二即此識因緣發起. 作用義邊即屬其事. 能見取邊即屬意識. 因緣發起即屬梨耶. (大正35.64c~65a)

---

79) 大正9.358c.

곧 무언가에 대하여 욕심을 생하는 경우 그 욕심에는 두 가지 의미가 있어서 하나는 현재 마음의 작용으로서 집착이 일어나고 있다는 것이고, 또 하나는 그 대상이 인연에 의해 성립해 있고(리야유식), 그 대상에 대하여 집착하고 있다는 구조로 되어 있다는 것이다. 이상과 같은 의식유식의 설은 예컨대 세친의 『섭대승론석』 진제 역의 「석의지승상품상품(依止勝相品相品)」의 제6 연생장[→원문 오류: 「석응지승상품(釋應知勝相品)」의 제2 차별장(差別章)]에 다음과 같이 설해져 있는 것과 같은 연생의 구조를 말하는 것으로 보인다.

> 논에서 말한다. "제사(諸師)는 이 의식은 갖가지 의지(依止)에 따라 생기하여 갖가지 이름을 얻는다고 설한다." 풀이한다. "'제사'란 말하자면 보살들이다. [그들은] 하나의 의식이 순서대로 생기한다는 [주장을] 성립시킨다. 의식은 하나라고 하더라도 만약 안근(眼根)에 의지하여 생하면 '안식(眼識)'이라는 이름을 얻는다. 나아가 신근(身根)에 의지하여 생하면 '신식(身識)'이라는 이름을 얻는다. 이 가운데 다시 나머지 식으로서 의식과 다른 것은 없다. 아리야식을 떠나서 이 본식은 의식의 섭(攝: 範疇)에 들어간다. 동류이기 때문이다. 이 의식은 의지하는 것에 말미암아 다른 이름을 얻는다."
>
> 論曰, 諸師說此意識隨種種依止生起得種種名. 釋曰, 諸師謂諸菩薩. 成立一意識次第生起. 意識雖一, 若依止眼根生得眼識名. 乃至, 依止身根生得身識名. 此中, 更無餘識異於意識. 離阿黎耶識此本識入意識攝. 以同類故. 此意識由依止得別名. (大正31.185a)

이 문장은 앞의 법계연기설의 연기일심문에 인용된 것이며, [행문으로서 의식유식을 설정한 것은] 지엄이 『섭대승론』에서 새로이 배운 실천상의 과제였음을 요해할 수 있다.

이상으로써 지엄의 『수현기』에서 아리야식의 이해를 대략 개관할 수 있었다고 생각한다. 결과로서 대개 다음과 같이 말할 수 있을 것이다. 곧 지엄이 아리야식의 이해에 관하여 혜원이나 그 스승인 법상의 영향 아래에 있음은 부정할 수 없지만, 혜원이 여래장과 아리야식을 결부함으로써 표면상으로는 어디까지나 진식(眞識)으로 보면서도 생사 등 염법도 그것에 의해 생한다고 [말]한 [데에서 알 수 있듯이] 철저하지 않음을 보인 것에 대하여, 지엄은 『섭대승론』에서 진망론으로는 환원할 수 없는 아리야식설을 배움으로써 혜원의 사상적 모순을 바로잡고 실천상의 과제를 명확히 하고 있었다고 말할 수 있다. 이러한 여래장 이해의 배경에 예컨대 『섭대승론』의 「응지승상품」의 의타성(依他性)의 4종 청정을 설한 '논본(論本)'과 세친 석의 다음과 같이 설해진 것 등이 크게 작용하였을 것이라는 점은 상상하기 어렵지 않다.

> 논하여 말한다. "4종 청정법이란 첫째 이 법은 본래 자성청정이다. 말하자면 여여(如如), 공(空), 실제(實際), 무상(無相), 진실법계(眞實法界)이다." 풀이한다. "이 법의 자성은 본래의 청정에 말미암는다. 이 청정을 '여여'라고 이름한다. 일체중생에게 평등하게 있는 것이다. 이것은 통상이기 때문이다. 이 법이 있기 때문에 설하여 일체법을 '여래장'이라고 이름한다."
> 論曰, 四種清淨法者, 一此法本來自性清淨. 謂如如, 空, 實際, 無相, 真實法界. 釋曰, 由是法自性本來清淨. 此清淨名如如. 於一切衆生平

等有. 以是通相故. 由此法是有說一切法名如來藏. (大正31.191c)

여기에서 '여여' 등은 "일체중생에게 평등하게 있다"라고 설해지지만, "일체중생에게 여래장이 있다"라고는 설해지지 않는다. "일체법이 여래장"이라고 설해지지만, "일체법이 여여"하다고는 설해지지 않는다. 따라서 '여여'와 '여래장'은 동의어가 아닌 것이다.

이러한 관점에서 말하자면 여래장과 아리야식을 진식(眞識)에서의 진망화합(眞妄和合)이라고 설해야 했던 혜원과 염연기(染緣起)에서의 진망화합이라고 이해했던 지엄의 사이에는 『섭대승론』의 이해에 관하여 큰 차이가 있었던 것이다.

2. 『오십요문답』, 『공목장』의 심식설

다음으로 현장 귀조(歸朝) 이후, 곧 신유식을 접한 뒤에 저술되었다고 생각되는 『오십요문답(五十要問答)』과 『공목장(孔目章)』에 설해진 아리야식·아뢰야식관에 관하여 고찰을 해가기로 한다. 『오십요문답』과 『공목장』은 어느 쪽이건 현장 역의 경론들을 인용하므로 현장 역 경론들의 역출 연차에 의해 대략 그 저술 연차를 추정할 수 있다. 또한 후자가 전자를 인용하고 있으므로 후자가 전자보다 뒤에 저술된 것도 분명하다. 지엄이 현장 역 경론들에 강한 관심을 보인 것은 『오십요문답』, 『공목장』을 일변하면 용이하게 요해할 수 있는 바이며, 그것들로부터 그가 어떠한 점을 흡수하고 있는지는 상세한 음미를 필요로 한다.

말할 것도 없이 구역(舊譯)인 '아리야식(阿梨耶識; '阿黎耶識'으로 표기한 것도 같음)'과 신역인 '아뢰야식(阿賴耶識)'은 모두 동일한 원어인 'ālaya-vijñāna'의 음사어이다. 그렇지만 『십지경론』이나 진제 역 『섭대승론』에 설해진 아**리**야식과 『성유식론(成唯識論)』 등으로 대표되는 신역인 아**뢰**야식에서는 그 내용이 대폭 다르다. 이러한 점에 입각하여 지엄이 자신의 사상을 어떻게 전개해 갔는가에 관하여 고찰해 가고자 한다.

『오십요문답』, 『공목장』에서 이러한 문제를 생각함에 있어서 언급해야 할 개소는 많이 존재하지만, 지금은 지면 사정도 있으므로 그것 중 가장 조직적이고 중심적이라고 생각되는 『공목장』 권1의 「명난품초 입유식장(明難品初 立唯識章)」[80]를 들기로 한다.

교넨(凝然)의 『공목장발오기(孔目章發悟記)』[81]에 의하면 「유식장」은 다음과 같이 자리 매겨져 있다. 곧 60권 『화엄경』의 제2 보광법당회(普光法堂會) 전6품 중 처음의 3품(「如來名號品」, 「四諦品」, 「光明覺品」)이 여래의 3업을 밝혀 신(信)의 소의(所依)를 나타내는 것에 대하여, 뒤의 3품(「明難品」, 「淨行品」, 「賢首品」)은 신의 해(解)와 행(行)과 증(證), 곧 덕용(德用)을 밝혀 대승에 신요(信樂)하는 도를 나타내고 있다고 되어 있다. 그 십신의 해(解)를 밝히는 「명난품」의 첫머리에는 다음과 같은 문답이 있다. 곧 문수(文殊)가 각수(覺首)보살에게 이렇게 묻는다.

---

80) 大正45.543a~547c.

81) 『孔目章發悟記』 권14(日佛全122.33上~下).

심성은 하나이다. 어떻게 능히 갖가지 과보를 생하는가?
心性是一，云何能生種種果報

이에 대해 각수가 게송으로 다음과 같이 답하였다.

안 · 이 · 비 · 설 · 신과 심 · 의 · 제정근(諸情根)은
이로 인해 온갖 고를 굴리지만 실로 굴려지는 것 없네.
법성에 굴려짐 없지만 시현하기에 굴림이 있네.
거기에 시현 없으니 시현에 있는 바 없네.
안 · 이 · 비 · 설 · 신과 심 · 의 · 제정근은 그
성질이 모두 공적하니, 허망하여 진실 없네.
관찰하고 바로 사유함에 있음에 있는 바 없고,
그의 봄에 뒤바뀌지 않으니 법안이 청정하기 때문이네.
허망은 허망이 아니고, 진실하든 진실하지 않든
세간이든 출세간이든 다만 임시적 언설이 있을 뿐이네.
眼耳鼻舌身 心意諸情根 因此轉衆苦 而實無所轉
法性無所轉 示現故有轉 於彼無示現 示現無所有
眼耳鼻舌身 心意諸情根 其性悉空寂 虛妄無真實
觀察正思惟 有者無所有 彼見不顛倒 法眼清淨故
虛妄非虛妄 若實若不實 世間出世間 但有假言說
(大正9.427a~b)

[지엄은] 이 문답을 심성의 활동으로 이해하고 유식사상의 근거로 보아 일체제법의 의지처를 '아리야식'으로서 해석하고자 한 것이다. 그것은 예컨대 『섭대승론』 권상(上)에 다음과 같이 설해진

것과 같은 아려야식의 분별자성연생의 의미를 해석한 것이다.

> 아려야식에 의지하여 제법이 생기한다. 이것을 '분별자성연생'이라고 이름한다. 종종법의 인연의 자성을 분별함에 말미암기 때문이다.
> 依止阿黎耶識諸法生起. 是名分別自性緣生. 由分別種種法因緣自性故. (大正31.115b)

전체는 '거수(擧數)', '열명(列名)', '출체(出體)', '명교흥의(明教興意)', '건립(建立)', '변성취불성취(辨成就不成就)', '명대치멸불멸(明對治滅不滅)', '명훈불훈(明薰不薰)', '변진망부동(辨真妄不同)', '귀성제일의무성성(歸成第一義無性性)'으로 제목이 붙여진 10문으로 이루어져 있다.

제1문 「수를 듦[擧數]」에서는 일심에서 무량심에 이르는 8종의 심식설을 든다.[82] 이 가운데에는 '아뢰야식'을 소의로 하는 신역의 8식설이 포함되어 있음은 말할 것도 없지만, 『십지경론』·『능가경』·『섭대승론』 등의 곳곳에 설해진 심식설을 총합하고 있다. 그리고 일심을 설명하여 '제일의청정심(第一義淸淨心)'이라고 하면서 제2문 「명칭을 나열함[列名]」에서는 『섭대승론』 「중명품(衆名品)」에 의해 '아뢰야식'·'아다나식(阿陀那識)'·'심의식(心意識)'·'궁생사온(窮生死蘊)' 등의 이름을 제시하고, 제3문 「본체를 드러냄[出

82) 하나하나에 관한 상세한 내용은 타카미네 료슈(高峰了州)의 『華厳孔目章解説』(南都仏教研究会, 1964), pp. 35~37 참조.

體]」에서는 "구경(究竟)하여 여래장으로써 체로 삼는다"라고 서술한다. 여기에 이르러 지엄의 견해에서 심식의 체는 처음부터 여래장임이 선명해진다. 다시 제4문 「가르침이 일어난 뜻을 밝힘[明教興意]」에서는 제2문과 같이 『섭대승론』 「중명품」의 문장을 인용하여 심식설이 승위(勝位)의 보살을 위해서만 설해진 것임을 밝힌다.

제5문 「세움[建立]」에서는 (가) 우선 『잡집론(雜集論)』 권2의 8상(相)을 가지고서 아뢰야식의 존재를 논증하는 부분[83]을 길게 인용한 뒤에 다음의 문답에 의해 아뢰야식이 여래장의 불염(不染)하면서 염(染)인 사상(事相)과 다름없다고 한다.

> 이 문상에 의하면 아뢰야식은 곧 사(事) 가운데에 있다. 어떻게 이것이 여래장이라고 알 수 있는가? 답하길, 여래장의 물들지 않으면서 물듦에 말미암는다. 이것은 이 사상(事相)과 별도로 사가 있는 경우가 없기 때문에 이는 여래장이다.
> 據此文相, 阿賴耶識即在事中. 云何得知是如來藏. 答由如來藏不染而染. 是其事相無別有事故是如來藏. (大正45.544a)

(나) 다음으로 세친의 『섭대승론석』 진제 역 권2의 「상품(相品)」의 7장[84]에 따라가면서도 "『섭론』에 의하여 뢰야를 건립함에 그 여덟 가지 뜻이 있다"라고 한다. 이제 양자의 관계를 비교하면 대략 다음과 같다.

---

83) 大正31.701b~702a.
84) 大正31.162a~167c.

『공목장』(大正45.544a~545b)	(세친 저, 진제 역) 『섭대승론석』 (大正31.162a~164a)
(1) 3상의 뜻에 의해 본식이 있음을 알다	상장(相章)
(2) 훈습의 뜻에 의해 본식이 있음을 이룬다	훈습장(熏習章)
(3) 서로 인과가 됨의 뜻에 의해 본식이 있음을 이룬다.	불일이장(不一異章)
(4) 불일불이의 뜻에 의해 본식이 있음을 이룬다.	경호위인과장(更互爲因果章)
(5) 인과의 다름과 다르지 않음의 뜻에 의해 본식이 있음을 이룬다.	인과별불별장(因果別不別章)
(6) 연생의 뜻에 의해 본식이 있음을 이룬다.	연생장(緣生章)
(7) 저 인연의 갖춤과 갖추지 않음의 뜻에 의해 본식이 있음을 이룬다.	사연장(四緣章)
(8) 회명귀정(會名歸正)에 의해 본식이 있음을 이룬다.	

이 가운데 제8은 「상품」에는 해당하는 부분이 존재하지 않지만, 여기에 인용된 문장은 「상품」 직전인 「중명품」 마지막 부분의 문장[85]이며, 그런 의미에서는 전부를 세친 『섭대승론석』에 의거하는 것이라고 말할 수 있다. 그러나 거기에 설해진 교설의 내용은 『섭대승론석』과 완전히 같지는 않다. 오히려 그것을 대폭으로 개변한 것이라고 말하는 편이 적당할 것이다. 예컨대 제6 "연생의 뜻에 의함"에서는 그 내용을 다시 10문으로 나누어 논하는 것인데, 그 제6

85) 大正31.162a.

에 "훈(熏)의 성립과 불성립을 기준으로 차별을 논함"이라는 1항을 세워 『섭대승론』에 다음과 같이 설해진 소훈처(所熏處)의 네 가지 뜻[四義]을 언급한다.

견(堅) · 무기(無記) · 가훈(可熏) · 능훈(能熏)과 상응함
堅無記可熏 與能熏相應 (大正31.115c)

[『공목장』에서 지엄은 이에 대해] "리야에 4덕을 갖출 때 비로소 훈을 받는 것을 감당한다"라고 해석한다.

첫째, '견'이란 말하자면 이실(理實) 때문에 견이다. 식 외의 나머지 법은 식에 의하여 자재하지 않다. 아울러 모두 견하지 않다. …
一堅, 謂理實故堅. 識外餘法依識不自在. 並皆不堅. … (大正45.544c)

둘째, '무기'의 뜻이 [성립할 때] 비로소 훈을 받을 수 있다. 왜 그러한가? 무기란 곧 이 무분별의 뜻이다. <u>여래장</u> 가운데에 비로소 이 법이 있다. …
二無記義方得受薰. 何以故. 無記者即是無分別義. <u>如來藏</u>中方有此法. … (위와 같음)

셋째, '가훈'이란 오직 <u>여래장</u>은 자성을 지키지 않는다. 제법이 연에 따라 일어나서 사의(似義)를 이룬다. 따라서 이것이 가훈이다.
三可熏者, 唯<u>如來藏</u>不守自性. 隨諸法緣起成似義. 故是可熏. (위와 같음)

넷째, '능훈과 상응함'이란 오직 여래장에 제법이 응한다는 뜻이 있다. 나머지 법에는 없는 것이다. 왜냐하면 자성을 지키지 않기 때문이다.
四與能薰相應者, 唯如來藏有應諸法義. 餘法則無. 何以故, 以不守自性故. (大正45.545a)

이것은 『섭대승론』에 설해진 아리야식을 여래장으로 해석하는 것과 다름없다. 또한 제8 '이름을 회통하여 바름으로 돌아감에 의함[依會名歸正]'의 뜻에서는 전술한 것처럼 진제 역 『섭대승론석』(=『세친석론』) 「중명품」을 인용하면서도 '아**뢰**야식'이라는 말을 사용하여 다음과 같이 말한다.

만약 '뢰야'를 가지고서 '리야'의 뜻이라고 한다면[*역자 주: 원서의 한문 오역을 수정함] 곧 최승이 된다. 이제 이 뜻을 기준으로 한다. '리야'라는 이름은 오직 본식에 있고 그 뜻이 곧 뛰어나다. 만약 인(人) · 법(法)의 두 아견(我見)이 있는 곳을 지목한다면 곧 뛰어나지 않다. '뢰야'의 뜻은 마땅히 이에 준하여 알아야 한다.
若將賴耶名曰梨耶義者, 則爲最勝. 今約此義. 梨耶之名唯在本識其義即勝. 若目人法二我見處, 則非勝也. 賴耶之義應準此知. (大正45.545b)

곧 지엄이 여기에서 인용하는 『섭론』의 문장은 '아**리**야식'을 아견(我見) · 신견(身見)으로 집착하는 것을 논파하는 개소인데, 이것을 '아**뢰**야식'으로 바꿔 놓음으로써 '아**뢰**야식'에 대한 '아**리**야식'의 우위성을 주장하는 교증으로 삼은 것이다. 다시 말해 인 · 법의 두 가지 아견을 논파하는 교설로서는 아뢰야식을 설하는 의미가 있지만, 거기에 머무른다면 그것은 승의(勝義)로는 되지 않는다. 두 가지 공에 의해 드러난[二空所顯], 여래장인 아리야식에 그것을 포섭해야 한다는 것이다. 따라서 해당하는 제목인 '이름을 회통하여 바름으로 돌아감'이란 '아뢰야식'이라는 이름을 회통하여 여래장으로 돌아가는 것이다.

(다) 세 번째로는 『현양론(顯揚論)』 권1의 19문[86]을 인용하여 아뢰야식의 건립을 서술한 후 본식으로서의 아뢰야식을 어떠한 관점으로 이해해야 하는가 하는 것을 문답으로써 밝히고 있다. 곧 본식은 생사의 체(體)로서의 인(因)이며 과(果)라고 할 수 있는데도 어찌하여 생사와 인과를 아울러 설할 필요가 있는 것인가 하는 물음에 대하여, 『성유식론』 등에 설해진 것은 생사 속의 인과 생상(生相)의 도리를 논할 뿐이므로 수전리문(隨轉理門)의 설이며, 진실의 이치는 없다고 답하는 것이다. 따라서 "식을 떠나서 이외에 다시 법이 있는 것은 없다"라고 설해진 경우의 '식'이란 다음과 같이 불염이염문(不染而染門: 물들지 않으면서 물듦을 설하는 문)인 여래장이라고 해야 하는 것이다.

> '식'이란 곧 불염이염문인 여래장의 한 가지 뜻이다.
> 識者即是不染而染門如來藏之一義也. (大正45.545c)

86) 大正31.480c.

이러한 주장을 성립시키는 교증으로서 『수현기』에서는 그다지 중시되지 않았던 『능가경』의 곳곳의 문장이 인용된다. 그 가운데에서도 특히 주목해야 하는 것은 다음의 두 문장이다.

① 대혜여, 여래장식은 아**뢰**야식 중에는 있지 않은 것이다. 이 때문에 7종식에 생이 있고 멸이 있다. 여래장식은 불생불멸이다.
大慧, 如來藏識不在阿賴耶識中. 是故七種識有生有滅. 如來藏識不生不滅. (大正45.546a)

② 대혜여, 아**리**야식을 여래장이라 이름한다. 그런데 무명의 7식과 더불어 함께한다. 대해(大海)의 물결이 항상 단절하지 않는 것과 같다. 몸과 구생(俱生)이기 때문이다. 무상(無常)의 과(過)를 떠나고, 아(我)의 과를 떠나 자성청정이다.
大慧, 阿梨耶識名如來藏. 而無明七識共俱. 如大海波常不斷絕. 身俱生故. 離無常過, 離於我過自性清淨. (大正45.546a)

어느 것이건 보리류지 역의 10권 『능가경』의 문장[87]을 인용하면서도 ①의 인용문에서는 '아뢰야식'이란 말을 쓰고 있다. 이 두 개의 문장은 예전부터 주목받아 온 것이고, 특히 지론학파에서는 이러한 설들에 의해 여래장과 아리야식의 관계를 어떻게 해석할까 하는 점이 대단히 큰 문제였음은 제1장, 제3장에서 서술한 바와 같

87) ①은 『입능가경』 권7(大正16.356c), ②는 『입능가경』 권7(大正16.556b~c)이다. 다만 당연한 말이지만, 경에서는 어느 쪽이건 '아리야식'이라는 말을 사용한다.

다. 그리고 같은 지론 남도파에 있으면서도 법상과 혜원은 견해를 서로 달리하고 있었다. 예컨대 법상이 아리야식을 제7식이라고 한 것은 이 10권 『능가경』의 "여래장은 아리야식 중에는 있지 않다"라는 설에 의한 것이라고 지적받고 있다.[88] 또한 혜원이 여래장과 아리야식을 동일시하는 배경에 "아리야식을 여래장이라고 이름한다"라는 설이 있음은 쉽게 추찰할 수 있을 것이다. 어느 쪽이건 아리야식을 진망화합이라고 풀이하는 것인데, 결과적으로 법상은 아리야식의 '망'적 측면에, 혜원은 '진'적 측면에 섬으로써 "아리야식은 여래장이라고 이름한다", "여래장은 아리야식 중에는 없다"의 어느 쪽인가의 한편은 말소되어 있는 것이며, 두 가지 문장을 모순 없이 설명할 수 있는 것은 아니었던 것이다. 이러한 관점에 선다면 여기에서 지엄이 10권 『능가경』을 인용하면서 굳이 "여래장은 <u>아뢰야식</u> 중에는 있지 않다"고 바꿔 말하는 데에는 큰 의미가 있다고 생각된다. 곧 이미 언급해 온 것처럼 아리야식과 여래장의 동일성을 적극적으로 설해온 지엄의 관점에서는 생사와 인과의 상승(相乘)의 측면에서 설해지는 수전리문(隨轉理門)의 아뢰야식설을 생사의 체인 여래장·아리야식으로부터 떼어냄으로써 더한층 강고하게 여래장과 아리야식이 결부되는 구조가 되기 때문이다. 따라서 이 부분은 어쨌든 "여래장은 <u>아뢰야식</u> 중에는 있지 않다"여야 하는 것이고 "<u>아리야식</u>을 '여래장'이라 이름한다"여야 하는 것이다.

이후 말나식과 의식의 건립을 밝혀 제5문 「세움」을 끝내고, 다음

---

88) 坂本幸男, 앞의 책(앞의 주71에 소개됨), p. 385 참조.

第6문 「성취와 불성취를 논함[辨成就不成就]」에서는 『현양론』,89) 『유가론(瑜伽論)』90)을 인용하여 결론에서는 다음과 같이 끝맺는다.

> 마땅히 알아야 한다. 아뢰야식을 성취하고자 한다면 반드시 여래장에 통해야 한다.
> 當知, 阿賴耶識欲成就者, 會須通如來藏. (大正45.547a)

第7문 「멸과 불멸을 대치함을 밝힘[明對治滅不滅]」, 제8문 「훈습과 훈습하지 않음을 밝힘[明薰不薰]」에서는 본 절의 주제와 직접적으로 관련된 설이 보이지 않는다.

제9문 「진과 망이 같지 않음을 논함[辨真妄不同]」에서는 다음과 같이 말한다.

> 이 아뢰야식에 진 · 망의 같지 않음이 있다.
> 此阿賴耶識有真妄不同. (大正45.547a)

이어 『지론』,91) 『섭론』,92) 『유가론』93) 등의 설을 인용하여 법

---

89) 『顯揚聖教論』 권17(大正31.567c).
90) 『瑜伽師地論』 권76(大正30.718b).
91) 『十地經論』 권8(大正26.169a).
92) 『攝大乘論釋』(眞諦 譯) 권8(大正31.208c).
93) 『瑜伽師地論』 권51(大正30.580b). [*역자 주: 원서의 '大正31'을 수정함]

공 제일의제에서 그 구극의 진실을 찾아야 함을 밝힌다. 여기에 설해진 진 · 망이란 염 · 정법의 소의로서의 진 · 망이라는 의미가 아니라 제일의제 · 세속제를 나타내는 것임에 주의해야 한다. 곧 유식을 가지고서 경(境)이 있다고 집착하는 것에 대치(對治)한다면 '진'이지만, 그것에 의해 식(識)이 있다고 집착하면 '망'이라는 것이다. 제10문 「제일무성성으로 돌아가 완성함[歸成第一義無性性]」은 이전의 제9문을 받아서 일체법을 유식으로 포섭하고 다시 그것을 무진(無盡)으로 파악하는 곳에 일승의 구경(究竟)이 있다는 것인데, 이 가운데에는 '일승유식' · '삼승유식' · '해(解)유식' · '행(行)유식'이라는 말이 주목된다. 곧 교(敎)를 일승 · 삼승 · 소승으로 나누는 것은 진제 역 『섭대승론석』[94]에 의한 것인데, 지엄은 『수현기』 이래 일관되게 이 설에 준하는 것이며, 이제 유식을 풀이할 즈음에도 그것을 완전히 삼승에 포섭하는 것은 아니고 '일승의 유식'이라는 개념을 세우고 있는 점이 주목할 가치가 있는 것이다. 『오십요문답』과 『공목장』은 『화엄경』에 설해진 것의 요점을 각각 하나하나 들어서 논하는 것이므로 그들 요점이 서로 어떠한 관계로 파악되어야

---

94) 『攝大乘論釋』(眞諦 譯) 권9에 다음과 같이 설해져 있는 것에 의거한다.

> 여래가 정법을 성립함에 3종이 있다. 첫째 소승을 세우고, 둘째 대승을 세우며, 셋째 일승을 세운다. 이 셋 가운데에서 제3이 가장 뛰어나므로 '선성'이라고 이름한다.
>
> 如來, 成立正法有三種. 一立小乘. 二立大乘. 三立一乘. 於此三中第三最勝故名善成立. (大正31.212b)

이를 소 · 삼 · 일승이라고 풀이한 것은 이미 『수현기』에서 다음과 같이 설하는 예 등에서 볼 수 있다.

> 또한 진제 『섭론』에 의하면, 첫째는 일승, 둘째는 삼승, 셋째는 소승이다.
>
> 又依真諦攝論, 一者一乘, 二者三乘, 三者小乘也. (大正35.14b)

하는가 하는 점은 명확하게는 설해져 있지 않다. 따라서 그것들을 종합하는 관점으로서는 『화엄경』 자체의 조직과 『수현기』에 설해진 지엄의 견해에 의지해야 하는 것이다. 『수현기』에는 일승유식이라는 개념은 발견되지 않으므로 이것은 신역 유식과의 관계에서 설정되었다고 생각된다. 그렇지만 일승유식에 관해서는 별로 상세한 언급은 없고, '유십식(唯十識)'을 설명할 뿐이다.

또한 다음과 같이 설해진 해유식·행유식은 앞에 서술한 『수현기』의 설과 같은 것이며, 말하는 방식을 뒤집은 것에 지나지 않는다.

> 전체적으로 유식을 설함에 2종이 있다. 첫째 해유식이요, 둘째 행유식이다. 의식유식과 같은 것은 처음에는 곧 행(行)에 따르고 나중에는 해(解)에 따른다. 본식유식은 처음에는 곧 해에 따르고, 나중에는 곧 행에 따른다. 자세한 것은 『소(疏)』에서 설한 것과 같다.
>
> 總說唯識有其二種. 一者解唯識, 二者行唯識. 如意識唯識初即順行後即順解. 本識唯識初即順解後即順行. 廣如疏說. (大正45.547b)

따라서 지엄의 유식 이해에서는 해·행과 의식·본식의 상승(相乘)에 의해 이루어진 것이라는 점이 시종일관하고 있다고 말할 수 있다.

이상으로 신역 유식을 접한 이후의 지엄의 아리야식 이해는 『수현기』에 설해진 것의 연장에 있음이 명료해졌을 것이다. 그러한 해석은 '아리야식'과 '아뢰야식', 어느 것이건 ālaya-vijñāna의 음사어라는 점과 조금도 모순되는 것은 아니다. 왜냐하면 지엄에게서는

'여래장-아리야식'이라는 개념이 기존부터 있었던 것이며, 그것과 비교함으로 인해 신역의 아뢰야식을 [수용하는 데] 주저하고 있었기 때문이다.

소결

『수현기』에서 법계연기의 염문으로서 설해진 아리야식연기설은 지론 남도파의 전통적인 진망론에 의해 회통된 아리야식관을 계승하면서 『섭대승론』에 설해진 진망으로는 환원할 수 없는 아리야식 사상에 의해 정리된 것이었다. 이러한 관점을 획득함으로써 한편으로는 보리정분으로서의 성기사상이 명확해졌던 것이라고 생각된다. 지엄에게서는 성기 · 여래장 · 아리야식의 세 가지는 서로 유기적인 연관을 가지고 있으므로 이러한 사상 형성이 무엇을 계기로 이루어졌는가 하는 것은 간단하게는 판단할 수 없다. 그러나 결과적으로 말하자면 여래장-아리야식을 '진식(眞識)의 용대(用大) 염용(染用)'으로서 설해야 했던 혜원과 여래장-아리야식을 법계연기의 염문(染門)으로 자리매김한 지엄과의 차이는 매우 크다. 그리고 이 여래장을 배경으로 하는 아리야식의 이해는 현장에 의해 신역 유식이 소개될 즈음에는 중요한 근거가 되어 삼승교를 초교와 종교로 구분하는 기준이 되기도 한 것이다.[95]

현장의 귀조(歸朝)를 경계로 중국불교계는 크게 변동하였다. 그

95) 坂本幸男, 앞의 책(앞의 주71에 소개됨), pp. 402~410 참조.

과정에서 당연한 일이지만 지엄도 신역의 경론들에 다대한 관심을 보였다. 그 점은 『오십요문답』이나 『공목장』에서 신역 경론들의 인용이 빈번함을 보면 쉽게 요해될 것이다. 또한 그가 긴 세월[永年] 머물렀던 지상사(至相寺)를 떠나 장안의 운화사(雲華寺)에 입사(入寺)하게 된 원인[96]도 그러한 점에 있었는지도 모르는 것이지만, 똑같이 법상·승변 문하였던 원측이 신역 유식에 경도되어 있었던 것과 매우 대조적이다. 지엄이 신역 유식에 대하여 분명히 구분했던 것은, 예컨대 상세한 심소설(心所說)을 전개하는 『유가론』이나 『성유식론』에 대하여 그것들은 범부가 도를 닦는 데에는 그 상세함으로 인해 도리어 능수(能修)인 사람을 두려워하게 하고 걸림돌이 될 뿐이고 어떠한 이로움도 없다고 비판하는 예[97] 등에 의해 명료하다. 거기에는 단지 전통적인 지론학파의 교학이나 구역(舊譯)의 『섭대승론』을 지나치게 묵수하여 신역의 유식설을 받아들일 수 없

96) 지엄의 운화사 입사가 언제쯤의 일인가는 불분명하지만, 일연이 편찬한 『삼국유사』 권4(大正49.1006c)에 의하면 의상이 지상사에서 지엄을 알현한 것이 영휘(永徽) 초년(650)의 일이며, 최치원이 편찬한 『법장화상전』(大正50.281a~b)에 의하면 현경(顯慶) 4년(659)에는 지엄은 운화사에서 『화엄경』을 강의하고 있었던 것이 되므로 아마도 그 사이의 일이었다고 생각된다.

97) 예컨대 『공목장』 권1의 「유식장(唯識章)」 후반부에 『섭대승론』이 번쇄한 심식설을 설하지 않는 이유로서 다음과 같이 서술하는데, 심식설이 불도 수행에는 오히려 방해가 된다고 한다.

> 교(=『섭대승론』)가 높으니 초교(初敎)가 아니다. 심수(心數)를 세우는 것 같은 것은 곧 방해하는 바가 있어서 도에서 이익이 없으므로 이를 밝히지 않는 것이다.
> 敎高非是初敎. 若立心數, 即有所妨於道無益故不明之. (大正45.546b)

었다는 것과는 다른, 깊은 종교적 견지에 기초한 통찰을 볼 수가 있다. 바꿔 말하자면 원래 염과 정이 상대하는 관계 속에서 결합하게 된 여래장과 아리야식은 한층 더 세밀한 연기설을 설하는 신역 아뢰야식설을 접함으로써 본래의 종교성을 재확인받게 되었다고 말할 수 있다. 곧 신불교의 접촉은 결과적으로 『수현기』에서 이미 지론학파로부터의 독립을 이룰 수 있었던 지엄의 교학이 더한층 일승사상으로서 정련되어 가는 직접적 계기가 되었다고 생각되는 것이다. 따라서 지론학파의 말류(末流)였던 지엄이 화엄종의 조(祖)가 될 수 있던 배경[을 이해하는 데]에는 신역 불교와의 접촉을 놓쳐서는 안 되는 것이다.

지엄이 살았던 시대에는 사회적으로는 수말(隋末)의 전란을 거쳐 성당(盛唐)으로 향한다는 격동의 시대이고, 불교의 역사 속에서는 공전(空前)의 대번역가 현장에 의해 일승방편 · 삼승진실을 표방하는 새로운 사고방식의 불교가 소개된다는, 참으로 파란만장한 시대였다. 바로 그렇기 때문에 지엄이 추구했던 불교란 현실의 인간이 구원받는 것을 생생하게 [보여주는] 종교여야 했던 것이다. 본 절에서는 그러한 지엄의 교학에서의 아리야식의 이해를 남도 지론학파와 화엄교학의 접점으로 생각해 온 것이므로 그것이 지엄의 전 사상 속에서 어떠한 지위를 차지하는가 또는 화엄사상이라는 흐름 속에서는 어떻게 파악되는가 하는 문제까지 언급할 수는 없었다. 예컨대 기술한 것과 같은 지엄의 신불교에 대한 태도는 뒤의 법장이 보인 것과 상당한 간극이 있는 것으로 생각된다. 똑같이 화엄의 조로서 '엄 · 장(儼藏)'이라고 병칭되면서도 왜 이러한 차이가 생겼는가 하는 의문이 새로운 문제로서 떠오르는 것이다. 이러한 점에 관해서는 다음 장에서 고찰하고자 한다.

제7장
법장의 법계연기사상 형성 과정

제1절 법장의 『밀엄경소(密嚴經疏)』에 관하여

본 장에서는 화엄교학의 대성자라고 알려진 현수 법장(賢首法藏, 643~712)의 교학 형성과 여래장 이해의 관계에 관해서 고찰해 가고자 한다. 법장의 화엄교학은 스승인 지엄의 가르침을 계승하여 '이(理)'와 '사(事)'의 중층적인 관계에 의해 표현되는데,[1)] 이 이·사에 의해 표현되는 법장의 화엄교학은 『기신론(起信論)』이나 『승만경(勝鬘經)』 등의 여래장사상을 설하는 경론의 이해와 밀접한 관계가 있다. 그것은 교판상에서는 '대승종교(大乘終教)'로 자리매김해 있는데, 『[대승]기신론의기([大乘]起信論義記)』나 『[대승]법계무차별론소([大乘]法界無差別論疏)』, 『입능가심현의(入楞伽心玄義)』 등의 저작도 있으며, 법장의 남다른 관심을 엿볼 수 있기 때문이다. 그리고 이러한 저작에는 공통적으로 '4종판'이라고 불리는 법장의 독특한 교판이 설해져 있고 여래장사상의 자리매김이 명료

1) 지엄에 있어서 '이'와 '사'의 과제에 대해서는, [이것이] 『십지경론』의 육상설의 이해에 관하여 중요한 전제가 되어 있었음을 본서 제6장 제1절에서 명확히 하였다. 이 점에 의해 지엄이 두순의 가르침을 강하게 받고 있었음을 추찰할 수 있다. 왜냐하면 두순의 『법계관문』은 전편이 '이'와 '사'의 고찰에 의해 성립되었기 때문이다. 이 문제에 관해서는 결장에서 구체적으로 논할 것이다.

해져 있다. 그렇지만 그 4종판이 법장의 화엄교학 전체 중에서 어떠한 위치에 있는 것인가 하는 점에 관해서는 반드시 명료하다고는 말하기 어렵다. 그래서 법장에 있어서의 여래장 계통 경론에 대한 주석이 가지는 의의를 검토하는 것부터 시작하여 이 문제를 고찰해 가고자 한다.

그런데 법장의 저작은 현존하는 것이 25부이다.[2] 그리고 이것들의 대부분은 『화엄경』에 관한 저작이다. 법장의 저작에서 『화엄경』 이외의 전적에 주석한 것은 다음에 드는 8부뿐이다.

(1) 『범망경보살계본소(梵網經菩薩戒本疏)』(大正 40권 수록)
(2) 『반야바라밀다심경약소(般若波羅蜜多心經略疏)』(大正 33권 수록)
(3) 『십이문론종치의기(十二門論宗致義記)』(大正 42권 수록)
(4) 『대승밀엄경소(大乘密嚴經疏)』(續藏 42권 수록)
(5) 『대승기신론의기별기(大乘起信論義記別記)』(大正 44권 수록)
(6) 『대승기신론의기』(大正 44권 수록)
(7) 『대승법계무차별론소』(大正 44권 수록)
(8) 『입능가심현의』(大正 39권 수록)

이것들 가운데 (2), (3), (4)는 대개 인도 삼장인 지바가라(地婆訶羅=日照三藏)와의 만남을 계기로 하여 쓴 것이라고 추정되며,[3]

---

2) 吉津宜英, 『華嚴一乘思想の研究』(大東出版社, 1991), pp. 131~133 참조.
3) 이 점에 관해서 요시즈 요시히데(吉津宜英)는 위의 책에서 "[이 책들은] (법장의) 서태원사(西太原寺) 시대 후반부(684~687) 혹은 위국서사(魏國西寺) 시대(687~690)의 저작으로서 다분히 서숭복사(西崇福寺) 시대

(1)은 화엄교학의 교리적인 관심으로부터 쓴 것이라고는 생각되지 않는다. 어떤 것이 되었건 이 4부의 저작 중에는 여래장사상에 관한 상세한 언급은 이루어져 있지 않다. 이렇게 생각해 보면 4종판

(690~)의 것은 아닐 것이다"(p. 136)라고 서술하는데, 오타케 스스무(大竹晋)는 매우 상세히 검토하여 결론적으로 "본서는 지론종 최후기의 저작으로서" "법장의 진찬은 아니다"라고 말하고 있다. 그 주된 이유로서 『법계무차별론소』 등의 법장의 저작에 특징적인 "여래장이 수연하여 중생이 된다"라는 기술이 보이지 않고, 심식설 등도 "본각진심(本覺眞心)·망식심(妄識心)·분별사식(分別事識)의 마음" 등을 기본으로 하는 점 등을 들고 있다(『唯識説を中心とした初期華厳教学の研究—智儼·義湘から法蔵へ—』, 付論四 「『大乘密嚴經疏』の著者問題」, pp. 477~500). 이는 지당한 지적이지만 다음과 같은 이유로 수긍할 수 없다. 첫 번째로 확실히 『밀엄경소』의 설은 『법계무차별론소』에 비교해서 서툴며, 과거의 사상 표현이다. 오타케 씨는 이 점을 가지고서 『밀엄경소』의 진찬을 의심하는 것이지만, 본서에서 서술해 온 것과 같은 법장의 사상적 추이 속에서 그가 『무차별론』과 만나고 『무차별론소』를 찬술한 것이 가지는 의미를 생각할 때, [법장에게는 그 과정에서] 여래장과 아리야식을 중층적으로 이해해 온 진망론(眞妄論)으로부터 여래장을 아리야식과 구별하는 사상으로 전환이 일어났던 것이다. 그 때문에 오타케 씨가 지적한 것과 같은 『밀엄경소』의 특징은 [오히려] 법장의 최초기의 사상을 나타내는 것이라고 생각된다. 더욱이 대승 경론의 발전사라는 관점에서 보자면, 『밀엄경』은 분명히 『승만경』·『열반경』·『해심밀경』 등 중기 대승 경전의 다음 세대에 속하는 것이며, 『기신론』 등과 친근성을 가지는 경전이다. 곧 법장은 여래장사상과 아리야식사상의 사상사적 전개로부터 보자면 가장 후기의 것을 최초로 만나고, 그 본질적인 의미를 만년에 이르러 이해했다고 말할 수 있는 것이다. 이 점이 『무차별론』과 만남에 의해 명확해졌던 중요한 과제인 것이다. 이 점을 본 장에서 구체적으로 밝혀갈 것이다.

을 언급하는 3부의 저작은 법장의 사상 전개상에서 극히 특이한 위치를 점한다는 점을 수긍할 수 있다. 그래서 법장의 사상 전개를 파악하기 위해 이들 3부 저작이 법장의 생애의 어떠한 상황 속에서 써진 것이었는가 하는 점을 먼저 정리해 두고자 한다.

무엇보다도 법장의 전기에 관해서는 요시즈 요시히데(吉津宜英) 박사의 상세한 연구가 있다.[4] 그것은 법장의 전기의 해명을 주된 목표로 한 것이므로 그 주변의 사정에까지 그만큼 상세히 언급하고 있지는 않다. 여기에서는 법장의 전기를 당시의 중국, 특히 장안(長安)과 낙양(洛陽)에서 일어난 일들 속에 놓을 경우 어떻게 보이게 되는가 하는 관심에 기초를 두되, 본 절의 문맥상에서 특히 중요한 점만을 중점적으로 정리해 두고자 한다.[5]

---

4) 吉津宜英, 앞의 책(앞의 주2에 소개됨), 제2장 제2절「法蔵の伝記について」 참조.

5) 이하의 기술에 관해서『송고승전』은『개원석교록』 등의 기술을 편집하고 있다고 생각되므로 주로『개원석교록』 권9의「지바가라(地婆訶羅)」항목(大正55.563c~564b),「제운반야(提雲般若)」항목(同.565b),「실차난타(實叉難陀)」항목(同.565c~566b) 및 염조은(閻朝隱)이 편찬한『대당대천복사고대덕강장법사지비(大唐大薦福寺故大德康藏法師之碑)』(大正50.280b~c)를 토대로 작성하였다. 또한 사원 명칭의 변천에 관해서는 오노 카츠토시(小野勝年)의『中国隋唐長安・寺院資料集成』(法蔵館, 1989), pp. 260~267에 의거하였다. 또 측천무후의 연호의 서력 환산에 관해서는 주의해야 할 문제가 있는데, 본 절의 문맥에는 직접 영향이 없으므로 고려에 넣지 않았다.

643(貞觀 17년) 법장 탄생.
664(麟德 원년) 현장(玄奘) 몰(沒).
668(總章 원년) 지엄 몰.
* 670(咸亨 원년) 측천무후(則天武后), 태원사(太原寺) 건립. 법장, 태원사에서 득도(得度).
* 673(永淳 2년) 지바가라가 태원사에 들어옴.
687(垂拱 3년) 태원사, 위국서사(魏國西寺)로 개칭.
690(天授 원년) 위국서사, 서숭복사(西崇福寺)로 개칭.
691(천수 2년) 제운반야(提雲般若), 『법계무차별론』을 위국동사(魏國東寺: 낙양 소재, 뒤에 大周東寺로 개칭)에서 역출함.
695(證聖 원년) 실차난타(實叉難陀)와 80권 『화엄경』의 번역 개시(낙양, 佛授記寺에서. 699년[聖曆 원년]까지 마침).
이 사이에 의정(義淨) · 보리류지(菩提流志) 등과 만남.
699(성력 원년) 80권 『화엄경』 역출.
700(久視 원년) 실차난타, 『입능가경(入楞伽經)』 역출 개시(낙양, 三陽宮에서).
702(長安 2년) 이 무렵, 실차난타와 함께 장안의 청선사(淸禪寺)에 머무름.
703(장안 3년) 서명사(西明寺)에서 의정의 역장(譯場)의 증의(證義)를 맡음.
704(장안 4년) 실차난타, 우전(于闐)으로 돌아감(→708년까지). 미타산(彌陀山), 7권 『능가경』을 완성함.
705~707(神龍 연간) 보리류지와 궁중에서 『보적경(寶積經)』을

번역함.

708(景龍 2년) 실차난타, 대천복사(大薦福寺)에 들어옴.

710(景雲 원년) 실차난타 몰. 의정, 대천복사에 들어옴.

712(先天 원년) 법장 몰(대천복사에서).

이 가운데 '*' 표시한 사건이 법장의 생애에서 특히 중요한 의미를 지닌다고 생각된다. 우선 태원사가 건립된 해와 법장의 득도가 같은 해의 일이다. 이를 뒤의 몇 가지 사건들을 통해 생각해 보면, 법장의 득도와 측천무후는 밀접하게 관련되어 있다고 상상할 수 있다. 두 번째는 태원사에서 지바가라와의 만남이다. 이 만남이 법장에게 준 영향은 극히 크며, 특히 지바가라로부터 들은 계현(戒賢)과 지광(智光)에 의한 공유(空有)의 논쟁을 알았다는 것이 법장의 사상을 크게 전개시켰다고 생각된다. 세 번째로 제운반야의 역장에 징집된 일이다.[6] 이것에는 주로 두 가지의 의미가 있다고 생각된다. 하나는 아마도 처음으로 장안을 떠났다는 점이고, 또 하나는 『법계무차별론』을 알게 된 점이다. 네 번째로 실차난타의 역장에 참여한 일이다. 실차난타의 중국 초청에 대해서는 법장이 직접 관여했을 가능성이 크며,[7] 이 해에 인도에서 돌아온 의장이나 보리

---

6) 법장 자신이 『무차별론소』에 다음과 같이 기록하고 있는 것에 의한다.

나는 생각건대 불민하지만, 외람되게도 부름[徵召]을 받았다. 번역에 참여하여 보배 무더기를 얻었다.

余以不敏, 猥蒙徵召. 既預翻譯, 得觀寶聚. (大正44.63c)

7) 『개원록』은 실차난타의 도래(渡來)에 관하여 다음과 같이 말한다. 곧 실차난타는 구역 『화엄경』의 불비함을 메우기 위해 우전으로부터 초빙되었다는 것이다.

류지도 참가한 번역은 국가적인 대사업이었을 것이다. 그리고 이 실차난타의 역장에 참여한 때부터 법장은 일관되게 실차난타 · 보리류지 · 의정 등과 행동을 같이하고 있었다고 상상할 수 있다. 아마도 제운반야를 만난 이후의 후반생은 삼장들의 역장을 떠나는 일이 없었던 것은 아닐까? 법장 입적 후 약간의 시간이 지나 다양한 자료를 정밀 조사하여 전기를 정리한 최치원(崔致遠)이 '번경대덕(飜經大德)'이라고 경칭을 쓰는 것은 이 사정을 잘 이야기하고 있다고 생각된다.8)

이렇게 견주어 보면 법장은 일관되게 의외로 권력에 가까운 곳에서 활동하고 있었다고 상상할 수 있다. 이 점이 어떠한 의미를 가지는지는 현재로서는 불분명하지만, 순수하게 화엄철학을 사색하던 소박한 사람은 아니었다는 점만은 확실할 것이다.

그리고 또 한 가지 법장의 생애와 사상을 생각하고자 할 때 하나

> 천후(天后)는 불일(佛日)을 명양(明揚)하고 대승을 경중(敬重)하였다. 『화엄(구)경』의 처 · 회가 아직 갖추어지지 않았기에 멀리 우전에 이 범본이 있음을 듣고 사신을 보내어 찾게 하였다. 아울러 역인(譯人)을 청하였다. 실차난타는 경과 함께 제궐(帝闕)에 이르렀다.
> 天后, 明揚佛日敬重大乘. 以華嚴舊經處會未備, 遠聞于闐有斯梵本發使求訪. 并請譯人. 實叉與經同臻帝闕. (大正55.566a)

이 배경에 다음과 같은 일을 알고 있던 법장의 의사가 작용하고 있었는지 아닌지는 추측의 범위를 벗어나지 않지만, 흥미 깊은 문제이다.

> 마야부인으로부터 뒤의 미륵보살 전(前)에 이르기까지 8~9지(紙)의 경문이 누락된 바가 있다.
> 從摩耶夫人後至彌勒菩薩前所闕八九紙經文. (『探玄記』 권1, 大正35.122c)

8) 『唐大薦福寺故寺主翻經大德法藏和尚傳』(大正50.580~). 이 점에 관해서는 키무라 센쇼(木村宣彰)의 「智顗と法藏-その伝記にみられる異質性-」(『仏教学セミナー』 61号, 1995) 참조.

의 새로운 계기가 되는 것이 지엄 문하의 선배인 신라의 의상(義湘)에게 부친 서간이다. 이 서간에 관해서도 이미 선학의 몇 가지 연구가 있다.[9] 그것들에 따르면서 거기에 『의기』, 『무차별론소』, 『심현의』를 놓을 때 그것들은 어떠한 의미를 가지는 서물로 보이게 되는가, 이 점을 정리해 두고자 한다. 우선 이 서간이 칸다 키이치로(神田喜一郎) 박사가 추정한 것[10]처럼 691년 12월 28일에 써진 것이라고 한다면 낙양에서 『무차별론』의 역출을 마친(691년 10월) 뒤 다시 장안에 되돌아와 바로 이 서간을 정리한 것이 된다. 그리고 그때 신라의 승려 승전(僧詮)에게 맡긴 『탐현기(探玄記)』는 2권분이 미완성이었으므로 상당히 급히 전해야 하는 사정이 있었다고 추측할 수 있다. 또 서간의 내용과 그때 의상에게 보낸 자저(自著)[의 목록]을 통하여 그때까지의 법장의 연구 태도를 엿볼 수 있다. 본문에 다음과 같이 되어 있는 것처럼 스승인 지엄의 화엄사상을 보다 명확히 하는 것이 당면한 과제였던 것이다.

> 화상(지엄)의 장소(章疏)는 뜻이 풍부하되 문장은 간략하므로 후인(後人)으로 하여금 취입(趣入)하는 것을 많이 어렵게 만들고 말았다. 이에 갖추어 화상의 미언묘지(微言妙旨)를 기록하여 『의기』를 정돈하여 이루었다.[11]

---

9) 예컨대 사카모토 유키오(坂本幸男)의 「賢首大師の書簡について」(『大乘仏教の研究』, 大東出版社, 1980); 칸다 키이치로(神田喜一郎)의 「唐賢首大師真蹟「寄新羅義湘法師書」考」(『神田喜一郎全集』 第二巻, 同盟舍, 1983) 등이 있다.

10) 神田喜一郎, 앞의 논문(위의 주9에 소개됨), p. 112 참조.

和尚章疏, 義豐文簡, 致令後人多難趣入. 是以具錄和尚微言妙旨, 勒成義記. (續藏1-103.422左上)

바로 그렇기 때문에 동문의 선배에게 자저를 보내어 내용의 검토를 바랐던 것이다. 이 가운데에는 "기신론소 양권(兩卷)"이라고 기록되어 있는데, 현행 『의기』는 합계 5권이므로 이것을 그대로 『의기』로 보기에는 다소 의문이 없는 것은 아니지만, 일단 종래의 의견에 따르기로 한다.[12] 이렇게 보면 『탐현기』, 『오교장』, 『의기』는 지엄의 사상을 토대로 하면서 그것을 부연한 것이라고 법장 자신이 생각하고 있음이 분명해질 것이다. 그리고 그것은 법장의 생애 전체로부터 보면 전반의 태원사 시대에 이미 완성되어 있었다는 말이 된다. 지엄 자신은 『기신론』을 특히 중요시한 형적은 볼 수 없으므로 법장이 『의기』를 지은 것에는 무언가 적극적인 의도가 있었던 게 분명하다. 법장으로서 『기신론』을 주석함에 특별한 의도가 있었다고 한다면 이 의상에게 부친 서간 중에 "신번(新飜) 법계무차별론소"가 포함되어 있었던 점에도 적극적인 의미가 있었다고 생각된다. 왜냐하면 『무차별론』은 일체법의 소의에 관하여 '여래장'을 들면서도 알라야식은 전혀 언급하지 않기 때문이다. 이 점은 『기신론』과 크게 다른 것이다. 아마도 법장은 이 점을 크게 놀라워하면서

---

11) 『圓宗文類』 권12(續藏1-103.422左上). 국역은 神田喜一郎, 앞의 논문(위의 주9에 소개됨), p. 102에 의함.

12) 이 점에 관해서는 종래에 그다지 논의되지 않았고, 요시즈 박사는 "『기신론소 양권』이 『의기』임은 두말할 나위 없다"라고 말할 뿐이다(吉津宜英, 앞의 책[앞의 주2에 소개됨], p. 521).

『무차별론소』를 짓고, 의상에게 이 점을 보고했던 것은 아닐까? 어쨌든 태원사에서의 전반생의 학구 생활과 후반생의 번역삼장에 따라 역장을 돌아다닌 활동의 접점이 『무차별론소』의 찬술에 있다고 말할 수 있는 것은 아닐까?

만약 법장이 알라야식과 여래장의 관계에 대해 새로운 경지를 발견했다면, 『능가경』을 바로 재번역해야 한다고 생각했을 것이다. 왜냐하면 보리류지가 번역한 10권 『능가경』은 '여래장-아리야식'이라는 개념을 기본으로 하고 있고, 이것을 다른 경론에 설해진 여래장-알라야식과 어떻게 하면 모순 없이 이해할 것인가 하는 것이 법장 이전의 중국 불교도들의 중대한 관심사였기 때문이다.

칙명(勅命)에 의해 80권 『화엄경』 역출을 끝낸 실차난타가 곧바로 『능가경』의 번역에 착수했던 것은 이러한 사정이 있었기 때문은 아닐까? 실차난타의 가정 사정 등도 있어서 『대승입능가경』이 완성된 것은, 전술한 것처럼 704년(長安 4년)이다. 『심현의』의 찬술은 그 이후라고 추측되는데, 이후 법장의 주변은 궁중에서 보리류지의 역장에 [참여하거나] 실차난타를 재초빙하는 등 틀림없이 극히 분주했을 것이다. 대정신수대장경의 『심현의』는 찬호(撰號)에 '서명사(西明寺) 사문(沙門)'[13]으로 되어 있는데, 만약 그것을 따른다면 [그 저술 시기는] 실차난타가 우전(于闐)에 돌아간 뒤 의정 혹은 미타산과 함께 있던 장안 3~4년(703~704) 경일 수밖에 없다고 생각된다. 그리고 경전 번역은 대사업이므로 아마도 실차난타가 입적하기까지는 주석을 쓸 시간 등이 없었던 것은 아닐까? 이렇

---

13) 大正39.425c.

게 생각해 보면 『심현의』가 현담(玄談)에서는 第10문에 '수문해석(隨文解釋)'을 들면서 실제로는 그것을 결여한 미완성으로 되어 있는 점도 납득할 수 있는 것이다.[14)]

이상과 같이 생각해 보면 4종판을 설하는 3종의 책은 법장의 교학적 영위(營爲) 속에서 극히 중요한 위치에 있다는 점을 다시금 수긍할 수 있다. 여래장과 알라야식을 둘러싼 문제가 법장의 화엄사상의 한쪽에서 중요한 중심을 차지한다고 할 수 있는 것이다. [그렇다면] 그것은 화엄교학과 어떠한 관계에 있는 것일까? 달리 말하자면, 그것은 화엄교학 주변의 중요한 문제에 해당하는 것일까? 아니면 그것에 의해 법장의 화엄교학의 실질[中味]이 달라져 있다는 정도의 의미를 가지는 것일가? 이 문제에 관해서는 『의기』, 『무차별론소』, 『심현의』 순으로 확인할 수 있는 것은 아닐까 하는 예측을 할 수 있다.

이처럼 법장의 교학적 영위는 태원사 시대인 전반과 691년 이후 역경삼장의 역장을 중심으로 하는 후반으로 나누어 볼 수 있다고 생각하는데, 주요한 저작은 이미 전반에 완성한 것으로 보인다.[15)] 그 전반기의 법장에게 극히 큰 영향을 끼친 것은 태원사에서의 지바가라(일조삼장)와의 만남이었다고 상상할 수 있다.

---

14) 『심현의』는 첫머리에 과문(科文)을 10문(門) 들어서 第10문에 「십수문해석(十隨文解釋)」(大正39.425c)이라고 하고 있는데, 실제로는 第9문 「의리분제(義理分齊)」로 끝난다.

15) 691년에 신라의 의상에게 보낸 법장의 서한인 『기해동서(寄海東書)』에는 이미 『탐현기』(兩卷未成), 『오교장』, 『기신론의기』, 『십이문론소』, 『무차별론소』 등의 이름을 들고 있다. 이 서간에 관해서는 앞의 주9 참조.

『송고승전(宋高僧傳)』에 의하면 지바가라는 의봉(儀鳳) 4년(679)에 중국에 오자마자 곧바로 황제에게 경전 번역을 상표(上表)하였다.[16] 그리고 법장의 『탐현기』는 그가 다음 해인 영륭(永隆) 원년(680)에 지바가라와 함께 「입법계품」의 결문(缺文)을 보완한 것을 기록하고 있으므로[17] 양자의 관계는 이때부터 시작했던 것이라고 생각된다. 그 후 나란다에서 계현 · 지광의 논쟁을 비롯하여 인도에서의 갖가지 상황을 지바가라로부터 몸소 들은 것이 『탐현기』 등의 곳곳에 기록되어 있다.[18] 이러한 사실로부터 법장이 함형(咸亨) 원년(670)에 득도하고 나서 비교적 짧은 시간에 『화엄경』 등을 모두 알았다는 점, 태원사 시대의 법장에게 끼친 지바가라의 큰 영향 등을 엿볼 수 있는 것이다. 곧 법장의 교학 형성기에 지바가라가 극히 크게 관여했음을 추찰할 수 있는 것이다. 『밀엄경』의 역출 연차는 불상(不詳)이지만, 지바가라의 활동으로부터 생각하면 685년 이전일 것이다.[19] 당시 법장은 이미 『화엄경』 등을 충

---

16) 『宋高僧傳』 권2(大正50.719a).

17) 『華嚴經探玄記』 권1(大正35.122c).

18) 계현 · 지광의 논쟁에 관해서는 『탐현기』 권1(大正35.111c)에 기록되어 있다. 이 밖에도 인도에서 사용된 ['驃訶'라고 불리는] 불구(佛具=供養具) 이야기(『探玄記』 권1, 大正35.121a), 보리도량(부처가 깨달은 장소)에 거대한 불탑이 있었다는 이야기(『探玄記』 권18, 大正35.542c) 등 다양한 일을 지바가라에게서 들었음을 기록하고 있다.

19) 『개원록』 권9(大正55.563c~564a)에 의해 지바가라의 역경 연차를 고찰하면, 가장 이른 것이 영륭(永隆) 원년(680), 가장 나중의 것이 수공(垂拱) 원년(685)이다. 또한 법장의 『화엄경전기』 권1(大正51.155a)에 의하면 수공 3년(687)에 [지바가라가] 몰(沒)했음을 기록한다는 점에서

분히 연구한 불교도였던 것이다. 법장의 『대승밀엄경소』[20]는 그러한 양자의 접점이라고 자리매길 수 있다. 이러한 관점에 서서 『밀엄경소』에 설해진 것을 검토하여 『기신론의기』 등에 설해진 4종판이나 여래장수연(隨緣)사상 등과의 관계를 밝히고자 하는 것이 본 절의 목적이다.

1. 『대승밀엄경』의 설에 관하여

『대승밀엄경』[21]은 지바가라 역(大正藏 no. 681)과 불공(不空) 역(大正藏 no. 682)이 현존하며, 불공 역은 역문 등을 가지고 보건대 분명히 지바가라 역을 본보기로 삼고 있다. 모두 8품으로 이루어져 있고, 내용적으로는 경의 후반의 「아뢰야건립품(阿賴耶建立品) 제6」, 「자식경계품(自識境界品) 제7」, 「아뢰야미밀품(阿賴耶微密品) 제8」 등에서 알라야식과 여래장의 중층적 관계를 적극적으로 설하는 데에 특징이 있다. 이러한 점들로부터 보건대 여래장사상이나 유식사상을 받아들인 후기 대승 경전이라고 생각할 수 있다. 뒤에 서술하겠지만, 법장은 이 경전에 설해진 것을 『능가경』과 동질이라고 보는데, 경전 성립사적으로는 상당히 간극이 있다고 생각된다.

'밀엄'이란 이 경이 주장하는 불국토의 명칭이며, 경의 흐름에 따

[그러한 역경 연차를] 추측할 수 있다.

20) 續藏 1-34套 수록.

21) 大正 16권 수록.

르면 무량한 불국토를 대표하는 것이다. 그 불국토를 떠받치는 것이 '보리'이며 '소각(所覺, 正覺의 내용)'인데, 이 경에서는 그것을 "여래상주항불변역(如來常住恒不變易)"[22]이라고 하며, 그것이 '여래장'이며 열반계라고도 법계라고도 칭하는 것으로서 여래에 관하여 상설(詳說)한다(「密嚴會品」). 그 여래는 중생의 '심(心)'이 전의(轉依)한 것에 다름없으므로 알라야식을 개시(開示)하여 전의를 밝힌다(「妙信生品」). 따라서 밀엄불국에 태어나지 않은 중생은 허위부실(虛僞不實)이며(「胎生品」), 일체의 세간은 자심(自心)의 변현(變現)이며(「顯示自作品」), 그것을 부수기 위해서는 바르게 관행을 실천해야 한다(「分別觀行品」). 이상으로 여래와 범부의 관계와 범부 구도(求道)의 내용을 대강 밝힌다고 하며, 이후는 이미 서술한 알라야식을 상설하며(「阿賴耶建立品」), 유심의 도리를 모르는 외도에게 개시하고(「自識境界品」), 이러한 알라야식은 범부 · 이승의 견문(見聞)의 대상이 아님을 명시한다(「阿賴耶微密品」). 이상이 본경의 개략이다.

다음으로 본 절의 논지상 특히 주목해야 할 경설(經說)의 몇 가지를 들어 본 경에 설해진 것의 특징을 살펴보고자 한다.

① 『십지』 · 『화엄』 등 대수(大樹)와 신통, 『승만(勝鬘)』 및 나머지 경은 모두 이 경에서 나온다.
十地花嚴等 大樹與神通 勝鬘及餘經 皆從此經出. (「妙信生品」, 大正16.729c)

22) 大正16.724c.

『승만경』 등에 설해진 여래장사상과 『화엄경』「십지품」에 설해진 '심'을 남상(濫觴)으로 하는 알라야식설을 모순 없이 통일적으로 이해하는 것은 법장 자신의 과제였을 뿐만 아니라 그 이전의 불교도들의 공통된 과제였다. 지론종의 정영사 혜원(慧遠)은 '의지(依持)와 연기(緣起)'라는 개념을 창설하여 이 문제를 짜맞춘다거나[23] 법장의 스승이었던 지엄은 혜원의 사상을 받아서 『수현기(搜玄記)』「십지품」에서 법계연기를 설한 것이었다.[24] 이러한 관점에서 보자면 지금 이 경이 "『십지』·『화엄』도 『승만』도 이 경에서 나온 것이다"라고 주장하는 것은 매우 큰 의미를 가진다. 왜냐하면 여래장사상과 알라야식사상을 지양(止揚)할 근거를 제공하게 되기 때문이다. 이러한 근거로서 제시되는 것이 다음에 설해진 "알라야식은 청정하다"라는 개념이다.

> ② 일체중생의 아뢰야식은 본래부터 있으며, 원만청정하다. 세(世)를 출과(出過)하여 열반과 같은 것이다.
> 一切衆生阿賴耶識本來而有, 圓滿淸淨. 出過於世同於涅槃. (「阿賴耶建立品」, 大正16.737c)

이 설에 의하면, 알라야식은 출세간법(出世間法)이며, 열반 자체라는 말이 된다. 알라야식이 미혹의 존재나 열반의 근거라는 점은 『섭대승론(攝大乘論)』이나 『성유식론(成唯識論)』 등이 항상 설하

23) 본서 제5장 제1절 참조.
24) 본서 제6장 제3절 참조.

는 바인데, 그것이 열반 자체라는 교설은 일찍이 존재하지 않았던 것이다. 이 "알라야식은 청정하다"라는 개념은 『승만경』「자성청정장(自性淸淨章)」에 설해진 '자성청정심(自性淸淨心)'[25]과 겹침은 분명하다. 이 점에서 『승만경』이 여래장에 관해서 설하는바, 곧 생사의 근거이며 열반을 추구하는 것의 의지처라는 점을 그대로 알라야식의 내용으로서 설하게 된다. 그것이 다음과 같은 설이다.

> ③ 아뢰야식은 항상 일체 염정의 법과 더불어 소의(所依)가 된다.
> 阿賴耶識恒與一切染淨之法而作所依. (同.738a)

여기에서는 알라야식이 '염정의 법'의 소의라고 말하고, 따라서 알라야식 자체는 염도 정도 아니게 되는 것이므로 이 점이 ②의 문장과 논리상 모순된다. 유식사상에서 설해지는 알라야식은 식법(識法[* 역자 주: '心法'을 가리킴])이므로 결코 무위법은 아니다. 유위법이라는 바로 그 이유 때문에 세간법이나 열반을 구하는 것의 근거가 되는 것인데, 본 경은 알라야식 자체가 ②에서는 무위법이라고 말하고 ③에서는 일체법의 소의라고 하는 것이다. 뒤에 서술하겠지만 법장은 이 두 측면을 '의지문'과 '연기문'으로 해석하여 모순을 회통하려 한다.[26] 그리고 이러한 점을 전체적으로 표현한 것이 다음과 같은 문장이다.

---

25) 大正12.222b~c.
26) 續藏1-34.278右上~右下.

④ 부처는 여래장을 설하여 '아뢰야'라고 한다. 악혜(惡慧)는 장(藏), 곧 뢰야식이라고 알 수 없다.
佛說如來藏 以爲阿賴耶 惡慧不能知 藏即賴耶識. (「阿賴耶建立品」, 大正16.747a)

⑤ '여래청정장(如來淸淨藏)'과 세간의 아뢰야는 금과 가락지[指環]가 전전(展轉)하여 차별 없는 것과 같다.
如來淸淨藏 世間阿賴耶 如金與指環 展轉無差別. (앞과 같음)

곧 무위법으로서의 여래장과 유위법으로서의 알라야식은 하나의 사물의 다른 이름인 것이며, 그것은 '금과 가락지'의 관계의 관계에 의해 비유된다고 하는 것이다. 그리고 이 ④, ⑤의 문장은 결과적으로 법장의 생애에 걸쳐 큰 영향을 주게 되었던 것이다.

2. 법장 찬 『대승밀엄경소』의 사상적 특징

1) 심(心)의 이해

현존 『밀엄경소』는 첫머리의 「밀엄회품(密嚴會品) 제1」의 주석을 결한 3권본이다. 일독해 보면 우선 전체적으로 주석의 형태가 극히 간소하며, 『기신론의기』 등에 견주어 볼 때 독자의 사상을 충분히 전개하고 있다고는 말하기 어렵다는 점이 분명하다. 또한 '이 · 사'나 '4종판' 등의 중요한 교리에 관해서는 전혀 설명하고 있지 않다. 이 점은 [이 책이 그] 첫머리를 결하고 있으므로 결론적인 점은 판단할 수 없지만, 『의기』 등의 '이 · 사'설의 중요성을 비추어 볼 때 본서의 특징적인 사실이라고 말할 수 있다. 또한 법장의 다른 저작에 비하여 인용 경전이 극히 적은 점도 본서의 특징이라고 할 수 있다.[27] 이상의 점들부터 본서는 지바가라 역 직후의 법장 최초기의 찬술이라고 생각할 수 있을 것이다.

다음으로 본서의 특징적인 설에 관해서 설명하고 내용을 검토하고자 한다. 가장 먼저 들 것은 본서의 '심' 이해를 나타내는 한 문장이다. '심' 혹은 '일심'을 어떻게 이해할까 하는 것은 그것이 『화엄경』 「십지품」에 발단하는 문제인 만큼 법장으로서는 중심 과제였던 것이다.

> 심에는 3종이 있다. 첫째는 본각진심(本覺眞心)이니, 이러한 육진(六塵)은 진심연기(眞心緣起)하여 유(有)와 비슷하게 현현한다. 유심(唯心)을 구심(究尋)하면 심 외에는 법이 없다. 둘째는 망식심(妄識心)이니, 이른바 무명 내지 현식(顯識)에 이르기까지 심 속에 견 · 상(見相) 2분(分)을 분출(分出)하므로 '유식'이라고

---

27) 『밀엄경소』에 인용된 경론들은 다음과 같다.
『불성론』(251左下)
『중변분별론』(251左下)
『해심밀경』(251左下, 258左上, 282左上)
『능가경』(252右上, 282左上, 289右下)
『승만경』(252左下, 278右上, 278左上, 284左下)
『불지론』(254右上)
『섭론』(257左上, 282左上, 284右下)
『유마경』(260右下, 285右下)

한다. 셋째는 분별사식심(分別事識心)이니, 이른바 현식심소현(顯識心所顯)의 상분(相分)을 망집(妄執)하여 실(實)로 여기는 것이다. 소집은 실로 없으므로 '유식'이라고 한다.

心有三種. 一本覺真心, 如是六塵真心緣起似有顯現. 究尋唯心心外無法. 二妄識心, 謂從無明乃至顯識心中分出見相二分, 故言唯識. 三者分別事識之心, 謂顯識心所現相分妄執爲實. 所執實無故云唯識. (續藏1-34.249右上)

이 문장은 『밀엄경』「묘생신품(妙信生品)」의 첫머리에서 미혹의 존재를 전환하여 밀엄국에 태어나기 위해서는 '무아의 법'을 알아야 하는데, 그것은 "모든 분별경(分別境)은 심의 상(相)"이라고 아는 것이라는 문맥에서 설해진 '심의 상'을 '대승유식의 도리'로 간주하여 밝히는 개소의 설이다. '심'을 3중의 구조로써 해석하는 곳에 특징이 있다. 첫 번째 '본각진심'이란 본각이라는 명칭에서 보더라도 『기신론』과의 관계를 엿볼 수 있지만, 『기신론』은 '진심'이라는 용어는 사용하지 않는다. 또한 『밀엄경소』의 다른 개소에서는 이 심을 해석하여 다음과 같이 말하기도 한다.

심은 곧 여래장심이다. 또한 '진심'이라고 이름하며, 또한 '리야'라고 이름한다.

心者即是如來藏心. 亦名真心, 亦名梨耶. (續藏1-34.252左下~253右上)

'여래장심'이라는 용어도 법장 특유의 표현이며, 『능가경』의 설에 기초하여 『기신론』에 설해진 '일심'과 『승만경』에 설해진 '자성청정심' 등을 중층적으로 표현한 것이라고 생각된다. 그렇게 생각하면 여기에 '리야'라고 한 것은 『기신론』 심생멸문에 설해진 것을 이어받는다고도 생각된다. 아울러 법장의 스승인 지엄에게도 법계연기설 가운데에 '진심'이라는 용례가 있지만, 거기에서는 『기신론』과의 관계성은 발견할 수 없다.[28] 나아가 "진심연기하여 유와 비슷하게 현현한다"라는 개념에 관해서는 다음과 같은 문장으로 대표되는 것처럼 '물결과 물의 비유'가 곳곳에서 이용되고 있다.

> 체성이란 곧 여래장성 연기법계이다. 모든 파랑이 물로써 체를 삼고, 물 밖에 물결이 없는 것과 같다.
> 體性即是如來藏性緣起法界. 如諸波浪, 水以爲體, 水外無波. (同.274左下~275右上)

이 '물결과 물의 비유'는 법장 자신도 종종 지적한 것처럼 "물결이 있는 곳에는 반드시 물이 있다"라는 문맥에서 사용되고 있다. 그것을 "진심이 연기하여 제법이 된다"라고 이해하는 것은 "물이 물결이 된다"라고 이해하는 것이므로 엄밀히 말하자면 주종 관계가 역전된 것인데, 이러한 점은 특히 언급하고 있지 않다. 이러한 이해가 결국 "여래장심이 중생이 된다"라는 문맥을 형성하게 되며, 이 사상이 법장의 여래장 이해의 중심이 되어 있다고 생각되는 것이다. 더욱이 이 '심'에 관해서 다음과 같이 말한다

28) 본서 제6장 제2절의 '섭말종본문' 설명을 참조하라.

참으로 보건대, 진심에 갖추어 2문이 있다. 첫째는 의지문, 둘째는 연기문이다. 만약 문을 나누면 8식문을 설한다. 만약 2문을 나누면 풀이하여 9식이 있다. 이른바 연기진심은 설하여 '뢰야'라고 이름한다. 의지진심은 '아마라(阿摩羅)'라고 이름한다. 이 뜻으로 수는 증감하더라도 체는 달라지지 않는다.

良以, 真心具有二門. 一依持門, 二緣起門. 若不分門說八識門. 若分二門釋有九識. 謂緣起真心說名賴耶. 依持真心名阿摩羅. 以是義故雖數增減體即不殊. (同.268左下)

이 '의지문 · 연기문'이라는 분판(分判) 방식은 정영사 혜원, 지엄으로 계속적으로 이용되어 온 것이다. 이 점에 관해서는 지금까지 제5장 제1절, 제6장 제3절 등에서 이미 논한 바와 같다.[29] 요약하자면 혜원에게서는 『승만경』, 『능가경』, 『기신론』의 여래장설을 회통하려 한 결과로서 설해지고, 지엄에게서는 법계연기의 범부염법의 2문으로서 설해져 있었다. 법장은 여기에서 체로서의 여래장진심에 의지와 연기의 2문을 세우는 것이므로 혜원 · 지엄과는 다른 문맥에서 이 개념을 사용하는 것이다. 이 차이의 사상적 이유나 배경 등에 관해서는 뒤에 상술하기로 하고, 지금은 공통성과 차이성을 지적하는 데 그치기로 한다. 이상과 같이 첫 번째 '본각진심'의 내용은 혜원, 지엄 등을 계승하면서도 법장 독자의 내용으로 되어 있음을 확인할 수 있다.

다음으로 두 번째 '망식심'과 세 번째 '분별사식심'의 내용을 검

29) 본서 제5장 제1절 및 제6장 제3절 참조.

토해 두고자 한다. 두 번째에서는 "견·상 2분을 분출하므로 '유식'이라고 한다"라고 되어 있으므로 일견 법상(法相)유식설을 가리키는 것처럼 생각되지만, 그 전제가 "무명 내지 현식(顯識)에 이르기까지"라고 되어 있는 점에서 법상유식의 설과는 다르다. 이 '현식'이라는 용어에 관해서 법장은 다른 곳에서는 다음과 같이 말한다.

> 네 번째 현식을 '심'이라 이름한다. 말하자면 현식의 때에 견·상 2분이 일시에 돈현(頓現)한다. 나타난 상을 지식상(智識相)으로 삼고, 동등하게 소연(所緣)의 경(境)이 된다. … 의(意)란 곧 제5·제6 2심을 의라 이름한다. 이러한 2심은 서로 상의(相依)하므로 6식심(識心)이 생한다.
> 第四顯識名心. 謂顯識時, 見相二分一時頓現. 所現之相爲智識相, 等作所緣境. … 意者即是第五第六二心名意. 如是二心互相依故六識心生. (同.282左下)

이 문장과 앞의 문장을 겹쳐서 생각하면 무명으로부터 시작하여 네 번째가 현식인 것이 되고, 이 현식이 나타낸 상을 '지식'이라고 말하는 것이므로 법장이 사용하는 '현식'이란 『기신론』 심생멸문의 이른바 '5의(意)의 전기(轉起)'라고 칭해지는 단락에 설해진 '현식(現識)'[30]을 가리킨다고 생각된다. 곧 법장은 『기신론』의 5의(業識·轉識·現識·智識·相續識)와 무명을 합쳐서 여섯으로 요해하고, '망식심에 의한 유식'으로 이해한 것이다. 이 해석에 따르면 세

30) 大正32.577b.

번째 '분별사식심'에 의한 유식은 『기신론』이 그 직후에 설하는 '의식' 단락의 내용을 가리키고, 앞의 문장의 밑줄 그은 부분의 '6식심'이란 이것을 가리키고 있음을 요해할 수 있다. 이처럼 생각해 가면 『밀엄경소』의 심식 이해의 내용은 주로 『기신론』의 설을 기반으로 한 것이라고 말할 수 있다.

2) 『승만경』의 이해

이상에 의해 『밀엄경소』의 기본적 입장이 밝혀졌으므로 이것이 『승만경』 이해에 어떠한 영향을 주고 있는가를 다음으로 고찰해 두고자 한다. 왜냐하면 『승만경』은 여래장을 설하면서도 알라야식을 설하지 않기 때문이다. 또한 법장의 『승만경』 이해는 뒤에 비판을 받았을 가능성도 존재하기 때문이다.[31] 이미 서술한 것처럼 『밀엄경소』에는 인용 전적이 극히 적다. 그 가운데에는 『승만경』은 도합 4회 인용되어 있고, 횟수로 보더라도 가장 많이 인용되어 있는 것이다.

법장이 주목하는 『승만경』의 설은 「공의은부진실장(空義隱覆眞實章)」에 설해진 '공・불공(空不空)'설과 「자성청정장(自性淸淨章)」에 설해진 '자성청정심'설의 두 가지 설이다. 우선 전자부터 검토해 가자.

〈'심성본정 불가사의'란〉 이것은 곧 공여래장을 현시한다. 따라

31) 이 점에 관해서는 본서 제7장 제2절 참조.

서 『승만경』에서 말하기를, 자성청정심은 번뇌가 물들일 수 없고. 지혜가 맑힐 수도 없다고 하였다. 〈'이러한 모든 여래의 미묘한 장'이란〉 불공장을 풀이한 것이다. 말하자면 여래장 가운데에 본래 항하사를 넘어서는 등의 성공덕(性功德)의 법을 구족하여 일법으로서 별도로 자성을 지키는 일이 없는 것이다.

〈心性本淨不可思議〉, 此即顯示空如來藏. 故勝鬘經云, 自性清淨心煩惱不能染, 智慧不能淨也. 〈是諸如來微妙之藏〉者, 釋不空藏. 謂如來藏中本來具足過恒沙等性功德法, 而無一法別守自性. (同.252左下)

이해의 편의를 위해 「묘신생품」을 풀이한 경문에 〈 〉를 붙였다. 전반부의 해석은 공의(空義)를 「자성청정장」의 설에 의해 이해한 것이며,[32] 후반부의 해석은 대략 『승만경』의 「공의은부진실장」의 설에 의하고 있다.[33] "일법으로서 별도로 자성을 지키는 일이 없다"라는 문장이 어떠한 의미인 것인가, 이것 이상의 해석을 여기에서는 볼 수가 없으므로 진의를 짐작하기가 어렵지만, '여래장은 자

---

32) 『승만경』「자성청정장」은 다음과 같이 설한다. 이는 찰나멸의 염심 및 불염심은 번뇌의 영향을 받을 수 없다는 의미인데, 법장은 이것을 여래장 자성청정심의 출세간성으로 이해한 것이다.

여래장으로서 객진번뇌 · 상번뇌에 물들지 않는 것은 불가사의한 여래의 경계이다. 왜 그러한가? 찰나의 선심은 번뇌에 물드는 것이 아니며, 찰나의 불선심도 또한 번뇌에 물드는 것이 아니기 때문이다.

如來藏而客塵煩惱上煩惱所染不思議如來境界. 何以故. 剎那善心非煩惱所染, 剎那不善心亦非煩惱所染. (大正12.222b)

33) 『승만경』「공의은부진실장」에는 다음과 같이 되어 있다.

세존이여, 불공여래장이란 항사를 넘는 불리 · 불탈 · 불이의 불가사의한 불법입니다.

世尊, 不空如來藏過於恒沙不離不脫不異不思議佛法. (大正12.221c)

성을 지키지 않는다[如來藏不守自性]'는 법장 독자의 견해의 맹아를 의미하는 것인지도 모른다.[34] 법장은 이 문장 직전에 이러한 일련의 문장이 '의지문'에 해당한다고 말하는데, 앞에 서술한 '의지문'의 의미를 이것에 의해서 알 수 있다. 그리고 다음으로 경의 "의는 심으로부터 생하며, 나머지 여섯도 또한 그러하다"에 대하여 다음과 같이 해석한다.

> 심은 곧 여래장심이다. 또한 '진심'이라고 이름하며, 또한 '리야'라고 이름한다. 참으로 보건대, 7식은 모두 심이 지은 것이다. 따라서 [경]문에 설하길, 〈나머지 여섯도 또한 그러하다〉라고 말한 것이다.
>
> 心者即是如來藏心. 亦名真心, 亦名梨耶. 良以, 七識皆心所作. 故文說言〈餘六亦然〉. (同.252左下~253右上)

---

34) 『밀엄경소』에서는 '불수자성(不守自性)'이라는 용례는 다음 한 사례뿐이다.

> 뒤의 "만약에 다시" 이하는 조건을 따라 변하여 자성을 지키지 않는다는 뜻이다.
>
> 後若復下, 隨緣轉變不守自性. 」(續藏1-34.276右下)

이 문장은 『밀엄경』「분별관행품」에 도자기공이 진흙으로 항아리를 만드는 것을 예로 들어 다음과 같이 말하는 개소를 풀이한 것이다.

> 만약 다시 겸하여 쓴다면 나머지 색도 진흙이 만든 것이니,
> 불이 태우고 익히고 나서 갖가지 색깔이 생겨난다.
> 若復兼用 餘色泥作 火燒熟已 各雜色生. (大正16.737a)

법장이 '불수자성'이라는 개념에 의해 독자의 사상을 전개한 것 『기신론의기』 이후라고 생각된다. 또한 이 점에 관해서는 본서 제7장 제3절[*역자 주: 원서의 '제2절'을 수정함]의 주90 등 참조.

이 문장의 전반부는 앞에 언급한 것인데, 법장은 이것이 '연기문'에 해당한다고 말하는 것이다. 여기에서 '7식'이라고 말한 점이 주목되는데, 지금까지의 검토로부터 보건대 앞에 설명한 『기신론』에 기초한 '망식심(=意)+분별사식심(=意識)'을 가리키는 것으로 이해된다. 이러한 『기신론』을 근거로 하는 심식 이해는 경의 후반부인 「아뢰야미밀품(阿賴耶微密品)」에서도 보인다. 「아뢰야미밀품」의 중심은 20관점에서 알라야식의 내용을 설하는 데 있다고 법장은 생각하는 것인데, 그 가운데 제19에 해당하는 다음 문장[을 보자].

> 의는 여러 식들과 같이 심과 함께 생겨난다. 5식도 또한 의식과 같이 생겨난다. 이처럼 항시 대지와 함께 구른다.
> 意等諸識與心共生. 五識復與意識同生. 如是恒時大地俱轉. (大正16.742a~b)

이 문장을 풀이하여 다음과 같이 말한다.

> '삼심구기(三心俱起)'의 뜻을 밝힌다. 물이 없는 곳에 파랑의 일어나지 않는 것처럼 식도 또한 이와 같다. 만약 진심이 없다면 7식이 일어나지 않는다. 따라서 『승만경』에서 말하길, "<u>만약 여래장이 없다면 7법이 머무르지 않는다</u>"라고 하였다. 이 문장과 같은 것이다.
> 明三心俱起之義. 如無水處波浪不起, 識亦如是. 若無真心七識不起. 故勝鬘云, <u>若無如來藏, 七法不住</u>. 與此文同. (續藏1-34.284左下~285右上)

밑줄 그은 『승만경』의 문장이란 「자성청정장」의 “이 6식 및 심법지(心法智)에서 이 일곱은 찰나에 머무르지 않는다”[35]를 가리킨다고 생각되는데, 『승만경』의 문맥과 법장의 이해는 약간 떨어져 있다. 왜냐하면 『승만경』의 문맥은 6식과 심법지(6식의 심소 혹은 제7식을 의미한다고 생각됨)는 찰나멸(刹那滅)이기 때문에, 여래장이라는 불변의 의지처가 없다면 고(苦)를 싫어한다거나 열반을 구하는 것이 성립되지 않는다는 의미이며, 여래장의 존재를 논증하는 데에 의미가 있다. 따라서 여래장과 7법의 관계를 문제로 하는 것은 아니지만 법장은 이것을 여래장을 전제로 하여 “여래장이 없으면 7법이 성립하지 않는다”라고 해석하는 것이다. 또한 ‘물과 파랑의 비유’도 여기에서는 주어가 ‘물’이 되어 있고, 전술한 경우와 역으로 되어 있다. 이상과 같이 『밀엄경소』에서의 법장의 『승만경』 이해는 『승만경』의 설에 기초하여 무엇인가를 입론한다는 것이 아니라 자기의 논거에 서서 임기응변으로 취의(取意)하는 것이라고 말할 수 있다.

3) 여래장과 알라야식의 관계

다음으로 『밀엄경소』는 여래장과 알라야식의 관계를 어떻게 보고 있는 것인가 하는 점에 관하여 검토하고자 한다. 알라야식이 유위법으로서 일체법의 근거임은 유식 관계 경론이 공통으로 설하는 바이지만, 이 점에서 보면 『밀엄경』의 설은 중층적이다. 이는 본 절

---

35) 大正12.222b.

1의 ②와 ③의 경문을 통하여 지적한 바와 같다. 『밀엄경』에 설해진 알라야식은 무위 · 무루법(無漏法)의 측면과 유위법의 측면이 겹쳐 있는 것이다. 따라서 법장은 유위법의 측면을 해석하는 장면에서는 다음과 같이 설한다.

> 자식(自識)이란 '자'에 세 가지 자가 있다. 첫째는 아뢰야를 이름하여 '자식'이라고 한다. 말하자면 일체법은 뢰야를 체로 삼는다. 뢰야가 스스로 일체법을 짓기 때문이다.
> 自識者, 自有三自. 一阿賴耶名爲自識. 謂一切法賴耶爲體. 賴耶自作一切法故. (同.279左上)

이는 극히 일반적인 알라야식 이해라고 말할 수 있다. 그러나 법장은 본 경의 설을 근거로 하여 그 알라야식에 무위 · 무루법의 측면이 있음을 중시하여 다음과 같이 말한다.

> 또한 [어떤] 사람이 집착하여 말하기를, "여래장은 진(眞)이며 상주(常住)하여 무위법이다. 뢰야식은 생멸법으로서 유위의 소수(所收)이다. 다만 이름이 다를 뿐인 것은 아니며, 체도 또한 다름이 있다"라고 한다. … 장식과 뢰야의 각각의 체를 나누는 집착이란 천친보살이 세운 뜻이다.
> 又人執云, 如來藏者是真常住是無爲法. 賴耶識者是生滅法有爲所収. 非但名別, 體亦有異. … 藏識賴耶各別體執天親菩薩所立之義. (同.290右上)

곧 사람에 따라서는 오해하여 "여래장은 무위법이고, 알라야식은 유위법이므로 양자는 이름이 다를 뿐만 아니라 체로서도 완전히 다르다"라고 주장하는 사람이 있는데, 그것은 큰 오해이며, 그것을 주장하는 것은 세친이라고 말하는 것이다. 이는 언외(言外)로 알라야식은 본래는 여래장이라고 말하는 것과 다름없다. 따라서 『밀엄경』에 의하면 알라야식의 본체는 여래장이라고 하여 법장은 다음과 같이 설하는 것이다.

> 아뢰야는 체가 다르지 않다고 하더라도 수연(隨緣)하여 상(相)이 달라지며, 따라서 이름이 다름을 빗댄다. 따라서 경에서 '장식'과 '뢰야'라는 두 명칭의 차별을 설하는 것이다.
> 況阿賴耶體雖不殊隨緣相別所以名別. 故經中說藏識賴耶二名差別. (同.290右上~下)

곧 알라야식과 여래장은 체는 다르지 않다고 하더라도 본체(여래장)와 수연이라는 관계인 것이므로 완전히 같다고 할 수도 없고, 그래서 경에서는 두 가지의 명칭을 설하는 것이라고 말하는 것이다. 그리고 여래장이라는 무위법이 연(緣)에 따라서 유위법이 되는 것이므로 이 관계를 '여래장수연'이라든가 '여래장이 자성을 지키지 않는다'라고 말하는 것이다. 그리고 이러한 이해에 근거를 제공하는 경설로서 본 절 1의 ④, ⑤에 보인 경문이 특별한 의미를 가졌던 것이다.

3. 법장의 '심' 이해와 『밀엄경』

이상에 의해 『밀엄경』과 그것에 대한 법장의 이해의 핵심이 대략 밝혀졌다고 생각한다. 그래서 다음으로 그러한 『밀엄경』 이해가 법장의 사상 전개 속에서 어떠한 역할을 담당했는가 하는 점을 검토해 두고자 한다.

법장의 저작의 중심은 말할 것도 없이 『화엄경탐현기』인데, 그 『탐현기』 권13의 「십지품」 제6 현전지에서는 『화엄경』 「십지품」에 설해진 "일심작(一心作)"을 풀이하여 '10중 유식'을 서술한다.

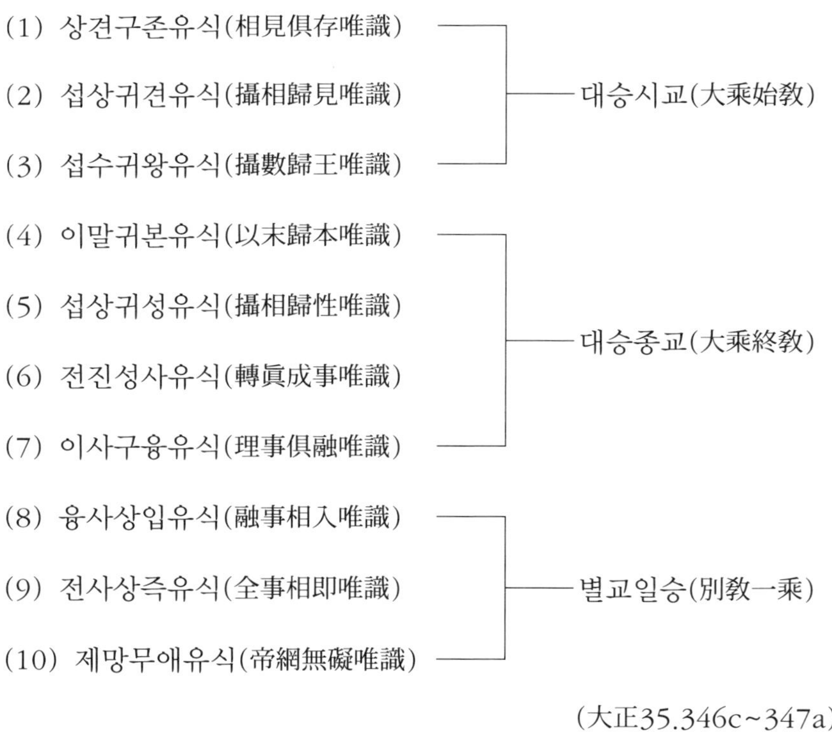

(大正35.346c~347a)

이 10중 유식에서 (1)~(3)이 대승시교, (4)~(7)이 대승종교, (8)~(10)이 별교의 분제(分齊)로서 제시되어 있다. 제6문인 전진성사유식에서는 다음과 같이 처음에 정의를 제시하고 있다.

> 말하자면 여래장이 자성을 지키지 않고, 수연하여 8식의 왕(王)·수(數)·상(相)·견(見)의 종자(種子)와 현행(現行)을 현현한다.
> 謂如來藏不守自性, 隨緣顯現八識王數相見種現. (大正35.347a)

다음으로 『능가경』과 『밀엄경』(본 절 1의 ④, ⑤에 든 문장)을 인용하여 "『승만경』, 『보성론』, 『기신론』 모두 이 뜻을 설한다"라고 말한다. 곧 지금까지 검토해 온 것과 같은 『밀엄경』에 토대를 둔 여래장 이해를 '여래장불수자성(如來藏不守自性)'이라 하며, '여래장수연(如來藏隨緣)'이라고 이해하여 『승만경』을 비롯한 여래장 계통 경론을 이 사상에 의해 일괄하여 이해하는 것이다. 그리고 이 『밀엄경』의 경문은 『법계무차별론소』나 『입능가심현의』 등의 여래장 계통 경론을 주석할 즈음에는 중요한 교증으로서 몇 번이고 인용된다.

우선 『법계무차별론소』에서는 4종판의 네 번째를 "마명(馬鳴)·견혜(堅慧) 등의 종(宗)"이라고 칭하고 『능가경』, 『기신론』에 이어 이 문장을 인용하여 다음과 같이 결론짓는다.

> 이와 같은 문장은 모두 여래장이 수연하여 중생이 되는 것을 밝힌다.

如是等文. 皆明如來藏隨緣作衆生也. (大正44.68b)

또한 『입능가심현의』에서는 "제법의 본말(本末)을 밝히는" 문장의 세 번째에 '식체진망문(識體眞妄門)'을 보이고, 제8식을 생멸·유위로 보는 『유가론』 등의 설과 여래장수연소성(如來藏隨緣所成)을 설하는 『능엄경』을 설을 들어서 제8식의 체가 진여라고 결론짓는 개소에 ⑤의 경문을 인용한다.[36] 『입능가심현의』는 아마도 법장 최후의 저작일 것이므로 『밀엄경』의 ④, ⑤ 등의 경문이 법장에게는 얼마나 중요한 것이었는지를 추찰할 수 있다.

그리고 『탐현기』의 이 단락이 '전진성사(轉眞成事)'라고 이름 붙여진 것에도 특별히 주의할 필요가 있다고 생각한다. '진(眞)이 전환하여 사(事)를 이룬다'는 의미일 것인데, '진'에 상대하는 개념은 말할 것도 없이 '망(妄)'이며, '사'에 상대하는 개념은 '이(理)'이다. 그리고 제7문은 '이사구융(理事俱融)'이라고 이름 붙여져 있고, 제8문 이하의 별교의 내용은 제7문을 기점(基點)으로 하여 전개되어 있다고 보이므로, 제6문의 '전진성사'는 진망론으로부터 이사론으로의 전환점이라고 말할 수 있다. 이 '진이 전하여 사를 이룬다'는 이해가 여래장(=眞心)이 수연하여 제법을 이룬다(=事)는 말의 의미이다. 그리고 '이사'가 법장 교학의 중심적인 과제라는 점을 생각하면, 이 『밀엄경』을 근거로 하는 여래장수연사상이 법장 교학의 출발점이 되었음은 충분히 상상할 수 있는 것이다.

더욱이 제7문 '이사구융'의 내용에도 주목할 만한 점이 있다. 왜

36) 大正39.431b.

냐하면 거기에도 『기신론』 「해석분」 첫머리의 "일심법에 의하여 2종의 문이 있다. 첫째는 심진여문이요, 둘째는 심생멸문이다"[37]라는 문장과 『승만경』 「자성청정장」의 자성청정심을 설하는 문장의 취의(取意)인 "불염이염 염이불염(不染而染 染而不染)"[38]이라는 문장을 인용하므로 제6문에 인용된 경론과 중복된다. 그 때문에 법장은 그 가운데에 '전진성사'와 '이사구융'의 절단면을 발견한다고 말할 수 있을 것이다. 제6문이 '전진성사'라고 칭해지는 것은 '여래장불수자성'이라는 개념으로 상징되는 것처럼 '진심'이 조건에 따라(=隨緣) 유위법이 되고 있음을 나타낸다. 이는 '여래장수연'이라고 말하더라도 똑같은 것이다. 그런데 이 '이사구융'문은 정의 내린 부분을 주의 깊게 읽어가면 다음과 같이 되어 있다.

> 말하자면, 여래장은 거체(擧體)가 수연하여 제사(諸事)를 성변(成辨)한다. 그리고 그 자성은 본래 생멸하지 않는다.
> 謂如來藏擧體隨緣成辨諸事. 而其自性本不生滅. (大正35.347a)

이 '거체'라는 말은 법장이 종종 사용하는 것인데, '전체로서'라

---

37) 大正32.576a의 취의(取意).

38) 법장이 설하는 "불염이염, 염이불염"은 법장의 『승만경』 이해의 핵심이라고 생각되는데, 그것은 「자성청정장」의 다음 문장의 취의라고 생각된다.

> 자성청정심에 염오(染汚)가 있다고는 요지(了知)하기 어렵다. 2법이 있어 요지하기 어렵다. 말하자면 자성청정심은 요지하기 어렵다. 저 마음이 번뇌로 인해 물드는 것 또한 요지하기 어렵다.
> 自性清淨心而有染汚難可了知. 有二法難可了知. 謂自性清淨心難可了知. 彼心爲煩惱所染亦難了知. (大正12.222c)

든가 '절대적으로'라는 의미의 말이며, 여래장수연을 여래장 쪽에서 보는 것이 아니라 이루어진[所成] 현상들[諸事]에서 보는 것을 의미한다. 그 때문에 『기신론』을 인용하더라도 제6문에 해당하는 것과 같은 '해(海) · 파(波)의 비유'가 아니라 일심에 진여와 생멸의 두 측면이 있다는 점이 인용되어 있는 것이다. 『승만경』의 "불염이염 염이불염"의 문장도 법장의 인용 의도는 『기신론』과 같다. 곧 제6문과 제7문에서는 똑같이 여래장수연을 대상으로 하는 것인데, 여래장 쪽에서 제법을 보고서 '수연'이라고 이해할 것인가, 제법 쪽에서 여래장을 보고서 '염정불이(染淨不二)'라고 이해할 것인가 하는 차이가 있는 것이다.

그리고 『법계무차별론소』, 『입능가심현의』의 4종판을 풀이하는 개소에는 『승만경』의 이름을 들고 있지 않다. 『승만경』을 들지 않는다는 이 사실은, 그것이 필연적인 취급이라고 한다면, 법장의 여래장 이해가 진화했음을 의미하는 것이라고 생각된다. 곧 원래의 여래장수연사상으로부터 『기신론』의 일심설이나 『승만경』의 "불염이염 염이불염"을 별립(別立)했음을 의미한다고 생각되기 때문이다. 이렇게 생각하면 법장이 제운반야의 『법계무차별론』을 만나서, 다시금 알라야식을 설하지 않는 여래장설과 맞닥뜨린 것이 그 큰 계기였다고 추찰되는 것이다. 『무차별론소』에서는 '불수자성'을 설하지 않고, "여래장이 수연하여 아뢰야식을 이룬다"라고 설한다.39) 여기에 이르러 알라야식설은 여래장설에 완전히 융회되어, 『승만경』이 설하는 여래장설은 '이사구융'으로서, 『능엄경』 등은

39) 大正44.61c.

‘전진성사’의 설로서 구별된 것은 아닐까? 그리고 이러한 이해가 ‘상즉상입’의 화엄연기를 열어가게 된 것이다.

소결

처음에 서술한 것처럼 『대승밀엄경소』는 일독해 보면 분명한 것처럼, 극히 간략한 주석만 이루어져 있다. 그러나 지금까지 검토해 온 것처럼, 거기에 서술된 ‘여래장불수자성’의 사상은 법장의 사상 형성의 중심을 이루는 것이었다고 말할 수 있는 것이다. 여래장설과 알라야식설을 모순 없이 이해하는 것은 법장 이전의 불교도들의 공통의 과제였다. 법장은 지바가라의 『밀엄경』의 번역을 만나서 이 점에 대한 통찰을 얻었음이 분명하다.

앞에 서술한 것처럼 『밀엄경』은 여래장과 알라야식을 중층적으로 설한 후기 대승 경전이다. 그러나 성립사적인 측면을 도외시하고 경의 문언(文言)만 주목한다면, [이 경은 법장에게] 여래장과 알라야식의 사상사에서는 아마도 초기에 자리매김할 만한 『능가경』과 겹쳐서 보였을 것 같다. 법장이 종종 교증으로서 『밀엄경』과 『능가경』을 병기하는 것[40]은 저간의 사정을 말해주고 있다고 생각된다. 여래장과 알라야식의 문제란 정영사 혜원의 시대에는 『승만경』과 『능가경』과 『기신론』을 어떻게 통일적으로 이해할 것인가 하는 것이었다. 그리고 혜원은 ‘의지와 연기’라는 개념을 창안

---

40) 『탐현기』 권13(大正35.347a), 『법계무차별론소』(大正44.61c), 『입능가심현의』(大正39.426c) 등에서 공통으로 볼 수 있다.

하여 어떻게든 이해하려고 힘썼던 것이다.[41] 지엄의 시대에는 거기에 『섭대승론』과 현장이 가져온 유식설이 겹쳐진다. 그리고 『수현기』의 법계연기설이 지엄이 제시한 최초의 회답이다.[42] 법장은 이러한 흐름을 분명 계승했던 것이다. 법장은 지바가라를 만나기 이전에 이미 『화엄경』과 유식사상과 여래장 계통의 경론을 깊이 배우고 있었다. 그렇지 않았다면 『화엄경』의 결문(缺文)을 보완하는 것 등에 마음을 쓰거나 하지 않고, 『밀엄경』에 주석할 필요성도 없었을 것이다. 아마도 법장은 유식설은 『기신론』에 의해 융회된다는 사상을 『밀엄경소』 이전부터 가지고 있었다고 생각된다. 그 점은 『밀엄경소』가 『기신론』을 근거로 하여 써졌다는 사실로부터 추측할 수 있다. 더욱이 『기신론의기』와 『밀엄경소』를 견주어 보면 아무리 보더라도 내용적으로 『의기』 쪽이 나중의 저작으로 보이므로, '여래장수연'설은 법장이 『밀엄경』에 의해 얻은 관점이었음이 틀림없다. 그리고 이 이해가 여래장을 설하는 기타 경론을 이해하는 축이 되었던 것이다. 또한 그 가운데에서 『기신론』의 '일심 이문'과 『승만경』의 「자성청정장」을 '이사구융'으로서 추려낸 것이 별교의 '사사무애사상'으로 전개해 가는 계기가 되었다고 추찰되는 것이다. 이 '전진성사'로부터 '이사구융'으로의 전개는 동시대의 대학자였던 복례(復禮)의 비판에 응하여 발견된 것이었을 가능성도 있다. 이 점은 『탐현기』 성립 시기 등에도 문제가 미치므로 절을 바꾸[어 논하]고자 한다.

41) 본서 제5장 제1절 참조.
42) 본서 제6장 제3절 참조.

제2절 복례(復禮)의 『진망송(眞妄頌)』에서 투시되는 것

법장은 측천무후(則天武后)가 정치적인 실권을 쥔, 이른바 무주기(武周期)에 활약했다. 법장은 무주기에 내조(來朝)한 외래의 번역삼장의 역장(譯場)에서 활약했기 때문에 후대에 '번경대덕(飜經大德)'으로 칭해졌는데, 이 번경이라는 점에서 보자면 주무기에 가장 활약했던 사람은 복례(復禮)였다. 복례는 뒤에는 학파라고 파악되는 것과 같은 교학을 세우지 않았기 때문에 법장처럼은 다루어지지 않았지만, 주무기에 가장 중시된 사람이었음이 분명하다. 그것은 그가 지바가라(地婆訶羅, ?~687),[43] 제운반야(提雲般若, 생몰년 미상),[44] 실차난타(實叉難陀, 652~710),[45] 의정(義淨, 635~713)[46]이라는 당시의 이름난 번역삼장의 역장에 전부 관계했었다는 사실로부터 추측할 수 있다. 그리고 법장도 제운반야 이하의 역장에 깊이 관계했기 때문에 이 두 사람은 밀접한 관계에 있었음을 상상할

---

43) 기전(紀傳)은 『송고승전』 권3(大正50.719a~) 참조.
44) 기전은 『송고승전』 권3(大正50.719b~) 참조.
45) 기전은 『송고승전』 권3(大正50.718c~) 참조.
46) 기전은 『송고승전』 권3(大正50.710b~) 참조.

수 있다. 한참 뒤의 자료이긴 하지만, 복례가 "『화엄경』, 『기신론』을 배우고 있었다"라고 전해지는 것도 있으며,[47] 이 점에서 법장과 복례의 사상적 관계가 주목된다.

복례의 전기 등에 관해서는 몇 가지 선행 연구가 있으며, 오늘날 알 수 있는 것은 이미 정리되어 있다.[48] 현재 남겨진 주된 저작은 『십문변혹론(十門辯惑論)』인데, 그것을 보는 한에서는 법장과의 사상적인 관계를 상상할 만한 점은 존재하지 않는다. 예컨대 법장 화엄교학의 중심 사상은 법계연기를 '이 · 사'의 관점에 의해 밝히는 것인데, 『십문변혹론』에서는 그러한 관점은 전혀 볼 수 없다. '이 · 사'의 용례로서는 겨우 제5 현실득기문(顯實得記門)에서 『열반경』의 설인 선성(善星)비구의 진 · 화(眞化)를 논하면서 다음과 같이 서술하는 예를 볼 뿐이다.

> 대개 화(化)가 이(理)이니, 반드시 진(眞)에 섞임을 미묘하다고 해야 한다. 진(묘)가 사(事)이니, 자연히 화(化)에 닮음을 항상됨이라 한다.
> 凡化之爲理, 必當以混真爲妙. 真(妙)之爲事, 自然以似化爲恒. (大正52.553b)

여기에서는 진신(眞身)과 화신(化身)의 관계를 이와 사의 관점에

---

47) 『景德傳燈錄』 권4, 「杭州鳥窠道林禪師」(大正51.230b). [*역자 주: 원서의 '大正50'을 수정함]

48) 잇시키 준신(一色順心)의 「復礼法師の伝記とその周辺」(『仏教学セミナー』 39号, 1984)에 정리하여 서술되어 있다.

서 서술하고 있으므로, 법장이 말하는 것과 같은 교학적인 것은 아니며, '이와 사'라는 말의 본래 의미에 따른 이해가 서술되어 있을 뿐이다. 그 밖에도 '이' 혹은 '사'라는 말을 쓰는 개소가 있지만, 특히 주의를 요하는 점은 존재하지 않는다. 이처럼 『십문변혹론』에 법장의 교학적 그림자가 보이지 않는 것은 『십문변혹론』이 써진 영륭(永隆) 2년(681)은 법장의 태원사 시대의 중기에 해당하고, 아직 법장이 두각을 나타내기 이전이었기 때문일지도 모른다.

그러나 현재 남겨진 또 하나의 저작인 『진망송(眞妄頌)』은, 태원사 시대 법장의 화엄교학의 중심이 진망론인 만큼, 그것과의 관계가 주목된다. 이러한 관심으로부터 복례의 『진망송』을 음미하여 그가 천하의 학사(學士)에게 무엇을 물었던 것인가를 고찰하여 법장의 교학과의 관계를 생각해 보는 것이 본 절의 목적이다.

1. 『진망송』은 무엇을 묻고 있는가

복례의 『진망송』은 현존하지 않지만 곳곳에 인용되어 있다. 그것들에 관해서는 이미 선학에 의해 정리되어 있으므로 그것에 따르고자 한다.[49] 본 절에서는 뒤에 설명할 몇 가지 이유로 송대의 영명연수(永明延壽)가 『종경록(宗鏡錄)』 권5에 인용한 것에 의해 논을

---

49) 카마타 시게오(鎌田茂雄)의 『中国華厳思想史の研究』(東京大学出版部, 1965), 제2부 제6장 제3절 「真妄識に対する澄観の見解」(pp. 525~537)에 자세히 서술되어 있다.

진행해 가기로 한다. 거기에는 다음과 같이 나와 있다.

> (복례법사, 천하의 학사에게 「진망게」를 묻기를)
> 진(眞)의 법성은 본정(本淨)인데, 망념(妄念)은 무엇으로 말미암아 일어나는가?
> 진으로부터 망이 생겨남이 있다면 이 망은 어찌 머물 수 있겠는가?
> 처음이 없다면 말단이 없을 것이요, 끝이 있다면 시작도 있어야 하네.
> 시작도 없고 끝도 없는 것, 오래 생각해도 이 이치에 어둡네.
> 원컨대 [나를] 위해 현묘(玄妙)를 열어 그것을 밝히어 생사를 벗어나게 하소서.
> (復禮法師, 問天下學士真妄偈云)
> 真法性本淨, 妄念何由起,
> 從真有妄生, 此妄安可止,
> 無初即無末, 有終應有始,
> 無始而無終, 長懷懵茲理,
> 願爲開玄妙, 析之出生死. (大正48.440b)

이 문제 제기에 대하여 후세의 몇 명의 불교도가 응답한 바 있다.[50] 이 가운데에서도 특히 주목되는 것이 징관(澄觀)과 종밀(宗密)의 견해이며, 『종경록』은 이 두 사람의 설을 이어서 인용한다.

징관은 "진성(眞性)에서 망법(妄法)이 생겨난다"란 중생이 진에 미혹하기 때문에 망념이 생겨나며, 진을 깨달으면 망념은 멈춘다는

50) 앞의 책, p. 528 참조.

의견이다. 곧 중생의 미·오(迷悟)에 의해 진·망을 나눈다는 것이다. 또한 마지막의 "시작도 없고 끝도 없는 것, 오래 생각해도 이 이치에 어둡네"라는 말은 법상종(法相宗)의 설에 견주어서 서술한 것이며, 질문의 요점은 전반부에 있다고 한다. 또 종밀은 징관의 응답을 토대로 더욱 깊이 언급한다. 종밀에 의하면 대승의 경교(經教)에는 (1) 법상종, (2) 파성종(破性宗), (3) 법성종(法性宗)의 구별이 있고, 복례의 질문은 (3) 법성종에 대한 것이고, 법상종·파상종과는 관계가 없다. 법상종은 "한결같이 망이 있어 끊어야 하며, 진이 있어 증득해야 한다고 설한다." 파성종은 "한결같이 진도 아니고, 망도 아니며, 범부도 없고 성자도 없다고 설하"므로 이 두 종은 이해하기 어려울 것이 없다. 그 때문에 복례의 질문은 법성종에 대하여 한 것이라고 본다. 그리고 이 점에 관해서 다음과 같이 말한다.

> 『승만경』에서 말하길, 중생의 자성청정심은 번뇌에 물드는 일이 없다. 불염이지만 염, 염이지만 불염인 것에 대해 모두가 알기 어렵다고 말한다. 복례는 바로 이 뜻을 묻는 것이다.
> 勝鬘經云, 衆生自性清淨心無煩惱所染. 不染而染, 染而不染, 皆云難可了知. 復禮正問此義. (同.440c)

곧 종밀은 『진망송』을 『승만경』 등에 설해진 여래장사상의 이해에 관한 질문으로 받아들인 것이며, 자성청성심은 본래 번뇌와는 관계없음에도 "불염이염 염이불염"이라고 설해진 것이 이해할 수 없다는 것이 복례의 질문인 것이라고 말하는 것이다. 나아가 종밀은 이러한 복례의 질문에 대하여 많은 사람들은 "본래 번뇌는 존재하지 않는 것이다"라고 답할 뿐이며, 이는 파성종에서의 입장을 주장할 뿐이므로 충분하지 않고, 또한 "진이 망을 생겨나게 한다"라고 생각하므로 망이 궁진(窮盡)하지 않는 것은 아닌가 하고 두려워하는 것이라고 지적하며, 결론적으로 다음과 같이 말한다.

> 이 진은 망을 생하지 않는다. 망은 진여에 미혹하여 일어난다. 망은 본래 스스로 진이라고 안다면 진·망이 곧 그침을 알라.
> 不是真生妄. 妄迷真(如)而起. 知妄本自真, 知真妄即止. (앞과 같음)

여기에서 망법의 시·종(始終)이 있으며, 미·오(迷悟)의 자각(自覺)에 의해 진·망을 나눈다는 관점은 기본적으로 징관과 같다. 그러나 복례의 질문은 "망념은 무엇으로 말미암아 일어나는가? 진에 따라 망이 일어남이 있다면 이 망은 어찌하여 멈출 수 있는가?"라고 묻는 것이다. 지금까지 곳곳에서 지적한 것처럼 『승만경』은 어떠한 문맥에서도 망념·망법의 생멸을 설하는 경우가 없다.[51] 이는 종밀이 지적한 바와 같다. 또한 종밀이 여기에서 인용하는 『승만경』의 문장은 법장이 『기신론의기』 이래 일관되게 인용하는 취의의 문장이며,[52] 『승만경』의 설을 법장이 해석한 문장이다. 이러한 사실을 토대로 다시 『진망송』을 본다면, 그것이 직접 『승만경』을 가리키는 것이 아니라 『승만경』을 "불염이염 염이불염"으로 이

51) 본서 제5장 제1절 「정영사 혜원의 '의지'와 '연기'의 문제」 참조.
52) 예컨대 "『승만경』에서 '불염이염 염이불염' 등, 이러한 말은 생멸문을 기준으로 설한 것이다[勝鬘中, 不染而染, 染而不染等者, 此約生滅門說也. 大正44.251c]"라고 되어 있다.

해하여 여래장(=진)이 수연하여 아뢰야식(유위법=망법)을 생겨나게 한다고 한 초기의 법장의 여래장 이해를 가리키는 것은 아닐까 하는 점이 추찰되는 것이다.

2. 법장의 '여래장연기'란 어떠한 것인가

법장이 많은 자저(自著) 가운데에서 여래장 계통의 경론에 한해서만 4종판을 설하여 '여래장연기종'을 주장하고 있음은 앞의 절에서 서술한 바와 같다. 구체적으로는 『기신론의기』, 『대승법계무차별론소』, 『입능가심현의』의 셋이다. 그 가운데 『입능가심현의』에 설해진 것은 다른 두 개와 명칭이 다르지만, 내용은 완전히 같다. 이제 복례의 『진망송』에서 얻은 힌트를 참고로 하여 다시 필요한 점을 언급한다.

그래서 다시금 『기신론의기』 등에 설해진 4종판의 '여래장연기'의 설을 검토해 보고자 한다. 『기신론의기』, 『대승법계무차별론소』, 『입능가심현의』의 셋이 이 순서대로 저술되었음은 확실하다. 그리고 『기신론의기』가 법장의 태원사 시대의 저작이고, 『입능가심현의』가 법장 최후의 저작이라고 생각된다는 점에서 4종판은 법장의 생애에 걸친 중심 사상이라고 말할 수 있다. 그리고 4종판은 각각의 저작의 현담(玄談)에 상응하는 개소에서 설해져 있고, 『기신론의기』의 설이 가장 자세히 정리되어 있음은 쉽게 알 수 있다. 아마도 『대승법계무차별론소』, 『입능가심현의』의 현담은 일반적인 문제[에 대한 논의]를 『기신론의기』에 미루는 것 같다.

현담은 법장의 불교관을 서술하는 개소이므로, 거기에서는 틀림없이 법장의 사상 전개를 읽어낼 수 있다. 법장은 항상 현담을 10문으로 구성하는데, 4종판은 「교의 분제를 드러냄」(『입능가심현의』에는 「교의 차별을 드러냄」으로 되어 있음)이라고 이름 붙여진 단락에 제시되어 있다. '교'란 말할 것도 없이 불교의 진실이 구체적으로 어떻게 설해져 있는가를 의미하는 것이며, 이것에는 대·소(大小), 권·실(權實), 일승·삼승 등 갖가지 형태가 있다. 이것에 대하여 '종'이란 '교'에 의해 나타낸 진실에 단계적인 구별이 있음을 의미한다. 이는 여래 교화의 과정의 문제이며, 결코 우열을 문제시하는 것은 아니다. 법장은 부처의 교설에 의해 제시되는 의미에 네 가지 구별을 보았던 것이다. 다시 『기신론의기』에 의해 4종판을 제시해 보자.

> 현금 동쪽으로 흘러온 일체의 경론은 대·소승에 통한다. 종(宗)의 도(途)에 넷이 있다. 첫째는 수상법집종(隨相法執宗)이니 소승의 제부(諸部)가 이것이다. 둘째 진공무상종(眞空無相宗)이니, 『반야경』 등의 경, 『중관론』 등의 논에 설해진 것이 이것이다. 셋째 유식법상종(唯識法相宗)이니, 『해심밀경』 등의 경, 『유가론』 등의 논에 설해진 것이 이것이다. 넷째 여래장연기종(如來藏緣起宗)이니, 『기신론』·『보성론』 등의 논에서 설해진 것이 이것이다.
> 現今東流一切經論, 通大小乘. 宗途有四. 一隨相法執宗. 即小乘諸部是也. 二真空無相宗. 即般若等經, 中觀等論所說是也. 三唯識法相宗. 即解深密等經, 瑜伽等論所說是也. 四如來藏緣起宗. 即楞伽密嚴等經, 起信寶性等論所說是也. (大正44.243b)

주장의 구조는 그다지 난해한 것은 아니다. 곧 소승·대승 가운데 대승교에 의해 나타나는 의미를 셋으로 분류한 것이다. 중관과 유식과 여래장의 셋이다. 그리고 『의기』는 이후 이와 사의 관계에 의해 4종의 내용을 해설하는 것인데, 그 가운데에서 여래장연기종을 해설하여 "여래장이 수연하여 아뢰야식을 이룬다"라고 말하는 것이다. 고래(古來)로 갖가지 의론(議論)을 일으킨 것은 바로 이 주장이며, 복례의 『진망송』도 근본적으로는 이 점에 관한 문제를 지적하는 것이다.

이 법장의 '여래장연기' 또는 '여래장수연'이라는 사상을 검토하기 위해서는 (1) 여래장사상이란 무엇인가, (2) 그것이 '연기'사상과 어떻게 관계하는가 하는 두 가지 관점에서 검토할 필요가 있고, 그다음으로 그것을 법장이 어떻게 이해했는가를 해명해야 한다. 앞에 지적한 것처럼 종밀의 이해는 "진은 망을 생겨나게 하지 않는다"라는 입장에서 응답한 것이었는데, 그것만으로는 법장의 주장의 의미와 배경을 [충분히] 검토한 것이 되지는 않는다. 그래서 여기에서는 법장의 주장에 정당성이 있는가 그렇지 않은가 하는 점에서가 아니라 어떠한 배경과 의미를 가지는 것인가 하는 관심에서 고찰을 진행해 가고자 한다.

『의기』는 어떤 형태로 '여래장'을 설하는 경론을 동등하게 '여래장사상'이라는 개념으로 묶는 것 같다. 그러나 경전에 설해진 것을 상세히 검토해 보면 똑같이 '여래장'이라는 용어를 사용하더라도 『승만경』에 설해진 것과 『능가경』이나 『대승밀엄경』에 설해진 것은 내용적으로 상당히 다르다. 이 점에 관해서는 지금까지 곳곳에서 지적한 바와 같다.[53] 『승만경』에 설해진 '여래장'은 어디까지나 출세간을 언어화한 것이며, 따라서 세간법의 생멸을 문제시하는 아뢰야식과는 본래 관계를 갖는 일이 없다. 그러나 '여래장'이라는 용어가 언제나 이러한 문맥에서 사용되어 왔는가 하면, 결코 그렇다고는 딱 잘라 말할 수 없는 것이다. 똑같이 '여래장'을 설하는 경전이라도 거기에는 다른 사상과의 교섭이나 그 자체의 깊이에 의한 교리의 전개가 있었던 것이다. 『승만경』, 『능가경』, 『기신론』 등의 관계도 이러한 관점에서 고찰해야 한다.

'여래장연기', '여래장수연'이 구체적으로 어떠한 것을 나타내는 것인가는 『기신론의기』나 『대승법계무차별론소』의 4종판 가운데에서는 별로 언급되어 있지 않다. 따라서 수문해석(隨文解析)을 따라 검토해야 하는 것이지만, 『입능가심현의』에 설해진 것은 다른 두 책과 약간 다르다. 『입능가심현의』에는 수문해석이 존재하지 않으므로 상세히 검토할 수는 없지만 '여래장연기종'을 '실상종(實相宗)'이라고 바꿔 말하면서 다음과 같이 해설한다.

> 네 번째로 실상종이다. 앞의 교에서 세운 법상을 회통한다. 모두 여래장연기에 의해 실에 부합하여 현현하지 않음이 없다. 금이 장엄구를 짓는 것과 같다. 이는 『능가경』 및 『밀엄경』 등의 경과 『기신론』·『보성론』 등의 논에 설한 것과 같다.

---

53) 『승만경』의 여래장사상의 기본적인 의미에 관해서는 본서 제3장 제2절 「"여래장이 있다"란 무슨 뜻인가」에서, 여래장사상에서 『승만경』과 『능가경』의 차이에 관해서는 제5장 제1절 2. 「『승만경』과 『능가경』의 여래장설」에서, 그 밖에 『대승밀엄경』의 설의 검토는 본서 제7장 제1절 1. 「『대승밀엄경』의 설에 관하여」에서 논하였다.

四實相宗. 會前教中所立法相. 莫不皆依如來藏緣起稱實顯現. 如金作嚴具. 如此楞伽及密嚴等經, 起信寶性等論說. (大正39.426c)

기본적으로는 다른 두 책과 같지만, 여래장연기를 해설하면서 하나의 비유를 들고 있는 것이다. "무구(無垢)의 금이 세공을 거쳐 장식물이 되는 것과 같다"는 것이다. 이 비유는 『기신론의기』나 『대승법계무차별론소』에는 인용되지 않으며, 나아가 『입능가심현의』는 법장 최만년의 저작이므로 측천무후에 대한 설교로 잘 알려진 '금사자(金師子)'를 의미하는 것이라는 이해도 성립한다. 그렇지만 이 비유는 직접적으로는 『대승밀엄경』의 말미에 설해진 것이다. 그리고 『대승밀엄경』은 지바가라의 역이며, 법장과는 밀접한 관계가 있었다고 추찰됨은 앞의 절에서 보였다. 그래서 다음으로 『대승밀엄경』에 관한 문제를 정리해 두고자 한다.

3. 『대승밀엄경』에 관하여

제1절에서 서술한 것처럼 『대승밀엄경』에는 지바가라 역과 불공(不空) 역이 존재한다. 불공 역에는 대종(代宗) 황제에 의한 어제(御製)의 서(序)가 있고, 이 경전을 어떠한 경전으로 보고 있었는지를 엿볼 수 있다. 거기에는 다음과 같이 쓰여 있다.

이는 샘[泉]으로써 식의 물결을 고요하게 하고, 구슬로써 의(意)의 근원을 맑게 하며, 뢰야 능변(能變)의 단(端)을 궁구하고, 자각담연(自覺湛然)의 경(境)을 비추고자 함이다. 깊이 마음의 극에 나아가는 것은 오직 이 경뿐이다.

是欲泉靜識浪, 珠淸意源, 窮賴耶能變之端, 照自覺湛然之境, 深詣心極其唯是經. (大正16.747b~c)

곧 『대승밀엄경』은 아뢰야식의 구극을 밝혀 중생의 본래 모습을 보이고자 한다는 것이다. 이 지적대로 경은 전 3권으로 이루어져 있는데, 먼저 여래의 경계를 '밀엄불국(密嚴佛國)'이라고 제시하고, 중간에는 그 밀엄불국에 들어가기 위한 갖가지 과제를 개시(開示)하며, 마지막으로 「아뢰야미밀품」(불공 역에서는 「阿賴耶即密嚴品」)을 설하여 아뢰야식의 구극이 밀엄불국과 다름없다고 한다. 그리고 '여래상주항불변역(如來常住恒不變易)'을 항상 염(念)하고 닦는 것이 여래장이라고 설한다거나,[54] 『유마경』과 흡사한 비유를 든다거나,[55] 삼성설이나 말나식을 설하는[56] 등 유식사상의 체계가 확립된 뒤에 성립한 후기 대승 경전이라고 생각된다. 지바가라가 이 경을 번역한 연차에 관해서는 경록들에 기재되어 있지 않다. 그러나 지바가라의 역경은 고종(高宗)의 영순(永淳) 2년(683)부터 측천무후의 수공(垂拱) 3년(687) 사이였다고 생각되므로[57] 바로

54) 大正16.724c.

55) 예컨대 「밀엄회품」에서의 금강장보살(이 보살의 명칭은 『십지경』을 상기시킨다)의 질문(大正16.724b~c) 등을 들 수 있다.

56) 大正16.729a~b.

57) 『송고승전』 권3(大正50.719a)에 의해 지바가라가 의봉(儀鳳) 4년(679)에 경전 번역을 상표(上表)하였음을, 『개원록』 권8(大正55.563c)에 의

법장의 전반기인 태원사 시대에 해당한다. 법장이 지바가라에게 많은 것을 배웠다는 것은 이미 선학들이 갖가지로 지적하고 있으므로 여기에서는 생략하지만, 지바가라의 역경과 사상은 법장의 교학의 초창기에 중대한 영향이 있었던 것이다.

법장이 4종판을 설함에 즈음하여 인용한 것은 겨우 '금과 [장]엄구([莊]嚴具)'의 비유뿐이다. 그러나 『입능가심현의』의 제9문 「의(義)의 분제를 밝힘」 단에서는 다시 10[문]으로 나누어 제3문인 식체진망문(識體眞妄門)에서 다음과 같이 경문을 그대로 인용하여 입론하고 있다.

> 세 번째로 식체진망문이란 어떤 이가 설하길, 이 제8식은 업 등 종자에 따르며 [종자들의] 체를 구분하여 생겨난 것이라고 한다. 이는 이숙식이며, 생멸이고, 유위이다. 『유가론』 등에서 설한 것과 같다. 어떤 이는 설하길, 이는 여래장수연에 의해 이루어진 것이다. 금이 팔찌가 되는 것과 같다. 『밀엄경』에서 말하길, 여래청정장과 세간아뢰야는 금과 반지가 전전(展轉)하여 차별이 없는 것과 같다.
> 三識體真妄門者, 有說, 此第八識從業等種子, 辨體而生. 是異熟識, 生滅有爲. 如瑜伽等說. 有說, 是如來藏隨緣所成. 如金作環釧. 密嚴經云, 如來清淨藏世間阿賴耶, 如金與指環展轉無差別. (大正39.431b)

법장의 '여래장연기', '여래장수연'이라는 사상은 이 『대승밀엄경』

해 최초의 번역이 영순(永淳) 2년(683)이었음을, 『화엄경전기』 권1(大正51.155a)에 의해 수공(垂拱) 3년(687)에 그가 졸하였음을 알 수 있다.

의 설에 기초한 것이다. 여기에 인용된 『대승밀엄경』의 문장은 『법계무차별론소』에도 인용되어 있고, 거기에서는 법신과 중생의 관계를 나타내는 교설로서 자리매김되어 있다. 역시 이 점에 관해서는 뒤에 설명하고자 한다.

다음으로 『대승밀엄경』의 해당 설을 검토해 두고자 한다. 경에는 법장이 인용한 문장 직후에 다음과 같은 한 문장이 있다.

> 비유하자면 뛰어난 금사(金師)가 정호(淨好)한 금을 가지고서 손가락의 엄구(嚴具)를 조작하여 손가락을 장엄하고자 하니, 그 모양이 중물(衆物)과 다르기에 이를 <u>설하여 이름 붙이기를 가락지[指環]라고 하는 것</u>과 같다.
> 譬如巧金師 以淨好真金 造作指嚴具 欲以莊嚴指 其相異衆物 <u>說名爲指環</u>. (大正16.747a)

이는 일견하면 앞의 문장을 반복했을 뿐이며, 아무것도 아닌 것을 말하는 것처럼 생각하기 쉽지만, 실은 극히 중요한 것을 서술하고 있다. 앞의 문장에서 "금과 가락지가 전전하여 차별이 없"다고 말한 것은 '금'이라는 존재가 '가락지'라는 존재로 변화했다고 말하는 것이 아니라 '정호한 진금'이 손가락을 꾸미는 형태의 사물이 되었기에 그것을 <u>'가락지'라고 이름 붙인 것</u>이라고 말하는 것이다. 이는 결코 금과 가락지라는 두 개의 사물의 상즉 관계를 말하고 있는 것은 아니다. 가락지는 어디까지나 본래[의 상태]를 의미하는 금이 [현재] 특정한 어떤 상태를 나타내는 것을 언어화한 것임을 확실히 보이고 있는 것이다. 곧 세간의 일체법은 어디까지나 언어에 의해 다른 것과 구별됨으로써 성립한다고 말하는 것이다. 따라서 출세간(금)과 세간(가락지)의 사이에는 언어화라는 문제가 있음에 주의를 기울이고 있다. 금과 가락지의 관계로 이를 말하자면 그것이 '금이다'라고 말할 때는 이미 '금' 이외의 사물로부터 구별되는 것이며, 이미 세간적인 존재인 것이다. 따라서 법장이 말한 것처럼 금과 가락지의 관계를 문제 삼을 때에는 어디까지나 세간 내의 문제라고 말해야 하는 것이다. 이 점은『반야경』이래 대승불교에서는 항상 과제가 되어 온 것이었다.

법장은 이러한 출세간과 세간의 문제를 '진과 망', '본과 말'의 관계에 적용하여 논한다. 예컨대『입능가심현의』에서는 앞에 든 문장 뒤에 유위법으로서의 아뢰야식과 진여의 관계를 회통하여 (1) 법을 기준으로 함[約法], (2) 가르침들과 관련시킴[就教]으로 나누고, (1)에 관해서는 다음과 같이 구분한다.

① 섭본종말문(攝本從末門): 유위(有爲), 생멸(生滅)(곧 법상종의 설)
② 섭말귀본문(攝末歸本門): 여래장평등일미(如來藏平等一味)(『승만경』 등의 설)
③ 본말무애문(本末無礙門):『기신론』의 화합식(和合識)
④ 본말구민문(本末俱泯門): 형탈양망 이사무기(形奪兩亡理事無寄)(화엄의 교설을 가리킴?) (大正39.431b)

여래장과 아뢰야식을 본과 말로 이해하는 것으로서, 본래 출세간을 의미하던 여래장이나 진여를, 세간의 영역과 구별되는 것은 아니라고 하여 끌어들인 것이다. 그때 '여래장'이나 '진여'라는 말이 본래 나타내고자 하는 출세간[의 의미와] 세간화된 의미가 공존하게 되므로 이를 '불변 · 수연'이라고 말한 것이다. '여래장'이나 '진여'라는 말은 그것이 아무리 언어 내적으로 표현된 것이라도 본래는 출세간을 의미하는 것이다. 이 언어화의 문제에는 그다지 주의를 기울이지 않은 채, 전반부의 교설에 따라 이 문제를 법장은 '연기 · 수연'으로 이해한 것이다.

나아가 『대승밀엄경』에는 다음과 같은 설도 있다.

> 『십지경』, 『화엄경』 등 『대수경(大樹經)』과 『신통경』과 『승만경』 및 다른 경은 모두 이 경에서 나온다. 이 경은 가장 수승하여 중경(衆經)이 능히 비할 바 아니다. 인주(仁主) 및 제왕은 마땅히 다 존경해야 한다.
>
> 十地花嚴等 大樹與神通 勝鬘及餘經 皆從此經出.
> 此經最殊勝 衆經莫能比 仁主及諸王 宜應盡尊敬. (大正16.729c)

여기에서 '대수(경)'이란 아마도 『대수긴나라왕소문경(大樹緊那羅王所問經)』[58]을 가리키며, '신통'은 『방광대장엄경(方廣大莊嚴經)』[59]을 말하는 것으로 보인다. 이것들이 무엇을 의미하는가는 지금은 불분명하지만, 다른 대승 경전이 『대승밀엄경』을 근거로 하는 것이라고 주장하고 있음은 틀림없다. 법장이 『승만경』의 여래장설까지도 여래장연기라고 이해하는 근거가 이러한 교설에 있었으리라는 것은 쉽게 상상할 수 있는 것이다.

---

58) 鳩摩羅什 역, 大正 15권 수록.
59) 地婆訶羅 역, 大正 3권 수록.

4. 법장의 여래장수연설과 『기신론』

마지막으로 『기신론의기』에 관한 문제를 언급해 두고자 한다. 『기신론』이 법장 이후의 중국, 한국, 일본의 불교에 큰 영향을 끼쳤음은 [주지의] 사실이다. 그렇지만 법장 이전에 『기신론』이 시대의 중심적 과제를 맡고 있었던가 하면 결코 그렇지 않다. 『기신론』은 남북조 시기 말에 역출된 당초부터[60] 수나라부터 법장의 시대에 이르기까지 다른 논서에 비해 결코 성행했던 것은 아니다. 이 점은 예컨대 『속고승전(續高僧傳)』이나 『송고승전(宋高僧傳)』 등의 기술을 확인함으로써 밝힐 수 있지만,[61] 개괄적으로 말하자면 수 이전의 불교학의 중심은 『십지경론』이며, 수대는 『섭대승론』이었다. 그 뒤는 현장이 번역한 유식 계통의 경론이 중심이었다. 확실히 『기신론』에는 법장 이전의 주석이 몇 가지 존재하지만, 그것들은 결코 시대의 중심에 위치했다고는 말할 수 없는 것이다. 법장의 스승인 지엄조차도 『섭대승론』을 기반으로 하여 교학을 전개하고 있을 정도이다. 이러한 사실로부터 보건대 법장의 『기신론』에 대한 남다른 관심은 오히려 시대로부터 돌출된 것이라고 말하는 편이 어울린다고 생각된다. 이러한 법장의 『기신론』에 대한 관심은 대체 어디에서 생겨난 것일까?

법장의 교학적 과제가 유식교학의 삼승진실(三乘眞實)을 지양하

---

60) 『기신론』에 대한 본서의 기본적 입장은 제4장 제2절 「『기신론』 중국 찬술설 부정론」 참조.

61) 가시와기 히로오(柏木弘雄)의 『大乘起信論の研究』(春秋社, 1981), 제2장 제2절 「攝大乘論と起信論」(pp. 203~204) 참조.

여 다시 '일승진실'을 밝히는 데에 있었음은 사실일 것이다.[62] 그러나 이 힌트를 『기신론』의 설로부터 직접 얻었던 것일까? 이러한 점에 생각이 미칠 때 법장이 『기신론』을 풀이할 즈음에 우선 '진여의 불변 · 수연'[63]이라는 개념을 전제로 한다는 점이 다시금 의심스럽다. 왜냐하면 『기신론』은 '중생심'을 입론의 기반으로 하여 거기에 진여와 생멸을 봄으로써 논을 진행시키는 것이며, 진여를 입론의 기반으로 하는 것은 아니기 때문이다. 따라서 『기신론』을 처음부터 '진여의 불변 · 수연'에 의해 해석하기 위해서는 무언가 『기신론』 이외의 발상이 필요하다고 생각되는 것이다.

법장은 『법계무차별론소』의 법신과 중생의 관계를 논하는 개소에서 예(例)에 의해 4종의 입장, 곧 (1) 소승, (2) 용수제바종(龍樹提婆宗=중관), (3) 무착세친종(無着世親宗=유식), (4) 마명현혜종(馬鳴賢慧宗=여래장연기)을 들어 (4)에서는 '여래장이 수연하여 중생이 됨'을 밝히고, 그것을 설하는 성교(聖教)로서 『능가경』, 『기신론』, 『대승밀엄경』의 셋을 보이고 있다.[64] 거기에 인용된 『기신론』의 문장은 심생멸문의 '본각' 단의 '본각수염(本覺隨染)'에 설해진, 이른바 '해(海) · 파(波)의 비유'이다.[65] 곧 바다가 물결이 되어 있는 것처럼 여래장이 중생이 되어 있다는 것을 '해 · 파의 비유'에 의해 보이려 하는 것이다. 그러나 『기신론』의 설은 그러한 것을

---

62) 키무라 센쇼(木村宣彰)의, 「法蔵における『大乗起信論義記』撰述の意趣」(『関西大学東西学術研究紀要』 28号, 1995) 참조.

63) 大正44.255c.

64) 大正44.68b.

65) 大正32.576c.

문제로 하는 것은 아니다. 왜냐하면 '본각수염' 단이 주로 말하고자 하는 것은 미혹의 중생이라 하더라도 '본각'이 지정상(智淨相)과 부사의업상(不思議業相)이라는 두 개의 작용으로서 작용한다는 것이며, 그 비유로서 '해·파의 비유'가 설해져 있는 것이다. 그리고 비유를 끝맺으면서 바다와 물결에서 물의 습성(濕性)이 불변인 것처럼 중생에게서도 지성(智性)은 불변이라는 것이 이 단락의 결론인 것이다. 법장은 이 결론 부분을 인용하지 않고, 바다와 물결의 비유라고 이해하며 여래장과 중생의 관계라고 본 것이다. 이러한 해석은 이미 존재하는 특정의 콘텍스트에 의해 『기신론』의 설을 해석한 결과라고 생각할 수 있다. 아울러 『기신론의기』의 해당 개소의 주석은 다음과 같은데, 분명히 여래장수연에 의해 이 개소를 풀이하고 있다.

> 진심(眞心)이 훈습에 따라 온전히 식랑(識浪)이 된다. 따라서 심상(心相)이 없지만, 저 식랑은 이 진[심]이 아님이 없다. 따라서 무명의 상이 없다.
> 眞心, 隨熏全作識浪. 故無心相, 然彼識浪無非是眞. 故無無明相. (大正44.260b)

그리고 『법계무차별론소』는 이 『기신론』 인용 다음에 『대승밀엄경』을 인용하여 결론으로서 다음과 같이 말한다.

> 이러한 문장은 모두 여래장이 수연하여 중생을 지음을 밝히는 것이다. 널리 이 뜻을 풀이하여 여러 문을 세운다. 『밀엄소』에서 갖추어 설한 것과 같다.

如是等文, 皆明如來藏隨緣作衆生也. 廣釋此義成立多門. 如密嚴疏中具說. (大正44.68b)

곧 여래장연기에 관해서는 『대승밀엄경소』에서 이미 상세히 논했다고 하여 여기에서는 이것 이상 언급하지 않는 것이다.

『대승밀엄경소』는 지바가라와 관계가 있던 태원사 시대에 성립한 것이라고 생각된다. 곧 법장의 생애에서 극히 이른 시기의 찬술이었다고 생각된다. 법장은 『승만경』의 주석을 남기고 있지 않으므로 정확히는 요해할 수 없지만, 『탐현기』의 10중 유식에서는 이 문제를 제7 '이사구융'으로 다루어서 제6의 '전진성사'와 구별하고 있었음은 이미 서술한 바와 같다. 법장은 한 시대 전의 정영사 혜원 등이 통일적인 이해에 고심한 것을 이어받아서 『승만경』, 『능가경』, 『섭대승론』, 『기신론』과 유식교학의 여러 경론 등을 배우면서 여래장과 아뢰야식의 관계를 생각하고, 그것을 토대로 『화엄경』과 화엄교학의 연구를 거듭하고 있었을 것이다. 그러한 가운데에 지바가라가 내조(來朝)하자 우선 『화엄경』에 관한 의문을 푸는 동시에 『대승밀엄경』을 만나서 이 경에서 여래장과 아뢰야식에 관한 새로운 관점을 얻었을 것이다. 법장이 『기신론』을 풀이함에 있어서 '여래장수연', '불수자성(자성을 지키지 않음)'이나 '진여의 불변·수연'을 기반으로 하는 것은 이상을 증명하는 것이라고 말할 수 있을 것이다.

소결

법장은 증성(證聖) 원년(699)부터 성력(聖曆) 2년(699)에 걸쳐서 실차난타와 신역 『화엄경』을 번역하고 있는데, 이 역장의 중심은 주로 복례였다. 신역 『화엄경』의 번역은 측천무후의 주선[肝煎]에 의해 실현된 것인데, 『송고승전』은 측천무후가 화엄의 십현 · 육상 등의 중요한 교리에 관해서 이해할 수 없어서 종종 법장을 불러서 구체적인 교도(教導)를 받고 있었음을 기록하고 있다.[66] 그리고 무후는 번역이 종료된 성력 2년 1월 8일에 법장에게 명하여 신역 『화엄경』을 강(講)하게 하였던 것인데, 그 경전 번역 중 내도량(內道場)에서 강의한 것이 『화엄금사자장(華嚴金師子章)』[67]이다.

『금사자장』은 궁중에 있던 금으로 된 사자상을 예로 들어 화엄의 교리를 설한 것이라고 하며, 전체 10장으로 이루어져 있다. 그 제1장은 「명연기(明緣起)」라는 제목이 붙어 있고, 금은 무자성(無自性)이므로 공교(工巧)한 연(緣)에 의해 금의 사자가 만들어지는 것이며, 그것을 '연기'라고 설한다고 한다.[68] 곧 금이 금사자가가 되는 것이 연기라는 것이다. 그리고 금은 무루성(無漏性)이며, 금사자는 유루성(有漏性)이므로 거기에는 단절이 있고, 그 단절을 법장은 "자성을 지키지 않는다"라고 설하는 것이다. 이러한 법장의 주장은 바로 『대승밀엄경』에 대한 그의 이해 자체이다. 그것은 지금

---

66) 『宋高僧傳』 권5(大正50.731a).

67) 大正 45권 수록.

68) 大正45.668b.

까지 고찰해 온 것처럼 『대승밀엄경』이나 『기신론』의 설과는 기본적으로 다르지만, 법장이 갖가지로 사색해 온 결론이었다.

이렇게 생각하게 되면 『진망송』이 "진으로부터 망이 생겨남이 있다면"이라고 말하는 것은 그러한 법장의 『대승밀엄경』을 근거로 한 여래장 이해(여래장연기 · 여래장수연)를 암암리에 비판한 것이라고 볼 수 있을 것이다. 그 때문에 이 점은 법장의 사상을 계승한 징관이나 종밀이 다른 관점에서 응답해야 했던 것이라고 생각된다.

제3절 여래장수연사상의 심화

1. 문제의 소재

법장의 사상적인 입장은 일반적으로 연기론이라든가 법계연기에 있다든가, '사사무애'에 있다고 생각된다.[69] 이들 견해의 하나하나가 잘못이라는 것은 결코 아니다. 그럼에도 불구하고 화엄교학이란 대체 어떠한 사상인가 물을 때 왠지 모르게 안정감이 없는 무엇 때문일까? 그것은 '동·별 2교판'이나 '5교판' 등의 화엄교학의 중심적인 교리와 여래장사상의 자리매김을 보인 '4종판'의 관계가 좀 더 명확해져 있지 않기 때문이라고 생각된다.

『기신론』이나 법장의 여래장연기종의 사상에 관해서도 지금까지 상당히 많은 선학에 의해 연구가 거듭 쌓여왔다.[70] 여기에서는 이

69) 예컨대 화엄교학의 태두인 유스키 료에이(湯次了榮)의 『華厳大系』(国書刊行会, 1975)에 의하면 제4편 「教理」는 제1장이 유심연기론, 제2장이 일진법계, 제3장이 십현연기론이라는 구성으로 되어 있다(『華厳大系』, p. 401 이하). 그 밖에도 이러한 문제를 논구한 것을 들 여유는 없다. 자세한 것은 카마타 시게오(鎌田茂雄)의 『華厳学研究資料集成』(大蔵出版, 1983) p. 561 이하 참조.

70) 예컨대 '여래장연기'라는 사고방식을 둘러싼 [논의에 관해서는] 타케무라

들 선행 연구에 의거하면서 저자 자신이 앞에 서술한 것과 같은 문제의식에 의해 『기신론』과 법장의 관계를 고찰하고자 한다.

앞의 절에서 언급한 것처럼 진망론이 이·사(理事)의 문제로 전개되고, 그것이 화엄교학의 연기론의 기반이 되었다고 생각되는데, 그것은 여래장사상과 알라야식을 어떻게 하면 모순 없이 이해할까 하는 갈등의 역사였다고 할 수 있다. 그것에 관해서 법장은 어떠한 이해에 이르렀던 것일까? 그것을 알아보고자 한다. 또한 그 과정에 있어서 지엄의 시대에는 그만큼 중시된 것으로는 보이지 않는 『기신론』이 법장에 이르러 갑자기 큰 역할을 갖게 된 것은 대체 무엇 때문인가 하는 점을 밝히고자 하는 것이다. 제4장에서 서술한 것처럼 『기신론』 자체가 대승불교 사상사에서 특히 주목할 만한 논서였다. 그것을 화엄교학 가운데에서 특히 제기하는 의미는 대체 어디에 있었는지를 밝히고자 한다. 그리고 법장의 『기신론』 이해와 '여래장연기종'이라는 말이 어떠한 것을 나타내는 것인가를 명확히 함으로써 법장의 교학의 원점을 해명하는 데에 일조하고 싶은 것이다. 이 점을 보다 적극적으로 표현한다면 교리 용어에 의해 말해지는 사태의 배후에 있던 사상적 갈등을 현대인으로서 수긍하고 싶다는 것이 가장 큰 연구 동기라는 말이다. '여래장연기종'이라는 개념

마키오(竹村牧男)의 「如来蔵縁起説について—『大乗起信論』との関係を含めて—」(『平川彰博士古稀記念論集 仏教思想の諸問題』, 春秋社, 1985)를, 여래장사상과 연기설의 관계에 관해서는 카마타 마사히로(鎌田正浩)의 「初期如来蔵系経典と縁起思想」(상기 『平川彰博士古稀記念論集』 수록)을, 또한 법장의 4종판에 관해서는 요시즈 요시히데의 『華厳禅の思想史的研究』(大東出版社, 1985), 제1장 제3절 「十宗と四宗」 등을 참조하라.

은 법장이 밝힌 '4종판'이라는 교판 가운데에 설해져 있다.[71] '4종판'이 화엄교학의 다른 교판과 어떠한 관계에 있는가 하는 것은 법장의 교학을 고찰함에 있어서 중요한 문제이다. 그렇지만 이것은 뒤의 과제로서 본 절에서는 우선 '4종판'과 '여래장연기종'이라는 사상의 해명을 당면의 과제로 삼고자 한다.

그런데 이미 언급한 것처럼 법장이 '4종판'을 설하는 것은 『대승기신론의기』, 『대승법계무차별론소』, 『입능가심현의』라는 세 책에 한정되어 있다. 요시즈 요시히데 박사의 연구에서는 이들 세 책은 『의기』 → 『무차별론소』 → 『입능가심현의』의 순서로 써졌다고 추정하고 있고, 나아가 그것들 하나하나의 전적에 관한 조금 더 상세한 찬술연대 추정도 이루어져 있다.[72] 그것들을 토대로 본 절에서 특히 주목하고자 하는 것은 이들 세 책이 법장의 저작 전체에서 차지하는 위치와 그것들이 써져야 했던 사상적 배경이다.

2. 『기신론의기』 이전의 사상사적 배경

지금까지 곳곳에서 서술해 온 것처럼 『기신론』의 여래장설은 두

71) 『대승기신론의기』 권상(上)(大正44.243b)과 『대승법계무차별론소』(大正44.61b~c)에 4종판이 언급되어 있다. 또한 법장의 4종판의 교리적 내용이나 세 책에서의 4종판의 변천 등에 관해서는 吉津宜英, 앞의 책(위의 주70에 소개됨), 제1장 제3절 「十宗と四宗」 등을 참조하라.

72) 吉津宜英, 앞의 책(앞의 주2 소개됨), 제2장 제3절 「法蔵の著作について」 참조. 4종판을 설하는 세 책의 찬술 순서에 관해서는 吉津宜英의 이 책, p. 143 참조.

가지 점에서 특별한 의미를 가진다. 첫째는 여래장을 설하는 다른 경론과의 관계에서 볼 경우에 『기신론』은 여래장을 설하면서 동시에 알라야식을 설하고 있는데, 미묘한 표현에 의해서 동시에 양자를 설하는 모순을 피하고 있다.[73] 이 점에서 『보성론』, 『승만경』, 『부증불감경』과는 다른 문맥을 가지는 것이다. 두 번째로 그러한 『기신론』의 특수성을 지론학파의 사람들은 이해할 수 없었던 점이다. 왜냐하면 당시 지론학파의 불교도로서 『기신론』은 처음부터 『섭대승론』이나 『보성론』과의 중층성이 문제였기 때문이다.[74] 그러한 상황에서는 『섭대승론』과 『기신론』의 입장 차이나 『보성론』과 『기신론』의 입장 차이를 발견하는 것은 결코 불가능하다고 생각된다.

이제 이러한 『기신론』의 여래장설이 가지는 과제와 중국인의 여래장 이해의 역사 혹은 『기신론』 이해사를 간단히 돌아보면서 그 가운데에 법장을 위치시킴으로써 『기신론』이 지닌 사상사적 과제를 부각해 보고자 한다.

먼저 인도불교의 교리사 전개상에 여래장사상을 위치시킬 때 그것은 어떠한 사상이라고 볼 수 있을까? 이 점에 초점을 맞추어 [그 사상사적] 흐름을 돌아보고자 한다.

붓다의 성도(成道)의 내용인 연기설은 아함경전의 시대에는 다음과 같은 형태로 정형적으로 설해졌다.[75]

---

73) 이 점에 관해서는 본서 제4장 제1절 「연기사상의 전개로부터 본 『기신론』의 연기설」 참조.

74) 이 점에 관해서는 본서 제5장 제1절 「정영사 혜원의 '의지'와 '연기'의 문제」 참조.

이것이 있을 때 저것이 있고, 이것이 생함에 의해 저것이 생한다.
이것이 없을 때 저것이 없고, 이것이 멸함에 의해 저것이 멸한다.

이 가운데에는 일체법의 성립에 관한 근본적인 문제가 중층적으로 설해져 있다. 이에 관해서는 이미 선학이 "이것을 시간적 연기의 관계로 이해해야 하는 것은 아니고, 논리적 조건의 관계로 이해해야 한다"[76]라고 날카롭게 지적한 바가 있고, 이 지적에 힌트를 얻어서 연기설을 '공시적인 관계'와 '통시적인 관계'로 볼 수 있다는 필자의 생각은 제3장, 제4장 등에서 제시한 바와 같다.[77] 이 가운데 공시적인 관계란 연기의 형태 중 "이것이 있을 때 저것이 있고, 이것이 없을 때 저것이 없고"라는 관계이며, "~에 의하여 ~이 있다"라고 설해지는 것이다. 이것은 '부모와 자식의 비유'에 의해 말해지는 것과 같은 관계를 말한다. 또한 상의상대(相依相待)의 연기라고 설해지는 것도 이러한 관계이다. 다음으로 통시적인 관계란 연기의 형태 가운데에서 "이것이 생함에 의해 저것이 생하고, 이것이 멸함에 의해 저것이 멸한다"라고 설해지는 것이다. 이것은 '종자와 싹[芽]의 비유'에 의해 말해지는 것과 같은 관계이다. 인과의 연기라든가 '인연생멸(因緣生滅)'이라고 말해지는 것이 이것에 해당하며, 경전 가운데에서는 종종 "~에 의하여 생하고 멸한다"라고 설해지는 관계이다. '인과'라고 하면 인간의 상식으로는 거기에 시간

75) 후나하시 잇사이(舟橋一哉)의, 『原始仏教思想の研究』(法蔵館, 1952), 제2 「阿含における縁起説の二面について」, p. 63 참조.
76) 위의 책, p. 62 참조.
77) 본서 제4장 제1절 「연기사상의 전개로부터 본 『기신론』의 연기설」 참조.

의 개념을 넣어서 이해해 버리는 것이지만, 거기에 불교를 크게 오해하기 시작하는 바탕[下地]이 있다. 오히려 인과 관계로부터 시간이 나오는 것이며, 인과를 시간적으로 이해해서는 안 된다는 것이 앞의 지적의 본의이다. 이것을 시간적이 아니라 항상 논리적인 구조로서 이해하기 위해서는 인과에 관해서 반드시 '서로 인과가 된다'라는 개념을 사용하면 좋다. 그러나 이러한 생각은 대승이 되어서 겨우 명확해졌던 것 같으며, 아비달마불교의 시대에는 시간적 경과 관계로 이해되었던 것 같다.[78] 본 절에서는 이 문제를 다루는 것이 본지가 아니므로 이 이상의 상설(詳說)은 피하지만, 『반야경』이 '공'을 설함으로써 연기의 생명을 회복하고자 한 것에 [그러한 논리적 인과 관계의 의미가] 상징적으로 나타난 것으로 생각된다. 용수가 『중론』 귀경송(歸敬頌)에 다음과 같이 말하여 '공'의 사상이 '연기'의 다른 표현임을 명시한 것이 주목된다.

> 그러한 연기를 설시하신, 바르게 깨달은 자(붓다)에게 여러 설법자 중에서 가장 뛰어난 사람으로서 나는 경례하노라. (三枝充悳 역)[79]

이러한 흐름에서 중기 대승 경전이 생겨난 것은 어떠한 사정이 있었던 것일까? 이 점은 근년의 유식학 연구, 여래장사상 연구에 의해 밝혀져 있다. 그것은 '공'이 허무적으로 이해되었기 때문에

---

78) 舟橋一哉, 앞의 책(위의 주75에 소개됨), p. 62 참조.

79) 三枝充悳, 『中論—縁起・空・中の思想(上)』(第三文明社・レグルス文庫 158, 1984), p. 85.

'유(有)'적인 표현을 취해 '연기'를 다시 설할 필연성이 있었다는 것이다. 아마도 이것들의 가장 원시적인 표현은 『대승아비달마경(大乘阿毘達磨經)』[80]이었다고 생각되지만, 이 점에 관해서는 뒤에 논하고자 한다. 여래장사상이 『반야경』의 공사상의 연장선상에 있고, 그것을 한 걸음 더 진전(進展)시킨 표현이라는 점은, 예컨대 『승만경』의 "여래장은 이 여래의 경계이다,"[81] "여래 법신이 번뇌를 떠나지 않은 것을 여래장이라 이름한다,"[82] "공여래장 · 불공여래장"[83]이라는 표현 가운데에 확인할 수 있다. 그리고 주의해야 하는 것은 이 가운데에는 여래장과 일체법의 관계가 항상 '의하여 있는' 연기로 설해져 있고, 결코 '의하여 생하는' 연기로는 설해져 있

---

80) 『섭대승론』은 알라야식의 근거로서 『대승아비달마경』의 다음 게송을 보인다.

無始時來界　一切法等依
由此有諸趣　及涅槃證得 (玄奘 역, 大正31.133b)」

이 게송을 『구경일승보성론』은 여래장의 근거로서 다음과 같이 말하게 된다.

無始世來性　作諸法依止
依性有諸道　及證涅槃果 (玄奘 역, 大正31.839a)

이와 관련하여 법장은 이 점을 『무차별론』에 의해 자각하여 다음과 같이 풀이하여 유식법상종과 여래장연기종의 차이를 확인하고 있다.

이것은 『아비달마대승경』의 게송이다. 저 논서(=『보성론』)는 『승만경』을 인용하여 이 게송을 풀이한다. 종합하자면 이는 여래장으로써 의지할 바를 삼는 것이다. 『유식론』과 『섭론』은 아뢰야식에 입각하여 풀이한다. 따라서 2종이 같지 않음을 알아야 한다

此是阿毘達摩大乘經頌. 彼論引勝鬘經釋此頌. 總是如來藏爲所依止. 唯識攝論約阿賴耶識釋. 故知, 二宗不同也. (大正44.67c)

81) 大正12.221b.

82) 大正12.221c.

83) 위와 같음.

지 않다는 점이다. 한편 뒤에 알라야식을 일체종자식(一切種子識)으로 체계화하는 것처럼 유식 계통의 경전은 '의하여 생하는' 연기를 새로이 표현하기 위해 노력한 것이다.

이러한 인도에서의 필연적인 교리 전개를 전혀 모르는 상태로 중국인은 중국 중기 대승 경전을 받아들여야 했다. 그것을 상징적으로 나타내는 것은 북위(北魏) 시대의 『십지경론』 역출을 둘러싸고 이루어진 논쟁이다.

『고승전』에 의하면 보리류지(菩提流支)와 늑나마제(勒那摩提)는 『십지경론』의 "자체본래공 유불이부진(自體本來空 有不二不盡)"이라는 한마디 표현을 둘러싸고 논쟁했다고 되어 있다.[84] 그리고 이것에 대한 해석이 지론학파를 2분하는 것과 같은 양상이 되고, 당시의 불교계에 큰 문제를 야기했다고 알려져 왔다. 이 한마디에 대체 얼마만큼의 의미가 있었을까?

"자체본래공 유불이부진"은 『십지경론』의 문맥에서는 금강장(金剛藏)보살이 여래의 경계를 보이는 개소이며, "자체공을 어떻게 받

---

84) 『속고승전』 권7 「도총전(道寵傳)」에 다음과 같이 되어 있다.

> 천축의 범승 보리류지가 처음 『십지경론』을 번역할 때에는 자극전에 있었다. 늑나마제는 태극전에 있었다. 각각 금위(禁衛)가 있어서 말을 통하는 것을 허용하지 않았다. 그 번역한 것을 비교함에 부람(浮濫)이 있을 우려가 있었기 때문이다. 영평 원년부터 시작하여 4년에 이르러 끝났다. 그것을 감수(勘讐)함에 이르러 유(惟=보리류지)는 "유불이부진(有不二不盡)"이라고 말하였고, 나(那=늑나마제)는 "정불이부진(定不二不盡)"이라고 하였으니, 한 글자가 다를 뿐이었다.
>
> 天竺梵僧菩提留支, 初翻十地在紫極殿. 勒那摩提在大極殿. 各有禁衛不許通言. 校其所譯恐有浮濫. 始於永平元年至四年方訖. 及勘讎之, 惟云, 有不二不盡, 那云, 定不二不盡. 一字爲異. (大正50.482b~c)

아들여야 하는가” 하는 것이 문제가 되는 장면에서 설해지는 말이다.[85] 곧 ‘자체공’은 언어 표현이나 인간의 인식이 향하는 쪽의 문제로 보아야 하는가, 자기 쪽의 문제로 보아야 하는가 하는 과제이다. 유명한 ‘지월(指月)의 비유’[86]를 가지고서 말하자면 ‘달[月]’의 입장에 서서 논해야 하는 문제인 것인가, ‘손가락[指]’의 입장에 서서 논해야 하는 문제인 것인가 하는 것이다. 이것에 대해서 늑나마제는 ‘본래공’을 ‘정(定)·불이(不二)·부진(不盡)’으로 이해하고, 여래의 선정(禪定) 중, 곧 통상의 언어 인식을 넘어선 입장(곧 달의 입장)에 서서 논해야 할 문제라고 보았다. 한편 보리류지는 ‘본래공’은 언어에 의해 ‘유(有)’라고 표현될 수 있다고 하였다. 따라서 “번뇌신(煩惱身) 가운데에 여래장이 있다”[87]라는 사용 방법을 취해도 무방하게 된다. 원래 ‘공’이라고 하더라도 언어에 의해 표현된 것이므로 세속제에 관해서 사용하는 용어(곧 어디까지나 교설은 달을 가리키는 손가락인 것이며, 결코 그 자체가 달을 의미하는 것은 아님)이며, 결코 그 자체가 승의제인 것은 아니므로 ‘유’라고 말해도 된다고 한 것이다.

이와 같이 이 한마디는 불교의 승의제를 둘러싼 근본적인 문제였던 것이다. 그리고 늑나마제는 『보성론』 등을 번역하여 여래장이 그대로 여래의 지혜의 내용이며, 법신이라는 입장을 표현하고자 한 것이다. 한편 보리류지는 양자의 입장이 중층(重層)되는 『능가경』

---

85) 大正26.133a.

86) 『大智度論』 권9(大正25.115b).

87) 『大薩遮尼乾子所說經』 권9(大正9.359b).

에 대하여 여래장은 알라야식이라고 읽어 들일 수 있는 경전으로서 역출한 것이다. 이러한 배경을 고려하면, 여래장과 알라야식을 동시에 설하면서 엄밀하게 아리야식과 여래장의 입장을 나누어 해석하고 있는 『기신론』은 당시의 중국인에 의해 창작될 수 있는 것 등이 아니며, 보리류지도 늑나마제도 번역할 수 없었던 것은 아닐까 하고 상상할 수 있는 것이다.

이러한 인도적인 사정을 아마도 이해할 수 없는 상태로 중국인의 알라야식 연구와 여래장 연구가 시작된 것이라고 생각된다. 그 전형적인 예를 정영사 혜원의 사상 속에서 볼 수 있음은 제5장에서 논한 바와 같다.88) 혜원으로서는 전술한 것과 같은 전개를 거쳐 언어화되고, 다시 갖가지 상황 속에서 한역된 『승만경』, 『십지경론』, 『능가경』, 『기신론』 등은 어느 것이건 똑같이 문자에 의해 표현된 것이며, 따라서 그것들을 평면적으로 취급하지 않을 수 없었을 터이다. 당연하게도 혜원은 모순과 맞닥뜨리고 '의지(依持: 의하여 있다)'와 '연기(緣起: 의하여 생하다)'라는 관점을 세워 회통하려고 하였다.89) 이는 당시 중국의 불교도로서는 대단한 견식(見識)이며, 놀라울 정도의 탐구심이라고 말할 수 있지만, 양자를 제8식의 내용으로서 회통했기 때문에 "여래장이 제법의 인(因)이다"라는 말이 되어 버렸던 것이다.90)

---

88) 본서 제5장 제1절 「정영사 혜원의 '의지'와 '연기'의 문제」 참조.

89) 위와 같음.

90) 『의기』에서도 이러한 점이 완전히 불식된 것은 아니다. 예컨대 "여래장심에 두 가지 뜻을 포함한다[一如來藏心含於二義]"라고 말한다거나(大正 44.251b), "리야심의 체는 자성을 지키지 않으니, 이는 생멸의 인이다

이러한 혜원의 입장에서 출발한 것이 지엄이었다. 지엄은 이 양자를 상대화하는 입장으로서 성기(性起)사상과 만나서 그것들 전체를 『수현기』에서 '법계연기'로서 체계화하였다. 그것은 다음과 같은 내용을 가진 것이다.[91]

법계연기(法界緣起) ———— 범부염법(凡夫染法)
연기일심문(緣起一心門)
의지일심문(依持一心門)
보리정분(菩提淨分: 性起사상)

따라서 본래[성의 관점]에서 말하자면 의지문과 보리정분은 같은 입장에 선 것이지만, 지금까지의 역사적인 경위로부터 [지엄은 이 두 가지] 전체를 성기사상에 의해 정리하는 입장에는 서지 않는 '법계연기'라는 새로운 개념을 사용한 것이다. 따라서 『기신론』의 기본적 입장이 여기에서 말하는 법계연기의 입장에 상응하는 것이지만, 지엄에게서는 『섭대승론』과 만난 것이 문제의 중심을 차지하고 있으며, 『기신론』에 대한 명확한 태도는 표현되지 않았던 것이다.

[梨耶心體, 不守自性, 是生滅因]"라고 말한다거나(同.264b), "참으로 생각건대 진심이 자성을 지키지 아니한다. 훈습에 따라 화합화여 하나인 듯하면서도 항상된 듯하다[良以真心, 不守自性. 隨熏和合, 似一似常]"라고 말한다(同.255c). 이것들이 『대승밀엄경』에 토대를 둔 해석임은 명백하다.

91) 『大方廣佛華嚴經搜玄分齊通智方軌』 권3下(大正35.63a~b). 이 문제에 관해서는 본서 제6장 제2절 「『수현기』의 법계연기사상」 참조.

3. 법장의 『기신론의기』 찬술의 사상적 과제

이와 같이 보게 되면, 법장이 해야 할 과제는 지엄의 사상을 이어받아 여래장이 법계연기와 본래적으로 다른 것이 아님을 논증하는 것이었다고 말할 수 있을 것이다. 따라서 순수하게 이 문제를 밝히려고 한다면 『보성론』 혹은 『승만경』 등의 주석을 써야 할 것이다. 그러나 태원사 시대의 법장으로서는 여래장과 알라야식의 중층성은 이미 [주어진] 여건이었다. 왜냐하면 원래 여래장과 알라야식은 중국에서는 전통적으로 일체(一體)의 것으로 이해되어 왔기 때문이며, 시대는 더욱이 법상종의 최성기였기 때문이다. 태원사 시대의 법장이 지엄의 사상을 전개시키기 위해 『기신론』의 주석을 써야 할 필연성이 여기에 있다. 따라서 이러한 문맥에서 생각해 보면 『기신론의기』가 '4종판'을 들어 법상종의 자리매김을 분명히 하고, '여래장심'의 입장에서 알라야식을 융회하고자 하는 것은 쉽게 수긍할 수 있는 바이다. 그때 지바가라에게 들은 계현 · 지광의 공 · 유 논쟁이 큰 계기가 되었음은 말할 것도 없다. 왜냐하면 지금 당면한 과제의 하나가 되어 있는 '식(識)의 유(有)'에 관해서 [그 논쟁이] 그것[*역자 주: 식]은 '공'이라고 논쟁하는 듯한 질을 가진 것이며, 그 때문에 '공'과 '유'를 지양하는 것은 아니라고 생각되기 때문이다. 이렇게 해서 공 · 유를 넘어선 곳에서 여래장을 보게 된다. 이와 같이 성립된 것이 '4종판'이라고 말할 수 있다. 따라서 법장에게 『기신론의기』의 찬술은 본래 일체였던 여래장-아리야식에서 알라야식만을 설하는 법상유식과 중관사상을 별립했다는 의미를 지닌다. 이 경우 주의해야 하는 것은 여래장이 아직 본래의 의미로 사용되지 않는다는 점이며, 제법의 인으로서의 여래장심이라는 개념이 본서의 중심을 차지하고 있다는 점이다.[92] 『의기』의 이러한 입장에서 보자면, 현담에서만 "여래장이 수연하여 아뢰야식을 이룬다"[93]라고 설해져 있는 점이 기이하게 느껴지지만, 이 점은 전술한 것처럼 의상에게 부친 서간에 본서가 '양권(兩卷)'으로 되어 있는 점 등과도 합쳐서 『기신론의기』의 성립 자체를 검토해야 한다.

이러한 『기신론의기』의 여래장사상을 원점으로 되돌린 것은 법장의 사색의 역사 가운데에서 말하자면 『무차별론』과의 만남이었다고 생각된다. 『무차별론』의 성립 자체에 관해서는 본 절에서는 직접 언급할 수 없지만, 현행의 본서는 '보리심'을 12가지 관점에서 논구한 것이며,[94] 주된 내용은 『승만경』과 『부증불감경』을 합유(合糅)한 것이라고 할 수 있다. 이 점에서 당시 이미 번역되어 충

---

92) 제법의 인(因)으로서의 여래장심을 나타내는 개념이 "여래장이 자성을 지키지 않는다[如來藏不守自性]"라는 것이며, 법장의 초기 저작인 『밀엄경소』로부터 연속한다고 생각되는 것이다. 또한 『밀엄경소』의 "불수자성(不守自性)"에 관해서는 본서 제7장 제1절 2. 「법장 찬 『대승밀엄경소』의 사상적 특징」 참조.

93) 大正44.243c.

94) 『무차별론』의 첫머리에 다음과 같이 되어 있다.

> 보리심을 간략하게 설함에 12종의 뜻이 있다. 이는 이 논서의 체이다. 모든 총혜(聰慧)받는 자는 마땅히 다음과 같이 알아야 한다. 소위 과(果)이므로, 인(因)이므로, 자성이므로, 이명(異名)이므로, 무차별이므로, 분위(分位)이므로, 무염(無染)이므로, 상항(常恒)하므로, 상응(相應)하므로, 의리(義利)를 짓지 않으므로, 의리를 지으므로, 일성(一性)이므로.
> 菩提心略說有十二種義. 是此論體. 諸聰慧者應如次知. 所謂, 果故, 因故, 自性故, 異名故, 無差別故, 分位故, 無染故, 常恒故, 相應故, 不作義利故, 作義利故, 一性故. (大正31.892a)

분히 다 알고 있었을 『보성론』 등과 완전히 같은 입장에 선 것이다. 이 책이 법장에게 새로운 시야를 열어 주게 된 것은 여래장을 설함에 알라야식과의 관계를 전혀 포함하지 않는 점이었다. 이 점은 돌이켜 보면 원래 『승만경』이나 『보성론』의 입장이었던 것이지만, 전술한 것과 같은 여래장과 알라야식을 일체의 것으로 생각하는 중국적인 사상사의 흐름 속에서는 그것을 뽑아내는 것이 불가능했을 것이다. 그 때문에 『무차별론』을 주석한 법장은 『보성론』, 『승만경』을 많이 인용하여 여래장사상의 현양에 힘쓰는 것이다. 또한 『무차별론소』에는 『기신론의기』가 종종 인용하는 것과 같은 "여래장불수자성"이라는 표현이 없다. '여래장수연'이라는 사고방식이 『무차별론소』의 중심이 되어 있는 것이다.

앞의 절 3에서 언급한 것처럼 "여래장불수자성"이라는 개념은 『탐현기』의 10중 유식의 제6문 전진성사유식의 입장에 해당하고, 진이 망이 된다고 보는 견해이다. 그것에 대하여 '여래장수연'이라는 개념은 거기에서 '불수자성(不守自性)'을 보거나 '거체수연(擧體隨緣)'을 봄으로써 제6문과 제7문을 나눈다는 의미가 존재하는 것이었다. 그것을 '거체수연'으로 보면 제7문의 이사구융유식의 입장이 되고, "불염이염 염이불염"으로도 표현되는바, ['여래장수연'은] '이'에서 '사'를 보고 '사'에서 '이'를 보려 하는 것이며, 사사무애의 일승별교로 가는 전환점에 해당하는 것이었다. 그 때문에 이 『무차별론소』가 법장의 사상 형성에서 진망적인 '불수자성'의 여래장 이해로부터 이사무애의 여래장으로 전환시키고, 법장의 별교일승 무진연기사상을 형성시키기 위한 분수령이 되었던 것이라고 생각된다. 법장이 『무차별론소』를 지은 직후에 의상에게 이 책을 보낸 것은 이러한 의미였던 것은 아닐까?

따라서 『무차별론소』를 지은 뒤의 법장의 관심을 가지고서 말하자면, 이러한 입장에서 『화엄경』 주석을 밝히는 것과 10권 『능가경』의 수정 번역이 큰 과제였음이 분명하다. 실차난타 역으로 되어 있는 7권 『능가경』은 여래장과 알라야식의 관계를 문제 삼지 않은 곳에서는 '아뢰야식'이라는 용어를 사용하지만,95) 양자의 관계를 문제 삼은 곳에서는 '장식'이라는 용어를 사용하여 여래장과 아뢰야식의 입장 차이가 명료해지도록 고안되어 있다.96) 이러한 사실의 배후에는 분명히 법장의 남다른 정열이 있었을 것이다.

소결

이상, 법장을 축으로 한 여래장 이해의 역사를 대략 개관할 수 있

---

95) 예컨대 大正16.594b 등.

96) 그 전형적인 예를 3본(本) 『능가경』에 의해 나타내 보자.

『능가아발타라보경』(4권본, 求那跋陀羅 역): 大慧, 若無識藏名, 如來藏者則無生滅. (大正16.510b)

『입능가경』(7권본, 菩提流支 역): 大慧, 若如來藏阿梨耶識名爲無者, 離阿梨耶識無生無滅. (大正16.556c)

『대승입능가경』(10권본, 實叉難陀 역): 大慧, 若無如來藏名藏識者, 則無生滅. (大正16.619c)

이상과 같이 여래장과 알라야식의 관계가 설해져 있다. 10권 『능가경』에서는 여래장-아리야식이 없다면 제법의 생멸은 성립하지 않는다는 의미로 되어 있다. 또 7권 『능가경』에서는 기본적으로 4권 『능가경』의 설과 같은 취지인데, 여래장에서 장식(=알라야식)적인 측면이 없다면 여래장에 생멸의 측면은 없고 불생불멸의 측면뿐이라는 의미로 되어 있다.

었다고 생각한다. 그래서 마지막으로 본 절의 주된 관심사인 법장의 '여래장연기종'이라는 개념에 관해서 결론을 정리해 두고자 한다.

『기신론의기』의 '여래장수연'설은 앞서 서술한 것처럼 『탐현기』의 10중 유식의 제6 전진성사유식에 해당하고, 이것을 나타내는 중심적인 개념은 '여래장불수자성'이라는 말이었다. 이것을 출발점으로 하여 법장의 여래장 이해의 전개를 고찰해 보고자 한다.

법장이 『기신론의기』 → 『무차별론소』 → 『심현의』의 순으로 찬술한 것은 대략 틀림없다. 그렇다면 이들 저작 사이에는 여래장설에 관해서 분명히 사상적 전개가 있다. 그것은 대체 어떠한 의미를 가지는 것일까? 이 점에 입각하여 다시 한 번 『기신론』의 설로 돌아가 보고자 한다. 『기신론』의 여래장설이 본래 지엄의 법계연기와 같은 입장에 있음은 본 절 3.에서 고찰한 바에 의해 분명해졌다고 생각한다. 그 경우 『기신론』의 입론에서는 중생심에 심진여문과 심생멸문이 세워져 있다.[97] 따라서 삼성설을 가지고서 말하자면 의타기성(依他起性)을 입장으로 하는 것이 된다. 그런데 법장은 이것을 심진여의 입장, 곧 원성실성(圓成實性)으로부터 체계화하고자 하였다. 이것은 『기신론의기』에서는 '여래장심'이라든가 '진심' 또는 '진여'라는 용어를 근거로 하여 생멸법이 말해지고 있는 것에 해당한다. 따라서 법장의 입장에서는 『기신론』과 같이 심생멸문과 심진여문의 관계가 문제가 되는 것이 아니라, 중생심과 심생멸문의 관계가 문제인 것이 된다. 이는 『기신론』의 표현으로는 "여래장에 의하여 생멸심이 있다"에 해당하고, 이것을 어떠한 개념으로 표현

97) 大正32.575c.

할까 하는 것이 교학적인 과제가 될 것이다. 이 점은 이미 타케무라 마키오(竹村牧男) 박사가 법장과 혜원의 여래장연기설을 비교할 경우 법장은 "여래장연기라는 말을 여래장이 현상계로 기동(起動)하는 것에서보다는 여래장과 현상계의 불이(不二)에서 곧바로 파악"하는 데에 특징이 있다고 지적한 것과 통한다.98) 이러한 법장의 과제를 생각하면 그것이 "여래장이 수연하여 아뢰야식을 이룬다"라는 의미에서 '여래장연기종'으로 표현되어야만 하는 사정을 납득할 수 있다.

그리고 법장에게서 출발점이었던 여래장-아리야식으로부터 알라야식적인 측면과 여래장적인 측면이 조금씩 분리되던 것이 그 이후의 전개이다. 그 때문에 법장에게서 '여래장'은 이미 있던 『승만경』이나 『보성론』의 설로 돌아가게 된 것이다. 그것이 "여래장불수자성"이라는 표현으로부터 "불염이염 염이불염"이라는 표현으로의 전개이다. '불수자성'이라는 관점에는 통시적인 측면이 있다. 그러나 여래장을 통시적으로 보는 것은 본래의 의미가 아닌 것이다. 따라서 이러한 관점에서 '여래장수연'이나 '여래장연기'라는 말의 의미를 통시적으로 이해해서는 안 되는 것인데, 이러한 점을 법장이 이해한 것은 『법계무차별론』을 접한 이후였다고 생각되는 것이다. '여래장'을 통시적으로 보는 것은 여래장을 제법의 인이라고 보는 것이다. 그렇지만 여래장을 설하는 문헌에 "여래장과 제법이 교호인과(交互因果)이다"라는 표현은 결코 볼 수 없다. 그렇다면 여래장은 어떠한 경우에도 '여래장에 의해서 제법이 있다'라는 공시적

98) 竹村牧男, 앞의 논문(앞의 주70에 소개됨), pp. 237~238.

인 관계로 보아야 한다. 이렇게 보게 되면, 법장의 탐구는 연기사상의 인도적 전개를 거슬러가면서 밝히고 있던 것이라고 볼 수 있다고 생각한다.

결장(結章) 법계연기사상의 확립

— 두순, 지엄으로부터 법장으로 —

화엄교학은 당대(唐代)의 현수대사 법장(法藏)에 의해 대성되었다고 볼 수 있다. 법장은 종래의 조통설에서는 제3조로 헤아려진다. 그 전통에 대해서는 몇 가지 점에서 의문이 제기되고 있다.[1] 그러나 결론적으로 말하자면 제2조로 되어 있는 지엄(智儼)과 두순(杜順) 사이에는 '교학'이라고까지 말할 수 있는지 아닌지는 모르겠지만, 밀접한 관계가 있었음은 부정할 수 없다.[2] 두순은 선사

---

1) 화엄종의 조통설에 관해서는 3조설, 5조설, 7조설, 10조설 등의 입장 차이가 있는데 5조설이 일반적인 견해일 것이다. 그중 초조 두순과 지엄의 관계에 관해서는 초조 두순 부정설(石井教道), 지엄 초조설(鈴木宗忠), 지정 초조설(境野黃洋) 등의 여러 설이 있다. 이 설들의 배경에는 『법계관문』의 찬술을 둘러싼 문제가 있고, 어느 것이건 징관 이후의 위찬이라고 보는 입장에 서 있다. 이것들에 관해서는 키무라 키요타카(木村清孝)의 『初期中国華厳思想の研究』(春秋社, 1977) 제2편 제1장 「杜順から智儼へ」의 주1(p. 365)에 언급되어 있다. 이에 대하여 본서는 이하에 서술하는 것처럼 『수현기』 앞에 『법계관문』적인 이사설(理事說)(반드시 『법계관문』이 두순의 진찬이라고 주장하는 것은 아님)이 없다면 지엄 → 법장으로 상승(相承)된 화엄교학이 기본적으로 성립하지 않음을 결론적으로 논증하려고 하는 것이다.

2) 본서 제6장 제2절 「『수현기』의 법계연기사상」 및 결장 제2절과 제3절 참조.

(禪師)라고 말해지는 것처럼 어떤 종류의 카리스마적인 실천적 불교도였다고 생각된다. 따라서 두순의 사상이 그대로의 형태로 법장이 조직한 것과 같은 화엄교학으로 전개되었다고는 생각하기 어렵다. 또한 지엄의 사상을 생각할 때 전통적인 지론학파의 교학과 섭론종・법상종의 교학만으로는 도저히 생각할 수 없는 문제가 있다. 그것은 화엄교학의 아이덴티티에 관한 문제이며, 이 점을 고려할 때 두순의 『법계관문(法界觀門)』이 매우 큰 존재로서 떠오르게 됨은 제6장에서 밝힌 바와 같다. 특히 『수현기(搜玄記)』의 법계연기설(法界緣起說)이 법계로 증입(證入)하기 위한 '소의(所依)인 관문(觀門)'이라고 되어 있는 것은 두순의 『법계관문』과 깊이 결부되어 있음을 상상케 하는 것이다. 『법계관문』은 부처의 경계인 '법계'를 어떻게 체득할 것인가를 밝히고자 한 것이며, 그 가운데에서 '법계'를 '이(理)'와 '사(事)'에 의해 갖가지 관점에서 고찰한다. 곧 만약 화엄교학의 중심 사상이 법계연기라고 한다면 법계연기는 모든 사물을 '사'와 '이'의 관계에 의해 풀어 내고자 하는 것이며, 그것을 대성(大成)한 것은 법장이지만 지엄에게도 두순에게도 법계연기에 관한 언급이 있었던 셈이 되는 것이다.

여기에서는 이러한 관점에서 '사'와 '이'에 관한 사상이라는 의미를 가진 법계연기를 화엄교학의 원점에서 파악하여 그 의미 내용을 고찰해 보고자 한다. 그러한 관심을 가지고서 문제를 이렇게 좁혀 보면 화엄교학은 법장을 분수령으로 삼아 생각할 수 있는 것은 아닐까 하고 예상할 수 있다.

본 장에서는 우선 화엄교학의 중심 사상인 법계연기란 대체 어떠한 내용을 가지는 것인가 하는 점을 해명하고 싶다. 법장의 법계연기사상이란 '사'와 '이'의 관계에 의해 불교의 진리를 밝히고자 하는 것이지만, 그 경우 '사', '이'라는 개념은 어떠한 내용인 것인가? 그리고 만약 그것들에 중국의 고전적인 개념과 상위(相違)가 있다고 한다면 그 상위는 어떠한 배경에 의한 것일까? 그러한 점들을 밝히는 것이 본 장의 목적이다.

제1절 '이(理)'와 '사(事)'의 법계연기

1) 『오교장』의 이와 사

법장에게서 화엄사상의 전개는 크게 전반기와 후반기로 나누어 생각할 수 있다.[3] 전반기란 장안(長安)의 태원사(太原寺)에서 득도(得度)한 뒤 이 절에 머물면서 스승인 지엄의 사상을 부연하고자 『오교장(五教章)』 등을 저술하던 시기이다. 후반기란 『대승법계무차별론소(大乘法界無差別論疏)』, 『입능가심현의(入楞伽心玄義)』 등이 이 시대의 주된 저작이다. 법장 저작의 찬술 시기에 관해서는 자세한 논증이 필요하지만,[4] 여기에서는 그것이 본래의 목적이 아니므로 다루는 저작의 전후가 명확해져 있으면 본질적으로 문제없다고 생각된다. 그래서 문제를 『오교장』, 『탐현기』, 『입능가심현의』에 한정한다면 이 3부의 책은 거의 틀림없이 지금 든 순서로 쓰였을 것이다. 그렇다면 우선 『오교장』에는 법계연기가 어떻게 설해져 있는 것인가를 살펴보자. 또한 『오교장』에는 [판본에 따라] 텍스트

3) 본서 제7장 제1절 「법장의 『밀엄경소』에 관하여」 참조.

4) 법장 저작의 찬술연대에 관해서는 요시즈 요시히데(吉津宜英)의 『華厳一乘思想の研究』(大東出版社, 1985), pp. 130~145 참조.

에 관한 다름이 있지만, 본 장의 문제 관심에는 저촉하지 않으므로 여기에서는 언급하지 않기로 한다.[5)]

『오교장』에서 '이'와 '사'의 문제를 집중적으로 논하는 것은 「의리분제(義理分齊)」이다. 「의리분제」는 화엄교학의 연기론을 네 가지 관점에서 논한, 이른바 논문과 같은 내용을 가지고 있다.[6)] 이 네 가지 관점은 어느 것이건 지엄의 장소(章疏) 가운데에 산견(散見)되는 것이므로 그것을 체계 조직화하는 데에 법장의 독자성이 있다고 할 수 있다. 그 가운데에서도 화엄교학 독자의 연기설에 관해서 말하자면 '십현연기무애법문의(十玄緣起無礙法門義)'와 '육상원융의(六相圓融義)'가 주목된다.

'십현연기'는 화엄교학의 연기관을 열 가지 관점에서 중층적으로 나타낸 것이며, 기본적으로는 지엄의 사상을 조술(祖述)한 것인데,[7)] 대개 다음과 같은 조직에 의해 설명된다.

---

5) 『오교장』의 텍스트에 관한 문제들에 관해서는 吉津宜英, 앞의 책(위의 주 3에 소개됨), 제3장 제2절 「『華厳五教章』のテキスト論」 참조.

6) 『오교장』의 「의리분제(義理分齊)」는 '삼성동이의(三性同異義)', '연기인문육의법(緣起因門六義法)', '십현연기무애법문의(十玄緣起無礙法法門義)', '육상원융의(六相圓融義)'라는 각각 독립된 네 개의 과제로 구성되어 있다. 이중 전반의 2문은 법상종의 연기설을 화엄의 입장에서 회통한 것이며, 후반의 2문은 화엄 독자의 교리적 과제를 해명한 것이다.

7) 이 점에 관해서도 요시즈 박사는 『수현기』와의 교판상의 비공통성에 의해 『일승십현문』은 법장 이후의 위작이라고 보며, 이시이 코세이(石井公成) 박사는 두순설을 의심하면서도 『수현기』와의 공통성을 지적하고 있다. 이 점은 石井公成, 『華厳思想の研究』(春秋社, 1996), 제1부 제2장 제3절 「『一乗十玄門』の諸問題」 참조. 이 가운데 교판상의 비공통성에 관해

법계연기 1. 구경(究竟)의 과증(果證)을 밝힘(十佛自境界) a
2. 연(緣)에 따르고 인(因)을 기준으로 하여[約] 교의(敎義)를 논함[辨](普賢境界)
가. 비유로써 대략 보임 b
나. 법을 기준으로 널리 논함 c

잘 알려진 "일즉일체 일체즉일(一卽一切一切卽一)"[8]은 이 가운데에 a에서 설해져 있고, b에서는 '십전(十錢)의 비유'[9], c에서는 '중중무진(重重無盡)의 연기'[10]가 종횡으로 설해져 있다. 그렇지만 c에서도 빈번하게 '일'과 '일체'의 관계나 '사'와 '이'의 관계가 역설되어 있고, '십불(十佛)의 자경계(自境界)'는 '일즉일체 일체즉일'에 의해서도 설할 수 없다는 것이 중심인 것 같다. 지금은 법계연기에서의 '사'와 '이'의 관계를 밝히는 것이 목적이므로 c의 설을 중심으로 고찰해 가고자 한다.

이 단락은 우선 '입의문(立義門)'과 '해석문(解釋門)'을 세운다. 이것은 『기신론(起信論)』[11]에 의한 것이지만, 입의문에 다음과 같

서는 본서 제2장 제2절 「화엄 동·별 2교판의 본질적 의미」와 제6장 제2절 「『수현기』의 법계연기사상」 참조. 또한 법장이 스승 지엄에 대하여 다음과 같이 평가하는 점을 통해 엿본다면, '십현연기'의 독창성(originality)은 법장보다는 지엄에게 돌려야 한다고 생각된다.

> 화상(=지엄)의 장소(章疏)는 뜻이 풍부하지만 문장은 간략하므로 후인으로 하여금 많은 경우 그 뜻에 들어가기 어렵게 하기에 이르렀다.
> 以和尙章疏, 義豐文簡, 致令後人多難趣入. (『寄海東書』, 續藏1-103.422左上)

8) 大正45.503a.
9) 大正45.503b.
10) 大正45.505a.
11) 『대승기신론』은 5분(分)으로 구성되어 있고, 그 두 번째와 세 번째가

은 열 가지 상대하는 개념을 들고 있는 점이 주목된다. 곧 "교의(教義), 이사(理事), 해행(解行), 인과(因果), 인법(人法), 분제경위(分齊境位), 사제법지(師弟法智), 주반의정(主伴依正), 그 근욕에 따라 시현함[隨其根欲示現], 역순체용자재(逆順體用自在)"[12]의 열 가지이며, 이것도 지엄에 따른 것이다.[13] 입의문이란 이른바 입론(立論)의 전제가 되는 카테고리론에 해당하므로 법장이 법계연기를 어떻게 이해하고 있었는지를 알기 위해서는 중요한 문제이다. 그렇지만 『오교장』은 이것 이상의 설명은 하지 않으므로 '이'와 '사'의 문제에 관해서는 지엄의 생각을 참고해 보자.

> 두 번째로 이·사란 삼승교와 같은 경우 다른 사(事)가 다른 이(理)를 드러낸다. 경전들이 다른 사를 들어 다른 이에 빗대는 것과 같다. 이 종(宗)과 같은 것은 사에 즉하여 이것이 이치이다. 「입법계[품]」 등의 경문과 같다. 이는 <u>체의 진실이 곧 이치이며, 상의 나타남[彰]이 곧 사[라는 말이]다.</u>
> 第二理事者, 若三乘教辨即異事顯異理. 如諸經舉異事喻異理. 若此宗即事是理. 如入法界等經文. 是<u>體實即是理, 相彰即是事</u>. (『華嚴一乘十玄門』, 大正45.515c)

곧 지엄은 '체(體)와 상(相)'이 '이와 사'에 해당한다고 말하는 것이다. 그래서 이 '체와 상'의 관계가 어떠한 것인지가 가장 중요한

「입의분(立意分)」과 「해석분(解釋分)」이다(大正32.575b).

12) 大正45.505a.

13) 『一乘十玄門』(大正45.515c).

문제가 되는 것인데, 이 점은 뒤에 상술하고자 한다. 『오교장』에서는 이러한 '이와 사'라는 개념이 법계연기설의 전면에 나와 있는 것은 아니다. 『오교장』이 법계연기를 역설하는 경우의 중요한 개념은 '중중무진'이라는 용어이며, '이사무애(理事無礙)'라든가 '사사무애(事事無礙)'라는 용례는 거의 존재하지 않는다. 겨우 한 곳에 '이사무애문(理事無礙門)'이라는 용례가 있으므로 그것을 검토해 두자. 그것은 다음과 같은 문장이다.

> 이 심심(甚深)연기의 일심(一心)은 5의(義)의 문을 갖추기 때문이다. 이 때문에 성자는 따라서 1문으로써 중생을 섭화한다. 첫째 섭의종명문(攝義從名門)이니, 소승의 교설과 같다. 둘째 섭리종사문(攝理從事門)이니, 시교(始敎)에서 설한 것과 같다. 셋째 이사무애문이니, 종교(終敎)에서 설한 것과 같다. 넷째 사진이현문(事盡理顯門)이니, 돈교에서 설한 것과 같다. 다섯째 성해구덕문(性海具德門)이니, 원교에서 설한 것과 같다.
> 由此甚深緣起一心具五義門. 是故聖者隨以一門攝化衆生. 一攝義從名門. 如小乘[25]教說. 二攝理從事門. 如始教說. 三理事無礙門. 如終教說. 四事盡理顯門. 如頓教說. 五性海具德門. 如圓教說. (大正45.485b)

이것은 「소전차별(所詮差別)」의 '심식차별(心識差別)'에 설해진 문장이다. 여기에는 『승만경(勝鬘經)』의 여래장 등도 심식(心識)의 일환으로서 설해져 있고, 이 시기 법장의 '심'에 관한 요해를 잘 알 수 있는 것이다. 당시 중국 불교사상의 흐름 속에 놓인 법장의 위치를 고려한다면, 『능가경(楞伽經)』, 『기신론』, 『승만경』, 또는 유식설을 동일하게 부처에 의해 설해진 교설로서 일렬횡대[橫一線]로 [늘어선] 것으로 이해하려 하고, 여래장과 알라야식, 법계연기와 성기(性起)사상의 관계를 어떻게 생각[할 것인지 결정]하는 것이 법장이 당면한 과제였음이 틀림없어 보인다. 따라서 전술한 것처럼 '이'라는 근거와 관련하여 이것들이 당면하는, 여래장과 알라야식의 문제를 정리하고, 전체를 자체공(自體空)으로서의 '법계'로 보자는 것이 이 문장의 의미이다. 여기에서는 추상적인 연기관이 문제로 되어 있는 것이 아니라, 갖가지 경론에 근거로서 설해진 여래장 혹은 알라야식을 어떻게 볼 것인가 하는 장면에서 '이사무애'라는 용어를 사용하는 것이다. 곧 전술한 '체'로서의 '이'가 일체법의 근거로서 생각되는 것이다. [『오교장』의 상기 인용문 앞부분에서 '일심'으로 표현된] 이 일체법의 근거는 여래장 계통의 경전에서는 '여래장', 유식 계통의 경전에서는 '알라야식'이라고 설해지는 것을 가리킨다. 이처럼 『오교장』에서는 '이'와 '사'의 문제는 그 자체가 화엄의 구극의 연기설을 말하는 것으로는 설해져 있지 않은 것이다.

2) 『탐현기』의 이와 사

다음으로 법장의 전반기를 대표하는 『탐현기』의 설에 주목해 보자. 『탐현기』는 법장이 지엄 문하의 의상에게 일련의 자저(自著)를 보낼 때에는 2권분이 미완성이었다고 한다.[14] 이때 어떤 부분이

---

14) 『기해동서(寄海東書)』에 "華嚴探玄記二十卷兩卷未成"이라고 되어 있다(續藏1-103.422左上).

어떤 이유에서 미완성이었던 것인지, 상세한 내용은 잘 알 수 없다. 그러나 상황적으로 말해서 『탐현기』가 『오교장』과 『입능가심현의』의 사이에 저술되었음은 의심[의 여지가] 없다. 그리고 『탐현기』가 되면 '이 · 사'에 관한 교설이 다소 산견(散見)되게 된다. 그것도 『오교장』과 같은 용법이 아니라 '이'와 '사'에 의해 법계연기를 나타내고자 한 문맥에서 제시된다. 이러한 예를 살펴보자.

> 분제 없는 이(理)는 이미 성(性)을 바꾸지 않으면서도 완전히 사(事)이다. 이 때문에 하나의 사에 이를 포섭하여 모두 다하지 않음이 없고, 나머지 사도 이와 같이 하나의 사 속에 있다. 이에 제한이 없어 나눌 수 없기 때문에 하나의 사가 있는 곳을 따라 모두 완전히 포섭되는 것이다. 이 때문에 하나 속에 항상 일체가 있다.
> 無分齊理既不改性而全是事. 是故一事攝理無不皆盡, 餘事如理在一事中. 以理無際限不可分故, 隨一事處皆全攝也. 是故一中常有一切依是義. (『華嚴經探玄記』 권1, 제5「能詮敎體」 중 제7 '事融相攝門', 大正35.119b)

여기에서는 '이'는 분절(分節) 불가능한 전체성으로 파악되어 있다. 그 '이'가 자성을 전혀 변화시키는 일 없이 개개별별의 '사'가 되어 있다는 것이다. 그리고 이러한 '이 · 사'의 용례가 법장의 법계연기의 가장 구체적인 것이라고 생각된다.15) 이 점은 뒤에 예를 보

15) 예컨대 구래(舊來)의 전통적인 화엄교학의 대표적인 인물인 유스키 료에이(湯次了栄)의 『華厳大系』(国書刊行会, 1975), 제2장 「一真法界」(특히 pp. 426~434) 등 참조.

이겠지만, 지금은 좀 더 이 말의 전후를 확인해 두고 싶다. 이 문장은 이미 보인 것처럼 『탐현기』 현담(玄談) 10문의 제5문 「능전(能詮)인 교체(敎體)를 논함」이라 이름 붙여진 한 단락의 일곱 번째에 제시된 것으로 여섯 번째에는 '이사무애문(理事無礙門)'이 있다. 이사무애문에서는 다음과 같이 말한다.

> 첫째는 말하자면 일체의 교법이 체를 들어 진여로서 사상(事相)이 완연히 차별됨을 가로막지 않는다. 둘째는 말하자면 진여가 체를 들어 일체법이 되어 일미(一味)로서 담연(湛然)·평등함을 가로막지 않는다.
>
> 一謂一切教法舉體真如不礙事相歷然差別. 二真如舉體爲一切法. 不礙一味湛然平等. (大正35.119a)

전자는 구체적인 하나하나의 가르침이 모두 진여 자체이면서도 그 구체성을 파괴함이 없다는 말이며, 후자는 본체로서의 진여가 현실적인 일체법이 되면서도 그 본체성을 잃음이 없다는 말이다. 그 때문에 일체법(사)과 진여(이)의 상즉 관계를 나타내는 것이므로 이 '이'와 '사'의 상즉 관계를 '이사무애문'이라고 한 것이다. 따라서 앞의 '사융상섭문(事融相攝門)'이란 '사'와 '사'의 상즉 관계를 말한 것이라고 이해할 수 있다. 또한 제5문 「능전인 교체를 논함」이라는 문은 "옅은 데에서 깊은 데에 이른다[從淺至深]"라고 처음에 전체가 제시되어 있으므로 '이사무애'보다 '사융상섭'의 쪽이 보다 깊은 입장이라는 말이 된다. 따라서 후대에는 이것을 '사사무애'라고 말한 것인데,[16] 법장은 그 정도까지의 표현은 하고 있지 않다. 『탐현기』에는 이처럼 '이사무애'라는 표현은 있지만, '사사무애'라는 표현은 아직 존재하지 않는다. 그리고 다시 이보다 깊은 제8문 이하가 있는 것이므로 '사사무애'가 궁극[究極]인 것도 아니다. 이처럼 ['사사무애'는] 체계화된 교리로서 표현되어 있지 않을 뿐, 해당하는 사상이 없었던 것은 아님이 이상으로써 밝혀졌을 것이다. 그렇다면 이 '이사무애', '사융상섭(=사사무애)'가 '능전인 교체'에 설해져 있다는 사실은 대체 어떠한 의미를 가지는 것일까?

그래서 다음으로 이 '능전인 교체'와 제6문 「소전(所詮)인 종취(宗趣)」의 관계를 정리해 두고 싶다. 능전과 소전이란 언어학에서 말하는바 '시니피앙(signifiant, 의미하는 것)'과 '시니피에(signifie, 의미되는 것)'의 관계에 해당한다.[17] 그렇다면 '소전인 종취'를 법장은 대체 어떻게 생각하는 것일까? 이 점에 관하여 『탐현기』는 매우 명해(明解)한데, 제사(諸師)의 의견을 든 다음에 '인과연기이실법계(因果緣起理實法界)'라고 말하며, 다시 경명 중 '대방광(大方廣)'이 '이실법계'에 해당하고, '불화엄(佛華嚴)'이 '인과연기'에 해당한다고 말하는 것이다.[18] 이에 따르면 '법계연기'라는 개념이 이것들을 요약한 표현임을 확인할 수 있을 것이다. 그리고 다시 그것은 '소전인 종취'라는 말이 된다. 이처럼 생각하게 되면 '법계연기'와 '이 · 사'라는 용어의 관계는 완전히 같은 것을 나타내는 것은 아

---

16) 예컨대 징관 찬 『대방광불화엄경소(大方廣佛華嚴經疏)』 권3(大正35.520b) 등.

17) 예컨대 타츠카와 켄지(立川健二) · 야마다 히로아키(山田広昭)의 『現代言語論』(新曜社, 1990)의 「ソシュール」 항(pp. 30~47) 등 참조.

18) 大正35.120a.

니고, 나타나게 된 것(법계연기)과 나타내는 것(이 · 사)의 관계라는 틀로 보아야 함이 분명해질 것이다.

3) 『입능가심현의』의 이와 사

다음으로 법장 만년의 저작인 『입능가심현의』에 관해서 검토를 가한다. 『입능가심현의』는 실차난타 역의 7권 『능가경』에 대한 주석이다. 실차난타와 법장은 측천무후를 매개로 매우 긴밀한 관계에 있고, 7권 『능가경』의 역출에는 법장의 큰 의지가 작용하고 있었다고 생각된다. 이 점에 관해서는 제7장 제3절에서 고찰한 바와 같은데,[19] 여기에서 중요한 것은 여래장과 알라야식의 관계이다. 법장에게 양자는 원래 일체(一體)의 관계에 있다는 것이 이해의 출발점이었다. [그는 이후] 제운반야(提雲般若)의 『대승법계무차별론(大乘法界無差別論)』을 앎으로써 그것[들]이 본래 다른 사상임을 알았다.[20] 이는 법장에게는 상당히 큰 사건이었다고 생각된다. 그 때문에 여래장을 알라야식적으로 이해하여 번역된 보리류지(菩提流支)의 10권 『능가경』을 여래장과 알라야식의 구별이 명해(明解)해지는 번역으로서 완성한다는 것은 대단히 큰 의미를 가지게 된다. 그리고 아마도 번역과 병행하여 써졌을 주석은 첫머리에 '수문해석(隨文解釋)'을 들면서도 본문에서는 그것을 결하여 미완성의 서물(書物)로 되어 있다.[21] 이것이 대체 어떠한 사실을 의미하는 것인

19) 본서 제7장 제3절 「여래장수연사상의 심화」 참조.
20) 이 점에 대해서도 본서 제7장 제3절 참조.

가 바로 이해하기는 어렵지만, [바로 이 점이] 본서가 법장 최만년의 책이라는 사실을 의미하는 것은 아닐까 하고 생각하는 유력한 근거이다. 그러한 의미에서 본서의 이사설(理事說)을 살펴보고자 하는 것이다.

이미 서술한 것처럼 『심현의』는 현담(玄談)에 해당하는 부분뿐이지만, 그것은 『탐현기』와 마찬가지로 10문으로 이루어져 있다. 그리고 다시 마찬가지로 제5문과 제6문은 「능전인 교체」와 「소전인 종취」로 되어 있다.[22] 『능가경』은 『화엄경』처럼 '사사무애'를 설하는 것은 아니므로 법계연기를 나타내는 것이라고는 간주되지 않지만, '능전교체'에서 다음과 같이 서술하는 점이 주목된다.

> 진성(眞性)에 두 가지 뜻이 있다. 첫째는 수연(隨緣)의 뜻이요, 둘째는 불변(不變)의 뜻이다. 경에서 말하길, 불염이되 염, 염이되 불염이라고 한다. 이것이 바로 이 두 가지 뜻이다.
> 眞性有二義. 一隨緣義, 二不變義. 經云, 不染而染, 染而不染. 是此二義也. (大正39.428b)

그리고 이 '진성'에 관해서는 제6문에서 다음과 같이 말한다.

> 세워진 것에 또한 셋이 있다. 첫째는 만법유심(萬法唯心)으로써

---

21) 『입능가심현의』는 첫머리에 10문의 과문(科文)을 들어 「십수문해석(十隨文解釋)」(大正39.425c)이라고 하고 있는데, 실제로는 제9문 「의리분제(義理分齊)」로 끝나고 있다.

22) 제5 「能詮教體」(大正39.427b), 제6 「所詮宗趣」(大正39.428b).

통하여 세 가지 병을 고친다. 둘째는 유일진성(唯一眞性) 여래장법, 셋째는 부동(不動)의 진성으로써 제법을 건립한다.

所立亦三. 一萬法唯心通治三病. 二唯一真性如來藏法. 三以不動真性而建立諸法. (同.429b)

따라서 [‘진성’은] ‘여래장’을 가리키고 있음을 알 수 있다. 이 점은 전반기의 저작일 경우 『기신론의기』가 비슷한 내용을 서술하면서 “진여에 두 가지 뜻”[23]을 세우[고 있는 것과 비교되]므로, 양자 사이에는 분명히 사상적인 전개가 인정된다. 또한 전반기의 저작은 여래장과 알라야식을 중층적으로 이해하여 ‘여래장심(如來藏心)’[24]으로 보는 것과 같은 개념을 중심으로 하고 있으므로 『심현의』가 ‘여래장성(如來藏性)’이라고 말하는 것의 배경에는 사상적인 변화가 있었던 것이 분명하다. 아마도 이 전환을 가져온 것은 제운반야와 함께 번역한 『대승법계무차별론』과의 만남이었음이 틀림없다. 『대승법계무차별론』은 여래장을 설하지만, 알라야식은 전혀 언급하지 않는다. 아마도 이 점은 법장에게는 틀림없이 큰 놀라움[을 주었을 것]이며, 그 진의(眞義)를 제운반야에게 납득할 때까지 물었을 것이다. 법장은 『무차별론소』에서 다음과 같이 주석하여 여래장과 알라야식을 확실히 구별하는 관점을 가지고 있던 것이다.

말하자면 이 종은 여래장이 수연하여 아뢰야식을 이룸을 인정한

23) 大正44.255c.

24) 예컨대 “하나의 여래장심에 두 가지 뜻을 포함한다”라고 되어 있다(大正44.251b).

다. 곧 이는 사에 사무치는[徹] 것이다. 의타기(依他起)가 무성(無性)으로서 똑같이 여(如)함을 인정한다. 곧 사는 이에 사무치는 것이다. 이(理)와 사(事)가 서로 사무치므로 공과 유가 모두 융회한다. 양쪽이 이변(二邊)을 떠나기 때문에 [그렇게] 말하는 것이다. 謂此宗許如來藏隨緣成阿賴耶識. 即理徹於事也. 許依他緣起無性同如. 即事徹於理也. 以理事交徹空有俱融. 雙離二邊故云也. (大正44.61c)

법장의 저작에는 전기와 후기를 통하여 '여래장수연'[25]이라는 사상이 있지만, 그 여래장이 알라야식적인 측면과 겹치는가 아닌가는 매우 큰 문제이다. '연기'로부터 '공'으로, 다시 '공'으로부터 '여래장 · 알라야식'으로—이러한 전개는 인도에서는 필연적인 것이었다. 그렇지만 중국에서는 그것들의 사상적인 배경이나 시간적인 전후 관계 등은 전혀 이해되지 않은 채로 번역을 통하여 교리만이 수용되었다. 거기에 지론학파나 섭론학파 등의 사람들이 당면한 곤란한 문제가 있었던 것이다. 외래의 인도삼장과 접함으로써 법장은 이러한 문제를 정리할 절단면을 취하게 된 것이 틀림없다. 그리고 법장이 도달한 견해는, 인도에서 필연적으로 전개되었던 중기 대승불교의 중요한 교리를 결론으로부터 거슬러 올라가는 방식으로 해명한 셈이라고 할 수 있다.

이상으로 본 장에서 밝히고자 하는 문제의 개요를 보일 수 있었

25) 앞에 서술한 『무차별론소』의 설과 거의 같은 문장이 『의기』의 현담(玄談)에 있다(大正44.243b~c). 이 점은 대체 어떠한 이유에 의한 것인가는 앞으로의 연구 과제이다.

던 것 같다. 화엄교학의 중심 문제는 법계연기이고, 그것은 '이'와 '사'의 관계에 의해서 설해진다. 이것은 대체 무엇을 어떻게 밝히고, 어떠한 의미에서 불교인 것인가? 법장에게는 틀림없이 이것들이 연구의 출발점이었을 것이다. 그러나 우리들로서는 법장에게는 조건이었던 과제 자체를 밝히는 것이 화엄교학 연구라고 생각한다.

제2절 화엄교학의 '사(事)' 개념

앞의 단락에서는 법장의 법계연기설에서 '이'와 '사'의 관계를 정리했다. 거기에서 밝혀진 것은 다음과 같은 점이다.

법장의 사상에는 일관되게 '법계연기'라는 개념이 있다. 그것은 『화엄경』에 의해 표현된 부처의 경계를 의미하는 것이며, 결코 인간의 인식 세계를 문제로 삼은 것은 아니다. 『탐현기』가 '소전인 종취'를 법계연기라고 한 것은 이 점을 의미한다. 그리고 '이'와 '사'라는 개념은 그것을 나타내는 것이며, 법계연기의 전제가 되는 것이라는 점이다. 그것에 관해서는 다음과 같은 의문이 일어나게 된다. 곧 부처의 경계란 '이'가 그것에 해당하는 것인가, '이와 사의 관계가 무애(無礙)인' 것이 그것에 해당하는 것인가 하는 문제이다. 만약 '이'가 그것에 해당한다고 한다면 일체의 언설은 의미가 없다는 말이 되며, '이와 사의 관계가 무애인 것'이 부처의 경계에 해당한다고 한다면 모든 말을 다해야[盡] 한다는 말이 될 것이다.

'법계연기'라는 개념이 구체적으로 어떠한 것인가? 인간의 인식 활동과 어떠한 관계에 있는 것인가? 본 장의 직접적인 관심은 이 점에 있다. 그래서 여기에서는 법장에 의해 정리되기에 이른 '법계연기'를 나타내는 것인 '이'와 '사'에 관해서 우선 '사'란 대체 어떠한 것인가, 이 점부터 밝혀가고자 한다.

우선 종래의 전통적인 화엄교학 연구에서 '사'의 취급에 관해서 돌이켜보고자 한다.

> 이 4종 법계는 그대로가 무진법계(無盡法界)이며, 일진법계(一眞法界)여서 분리할 수 있는 것이 아니며, 다만 법계의 진상(眞相)을 잠시 4종의 관점에서 설한 것이다. 곧 현상으로서 본 것이 사법계(事法界)이며, 실체로서 본 것이 이법계(理法界)이며, …… [26]

이것은 전통적인 화엄 연구의 비교적 입문적인 책에서 인용한 것이다. '법계연기'를 징관의 '4종 법계'설[27]의 관점에서 설하는 것으로서 이렇게 표현되어 있지만, 법장의 사상을 말하는 경우에도 완전히 같은 개념이 제시되어 왔다.[28] 요컨대 '사'는 구체적인 제(諸)현상이고, '이'는 실체라든가 본체라는 것이다. '사'가 현상이

---

26) 湯次了栄, 『華厳学概論』(龍谷大学出版部, 1935), p. 97.

27) 예컨대 징관의 『화엄법계현경』 권상(上)에는 다음과 같이 되어 있다.

> 그러나 법계의 상요(相要)는 오직 삼유(三有)일 뿐이다[*역자 주: 이 구절은 "그러나 법계의 상은 요컨대 오직 셋뿐이다"라고 번역하는 것이 더 자연스러움]. 그런데 통틀어 4종을 갖추니, 첫째 사법계, 둘째 이법계, 셋째 이사무애법계, 넷째 사사무애법계이다.

然法界之相要唯有三. 然總具四種. 一事法界, 二理法界, 三理事無礙法界, 四事事無礙法界. (大正45.672c)

이 4종 법계설은 징관의 『화엄경소』, 『연의초』의 많은 장면에 설해져 있고, 징관의 근본 사상이 되어 있다.

28) 예컨대 유스키 료에이의 앞의 책(앞의 주15에 소개됨)에는 "4종 법계가 연원하는 바가 두순의 『법계관문』에 있는지[가] 분명하다"라고 되어 있다(p. 426). 이 책은 화엄교학의 법계연기사상을 해설함에 있어서 처음부터 4종 법계설을 전제로 하고 있다(pp. 426~434).

라는 것은 납득 못할 것도 아니지만, 본체라든가 실체라는 것은 대체 어떠한 것일까? 이 점이 잘 이해되지 않는다. 또한 다른 해설을 살펴보자.

> 법계연기론은 우주의 만유인 진진법법(塵塵法法) 하나하나가 모두 다 법계의 실체라고 보는 것이다. 곧 법계연기가 현전(現前)하는 있는 그대로의 하나하나의 존재를 긍정하고, 진진법법 모두[를] 저 체(體)라고 보며, 일진(一塵)이긴 하지만 법계로부터 그 존재를 부정할 수 없음을 강조하는 이것은 이른바 '사법계'이며, 차별의 현상을 있는 그대로 고찰한 견해이다.[29]

전문용어로서는 그럭저럭 이해하지 못할 것도 없다. 그러나 일상의 생활언어로써 말하면 어떠한 말인지 거의 이해할 수 없다. 곧 알 듯하면서도 알지 못하는 것이다. 사고(思考)의 언어와 생활의 언어의 괴리를 느끼지 않을 수 없다. 불교란 사고 속에 있고 생활과는 무관계한 것일까? 그렇지 않으면 생활 속에 성립한 것일까? 만약 생활 속에 성립한 것이라면 생활어로서 이해할 수 있어야 할 것이다. 종래부터 화엄교학은 난해한 철학이라고 일컫는 것은 이 언저리에 그 이유가 있는 것은 아닐까?

이렇게 구래의 전통적인 화엄교학 연구의 해설에 의해서는 적어도 필자는 충분한 이해를 얻을 수 없다. 그래서 직접 화엄교학의 조사(祖師)의 사상에 의해 이 점을 생각해 보고 싶다. 그렇지만 법장

---

29) 湯次了榮, 앞의 책(앞의 주26에 소개됨), pp. 98, 99.

의 저작 가운데에는 '사' 자체의 정의를 내리고 있는 개소가 발견되지 않는다. 그래서 이 점을 법장의 사상을 떠받치는 지엄의 교학을 통하여 구체적으로 고찰해 보고자 한다.

법장은 자저인 『화엄경전기(華嚴經傳記)』에서 지엄이 『십지경론』의 '육상의(六相義)'를 연구하여 '입교분종(立教分宗)'하였다고 서술하고 있다.30) 『십지경론』의 육상의와 지엄의 사상과의 관계에 관해서는 제6장 제1절에서 상세히 서술한 바와 같다. 『십지경』의 육상설이란 금강장보살이 선정에 든 뒤 부처의 가호를 받아 드디어 십지의 교설을 이때부터 설하고자 하는 장면31)을 주석한 것으로서, 이 보살이 이때부터 설하는 일체의 10구에는 모두 6종의 차별이 있다는 것이다. 이 가운데에서 "사(事)를 제외한다. 사란 이른바 음(陰)·계(界)·입(入) 등이다"라고 설해진 것이 주목된다. 이 문장의 이해를 둘러싸고 갖가지 입장이 있다는 점도 앞에서 서술한 바와 같다. '음·계·입'이란 오온·십팔계·십이입을 말하는 것이므로 일체법을 나타내고 있다. 따라서 여기에서 "사를 제외한다"란 이 육상의 설이 구체적으로 연기(緣起)하고 있는 일체의 제법(諸法)에 관한 것이 아니라, 선정 가운데에 [드러나는] 진실을 언어로 표현할 경우의 문제라는 의미이다. 『십지경론』에서는 부처의 깨달음인 "자체본래공(自體本來空)"을 언어화하는 것 자체가 본래 문

30) 이 점에 관해서는 본서의 서장 「본서의 문제의식」에서 법장의 『화엄경전기』를 인용하여 해설하였으므로 참조하라.

31) 정확히 말하자면 십지 법문의 설주(說主)인 금강장보살에 대하여 제불(諸佛)이 자리이타를 위하여 십지의 법문을 설하도록 가[지](加[持])하는 장면을 해석하는 맥락의 문장이다.

제[32])였으므로 금강장보살이 교설을 설하면서 이러한 점을 지적한 것이다. 또한 다른 개소에서는 좀 더 구체적으로 다음과 같이 서술하고 있다.

> 그 가운데 '선결정(先決定)'이란 총상이다. 나머지는 별상이다. 동상이란 선결정이다. 이상이란 별상이기 때문이다. 성상이란 약설(略說)이다. 괴상이란 광설(廣說)이기 때문이다.
> 於中善決定者是總相. 餘者是別相. 同相者善決定. 異相者別相故. 成相者是略說. 壞相者廣說故. (大正26.127a)

여기에서 말하고 있는 것은 이러하다. '총상'이란 특정한 말이 [그 지시대상이] 어떤 사물인지를 결정하여 다른 것으로부터 구별되어 무언가의 의미가 성립함이고, '별상'이란 특정한 말이 그것 이외의 말로부터 한정됨으로써 성립함이며, '동상'이란 동의어이고, '이상'이란 총상에 대한 별상의 관계를 동의어에 적용한 것이며, '성상'이란 특정한 말이 성립하는 것은 그 배경을 생략하여 깊이 음미하지 않기 때문이며, '괴상'이란 특정한 말을 깊이 음미해 보면 상식적인 의미가 파괴되어 버린다는 것이다.

말[語葉]이라는 것은 이미 무언가의 의미를 가지고서 실체로서 존재한다고 보는 것이 인간의 통상의 사고방식이다. 우리는 통상

---

32) 『십지경론』의 역출과 관련하여 늑나마제와 보리류지가 "정불이부진(定不二不盡)"과 "유불이부진(有不二不盡)"을 둘러싸고 논쟁했다는 것이 『속고승전』 권7 「도총전」(大正50.482b~c)에 기록되어 있다. 이 문제에 관해서는 본서 제7장 제3절 「여래장수연사상의 심화」에서 언급하였다.

‘사물 자체’를 알 수 없다. 왜냐하면 사물은 이미 이름이 붙어 있고, 무언가의 의미를 가진 것으로서 체계화되어 있기 때문이다. 그래서 일정한 질서가 지켜지는 것이지만, 이 질서가 불지(佛智)에서 보자면 허망하게 조립된 분별의 세계 그 자체인 것이다. 따라서 정중(定中)의 지견(知見)이 인간적인 언어 세계에 열리는 것은 [이름 붙임이라는 행위가 있는 한] 본래 무한정한 것을 한정하는 것이며, 그 한정을 일단 파괴하여 재구축함으로써만 진실의 말이 전해질 가능성이 있다는 구조를 가지고 있다. 따라서 『십지경론』이 세속적인 말에 대해서 이러한 지견을 가지는 것은 당연하다면 당연하다.

그러면 이 문제에 관한 지엄의 『수현기』의 기술을 살펴보자.

> ‘육의(六義)와 육상이 함께 이루어짐’이란 육상에 두 가지 뜻이 있다는 말이다. 첫째는 이(理)에 따름이요, 둘째는 사(事)에 따름이다. 이 두 가지 뜻 중 이에 따름이라는 뜻은 드러나지만 사에 따름이라는 뜻은 미미하다. … [이렇게] 아는 이유는 인연생(因緣生)의 과법(果法)은 미혹을 일으킨다는 뜻이 드러나기 때문이다[*역자 주: 원서의 한문 오역을 수정함]. 이 때문에 논주는 따로 육상을 가지고서 비추어 이에 들어가게 한다. … 물음: 어찌하여 다만 총 · 별의 육의는 이에 따름이 증가함을 얻고 사를 취하지 않는다고 알 수 있는가? 답변: 논주는 사가 육상을 갖추지 않음을 간별한다. 오직 의(義)를 기준으로 삼아 논하므로 아는 것이다.
>
> 六義六相有二義. 一順理, 二順事. 此二義中, 順理義顯順事義微. … 所以知, 因緣生果法起迷義顯. 爲此論主別將六相照令入理. … 問何以得知但總別六義得順理增不取於事. 答論主簡事不具六相. 唯約義辨, 故知也. (大正35.66b)

이 문장은 "연기법에 관하여 어찌하여 『십지경론』은 '이'에 따라 설하는 것인가? 연기법이란 본래 구체적인 '사'에 관해서 설해야 하는 것은 아닌가?"라고 자문하고, 그것에 답하는 형태로 제시된 것이다. 그리고 [논주인] 세친(世親)은 구체적인 하나하나의 제법을 문제로 삼는 것은 아니고 본래적인 의미에서 논변하고 있기 때문이라고 자답하는 것이다. 곧 문제점의 설정에 대하여 지엄은 처음부터 『십지경론』과 떨어져 있는 것이다. 『십지경론』의 "사를 제외한다"를 진리의 언어 표현에 관한 문제라고는 이해하지 않고서 사에 상대하는 '이'에 관한 것이라고 이해하는 것이다. 언어와 존재의 관계에 대해서는 뒤에 상술하려 하지만, 지엄의 이러한 육상 이해가 뒤의 화엄교학의 방향성을 결정짓게 되었음은 말할 것도 없다.

아울러 법장은 『오교장』을 끝맺으면서 '육상게(六相偈)'를 지을 정도인데, 이 문제에 관해 그가 얼마나 주목했는지를 추찰할 수 있다.[33] 지엄이 [육상 개념을] 이렇게 이해한 배경에는 『십지경론』을 읽음에 즈음하여 이미 상당히 강력한 '이 · 사'의 관점이 있어야 함이 분명한 것 같다.

제6장 제1절에서 서술한 것처럼 이러한 지엄의 이해는 지론학파의 전통 속에는 전혀 존재하지 않는 것이었다. 정영사 혜원은 다음과 같이 서술하고 있다.

> 이 여섯은 곧 제법의 체(體)의 뜻이다. 체의 뜻은 허통(虛通)하여 지(旨)로서 있지 않음이 없다. 뜻은 편재하지만, 사(事)는 격(隔)

---

33) 大正45.508c~509a.

하여 이러함이 없다. 이 때문에 논에서 말하길, 일체의 10구는 모두 육상이 있고, 사를 제외하니, 사란 이른바 음·계·입이라고 한다. 음·계·입 등은 피차 서로 마주함에 현상[事]으로서 구별되어 가로막음과 걸림[隔礙]이 있어서 이러한 여섯을 갖추지 않는다. 이런 이유로 그것을 제외한다. 만약 사상(事相)을 포섭하여 체의 뜻에 따르(게 하)면[*역자 주: 원서의 한문 오역을 수정함], 음·계·입 등의 하나하나 속에 모두 무량의 육상문을 갖추는 것이다.

此六乃是諸法體義. 體義虛通旨無不在. 義雖遍在事隔無之. 是以論言一切十句皆有六相, 除事. 事謂陰界入等. 陰界入等彼此相望事別隔礙不具斯六. 所以除之. 若攝事相, 以從體義, 陰界入等一一之中皆具無量六相門也. (『大乘義章』, 大正44.524a)

이것은 혜원이 『십지경』의 육상에 대하여 일문(一門)을 세워서 해석하는 개소에서 설해진 한 문장이다. 문장의 뜻은 명료하다. 육상은 개개의 사물에 관해서 설한 것이 아니라 그것들의 '체의(體義)'에 따라서 설한 것이라는 말이다. 육상설을 연기법에 관한 설로 보는 점에서는 지엄과 공통되지만, 그것을 지엄처럼 '이'의 입장에서 이해하는 것은 아니다. 또한 다른 자료에는 지론종의 육상 이해에 관하여 다음과 같은 기술(記述)도 있다.

또한 지론종의 사람들의 경우 육상의를 써서 여러 경전들을 풀이한다. 말하자면, 총상·별상·동상·이상·성상·괴상이다.

又如地論人用六相義以釋衆經. 謂總相, 別相, 同相, 異相, 成相, 壞相. (『中論疏』, 大正42.136a)

이것은 수대의 길장이 소개하는 지론사의 육상 이해의 예이다. "여러 경전들을 풀이한다"라고 말하고 있으므로 경전의 언어를 육상으로써 해석했던 것으로 보인다. 그렇다면 이는 『십지경론』에 따른 견해라고 해야 할 것이며, 혜원과도 지엄과도 공통되지 않은 것이 된다. 이렇게 보게 되면, 지엄이 육상설을 이 · 사의 관점에서 독해해 간 것은 지엄 이전의 지론교학의 전통에 따르지 않은 것이라는 점이 명료해질 것이다.

이와 같은 관점에 서서 보면, 두순의 『법계관문』이 연기법을 '이 · 사'의 관점에서 갖가지로 해석하는 것이 대단히 중요한 의미를 가지는 것이다. 종래로부터 화엄종의 조통설에 관하여 두순과 지엄 사이의 문제를 어떻게 이해할 것인가에 관해서는 갖가지 의견이 있지만,[34] 이러한 관점에서 지엄과 두순의 관계를 문제로 삼은 의견은 과문이지만 일찍이 들은 적이 없다.

그래서 다음으로 두순의 『법계관문』에서의 '이 · 사'의 용례를 고찰해 보고자 한다.[35] 『법계관문』은 현재는 산일(散逸)되어 전하지 않는다. 근년의 연구에 의해 종밀의 저작으로부터의 복원이 이루어져 있으므로 그것을 이용하여 고찰하기로 한다.[36] 『법계관문』은 매우 소부(小部)의 전적(典籍)인데, 그 구성은 다음과 같이 되어 있다.

---

34) 앞의 주1 참조.

35) 『법계관문』의 찬술 문제에 관한 본서의 기본적 입장에 관해서도 앞의 주1 참조.

36) 木村清孝, 앞의 책(앞의 주1에 소개됨), 제2편 제1장 「杜順から智儼へ」 참조.

제1 진공관법(眞空觀法): 『반야경』에 설해진 색과 공의 관계

이사무애관(理事無礙觀) 제2

1. 이편어사문(理遍於事門)
2. 사편어리문(事遍於理門)

이 전편문(全遍門)은 정(情)을 넘어서며 보기 어렵다. 세간의 비유가 능히 빗댈 수 없다. 전체로서의 대해가 한 물결 속에 있으면서도 바다가 작아지지 않는 것과 같다. 하나의 작은 물결이 바다에 두루 하면서도 물결이 커지지 않는 것과 같다. [此全遍門超情難見 非世喻能況 如全一大海在一波中而海非小 如一小波匝於大海而波非大]

3. 의리성사문(依理成事門)
4. 사능현리문(事能顯理門)
5. 이리탈사문(以理奪事門)
6. 사능은리문(事能隱理門)
7. 진리즉사문(真理即事門)
8. 사법즉리문(事法即理門)
9. 진리비사문(真理非事門)
10. 사법비리문(事法非理門)

이상의 열 가지 뜻은 동일한 연기이다. 이를 기준으로 하여 사를 바라보면, 곧 성(成)이 있고, 괴(壞)가 있다. 즉(卽)이 있고, 리(離)가 있다. 사에서 이를 바라보면, 현(顯)이 있고, 은(隱)이 있다. 일(一)이 있고, 이(異)가 있다. 역 · 순(逆順)이 자재하여 무장무애(無

障無礙)하니, 동시에 돈기(頓起)한다. [此上十義同一緣起. 約理望事則有成有壞. 有即有離. 事望於理有顯有隱. 有一有異. 逆順自在無障無礙, 同時頓起]

주변함용관(周遍含容觀) 제3
1. 이여사문(理如事門)
2. 사여리문(事如理門)
3. 사함리사무애문(事含理事無礙門)
4. 통국무애문(通局無礙門)
5. 광협무애문(廣陜無礙門)
6. 변용무애문(遍容無礙門)
7. 섭입무애문(攝入無礙門)
8. 교섭무애문(交涉無礙門)
9. 상재무애문(相在無礙門)
10. 보융무애문(普融無礙門)

〈木村清孝, 『初期中国華厳思想の研究』(본서 결장의 주1 참조), p. 331 이하. 본 절의 논지에 필요한 '이'와 '사'에 관한 부분만 듦. 밑줄과 괄호는 필자가 추가함〉

'이'와 '사'가 전면적으로 의용(依用)되어 있음은 요해할 수 있지만, 이 정도의 문언(文言)으로는 그 내용까지는 알 수 없다. 단지 이사무애관의 제2문에서 이 · 사의 관계를 "세간의 비유가 능히 빗댈 수 없다"라고 하면서 "전체로서의 대해가 한 물결 속에 있으면서도 바다가 작아지지 않는 것과 같다. 하나의 작은 물결이 바다에 두루 하면서도 물결이 커지지 않는 것과 같다"라고 말하는 점이 주목된다. 이 해(海)·파(波)의 비유가 『화엄경』에 의한 것인가, 아니면 『능가경』·『기신론』 등에 의한 것인가는 이것만 가지고서는 [특정 경론으로] 한정할 수 없지만, 두순의 이·사에 대한 이해[의 뿌리]를 찾는 데 큰 실마리라고 말할 수 있을 것이다. 또한 주변함용관의 제3문은 '사함리사무애문'으로 되어 있으므로 이것은 '사' 속에 '이사무애관 제2'를 포섭하면서 이하의 8문의 처음이 되어 있고, 그 8문은 어느 것이건 '○○무애문'이라고 칭해져 있으므로 하나로 묶여진[一括] 것이라고 생각된다. 그렇다면 이후부터는 이른바 '사사무애'를 나타낸다고 생각할 수 있을 것이다. 이렇게 볼 수 있다고 한다면 두순의 『법계관문』은 다음과 같은 의미를 가진 전적(典籍)이라는 말이 된다. 곧 '제1 진공관법'은 『반야경』에 설해진 색과 공의 관계를 밝힌 것이며, 이러한 이해의 연장[선상]에 '이사무애관 제2'가 있다고 한다면, [『법계관문』의 두 번째 觀은] 공리(空理)와 색법(色法)의 관계를 '이'와 '사'로 보고, 그것을 『기신론』이나 『능가경』이라는 중기 대승불교사상 속에서 설해진 해·파의 비유에 원용한 것이다. 그리고 그 뒤에 '주변함용관 제3'이 위치하며, 내용은 '사사무애'에 해당한다고 생각되는 것이다.

이렇게 고려해 보면 능전(能詮)인 교체(教體)로서의 '이·사'의 문제는 지엄 교학 이전부터 존재한다고 말할 수 있다. 다만 '교학'이라는 등의 의식이 두순에게 있었는가 아닌가는 의문이며, 이것이 그대로 지엄이나 법장의 법계연기와 동일하다고 말할 수도 없으므로 역시 법장이 말하는 것처럼 '종(宗)'으로서[의 법계연기]는 지엄의 『수현기』로부터 시작한다고 보아야 할 것이다. 그렇지만 그 지엄의 교학의 원점인 육상 이해에 관해서 『법계관문』은 매우 큰 영향력을 가지고 있었다고 생각된다.

그렇다면 마지막으로 지엄의 육상 이해의 구체적인 내용을 통하여 화엄교학에서 '사'의 개념을 밝혀두고자 한다. 이 문제에 힌트를 주는 『수현기』의 기술에 관해서는 다음과 같은 것을 들 수 있을 것이다.

> '일중다(一中多)'란 1이라는 수에서 10을 보기 때문이다. '다중일(多中一)'이란 10이라는 수 속에서 1을 보기 때문이다. 또한 '일즉다(一卽多)'란 1이라는 수는 곧 다(多)로서 1을 보지 않기 때문이다. '다즉일(多卽一)'이란 다(多)의 수는 곧 1로서 다를 보지 않기 때문이다.
>
> 一中多, 一數中見十故. 多中一者, 十數中見一故. 又一即多者, 一數即多而不見一故. 多即一者, 多數即一而不見多也. (大正35.27b)

이 '일중다 · 다중일'이라든가 '일즉다 · 다즉일'이라는 말은 지엄의 『일승십현문(一乘十玄門)』을 비롯하여 법장의 초기 저작에도 활발히 사용되는 용어이다. 『일승십현문』은 "일승연기 자체법계의 뜻을 밝힌다"[37]라는 기본적인 입장에 서서 우선 '십전(十錢)의 비유'를 들고, 다음으로 10문으로 나누어 논술한다는 구성을 취하고 있다. 이 '십전의 비유' 중 '일중다 · 다중일'이라든가 '일즉다 · 다즉일'이라는 내용이 설해져 있는 것인데, 그 내용과 의미에 관해서는 제6장 제1절에서 상세히 논한 바와 같다. 또한 『일승십현문』은 현

---

37) 大正45.514a.

행 대장경에 있는 "지엄이 짓고 두순화상의 설을 계승함[智儼撰承杜順和尙說]"이라는 찬호(撰號)를 둘러싸고 위찬설(僞撰說)이 제기된 적도 있지만, 일단 내용적으로 『수현기』에 가깝다고 생각된다.[38] 따라서 지엄의 법계연기라는 관점에서 보자면 '이 · 사(理事)'와 '일 · 다(一多)'는 같은 것을 나타내고 있다고 생각해도 좋은 것은 아닐까? 그렇다면 '사(事)'란 인간의 일반적인 인식에서 가장 기본적인 개념인 '일(一)'을 나타내고 있다는 말이 된다. 원래 '사'란 "인간의 동작 일반을 나타낸다"[39]라고 되어 있는 것처럼 추상적인 개념이다. 무엇보다도 행위 일반에 관하여 '1'이라고 말하면 그것은 1회라는 의미이며, 그다지 이해하기 어려운 것은 아니다. 그러나 '일중다 · 다중일'이라든가 '일즉다 · 다즉일'에서의 '1'이라는 표현은 극히 추상적인 내용을 가지고 있는 것처럼 생각된다. 1개도 아니고 1회도 아닌 추상적인 '1', 이것은 구체적인 사태를 통하여 인간이 언어에 의해 획득하는 추상적인 개념이지만, 일단 이 개념이 이루어지면 온갖 인식의 기준으로서 자명한 것으로 간주된다. 따라서 온갖 사태는 '1'을 기본으로 하여 시작해 가는 것이다. 아마도 『십지경론』에서 말하는 총상이란 이러한 것일 것이다. 그리고 그것은 수학적으로 말하자면 "그 자체를 포함하는 집합의 성질"[40]이라고 말해지는데, 불교적으로 표현하자면 '연기법'이라는 말이 될 것이다. 대개 인간의 인식에 의해 파악될 수 있는 온갖 단

38) 앞의 주7 참조.
39) 『支那文を読む爲の漢字典』(山本書店, 1940), p. 8, 「事」 항목의 해설에 의함.
40) 野崎昭弘, 『一語の辞典　一』(三省堂, 1998), p. 13.

위의 토대가 '1'인 것이다. 그렇다면 '1'은 혼돈 속에서 언어에 의해 표현되고 특정될 때 비로소 하나의 단위가 되며, 그것 이외의 것과 구별됨으로써 성립하는 것이므로 『십지경론』의 '육상'을 '사'에 끼워맞춤으로써 비로소 본래의 의미가 완전해질 수 있는 것은 아닐까? '일중다 · 다중일'이라든가 '일즉다 · 다즉일'이라는 말도 포함하여 필요한 검토를 거친 뒤에 한 번 더 이 문제를 밝히고자 한다.

제3절 화엄교학의 '이(理)' 개념

다음으로 화엄교학의 중심적인 개념인 '이(理)'에 관해서 고찰해 가고자 한다. 제2절에서 밝힌 것처럼 지엄은 『십지경론』의 육상의를 진리의 언어 표현에 관한 것으로는 보지 않고, 현실적인 연기법에 관한 문제로 보았다. 따라서 『십지경론』에서는 본래 불가설(不可說)인 것을 언어화하는 경우의 문제였던 육상의가 화엄교학에서는 구체적인 존재물의 연기적인 구조를 나타내는 것으로 이해되기에 이른 것이다. 그러한 견해를 성립시킨 배경으로서 지엄의 사상의 [성립] 조건에는 분명히 두순의 사상이 있었다고 생각된다. 그렇지만 두순의 사상을 구체적으로 해명하는 것은 극히 곤란하다. 어쨌든 두순의 저작으로 전해지는 『오교지관(五教止觀)』은 아무리 보아도 지엄 이전의 것이라고는 생각되지 않으며, 『법계관문』은 시종일관 지극히 간결한 표현을 사용하고 있기 때문이다. 하지만 지엄의 경우 육상의를 전석(轉釋)하는 것이 화엄교학의 시원(始原)이라면, 그 지엄의 배경이 되는 두순의 사상을 해명하는 것은 화엄교학이 무엇인지를 밝힐 경우 불가결한 문제가 된다. 따라서 여기에서는 이러한 문제의식을 가지고서 화엄교학의 '이' 개념과 그 배경에 관해서 고찰을 진행해 가고자 한다.

먼저 앞의 단락에서와 같이 종래의 화엄교학 연구에서는 이 문제가 어떻게 설해져 있는지 점검해 보자.

> '이법계(理法界)'란 만유의 이체(理體), 실체를 부르는 명칭이다. 무릇 현상계는 앞에 말한 것처럼 차별이 무궁한 것이다. 그에 반하여 '실체', '본체'는 무차별 · 평등 · 절대 · 무한 · 무한 · 불생불멸 · 부증불감(不增不減)의 의미를 가지는 것이다. 곧 저 차별의 현상은 주관 · 객관이 모두 허망하므로 '비진비실(非眞非實)'이라고 말할 수 있으며, 이미 비진비실이므로 '무체(無體)'라고 말할 수 있다. (湯次了榮, 『華嚴大系』, pp. 428-429)

매우 추상적인 말로 시종하며, 구체적으로 어떠한 것을 나타내는 것인지 거의 이해가 안 되지만, '이'가 모든 사물의 '본체, 실체'를 나타냄은 읽어낼 수 있다. 그러나 모든 사물의 본체, 실체란 대체 어떠한 것일까? 이 설명에서는 현상계의 하나하나의 사건은 '차별성'이라고 하며, 또한 본체는 '무차별성'이라고 설명되어 있다. 무차별한 본체란 대체 어떠한 것일까? 또한 그것은 중국의 전통적인 사고방식에 따른 것일까?

그래서 우선 중국의 전통적인 '이' 개념에 관해서 확인해 두자. '이'의 사전적 의미에 관해서는, 예컨대 다음과 같은 의미가 있음을 확인할 수 있다.

> 본래의 뜻은 옥을 거두어 감이다. … 전(轉)하여 널리 다스려 바르게 함을 뜻하며, 다시 옥의 무늬[紋目]라는 뜻으로부터 전하여 사물의 조리(條理: ミチスジ), 사유(事由: コトワケ) 등의 뜻이 된다. (『大字典』, p. 1486)

> 사물의 조리[すじ目]. 어원적으로는 옥을 갈아서 그 줄무늬 모양을 아름답게 나타내는 것을 말한다. 도리, 의리, 조리를 의미하며, 다스림, 고침, 통함, 법으로 판가름함, 나눔 등의 뜻으로 사용한다. (『中国思想辞典』, p. 416)

곧 현상적인 '사'와의 관계에서 말하자면, 사를 사답게 하는 원리 혹은 법칙인 것이다. 거기에는 결코 앞에 인용한 것과 같은 차별적인 '사'의 전체성이라든가 본체성이라는 개념을 볼 수는 없다. 또한 중국불교 형성기의 대표적인 중국사상의 일례로서 중국철학의 측면에서는 다음과 같이 지적하기도 한다.

> 이(理)는 그것의 꿰뚫음에 의해 사물이 '…인', '…이 되는' 바의 법칙성이라고도 할 만한 것이지, 결코 사물을 '…이게 하는', '…하게 하는' 바의 근원적 존재는 아닌 것이다.[41]

이상 검토 범위가 좁긴 하지만, 이렇게 생각해 보면 화엄교학에서 '이' 개념은 중국적인 전통에 따른 것은 아님이 분명해졌을 것이다. 따라서 화엄교학에서 '이'의 문제를 해명하는 것은 두순·지엄의 사상을 검토하는 것이 유일한 실마리가 되는 것이다.

그래서 다시금 『법계관문』의 미묘한 표현을 신중히 검토하여 두순과 지엄의 접점을 고찰하고자 한다. 『법계관문』의 구성에 관해서는 본 장의 제2절에서 보인 바와 같다. 여기에서는 그중에서 두순의 '이'에 관한 이해가 제시된 개소를 뽑아서 검토하기로 한다.

---

41) 中嶋隆蔵, 「郭象の思想について」(『集刊東洋学』 24号, 1970).

『법계관문』은 '제1 진공관법', '이사무애관 제2', '주변함용관 제3'의 3단으로 이루어져 있는데, 문제를 '이'로 압축할 때는 '이사무애관'이 중심이 된다. 그리고 '이사무애관'은 제2 '사편어리문' 뒤에 약간 장문의 해설이 있고, 뒤에는 각 장 모두 약간의 해설을 한 다음, 마지막에 결문(結文)을 써서 마친다. 이 제2 '사편어리문' 다음의 약간 장문의 해설의 요점은 다음과 같다.

> 이 전편문(全遍門)은 정(情)을 넘어서며 보기 어렵다. 세간의 비유가 능히 빗댈 수 없다. 전체로서의 대해가 한 물결 속에 있으면서도 바다가 작아지지 않는 것과 같다. 하나의 작은 물결이 바다에 두루 하면서도 물결이 커지지 않는 것과 같다.[42]

곧 '이'와 '사'의 관계를 바다와 물결의 비유에 의해 해설하고자 하는 것이다. 이 첫머리의 2문은 '이'와 '사'의 관계가 '편(遍: 각각이 상대에 대하여 전체적인 관계)'임을 밝히고자 하는 것이다. 여기에서 주목되는 것은 '이'에 관해서는 "능편(能遍)인 이(理)는 성(性)에 분한(分限)이 없다"[43]라든가 "소편(所遍)인 이는 요컨대 분한이 없다"[44]라고 일컫고, '사'에 관해서는 "소편인 사는 분위(分位)가 있다"[45]라든가 "능편인 사, 이것은 분한이 있다"[46]라고

42) 木村清孝, 앞의 책(앞의 주1에 소개됨), 제2편 제1장 제2절 「『法界観門』をめぐる問題」에 수록된 복원 텍스트의 p. 335.
43) 제1 이편어사문의 문장(위의 책, p. 335).
44) 제2 사편어리문의 문장(위와 같음).
45) 제1 이편어사문의 문장(위와 같음).
46) 제2 사편어리문의 문장(위와 같음).

일컫는 점이다. 곧 '이'는 전체성을, '사'는 개별성을 나타내는 것이다. 그리고 이러한 '이의 전체성'은 본 장의 제1절에서 밝힌 것과 같은 법장의 '이' 개념에 그대로 통하는 것이다. 그런데 『법계관문』에서는 이러한 전체성을 나타내는 '이'는 그 이후의 각 장에서는 전혀 사용되지 않는다. 제3문 이하에서는 '이'와 '사'의 관계는 일관되게 '물'과 '물결'과의 관계로 말해지고, 전체성이 아니라 '물결'의 본래성 혹은 본질성이 문제가 되는 것이다. 그리고 전체적인 '이'를 나타낼 때는 '대해와 물결의 비유'[47]를 쓰고, 본질적인 '이'를 문제로 하는 장면에서는 '물과 물결의 비유'[48]를 쓰는 것이다. 이것은 실로 탁월한 구성인데, 이 전체성과 본질성이 같은 것을 나타낸다고는 도저히 생각되지 않는다. 따라서 『법계관문』의 '이' 개념에는 두 가지의 의미가 있다고 말해야 하는 것이다. 그렇다면 이러한 이중성은 대체 무엇을 근거로 하며, 어떠한 것을 나타내는 것인가 생각해 보고자 한다.

여러 경론들에서 '해(海)·파(波)의 비유' 혹은 '수(水)·파(波)의 비유'를 서술하는 것은 비교적 많다. 잘 알려진 것에는 『능가경』, 『기신론』 등이 있다. 이 밖에 『유식삼십송(唯識三十頌)』, 『성유식론(成唯識論)』, 『유가론(瑜伽論)』 등에도 이 비유가 있다. 『유식삼십송』 이하는 현장(玄奘) 역이므로 두순은 참조하고 있지 않지만, 문제의 성질상 일단 검토를 가해 두고자 한다.

『유식삼십송』에서는 전5식과 제8식의 관계가 "도파(濤波)가 물

---

47) 제2 사편어리문의 비유(위와 같음).

48) 제3 의리성사문의 비유(위의 책, p. 337).

에 의지하는 것과 같다"[49]라고 설해진다. 이는 전6식이 "근본식에 의지하고, 5식은 연(緣)에 따라 나타난다"[50]라는 것을 비유한 것이다. 또한 『유가론』은 마찬가지로 제8식과 7전식(轉識)의 관계를 "비유하자면 수랑(水浪)이 폭류(暴流)에 의지하는 것과 같다"[51]라고 말한다. 이러한 교설에 따르면 이러한 예의 주어는 항상 '물결' 쪽이며, 그리고 그것은 전식이다. 곧 이는 '바다가 물결을 생겨나게 하는 비유' 혹은 '바다와 물결의 관계를 문제 삼는 비유'는 아닌 것이다. 어디까지나 현실적인 개개별별의 인간 인식과 알라야식의 관계를 비유한 것이며, 결코 이 점을 일탈하여 해설해서는 안 되는 것이다.

다음으로 『능가경』에 의해 이 문제를 고찰해 보자. 두순 시대의 『능가경』이라면, 구나발타라(求那跋陀羅) 역의 4권 『능가경』과 보리류지(菩提流支) 역의 10권 『능가경』이 고찰의 대상이 된다. 4권 『능가경』과 10권 『능가경』에서는 여래장과 아리야식의 관계에 관해서 입장이 크게 달라져 있다. 그래서 여기에서는 유식사상과의 관계가 얇다고 생각되는 4권 『능가경』에 의지하면서 적절하게 10권 『능가경』을 참고하고자 한다. 4권 『능가경』에서는 '해 · 파의 비유'는 두 개의 문맥에서 사용되고 있다. 첫째는 다음에 서술하는 것과 같은 아리야식과 전식의 관계에서이다.

장식의 바다는 상주하여, 경계의 바람에 움직여지며,

---

49) 『唯識二十論頌』의 제15송(大正31.60c).
50) 위와 같음.
51) 『瑜伽師地論』 권63(大正30.651b).

> 갖가지 식들의 물결이 등약(騰躍)하여 굴러 생겨난다.
> 藏識海常住 境界風所動 種種諸識浪 騰躍而轉生. (大正16.484b)

여기에서는 인식 대상인 경계를 연(緣)으로 하여 전식이 생겨남[이라는 설명]에 의해 장식(아리야식)과 전식의 관계가 서술되어 있다. 일견 전술한 『삼십송』 등의 교설과 같은 것으로 보인다. 그렇지만 근본적인 점에서 양자는 다르다. 그것은 『삼십송』 등은 전식을 문제로 삼아 그 소의(所依)를 언급하고 있는 것에 대하여, 4권 『능가경』은 아리야식을 문제로 삼아 전식에 이른다는 문맥으로 되어 있는 점이다. 말하자면 말단에서 근본으로 향하는가(『삼십송』의 입장), 근본에서 말단으로 향하는가(4권 『능가경』의 입장)의 차이이다. 따라서 비슷한 비유를 사용하더라도 논리의 방향이 완전히 반대라는 점에 특히 주의해야 하는 것이다. 4권 『능가경』의 '해·파의 비유'의 두 번째 예는 여래장과 알라야식의 관계를 문제로 삼는 문맥에서 사용되는 것이다.

> 이름하여 '식장(識藏)'이라고 한다. 무명주지(無明住地)에 생겨나고 7식과 함께 한다. 바다와 물결과 같다.
> 名爲識藏. 生無明住地, 與七識俱. 如海浪. (大正16.484b)

여기에서 '식장'이라고 말하는 것은 4권 『능가경』의 독특한 표현이며, 다소 요해하기 어렵다. 4권 『능가경』에서는 여래장과 아리야식은 무위법(無爲法)과 유위법(有爲法)의 다름이 있지만, 양자를 불일불이(不一不異)의 관계로 본다. 그 불일불이인 상태를 '식장'이라고 말하는 것이다. 따라서 식장인 상태로부터 뽑아내면 그것은 '여래장'이라고 말해지는 것이다. 아울러 여래장을 적극적으로 아리야식으로서 읽어들이려 하는 10권『능가경』에서는 이것을 '여래장-아리야식'이라고 표현한다.[52] 그 식장인 상태에서 식장과 전식의 관계를 바다와 물결과 같은 것이라고 말하는 것이다. 여기에서도 본래적인 것으로부터 현실적인 것을 자리매김하려는 것이 앞의 용례와 공통된다.

어느 것이 되었건『능가경』의 해 · 파의 비유는 여래장 또는 아리야식과 7전식의 관계를 근본에서 말단을 향해서 표현하려 하고 있음이 분명해졌을 것이다. 그리고 이 점을 밝히기 위해서 유식 계통의 경론과 같은 '수 · 파의 비유'가 아니라 '해 · 파의 비유'가 사용되는 것이 특징이다.

다음으로『기신론』의 용례를 검토해 두고자 한다.『기신론』에는 다음과 같이 설해져 있다.

> 대해의 물은 바람으로 인해 파동(波動)하니, 수상(水相)과 풍상(風相)이 서로 떨어지지 않는 것과 같다. 그러나 물은 동성(動性)이 아니니, 만약 바람이 그치면 동상(動相)은 곧 소멸한다. 습성(濕性)은 파괴되지 않기 때문이다.
> 如大海水因風波動, 水相風相不相捨離. 而水非動性, 若風止滅動相則滅. 濕性不壞故. (大正32.576c)

---

52) 10권『능가경』에 보이는 '여래장-아리야식'의 용례에는 예컨대 大正16.556c 등이 있다. 또한『능가경』의 여래장과 아리야식의 관계에 관해서는 본서 제3장의 주63을 참조하라.

이 설은 심생멸문의 '수염본각(隨染本覺)' 단에 설해진 것이다. 여기에서는 평등법신(平等法身)인 본각과 구체적인 존재인 생멸심(=중생)과의 관계가 문제가 되어 있다. 지금까지의 『삼십송』이나 『능가경』의 용례와 비교하여 상당히 치밀한 비유가 되어 있음을 요해할 수 있다.

여기에서는 "생멸심이 물결이다"라고는 설해져 있지 않다. '파동(波動)'이라고 말하는 것처럼 '대해수(大海水)'가 계속 동요하는 상태로 파악되어 있다. 우선 이 정의에 의해 생멸심과 법신을 두 개로 세우는 견해를 거부한다. 그리고 '파동'은 '수상'과 '풍상'이 연기함에 의해 성립한다고 하면서 '수상·풍상'이라는 구체적인 상태는 그것들의 본질인 '동성·습성'과는 구별되어 있다. 이처럼 '상(相)'과 '성(性)'을 나누어 사용함으로써 구체성과 본래성을 구별하는 것이다. 따라서 『기신론』의 이 비유 가운데에는 우선 '물결'을 대해수가 파동하는 상태로 이해함으로써 생멸심과 법신이 양적으로 불이(不二)의 관계를 나타내고, 다음으로 '물결'에 동성과 습성이라는 개념을 써서 생멸심과 법신의 질적으로 불이인 관계를 나타내는 것이다.

이상으로 유식 계통 논서로부터 『능가경』 → 『기신론』으로 살펴보게 되면, '해·파의 비유'와 '수·파의 비유'가 다른 것을 나타내고 있음이 분명해질 것이다. 유식 계통 논서에 설해진 '수·파의 비유'와 『능가경』에 설해진 '해·파의 비유'에서는 비유하고자 하는 주체가 다르다. 그리고 『능가경』과 『기신론』에서는 '물결'의 파악 방식이 기본적으로 다른 것이다.

이 점을 『법계관문』의 '이' 개념의 이중성과 겹쳐서 볼 때 어떤 점을 말할 수 있을까? 우선 『법계관문』의 '이' 개념에 특징적인 "능편의 이치는 성에 분한이 없다"라는 전체성을 나타내는 측면이, 이들 '해 · 파의 비유'의 '바다'로부터 왔음은 거의 틀림없을 것이다. 그 때문에 두순의 '이' 개념의 배경에는 『능가경』 혹은 『기신론』이 존재하는 것으로 보인다. 그러나 『능가경』은 물결과 물의 관계는 언급하지 않으므로 이것은 다른 데에서 왔을 것이다. 또한 유식 계통의 논서나 『능가경』에서는 이 비유는 본식(本識)과 전식(轉識)의 관계를 나타내는 것이며, 일체법과 그 근거의 관계를 의미하는 것은 아니었다. 더욱이 『기신론』에서는 물결은 어디까지나 '파동'이 되어 있고, 스태틱(static)한 상황 속에서의 물결과 물이 문제가 되어 있는 것은 아니었다. 이렇게 소거법(消去法)으로 생각하게 되면, 비유로서는 『기신론』의 설과 크게 관계가 있다고 말할 수 있지만, 그 이해에 관해서는 어떤 경론과도 공통되지 않는 두순의 독특한 사상인 것으로 생각된다. 그 때문에 이 점은 단락을 바꿔서 마지막으로 생각해 보고자 한다.

이러한 해 · 파의 비유에 기초하여 두순 독자의 전체성을 나타내는 '이'의 개념이 형성되었던 것은 아닐까 하고 생각되는 것이다. 그 한편에서 『반야경』 등에 기초하는 '진리' 혹은 '법칙'적인 개념도 거두어들여 성립한 것이 두순의 '이'인 것이다. 이러한 두순의 사상은 지엄에게 어떻게 계승된 것일까?

그래서 마지막으로 화엄교학의 사실상의 개조인 지엄에서 '이'의 문제를 고찰해 두고자 한다. 이미 제6장에서 육상설을 둘러싼 『십지경론』의 설과 지엄의 이해의 간극에 관해서는 설명했으므로 여기에서는 지엄의 사상적 특징에 문제를 집약해서 생각해 가고자 한다. 지엄은 『수현기』에서 『십지경론』의 육상(六相)을 풀이하여 육상에는 두 가지 의미가 있다고 하고 나서, 다음과 같이 말한다.

> 인연생(因緣生)의 과법(果法)은 미혹을 일으킨다는 뜻이 드러난다[*역자 주: 원서의 한문 오역을 수정함]. 이 때문에 논주는 따로 육상을 가지고서 비추어 이(理)에 들어가게 한다.
> 因緣生果法起迷義顯. 爲此論主別將六相照令入理. (大正35.66b)

이 인용문은 지엄의 육상 이해의 본질을 밝히는 것이라고 생각되는 것이며, 제6장에서도 이미 설명한 바와 같다. 원래는 인(因)의 육의(六義)나 사연(四緣)과 육상은 어떻게 다른 것인가를 문제로 삼는 장면에서 설해진 것이다. 그리고 여기에서의 지엄의 주장은 다음과 같은 것이다. 곧 인연소생(因緣所生)의 법은 통상의 인식 속에서는 '의미'가 [상대적으로] 세워져서 전체로부터 분절된 것이 되어 버리므로 본질이 분명해지지 않는다. 그래서 세친은 육상을 밝혀 '이'에 참입(參入)하게 한다고 말한 것이다. 또한 이 문장 바로 뒤에 문답을 세워 다음과 같이 말한다.

> 물음: 어찌하여 다만 총·별의 육의는 이에 따름이 증가함을 얻고 사를 취하지 않는다고 알 수 있는가? 답변: 논주는 사가 육상을 갖추지 않음을 간별한다. 오직 의(義)를 기준으로 삼아 논하므로 아는 것이다.
> 問何以得知但總別六義得順理增不取於事. 答論主簡事不具六相. 唯約義辨, 故知也. (大正35.66b)

이 문답에 따르면, 여기에서 '사'가 앞의 인용문 속의 "인연생의 과법"을 가리키고 있음은 분명하다. 이들 인용문을 통해 점차 확인되는 지엄의 '이 · 사'관은 인간의 분별에 의해 성립하는 구체적인 개개의 사상(事象)은 사물의 본질이 아니며, '육상'을 이해하여 그 자체의 본질을 보아야 한다는 내용이 될 것이다. 따라서 이 『수현기』의 용례로부터는 두순과 같은 '분한이 없는 이[無分限理]'라는 개념을 볼 수는 없다. 또한 『수현기』는 「십지품」의 제6 현전지에서 법계연기를 밝히면서 '일심(一心)'이라는 개념을 축으로 하여 전개한다.[53] 이 '일심'은 『기신론』[54]이나 『능가경』[55] 등에 설해진 개념이며, 만약 지엄[의 이론]이 두순의 이사설(理事說)을 그대로 계승하는 것이라면, '이'라는 개념을 토대로 하면서 '이 · 사'의 관계에 의해 설하는 것이 어울리는 장면이라고 할 수 있다. 이렇게 생각해 보면 지엄은 두순의 이사설을 그대로의 형태로 계승하는 것은 아님이 분명해질 것이다.

이러한 관점에 서서 『법계관문』과 『일승십현문』을 비교할 경우 지엄이 분명히 두순의 설에 따르는 것은 '일즉다', '일중다'라는

---

53) 『수현기』의 해당 개소는 大正35.62c~63c이다. 이 문제에 관해서는 본서 제6장 제2절 「『수현기』의 법계연기사상」에서 이미 서술하였다.

54) 『기신론』 「해석분」의 '현시정의(顯示正義)' 단에는 "일심법에 의하여 2종의 문이 있다[依一心法有二種門]"이라고 되어 있다(大正32.576a).

55) 10권 『능가경』 권1에 다음과 같이 되어 있다.

> '적멸'이란 '일심'이라고 이름한다. '일심'이란 '여래장'이라고 이름한다.
> 寂滅者名爲一心. 一心者名爲如來藏. (大正16.519a)

다만 4권 『능가경』에는 해당하는 문장이 존재하지 않는다. 이 점에 관해서는 본서 제3장의 주62를 참조하라.

'일'과 '다'의 개념에 의해 법계연기를 나타내려 하는 태도라는 점을 쉽게 알아차리게 된다. 그리고 제6장에서도 고찰한 것처럼, 『일승십현문』에서는 '이 · 사'라는 관점은 몇 개의 카테고리 중의 하나이며,[56] 이사설이 주장의 전면에 서 있는 것은 아니다. 이렇게 생각해 가면 화엄교학에서 지엄의 사상사적 위치가 명확해진다. 곧 지엄은 원래 두순의 가르침을 받았지만, '분한이 없는 이'와 『화엄경』을 결합하는 관점으로서 『십지경론』의 육상설과 만나고, 그것을 법계연기로서 조직화했지만, 그 중심은 '무분한의 이'가 아니라 '일심'이었다. 본 절에서 고찰한 것처럼 '분한이 없는 이'라는 개념의 배경에 '해 · 파의 비유'를 사용하는 『능가경』 등이 있었다고 한다면, 유식 계통의 논서인 『섭대승론』을 깊이 배운 지엄에게는 ['분한이 없는 이'는] 그대로의 형태로는 받아들일 수 없는 사고방식이었던 것이 틀림없다.

---

56) 『一乘十玄門』(大正45.515c) 참조.

제4절 법장의 '이사무애'의 법계연기에 관하여

이상으로 초창기로부터 대성기에 이르는 화엄교학에서 법계연기와 '이·사'의 문제에 관한 통찰을 얻을 수 있었다. 두순의 『법계관문』과 지엄의 교학 사이에는 공통되는 점과 공통되지 않는 점이 존재한다. 그리고 지엄과 법장의 사이에도 공통되는 점과 그렇지 않은 점이 있고, 법장 자신에게도 『오교장』과 『탐현기』에서는 공통되지 않는 측면이 있는 것이다. 그래서 본 절에서는 『탐현기』의 '분제없는 이[無分齊理]'라는 개념에 기초하는 '이사무애'라는 표현을 법장의 연기관의 최종적인 것으로 생각하고서, 거기에 이르는 사상적인 배경과 그 내용을 고찰해 가고자 한다.

우선 법장이 생각하는 화엄교학의 출발점은 지엄의 '육상' 이해였다. 『십지경론』의 육상설의 입장은 진리의 언어 표현에 관한 문제였는데, 지엄은 이것을 하나하나의 연기법의 본성에 관한 것이라고 보았다. 그 배경에는 두순의 '이·사'에 관한 설이 있었음은 이미 밝혀온 것과 같다. 또한 지엄은 『수현기』「십지품」의 제6지에서 법계연기를 나타내면서 이것은 '소의(所依)인 관문(觀門)'이라고 말한다.[57] 소의인 관문이란 중생이 그것을 닦아서 진리에 이르는

57) 『수현기』 권3하(下)에 "지금의 소의인 관문도 하나가 아닌 것이다[今所

길[道筋]을 의미하는 것이므로, 입론(立論)의 기본은 중생 쪽에 있다고 말할 수 있다. 그래서 부처의 지혜와 중생의 입장을 만약 과(果)와 인(因)이라고 한다면, 여기에서 밝혀지는 지엄의 기본적 입장이란 '종인향과(從因向果)'라고 할 수 있다. 이는 화엄교학을 본래 '종과향인(從果向因)'이라고 일컫는 것과 모순되는 것 같지만, 결코 그렇지 않다. 어디까지나 '과'로서의 불지(佛智)를 밝히려 하는 점에서는 '종과향인'인 것이지만—언어 표현을 매개로 하여 나타난 측면과 나타내는 측면의 차이가 있다고 하면 좋을지 [모르겠지만]—시니피앙과 시니피에의 관계에서 시니피앙을 기본으로 한다는 것과 같은 의미이다.

곧 이미 서술한 것처럼, 『탐현기』에 의해 밝혀진 것과 같은 '분제 없는 이'에 의해 법계연기를 밝히려 하는 법장의 입장은 '의미되는 것' 쪽에서 법계연기를 언어화하려 하는 것에 해당한다. 이에 대하여 지엄은 법계연기를 '의미하는 것' 쪽에 서서 이해하고, 중생에게서 [출발하여] 불지(佛智)를 향해 [가면서] 진리를 밝히려 한다고 말할 수 있는 것이다.

이 점은 '일즉다'와 '일즉일체'의 차이를 성심껏 검토해 보면 분명해질 것이다. 『오교장』의 '십현연기무애법문의(十玄緣起無礙法門義)'가 지엄의 『일승십현문』을 이어서 써진 것임은 두말할 나위 없다. 그러나 상세히 검토해 보면 중요한 점에서 공통되지 않는 점이 있음도 부정할 수 없다. 예컨대 『오교장』은 첫머리에서 법계연기에

依觀門非一]"라고 결론 내린 것에 의한다(大正35.63c). 또한 이 문제에 관해서는 본서 제6장 제2절 「『수현기』의 법계연기사상」에 서술하였다.

2문을 드는 개소에서 '십불(十佛)의 자경계(自境界)'를 풀이하여 다음과 같이 말한다.

> 처음의 뜻은 원융자재(圓融自在)하여 일즉일체, 일체즉일이다. 그 상상(狀相)을 설할 수 없을 뿐이다.
> 初義者, 圓融自在一即一切一切即一. 不可說其狀相耳. (大正45.503a)

『일승십현문』도 기본적으로는 같은 취지의 말을 서술하고 있지만, 다음과 같이 서술할 뿐으로 '일체즉일'이라는 점은 보이지 않는다.

> 이른바 '과'란 자체가 궁극적으로 적멸한 원과(圓果)이다. 십불의 경계로서 일즉일체이다.
> 所言果者, 謂自體究竟寂滅圓果. 十佛境界一即一切. (大正45.514b)

『오교장』은 이 밖에도 '일즉일체'를 몇 개의 개소에서 설하고 있지만, 어떤 경우에도 '일즉일체'와 '일체즉일'을 병행해서 사용한다.[58] 그러나 지엄은 '일체즉일'이라는 점을 나타내지는 않는 것이다. 이 점은 간과되는 경향이 있는데, 본 절의 문맥에서 말하자면 매우 중요한 문제이다. 또한 지엄은 '일즉다', '다즉일'이라는 관점을 『수현기』에서도 『일승십현문』에서도 역설하고 있으므로 '다즉일'과 '일체즉일'은 별개의 것을 나타낸다고 생각해야 하는 것은 아닐까? 지엄은 『일승십현문』에서 '일다상용부동문(一多相容不同門)'

58) 여기에 든 용례 이외에는 大正45.481a, 485b, 505a가 있다.

을 풀이하면서 "이는 이치를 기준으로 한다"라고 서술하므로[59] 이러한 상위(相違)는 '이'의 개념의 상위에 기초한 것일지도 모른다. 그래서 우선 지엄의 '일'과 '다'가 나타내는 문제에 관해서 검토를 가해 보자.

『일승십현문』은 연기법을 밝힘에 있어서 하나의 비유를 전면에 내세우고 있다. 유명한 『화엄경』 권10 「야마천궁보살설게품(夜摩天宮菩薩說偈品)」의 '수법(數法)의 10'의 비유이다.[60] 그리고 거기에서 이체(異體) · 동체(同體)의 2문을 세우고 나서 '일중다 · 다중일'과 '일즉다 · 다즉일'을 설하는 것이다. 이 '중(中)'과 '즉(卽)'이 어떠한 차이를 가지는 것인가, 이 점에 관해서 『일승십현문』에서는 해설되어 있지 않지만, [그 내용은] 제6장 제1절에서 고찰한 바와 같다. 또한 본 장 제2절에서 설명한 바대로 『수현기』에서는 다음과 같이 서술하고 있다.

> '일중다(一中多)'란 1이라는 수에서 10을 보기 때문이다. '다중일(多中一)'이란 10이라는 수 속에서 1을 보기 때문이다. 또한 '일즉다(一卽多)'란 1이라는 수는 곧 다(多)로서 1을 보지 않기 때문이다. '다즉일(多卽一)'이란 다(多)의 수는 곧 1로서 다를 보지 않기 때문이다.
> 一中多, 一數中見十故. 多中一者, 十數中見一故. 又一即多者, 一數即多而不見一故. 多即一者, 多數即一而不見多也. (大正35.27b)

59) 大正45.517b.
60) 大正9.465a.

이 설에 의하면 '일즉다'의 쪽은 현실적으로 ['일'이] '다'임을 문제로 삼는 것이며, 그때에는 '일'과의 관계를 문제로 삼는 것은 아니며, '일'은 '다'의 본래성으로서 문제가 될 뿐이다. 한편 '일중다'는 현실적으로 '1' 속에서 본래적인 '10'을 보고, 양자의 관계를 문제로 삼고, '1'이 '1'에 머무르지 않고 '10'으로 변화해 가는 것과 같은 점을 '1'에 서서 문제로 삼는 것이다. 연기에 의해 성립된 모든 존재는 한순간도 머무르지 않는, 이른바 '무상'한 것이다. 그 때문에 연기법을 논리적으로 밝히려면, 운동 혹은 변화로서 논해야 하는 상황이 된다. 또한 계속 변화하는 사물의 존재적인 구조를 밝히려면, 시간적인 경과를 전혀 고려하지 않은 채, 연속하는 사물을 어떤 시점에서 절단한 두 단면의 구조 속에서 그 관계를 밝혀야 한다. 불교가 연기설을 설함에 다음과 같은 두 가지 정형구를 사용해 온 것에는 이러한 배경이 있었다고 생각된다.61)

A	이것이 있을 때 저것이 있고, 이것이 없을 때 저것은 없으며,	이것이 생함으로부터 저것이 생하고, 이것이 멸함으로부터 저것이 멸한다.	B

왜냐하면 이 문장에는 A=동일 시간 내의 공시적 관계(相依相待의 연기, 제3·4장 등에서는 '~이다 계통의 연기'라고 불러왔음)와 B=통시적 관계(인과의 연기, 비슷한 방식으로 '~이 되다 계통의 연기'라고 불러왔음)라는 두 측면이 있다.62) 공시적 관계란 소쉬르

61) 이 점에 관해서는 후나하시 잇사이(舟橋一哉)의 『原始仏教思想の研究』(法蔵館, 1952), 제2 「阿含における縁起説の二面について」, pp 61~64 참조.

가 말한 것처럼 "사물의 상태 · 구조"를 밝히는 것이고, 통시적 관계란 "사물의 운동 · 변화 · 역사"를 밝히는 것이다.[63] 이렇게 연기의 정형구 가운데에는 2중의 의미가 있는 것이다. 그리고 이러한 관점에서 보면 지엄이 말하는 '즉'은 이 공시적 관계에 의해 연기법을 밝히고자 한 것이고, '중'은 통시적 관계에 의해 연기법을 밝히고자 한 것임을 요해할 수 있다. 이를 정리하면 다음과 같이 될 것이다.

일중다 → 일이 다가 되는 것과 같은 '일'
다중일 → 다가 일이 되는 것과 같은 '다'
일즉다 → (본래적으로는 '일'이지만) 현실적으로 다이다.
다즉일 → (본래적으로는 '다'이지만) 현실적으로 일이다.

이러한 점에서 보면, 『일승십현문』에 설해진 일 · 다의 연기는 연기의 내용을 실로 적확하게 정리한 것이라고 말할 수 있다. 그리고 이 경우 '일'이 '다'와의 관계 속에서 파악되는 점에 특히 주의해야 한다. 왜냐하면 '일'이라는 개념 자체가 '다'와의 관계 속에서 생겨나기 때문이다. '일'은 분별에 의해 '일'이라고 파악됨에 의해 '일'이 되지만, 무언가를 일(一)로 분절(分節)하는 것은 전체를 '일'과

---

62) 연기에서의 공시와 통시의 관점에 관해서는 본서 제4장 제1절 「연기사상의 전개로부터 본 『기신론』의 연기설」에서 서술한 것 외에 제3장 이하의 곳곳에서 이 문제를 언급하고 있다.
63) 立川健二 · 山田広昭, 앞의 책(앞의 주17에 소개됨), 「ソシュール」(p. 30 이하) 및 「共時態と通時態」(p. 40 이하) 항목 참조.

그것 이외[多]로 나누는 것이기 때문이다. 이 경우 무엇인가를 '일'로 한정함에 있어서 언어가 그 역할을 다하는 것은 두말할 나위 없을 것이다. 곧 언어에 의해 무언가가 특정의 '일'로서 파악됨으로써 '일'과 '다'가 출현하는 것이다.

수학자의 지적에 의하면 이러한 '일'에는 대개 세 가지 의미가 있다고 한다. 첫째 전체 혹은 혼돈에서 일어나 독립한 존재. 둘째 기수(基數=個數)로서의 '1', 공간적으로는 1개, 시간적으로는 1회로 세기 위해 기본이 되는 수. 셋째는 서수(序數)로서의 '1', 최초, 시작. 그리고 첫 번째의 '1'은 혼돈 혹은 전체와 대립하고, 두 번째의 '1'은 2, 3, 다(多)와 대립하며, 세 번째의 '1'은 다음, 뒤와 대립한다고 말한다.[64] 이 점을 파악해 보면 지엄이 말하는 '일·다'는 어디까지나 인간의 현실적 인식 세계 속의 문제임을 요해할 수 있을 것이다. 그리고 분별을 넘어선 '십불 자경계'를 나타내는 경우에도 '일즉일체'라고는 말하지만 '일체즉일'이라고는 말하지 않으므로 이 경우에도 인간의 인식이 기점이 되어 있음을 요해할 수 있다. 지엄이 법계연기를 '소의인 관문'으로 자리매김하는 것은 이러한 의미인 것이다.

이것에 대하여 법장은 지엄의 사상에 전면적으로 의거하면서 『오교장』에 '일체즉일'이라는 관점을 도입하고 있다. 이것은 마찬가지로 '십불 자경계'를 나타내는 입장에 서면서도 '십불' 쪽에서 진리를 설하고자 하는 것이다. 이것은 똑같이 언어화된 경전을 근거로 삼아 법계연기를 밝히려 함에 있어서 지엄과는 근본적으로 입

64) 野崎昭弘, 앞의 책(앞의 주40에 소개됨), 「「一」の誕生」(pp. 5~17) 항목 참조.

장을 달리한다고 볼 수 있을 것이다. 그리고 이 점은 법장의 독자적인 발상이라고 생각된다. 왜냐하면 똑같이 지엄의 사상을 계승하면서 신라의 의상(義湘)은 '이이상즉(理理相卽)'을 주장하기 때문이다.[65] '이이'라고 말한 이상 법장과 같은 '분제 없는 이'라는 것을 말하는 것이 아니다. 개개의 '사'의 본래성을 나타내는 것이며, 화엄의 연기에서는 온갖 사물은 융통하고 있음을 주장하는 것이다. 이 의상의 '이시상즉'설은 지엄이 말하는 것과 같은 인간 인식의 '일'을 한걸음 더 나아가게 하여 이데아화한 것이라고 볼 수 있을 것이다. 그러나 법장의 기본적인 입장은 현실적인 '일'이 아니라 '일체' 쪽에 있다. 이것에 의해서도 법장의 주장의 독자성을 수긍할 수 있을 것이다.

이상의 논점들을 형식적으로 표현하자면 '분제 없는 이'라는 관점은 '일 · 다'의 연기를 상대화하여 '십불의 경계'에서 '일 · 다'의 연기를 밝히기 위한 관점으로서 발견된 것이라고 말할 수 있다. 이러한 '분제 없는 이'라는 사상은 아마도 제3절에서 밝힌 바인 '해(海) · 파(波)의 비유' 등을 토대로 하여 고안해 낸 것이라고 생각되지만, 그것은 원래 일체법과 그 본체를 문제로 하는 것은 아니었

---

65) 『화엄일승법계도』에는 다음과 같이 되어 있다.

> 만약 별교일승에 의하면 이이상즉한다. 또한 사사상즉을 얻으며, 또한 이사상즉을 얻으며, 또한 각각 상즉하지 않음을 얻고, 또한 상즉함을 얻는다.
> 若依別教一乘, 理理相即. 亦得事事相即, 亦得理事相即, 亦得各各不相即, 亦得相即. (大正45.714b)

또한 의상의 이이상즉설(理理相即說)에 관해서는 이시이 코세이(石共公成)의 앞의 책(앞의 주7에 소개됨), 제1부 제3장 제4절 「理理相即說の形成」(p. 255 이하) 참조.

다. 해・파의 비유를 설하는 『능가경』에서는 어디까지나 본식(알라야식)과 전식과의 관계를 비유한 것이다. 본식은 '일체종자식'이라고도 불리며, 그것을 소의로 하여 여러 식이 생겨난다고 설하는 것이므로 이 문맥에 따르는 한에서는 이것은 인과의 연기를 나타내는 것이며, 통시적인 연기 속에서 설해지는 것이다. 이것에 대하여 법장이 이사무애에 의해 설하고자 한 것은 이에 의해 사가 생겨난다는 것은 아니다. 어디까지나 동일 시간 내의 구체적인 것과 전체적인 것의 관계이다. 따라서 이것은 공시 관계의 연기이며, '상의상대'의 연기이다.

그리고 [이 논의에] 덧붙이자면, 법장에게 통시적인 연기 관계를 나타내는 개념은 '수연(隨緣)'이며, 초기에는 '진여의 수연'[66], 후기에는 '여래장(=心性)의 수연'[67]으로 표현된 것이다. 이 '수연'이라는 사상도 오해되기 쉬운 것인데, 결코 시간적인 경과를 문제로 삼는 것은 아니다. 연속 변화하는 사물을 어떤 단면에서 잘랐을 때 두 개의 단면이 나타나는데, 그 두 개의 단면에 무엇인가의 차이가 있을 때 그것을 '변화'라든가 '운동'이라고 부르는 것이며, 그 차이

66) 『대승기신론의기』 권중본(中本)에 "진여에 두 가지 뜻이 있다. 첫째 불변의 뜻, 둘째 수연의 뜻이다[真如有二義. 一不變義, 二隨緣義]"라고 되어 있다(大正44.255c).

67) 『대승법계무차별론소』에 "이 종(여래장연기종)은 여래장이 수연하여 아뢰야식을 이룬다고 인정한다[此宗許如來藏隨緣成阿賴耶識]"라고 되어 있다(大正44.61c). 그리고 이 문장은 본서 결장 제1절에서 보인 바와 같다. 또한 법장의 여래장연기의 개념에 관해서는 본서 제7장 제3절 「여래장수연사상의 심화」를 참조하라.

사이에 시간과 공간이라는 개념이 출현하는 것이다. '수연'이라는 개념은 변화하는 것을 나타내는 것이고, 시간적으로 선행하는 무엇인가를 나타내는 것은 아니다. 이 점을 오해하면 진여 혹은 여래장이 시간적으로 제법에 선행하는 본체와 같은 것이라고 오해되어 버리는 것이다. 알라야식과 전식은 통시적인 연기에서, 여래장사상은 공시적인 연기에서 본래 설해진 것이다. 이 점을 혼동해서는 안 되는 것이다.

『오교장』에서는 아직 '분제 없는 이'라는 관점에서 '이사무애'로 정리되어 설해진 것은 아니지만, 그렇게 정리되어 가는 맹아를 확실히 간파할 수 있다. 그리고 『탐현기』에 이르러 '분제 없는 이'에 기초한 '이사무애'의 법계연기가 주장되는 것이다. 법장은 의상에게 부친 서간에 보인 것처럼, 원래 스승인 지엄의 사상을 조술하는 것을 자신의 과제로 삼고 있었다.68) 그 과정에서 '분제 없는 이'라는 주장을 하였던 것이다. '분제 없는 이'라는 관점만 가지고서 보면, 법장의 주장은 두순의 『법계관문』으로 돌아가는 것 같은 느낌[*역자 주: 원문의 '觀'을 '感'의 誤植으로 보고 수정하여 번역함]이 있다. 그러나 법장과 두순의 직접적인 사상적 관계를 뒷받침하는 것과 같은 자료는 과문(寡聞)하여 볼 수 없었다. 그렇다면 이 점은 대체 무엇에 기초한 것일까? 다시 『탐현기』의 설을 살펴보자.

---

68) 『기해동서』에 다음과 같이 되어 있다.

화상(=지엄)의 장소(章疏)는 뜻은 풍부하되 문장은 간략하므로 후인(後人)으로 하여금 취입(趣入)하는 것을 많이 어렵게 만들고 말았다. <u>이에 갖추어 화상의 미언묘지(微言妙旨)를 기록하여 『의기』를 정돈하여 이루었다.</u>
以和尚章疏, 義豐文簡, 致令後人多難趣入. <u>是以具錄和尚微言妙旨, 勒成義記.</u>
(『圓宗文類』 권12, 續藏1-103.422左上)

첫째는 말하자면, 일체의 교법은 체를 들어 진여이니, 사상(事相)이 완연(宛然)하여 차별 있음을 가로막지 않는다. 둘째로 진여가 체를 들어 일체법이 되니, 일미담연(一味湛然)한 평등을 가로막지 않는다. 전자는 곧 물결은 물에 즉하여 동상을 가로막지 않는 것과 같다. 후자는 곧 물은 물결에 즉하여 습한 체를 잃지 않는 것과 같다.

一謂, 一切教法, 舉體真如, 不礙事相歷然差別. 二真如, 舉體爲一切法, 不礙一味湛然平等. 前即, 如波即水不礙動相. 後即, 如水即波不失濕體. (大正35.119a)

이것은 능전교체문(能詮教體門)의 '이사무애' 단에 설해진 것인데, 거의 앞의 단락에서 고찰한 『기신론』의 비유에 의해 진여와 사상(事相)의 관계를 설하고 있다. 그리고 이 직후에 '이사혼융무애(理事混融無礙)'를 말하고 있으므로 진여가 '이', 사상이 '사'를 의미하고 있음은 거의 틀림없다. 그다음으로 여기에서 특히 주목해야 할 것은 『기신론』이 어디까지나 '파동'이라는 운동 변화 속에서 이러한 점을 설하고 있었다는 점이다.[69] 그런데 법장은 그것을 스태틱(static)한 상황인 '물결과 물'이라는 두 개의 개념 사이의 문제로서 언급하는 것이다. 그리고 이후에 이러한 가르침은 『유마경(維摩經)』에 설해져 있다고 말하고 있다.[70] 이것은 아마도 『유마경』

69) 본서 결장 제3절에서 다룬, 『기신론』 용례의 검토(p. 668 이하)를 참조하라.

70) 『탐현기』 권1의 해당 개소에는 다음과 같이 나온다.

마땅히 알아야 한다. 이 가운데의 도리도 또한 그러하다. 이 때문에 이사혼의 「입불이법문품(入不二法門品)」[71]을 가리킨다고 생각되는데, ‘불이(不二)’라는 관점에 서서 『기신론』의 비유를 해석한 것이다. 『유마경』의 ‘불이’라는 관점은 ‘연기’를 공시적인 관계 속에서 밝힌 것이므로 본래 ‘~이다’라는 문맥 속에서 이해해야 하는 문제이다. 따라서 법장이 “체를 들어 일체법이 되니”라는 통시적인 관계를 그 속에 읽어 들이는 것은 본래 있어야 할 문맥을 일탈한 독해법이라는 말이 된다. 곧 법장은 『기신론』이 운동 변화를 전제로 하였으므로 그 가운데에서 공시적인 문제로서 밝힌 것을 처음부터 통시적으로 이해하고, 그것에 의해서 생겨나는 모순을 진여의 초월성으로 이해한 것 같다. 이 점을 보다 구체적으로 말하자면, 예컨대 『유마경』의 교설이라면 “물결과 물은 불이이다”라는 식으로 말하게 될 것이다. 이에 대하여 법장은 물결과 물의 존재를 전제로 한 다음 “물결과 물은 불이이지만, 물결의 운동성은 저해되지 않는다”라고 주장한다는 말이 되는 것이다. 이미 밝힌 것처럼 지엄의 ‘즉’과 ‘중’의 연기에 의하면, ‘즉’의 입장에서는 물결을 보고 있을 때에는 물을 보지 않고, 물을 보고 있을 때에는 물결을 보지 않는 것이 그 의미였으므로, 이 점에서도 처음부터 [물결과 물이라는 독립적인] 두

융무애하여 오직 하나의 무주불이법문이다. 『유마경』에서 이 뜻을 풍부하게 드러내었다.
當知, 此中道理亦爾. 是故理事混融無礙唯一無住不二法門. 維摩經中盛顯斯義. (大正35.119a)

71) 법장의 문의(文意)로부터 보건대 「관중생품(觀衆生品)」의 “문수사리여, 무주의 근본으로부터 일체법을 이룬다[文殊師利, 從無住本立一切法]”라는 문장(大正14.547c)과 「입불이법문품」의 설(大正14.550b~c)의 취의라고 생각된다.

가지를 전제로 하는 법장의 '이사무애설'은 연기설을 일탈하고 있다고 말해야 한다.

이렇게 생각하게 되면, 법장이 말하는 '이'의 입장은 인간의 인식세계에서 문제가 되었던 '연기'를 설하는 것이 아니라고 말해야 함이 분명해질 것이다. 그리고 이 입장을 어떻게 생각할까, 곧 법장 자신이 말하는 것처럼 불가설(不可說)인 '십불 자경계'를 언어화한 것이라고 볼 것인가, 아니면 언어화된 것을 전제로 한 형이상학적인 것인가, 이것이 큰 문제가 되는 것이다. 이 문제를 풀어 가는 열쇠는 법장이 언어와 존재물의 관계를 어떻게 이해하고 있었던가 하는 데에 있다. 앞의 인용문에서도 전반은 '일체의 교법'과 진여의 관계를 문제로 삼고, 후반에서는 '일체법'이라고 말하고 있다. 일체의 교법이란 언어에 관한 문제를 나타내고 있다고 이해할 수 있고, 일체법은 제(諸) 존재에 관한 문제를 나타내고 있다고 이해할 수 있다. 따라서 앞의 인용문은 하나의 사실을 두 측면에서 말하고 있을 뿐인가, 아니면 다른 것을 문제로 삼고 있는 것인가, 이 점을 밝히는 것과 같은 실마리를 발견하지 않으면 법장의 '이' 개념을 참된 의미에서 해명한 것이 되지는 않는 것이다.

법장에 이르는 화엄교학의 흐름에서 법장이 '법계연기'라고 부르는 것을 두순 이래 일관되게 추구해 왔음은 부정할 수 없다. 이 의미에서 두순을 화엄종의 초조로 하는 데에는 어떤 문제도 없다. 지엄 사상의 가장 기초적인 것은 두순에 의해 형성되었다고 생각되기 때문이다. 게다가 지론 · 섭론 · 법상유식 등의 교학이 겹쳐서 지엄의 사상이 이루어진 것이다. 진리의 언어화에 관한 문제였던 『십지경론』의 육상설을 존재 일반에 관한 것으로 본 것에는 언어와 존재에 관한 중요한 전개가 있다고 말할 수 있다. 그리고 이 점은 법장의 이사설에도 큰 영향을 끼치는 것이다. '해(海) · 파(波)의 비유', '수(水) · 파(波)의 비유'를 복합적으로 도입한 법장의 '이' 개념은 '물결[波]'에 존재하는, 바다[海]이기도 물[水]이기도 한 것과 같은 내용으로 되어 있다. 따라서 물결을 '파동'으로 파악하는 『기신론』과 언어에 의해 의미 부여가 된 스태틱한 '물결'을 기본으로 하는 법장 사이에는 기본적인 입장의 차이가 있다. 그것은 '연기'에서 통시적인 입장과 공시적인 입장의 차이이다. 그리고 이 점은 여래장사상과 알라야식사상의 입장의 차이나 중관사상과 유식사상의 입장 차이를 이해해 가기 위한 중요한 열쇠라고 할 수 있다. 본래 공시적인 연기를 설하는 여래장을 통시적으로 이해하면 상키야에서 설하는 전변론(轉變論)과 같은 사상이 되어 버릴 것이다. 그 전형적인 예로서는 정영사 혜원의 이해를 들 수 있다. 정영사 혜원의 알라야식 이해는 이 문제를 정리할 수 없고, 결과적으로 모순을 범하고 있다.

이러한 배경에서 나온 것이 지엄이며, 그는 『십지경론』의 육상을 연기법에 관한 것으로 이해하여 현실적인 입장에서 부처의 경계를 밝히고자 한 것이다. 지엄의 시대는 이미 『섭대승론』을 깊이 배울 수 있었으며, 무엇보다도 법상교학의 융성이 시대적인 문제였다. 그 때문에 지엄이 통시적인 측면에서 연기설을 정리하고자 한 것은 크게 수긍할 수 있는 것이다. 그러나 지엄의 시대에는 아직 『능가경』의 여래장-아리야식과 유식의 아뢰야식이 어떻게 충돌하는지는 확실하지 않았다. 법장은 이러한 문제를 질질 끈 채 『화엄경』의 일승사상에 의해 불교를 체계화하고자 한 것이다. 따라서 『오교장』

이나 『기신론의기』에 설해진 것에는 여래장을 통시적으로 풀이하는 장면이 적지 않다. 법장의 사상을 이해하려 할 경우에 이 점이 이데아적[인 것]으로 보일 것이라 생각된다. 그 한편에서 '일즉다 · 다즉일'이라는 공시적인 연기를 설하는 것이 부처의 자경계라고 하는 지엄의 입장도 계승하고 있으므로 이것들을 어떻게 정리할까 하는 것이 법장의 큰 과제였음이 틀림없다. 법장이 도달한 결과를 가지고서 말하자면, 통시적인 연기를 설하는 것을 '여래장연기종'이라고 확정함으로써 『화엄경』은 공시적인 연기를 설하는 것으로서 이해해 가면 좋게끔 된 것 같다. 공시적인 연기란 '상의상대'이므로, 그 속에서 '의'라는 것을 매개로 하여 '능의(能依) · 소의(所依)'가 문제가 되고, 해 · 파, 수 · 파의 비유가 이미지화된 것이 아니었던 것일까? 아마도 이러한 배경에서 '이 · 사'를 골라내어 법장의 '이사무애'라는 개념이 생겨난 것이라고 생각된다. 법장은 후반생 동안 외래의 삼장과 행동을 거의 함께하고 있다. 그 가운데에서 여래장과 알라야식의 입장의 차이를 확실히 알고서 자기의 입장에 점점 큰 확신을 얻었던 것이 분명하다.

지엄의 법계연기설은 법계에 증입(證入)하기 위한 '소의인 관법'이라고 되어 있는 것에 대하여, '이 · 사'설을 기반으로 하는 법장의 법계연기설에서는 '이 · 사'가 '능전인 교체'이고, '법계연기'는 '소전인 종취'라고 되었다. '능전인 교체'란 언어화하는 것(=시니피앙), '소전인 종취'란 그것에 의해 표현되는 내용(=시니피에)이라는 말이다. 이것들은 양자가 불가리(不可離)임에 의해 의미가 형성될 뿐만 아니라, 시니피앙은 다른 모든 시니피앙과 형식적인 관계 속에서('佛=부처'라는 단어는 '부'와 '처'가 서로 연관되면서도 독립하고 있음에 의해서 성립되어 있다는 뜻), 시니피에는 다른 시니피에로부터 형식적으로 대타(對他)함으로써([‘불’이라는 말에 의해 지시된 대상인] 부처는 부처 이외의 사물로부터 구별됨으로써 다른 것과 다른 의미가 생겨난다는 뜻) 성립하고 있다. 그러한 언어 표현의 기본 구조를 문제로 삼는 것은 『십지경론』의 육상설이었는데, 그것이 연기법을 설명하는 것이기도 하다는 점을 알아차려서 성립한 것이 화엄의 법계연기사상이다.

곧 인식에서 언어와 사물의 조화이다. 아마도 사물의 근본이며, 동시에 언어의 근본임을 발견함으로써 이러한 사상이 성립했다고 생각되지만, 그것이 ‘1’이라는 개념이었던 것은 아닐까? 무언가를 ‘하나’라고 이해하고 명칭을 붙여 부르는 여기에서부터 존재하는 모든 차별적 사상(事象)이 생기는 것이다. 법장이 ‘중중무진’이라고 말하는 것은 이 시니피앙과 시니피에의 각각이 대타 관계에서 성립하며, 양자의 결합에 의해 이 세계인 사상적(事象的) 세계가 성립한다는 점을 나타내는 것이리라. 게다가 이러한 언어-사물적 세계가 아닌 것이 ‘일체’로서의 부처의 지혜의 세계이며, 그것을 나타내는 것이 『화엄경』이라는 것이 ‘별교일승’의 의미일 것이다. 법장이 지엄의 『수현기』에서 발견한 것(=별교일승 무진연기)은 이상과 같은 것이었다고 생각되는 것이다.

참고문헌

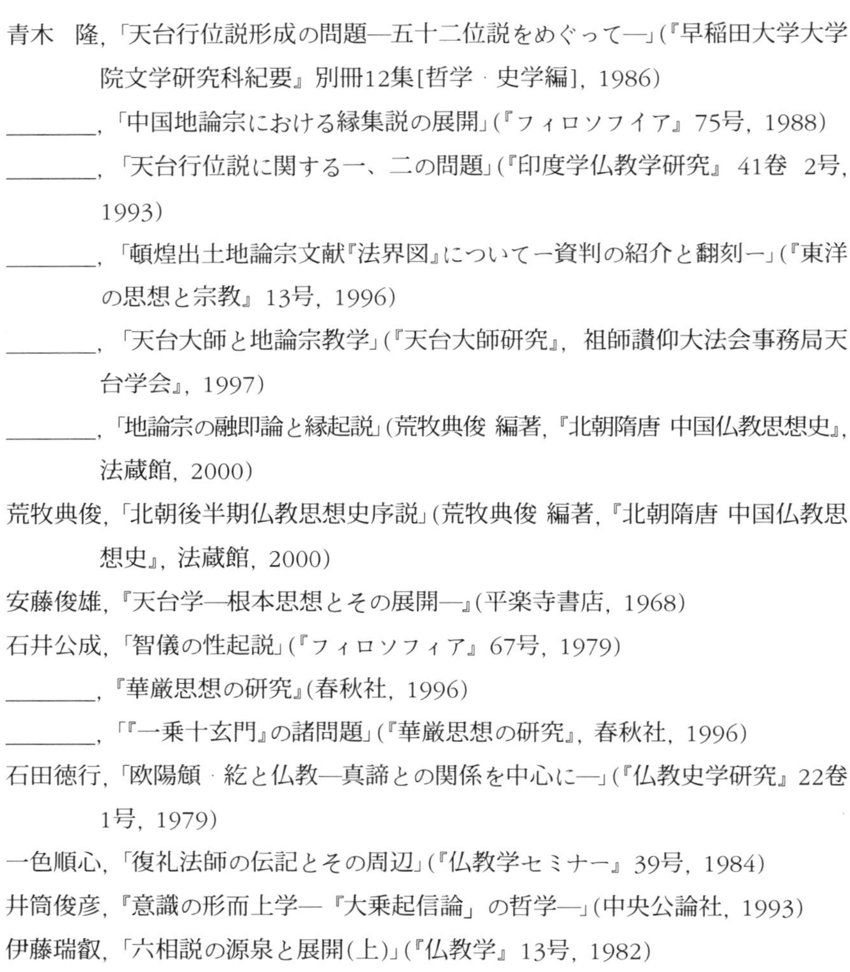

青木　隆,「天台行位説形成の問題—五十二位説をめぐって—」(『早稲田大学大学院文学研究科紀要』別冊12集[哲学・史学編], 1986)

________,「中国地論宗における縁集説の展開」(『フィロソフイア』75号, 1988)

________,「天台行位説に関する一、二の問題」(『印度学仏教学研究』 41巻 2号, 1993)

________,「頓煌出土地論宗文献『法界図』についてー資判の紹介と翻刻ー」(『東洋の思想と宗教』13号, 1996)

________,「天台大師と地論宗教学」(『天台大師研究』, 祖師讃仰大法会事務局天台学会』, 1997)

________,「地論宗の融即論と縁起説」(荒牧典俊 編著,『北朝隋唐 中国仏教思想史』, 法蔵館, 2000)

荒牧典俊,「北朝後半期仏教思想史序説」(荒牧典俊 編著,『北朝隋唐 中国仏教思想史』, 法蔵館, 2000)

安藤俊雄,『天台学—根本思想とその展開—』(平楽寺書店, 1968)

石井公成,「智儀の性起説」(『フィロソフィア』67号, 1979)

________,『華厳思想の研究』(春秋社, 1996)

________,「『一乗十玄門』の諸問題」(『華厳思想の研究』, 春秋社, 1996)

石田徳行,「欧陽頠・紇と仏教—真諦との関係を中心に—」(『仏教史学研究』22巻1号, 1979)

一色順心,「復礼法師の伝記とその周辺」(『仏教学セミナー』39号, 1984)

井筒俊彦,『意識の形而上学—『大乗起信論」の哲学—」(中央公論社, 1993)

伊藤瑞叡,「六相説の源泉と展開(上)」(『仏教学』13号, 1982)

宇井伯寿,『宝性論研究』(岩波書店, 1959)
________,『仏教汎論』(岩波書店, 1962)
________,「真諦三蔵伝の研究」(『印度哲学研究第六』, 岩波書店, 1965)
江田俊雄,『朝鮮仏教史の研究』(国書刊行会, 1977)
横超慧日,「元暁の二障義について」(『東方学報』 東京第11冊, 1940)
________,「中国仏教に於ける大乗思想の興起」(横超慧日 著,『中国仏教の研究』, 法蔵館, 1958)
________ 編,『北魏仏教の研究』(平楽寺書店, 1970)
________,「北魏仏教の基本的課題」(横超慧日 編,『北魏仏教の研究』, 平楽寺書店, 1970)
________,『中国仏教の研究第二』(法蔵館, 1971)
横超慧日・村松法文 編著,『新羅元暁二障義』(平楽寺書店, 1979)
大竹 晋,『唯識説を中心とした初期華厳教学の研究—智儼・義湘から法蔵へ—』(大蔵出版, 2007)
小谷信千代, 「和辻博士の縁起説理解を問う—釈尊の輪廻説と縁起説—」(『仏教学セミナー』 76号, 2002)
小野勝年,『中国隋唐長安・寺院資料集成』(法蔵館, 1989)
鍵主良敬, 「十地経論における阿梨耶識と自性清浄心—地論宗心識説成立基盤への一考察—」(『大谷学報』 44巻 4号, 1965)
________,「智儼における性起思想の一特質」(『大谷大学研究年報』 39集, 1986)
梶山雄一,「僧肇に於ける中観哲学の形態」(『肇論研究』 第2編 研究編, 法蔵館, 1955)
柏木弘雄,『大乗起信論の研究』(春秋社, 1981)
加藤 勉,「天台大師の撰述における引用経論の問題」(『大正大学大学院研究論集』 6号, 1982)
鎌田茂雄,『中国華厳思想史の研究』(東京大学出版会, 1965)
________,『中国仏教思想史研究』(春秋社, 1968)
________ 編,『中国仏教史辞典』(東京堂出版, 1981)

________,「『十門和諍論』の思想史的意義」(『仏教学』 11号, 1981)
________,『華厳学研究資料集成』(大蔵出版, 1983)
神田喜一郎,「唐賢首大師真蹟「寄新羅義湘法師書」考」(『神田喜一郎全集』 第二巻, 同朋舎, 1983)
木村清孝,「『法界観門』撰者考」(『宗教研究』 41巻 4輯, 1968)
________,『初期中国華厳思想の研究』(春秋社, 1977)
木村宣彰,「智顗と法蔵―その伝記にみられる異質性―」(『仏教学セミナー』 61号, 1995)
________,「法蔵における『大乗起信論義記』撰述の意趣」(『関西大学東西学術研究所紀要』 28号, 1995)
金知見 編著,『均如大師華厳学全書』下巻(後楽出版, 1977)
三枝充悳,『中論―縁起・空・中の思想(上)―』(第三文明社・レグルス文庫158, 1984)
坂本幸男,『華厳教学の研究』(平楽寺書店, 1956)
________,「地論学派に於ける心識観―特に法上・慧遠の十地論疏を中心として―」(坂本幸男,『華厳教学の研究』, 平楽寺書店, 1956)
________ 訳,『華厳経探玄記 一』(『国訳一切経』 経疏部六, 大東出版社, 1937)
________, 「賢首大師の書簡について」(坂本幸男,『大乗仏教の研究』, 大東出版社, 1980)
________, 「教判史上の誕法師」(『大乗仏教の研究』, 大東出版社, 1980)
________,「華厳同別二教判の起源について」(『大乗仏教の研究』, 大東出版社, 1980)
佐々木功成,「安楽集の六大徳に就て」(『真宗研究』 2号, 1927)
里道徳雄,「慧光伝をめぐる諸問題」(『大倉山論集』 11輯, 1974)
________,「慧光伝をめぐる諸問題(二)」(『大倉山論集』 13輯, 1978)
————, 「地論宗北道派の成立と消長―道寵伝を中心とする一小見―」(『大倉山論集』 14輯, 1979)
志賀浩二,『大人のための数学① 数と量の出会い 数学入門』(紀伊国屋書店, 2007)
新藤晋海,「霊弁述華厳経論新発見分の紹介(四)」(『南都仏教』 12号, 1962)
高雄義堅,「道綽禅師とその時代」(『宗学院論輯』 31号, 1976)

高崎直道,「真諦訳・摂大乗論世親釈における如来蔵説—宝性論との関連—」(『結城教授頌寿記念 仏教思想史論集』, 大蔵出版, 1964)
________,『如来蔵思想の形成』(春秋社, 1974)
高峯了洲,『華厳孔目章解説』(南都仏教研究会, 1964)
竹村牧男,「如来蔵縁起説について—『大乗起信論』との関係を含めて—」(『平川彰博士古稀記念論集 仏教思想の諸問題』, 春秋社, 1985)
立川健二・山田広昭,『現代言語論』(新曜社, 1990)
崔鈆植,「新羅見登の活動について」(『印度学仏教学研究』 50巻 2号, 2002)
東国大学校・仏教文化研究所 編,『韓国仏書解題辞典』(国書刊行会, 1982)
内藤龍雄,「『法経録』について」(『印度学仏教学研究』 19巻 1号, 1970)
長尾雅人,『攝大乗論　和訳と注解 上』(講談社, 1982)
中嶋隆蔵,「郭象の思想について」(『集刊東洋学』 24号, 1970)
成川文雅,「地論師の六相説」(『印度学仏教学研究』 8巻 2号, 1960)
________,「地論宗南道派に於ける二系譜」(『印度学仏教学研究』 9巻 1号, 1961)
新田雅章,「天台教学と縁起の思想」(『平川彰博士古稀記念論集 仏教思想の諸問題』, 春秋社, 1985)
野崎昭弘,『一語の辞典　一』(三省堂, 1998)
服部仙順,「六大德相承説に就いて」(『浄土学』 8輯, 1934)
日野泰道,「華厳における六相説の思想史的考察」(『大谷学報』 118号, 1953)
平川　彰,『大乗起信論』(仏典講座22, 大蔵出版, 1973)
________,『法と縁起』(『平川彰著作集』 第一巻, 春秋社, 1988)
________ 編,『如來藏と大乗起信論』(春秋社, 1990)
深浦正文,「経録の研究」(『龍谷学報』 314号, 1936)
福士慈稔,『新羅元暁の研究』(大東出版社, 2004)
藤田正浩,「初期如来蔵系経典と縁起思想」(『平川彰博士古稀記念論集 仏教思想の諸問題』, 1985)
舟橋一哉,『原始仏教思想の研究』(法蔵館, 1952)
古田和弘,「中国仏教における勝鬘経の受容と展開」(『奥田慈応先生喜寿記念 仏

教思想論集』, 平楽寺書店, 1976)
牧田諦亮, 「宝山寺霊裕について」(『東方学報』 京都第三六冊, 1964)
松本史朗, 「如来蔵思想は仏教にあらず」(『印度学仏教学研究』 35巻 1号, 1986)
________, 「『涅槃経』とアートマン」(『前田専学博士還暦記念論集 〈我〉の思想』, 春秋社, 1991)
丸山圭三郎, 『言葉とは何か』(夏目書房, 1994)
村田常夫, 「地論師の教判について」(『大崎学報』 108号, 1958)
________, 「地論師の教判に於ける頓教論」(『印度学仏教学研究』 7巻 2号, 1959)
________, 「天台の十如と華厳の六相」(『大崎学報』 110号, 1959)
望月信亨, 『講述大乗起信論』(富山房百科文庫, 1938)
安井広済 訳, 『梵文和訳入楞伽経』(法蔵館, 1976)
山口益・他, 『仏教学序説』(平楽寺書店, 1961)
結城令聞, 「隋唐の中国的新仏教組織の一例としての華厳法界観門について」(『印度学仏教学研究』 6巻 2号, 1958)
________, 「隋・西京禅定道場釈曇遷の研究—中国仏教形成の一課題として—」(『福井博士頌寿記念 東洋思想論集』, 福井博士頌寿記念論文集刊行会, 1960)
________, 『唯識学典籍志』(大蔵出版, 1962)
________, 「華厳の初祖杜順と法界観門の著者との問題」(『印度学仏教学研究』 18巻 1号, 1969)
湯次了栄, 『華厳学概論』(龍谷大学出版部, 1935)
________, 『華厳五教章講義』(百華苑, 1975)
________, 『華厳大系』(国書刊行, 1975)
吉津宜英, 「大乗義章八識義研究」(『駒沢大学仏教学部研究紀要』 30号, 1972)
________, 「慧遠の仏性縁起説」(『駒沢大学仏教学部研究紀要』 33号, 1975)
________, 「浄影寺慧遠の教判論」(『駒沢大学仏教学部研究紀要』 35号, 1977)
________, 「法蔵の四宗判の形成と展開」(『宗教研究』 53巻 1輯, 1979)
________, 「華厳教判論の展開—均如の主張する頓円一乗をめぐつて—」(『駒沢大

学仏教学部研究紀要』39号, 1981)

________, 「「縁起」の用例と法蔵の法界縁起説」(『駒沢大学仏教学部研究紀要』40号, 1982)

________, 『華厳禅の思想史的研究』(大東出版社, 1985)

________, 『華厳一乗思想の研究』(大東出版社, 1991)

織田顕祐, 『大般涅槃経序説』(東本願寺出版部, 2010)

________, 「「因中説果」と「因中有果」との違い—『起信論』理解の中心点—」(『東アジア仏教学術論集』4号, 2016)

초출(初出) 일람

서장: 「真妄から理事へ—法蔵の智儼観—」(『仏教学セミナー』 47号, 1988)을 대폭 개변(改變)함.

제1장

제1절: 「華厳一乗思想の成立史的研究—地論宗教判史から見た智儼の教学—」(『華厳学研究』 2号, 1988), 「華厳一乗思想の成立史的研究—『捜玄記』玄談を通してみた智儼教学の位置及び背景について」(『真宗教学研究』 12号, 1988)

제2절: 위와 같음

보설1): 「敦煌本『摂大乗論抄』について」(『印度学仏教学研究』 38巻 2号, 1990)

보설2): 「道憑の五時判につい」(『印度学仏教学研究』 36巻 1号, 1987)

제2장

제1절: 「華厳同別二教判の成立について」(『大谷大学大学院研究紀要』 1号, 1984)

제2절: 「『華厳経』と声聞—『捜玄記』に華厳同別二教判は存在するのか」(鎌田茂雄博士古希記念会編, 『華厳学論集』, 大蔵出版, 1997)

제3장

제1절: 「中国仏教における縁起思想の理解」(『佛教學セミナー』 79号, 2004)

제2절: 「大乗仏教における「有」の論理」(『仏教学セミナー』 56号, 1992)

제3절: 「菩提流支訳出経論における如来蔵の概念」(『印度学仏教学研究』 41巻 2号, 1993)

제4장

제1절: 「『起信論』の縁起説」(『大谷学報』 73巻 4号, 1994)

제2절: 「『起信論』中国撰述説否定論」(『南都仏教』 81号, 2002)

제3절: 「草創期中国華厳学派における起信論の受容について」(『大谷大学真宗総合研究所研究紀要』 2号, 1985)를 개변함.

제5장

제1절: 「浄影寺慧遠における「依持と縁起」の背景について」(『仏教学セミナー』 52号, 1990)

제2절: 「地論宗の法界縁起説」(『東海仏教』 53輯, 2008)

제6장

제1절: 「『十地経論』の六相説と智儼の縁起思想—地論から華厳へ—」(金剛大学校仏教文化研究所編 『地論思想の形成と変容』, 〈韓国〉 金剛大学校外国語叢書二, 国書刊行会, 2010)

제2절: 「『捜玄記』の法界縁起説」(『仏教学セミナー』 61号, 1995)

제3절: 「智儀の阿梨耶識観」(『仏教学セミナー』 36号, 1982)

제7장

제1절: 「法蔵の『密厳経』理解について」(『大谷学報』 85巻 2号, 2006)

제2절: 「復礼の『真妄頌』と法蔵の「縁起」理解」(『禅学研究』 特別号, 禅学研究会, 2005)

제3절: 「『起信論』の如来蔵説と法蔵の如来蔵縁起宗について」(『仏教学セミナー』 70号, 1999)를 개변함

결장: 「華厳法界縁起の研究」(『大谷大学研究年報』 52集, 2000)를 보정(補正)함.

저자 후기

본서는 2013년 3월에 오타니대학에서 박사(문학)학위를 받은 학위청구논문 「화엄교학 성립에 관한 사상사적 연구」를 수정 · 정리한 것이다. 논문은 오타니대학의 효도 카츠오(兵藤一夫) 교수를 주사(主査: 심사위원장)로 하여 로즈 로퍼트 F. 교수, 오우치 후미오(大內文雄) 교수, 코마자와대학의 요시즈 요시히데(吉津宜英) 교수를 부사(副査: 심사위원)로 하여 심사가 실시되었다. 구술 시문(試問)의 자리에서 갖가지 논점에 걸친 과제를 지적받았기에 그것을 수정하고 문장도 약간 고쳤다. 심사를 담당하였던 분들에 대하여 깊이 감사의 말씀을 드리고자 한다. 특히 효도 교수로부터는 두 세 차례에 걸쳐서 "나의 정년까지는 어떻게든 하라"는 강한 요청을 받았다. 그 요청이 없었더라면 타고난 게으름뱅이인 내가 학위청구논문을 제출하는 일 등은 도저히 불가능했을 것이다. 심심한 감사의 말씀을 드리고자 한다.

주변의 책자 파일에 의하면, 학위청구논문을 정리하려고 그때까지 쓴 논문을 정리하기 시작한 것이 꼭 10년 전인 2006년 9월이다. 그 이후 학위청구논문의 흠결을 메우기 위해 새로이 집필한 논문은 두 편뿐이므로 정리 작업에 매우 시간이 들었던 것이다. 또 학위논문에 엮어 넣은 것 가운데 가장 먼저 쓴 논문은 석사논문의 일부를 재편집하여 학회지에 게재한 것이므로 대략 30년 이상의 옛날 것이다. 내 일이긴 하지만 너무나 느린 걸음이기에 내심 부끄러움[忸怩]이 있다. 오타니대학에는 "연구와 조사보고는 철저히 구별하라"는 전통이 있는데, 조사보고와는 다른 자기 자신의 연구 목적이란 대체 무엇인가, 그것 자체를 상당히 모색하고 있었던 것으로 생각한다. 그것이 진정한 의미에서 나 자신 속에서 이해되었던 것은 겨우 최근의 일인 것으로 생각된다.

나는 1973년에 오타니대학 문학부에 입학하였다. 문학부생 시절은 은사 카기누시 료케이(鍵主良敬) 선생의 세미나에 소속하여 『대승기신론』을 배독(拜讀)하였다. 『기신론』은 학부의 학생에게는 전혀 감당할 수 없었지만, 『불교대계(佛教大系)』 판의 『대승기신론』을 참고서로 하여 법장・원효・혜원 [등의 주석서와 함께] 일단 읽어 나가면서도, 읽으면 읽을수록 혼란스러웠음을 잘 기억하고 있다. 2년째의 세미나에서는 진제(眞諦) 역 『섭대승론』을 배웠다. 그것이 연(緣)이 되어 알라야식사상에 흥미를 갖게 되어 석사과정에 진학하여 1년째는 동급생들과 함께 『성유식론』을 신도본(新導本)으로 읽기 시작했다. 한편, 사사키 쿄고(佐々木教悟) 선생의 세미나에 소속하여 거기에서는 『보살영락본업경』을 배웠다. 사사키 선생은 계율의 대가였는데, 새로이 들어온 중국불교 전공 학생에게 배려하여 텍스트를 결정하였다고 나중에 들었다. 1년간 그 나름대로 필사적으로 『성유식론』을 대했다고 생각하는데, 이제 석사논문의 제목을 결정하게 되자 완전히 오리무중의 상태였다.

그런 때에 한 선배의 하숙집에서 엉뚱한 일이 계기가 되어 지엄(智儼)의 존재를 알게 되었다. 지엄이 현장(玄奘)・기(基)의 법상유식에 비판적인 견해를 가지고 있다는 것이었다. 자신이 『성유식론』을 전혀 이해할 수 없던 일도 있고 해서, 대체 지엄이라는 사람은 무엇을 어떻게 비판하고 있는 것일까 하는 관심으로 『수현기』, 『오십요문답』, 『공목장』 등의 책을 한여름에 걸쳐서 공들여 읽었다. 당시는 아직 오타니대학 도서관 소장의 화본(和本), 사본(寫本) 등을 비교적 간단히 빌릴 수가 있었던 것이 다행이었다. 지엄의 사상 전체는 전혀 알 수 없었지만, 유식사상에 대한 비판의 중심을 무엇인가 읽어 내어 석사논문을 정리할 수 있었다.

또한 그 사이에 카기누시 선생의 은사인 야마다 료켄(山田亮賢) 선생을 통하여 중국의 화엄교학, 특히 법장의 사상을 접할 수 있었다. 야마다 선생은 '정안동(淨眼洞)'이라고 부르는 학불도량(學佛道場)을 자택에 실시하고 계셨고, 나는 매주 금요일 밤에 그곳에 가서 『화엄경탐현기』의 강독을 중심으로 불교의 본질에 관련된 강화(講話)를 말석(末席)에서 배청(拜聽)하였다. 야마다 선생은 대학에서는 『오교장』 등을 강의하였지만, 화본 『관주(冠注)오교장』이 텍스트였고, 나로서는 기껏해야 음독이나 하는 모양새였다. 그러한 갖가지 연을 받은 덕택에 중국불교의 화엄사상 연구를 뜻하게 되었던 것이다.

당시의 문학부는 아직 논문박사가 중심인 시대였기 때문에 학생 시절에 박사논문을 향해 자신의 연구를 지향하는 일은 전혀 없었는데, 박사후기 과정을 만기퇴학(滿期退學: 수료)할 무렵부터 화엄교학 성립에 관한 문제를 강하게 의식하게 되었다고 생각한다. 그 계기는 외우(畏友)인 안도 토시오(安藤俊雄)와의 교류를 통해서이다. 안도 씨는 출신 대학부터 다르지만, 같은 해에 태어났다는 점도 있고 해서 어느새 친하게 이야기하게 되었다. 진종(眞宗) 학도인 그의 과제는 일본불교에서 호넨(法然)의 '정토종 독립'의 의의를 사상적으로 명확히 하는 것이었다. 그 과제를 위해 우선 묘에 코벤(明恵高弁)의 『최사륜(摧邪輪)』을 공부하기 위한 자기 전용 노트를 개인용 컴퓨터에서 만든다거나 하고 있었다. 그 정열에는 소름 끼칠 정도의 맹렬함이 있었고, 언제 어디서나 만나면 그는 그 이야기만 하고 있었다. 그러한 그의 발상에 힌트를 얻어 나는 지엄의 사상을 지론교학 쪽에서 논구해 보자고 생각하고 있던 것이다. 그때까지의 화엄사상 연구는 대개 법장에 의해 체계화된 화엄교학을 대가가 해설한 연구서로 공부하는 것이 표준적인 것이었다. 나는 그러한 대가의 해설이 전혀 이해되지 않았고, 스스로 납득할 수 있는 화엄사상 연구를 찾고 있었다고 생각한다. 그로부터 약 30년 이상의 시간이 눈 깜짝할 사이에 지나버린 것이다.

이번에 은사 카기누시 료케이 선생으로부터는 본서의 서문을 받을 수 있었다. 학문적 · 인간적인 면에서 오늘날 내가 존재하는 것은 오타니대학에 입학하여 최초로 선생과 만난 것이 결정적이다. 또한 나를 화엄 연구로 이끌어 준 '한 명의 선배'란 잇시키 준신(一色順心) 선생이다. 저 잇시키 선생은 아주 최근인 2016년 6월 6일에 돌아가셨다. 오타니대학을 동년 3월 말에 정년퇴임하신 직후의 일이었다. 또한 외우인 안도 토시오 씨는 1998년 3월 7일, 야마다 료켄 선생은 1997년 1월 13일에 각각 돌아가셨다. 또 부사(副査)를 맡았던 요시즈 요시히데 선생은 시문(試問)하고 돌아갈 때에 "오다 상(さん), 이것은 무슨 일이 있더라도 책으로 내게"라고 말하셨는데, 나에게는 그것이 유언이 되고 말았다. 본서의 후기를 쓰

도록 요청받자 맨 먼저 떠오른 것은 이러한 학문적 만남을 통해서 본서가 이루어졌다는 것이었다.

그러나 생각해 보면, 이러한 학문적인 사정은 매일의 일상적인 생활 속에서 이루어지고 있다. 이 점[에 비추어 보자면] 한 사람의 사회인으로서는 전혀 비상식적인 인간이었음이 틀림없을 나를 지탱해 주고 있는 가족의 협력이 없었더라면 본서는 이루어지지 않았을 것이다. 또한 사원(寺院)에 태어난 것을 원망하여 여덟 살 정도 [아이처럼 투정]만 하는 나를 잠자코 보고 계셨던 양친, 특히 "오타니대학이라는 곳이 있는지 알고 있니?"라는 부친의 한마디가 없었더라면 은사를 만날 수도 없었을 것임이 틀림없다. 부친은 "고맙습니다"라는 한마디 말도 말하지 못한 사이에 1996년 5월 14일에 순식간에 돌아가시고 말았다. 그 후 주위의 갖가지 의견에 의해 결국 동생이 주지를 계승하게 되었고, 모친을 포함하여 자방(自坊: 본인이 주지로 있는 절)을 지켜주고 있다. 그 덕택에 나는 대학 업무와 자신의 연구에 전념할 수 있었다. 이렇게 상기해 보면 하나하나의 은혜는 셀 수도 없고, 그것에 의해 지금이 이루어져 있음을 확실히 자각할 수 있다. 이제는 대면하여 예(禮)를 다할 수도 없는 많은 분들에게 마음속으로 예를 올리고 싶다. 또한 직접 만나서 예를 올려야 할 분들에 대해서는 우선 책을 통해 예를 올리고, 그 뒤에 앞으로 찾아뵙고 사의(謝意)를 표현하고자 한다.

본서의 출판에 즈음하여 호조칸(宝蔵館) 편집장 토시로 미치요(戶城三千代) 씨에 의한 두세 차례의 독촉, 나아가 편집부 이마니시 토모히사(今西智久) 씨의 간절하고 정중한 편집 작업에 의지한 바가 크다. 또한 논문 데이터의 정리나 교정에 있어서는 오타니대학

강사 토츠구 켄쇼(戸次顯彰) 씨의 전면적인 협력을 얻었다. 토츠구 씨의 헌신적인 서포트가 없었더라면 본서가 햇빛을 볼 수 없었다고 말해도 결코 과언이 아니다. 또 오타니대학 대학원 박사 후기과정인 모리야마 유키(森山結希) 군에게는 논문 데이터의 정리 등과 관련하여 도움을 받았다. 아울러 개요의 번역은 우덩(悟燈) 씨(浙江대학 PD연구원, 중국어), 오가와 히로카즈(小河寬和) 씨(동국대학교 박사과정, 한국어), 로즈 로버트 F. 교수(영어)에게 부탁하였다. 모든 분들께 다시금 감사의 말씀 전하고자 한다.

마지막으로 본서는 2016년도 오타니대학 학술간행물 출판조성을 받음으로써 상재(上梓)가 가능해졌다. 이 점은 오타니대학 당국에 깊이 예를 표하고자 한다.

2017년 2월

오다 아키히로

이 책의 개요

(이 <개요>는 영문 초록 등을 참고하여 약간 수정하였다-역자 주)

서장(序章) 본서의 문제의식

이 책의 목적은 지엄(智儼)이 화엄교학을 창시했다고 하는 말의 의미를 밝히는 데에 있다. 그렇게 생각하는 근거는 법장(法藏)이 『화엄경전기(華嚴經傳記)』에서 지엄의 『수현기(搜玄記)』 찬술을 '교를 세워 종을 나눈다'라고 한 것에 의거한다. 그리고 법장은 그 내용을 '별교일승 무진연기'라고 논하고 있으므로 '별교일승'과 '무진연기'의 양면에서 화엄교학 성립의 본질을 해명하는 것이 본서의 목적이다.

제1장 화엄일승사상의 배경

여기에서는 법장이 말한 '별교일승'이란 개념의 사상 배경을 해명한다. 지엄은 지론 남도파 지정(智正)의 제자였지만, 섭론학파의 사상도 계승하고 있다. 또 『수현기』는 혜광(慧光)의 『화엄경소』의 영향을 받아 저술되었다고 한다. 이러한 지엄의 배경이 된 선구 사상의 내용을 밝힌다. 지론학파의 교상판석은 점 · 돈 · 원(漸頓圓) 3교판과 대승 · 소승판이 대부분이다. 혜원이나 지정 등의 대승 · 소승판이 최종적 것이지만, 지엄은 그들에게 의하지 않고 파조(派祖: 종파의 창시자) 혜광의 점 · 돈 · 원 3교판에 기초하여 『수현기』를 저술하였다. 그 이유는 삼승교와는 구별되는 '화엄일승'이라는 입장을 명확하게 하기 위해서였다는 점을 해명하였다.

제2장 화엄일승사상의 성립

삼승교와 구별되는 일승교가 있다는 관점에서 화엄교학이 창시되었지만, 지엄은 그에 더하여 일승교 안에 공통성과 별이성(別異性)이 있다는 관점을 발전시켰다. 이것이 후에 '화엄 동 · 별(同別) 2교판'이라고 불리는 사상이다. 『수현기』를 시작으로 하여 『공목장』에 이르기까지 그것이 어떻게 전개하였는지를 밝혔다. 동시에 『수현기』에서 설명한 동 · 별 2교는 일승교 안에 있는 문제를 다루지 않기 때문에 화엄 동 · 별 2교판과 혼동하면 안 된다는 점을 밝혔다.

제3장 화엄법계연기의 배경

법장이 '무진연기'라고 한 사상을 해명하기 위해 우선 '연기'라는 용어가 어떻게 정착했는가 하는 과정을 밝혔다. 이를 토대로 대승불교의 사상 발전에 동반하여 등장하는 '무자성공', '여래장', '불성', '유식'이라는 모든 개념이 상호 어떠한 관계에 있는가를 밝혔다. 이 점의 해명은 지론교학의 과제와 그것으로부터 독립한 지엄의 사상을 이해하기 위한 기초 작업이다.

제4장 『대승기신론』을 둘러싼 문제

『대승기신론』이 화엄교학과 어떠한 관계에 있는지를 고찰하였다. 『기신론』에 관해서는 여러 의문이 제기되어 있다. 이에 대하여 『기신론』의 설이 왜 오해되었는가를 해명하고, 『기신론』의 역출에 대한 의문을 정리하고, 지엄과 원효의 『기신론』 수용 과정을 정리하였다. 그 결과 『기신론』은 공시적인 상의상대(相依相待)의 연기와 통시적인 인과 관계의 연기를 나누어 사용하고, 이를 혼동한 것이 오해의 원인이라는 점과 지엄은 『기신론』을 그다지 중시하지 않았다는 점이 밝혀졌다. 이 점에서 화엄교학의 『기신론』 수용은 법장 이후의 과제임이 명확해진다.

제5장 지론학파의 '연기'사상

연기에서 공시적인 상의상대 관계와 통시적인 인과 관계는 중기 대승 경전에서는 '여래장'과 '아라야식'으로 발전하였다. 이를 반복하여 설하는 『능가경』 등이 존재하였기 때문에 정영사 혜원은 이것들의 복잡한 관계를 '의지'와 '연기'라는 개념으로 정리하려고 하였던 것이다. 또 이미 이 시대에는 '법계연기', '연집(緣集)' 등의 개념도 나타냈다. 이들의 내용을 검토하여 지론교학의 연기사상이 『수현기』에 대하여 어떠한 의의를 가지는지를 명확하게 하였다.

제6장 지엄의 법계연기사상

법장은 『수현기』가 『십지경』의 육상설(六相說)을 연구한 결과라고 한다. 이 말이 어떠한 의미인가를 여기에서 밝혔다. 육상설은 진리의 언어 표현에 관한 문제이다. 지엄은 그것을 '이 · 사(理事)' 중 '이'로 이해하였고, 그로부터 공시적인 관계와 통시적인 관계, 그리고 전체적인 관점을 읽어내어 '화엄일승의 연기(=법계연기)'라는 개념을 구축하였다. 그리고 『수현기』의 법계연기설이 「십지품」 제6지의 세속제를 밝히는 부분에 설명되어 있는 것은, 바로 이 세속제가 인간이 진리에 들어가기 위해 처한 곳(=의지하는 관문)이라는 의미를 가지기 때문임을 명확히 하였다. 더욱이 현장의 신역에 의해서 세속제의 연기사상은 더욱 발전하였는데, 그 과정에서 지엄이 어떻게 자기 사상을 심화하였는가를 밝혔다.

제7장 법장의 법계연기사상의 형성 과정

법장의 생애를 전반(태원사 시대)과 후반(번역삼장 시대)으로 이분하고, 주요한 저서의 내용을 정밀하게 조사하였다. 저술의 순서를 『대승밀엄경소』 →『대승기신론의기』 → 『화엄경탐현기』 →『입능가심현의』로 정하고, 사상 전개를 정밀하게 조사하였다. 법장은 전반기에는 여래장연기사상을 "자성을 지키지 않는다"라고 표현하고 있지만, 후반기에 이르면 '거체수연(擧體隨緣)'이라고 표현하게 된다. 그러한 변화의 실마리는 제운반야(提雲般若)가 번역한 『법계무차별론』과의 만남에 있었음을 밝혔다. 사상사적으로 『대승밀엄경』은 후기 대승 경전에 해당하기 때문에, 법장은 하류에서 상류로 거슬러 올라가듯이 여래장사상의 진의를 탐구했다고 할 수 있다. 그래서 이것이 법계연기의 심화를 가져왔다고 할 수 있다.

결장(結章) 법계연기사상의 확립

법장의 '이'와 '사'에 의한 법계연기사상의 내용을, 『오교장』 → 『탐현기』 →『입능가심현의』의 순서에 따라 고찰하고, 두순 · 지엄의 사상이 어떻게 깊어져 가는가를 밝혔다. 법장의 법계연기사상의 특징은 십불자경계(十佛自境界)를 언어화하려는 데에 있는데, 이는 법계연기를 '의지하는 관문'으로 본 지엄과 크게 다르다. 이는 개별이기도 하고 전체이기도 한 '일(一)'이라는 개념을 탐구한 결과였다.

찾아보기

(ㄱ)

(ㄴ)

(ㄷ)

(ㄹ)

(ㅁ)

(ㅂ)

(ㅅ)

(ㅇ)

(ㅈ)

(ㅊ)

(ㅋ)

(ㅌ)

(ㅍ)

(ㅎ)

기타

한국불교를 위한 제언

〈본 세존학술연구원의 해외 우수학술서 번역 불사는 박찬호 거사의 시주(施主) 원력으로 이루어졌음을 밝힌다.〉

1. 한국불교의 원류, 원효와 의상

중국을 거쳐 한국에 불교가 전래된 시기는 4세기 후반이다. 중국은 기원 전후에 인도의 불교를 접할 수 있었는데, 이는 붓다 입멸 후 거의 500년이 지난 시점이다. 거의 실시간으로 이루어지는 지금의 정보 전달을 염두에 둔다면, 인도에서 중국을 거쳐 한국에 전래되기까지의 900여 년이란 시간은, '사상의 변천'이 난해해질 수 있는 여건이 충분한, 짧지 않은 기간이다. 게다가 현재의 우리는 한국에 정착한 후 1,600여 년이나 지난 불교를 대하고 있다. 4세기 후반(372년) 고구려로 수입된 불교는 신라로 전해져, 원효(617~686)와 의상(625~702)이라는 두 걸출한 수행자를 통해 화려하게 시작되었다.

원효의 불교는 일심(一心)을 통한 화쟁사상(和諍思想)으로 흔히 요약된다. 일심은 일체의 망상이 사라진 마음자리로 왼쪽 한 발 옆은 화엄사상, 오른쪽 한 발 옆은 금강반야사상, 앞으로 한 발은 정토사상, 뒤로 한 발은 중관과 유식이 있었다. 즉, 6세기까지 모든 경론(經論) 해석의 정점에 있었던 것이다.

의상 또한 화엄경에 달통하여 한국불교가 일찍이 최고의 경전을 접할 수 있는 절호의 인연을 만들어 준 최고의 논사였다. 이토록 희유(稀有)한 두 성현의 개시(開始)에도 불구하고, 지난 1,600여 년 동안 한국불교는 과연 무엇을 이루었는가에 대한 회의와 반성이 학술서 번역 출간을 기획하게 된 결정적 동기이다.

2. 한국불교에서 의상의 화엄사상 실종

의상에 의해 정립된 화엄 교학은 유심(唯心) 즉, 일심(一心)에 의해 펼쳐지는 법계연기(法界緣起)로 압축된다. 이는 붓다의 깨달음인 연기(緣起)를 모든 존재를 펼쳐지게 하는 본질인 이법계(理法界)와, 본질에 의해 펼쳐진 현상 세계인 사법계(事法界)를 무진연기(無盡緣起)로 설명한 세계관이다. 그리고 이 사상은 양자론같이 극미(極微)한 세계를 다루는 물리학이나 거시(巨視)적 우주를 다루는 천문학과도 잘 어울린다. 이는 화엄사상에서 다루는 대단히 심오한 논리이기도 하다.

다만 화엄경의 모체인 「십지품」에서 설하는 보살 실수행의 단계와 경지는 물론 수행의 구체적 방법이 간과되는 점은 매우 안타깝다. 「십지품」에서 설하는 보살지위의 수행은 십바라밀(十波羅蜜)로 보시 · 지계 · 인욕 · 정진 · 선정 · 지혜 · 방편 · 원 · 력 · 지 등 열 가지로, 「십지품」에서는 열 가지 모두에 '바라밀'을 붙여 사용함으로써 그 뜻을 명확히 하고 있다. 십바라밀은 보살의 십지(十地) 수행과 정확히 일치해, 초지보살은 "보시바라밀을 주 수행으로 삼되 다른 바라밀도 소홀히 하는 것은 아니다."라고 말한다. 이런 순차로 마지막 십지보살은 "지[智, 般若]바라밀을 주 수행으로 삼고 나머지 바라밀을 소홀히 하지 않는다."라고 명쾌하게 설하고 있다.

그런데도 한국불교는 왜 육바라밀만을 거론하는 것일까? 그 이유를 나는 한국불교가 십바라밀을 수용할 수준에 이르지 못했기 때문이라고 생각한다. 십바라밀 중 앞의 육바라밀은 철저히 자리(自利) 수행의 단계이다.

여섯 번째 지혜바라밀은 자리의 지혜가 완성된 수행의 단계이고 보살 육지의 경지에 해당된다. 그러나 이어지는 보살 칠지에서 십지에 이르는 수행인 방편 · 원 · 력 · 지바라밀은 자리를 여의고 다시 시작해야 하는 보살 이타(利他) 수행의 본격에 해당된다.

육바라밀을 성취한 육지보살이라도 중생 구제를 위한 관세음보살 같은 방편, 보현보살 같은 원력, 어떤 장애와 마장도 능히 다스릴 수 있음은 물론 천제(闡提)까지도 구제할 수 있는 금강 같은 힘[力]을 갖추고, 마지막으로 궁극의 반야지(般若智)인 지바라밀을 얻게 된다는 것이 「십지품」에서 반복해서 강조하는 십바라밀의 본질이다.

십바라밀을 상기한다면 한국의 승가가 이타의 시작인 방편바라밀을 얼마나 이기적으로 악용해 왔는지 알 수 있다. 게다가 자리 수행에서마저도 오지보살의 선정바라밀에 집착해 육지보살의 지혜바라밀 수행을 거들떠보지도 않았다. 수행의 지침으로서 화엄경은 실종되어 버린 것이다.

3. 한국불교에서 원효의 통불교 실종

중국의 종파불교에 대해 한국불교의 정체성을 통불교(通佛教)라 지칭한 사람은 최남선(1890~1957)이다. 최남선은 1930년 「불교지」 제74호에 발표한 〈조선불교(朝鮮佛教)—그 동방문화사상(東方文化史上)에서의 지위(地位)〉에서 한국 불교사상의 근원으로 원효를 지목하며 '통불교'라 했다.

원효를 따른다면 나는 최남선의 통불교를 원통불교(圓通佛教)로 이해하는 편이 더 원효적이라고 생각한다. 최남선은 한국의 역사학자로 일본에 의해 가두어진 한국 사상 중 그나마 원효의 경지를 동경하며 찬탄하는 심정으로, 한국불교뿐만이 아니라 조국인 한국이 지향해야 할 미래 문화의 정신적 핵심 개념으로 '통불교'라는 용어를 사용했을 가능성이 크다고 본다.

나는 중국이 원효 이후에도 많은 불교사상을 수입 발전시켜 양과 질에서 종파불교를 형성할 충분한 여건을 조성했고, 실제 그들의 종파불교가 고려와 조선 시대의 불교에 막대한 영향을 주었다는 사실에도 주목한다. 중국 종파불교를 끊임없이 들여온 한국불교가 최남선에 의해 원효에서 그 정체성을 확인하고, 그것을 통불교라 했다는 것은 불행 중 다행임에 틀림이 없다.

다만 아쉽게도 최남선은 조선과 고려를 거슬러 신라의 원효에 이르는 거의 1,300여 년간 통불교를 지탱하고 발전시킨 어떤 고승도 언급하지 않았다. 한국불교의 불행은 종파불교도, 원효의 통불교도 자기 것으로 소화해 낼 능력이 없었다는 데 있다.

현재 한국불교는 승가를 이끌 걸출한 수행자를 배출해 내지 못하고 있다. 승려들 중 화엄 · 반야 · 법화사상의 차이는 고사하고, 붓다의 삶과 궁극의 가르침이 무엇인가를 설명할 수 있는 사람도 많지 않다. 이는 승가가 선수행자는 문자에 의지하면 안 된다는 그릇된 전통에 집착한 나머지, 경전까지도 가까이하지 못하도록 방임했지만 실제로는 선수행을 통한 '경지'에 도달한 수행자마저 배출하지 못한 진퇴양난의 결과이다.

본 우수학술서 번역 불사는 한국불교의 현재를 직시하고, 자기반성과 반전(反轉)의 인과 연을 심어놓는 데 그 목적이 있다.

원효와 의상 이후 한국불교의 정상에는 고려 중기의 보조(1158~1210)가 있었다. 보조는 선교일치(禪敎一致)를 통한 정혜결사(定慧結社)로 불교 중흥의 기틀을 마련하였고, 대혜종고(1089~1163)의 간화선을 한국불교의 대표적 선수행으로 정착시켰다.

원효에서 보조에 이르기까지는 한국불교의 정체성이 통불교였다고 말할 수 있다. 흔히 근대 보조의 선풍을 되살려 간화선의 진면목을 유감없이 보였다는 수행자로 경허(1849~1912)를 꼽는다. 경허가 간화선의 맥을 이은 것은 사실이나 그것으로 경허의 일탈적 언행의 허물이 덮어지는 것은 아니다. 경허의 막행막식에 원효의 무애나 대자유인만이 누릴 수 있는 경지에서나 가능하다는 식의 접근은 대단히 우려스럽다. 경허는 수행의 마장(魔障)을 조복시키지 못했던 것이고 극기(克己)에 실패했을 뿐이다.

현대에 접어들어 성철(1912~1993)은 간화선사로서 치열함과 혜능(638~713)과 육조단경 논리에 충실한 돈 · 점의 논쟁을 주도하며 불교의 위상을 높인 측면이 있다. 하지만 안타깝게도 육조단

경은 혜능의 추종자들이 후대에 만들었고, 그 내용도 선의 교과서격으로 인정하기에는 부족하다는 연구 결과가 거의 30년 전에 발표되었다.[본 세존학술번역총서 중 『북종과 초기 선불교의 형성』이 대표적이다.]

성철의 간화선에는 이런 이론의 문제보다 더 심각한 수행의 자기모순이 있다. 화두 참구 시 반드시 경계해야 할 병통(病痛)에 대해 보조(1158~1210)에서 서산(1520~1604)에 이르기까지, 간화선사들이 실참하며 거론한 간화십종병(看話十種病)의 지적과 성철이 육조단경을 중심으로 펼치는 주장은 상당 부분 배치된다.

또한, 성철의 간화선 수행은 밀교의 주 수행인 진언수행을 우선 또는 병행하게 하는 것이 특이하다. 밀교는 법신불 격인 대일여래(大日如來)를 주불로 세워 힌두교의 여러 신들을 정교한 구성으로 회화(繪畵)화하고, 그 수행은 주문(呪文) 즉, 진언과 다라니를 염송하여 즉신성불(卽身成佛)을 성취한다는 7세기 인도에서 발생한 불교이다. 하지만 밀교는 불교가 사실상 힌두교에 흡수되는 결과를 초래했다는 비판을 받는다.

밀교의 수행 핵심인 진언수행을 간화선사인 성철이 강조했던 근거는, 중국과 한국의 일부 선수행자가 능엄경이 선정과 마장의 경계를 밝혀 놓았다는 이유를 들어 소의(所依)로 삼은 데 있는 것 같다. 그러나 능엄경은 중국에서 편찬한 위경(僞經)이고, 간화선은 오직 '화두'에 생사를 거는 것이 수행의 전통임을 되새긴다면 성철이 밀교 경전인 능엄경의 능엄신주를 간화선에 접목한 것은 이해하기 난감하다.

이렇듯 근·현대를 대표하는 경허, 성철의 불교는 최남선이 탐구해 낸 원효와 의상을 원류로 하는 통불교도 정통 간화선도 아니다. 여기에 승가의 수행력에 대한 불신으로 남방불교의 수행법인 위빠사나가 빠르게 입지를 넓혀가고 있다. 한국불교의 정체성이 통불교라 주장하기에는 무엇인가 혼란스러운 상황에 처한 것이다.

물론 한국불교가 통불교라는 개념에 갇힐 필요는 없지만 적어도 추구하는 목표는 분명히 해야 한다. 그 분명한 목표가 당위성을 얻기 위한 작업에 본 학술서들이 일조할 수 있다면 다행이다.

4. 한국불교를 위한 제언

나는 20여 년 전부터 시작된 일본의 소위 '비판불교'적 시각을 한국불교도 적극 논의 대상으로 삼아야 한다고 생각한다. 다행히 승가 곳곳에서 한국불교의 고사(枯死)를 인정하고 있으니, 역설적으로 미래 불교의 새싹을 공개적으로 논할 수 있는 여건이 성숙되었다고 볼 수 있다.

나는 주요 경과 논서들을 보며 오히려 많은 의문이 들었다. 예를 들면 붓다의 깨달음은 연기임에도 다섯 비구에게 설한 것은 사성제라 하는데, 붓다는 사성제와 연기의 관계를 어떻게 설정하셨는지 명확하지 않다.

화엄의 유심(唯心)과 세친의 유식(唯識)이 공존할 수 있다면 심과 식의 차이는 없다는 것인가?

화두를 타파하면 연기와 공의 진리에 온전히 계합(契合)되는 경지인가?

간화선 자체를 불교 수행의 하나로 인정하며 생기는 수많은 모순들을, 간화선은 중국불교만의 독특한 수행법이라고 떨쳐 버리는 방법으로 해결할 수는 없는가?

붓다는 은인과 같았던 빔비사라 왕과 위제희 왕비를 죽이고, 곧 자신의 부모를 죽이고 왕권을 차지한 아사세 왕을 어떤 감정으로 대했을까?

이런 근원적 의문들의 해법에 전전긍긍하였다. 쉽게 말해 전설적 해석에 너무 관용적이고, 오래되고 추종자가 많다는 이유로 불교 사상이나 수행의 당위성을 인정해 주는 것은 곤란하다는 것이 내 불교관의 핵심이다.

일본 학자들에 의해 제기된 비판불교는 바로 이런 내 의문들과 우연이라고 하기에는 신기할 정도로 동질성이 있다. 그리고 비판불교는 2,000년 이상 군살이 붙은 불교의 맨살을 되살리자는 것을 목표로 한다. 기복과 호국의 정당성을 신앙적으로 이용한 측면에서 자유롭지 못한 한국불교로서는, 이런 비판불교 정신으로 미래 불교의 판을 짜는 것을 승가와 학계가 진지하게 고민해 보자고 제안한다.

5. 맺는말

이 시대는 초고속의 기술개발과 응용에 폭발적 가속이 붙은 4차 산업혁명으로 인간이 과거에 경험하지 못한, 전혀 다른 세상으로 질주하고 있다. 혁명의 중심에는 인공지능(AI)이라는, 물질만으로 조립된 인간보다 유능한 기계로 인간의 생각까지 추적하고 추월한다는 목표가 있다. 이 변화는 결국 역사 이래 가장 근원적 난제인 '마음이라는 정체성의 본질이 정신에 있는가, 물질에도 있는가?'라는 문제에 가장 실감 나게 봉착하게 될 것이다. 불교가 지금과 같이 '마음'이라는 한 단어만을 모든 것의 만능으로 삼고, 마음으로 '인식하고 통찰하는 연기적 사고'를 적응시키지 못한다면 유일신의 종교보다 더 빠르게 사라질 것이다.

미래에 그런 불교를 구현하려면 붓다의 가르침의 궁극이 무엇인가에 대해 연구할 수 있는 '단서와 근거'의 씨앗을 뿌려 놓아야 한다. 말하자면 최소 1,000년은 넘은 대장경의 논장(論藏)보다 실용적이며 미래 적응 가능한, 21세기의 논장을 만들자는 것이 내 바람이다.

본 총서에 꼭 넣고 싶었던 폴 윌리엄스 편집, 『대승불교 논문집』 5권을 포기하는 것이 아쉽지만, 나는 번역서 8권을 내는 것에서 작업을 그칠 수밖에 없다. 원력 있는 불자나 재가 단체가 이 불사를 이어주길 바란다.

8권 출간 작업을 진행하며, 이 학술서 번역 불사는 재원 확보의 어려움은 물론 번역 원고 교정까지 각 공정이 정말 전문적이고, 특별한 정성이 없이는 불가능하다는 사실을 뼈저리게 느꼈다. 그렇기에 의례적인 인사말이 아니라 진심으로 감사 말씀을 드린다.

이 학술적인 번역서들이 출판될 수 있도록 큰 원력을 내주신 박찬호 거사와 학계의 열악한 연구 여건에도 불구하고 번역을 흔쾌히 수락해 주신 교수님들과 편집 · 교정을 해주신 분들, 특히 민족사 윤창화 사장님의 안목과 열정에 깊이 감사드린다. 또한 십시일반으로 후원해 주신 불자들께도 감사드린다.

2024년 7월

세존학술연구원장 성 법 합장

학술서 후원자 명단

가순용
곽은자
권설희
김대옥
김병기
김병태
김세원
김수남
김승규
김소형
김영민
김창근
김천덕
김태환
김홍계

남궁염
류재춘
박문동
박미숙
박성일
박희구
배덕현
송 산
안병환
안순국
안종만
엄유미
오상훈
윤길주
윤장현

이강돈
이경칠
이동수
이순옥
이충규
이판교
이학우
이한용
이희성
장인옥
전상희
정광화
정성문
정정근
정주열

정재훈
정찬희
정화영
조건종
조병이
조석환
조용준
조원희
최기제
최수현
최현승
함영준
허민삼
현덕헌
황흥국

송 운
혜 관
홍정표
이도명
여지원
이동수
이경락
이영호
남진석
정철상
김혜경
서철원
정경 스님
강효일
한승훈

저자소개: 오다 아키히로(織田顯祐)

—

1954년 아이치현 출생. 1977년 오타니대학 문학부 불교학과 졸업. 1985년 오타니대학 대학원 문학연구과 수료, 문학박사 취득. 오타니 대학 문학부 불교학과 교수로 재직 후 2020년 정년퇴임. 현 재도호(同朋)대학 특임교수.

전공은 동아시아불교의 사상사적 연구이며, 중국불교도의 대승경전 이해와 일본의 대승불교 정착과 정등에 대하여 관심을 가지고 있다.

* 주요 논저: 『大般涅槃經序説』(東本願寺出版部, 2010), 『초기화엄사상사』(한국어, 불교시대사, 2007), 『ブッだと親鸞—教えに生きる』(東本願寺出版部, 2004) 외 화엄사상 관련 논문 다수.

역자소개: 고승학

—

1973년 광주 출생. 1996년 서울대학교 철학과 졸업.
2011년 UCLA, Department of East Asian Languages and Cultures에서 박사학위 취득.
동국대불교학술원 HK연구교수, 능인대학원대학교 조교수를 거쳐 2017년부터 금강대학교 로터스칼리지 조교수로 재직 중.

* 주요 저역서: *Buddhist Thought of Korea* (고익진, 『한국의 불교사상』 영역본; Jogye Order of Korean Buddhism, 2021), 『불교』(데미언 키온 저, *Buddhism: A Very Short Introduction*, 한글역, 교유서가, 2020) 외 화엄 및 동아시아 불교사상 관련 논문 다수.

세존학술총서 8

화엄교학 성립론

초판 1쇄 인쇄 | 2024년 9월 20일
초판 1쇄 발행 | 2024년 9월 30일

지음 | 오다 아키히로
옮김 | 고승학

펴낸이 | 윤재승
주간 | 사기순
기획홍보팀 | 윤효진
영업관리팀 | 김세정

펴낸곳 | 민족사
출판등록 | 1980년 5월 9일 제1-149호
주소 | 서울 종로구 삼봉로 81 두산위브파빌리온 1131호
전화 | 02-732-2403, 2404
팩스 | 02-739-7565
웹페이지 | www.minjoksa.org, www.facebook.com/minjoksa
이메일 | minjoksabook@naver.com

ISBN 979-11-6869-051-6 94220
ISBN 978-89-98742-96-6 (세트)

정가 58,000원

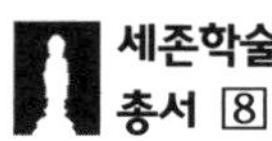

화엄교학 성립론

華嚴教學成立論

ISBN 979-11-6869-051-6
ISBN 978-89-98742-96-6 (세트)